中国自然资源经济学分论

张新安 等编著

中国财经出版传媒集团

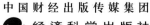

经济科学出版社
Economic Science Press

·北 京·

图书在版编目（CIP）数据

中国自然资源经济学分论 / 张新安等编著 . -- 北京 ：
经济科学出版社，2025. 3. -- ISBN 978 - 7 - 5218 - 6503 - 5

Ⅰ. F124. 5

中国国家版本馆 CIP 数据核字第 2024B8P551 号

责任编辑：周国强
责任校对：刘　娅
责任印制：张佳裕

中国自然资源经济学分论

ZHONGGUO ZIRAN ZIYUAN JINGJIXUE FENLUN

张新安　等编著

经济科学出版社出版、发行　新华书店经销

社址：北京市海淀区阜成路甲 28 号　邮编：100142

总编部电话：010 - 88191217　发行部电话：010 - 88191522

网址：www. esp. com. cn

电子邮箱：esp@ esp. com. cn

天猫网店：经济科学出版社旗舰店

网址：http：//jjkxcbs. tmall. com

北京季蜂印刷有限公司印装

787 × 1092　16 开　35 印张　665000 字

2025 年 3 月第 1 版　2025 年 3 月第 1 次印刷

ISBN 978 - 7 - 5218 - 6503 - 5　定价：168. 00 元

中国自然资源经济研究院
《中国自然资源经济学分论》编写组

主　编　张新安

编　委　(以章节顺序为序，各章章主和重要统稿人为编委)

　　张新安　孟旭光　郭冬艳　姚　霖　余　韵　刘　聪　周　璞

　　刘伯恩　张所续　陈甲斌　范振林　王明利　马朋林　段　克

　　冯春涛　余振国　申文金　沈　悦　张君宇

编　者　(以姓氏笔画为序)

　　马朋林　马晓萍　王飞宇　王明利　王　嫱　毛馨卉　乌佳美

　　厉　里　申文金　白斯如　冯　帆　冯春涛　刘芮琳　刘伯恩

　　刘　超　刘　聪　许玉萍　孙晓玲　杜越天　杨建锋　李　储

　　励汀郁　余振国　余勤飞　余　韵　沈　悦　宋　猛　张君宇

　　张所续　张新安　陈甲斌　范振林　范继涛　周　伟　周　璞

　　孟旭光　赵硕威　段　克　侯华丽　侯　冰　姜文来　姚　霖

　　贾汉森　郭冬艳　郭　妍　梁　森　揣雅菲　鲁栋梁　谭文兵

目　录

建立综合与分类相结合的中国自然资源经济学学科体系

在《中国自然资源经济学通论》①（以下简称《通论》）中我们已经提出，中国自然资源经济学是以中国自然资源经济活动为对象，研究自然资源保护开发利用过程中各种经济规律和各种经济关系及由此而来的各种经济政策的总和。中国自然资源经济学的任务是揭示处于社会主义初级阶段，在社会主要矛盾发展变化的新背景下，中国自然资源经济运行和发展的基本规律。认识经济规律的目的就是尊重经济规律，按经济规律办事。在不危及自然资源自身可持续性的前提下，以安全、高效、永续的方式利用自然资源，以最小的生态扰动、最小的资源消耗，为实现更高质量、更有效率、更加公平、更可持续、更为安全的经济发展目标提供自然资源要素保障。

《通论》的基本认识是：中国自然资源经济研究，要牢固树立马克思主义的立场、观点、方法，要始终牢记中国式现代化特别是人与自然和谐共生的现代化的历史使命，必须以中国特色社会主义政治经济学为准绳，必须坚持社会主义市场经济改革方向，必须全面学习领会习近平新时代中国特色社会主义思想，要紧密围绕"严守资源安全底线、优化国土空间格局、促进绿色低碳发展、维护资源资产权益"新时代新征程自然资源工作定位，夯实统筹发展和安全，统筹资源配置与空间布局，统筹开发、利用和保护，统筹资源、资产和资本，统筹资源、空间、生态的经济学基础。《通论》部分，以自然资源产权为核心，以自然资源开发利用和保护中的各种关系尤其是经济关系为基础，以自然资源资产及其生态系统服务价值核

---

① 张新安，等. 中国自然资源经济学通论［M］. 北京：经济科学出版社，2023.

算为抓手，以自然资源要素市场化配置为关键，高效利用资源，促进绿色发展，保障资源安全，解决资源开发利用和保护的负外部性问题，实现人与自然和谐共生，研究和解决一系列自然资源开发利用和保护中的经济问题。

《通论》之后，第二卷是《中国自然资源经济学分论》。第三卷将是中国自然资源经济学各论，包括中国矿产资源经济学、中国矿产勘查经济学等；第四卷将是中国自然资源经济学专论，包括自然资源规划经济学、自然资源产权经济学、自然资本核算论、自然资源法学、空间经济学等。《建立综合与分类相结合的中国自然资源经济学学科体系》是针对《中国自然资源经济学分论》而撰写的，旨在建立综合与分类相结合、系统与协同相关联的中国自然资源经济学学科体系。

一

人与自然和谐共生的现代化是自然资源工作主题。人靠自然界而生存。大自然是自然资源、国土空间和生态环境的有机统一。要以综合的、系统的、整体的、全面的视角统筹自然资源、国土空间和生态环境。习近平总书记指出，"马克思、恩格斯认为，'人靠自然界生活'，人类在同自然的互动中生产、生活、发展，人类善待自然，自然也会馈赠人类，但'如果说人靠科学和创造性天才征服了自然力，那么自然力也对人进行报复'"[①]。马克思说，"自然界，就它自身不是人的身体而言，是人的无机的身体。人靠自然界生活。这就是说，自然界是人为了不致死亡而必须与之处于持续不断的交互作用过程的、人的身体。所谓人的肉体生活和精神生活同自然界相联系，不外是说自然界同自身相联系，因为人是自然界的一部分。"[②]"这种共产主义，作为完成了的自然主义，等于人道主义，而作为完成了的人道主义，等于自然主义，它是人和自然界之间、人和人之间的矛盾的真正解决，是存在和本质、对象化和自我确证、自由和必然、个体和种类之间的斗争的真正解决。"[③]

人不是站在自然之外的主人，而是自然进化的产物。人类是生物长期演化的最新阶段，处于地球 46 亿年历史、30 多亿年自然生命史进化产生的生命秩序之中，是生态系统网络的重要一环。从资源角度看，如果把地球的历史比作日历上的一年，现代人类生活占据其中的 37 分钟，而我们在过去的 0.2 秒内消耗了地球 1/3

① 求是. 习近平：推动我国生态文明建设迈上新台阶 [EB/OL]. http://jhsjk.people.cn/article/30603656, 2019 - 01 - 31.

②③ 马克思.1844 年经济学哲学手稿 [M]. 北京：人民出版社，2014.

的自然资源。①② 人是从大自然母体中走出来的客观存在，母体自然赋予人类以生命行为，自然作为生命本体又折射了人的主体的力量，使人获得了"自然智慧"。在生存意义上，人的肉体生活依赖自然。人是具有自然力、生命力的自然存在物，具有自然属性、生理需求，这决定了人必须依赖自然界来获取生活资源。没有自然界、没有感性的外部世界如各种资源要素、空间要素和生态要素，人类就无法获得物质生产资料，无法维持人的肉体生存。因此，马克思认为人类生产自身的生活资料即吃穿住行，既是一切历史的第一个前提，也是人们把自身和动物相区分的第一个历史行动。人用自己肉体方面的各种力量，去创造和占领自然的物质财富，从而满足自身的生存需要，提高自己支配自然的能力。同时，自然为人提供劳动手段和劳动对象，是人们生产资料来源，发挥人的本质力量，人也在自然上面打上了人的印记。在生活意义上，除了物质生活需求外，人还有精神生活、文化生活。人的文化生活需要走出自然、变革自然。人文化的过程就是与自然相区别的过程。人要创造文化，就需要改造自然，实现自然的人化。马克思特别注重从人类社会生活的维度诠释人与自然关系，将自然界视为在社会历史进程中生成着的自然界，正是在与自然的物质变换中，纯粹的自然世界才升华为"属人世界"，大自然才向人"生动起来"。正是由于人的参与，才让自然拥有了文化意义与价值底蕴，进而才使得自然成为人的生活世界。自然作为一个复合生命系统，包括人与社会在内的一切存在物即物质世界本身，又包括作为"人的无机身体"的生态环境。在生命意义上，人与自然是生命共同体，二者的和谐统一实现了"自然的人化"和"人的自然化"。自然是人的生命的展开方式。人与自然本为一体。

马克思从人的解放的角度把人类社会的发展进程划分为三大社会形态。第一种，"人的依赖关系"，传统的农业文明居于主导地位，本质是自然经济，这是一种"不招惹自然"的文明，因为人类社会生产力较为低下，所以在狭小的和孤立的范围内生活，顺应大自然的变化规律，对大自然有直接的依赖性。第二种，"以物的依赖性为基础的人的独立性"，社会呈现出"普遍的社会物质变换、全面的关系、多方面的需要以及全面的能力的体系"的状态，这一阶段的出现标志着人们从自然经济下的直接依赖关系中解放出来，开始形成基于商品和货币的物的依赖关系。这种依赖关系促进了生产力的逐步发展，带来了人的独立性和自由性的增强，

---

① 地球生物多样性数据库，http：//www. geobiodiversity. com/home.
② global environmental footprint，https：//www. footprintnetwork. org/.

但是人与自然的矛盾与对立也逐渐显现。理性与工具，技术与资本成为切割有机自然的手段，造成生态破坏和自然灾害，"招惹自然"。以"工具理性"为主导的西方现代化模式带来人以一种极端功利化心态面对自然、征服自然，无限制掠夺自然资源，使自然无限度地服从于人类需要。第三种，"建立在个人全面发展和他们共同的、社会的生产能力成为从属于他们的社会财富这一基础上的自由个性"。本质是新自然经济，在这种社会形态下，人与自然构成一种互养相成的关系。把自然视为人的无机的身体，以"民胞物与"的态度去对待自然。人真正完成向人的本质、自然的本质的复归，实现真正的人与自然相统一。

诺贝尔奖得主克鲁岑（Paul Crutzen）于 2003 年提出地球已经进入了由人类主导的新地质时代——人类世，这个概念强调了人类活动对地球系统产生的全球性、显著且不可逆的影响。关于"人类世"是否应该被正式承认为一个新的地质时代，以及如何定义其起始时间，仍然存在争议，2024 年由 21 名地质学家组成的第四纪地层分会投票否决了人类世工作组（AWG）宣布"地球已进入人类世"的建议，主要原因是对人类世确切的开始年份有争议，但这已引起了各界广泛的讨论和反思，特别是，探讨西方现代性的反噬恶果和人类世困境，探索现代性重构与人类现代文明，构建一种反思性、建设性、开放性和全球性的人类世全新世界图景。基本的共识是：人类对地球生物物理系统的干扰空前加速，自然界的水和生物地球化学循环格局、过程和效应发生了很大变化，并大大偏离了自然界不同生态系统演化的固有轨迹，造成不利于人类生存和发展的环境，威胁人类可持续发展。我们算过一笔账，对于大多数工业资源来说，20 世纪这 100 年是人类历史数千年所开采资源的总和，而近 50 年工业资源的开采总量也相当于人类历史数千年所开采资源的总和。当然，一些新兴资源不在其列。人类活动对自然的改变，或者说生产力对自然的改变，已远远超过自然力对自然的改变，比如，40 年前世界矿产资源开采总量已超过全世界所有河流携带入海的沉积物的总量。

自然资源、国土空间和生态环境有机统一，三位一体。自然资源指天然存在、有使用价值、可提高人类当前和未来福利的自然环境要素的总和。习近平总书记指出，"人类依靠自然资源而生存，……所以，不能不研究资源问题，不能不研究资源战略问题"①。自然资源是生存之基，发展之本；是生态之源，财富之泉；是民生之魂，主权之魄；既是生态建设的根基，更是高质量发展的根基；是人民生产生活的重要物质基础，也是维护良好生态环境的关键本底。2700 多年前的《周礼·

---

① 习近平. 知之深 爱之切 [M]. 石家庄：河北人民出版社，2015.

地官·司徒》中的大司徒，管的就是自然资源，地官系统 78 职官，第三类掌山虞、林衡、川衡、泽虞、迹人、卯人、囿人、场人等，凡八职，差不多就是山水林田湖草沙 +，构成了生命共同体。这套制度一直延续到清末。古之四民"士农工商"，是在董仲舒独尊儒术、班固汉书之后的表述，此前的四民是"农虞工商"，这里的虞，就是自然资源，是资源产业，是初级产品①。1849 年成立的美国内政部，最初就是一个"大管家部"，在内阁中按时间第四个成立，按位阶排序第五，按美国宪法规定，内政部部长是美国总统的第八顺位继承人。7000 年文明史，3000 年土地征服史，就是一部自然资源开发利用的历史，也是一部人与自然、人与人彼此适应、彼此顺应、相互和解的历史。人类使用自然资源进行文明断代，新旧石器、青铜器、铁器以及进入工业革命以后的煤铁、油铜、氢锂等，莫不如是。生态环境，是"由生态关系组成的环境"，指与人类密切相关的，影响人类生活和生产活动的各种自然（包括人工干预下形成的第二自然）力量（物质和能量）或作用的总和。资源和环境是一体两面，环境是影响人类生存与发展的水资源、土地资源、生物资源以及气候资源数量与质量的总称，是关系到社会和经济持续发展的复合生态系统。生态环境问题是指人类为其自身生存和发展，在利用和改造自然的过程中，对自然环境破坏和污染所产生的危害人类生存的各种负反馈效应。未开发利用的自然资源是生态，自然资源开发利用的后果是环境。资源与生态"一体两面"，资源是生态的本底，生态是资源的建构。习近平总书记指出，"生态环境问题，归根到底是资源过度开发、粗放利用、奢侈消费造成的"②，明确指出了其中的关系。世界经济论坛和联合国环境署都强调，资源问题是三大危机即气候危机、生物多样性危机和环境危机的根源。国土空间是自然资源、生态本底和生产力布局配置的载体。要从包括生产、消费、交换和分配在内的不同维度认识空间的本质、属性与效用，从微观（作为生产要素的空间）、中观（作为经济系统的空间）、宏观（作为演化环境的空间）认识空间与资源禀赋、与生态本底、与生产力布局的关系，探讨从空间的非线性、非均衡性、非对称性、非中性等不同向度，自然资源要素禀赋与经济活动在空间的配置。国土既是发展新质生产力的空间载体，也是生态文明建设的空间载体，但其中的关系比较复杂，特别是将生态环境分区、城市功能

---

① 司马迁《史记·货殖列传》中的四民系指"农虞工商"，这里的"虞"，就是对山泽的开发，包括木材的砍伐，在海里河里打鱼等的职业，就是所谓的自然资源产业。《史记·货殖列传序》：《周书》曰："农不出则乏其食，工不出则乏其事，商不出则三宝绝，虞不出则财匮少。财匮少而山泽不辟矣。此四者，民所衣食之原也。原大则饶，原小则鲜"。实际上，"农工商虞"中的"农""虞"都是第一产业，生产的都是初级产品。

② 习近平著作选读（第一卷）[M]. 北京：人民出版社，2023：611.

分区、国土空间分区、经济区划以及生产力布局、资源和产业规划等在不同空间尺度上融为一体实施主体功能区战略，相互重叠的空间准入程序，在着力提高国土空间治理能力，统筹优化工业化城镇化发展空间、农业农村发展空间和生态保护空间布局，协调解决相互重叠、交叉，甚至互斥的空间准入问题，以及一些特殊空间的开发利用和保护等方面的工作还存在一定的欠缺。资源与空间"一体两面"，资源是空间的资源，空间是资源的空间。国土空间本就是各类资源要素的载体，各类资源依托不同空间载体呈现不同空间特征；资源经济与空间经济融会贯通，实现以"私法"为基础的资产管理与以"公法"为基础的空间管控融合推进，是将来的发展方向。三个概念之外，还有两个相关概念。一是自然资本或自然资源资产，这个概念是从自然资源派生出来的，是具有稀缺性和明确的产权，并能在未来给所有者带来经济收益或其他福利的自然资源。资源/生态产品通过产权设定和用途管制变成"资产"、进入社会经济循环后变成"资本"，资本增值从而实现价值。这产权归属于谁、价值服务于谁，直接决定了资源在国家发展中扮演的角色。二是将生态环境这个术语分解为两个词，即生态和环境。这两个词的含义不完全相同。环境问题重点关注的主体是直接对人类生存环境的影响，而生态问题关注的重点则是对生态系统的影响。当然，有许多种不同的认识，这里不再赘述。

透过自然系统内部运行机理，把握资源管理、空间管控与生态保护的基本关系。[①] 自然系统包括资源系统、空间系统、生态环境系统等，彼此制约、相互依赖、相互转化、共荣共生。破解保护与发展难题，可在中华传统文化蕴含的深邃自然观中找到答案。《道德经·四十二章》有云，"道生一，一生二，二生三，三生万物"。何谓道？就是自然法则，自然规律，就是金木水火土气，就是万物源于自然、归于自然。何谓一？就是自然，资源、生态、环境、空间多位一体的自然，是混沌自然。自然资源是生态之根，是生态环境的本底，决定了生态系统的生命力、恢复力和生产力。自然资源是生态系统及其服务能力的母体、土壤和能量物质来源。自然资源是一个涵盖"自然生态-社会经济"的复杂系统，要透过自然生态系统与经济社会系统、自然系统内部、非生命自然系统与生态系统均衡的深层机理，把握生态文明建设中的重要关联。何谓二？就是天地、是阴阳，是生命自然和地质环境等非生命自然的统一，是自在自然。透过非生命自然系统与生态系统的交互作用，把握地质多样性和生物多样性同步考虑的重要意义。广泛存在于大气圈、

---

① 张新安. 认识自然资源底层逻辑，筑牢生态文明建设基石［N］. 中国自然资源报，2023-12-04.

生物圈、水圈、岩石圈的自然资源，一直以其空间与要素滋养着生态系统。非生命自然系统与生态系统之间的均衡实质是通过地质多样性和生物多样性的统一实现的。地质多样性是大自然的舞台，生物多样性是自然舞台上的演员，二者共同构成自然生态（系统）。地质多样性（或许还要考虑加上和气候多样性的作用）决定生物多样性；地质多样性保护可以促成养育丰美多彩的生物多样性。恩格斯在《反杜林论》和《自然辩证法》中早就阐明了这个关系。何谓三？就是天地人，就是人化自然，就是人与自然和谐共生。透过自然生态系统与经济社会系统耦合机理，把握自然资源"两统一"管理底层逻辑。自然生态系统与经济社会系统相互依存、相互制约、彼此耦合，通过"统一行使全民所有自然资源资产所有者权益"，实现资源开发为民所谋、资源利用为民造福、资源收益为民所用，从而实现自然生态系统对经济社会系统的稳定有序保障；"统一行使所有国土空间用途管制和生态保护修复职责"控制自然资源开发对自然生态系统造成的负外部性，从而将人类活动控制在生态阈值范围内，最终实现人与自然和谐共生。这也是平衡好高质量发展和高水平保护关系的核心要义。何谓万物？就是山水林田湖，是山水林田湖草，是山水林田湖草沙，就是建成自然，是多姿多彩的大千世界，是自然增益型经济的本底！这种自然增益型经济，应该是能够权衡好"保护与开发关系、人与自然关系、安全边界与发展极限关系"的经济，是能够权衡好资源安全与生态安全关系的经济，是能够以高水平开发、高水平保护、高水平安全保障高质量发展的经济。

老子《道德经》之前的《易传·系辞上传》亦有"易有太极，是生两仪，两仪生四象，四象生八卦"，八卦衍万物。"太极"谓天地未分之前，元气混而为一。"两仪"是太极分化成两个相对的极端即阴与阳，代表宇宙中的两种相对和互补的力量或性质，阴阳相生相克，构成了事物的运动和变化。"四象"是在阴阳基础上进一步分化为四种不同的状态，代表事物的变化和发展。虞翻注："四象，四时也"，即春、夏、秋、冬四时。孔颖达《周易正义·系辞上》疏："两仪生四象者，谓金、木、水、火。"四象也用来表示东、北、西、南四个方向的星象。"八卦"是由阴阳和四象所组成的八种基本卦象，分别为乾、坤、震、巽、坎、离、艮、兑。以乾配天，坤配地，兑配泽，离配火，震配雷，巽配风，坎配水，艮配山。这八种自然现象，首先是"天"和"地"。天行健，君子以自强不息，对应太极中的阳；地势坤，君子以厚德载物，对应太极中的阴。天（乾）和地（坤）是空间，之后便有人的生存，要的是食物。创作八卦的伏羲，教会了人们打猎和捕鱼，猎于"山"（艮）、渔于"泽"（兑）。有了食物，还需用"火"（离）烹饪，在"钻木取火"前,火来自"雷"(震)。"风"(巽)助火势,"水"(坎)减火势。"八卦衍万物"中的"万物",指的是世界上的一切事物,从自然现象到人类发展、经济社会发展等。相互之间你中有我、我中有你,通过不断分化组合,表达出来世间万物的具象。

习近平总书记指出:"人类只有遵循自然规律才能有效防止在开发利用自然上走弯路,人类对大自然的伤害最终会伤及人类自身,这是无法抗拒的规律。"[①] 这里的自然就是"一",是"三位一体"(或"五位一体")的自然,包括需要统一管理的作为天然存在、有使用价值、可提高人类当前和未来福利的自然环境因素的总和的自然资源,需要统一所有的作为自然资源经济属性显现的、可纳入核算范围的具有稀缺性、有用性及产权明确的自然资源资产,需要统一管控的作为所有资源、生态、产业要素载体的国土空间,需要统一管护的作为生物间生存状态以及生物间和生物与周围环境间相互联系、相互作用的关系的生态,需要统一监管的由各种物质、信息、能量要素所组成的系统整体的状态、与中心体有关的事物和现象及其关系和作用总和的环境。所以,要以习近平新时代中国特色社会主义思想为指导,以推进人与自然和谐共生的中国式现代化为目标,统筹高质量发展和高水平安全、统筹高质量发展和高水平保护,坚持"资源统一管理,资产统一所有,空间统一管控,生态统一修复,环境统一监管",以完善资源监管体系、强化资产管理属性、深化国家空间治理、统筹生态保护修复、促进绿色低碳发展为重点,建立更加系统、成熟、完备的生态文明制度体系,为推进高质量发展、建设美丽中国提供体制机制保障。这是改革的方向,也是中国自然资源经济学的根本任务。

二

自然资源"二重性"要求要把握好为生态建设强基、为高质量发展增力的"二为方针"。自然资源"五重性"决定了自然资源在"五位一体"总体布局中起着重要基础性作用。自然资源"七重性"决定了自然资源管理要全面践行党的创新理论。要以运动变化的、普遍联系的、对立转化的、分合相成的视角统筹山水林田湖草沙生命共同体。

自然资源工作要切实为生态建设强基、为高质量发展增力。从理论逻辑看,这遵

---

① 习近平. 决胜全面建成小康社会 夺取新时代中国特色社会主义伟大胜利——在中国共产党第十九次全国代表大会上的报告 [EB/OL]. 新华社, www.gov.cn/zhuanti/2017-10/27/content_5234876.htm, 2017-10-30.

循自然资源基本属性。自然资源是生态系统及其服务能力的母体、土壤和能量物质来源，具有生态属性。自然资源开发利用是生态环境问题产生的源头。习近平总书记指出，"生态环境问题，归根到底是资源过度开发、粗放利用、奢侈消费造成的"。"节约资源是保护生态环境的根本之策"。山水林田湖草沙一体化保护和系统治理是生态环境改善的关键。"生态系统是一个有机生命躯体"，"如果种树的只管种树、治水的只管治水、护田的单纯护田，很容易顾此失彼，最终造成生态的系统性破坏"。① 因此，自然资源管理的要义之一，是实现生态环境的源头治理、系统治理。自然资源具有经济属性。一是自然资源的有用性，决定了自然资源要素保障是发展生产力的关键。二是自然资源的稀缺性，决定了自然资源配置需遵循供需规律，通过有效供给引导合理需求；需遵循市场规律，依据资源的经营性与非经营性差异，确定政府和市场配置的边界。三是自然资源的增值性。"生产资料所有制是生产关系的核心"，自然资源资产产权制度完备与否，事关生产关系与生产力适配与否。高质量发展离不开用地用矿用海用能和空间地理信息数据，离开自然资源讲高质量发展，将会是无源之水、无本之木。因此，自然资源管理的要义之二，是提供高质量发展的要素保障和内生动力。从历史逻辑看，这遵循自然资源管理体制演变规律。中外历史经验告诉我们，经济发展不应是对资源环境的竭泽而渔，生态保护也不应是舍弃经济发展的缘木求鱼，应坚持在发展中保护、在保护中发展。新中国成立以来，我国自然资源管理体制经历了从注重单纯经济发展要素管理向自然生态和经济发展要素管理并举的转变。一方面，无论是历史上的地矿部、国家土地局、国家海洋局、国家测绘局、国家林业局，还是合并后的国土资源部、再到自然资源部，要素保障一直处于重要地位，对推动高质量发展具有责无旁贷的作用。另一方面，"建设生态文明是中华民族永续发展的千年大计"作为机构改革方案"组建自然资源部"的开篇之语，生态文明体制改革8项基本制度中涉及自然资源工作的职责多于5项，因此要深入研究自然资源各领域改革关联性和各项改革举措耦合性，实现放与管政策上相互配合、实施中相互促进、实际成效上相得益彰，自然资源管理的主要职责也实现了从单一要素保障向生态保护和要素保障双重使命的转变。从实践逻辑看，这遵循中国式现代化推进方向，符合党中央对自然资源工作的要求。推进中国式现代化是最大的政治。习近平总书记强调中国式现代化要坚持可持续发展，统筹推进经济社会发展和生态环境保护，要"坚定不移走生产发展、生活富裕、生

---

　　① 中共中央宣传部，中华人民共和国生态环境部. 习近平生态文明思想学习纲要［M］. 北京：学习出版社，人民出版社，2022.

态良好的文明发展道路"①。党的二十大、中央经济工作会议、中央农村工作会议，对自然资源工作如何为生态建设强根基、为高质量发展增动力都作出了重要部署。实践中要融会贯通习近平经济思想和习近平生态文明思想，处理好高质量发展和高水平安全、高质量发展和高水平保护辩证关系，增强政策配套和制度衔接，在统筹兼顾中实现协同发展，在扬长补短中提升整体效能，防止畸重畸轻、顾此失彼。力求用最小的生态环境扰动、最少的自然资源投入，取得最好的经济社会效益。具体到自然资源工作，就是要在生态建设的基础部位做好空间优化、用途管制、源头治理、生态修复等工作，确保国家生态安全；在高质量发展上抓好要素保障、政策供给、科技进步、制度创新，确保国家粮食安全和能源矿产安全。

"二为方针"决定于自然资源"二重性"，人类的文明进步史就是自然资源开发利用史，经济属性与生态属性是自然资源的本质属性，二者一体两面。经济属性是最基础的，时至今日，自然资源部仍然主要是一个经济部门、一个要素保障部门。与之相对应的是生态属性，资源是生态的底色，生态是资源的建构。经济属性和生态属性一体两面，本质上仍然是平衡开发和保护的关系，体现资源要素和生态要素的统一性、绿水青山与金山银山的统一性、物质财富与生态财富的统一性、生产力与自然力的统一性，折射出中华优秀传统文化中的自然观与资源利用思想，折射出习近平生态文明思想中的新型资源观与生态观，折射出新质生产力与人与自然和谐共生的中国式现代化建设的路径选择，是习近平经济思想与习近平生态文明思想的结合部。自然资源的经济属性是指自然资源作为生产要素，参与经济生产活动所体现的属性。本质体现为"创造财富但稀缺"。自然资源管理部门在社会经济发展大业中历来是自然"大管家"。自然资源生态属性指自然资源本身具有的生态系统服务功能以及自然资源保护开发利用过程产生的生态正负外部性影响，它直接决定着生态环境的基础和本底，其本质是生产方式、管理制度和价值导向等方面的综合体现。马克思提到的"新陈代谢断裂"就刻画了自然资源的生态属性。作为资源自然属性的重要组成部分，生态属性是强、弱两种可持续发展理论的有机结合，本身具备多重特性，这些特性主要通过自然资源的系统性、差异性、动态性、循环性、平衡性、多样性和二重性等特点贯通和表现出来，主要在于其变化对自然资源保护和开发利用具有很强的反馈效应，发挥着激励和约束的双向调节作用，也直接显化了生态属性运行方式的两重性，在一定条件下相互转化，第一重性是，保护本身就是一种价值。第二重性是，资源开发利用管制会产生并实现经济价值、社会价

① 习近平著作选读（第一卷）［M］. 北京：人民出版社，2023：19.

值和生态价值。

自然资源在"五位一体"总体布局中起着重要基础性作用。自然资源还具有五重性，在经济建设、政治建设、文化建设、社会建设、生态文明建设"五位一体"总体布局中起着重要的基础性作用。经济属性、生态属性前已述及，通过优质自然力和新质生产力的互动，解放、发展和保护生产力。20 世纪 60 年代联合国连续出台的几部自然资源永久主权宣言，中国 2300 多年封建史的"普天之下莫非王土"，体现了自然资源的国家属性、政治属性和人民属性；"人是类存在物"理论是马克思对人与自然关系的深刻解释。自然资源的政治属性要求我们牢固树立以人民为中心的新型资源价值观，坚持把资源惠民作为增进人民福祉的工作方向，坚持自然资源全民所有，资源开发为民所谋，资源保护为民所留，资源利用为民所系，资源收益为民所用，多谋民生之利，善解民生之忧。自然资源的政治属性以国家权力为核心展开，涵盖全民所有、国家治理、国际竞争等多个层面。国家作为管理者强调的是国土空间范围内的"自然资源"，国家作为所有者对应的是"自然资源资产"。自然资源属于国家所有，即全民所有，自然资源永久主权是国家主权不可分割的部分。自然资源不仅是人类社会赖以生存和发展的物质基础，更是文化传承和精神象征的重要载体。随着生态文明建设的不断推进，自然资源不再仅被视为经济开发的客体，更是承载着历史记忆、文化价值和社会情感的主体。自然资源文化属性通常涉及自然资源在人类文化中的表现形式和意义，包括但不限于自然资源在宗教、艺术、文学、历史和社会习俗中的地位。这些属性可以是具体的，如某个特定的自然景观在某个文化中的象征意义；也可以是抽象的，如自然资源所代表的精神价值或道德观念。自然资源文化属性强调了自然资源在塑造和维持人类文化身份、传统和社会结构中的作用。自然资源文化属性蕴含中华优秀传统文化的精髓，体现人与自然和谐共生。文化属性作为自然资源属性的重要组成部分，具备独特性、多样性、地域性、互动性、传承性等多重特性。自然资源文化属性不断延展其边界和外延，是动态变化、螺旋式上升的过程。自然资源是社会的自然资源，社会是自然资源滋养的社会，这是自然资源的社会属性的具体体现。自然资源是以人为受益者视角，是社会消费品生产的原材料，是人们享用高质量生态产品的自然源泉，关系人类当前和未来的福祉。社会作为"人与人相伴而行"的组织，其生境由多样的自然资源所构成，其世界观、价值观和人生观亦源于自然资源，其生产生活方式也成于自然资源。自然资源与社会的互为作用，在历经原始社会、农业社会与工业社会的"资源决定与适应顺从、有限影响与积极适应、承载极限与工具张扬"的历史性调试后，"人与自然和谐共生"成为生态文明时代的核心价值取向。

建设生态文明要以资源环境承载力为基础，以自然规律为准则，以可持续发展、人与自然和谐为目标，在保护中开发，在开发中保护，建设生产发展、生活富裕、生态良好的文明社会。自然资源社会属性的实践逻辑，贯穿新时代自然资源保护、开发、利用和修复环节，关系自然资源所有权人、使用权人和管理权人，牵涉自然资源管理中多元利益主体的调适，"不食人间烟火的政策必定失效"。社会史就是一部自然史，自然史是人类史的物质前提。自然环境塑造了社会结构，养成了社会生产、生活方式。在原始社会是资源决定与适应顺从，农业社会是有限影响与积极适应，工业社会是承载极限与工具张扬，生态文明时代实现人与自然和谐共生。

自然资源管理要全面践行党的创新理论。除上述五种属性之外，从本体论角度看，自然属性与社会属性是自然资源的本源属性，二者一体两面。自然资源的自然属性是其所内蕴的、固有的，有了人的参与之后就有了内蕴的社会属性。资源的自然属性首先要强调自然生成物，即自然资源的天然性，既包括无机界，也包括有机界。地球系统科学理论适用于对自然资源的形成以及系统变化的规律、趋势、机制的理解。科学技术的发展进步也影响着人类对自然资源的使用。自然资源因为人类的需要而表现出稀缺性、地域性、整体性、周期性、多用性等多种特征。立足于自然属性，为自然资源的合理开发和利用提供科学方案，最终的目的在于提高自然资源治理水平，如夯实自然资源数量和质量基础，推进山水林田湖草耦合管理和自然资源节约集约和高效利用，加强自然资源的保护修复和综合开发利用效能，因地制宜实施差异化管理政策等。历史上的大多数冲突，都是由资源诱发且以资源终结的。自然资源在总体国家安全中居于基础性地位。资源安全为政治、军事、国土、经济、社会、科技、核、生物安全等提供物质基础和要素保障，彰显了资源的安全属性。资源安全是一种状态，其隐形边界是打破这种状态的临界点，往往是动态的，不确定的。但在自然资源管理中，为了保障资源安全需要坚守底线思维，划定安全底线，在管理上形成有形边界。马克思主义唯物史观强调物质生产在人类历史发展中的基础性地位，认为物质生产活动及生产方式是人类社会赖以存在和发展的基础，是人类其他一切活动的首要前提。恩格斯在《反杜林论》中指出，"世界的真正的统一性在于它的物质性"。物质是世界存在的基础。自然资源作为社会经济发展最主要的劳动对象和生产资料来源，能够提供基础的物质和能量，决定了人类其他的一切活动能否顺利开展。能否保质保量、及时持续、稳定可靠、经济合理地为人类社会提供相应的要素保障对于人类社会经济活动稳定、持续地开展具有重要意义，体现了自然资源的安全属性。

自然资源具有七重性，其中自然属性和社会属性是本质内蕴属性，经济属性和生态属性是基本属性。这四个基本属性共同决定自然生态系统与经济社会系统的作用机理，从而派生出政治属性、文化属性与安全属性。自然资源的七重性，也是从七个不同的维度，来认识自然，认识资源，认识自然资本，认识国土空间，认识生态，认识环境，从而夯实自然资源治理的经济学和哲学基础，构建自然资源的理论体系、学科体系、法律体系、治理体系和话语体系。从另一个层面来说，自然资源的经济属性、生态属性、安全属性、文化属性、政治属性、社会属性和自然属性，决定着自然资源管理要将党的创新理论融会贯通，一体贯通学习、践行习近平经济思想、习近平生态文明思想、习近平文化思想、总体国家安全观以及贯穿习近平新时代中国特色社会主义思想的世界观和方法论，即必须坚持人民至上、坚持自信自立、坚持守正创新、坚持问题导向、坚持系统观念、坚持胸怀天下。

要以运动变化的、普遍联系的、对立转化的、分合相成的视角统筹山水林田湖草沙生命共同体。资源、生态、空间一体多面，要加以统筹。山水林田湖草沙，是不同的资源要素，也是不同的生态要素，要深入研究其中的相容相促、相生相克关系，研究其相互转化、相互依赖的关系，切实实现共荣共生。自然资源管理部门，是一个最古老的部门，也是一个最年轻的部门。说它古老，是因为许多国家的自然资源部门，均是成立最早的部门之一。说它是一个最年轻的部门，是因为近年来，技术手段的进步使自然资源管理的方式发生了巨大变化，自然科学的进步使自然资源的开发利用和保护方式发生了巨大变化，社会科学特别是自然资源治理理论的进步使人们对资源的认识、资源的多维功能发生了巨大的变化，从而，许多国家的自然资源管理部门近期也进行了重大重组。

人类的生产活动总是首先体现而且永远不能脱离人与自然的互动，即人类生产活动不仅依赖自然资源、生态环境，而且必然对自然生态环境产生一定的影响，其中有些重大影响是不可逆的，破坏之后难以修复或还原。相斥、相容、相促是人、产业活动与资源环境的三种关系。"相斥"是指人类活动会严重破坏资源环境，两者相互排斥，只能取此舍彼。"相容"是指人类活动能够在一定的资源环境容量中进行，处于自然界可自我净化的范围之内，或者可以进行生态环境还原或修复；反之，对资源环境的保护也不构成对生产活动的完全禁止，二者可以共存。"相促"是指产业活动有助于保护资源环境，二者间是互利共赢关系。导致这三种不同情况的原因，可能是物源性的、技术性的，也可能是社会性的。同样，资源开发与生态环境保护之间也同时存在相斥、相容、相促的各种复杂关系，其间，物源、技术和社会因素都会发生作用。随着经济、技术发展水平的不断提高，以上三种关系及三种因素的影响程度，也会发生此消彼长的变化。一般来说，相斥性会逐渐减少，相容性尤其是相促性会逐步增强；技术因素和社会因素的重要性也会越来越比物源性因素发挥更重要的作用。就当前来说，技术水平逐步发展，有利于资源开发与生态环境保护走向相容、相促。从社会因素入手，也就是说从经济体制、管理水平、政策行为等方面入手，也是解决生态环境保护与资源开发关系（由相斥到相容，再由相容到相促）非常重要的调控手段，也是完全可以实现的手段。美国曾通过开展全面、系统的调查，开展科学的生态、经济、技术评价，进行资源开发与生态环境保护代价核算，从而打通资源开发和生态保护之间的关系，尽可能地寻找二者之间的平衡点。美国内政部当前研究的一个重点就是自然资源和生态环境非市场价值估值，开展了许多生态系统服务货币化的研究项目，以有利于决策者、利益相关者和社会公众的决策。这些研究主要基于跨学科研究领域的有效沟通以及转移工具的扩展所提出的效益转移等非市场估值方法，有不少是基于生物物理单元的方法。应该寻求一种确定资源保护、资源开发、生态保护、生态产品开发的时间顺序、空间秩序、种类次序等的价值评判标准。

　　国际上目前十分强调多门类自然资源耦合研究。多门类自然资源耦合研究，对于自然资源永续利用具有十分重要的意义。水资源安全、基于土地的粮食安全乃至能源安全、矿产安全，是可持续发展中的重大问题，但其之间彼此影响、彼此感应、相互依赖，甚至在一定程度上可以相互转化，既有制约关系，也存在协同关系。不同门类自然资源之间，存在着多种耦合关系。既包括水土、陆海、河湖、水陆、林草、林农、水岩、地上地下、上游下游、左右岸、干支流等这样的二元关系，也包括水－土－能源、水－草－林等这样的三元关系，甚至也存在着一些多元关系。比如深部地热系统，存在着水（高温热水）－岩（围岩）－能源（深部热水原位发电）－金属（利用深部热水的原位发电提供动力开采金属矿山）－废物（剥离围岩填埋）－植被（包括地表各种可能受扰动资源）之间的多元关系。这些实例，均是多门类自然资源耦合研究的重要内容。比如河湖的污染，常常是问题在水面，根源在陆地；很多地质现象，也是问题在地表，根源在地下。所以，非常有必要研究这些相互依存、相互制约的关系，研究不同地理空间尺度和不同时间尺度上这些自然资源之间复杂耦合关系的驱动形式、压力与挑战，以及所可能涉及的各种不同的风险。对多门类自然资源耦合关系的研究，最早发端于一些比较知名的智库机构，如兰德公司所开展的"水－能源－粮食"耦合关系研究等。这些研究起源于全球水议程、全球粮食议程和全球能源安全议程等国际性倡议，最初是简单二元关系研究，如水－能源，水－粮食，粮食－能源等，在这些二元关系研究的基础上，开展了三元耦合关系研究。此后，相关研究的初步成果迅速被一些国际组织所接受，并且这些国际组织也从不同的角度开展了类似的耦合关系研究，比如，联合国亚太经社会（UN ESCAP）、亚洲开发银行、联合国粮农组织（FAO）。在这些研究的基础上，一些国家开始重视多门类自然资源耦合关系的研究，这意味着很可能在不久的将来，这些研究可能会影响或应用于自然资源管理实践。多门类自然资源耦合关系研究的主要手段是将自然科学研究与社会科学研究相结合的系统论方法。耦合关系的核心是水、粮食（土地）、能源，但也包括空间规划、人类健康和生态系统服务，这些要素之间存在着明显的传导性，某个要素的恶化就有可能产生连锁反应。因此，这些耦合关系的研究，大部分是以地球系统科学、能源系统科学、生态系统功能等方法为基础的。特别是，通过强化对地球多层圈交互带相互作用的研究，对水－岩－大气－生物多样性等不同要素在近地表环境中相互作用的研究，推进对地球关键带的研究，为人类的生存和福祉的全面提高奠定扎实的研究平台。

　　水土关系在中华民族历史上一直备受重视。是一种普遍的耦合关系。水是生命之源，土是生命繁衍生息之本。土因水而"厚德载物"，水土和谐化育万物，令地球万物欣欣向荣茁壮成长。比如，"水土合德"就是一个中国传统文化中的概念，它指的是水和土之间存在一种相互协调、相互依存的关系。水土合德，相互配合，相互协调，共同作用，才有万物化生，才有万物生长收藏。水可以润泽土地，使得土地更加肥沃，而土地则可以涵养水源，使得水有更好的去处。这种相互作用和影响的关系，也是水土合德的一种体现。土若承载不了水则大水泛滥，水若滋润不了土，则大地干枯，阴阳不调。距今约 4000 年前，大禹就曾带领先民在黄河中下游地区"平水土""尽力乎沟洫"，疏导洪水，修治田间水道，以防御水旱灾害，实现水土平衡。土治曰平，水治曰清，"使天下人人治田，则人人治河"。地下水和地表水平衡更涉及水土关系。不仅仅是水土耦合关系，金木水火土五行均存在着这种相生相克的关系。董仲舒《春秋繁露·五行之义》[①]说："木，五行之始也；水，五行之终也；土，五行之中也。此其天次之序也。木生火，火生土，土生金，金生水，水生木，此其父子也。"五行学说源于古代人民长期的生活和生产实践，深入探索了木、火、土、金、水五种基本物质之间的关系。"五行"指的是金、木、水、火、土这五种物质，既是自然界的五种基本元素，也是人体和社会的五种基本属性。五行之间存在相互作用和影响的关系，相互促进或者相互制约，从而形成一种动态的平衡状态，称为"相生相克"。没有相生，万物无法诞生与成长；而没有相克，事物将失去约束，导致混乱。正是这种动态平衡的相生相克关系，推动着万

---

　　①　董仲舒. 春秋繁露 [M]. 北京：中华书局，2017.

物的发生与发展，维持着世界的和谐与稳定。这也是对自然规律、自然界规律、自然资源规律的深刻洞察与总结。

三

　　坚持普遍性与特殊性的辩证统一，充分考虑各类资源要素和生态要素的特殊性。统分结合的自然资源治理体系决定了综合与分类相结合的中国自然资源经济学学科体系。马克思主义认为，普遍性与特殊性相互依存，普遍性寓于特殊性之中，特殊性包含着普遍性。一方面，矛盾的特殊性离不开普遍性。另一方面，矛盾的普遍性存在于特殊性之中，没有特殊性就没有普遍性。每个具体事物在其运动中的矛盾及其各个方面都有其独特的特点。不同事物的矛盾各有其特点，同一事物的矛盾在不同发展阶段和不同条件下也有不同的表现。这些特点体现了事物的多样性，使得每个事物都与其他事物有所区别。矛盾的普遍性和特殊性在一定条件下可以相互转化，这意味着我们可以从普遍性中理解特殊性，并通过特殊性来认识和解决普遍性问题。习近平总书记强调，"一个国家走向现代化，既要遵循现代化的一般规律，更要符合本国实际、具有本国特色"①。

　　尊重自然首先要尊重自然法则。自然有自然的法则，描述自然现象和过程的客观规律性。自然资源有自然资源的法则。土、矿、海、水、林、草、湿，水土气生矿，亦各有其法则，有自然资源的共同法则，也有各门类资源的具体法则。研究物质、能量和其相互作用的法则包括牛顿定律（物体运动），万有引力定律（物体间的引力相互作用）等；研究物质的性质、组成、结构和变化的法则如质量守恒定律（封闭系统中反应前后物质的总质量保持不变），能量守恒定律（热力学第一定律，热能的转换和传递），热力学第二定律（熵增原理，孤立热力学系统的熵不减少，总是增大或者不变）等；研究生态系统组织和功能的法则包括能量流动和物质循环原理，孟德尔遗传定律等；地球科学法则研究地球内部构造、表面特征、气候变化和地质演化等；所有这些法则指导人们理解宏观世界中的各种现象和过程，指导人们认识和改造世界，解释人与自然和谐的真谛。还有很多我们尚未认识到、理解到的法则。这些法则是客观存在的，不受人类意愿的影响。同时，不同地域有各自的自然条件和特点，需要采取不同的保护治理方式，宜林则林、宜灌则灌、宜草则草、宜湿则湿、宜沙则沙，否则就会出现水土不服、"南橘北枳"的问题。一

---

① 习近平. 中国式现代化是强国建设、民族复兴的康庄大道［J］. 求是，2023（16）：4 - 8.

些地方对河道裁弯取直、占用自然岸线、植树造林大量使用外来物种、以草代树以乔代灌等违背自然规律的做法，不但扰乱原有的生态系统，而且还有可能造成生态退化。

矛盾的普遍性和特殊性相互联结。一方面，普遍性寓于特殊性之中，并通过特殊性表现出来，没有特殊性就没有普遍性；另一方面，特殊性离不开普遍性。之所以称其为自然资源，是有其有用性（甚至多用性）、稀缺性和区域性（不均衡）。在《通论》中我们重点讨论了这些问题。在分论中，我们则更加紧紧抓住每种门类资源的特殊性，或者说是其中最特殊的特点，来阐释该门类资源在自然资源和生态系统中的地位和作用，研究其特有的经济运行规律和规制特点。比如水，最重要的特点是其流动性。地表水和地下水均是流体，具有流动性，二者之间转化频繁，且都与大气降水的补给有关。地表水资源和地下水资源的数量和质量都具有动态的特征，当外界条件变化时，其数量和质量也会变化。因此，自然资源部在组建伊始就委托有关单位开展了水平衡问题的研究。孔子曰："夫水，大遍与诸生而无为也，似德。其流也埤下，裾拘必循其理，似义。其洸洸乎不淈尽，似道。若有决行之，其应佚若声响，其赴百仞之谷不惧，似勇。主量必平，似法。盈不求概，似正。绰约微达，似察。以出以入，以就鲜洁，似善化。其万折也必东，似志。是故君子见大水必观焉。"① 孔子又曰："智者乐水"②。水处天地之间，或动或静；动则为涧、为溪、为江河；静则为池、为潭、为湖。水遇不同境地，显各异风采；经沙土则渗流，碰岩石则溅花；遭断崖则下垂为瀑，遇高山则绕道而行。"流水不腐，户枢不蠹"③ 又蕴含着深刻的哲学道理。老子曰："上善若水，水善利万物而不争"，而万物莫能与之争。《管子·水地》篇则云，"地者，万物之本原，诸生之根菀也……水者，地之血气，如筋脉之通流者也。""水者何也？万物之本原也"，"是以圣人之治于世也，不人告也，不户说也，其枢在水"。水的统称有江、海、泽、渚、汇、川、潴等，《尚书·禹贡》提到了 52 条河，《诗经》中有 35 条河，《山海经》记载了 311 条河，《汉书》中有 9 条江、10 条河，《水经注》里面有 38 条河流称为"江"，71 条河流称为河，"南江北河"隋唐定型。习近平总书记提出："黄河、长江都是中华民族的母亲河。保护母亲河是事关中华民族伟大复兴和永续发展的千秋大计。"④ 人类文明起源于流域，城乡发展依托于河流。母亲河与

---

① 荀子 [M]. 北京：中华书局，2015.
② 论语 [M]. 北京：中华书局，2006.
③ 吕不韦. 吕氏春秋 [M]. 武汉：崇文书局，2023.
④ 孔祥武，孙振."实"字扑面干劲足——二〇二四年省级两会观察 [N]. 人民日报，2024 – 03 – 02（4）.

国家民族以及省市县沿河区域人民世代繁衍生息紧密相关，对所在流域区域地貌发育演化、生态系统演变、经济社会发展、文化传承和民族象征等起到重大作用。全国范围内，将永定河、潮白河、白洋淀、西辽河、黑河、石羊河等 88 条（个）河湖纳入《母亲河复苏行动河湖名单（2022—2025 年）》，其中河流 78 条、湖泊 10 个，跨省河流 14 条、省内河湖 74 条（个），涉及 20 个省、自治区、直辖市。

再比如土地，其特有的特点就是位置的不可移动性，地理位置的固定性，即土地位置不能互换，不能搬动。不动产说的就是土地和土地上的定着物，指依自然性质或法律规定不可移动的财产，包括土地和房屋、矿权等土地定着物以及与土地尚未脱离的土地生成物、因自然或者人力添附于土地并且不能分离的其他物。禹铸九鼎，划九州，定五服。九鼎分置九州，山川名物记其上。土地分五色，青、红、白、黑、黄，代表五方、五行、五帝。《管子·八观》云："彼民非谷不食，谷非地不生，地非民不动，民非作力，毋以致财"，王符《潜夫论·实边》云："夫土地者，民之本也，诚不可久荒。"《管子·地员》把土地分为 5 类：渎田（平原）、坟延（蔓坡地）、丘陵、山林和川泽。然后在各类中再细分。渎田，分为息土（冲积土）、赤垆（赤色垆土）、黄唐（黄色盐碱土）、斥埴（盐质黏土）和黑埴（黑色黏土）5 种；坟延是平原和丘陵的过渡类型，未细分；丘陵细分为 14 种，按地势由低到高、泉水由浅到深排列如下：陕之芳（旁）、祀（陁）陕、杜陵、延陵、环陵、蔓（峦）山、付（附）山、付山白徒（土）、中陵、青山、（礊）山赤壤、侨（僥）山白壤、徒（土）山、高陵土山；山林，自高至低分为 5 类，各述其植物和泉水深度，最高称县泉，次为复（偩）吕（忲），再次为泉英，又次为山之材（佽），最次为山之侧，即山麓；川泽表示河、湖、沼泽岸边的土地，一部分在水下，一部分在岸上。这类土地根据植物的标志，从水下到岸上分为 12 种类型，称"十二衰"。《地员》篇的最后一部分为土地评价，根据各种土壤的生产能力划分等级，先分为上、中、下三等，每等又包括 6 种不同的土壤，共分为 18 个大类，共90 种。《周礼》载有土地治理，分"土宜之法""土会之法""土化之法"。"土宜之法"是辨别十二个地方的不同物产，帮助和教导人民定居、繁衍、从事农业和种植树木，促使鸟兽繁殖、草木繁荣。"土会之法"是把地貌、地质分为山林、川泽、丘陵、坟衍、原隰五类。"土化之法"是肥田的方法，用草木灰改良土壤，确定适宜种植的植物。"草人"负责这项工作。休耕是中国古代保持土地肥力的一项重要措施，也叫"爰田""辕田"等。中国传统经济思想乃至传统制度设计，均与土地密切联系，特别是"田制"和"典""佃"。"田制"最基本的三类方案为：孟子的"井田"、董仲舒的"限田"、北魏时期的"均田"，其他土地制度分配方案或多或少受上述三类方案的影响，并孕育出"地宜其事""算地"等农地管理和土地核算思想。关于"典"和"佃"，主要源于民间地权交易，包括所有权性质的"田骨""田底"等，占有权性质的"田面""田皮"等，并形成"胎借—租佃—押租—典—抵押—活卖—绝卖"层次分明且具有内在逻辑的地权交易体系。

又比如说矿。其最有别于其他资源的特点是隐蔽性。矿产资源一般隐藏于地下，离开人类物化劳动，其位置、规模、特点未知。探矿权人从开始实施勘查工作到发现可供开采的矿体需要一个漫长的过程。据对 127 座矿山发现史的研究，一座矿山从发现到商业生产的平均时间为 15.7 年，其中最短为 6 年，最长为 32 年。[①]发现一座矿山的成功率，一般为 0.1% ~ 1%（一般仅指金属矿山）。当然，矿也不能笼而统之。石油在地下是流动的，类似于水。砂石土等建筑材料，在地表显而易见，与土地类似。周朝就有矿产资源管理部门，曰职金。职金负责掌管有关"金、玉、锡、石、丹、青之戒令"，就是负责管理金、玉等矿物开采的有关事务，并向开采者征税。《周礼·地官》："卝（'卝'为'矿'字的古体）人：中士二人，下士四人，府二人，史二人，胥四人，徒四十人"。"掌金玉锡石之地，而为之厉禁以守之。若以时取之，则物其地图而授之，巡其禁令。"郑玄注释《周礼》说："卝之言矿也。金玉未成器曰矿。"《山海经》记载矿物 89 种，矿产地 309 处。《管子·地数》记载："苟山之见荣者，谨封而为禁。有动封山者，罪死而不赦。有犯令者，左足入，左足断，右足入，右足断。"《汉书·食货志》："敢私铸铁器，煮盐者，钛左趾，没入其器物。"中国历史上主张由国家专营盐业、矿产（盐铁专卖）及采取各种方式控制山林川泽。"官山海"一词见于春秋齐国管仲《管子·海王》："唯官山海为可耳"。"管山海"语见《盐铁论·贫富》："食湖池，管山海"。七千年的人类征服史，均与矿产资源息息相关。在整个石器时代，人类制作工具不论是石器或是陶器，其原料都是石头和黏土。一部人类文明史，也是一部开发、利用矿产资源的历史；一部工业文明史，也是一部矿业文化发展史。正因如此，历史学家将从古至今人类在某一阶段利用的主要矿产资源种类作为文明发展阶段的命名，依次划分为石器时代、陶器时代、青铜器时代、铁器时代等。矿产资源的开发利用，与生产力的发展一直息息相关，改进了劳动工具，拓展了劳动对象，塑造了

[①] 余韵，左力艳，马腾.从矿床发现到矿山投产平均所需年限研究及启示［J］.中国地质，2023，50（3）：971 - 974.

丰姿多彩的文明形态。

　　例子不更多枚举。显而易见的是，自然资源管理，是基于不同门类资源的普遍性和特殊性，始终坚持综合管理与分类管理相结合。《周礼》是我国第一部完整、系统叙述国家机构设置、职能分工的著作，是"设官分职"的制度和法规总集。全书共计 6 篇：《天官冢宰》《地官司徒》《春官宗伯》《夏官司马》《秋官司寇》《冬官司空》。每篇分叙文、叙官、职文三部分。叙文述说设官之由，以"惟王建国，辨方正位，体国经野，设官分职，以为民极"冠首；叙官列举该官所属官府、爵位、人员编制并体现上下关系；职文则明确官位职责、地位作用和事务。《天官冢宰》中，"以九职任万民：一曰三农，生九谷；二曰园圃，毓草木；三曰虞衡，作山泽之材；四曰薮牧，养蕃鸟兽；五曰百工，饬化八材；六曰商贾，阜通货贿；七曰嫔妇，化治丝枲；八曰臣妾，聚敛疏材；九曰闲民，无常职，转移执事"。其中许多与自然资源开发利用有关。《周礼·天官·大宰》中规定"九赋""九贡"："以九赋敛财贿：一曰邦中之赋，二曰四郊之赋，三曰邦甸之赋，四曰家削之赋，五曰邦县之赋，六曰邦都之赋，七曰关市之赋，八曰山泽之赋，九曰币馀之赋。""以九贡致邦国之用：一曰祀贡，二曰嫔贡，三曰器贡，四曰币贡，五曰材贡，六曰货贡，七曰服贡，八曰斿贡，九曰物贡"，许多同样与资源开发利用有关。《地官司徒》叙官，从大司徒、小司徒、乡师/比长、封人/均人、师氏/媒氏、司市/掌节、遂人/土均、草人/羽人、掌葛/槁人，总共 78 种官职，所属官府五十八种，主要职责是管理土地和人民，其中专设掌管山川、场矿等的部门，包括山虞、林衡、川衡、泽虞、迹人、矿（卝）人、囿人、场人等。《周礼》所记载的政治制度，在我国封建社会中影响深远，历代封建王朝的中央官制，都与六官框架有关。自然资源的系统性与单类资源的特殊性是一对矛盾关系，自然资源管理的综合性与分类管理的专业性需要平衡。单门类资源的特殊属性决定了其分类管理的必要性，分类专业化管理有助于提升单类资源管理的精细化水平。

　　许多国家在综合管理组织架构下都建立有单门类资源专业管理机构，实现了同一类事尽可能交由一个部门管，以消除部门冗余和职能重叠。如美国以内政部为主、多部门共同参与的自然资源管理体制。美国联邦 15 个部中有 8 个部涉及自然资源管理，其中，内政部负责保护和管理国有土地上的自然资源和文化遗产，提供有关自然资源和自然灾害的科学和其他信息。美国内政部 1849 年刚成立时，相当于一个"管家部"，合并了土地总署（属财政部）、专利局（属国务院）、印度事务办公室（属战争部）和军事养老金办公室（战争和海军部门），承担广泛责任。自 20 世纪初保护主义改革运动及其他部门的成立，使内政部更加趋向于聚焦自然资源事务，并开始逐渐脱离"管家部"的名声。此后，不断有将内政部更名为自然资源部的呼声，几届政府也采取了一定的措施①。同样，美国 50 个州中有 40 个州采取了相对综合的自然资源管理体制。作为管理对象的自然资源的内涵和外延也不断扩大，比如洞穴、沙漠、荒地等都作为自然资源。另有 7 个部也涉及自然资源管理，即农业部、商务部、能源部、劳工部、住房和城市发展部、环境保护署（大国中唯一的一个非内阁部的环境部门。但美国宪法规定环境保护权限主要在州）、陆军部下属的陆军工程兵团。其中，农业部负责综合利用和保护自然资源，对美国的土壤、水资源、森林和野生动植物资源等进行综合的利用和管理。商务部负责海洋和天气变化研究，管理海洋和沿海资源的开发、利用和保护，开展灾害预报与减灾工作。能源部负责应用革新的科技手段解决能源、环境和核能带来的挑战，通过国防、防止核武器扩散和环境保护措施加强核安全。住房和城市发展部负责制定的合理的住房供给法案，确保每个个人及家庭都能不受歧视地购买住房。环境保护署负责保护人民居住环境，保障美国拥有洁净的空气、土地和水资源，综合考虑美国的环境管理特征并制定环境政策。美国陆军工程兵团负责规划、设计、建设、运营和管理水资源及相应的工程。从本质上来说，美国自然资源是按照所有权进行分权独立管理的。美国土地、矿产、水、森林和海洋等资源的所有权属于联邦政府、州政府和私人所有。美国内政部只负责管理联邦公共土地内的自然资源。具体规定如下：联邦主要负责管理联邦政府所有的土地及其上面的矿产、森林、水、海岸线 3 英里以外的海洋及其海底的矿产等，联邦所有土地占 32%。州主要负责管理州政府所有的土地及其上的矿产、水和森林等，沿海各州还管理 3 英里以内的海洋资源，州及地方政府所有的土地占 10%。私人土地则由土地所有者自主经营管理，私人所有土地占 58%，主要分布在东部。

　　统分结合的自然资源治理体系决定了综合与分类相结合的中国自然资源经济学学科体系。古典经济学视域下，自然资源是财富的源泉，是增长的动力，是生产力进步的基础。这期间，自然资源经济学尚未作为一门独立的学科产生，而是以一种综合的方式体现在古典经济思想之中，重点研究的是自然资源的经济属性，突出的

---

① 罗斯福总统在任期间的内政部部长哈罗德·L. 伊克斯（1933—1946），提议将内政部改组为"保护部"，试图将森林局以及陆军工程兵团的民事职能、其他以资源为基础的职能包括进来。1949 年，总统机构委员会的一个工作组（胡佛委员会）建议成立自然资源部——重组内政部，把森林局包括在其中。但是委员会拒绝接纳该建议。1973 年，内政部部长罗格斯·C. B. 莫顿提出了组建能源和自然资源部的建议，包含内政部和其他机构，比如原子能委员会。结果是，国会成立了一个新的内阁部，即独立的能源研究和开发管理局，为的是解决 20 世纪 70 年代国家当务之急（能源部的前身）。能源部成立于 1977 年，从内政部中把阿拉斯加、博奈维尔，东南和西南电站管理以及矿山和垦务局的某些职能分离了出去。

是资源禀赋和国家财富。新古典经济学和新增长理论视域下，尽管自然资源让步于技术与资本，但这一阶段自然资源经济学飞速发展，各具体门类的资源经济学也迅猛发展，突出自然资源、劳动力和资本三种生产要素的关系，由此而对资源配置、市场交换、收入分配、周期波动等问题进行相对深入的研究。这期间，自然资源经济学和单门类资源经济学是并行的。随着单门类资源经济学研究的不断深入，随着技术的不断进步，以及随着对自然资源支撑极限增长引发生态环境危机的反思和生态经济学的引入，自然资源经济学同时突出自然资源的经济属性和生态属性、考虑资源生态"一体两面"。这期间，自然资源经济学、生态经济学以及自然资源和环境经济学并行发展，同时又指导单门类资源经济学的发展和完善，单门类资源经济学为自然资源和环境经济学提供了新的独特的视角。随着中国经济社会持续稳定发展，改革开放40多年的成就改变了全球资源版图，影响了世界资源经济运行，对国际资源经济秩序注入了新的活力，自然资源经济学的发展进入了全新的阶段。对自然资源经济属性的研究进一步深化，包括产权、收益、价值、配置、治理等理论迅猛发展，对于生态属性的研究也在深化，包括绿色 GDP 核算、生态产品价值实现与生态系统服务等进入研究的主旋律。由于自然资源的多重属性而产生的开发与保护的两难选择，更加凸显自然资源经济学"一体两面"理念、理论、方法、制度研究的重要性。近年来，有关自然资源生产、利用、保护和分配如何使长期社会总福利最大化，以及在气候变化背景下实现可持续发展，已成为自然资源经济学着力解决的问题。自然资源经济学是资源科学与经济科学的交叉学科，其知识边界涉及经济学、地质学、管理学、生态学、海洋科学、地理学、法学等，其资源门类包括矿产、土地、森林、草原、水、海洋等，其经济思想跨度涵盖了重农主义时期、重商主义时期、古典经济学、新古典经济学、现代经济学等多个历史维度。

<h2 style="text-align:center">四</h2>

中国自然资源经济学要肩负起促进新质生产力发展和促进人与自然和谐共生现代化建设的历史重任。新质生产力从优质自然力中孕育。自然资源始终是与生产力联系在一起的。马克思主义政治经济学对象是生产力和生产关系，是偏重生产关系还是生产力，取决于所处阶段的研究任务。马克思主义经济学对资本主义的分析，任务是揭示资本主义被社会主义替代的客观规律，研究对象偏重生产关系，也就是研究资本主义生产关系对生产力发展的阻碍作用。我国进入社会主义社会时，生产力水平没有达到并超过发达的资本主义国家的水平。中国特色社会主义政治经济学

的一个重要内容就是明确我国还处于社会主义初级阶段。这个阶段社会主义的本质就是解放生产力，发展生产力，消灭剥削，消除两极分化，最终达到共同富裕。中国特色社会主义的实践不只是生产关系的改革和调整的实践，还是发展生产力的实践。处于社会主义初级阶段的中国特色社会主义政治经济学必须把对生产力的研究放在重要位置，是研究在一定生产关系下的发展生产力的经济学。对生产力，研究什么？邓小平说：不能只讲发展生产力，一个是解放生产力，一个是发展生产力，应该把解放生产力和发展生产力两个方面讲全了。习近平总书记指出，"绿水青山就是金山银山，阐述了经济发展和生态环境保护的关系，揭示了保护生态环境就是保护生产力、改善生态环境就是发展生产力的道理"①。中国特色社会主义政治经济学理论体系的构建，就是要建立解放、发展和保护生产力的系统化的经济学说。解放生产力属于生产关系层次的改革和完善，涉及基本经济制度的改革和完善。发展和保护生产力，涉及的是经济发展的两个方面：前者是增进物质财富，后者是增进生态财富。生产力每一点滴的进步，均与自然资源有关。生产力三要素，劳动者、劳动工具、劳动对象，均与自然资源有关，并通过自然资源使得自然生产力和社会生产力统一起来，也使得自然资源的开发利用和保护有机统一起来。人具有自然、社会属性双重性，资源也具有经济、生态属性双重性，二者之间的互动辩证关系决定了生产力和自然力是马克思人与自然关系思想的一体两面。

马克思1845年撰写《德意志意识形态》时，对生产力概念进行了哲学上的阐释。马克思恩格斯写道："一定的生产方式或一定的工业阶段始终是与一定的共同活动的方式或一定的社会阶段联系着的，而这种共同活动方式本身就是'生产力'"。在《资本论》中，马克思对生产力概念做了不同角度、不同侧面的阐释。在讲到商品的二重性（使用价值和价值）与劳动的二重性（具体劳动和抽象劳动）时，马克思说："生产力当然始终是有用的具体的劳动的生产力（简称'具体生产力'），它事实上只决定有目的的生产活动在一定时间内的效率。"与"具体生产力"概念相对应的是"一般生产力"。"一般生产力"创造商品的价值。这种生产力，不是以具体的形式存在，而是以一般的形式或抽象的形式存在，指在一般的意义上具有生产商品的能力。马克思把交通运输工具、自然科学、劳动的社会生产力和劳动的自然生产力等都称为"一般生产力"。② 马克思说："我们不论是从矿山弄来金属矿石，还是把商品运到商品消费地去，这同样都是位置的移动。改善交通运

① 中共中央党史和文献研究院. 习近平关于自然资源工作论述摘编［M］. 北京：中央文献出版社，2024：9.
② 赵家祥. 马克思《资本论》及其手稿中的生产力概念［J］. 党政干部学刊，2012（6）：3 - 13.

输工具也属于发展一般生产力的范畴。"

马克思在《资本论》中指出:"既然生产力属于劳动的具体有用形式,它自然不再能同抽去了具体有用形式的劳动有关"。"劳动首先是人和自然之间的过程,是人以自身的活动来中介、调整和控制人和自然之间的物质变换的过程。……当他通过这种运动作用于他身外的自然并改变自然时,也就同时改变他自身的自然。"马克思的生产力概念与人们在生产过程中和自然发生关系的能力有关,是人通过生产劳动与自然进行物质能量的交换过程中使人与自然协调发展的过程。而生产力的基本要素——劳动者、劳动对象、劳动资料——都是人和自然相互作用的出发点和产物,但凡离开了自然,生产力便无从谈起。首先,劳动者本身是自然的产物,人类的生存和发展不能离开自然。其次,劳动资料是劳动者置于自己和劳动对象之间、用来把自己的活动传导到劳动对象上去的物或物的综合体。另外,劳动资料中最主要的生产工具和技术或直接来源于自然,或是人们在自然物的基础上加工而成。

《马克思恩格斯全集》中,近300次谈及自然力思想。狭义的自然力指自然界的自然力,即"单纯的自然力"或"纯粹的自然力"。如"水、风、蒸汽、电""瀑布""富饶的矿山""盛产鱼类的水域"等。自然界的"自然力",一旦被应用于生产过程,就成为人类改造自然界的客观物质力量,转化为"自然生产力"。无人类扰动时,自然力按照新陈代谢规律,形成相对稳定的平衡系统。超过自然力承载阈值后,"自然力也对人进行报复",对生产力会造成负面影响,导致新陈代谢断裂,甚至是毁灭式的灾难。广义的自然力除了自然界的自然力还包括人的自然力、劳动的自然力和机器的自然力几种。

自然力与生产力辩证统一。首先,基本内涵内在统一。狭义上,生产力一般指"人类利用自然和改造自然、进行物质资料生产的能力",自然力可概括为"自然生产自身并支撑人类可持续发展的能力"。生产力与自然力互动的终极目标是实现"两个和解",即"人和自然之间、人和人之间的和解"。在"两个和解"初级阶段,自然主义不等于人道主义,解决生态危机和经济危机是主要任务,狭义的生产力与自然力的良性互动决定人与自然的和谐程度。广义上,生产力指社会生产力和自然生产力等共同构成的生产力,自然力是人类与自然等各种自然物质天然固有的力量。"两个和解"的终极阶段,自然主义等于人道主义,解决人与自然关系的异化问题是主要任务,广义生产力与自然力合二为一。其次,组成要素彼此交织。"一切生产力归结于自然力"。劳动者、劳动资料、劳动对象皆"归结于"自然力。自然力是"一切劳动资料和劳动对象的第一源泉"。再次,转化动力源于科技。

"生产过程从简单的劳动过程向科学过程的转化，也就是向驱使自然力为自己服务并使它为人类的需求服务的过程的转化"。发掘、利用自然力，制成新工具、形成新原料，使自然力由潜在生产力性质变成现实生产力。最后，一荣俱荣，一损俱损。生产力与自然力相依相存，自然力可持续利用是生产力发展的基础，生产力发展是拓宽自然力范围边界、提升自然力利用水平的保障。二者也相互制约，马克思强调资本主义生产为获取剩余价值掠夺性地使用自然力，导致自然系统能量输出大于补偿的物质变换断裂并提出，社会化的人，联合起来的生产者，将合理地调节他们和自然之间的物质变换，把它置于他们的共同控制之内，而不让它作为盲目的力量来统治自己；靠消耗最小的力量，在最无愧于和最适于他们的人类本性的条件下来进行这种物质变换是"两个和解"的路径。

缺少自然力的生产力理论是不完整的生产力理论。缺少对自然力理论的探讨，在指导实践活动时将造成人与自然的对立。将马克思自然力与生产力理论结合学，把握马克思关于人与自然关系思想的精髓，将为融会贯通落实习近平生态文明思想和习近平经济思想，丰富中国特色自然资源经济学，支撑自然资源管理实践提供理论依据。新质生产力发展要求丰富自然力内涵。优质自然力应指自然资源支撑人类生产生活生态需求、持续提高当前和未来福利的能力，具有高效用、强稳定、优服务特征，以统筹资源要素高效供给、自然资产保值增值、国土空间格局优化、生态系统服务提质为基本内涵，以有力有序促进自然生产力转化形成新质生产力发展为核心标志。优质自然力保护要求遵循自然规律、发现自然价值。在生态文明建设压力叠加、负重前行的今天，仅在服务物质生产的范围内研究自然力仍不够，需我们构建保护优质自然力的理论与路径。这要求促进社会科学与自然科学的深度融合，破解自然生态系统与社会经济系统、自然系统内部均衡、非生命自然系统与生态系统均衡难题。另外，"'未开发的自然资源和自然力'是'无偿的生产力'"这一观点不符合时代的发展需求，自然资源及其产品价格偏低、生产开发成本低于社会成本等问题正是自然力受损的关键。

优质自然力与新质生产力是人与自然和谐共生的"一体两面"。锚定人与自然和谐共生的现代化目标，"统一行使全民所有自然资源资产所有者职责"，解放、发展和保护生产力，提升生产关系与社会生产力适配性、促进自然生产力向先进生产力转化、推动潜在自然力保障社会生产力发展；"统一行使所有国土空间用途管制和生态保护修复职责"，探索、调节、滋养自然力，提升自然力认知与把握能力，提升生态系统质量和服务能力，促进生产力反哺自然力。立足"严守资源安全底线，优化国土空间格局，促进绿色低碳发展，维护资源资产权益"工作定位，打造自然资源管理五大核心竞争力，促进二力互动，推动形成人与自然和谐发展的现代化建设新格局。第一，新质资源配置能力决定二力互动的物质基础保障能力。一是新质资源安全稳定供应，全力推进新一轮找矿突破战略行动，全面提升产业链供应链韧性和安全水平。二是积极发展蓝色生产力，培育壮大海洋战略性新兴产业，提升对深海极地新疆域的认识、保护和利用能力。三是强化自然资源要素创新性配置，要摆脱传统经济增长方式、生产力发展路径，以尽可能少的资源投入生产尽可能多的产品、获得尽可能大的效益，也要避免资源的过度集中利用，造成"物质代谢断裂"和自然力的破坏。第二，生态保护修复能力决定二力互动的生态根基培育能力。一是守住绿水青山，维护国家生态安全屏障，把构建以国家公园为主体的自然保护地体系，作为加强自然生态系统原真性、完整性保护的重要手段；把防治地质、海洋、林草灾害作为保护民生福祉必须坚守的底线。二是恢复绿水青山，提升生态系统多样性、稳定性、持续性，把构建从山顶到海洋的保护治理大格局，作为统筹山水林田湖草沙一体化保护修复的顶层设计；把统筹实施"山水"工程、矿山修复、海洋修复、全域土地综合整治，作为提供更多更优质生态产品的标杆旗帜；把实施生态系统碳汇能力巩固提升专项行动，作为助力碳达峰碳中和的关键举措。三是增值绿水青山，不断优化自然资源领域生态产品价值实现机制，培育大量生态产品走向市场，让生态优势源源不断转化为发展优势。第三，国土空间治理能力决定二力互动的空间载体承载能力。一是尊重经济规律，以国土空间为载体，充分激发生产要素间的"化学反应"，助力劳动者、劳动资料、劳动对象及其优化组合跃升，推动全要素生产率提升，促进空间开发布局、强度与结构与传统产业、新兴产业、未来产业发展格局相匹配。二是尊重社会规律，坚持以人民为中心，促进塑造高品质城乡人居环境，提升人民群众的获得感、幸福感、安全感，促进生活空间品质与人民日益增长的美好生活需要相匹配。三是尊重自然规律，把握人口、经济、资源环境的平衡点推动发展，以主体功能区为载体，充分发挥国土空间规划的基础性作用，科学布局生产、生活、生态空间，统筹划定落实三条控制线，健全覆盖全域全类型、统一衔接的国土空间用途管制制度，促进人口规模、产业结构、增长速度与资源环境承载能力相匹配。第四，自然资本增值能力决定二力互动效能。一是构建与生产力匹配的生产关系，构建归属清晰、流转顺畅、保护有力的自然资源资产产权制度，实现"资源变资产、资产变资本、资本变资金、资金护资源"全流程闭环；二是提升自然资源要素市场化配置水平，建立反映市场供求和资源稀缺程度、体现生态价值、代际补偿的资源有偿使用制度和生态补偿制度，打通制约经济循环的关键堵点；三是发挥全民所有自然资源资产所有者职责统一行使的优势，推动全民所有自然资源资产组合供应和制度建设，促进资源资产资本保值增值、促进全体人民共同富裕。第五，自然科技创新能力决定二力互动动能。强化深地探测、深海极地探测、深空对地观测关键技术攻关，统筹推进科技研发、科技改革、科技人才、科技平台建设，重点推进耕地保护与能源资源保障、国土空间规划、生态保护修复、灾害监测防治、调查监测与智能化测绘技术研发，开展自然资源重大基础理论问题研究，有效提升新质生产力保障能力、优质自然力供给能力，有序推进自然力潜在自然力向自然生产力、自然生产力向社会生产力转化。

新时代经济发展是生态文明下的经济发展。不断丰富发展的习近平经济思想和习近平生态文明思想是新时代自然资源工作支持经济发展的根本遵循和行动指南。生态文明建设与经济建设统一于"人与自然和谐共生"、统一于"新质生产力发展"、统一于"中国式现代化建设"。一是以人民至上超越资本至上。资本至上是社会经济－自然生态系统新陈代谢断裂的根源[①]，人民立场是马克思主义的根本政治立场，是决定我们能否跨越资本主义"卡夫丁"峡谷、弥合新陈代谢裂隙的关键。要坚持自然资源社会主义公有制，建立归属清晰、权责明确、保护严格、流转顺畅、监管有效的自然资源资产产权制度，保障自然资源的经济价值、社会价值、生态价值由全民分享。在按劳分配为主体，多种分配方式并存的社会主义的分配制度下，健全自然资源收益分配制度，建立健全国有自然资源出让收益全民共享机制；将生态保护补偿、生态环境损害赔偿等作为要素参与分配与再分配；建立健全促进农民收入较快增长的长效机制，合理分享土地增值收益。二是以系统观念超越经济理性。经济理性是资本至上价值导向下的方法论，缺少生态、社会、政治等多元理性的决策维度，基于个体主义的决策视角会陷入机械还原论。"五位一体"总体布局、新发展理念、中国式现代化，都遵循系统观念，是一个整体，提出的要求是全方位的、多层面的，是我国发展进入新阶段、我国社会主要矛盾发生变化的必然要求。自然资源配置的理性维度可归纳为经济、社会、生态、政治、法律五个维度。每个维度都包含价值理性和工具理性两个层面，在价值理性层面，经济理性追求效率，要实现个体利益最大化；社会理性追求公平，要实现集体利益最大化；生

[①] 新陈代谢断裂指，在资本主义资本至上的生产方式下，大土地私有制与对剩余价值增殖的追求，使参与生产的人异化，每天都只参与"生产"，与他人割裂；大土地私有制造成劳动者与生产资料分离，城与乡分离，进而造成社会经济系统的新陈代谢断裂。也使自然异化成了只有经济价值的"商品"，人与自然就此好像分隔在了"两个世界"，造成了社会经济系统与自然生态系统之间的新陈代谢断裂。更使得资源在市场上的需求远远脱离了资源实际使用需求，出现产品生产的需求大于自然生产的能力，从而产生了自然生态系统的新陈代谢断裂。

态理性追求可持续，要实现人与自然生命共同体利益最大化；政治理性追求决策机制的共赢，要实现共识的最大化；法律理性追求有利于实现社会良好运转的秩序，要实现社会成本最小化。在工具理性层面，五种理性均通过经济学成本－收益分析的范式实现，具体而言，经济理性通过对生产者利润最大化和消费者边际效用最大化的一般均衡分析实现，社会理性通过个人与集体效用最大化的公约数实现，生态理性通过将生态损益纳入经济的成本收益分析实现，政治理性通过公共选择机制实现，法律理性通过产权制度设计实现。三是以有效市场、有为政府超越帕累托最优。自由市场达到帕累托最优①是一个理想化的经济状态。要达到这种状态，自由市场需要满足完全竞争市场、信息对称等系列假设条件，稍不留神就会陷入市场失灵，无法达到资源的最优配置状态，也可能会造成环境负外部性、财富两极分化等问题。"在社会主义条件下发展市场经济，是我们党的一个伟大创举"，"推动有效市场和有为政府更好结合"，彰显社会主义制度优越性，是社会主义市场经济实现"帕累托最优"路径。围绕自然资源"产权化—资产化—资本化—产业化"全链条的市场配置，在微观经济系统层面，市场发挥主导作用，通过市场机制把有限的资源配置到预期效益好的部门和企业，实现自然资源的节约、高效利用，政府通过国有企业参与市场、通过市场监管维护市场运行、通过搭建交易平台和促进信息对策服务市场运行。在宏观经济系统层面，政府发挥主导作用，通过基本制度、政策工具相结合，来引导市场、创建市场、服务市场和监管市场，从而使市场机制最大限度发挥作用。基本制度包括产权制度、交易制度、监管制度和调控制度。政策工具包括规划等引导市场政策工具，资源储备、税费、补贴等利用市场政策工具，生态产品、指标交易等创建市场政策工具，权属登记、交易监测等服务市场政策工具，市场准入、用途管制、行政许可、市场监督、法律追责等监管市场政策工具。四是以新质生产力超越传统生产力。新质生产力区别于其他生产力的先进之处在于，"绿色生产力"是其底色，"摆脱传统经济增长方式、生产力发展路径"是其方向，"符合新发展理念"是其质态。新质生产力需要优质自然力有力有序持续供给。要履行"两统一"核心职责，不断解放、发展和保护生产力，提升生产关系与社会生产力适配性、促进自然生产力向先进生产力转化、推动潜在自然力保障社会生产力发展；不断探索、调节、滋养自然力，提升自然力认知与把握能力，提升生态系统质量和服务能力，促进生产力反哺自然力。

---

① 指市场达到均衡时，商品的供给等于需求，资源得到了最有效的配置，任何重新调整都不可能在不使其他任何人情况变坏的情况下，而使任何一个人的情况变得更好。

要全面贯彻落实习近平新时代中国特色社会主义思想,特别是要同步践行习近平经济思想和习近平生态文明思想,促进优质自然力与新质生产力良性互动,推动形成人与自然和谐共生的现代化建设新格局,需要发展适应新时代要求的新自然资源经济学。需求是发展的动力;同时,改革开放以来的伟大实践特别是近二十多年来的伟大实践,为发展新自然资源经济学提供了厚实的土壤。新自然资源经济学要以习近平新时代中国特色社会主义思想特别是习近平经济思想和习近平生态文明思想为指导,推动中华优秀传统文化的创造性转化和创新性发展。新时期自然资源经济学的历史使命是,坚持节约优先、保护优先,不断丰富和发展两山理论与山水林田湖草沙生命共同体理论,以要素保障为核心发展生产力,以资源产权改革为核心解放生产力,以生态系统修复为核心保护生产力,为新质生产力注入新的活力,妥善处理好高水平保护与高质量发展、高水平安全、高品质生活的关系,强化要素保障实现资源安全,优化空间分区实现结构均衡,深化产权改革实现资源权益,实化保护修复实现美美与共,正确处理人与自然关系,统筹资源、资产、空间、生态和环境,促进优质自然力与新质生产力良性互动,推动形成人与自然和谐共生的现代化建设新格局。

五

在《通论》中,我们以自然资源产权为核心,以自然资源开发利用和保护中的各种关系尤其是经济关系为基础,以自然资源资产及其生态系统服务价值核算为抓手,以自然资源要素市场化配置为关键,高效利用资源,促进绿色发展,保障资源安全,解决资源开发利用和保护的负外部性问题,实现人与自然和谐共生,研究和解决一系列自然资源开发利用和保护中的经济问题。

本书是中国自然资源经济学的第二卷《中国自然资源经济学分论》(以下简称《分论》)。在《通论》的前言中我们提到,中国自然资源经济学分三卷组织。第一卷是中国自然资源经济学通论,第二卷是中国自然资源经济学分论,第三卷将是空间经济学,围绕生产、消费、交换、分配,微观、中观、宏观,非线性、非均衡性等不同角度,探讨空间的内涵及自然资源与经济活动在空间上的配置。基于现在的研究积累和认识深度,我们要对这个安排做一些简单的调整。第三卷原定出版空间经济学,主要是基于资源与空间的关系排布,资源是空间的资源,空间是资源的空间。国土既是发展新质生产力的空间载体,也是生态文明建设的空间载体,但其中的关系比较复杂,特别是将生态环境分区、城市功能分区、国土空间分区、经济区划以及生产力布局、资源和产业规划等在不同空间尺度上融为一体实施主体功能区战略，相互重叠的空间准入程序，以及一些特殊空间的开发利用和保护等方面的研究还存在一定的欠缺，尤其是考虑到我本人以及我的团队由于其他一些原因近五年直接从事这方面一线工作较少，且我即将退休，尽管"夕阳未必逊晨曦，昂首飞鬃奋老蹄"①"老牛自知夕阳晚，不须扬鞭自奋蹄"②，但在这么一个相对较短的时间内完成空间经济学的编著我信心不足。综合考虑，我们决定推迟空间经济学的出版。现在的初步考虑是，在《通论》《分论》之后，再继续出版两卷，第三卷是《各论》，包括《中国矿产资源经济学》《中国矿产勘查经济学》《中国土地经济学》等；第四卷是《专论》，包括《自然资源规划经济学》《自然资源产权经济学》《自然资本核算论》《自然资源法学》《空间经济学》等。当然，付梓的先后顺序会有变化，主持编写工作的研究人员也会有调整。

　　就本卷《分论》而言，《建立综合与分类相结合的中国自然资源经济学学科体系》（张新安研究员）之后，前两章分别就不可更新和可更新资源这两大类自然资源不同的经济运行规律进行分析，其中第一章不可更新资源利用与管理（孟旭光研究员、郭冬艳副研究员），系统阐释了不可更新资源的概念、性质，以及可更新资源与不可更新资源的辩证统一关系，并根据是否具有重复利用的特性，对其进行了分类。探讨了不可更新资源优化配置的概念、原则、目标和相关理论方法。从不可更新资源可持续利用目标入手，探讨了不可更新资源可持续利用策略。最后，对中国特色不可更新资源经济学研究的逻辑起点、理论方法体系构建思路，以及研究重点进行了阐释。第二章可更新资源利用与管理（郭冬艳副研究员、孟旭光研究员、贾汉森助理研究员），系统阐释了可更新资源的概念、内涵和基本特征，并基于资源的更新条件、存在形式和产权归属进行了分类。基于自然资源调查监测的总体框架，探讨可更新资源在自然特性、经济和环境影响等方面的评价重点及要求。探讨了可更新资源优化配置的概念、原则和思路，重点从时间配置、空间配置两个维度，详细阐述了其基本原理和决策模型。最后，分别从资源、经济、社会、生态和安全等五个维度提出了可更新资源宏观管理目标，并以实现其可持续管理为导向提出具体的管理路径。第三章和第四章，我们换了一个角度，分别论述生物多样性与生态系统服务，以及地质多样性与地质系统服务。我们没有篇幅论述地质多样性和生物多样性以及生态系统服务和地质系统服务的关系，但我们在其他内容中已经

---

① 出自袁晓园诗《述怀》。
② 出自臧克家诗《老黄牛》。

点题。其中，第三章生物多样性与生态系统服务（姚霖研究员、王飞宇研究实习员），从基本概念出发，以自然资源管理经济关系为视角，基于更为广域的决策成本收益观，定量阐述了生态系统服务对社会经济发展的贡献，归纳了导致自然丧失的三大社会经济系统，定性评估了自然丧失对企业、商业、经济及社会带来的风险，辅以案例对决策忽视生物多样性保护做了归因分析，提出忽视生物多样性的根本原因是生物多样性和生态系统的公共物品属性。呼吁需要强有力的政策框架来确保决策的高效和公平，让生物多样性和生态系统服务成为主流，利用生态服务价值数据为决策提供信息，把价值评估纳入决策支持体系。主张适当监管既是某些生态系统服务市场发展的基础，也是监督市场有效性的机制。系统讨论了将生物多样性保护纳入自然资源决策的必要性与可行性，提出了增益生物多样性保护及提升生态系统服务功能的经济制度方案。第四章地质多样性与地质系统服务（余韵研究员、杨建锋研究员），从地质多样性概念出发，探讨了地质多样性经济价值的本质即为自然资本组成部分，地质多样性的价值包括内在价值和外在价值。首先阐释了地质系统服务的概念，梳理了地质多样性支撑人类福祉所提供的调节服务、支持服务、供给服务、文化服务等服务，将地质多样性与人类福祉紧密联系起来。其次详细介绍了地质多样性保育，并引入了地质多样性保育研究与实践所依托的一个非常重要的概念，即"保护自然舞台"。最后在阐述了地质多样性评估的概念的基础上，总结分析了现有地质多样性定性、定量、定性－定量评估的方法。

第五至第十三章，我们按水、土、气、能、矿、生（林、草、湿）、海的逻辑顺序，系统分析了9种要素资源的经济关系。其中土地和海洋，既是要素资源，又是空间载体，在本卷中，我们主要以资源要素角度来分析，作为空间载体的部分，我们将在《空间经济学》中进行论证。各章的重点、范围、体例，我们尽可能保持一致，但考虑到不同门类资源具体不同特点，所以，各章的重点可能会有不同的侧重点。第五章水资源经济（刘聪助理研究员、姜文来研究员、姚霖研究员），从水资源的概念出发，阐述了水资源的自然属性、社会属性、经济属性、生态属性和环境属性，介绍了中国水资源的资源量、开发利用量和水质等水国情。以水资源供需政策分析为切入口，基于水资源供给系统、需求系统、供需平衡的学理分析，讨论了水资源自然与社会供给的规律，分类对生产用水、生活用水和生态用水做了深度讲解，分析了用水需求预测的过量症结，厘清了在不同情景下的水资源供需平衡原理，梳理了水资源计划配置与市场配置的历史脉络。以水权、水价与水市场的学理和政策为线索，阐释了水权在水资源优化配置中的关键性作用，分析了水权对水资源配置的影响，提出了供水定价的效率原则、成本与利润原则、承受能力原则和区域定价原则，揭示了全成本水价是包括资源水价、工程水价、环境水价、利润和税收的综合，并以跨区域水交易、跨行业水交易、政府水交易和农户之间水交易为案例，系统分析了具有准市场属性的水市场运作机制。第六章土地资源经济（周璞副研究员、谭文兵研究员、侯华丽研究员、周伟副研究员），重点介绍了土地产权、土地市场、土地利用（保护）三个核心问题，以及耕地保护与经济发展的辩证关系。土地产权是土地市场交易、利用与经营的前提，土地的合理配置和利用是土地产权设立的目的。首先系统阐述了土地产权与分配、市场运行、利用与保护涉及的基本概念、基础原理、经济关系等，并基于我国土地公有制的基本国情，回顾了我国土地产权制度改革、市场体系建设、利用与保护的实践历程，阐释耕地保护的制度要求和成本收益机制，最后针对当前土地管理和耕地保护制度建设与改革的热点问题进行解析，提出未来的发展方向和治理策略。第七章气候资源经济（刘伯恩研究员、宋猛博士、刘芮琳助理研究员），在界定气候资源的概念、分类的基础上，分析了气候资源具有独特的自然、社会、经济属性，以及光能、热量、雨水、风能四类资源的空间分布特征。从经济发展角度，围绕农业、能源开发利用、旅游业等三个产业，论述气候资源对经济活动发展的基础支撑作用；从生态保护角度，按照农业、城市、自然三大生态系统类别，分析气候资源与生态保护之间的关系，着重体现气候变化对生态系统的影响及反向适应过程。从气候资源的权属确定、监测评估、综合区划、使用管制和保护利用等方面，概述气候资源相关管理制度。第八章能源经济（张所续研究员、冯帆研究实习员），从能源的概念、分类出发，在分析当前世界能源现状与趋势的同时，从三次能源革命与经济社会发展的关系等多个角度全面深入地探讨了能源与经济社会发展的内在联系。同时坚持问题导向，梳理分析能源转型与应对全球气候变化的辩证关系，结合我国的能源结构现状，分析提出了我国能源结构优化调整的路径。深入剖析石油、天然气、煤炭等贸易和价格形成机制，聚焦电力市场和电价，阐明能源价格变动趋于平稳是保障经济社会的运行与稳定的关键。最后在分析当前世界和平赤字、发展赤字、安全赤字、治理赤字不断加重的形势下，提出筑牢国家能源安全屏障的路径建议。第九章矿产资源经济（陈甲斌研究员、刘超副研究员、王嫱副研究员），从矿产资源的概念与阐释出发，介绍了矿产资源的成因与分类，分析了矿产资源具有的七大属性，阐述了国内外矿产资源分布和赋存现状与特点。基于矿产资源产业链条，系统介绍了地质调查、矿产勘查、矿山开采、选矿和冶炼、矿山闭坑和复垦等矿产资源勘查开发活动的五个阶段。进一步聚焦矿产资源产业链条各环节，深入分析了其中涉及的八项经济关系，包括地质调查与矿产勘查的关系、资源量与储量的关系、资源与资产的关系、供应与需求的关系、品位与价格的关系、成本与价格关系、价格与产业链供应链的关系、矿产资源税与费的关系。第十章森林资源经济（范振林研究员、乌佳美博士后、厉里助理研究员），作为一门微观社会经济学的独立分支学科，在中国还相对年轻，中国大规模开展资源经济研究始于 20 世纪 50 年代，至今仅有 70 多年时间。但是在西方国家，各种经济学流派很早就对森林资源经济学问题都有不同程度的分析和论述。本章以森林资源为对象，利用经济学理论和定量方法，分析森林资源供给、开发、利用、配置和保护等公共政策问题，并主要从分析森林资源的基本属性入手，研究相应的经济关系、法律关系与社会关系，在尊重森林资源共性与个性的基础上，建立体现"水库、粮库、钱库、碳库"四库的综合、协调、分类管理的经济学模式。具体包括森林资源基础理论、概念界定、属性功能、分类方式、地位作用、林权制度改革、优化配置、最优采伐周期与可持续利用途径以及森林经济学研究发展趋势。第十一章草原资源经济（王明利研究员、马晓萍博士、励汀郁副研究员、赵硕威研究实习员），着眼于草原资源，从不同自然区域、不同生产发展阶段以及不同的研究角度，综述草原的概念和范畴，分析了全球各类型情景下的草原资源分布特点。从不同地理位置的植物群落特征表现、气候条件等角度切入归类中国草原资源，依据"植被－生境学"将中国草原分为草原类、荒漠类、草丛类、草甸类、沼泽类；围绕草原畜牧业、草原特色产品开发、草原旅游业三大经济活动，描述了草原经济的内涵、规模、机遇、挑战和潜力，并结合两山转化的理念，采用"产品法"对草牧业产值指标进行了核算评价；融合经济开发与生态保护，记录草原产权制度演变过程，分析三权分置制度架构及效应；研究草原生物多样性的主要表现及科学、文化价值；立足自然资源管理，建立草原资源保护及合理利用的治理逻辑、政策手段、科技措施。第十二章湿地资源经济（马朋林副研究员），从湿地资源基本概念入手，分析中国湿地资源现状和特点，探究中国湿地资源管理的历史、现状和发展趋势。具体包括国际和国内对湿地概念、分类研究进展和历史进程的对比，总结湿地资源的自然、社会和经济属性特点，基于中国湿地资源现状和发展要求，在梳理中国湿地管理制度发展的基础上，展望中国湿地资源管理机制发展趋势，剖析处理中国湿地保护和开发利用中的经济关系和相关规律，提出湿地经济学发展趋势。第十三章海洋资源经济（段克副研究员、鲁栋梁教授、许玉萍讲师），紧紧围绕国家海洋战略部署，从海洋资源管理、海洋权益管理和陆海统筹的海洋经济发展等方面阐述了海洋资源经济学的基本内容。在对海洋资源进行综合分类的基础上概述了各类海洋资源状况；总结了各类海洋资源开发利用保护活动；阐释了海洋权益及国家海洋权益管理的内涵，依据《联合国海洋法公约》

和我国海洋法治体系对我国各类海洋权益管理进行了系统梳理；从海洋经济、海洋产业和蓝色金融三个方面探讨了海洋经济高质量发展的政策着力点。

第十四、第十五章，是具有空间概念的特殊客观实体，其中包含了各种要素资源的集合。第十六章是所有各类要素自然资源的"说明书"，是一种新型生产要素，所以我们也把这三章的内容纳入本卷，其中在第十四章中，我们原定还涉及了自然灾害特别是地质灾害经济学等章节内容，但由于时间关系未能完成，我们将把这部分内容纳入其他卷中考虑。第十四章地质环境经济（冯春涛研究员、孙晓玲副研究员、侯冰副研究员），从介绍地质环境内涵、基本特征和功能价值出发，基于地质环境资源是地质环境的基本要素，地质环境对人类的作用包括地质环境资源开发与地质体的利用这一基本认识，进一步阐释分析了地质环境资源所具备的资源属性、环境属性、稀缺属性、地域属性，剖析了地质环境资源功能价值理论和地质环境资源补偿价值理论原理，探讨总结提出了地质环境资源价值构成体系以及地质环境资源使用价值、补偿价值评估的理论方法，为进一步丰富和完善了地质环境经济理论方法体系奠定了基础。第十五章自然保护地经济（余振国研究员、余勤飞副研究员、杜越天助理研究员），系统梳理了自然保护地体系的构成、管理、现状，进一步阐释了我国国家公园建设的内涵、进展和展望，围绕利益主体、资产特征、资产类型、多元化价值利用、资产经营模式等方面，论述了自然保护地及国家公园自然资源资产类型和经营利用模式，聚焦自然保护地特许经营权制度，剖析自然保护地经营利用的制度困境和优化方向。第十六章自然资源信息和数据（申文金研究员、李储博士），基于"自然资源数据要素→自然资源数据资源→自然资源数据资产"的逻辑，首先阐述了自然资源数据的基本概念、属性，并对自然资源数据进行了分类。其次，在回顾自然资源数据的发展历程基础上，阐述自然资源数据作为新型生产要素的特征、自然资源数据资产治理的多维度特征。详细分析了自然资源数据资源产权、数据资源的价值、数据资源的交易。最后，在自然资源数据持有权、自然资源数据加工使用权、自然资源数据产品经营权"三权分置"的产权制度框架下，论述了自然资源数据价值显化路径，进一步阐述测绘地理信息的产权属性、资产属性、价值属性、安全属性。第十七章其他自然资源经济（沈悦副研究员、郭妍助理研究员、揣雅菲研究实习员、毛馨卉助理研究员、白斯如助理研究员、梁森博士后）针对冰川、荒漠、极地、深海、低空等其他自然资源的经济属性和经济关系进行阐释分析。我和习近平生态文明思想研究分中心秘书处办公室的同事们（申文金、范振林、沈悦、张君宇、李储）对《分论》进行了通稿和审核，苏子龙、毛馨卉、白斯如、揣雅菲、乌佳美、郭妍、厉里对全文进行了校对。

　　自然资源部党组决定把习近平生态文明思想研究分中心理事会秘书处建在中国自然资源经济研究院。这是部党组的高度信任。要以高度的政治责任感推动习近平生态文明思想研究分中心建设。分中心的建设目标是：系统谋划习近平生态文明思想传播，深入研究习近平生态文明思想在自然资源工作中的重大理论和实践问题，为生态文明建设提供科学的学理支撑、政策论述和实践指导，计划在 5～10 年内形成一系列高水平、高质量的研究成果，努力建设成为有国际影响力的一流理论创新研究中心、决策支撑中心、人才培养中心、学科建设中心和学术交流中心。建设任务，一是学习宣传习近平生态文明思想。深刻解读习近平在全国生态环境保护大会上的重要讲话精神，着力宣介习近平总书记关于"生态文明建设作为关系中华民族永续发展的根本大计"的重要论述，持续传播自然资源保护和永续利用助力美丽中国建设的实践成果，广泛宣介新时代生态文明建设举世瞩目的成就，深入传播好美丽中国建设的战略布局与行动方略。二是研究阐述习近平生态文明思想体系。全面地、系统地、完整地阐释习近平生态文明思想的科学内涵、核心要义和实践要求，学理性阐释马克思主义世界观、方法论和实践论，从基层实践中不断丰富和发展生态文明理论。搭建自然资源领域习近平生态文明思想的理论创新平台，围绕自然资源领域生态文明建设的重大基础理论问题，开展专项课题研究，形成一批具有学术影响力、决策影响力、社会影响力的系列成果。三是助力贯彻落实习近平生态文明思想理论。在习近平生态文明思想中认识生态文明的建设规律，在实践经验推进理论更新中把握生态文明的核心要义。深化习近平生态文明思想研究，引领新时代自然资源治理实践，给出统筹处理"顶层设计与实践探索的关系、战略与策略的关系、守正与创新的关系、效率与公平的关系"的解决方案。在推进习近平生态文明思想落地实践中，基于国情，立足实践，正确认识中国现实，回答中国问题。

　　2024 年是我院第九次认真学习习近平总书记在哲学社会科学工作座谈会上的讲话（2016 年 5 月 17 日）。习近平总书记的讲话，深刻揭示了中国特色哲学社会科学的发展规律，是新时代我国哲学社会科学发展的根本遵循，也是我们开展中国自然资源经济学研究的根本遵循。要切实做到"中西融汇、古今贯通、文理渗透"，履行好自然资源经济研究的职责使命。要学会分类，找规律，举一反三。要努力做到"明体达用，体用贯通"。要坚持以我为主、贯通古今、融通中外，积极主动吸收借鉴古今中外一切优秀文明成果。写一篇文章，最起码要为社会贡献新的知识。或者揭示一个新的自然资源经济领域的社会事实、一个新的经济关系、一种新的经济现象；或者提供对一个新的事实的新的理论解释（包括对现有理论进行深入、系统的批判，且有重新建构）；或者告诉人们看待社会事实的新视角/范式，并且展示这种视角/范式的力量；或者提出一个深刻的新问题。研究要抓住"小切口真问题"，切忌大而空、大而全。要有"板凳要坐十年冷，文章不写一句空"的执着坚守，耐得住寂寞，经得起诱惑，守得住底线，立志做大学问、做真学问、做对国家对人民有用的学问。搞自然资源经济研究，要练好五项基本功，即研判形势、凝练规律、探求理论、决策支撑、战略思维，其中前四项我们在《通论》序章中已介绍；要做到观大势、谋大事，懂全局、知进退、抓落实；要做到五个懂，即懂政治、懂政策、懂国情、懂民意、懂专业；要做到九个有，即有眼界、有情怀、有学识、有理论、有工具、有模型、有数据、有渠道、有平台。

深化自然资源经济问题的科学研究，主动建立起我们自己的自然资源经济学，引起对资源稀缺、资源有限、资源环境等的应有重视，为我国经济社会和自然界寻求一条资源低耗、资源节约、人与自然和谐共生、相互协调，高质量发展的道路，建立人类社会系统适应自然生态系统的自我调节、自我改造、自我发展的机制，既是使命，也是责任。自然资源经济研究，要继续坚持巩固、提高、开拓、创新，做好战略、规划、政策、标准研究，高质量做好自然资源经济、管理、改革各项研究工作！

自然资源经济学研究是一个理论性和实践性都很强的领域，受作者们学识所限，本书尚有很多问题未能进行深入的探讨，且难免存在不足和错漏之处，敬请专家学者批评指正！

第一章 | 不可更新资源利用与管理

不可更新资源是人类社会生产最初始的劳动对象，人类文明的进步史也是不可更新资源的开发利用史。石器时代、青铜器时代、铁器时代，蒸汽时代、电气时代、原子时代、信息时代等人类历史时代的标记，既体现了对不可更新资源开发利用的广度和深度，也体现了社会生产力发展进步的进程。经济学中对不可更新资源的研究在不断创新发展中，对不可更新资源的概念、特征与类别、资源优化配置、资源可持续利用策略等方面的经济理论研究，要不断赋予鲜明的中国特色，形成符合资源属性和开发利用客观规律的科学认识，形成与时俱进的理论成果，以更好地指导中国实践。

第一节 不可更新资源概念、分类与特征

一、不可更新资源的概念与分类

（一）什么是不可更新资源？

自然资源分类是资源科学研究的重要内容，也是调查监测等自然资源管理的重要基础和前提。国内外众多学者、机构，根据不同目的需求和分类依据，从学理、法理、管理等角度，对自然资源进行分类，形成了多元化的分类体系。但迄今为止，国际上还未形成一套成熟的、公认的、权威的自然资源统一分类方案。李文华等以美国威斯康星大学生物学教授欧文的多级自然资源分类体系为基础，通过简

化、补充与改进提出了自然资源多级分类。该分类体系主要根据自然资源的耗竭性特征，将自然资源划分为耗竭性资源和非耗竭性资源，前者分为再生性资源和非再生性资源，后者分为恒定性资源和易误用及污染资源。非再生资源又称为不可更新资源，其他资源又称为可更新资源，本书重点从可持续利用角度探讨不可更新自然资源和可更新自然资源的经济学问题。本章主要讨论不可更新自然资源（以下简称"不可更新资源"）经济学相关问题。不可更新资源是指人类开发利用后，在相当长的时间内，不能运用自然力增加蕴藏量或再生的速度远远慢于被开采利用速度的自然资源。矿产资源是经过几百万年，甚至几亿年的地质变化才形成的，一定时期内它在地球上的蕴藏量是固定的，短期内不能运用自然力增加，一旦被用尽或过度的消耗就无法补充，是一种典型的且经济社会发展不可或缺的不可更新性资源。

（二）不可更新资源分类

根据自然资源用途和性质，不可更新资源大约分为四类（见表1-1）：一是为人类生产生活提供能源或者化工原料的能源矿产；二是可以从中提取金属原料的金属矿产；三是可以从中提取非金属原料或者直接利用的非金属矿产；四是某些为人类提供动植物产品（食物、药材、木材等）或服务（观赏等）的自然资源。严格来讲，并非所有的矿产资源都是不可更新资源，地下水、矿泉水、地热资源等就具有可再生性。

表1-1　　　　　　　　　　不可更新自然资源（不完全统计）

分类	资源名称	备注
提供能源或者化工原料的能源矿产资源	煤、石油、煤层气、天然气、页岩气、非常规天然气、油砂、石煤、油页岩、天然沥青、铀、钍等	太阳能、地热、水能、风能、生物能、海洋能等具有可再生性，未纳入不可更新资源
从中提取金属原料的金属矿产资源	铁矿、锰矿、铬矿、钛矿、钒矿、铜矿、铅矿、锌矿、铝土矿、镁矿、镍矿、钴矿、钨矿、锡矿、铋矿、钼矿、汞矿、锑矿、铂族金属、金矿、银矿、铌矿、钽矿、铍矿、锂矿、锆矿、锶矿、铷矿、铯矿、稀土等	部分可回收利用
从中提取非金属原料或者直接利用的非金属矿产资源	金刚石、石墨、磷、自然硫、硫铁矿、钾盐、硼、水晶、刚玉、蓝晶石、硅线石、红柱石、硅灰石、钠硝石、滑石、石棉、蓝石棉、云母、长石、石榴子石、叶蜡石、透辉石、透闪石、蛭石、沸石、明矾石、芒硝、石膏、重晶石、毒重石、天然碱、方解石、冰洲石、菱镁矿、萤石、大理岩（饰面用大理岩、建筑用大理岩、水泥用大理岩、玻璃用大理岩）、花岗岩（建筑用花岗岩、饰面用花岗岩）等	个别可回收利用

续表

分类	资源名称	备注
为人类提供动植物产品（食物、药材、木材等）或服务（观赏等）的自然资源	土壤资源。形成相对缓慢，粗放浪费的高强度利用，可能会使土壤肥力降低甚至被污染，丧失耕作功能的自我更新能力 某些野生动植物。一旦它们的生存环境被破坏，其物种数量减少到一定程度后，就不可能再维持自身的繁衍，如恐龙	某些自然资源的构成要素具有不可更新性，在一定的时间或者一定的条件下，可能转化为不可更新资源

根据是否具有重复利用的特性，分为不可更新可回收资源和不可更新不可回收资源。被开发利用后，仍保留基本的物理化学性质，能够回收再利用的不可更新资源称为可回收的不可更新资源，如铁、铜、铝等金属矿产。2020年，我国废钢利用量约2.6亿吨，可替代62%品位铁精矿约4.1亿吨；再生有色金属产量1450万吨，占国内十种有色金属总产量的23.5%，其中再生铜、再生铝和再生铅产量分别为325万吨、740万吨、240万吨。[①] 在使用过程中不可逆，物理化学性质发生较大变化，不能回收再利用的不可更新资源称为不可回收的不可更新资源。例如，石油在作为能源用途时，转化为汽油、煤油、柴油等产品，当它们作为能源利用而被燃烧后，尽管能量可以由一种形式转换为另一种形式，但作为原有的物质形态已不复存在，不能再回收利用。

应当注意的是，不可回收的不可更新资源是由不同种类的自然资源组成的，它们有着不同的物理属性和化学成分，能否回收主要取决于其利用后的物理化学性质的稳定性，以及回收利用技术、成本可行性等关键因素。有些还与用途相关，例如，金刚石，在作为工业用途中磨损消耗后，难以回收利用，而作为首饰是可以回收再利用的。伴随科学技术的进步，人类利用资源的能力和水平也在发生变化，对不可更新资源回收利用的能力也在提高。近年来，一些国家的回收商在专注于从废锂离子电池中回收镍和钴等有价值的金属的同时，也在试图找出如何回收电池级石墨的方法。因此，不可回收的不可更新资源的范围是动态的，难以简单进行归类，开展相关研究应避免教条化。

二、不可更新资源特征

（一）不可更新资源的主要特征

不可更新资源除具有天然性、区域性、多用性、有限性等自然资源普遍特征

---

① 国家发展改革委关于印发"十四五"循环经济发展规划的通知［EB/OL］. 国家发展改革委，https：//www. ndrc. gov. cn/xxgk/zcfb/ghwb/202107/t20210707_1285527. html，2021－07－01.

外，还在以下几方面有特殊表现。

1. 不可再生性

大部分不可更新资源的形成、再生过程均十分缓慢，例如，矿产资源是千万年以至上亿年的漫长地质年代中形成和富集的，相对于短暂的人类社会来说，不能运用自然力增加有效的蕴藏量，再生的速度近乎为零，资源蕴藏量的增速远远慢于被开采利用速度。不可再生性是不可更新资源的本质特征，衍生了资源的稀缺性。

2. 难以确定性

包括三个方面：一是资源赋存空间难以确定。大部分不可更新资源，特别是矿产资源是长期成矿作用的结果，而成矿作用在自然界中普遍存在，具有区域性、复杂性和漫长性等特征。大部分矿种埋藏于地下空间，具有隐蔽性、分布不均匀性、稀缺性和不可再生性等特点，在开展系统的地质工作前，是不易直观可视的。成矿系统的复杂性、成矿过程的难以模拟性、地质观察的局限性等问题的存在，使在一个幅员辽阔的地域空间，选择在哪里找矿十分困难，确定具体的矿床位置就更为困难。二是自然资源的种类、数量和质量具有不确定性。在一个地域空间范围内，有什么样的自然资源，有多少有利用价值的资源，资源的数量和品位如何，是大自然恩赐的结果，受限于人类认识和开发利用资源的能力，资源的种类、天然赋存量、品质难以做出准确估算，这一点在能源矿产和金属矿产方面表现尤为明显。三是自然界变化的不确定性。一些处于不可更新临界状态的自然资源能否转化为不可更新资源受自然条件影响较大，如气候变化会影响生物多样性，一些物种可能无法适应新的气候条件，从而导致物种灭绝。

3. 相对稀缺性

自然界的发展是一个缓慢的过程，无论是生物的进化，还是地质现象的发生都要经历漫长的时间，且在其演化的过程中也要凭借区域复杂的环境或条件，在一定的时空范围内，自然界的发展是有限的。由此，在一定时期范围内，在一定的开发利用技术条件下，某个国家或地区自然资源，特别是不可更新资源的储存量是有限的，自然供给数量也是有限的。自然界中有固定储存量的不可更新资源在人类开发利用后，存量会逐渐减少。相对于人类无限增长的需求而言，在一定时间与空间范围内资源存量总是有限的，相对不足的资源与人类绝对增长的需求相比产生了资源的稀缺性。当资源的总需求超过总供给时出现绝对稀缺；当资源的总供给能够满足总需求，但供需结构不均衡时，出现相对稀缺。资源相对稀缺是每一个经济体均要面临的难题，由此产生了如何有效配置和利用资源等问题。为了解决矛盾，人类探索创立和发展了经济学等各门科学。

4. 经济生态二重性

自然资源的经济属性与生态属性因不可更新资源的不可再生性，而更为突出。一方面，自然资源是地球自然环境系统的组成部分，从形成、演化到利用的整个过程都发生在自然环境系统中，一旦开发利用不当，会对自然环境产生难以自然恢复的影响。另一方面，不可更新资源是人类一切社会经济活动的重要物质基础和能量来源，社会生产的全部物质财富均要依赖提供能源和金属材料等不可更新资源。因自然资源的二重属性产生了开发与保护的两难选择，更加凸显自然资源经济学"一体两面"理念、理论、方法、制度研究的重要性。

5. 开发利用联动性

目前，人类开发利用的主要自然资源属于同一个地球系统，各种资源相互依存、相互联系，又相互制约，构成完整的资源系统。任何一种资源的直接利用，都会影响多种其他资源的潜在用途或者价值。单一资源的质和量发生重大变化，或资源间相互关系发生变化，都可能引起较大范围的局部或者整个资源系统的变化。例如，土地沙漠化会造成土壤肥力下降，土地生产能力降低，甚至耕地资源的减少。自然资源通常是结合在一起利用的，如盖一间厂房，需要占用土地资源，也需要使用铁矿石、砂石、水泥用灰岩等多种矿产资源。因此，自然资源经济学研究必须要有系统性和整体性的视角。

6. 代际公平伦理性

代际公平的社会伦理思维是不可更新资源可持续利用最重要的准则，也是研究不可更新资源经济学问题的伦理基础。在中华优秀传统文化的语境中，天人关系是最高的哲学问题，也是探讨人伦关系的逻辑起点。中国传统哲学基于"天人合一"的基本理念，从"天伦"引申出"人伦"。天伦就是自然之天的秩序与规则，人伦则是社会之人的关系秩序。不可更新资源代际公平伦理涉及三个层面：第一，伦理的本体是自然之理的延伸。人类作为自然界系统中的一个子系统，与自然生态系统进行物质、能量和信息交换，自然生态构成了人类自身存在的客观条件，是一个命运共同体，讨论不可更新资源的开发利用与保护，应回归自然本身，从人和自然资源的自然属性出发。第二，伦理的呈现是人际关系的调节。这个人际关系包括资源开发利用不同共同体之间、个体与个体之间的关系等。第三，伦理的本质是利益关系的平衡。这里的"利益"包括权利、收益等。不可更新资源开发利用涉及个体利益与社会利益、当前利益与未来利益、局部利益与整体利益等多个层面的均衡，涉及时间、空间等多个维度，面临以下两大难题：一是在当代，如何适应经济社会持续发展需求提供更多的能源和矿产资源，特别是新兴战略性矿产；二是在未来，如何实现跨期公平配置，保证后代人对资源和环境利用的需求。

（二）可更新资源与不可更新资源的相对性

自然资源的可更新和不可更新是相对而言的。

1. 判断是否可以更新的时间尺度是相对的

所有自然资源都是大自然的产物，分布在岩石圈（矿产资源）、水圈（水资源）、土壤圈（土地资源）、生物圈（生物资源）和大气圈（气候资源）中，是自然循环的产物，理论上都是可以更新的，但更新的速率大不相同。例如，从人类历史发展的尺度看，矿产资源是不可更新的，但从地质历史时间的尺度看却是可以更新的。

2. 某些资源能否更新具有空间的相对性

自然资源种类、数量、质量、稀缺性程度等在空间分布上存在明显差异。例如，生物资源有地带性、水资源有流域性，有的地区矿产资源丰富、有的地区贫乏，有的地区土地肥沃、有的地区则较为贫瘠。这一特点在生物资源中体现得较为明显。因不同物种对生存环境的需求差异，加之不同地区人类对资源开发利用的强度、保护要求不同，使某些动植物只能在特定的区域内实现更新。

3. 某些资源能否更新受限于其构成要素

以土地资源为例，当利用方式不当、开发强度超过其再生能力时，土壤肥力会降低甚至丧失，土地就会失去耕作功能的自我更新。这是因为土地的主要构成要素——土壤的形成过程十分缓慢。在酷热、严寒、干旱和洪涝等极端环境中，以及坚硬岩石上形成的残积母质上，可能需要数千年的时间才能形成土壤发生层。例如，北半球现存的土壤大多是在第四纪冰川退却后形成和发育的。过度耕作、不合理灌溉、不合理施用化肥和农药等行为会造成水土流失、土壤退化、土壤污染、土壤侵蚀或盐渍化等问题出现，严重的会使局部地区的土壤资源丧失自然更新能力。世界自然基金会估计，在过去的 150 年里，人类已经丧失了世界一半的地表土。通常自然界要用 500 年时间才能形成一英寸（2.54 厘米）的地表土。

4. 人类认识资源的水平和开发利用强度使资源能否更新具有可变性

一旦开发利用速率超过再生能力，可更新资源中的临界资源（森林、土壤等）就会变成不可更新资源。例如，某种野生动植物一旦它的生存环境被破坏，其物种数量减少到一定程度后，就不可能再维持自身的繁衍，出现灭绝的状况，如恐龙等。世界自然保护联盟（IUCN）更新了"濒危物种红色名录"（2021 年），评估了超过 13 万个物种，濒危物种红色名录网站数据显示，超过 3.8 万个物种面临灭绝威胁。其中，两栖动物为 41%，哺乳动物为 26%，针叶树为 34%，鸟类为 14%，鲨鱼和鳐鱼为37%，造礁珊瑚为33%，甲壳类动物为28%。相反地，当生态环境适宜时，在生物圈物种灭绝与诞生的自然演化过程中也会有奇迹出现，有时会发现已经被世界自然保护组织认定为灭绝的生物又重现于世，但这些生物究竟是没被人发现才被定义为灭绝，还是因为它们是在短短的几十年内由别的生物重新进化而来呢？目前尚未定论。

三、开展不可更新资源经济研究应注意的问题

不可更新资源无论在表达资源数量、质量的概念方面，还是在开发利用活动方面均具有特殊性，如果不了解相关概念的含义，不重视开发利用活动的特殊规律，往往容易出现高估资源储量或者可开发利用量的状况，使经济研究人员或决策者难以准确判断资源形势，或者使管理策略脱离实际。下面，以不可更新固体矿产资源为重点列举几个需要注意的问题。

鉴于相关特征，以及我们将在《中国矿产资源经济学》中具体介绍地质调查与矿产勘查，因此，与第二章不同，在本章中我们不列专节讨论不可更新资源的调查与评价。

（一）寻找发现资源的经济活动具有特殊性

寻找发现不可更新资源，特别是矿产资源的经济活动是一个复杂艰巨、长周期且投资风险较高的工作，这是由矿产资源的特殊属性决定的。地质找矿活动一般要经历基础地质调查和矿产资源勘查两个阶段。

1. 基础地质调查

基础地质调查，是以地质现象（岩石、地层、构造、矿产、水文地质、地貌等）为对象，以地质学及其相关科学为指导，以观察研究为基础的调查工作。是为查明全国基本地质情况、获取基础地质数据的超前性、公益性、基础性地质工作。根据调查对象的不同，可分为区域地质调查、水文地质调查、环境地质调查等。其主要任务是了解某一区域乃至全国的资源、环境地质背景，为国家经济建设和社会公众提供基本地质信息。地质调查范畴包括地质填图、区域地球物理调查、区域地球化学调查、遥感地质工作、战略性矿产评价、区域水文、工程、环境地质调查、海洋地质调查等。地质调查通过研究区域内各地质体的基本特征，发现并检查区域内矿点（矿化点）和各类主要异常，圈出成矿远景区和找矿有利地段，解决在哪里找矿的问题。

2. 矿产资源勘查

矿产资源勘查是发现矿产资源，查明其空间分布、形态、产状、数量、质量、

开采利用条件，评价其工业利用价值的活动。矿产资源勘查通常依靠地球科学知识，运用地质填图、遥感、地球物理、地球化学等方法，采用槽探、钻孔、坑探等取样工程，结合采样测试、试验研究和技术经济评价等予以实现。按照工作程度由低到高，矿产资源勘查划分为普查、详查和勘探三个阶段。普查目的是解决"有没有"的问题，是矿产资源勘查的初级阶段，通过有效勘查手段和稀疏取样工程，发现并初步查明矿体或矿床地质特征以及矿石加工选冶性能，初步了解开采技术条件；开展概略研究，估算推断资源量，提出可供详查的范围；对项目进行初步评价，得出是否具有经济开发远景的结论。详查目的是解决"有多少"的问题，是矿产资源勘查的中级阶段，通过有效勘查手段、系统取样工程和试验研究，基本查明矿床地质特征、矿石加工选冶性能以及开采技术条件；开展概略研究，估算推断资源量和控制资源量，提出可供勘探的范围；也可开展预可行性研究或可行性研究，估算储量，得出是否具有经济价值的结论。勘探目的是解决"可采多少"的问题，是矿产资源勘查的高级阶段，通过有效勘查手段、加密取样工程和深入试验研究，详细查明矿床地质特征、矿石加工选冶性能以及开采技术条件，开展概略研究，估算资源量，为矿山建设设计提供依据；也可开展预可行性研究或可行性研究，估算储量，详细评价项目的经济意义，得出矿产资源开发是否可行的结论。

（二）精准评估不可更新资源的可得量十分困难

地球中蕴藏的矿产资源数量是相对固定的，但人类可以利用的资源数量伴随地质工作的深入、地质学家认识程度的提高、技术经济条件的改变在动态发生变化。市场经济国家大多将矿产勘查、资源量估算、可行性研究、储量估算联系在一起，测算矿产资源的可得量。我国基本按照"有没有""有多少""可采多少""能采多少"的逻辑，以地质找矿经济活动成果为基础，结合经济、技术、环境条件开展资源可得量评价。有三个层面的考量：第一，地质可得量。地质工作程度越高，对地下蕴藏的资源数量发现越多，资源数量估算越准。第二，技术可得量。资源勘查、开采、选矿的技术和工艺水平越高，能够从地下开采出的资源越多，如入选品位降低0.1，可利用的资源量可能增加几个亿吨，资源可得量越大。第三，经济可得量。资源勘查、开采和选矿成本，环境保护修复成本，以及资源产品的价格决定了最后要开采出的资源量，也就是最终获取的可得资源量，如价格高，圈定可供开采的资源数量就多，相应的开采量也会增加。此外，政治、政策不稳定等带来的风险，以及替代品的可得性与价格，包括相关资源性产品循环利用的成本也会对原生资源的可得性产生影响。所有这些因素都是动态的，其中一个变动，就会影响资源可得量的评估结果。

讨论资源的稀缺性和可持续利用，首先要回答可为人类利用的资源数量有多少？也就是我们可以利用的矿产资源量有多少？我们有能力利用的资源有多少？虽然经济学家们和地质学家们一直在努力估算资源利用的极限，但结果差异很大且很难得到认同，这是因为人们对技术和经济发展的假设不同，对资源蕴藏量的表达方式不同，且估算方法和模型的选取亦不相同。2020 年，我国修订了《固体矿产资源储量分类》（GB/T 17766—2020），基本规律是地质工作程度越高，对资源储量的估算越可靠。以下概念在可靠性方面是逐步递进的关系，"资源量" 可靠性最低，"证实储量" 的可靠性最高。目前，最常见的错误就是将资源量视同可全部利用的资源数量，无形中夸大了可得资源量，严重影响对资源供应能力的判断。

（三）资源的供需格局错位现象十分普遍

自然分布的大多数矿产资源具有相对集中的特点，例如，山西、内蒙古、陕西、宁夏、甘肃、河南等地区，铁矿在辽宁、河北分布较多，而铝土矿主要分布在山西、河南、广西、贵州等省份。这就使资源开发利用的生产力布局也相对集中，初级矿产品的产出量也相对集中。2023 年，仅山西、内蒙古、陕西、新疆四个省份的煤炭产量全国占比就超过 80%，河北、辽宁、四川三个省份的铁矿石产量超过 70%。

矿产资源生产和消费在空间分布上的错位现象十分普遍。例如，我国煤炭生产主要集中在以山西、陕西和内蒙古为主的 "三西" 地区，而煤炭的消费地高度聚集在华东和华南地区，使我国形成了 "西煤东送，北煤南运" 的物流格局。2022 年，我国铁矿石产量排名前五的省份分别是河北、辽宁、四川、山西和内蒙古，而粗钢产量排名前五的省份分别是河北、江苏、山东、辽宁和山西。这一现象，在全球范围内也较为明显，由此给不可更新资源的空间优化配置增加了难度。

（四）资源开发利用的产业链条十分复杂

经过矿产资源勘查生产出来的成果是以资源储量形式表现的，虽然可以进行采矿权交易，但尚未形成矿产品，无法直接进入生产流程。大部分矿产资源需要经过开采、选矿、加工后等不同的环节，成为矿产品，才能够进入生产过程。如石油要经过开采成为原油后进入石油化工产业链，煤炭要经过开采、洗煤后进入电力或煤化工产业，铁矿要经过开采、选矿后成为铁精矿产品，才能进入黑色金属冶炼和压延加工业，一些非金属矿产，如饰面用大理岩，需要经过开采、加工后进入建筑业。不同的生产环节面临不同的技术或者安全难题，如采矿常常面临安全风险，选矿面临有用组分提取的技术难题，且同时都面临高能耗、成本和环境污染的问题。

不可更新资源矿产资源开发利用产业链条是一个复杂的系统，涉及的环节众多，结构复杂，其中，地质调查和勘查子系统的功能是开展矿产资源勘查，增加矿产资源储量，发现新的矿产地，涉及区域地质调查、区域地球物理调查、区域地球化学调查、遥感地质调查、矿产远景调查等多方面的工作；矿产资源采选子系统的功能是开展矿产资源开采和选矿，涉及煤炭开采和洗选业、石油和天然气开采业、黑色金属矿采选业、有色金属矿采选业、非金属矿采选业等生产活动；矿产资源利用子系统的功能是以原矿或精矿为基本原料开展矿产品冶炼与加工，涉及石油、煤炭及其他燃料加工业、黑色金属冶炼和压延加工业、有色金属冶炼和压延加工业，以及非金属矿物制品业等生产活动；矿产资源贸易子系统的功能是进行矿产品贸易；矿产资源保护子系统的功能是进行资源保护，涉及矿产资源储备、矿产资源节约与综合利用、矿山生态环境保护等工作。产业链稳定性和韧性评估是一项系统性强且十分复杂的工作。

（五）资源开发利用的外部性不可忽视

在人类历史的发展长河中，不可更新资源为人类生产生活提供了能源或者金属原料、化工原料、非金属原料或者建筑材料，促进了农耕文明、工业文明和生态文明的发展。但同时，也产生了两类比较明显的负外部性：一是因资源本身的不可再生性产生了耗竭性危机，表现为代际外部性；二是因资源的二重性，引发资源开发利用与生态系统的联动，产生了环境外部性。两个负外部性均对资源的持续利用产生重大影响，因此要加强资源开发利用负外部性评价和相关对策研究。但外部性评价存在两个难点：一是难以界定，在不同的利益群体追求目标下，外部性的含义是不同的，且外部性测算成本的价格信息难以达成一致；二是难以度量，特别是对环境的影响难以估算。

四、不可更新资源经济学研究的视角差异

为体现经济学研究的针对性和实用性，可回收的和不可回收的不可更新资源的视角是不同的，其相同之处在于都关注原生资源的优化配置和最优消耗速率，以及资源开发利用活动的科学性，因为虽然从历史发展的进程看，不可更新资源的开采储量大多能够通过一些经济技术条件的变化而增加，但未来仍然存在耗竭的可能性，而耗竭速率取决于需求、资源产品的耐用性和回收利用该产品的程度等多个方面，涉及生产力发展进步等多个因素，是一个十分复杂的经济学问题。而不同之处体现在两个方面，一是可回收的不可更新资源的经济学研究更多关注资源回收利用的可行性和行动取向，宏观层面站在国家立场，从经济社会发展方式、资源可持续

利用、生态环境保护等方面考量相关政策的选择，微观层面则更多考虑回收利用该资源的成本，包括技术革新创新费用、回收加工费用等，因为当成本低于新开采的资源时，才会使回收利用成为可能。二是不可回收的不可更新资源则更多关注稀缺资源的保护以及资源替代的可行性等。

第二节　不可更新资源优化配置

一、不可更新资源配置的概念

不可更新资源配置是指经济活动中的各种不可更新资源在不同时间、空间和用途之间的分配。不可更新资源配置涉及三个经济学基本主题：效率（efficiency）、优化（optimality）、可持续性（sustainability）。效率是指资源利用的收益最大化，包括技术效率、产品选择效率和配置效率。优化是指资源利用决策从社会角度看是否合乎需要，尤其是在受到约束的情况下某种资源利用方式的选择，能够使目标最大化。可持续性是将子孙后代的利益看作一种伦理义务，那么就需要用可持续发展目标来约束对效率的过度追求。不可更新资源与可更新资源在配置上的不同在于，因不可更新资源的不可再生性，使得其在时间上的配置更为重要，更加关注如何在各个阶段配置好有限的资源蓄积量，可更新资源则更加关注保持资源的自然生产能力和流量的有效性。

二、不可更新资源配置的标准

个人或者企业拥有一定的资源，可以追求资源使用中的最大效益，或者为达到某一福利目标追求最节省资源耗费的选择。对于一个地区或一个国家，同样存在有限资源的合理分配、交换以取得最大的社会福利问题。所以，个人、企业、部门、地区和国家都面临着资源配置问题，即把利用有限的经济资源取得最大的效益或福利作为不同范围内资源合理配置的目标要求。

（一）效益最大化标准

效益就是资源开发利用过程中取得的收益与成本之间的差额，是人们在资源开发利用过程中得到的净效益，对个人和企业来说也称为利润。在同一时点上，如果某一资源配置使资源使用的净效益最大，资源的这一配置就满足了最优配置静态效率标准。

不可更新资源禀赋是固定的，当期的使用必然影响到后期可使用的数量。所以，在判断有限经济资源利用是否取得最大的效益时，为了使资源在现在和将来使用中达到均衡，资源有效配置要求其使用的净收益现值最大化。这实际上就是自然资源的跨时配置问题，也称作资源配置的动态效率问题。

（二）帕累托效率标准

效益最大化标准主要考虑单个资源开发利用者的行为，但是资源开发利用是多元主体共同参与的行为。因此，必须考虑整个集体即社会效益或福利最大化问题。帕累托于1906年在《政治经济学教程》中以"序数效用论"为基础提出了检验一个社会经济资源是否最优配置的判别标准，即"帕累托效率"，具体是指，当生产资源在社会各部门间的分配与使用已经达到的状态，是对生产资源进行任意配置都已经不可能使任何个人的处境变好，而不使他人的处境变坏，或者说任何产品要达到进一步增加产出的目标，只有通过减少其他产品的产出才能实现。

从全社会角度看，实现帕累托效率标准需要满足的要求是：第一，实现交换的帕累托最优，即每个消费者所花费的每元钱都得到了相同的边际效用，商品在消费者之间的分配满足任何商品的边际替代率都相等，并且等于相应商品的价格之比；第二，实现生产的帕累托最优，即任何生产要素的边际技术替代率彼此相等，并且等于相应生产要素的价格之比；第三，生产与交换的帕累托最优，要求在生产可能性边界上，消费者消费两种产品的边际替代率等于产品生产的边际转换率。

（三）资源配置的其他标准

在实际的资源配置过程中，如果市场体系不完善，资源的市场价格不能反映其真实的社会机会成本，资源利用的边际私人净收益与边际社会净收益不一致，市场价格会对资源分配发出错误的信号，因而导致资源配置不当。所以，考察资源的有效配置还应考虑其他一些标准。此外，对国家经济来说，为了实现可持续发展，不仅要努力增加近期的产出水平，还要注意培育长期发展能力。

1. 经济效益、社会效益和生态效益的结合

在资源配置过程中把资源的开发、利用、保护和管理结合起来，不能单纯追求经济效益的最大化，还要结合考虑社会效益和生态效益。资源配置的社会效益主要表现在促进经济社会全面均衡发展、增加就业和调节收入分配等方面。资源配置的生态效益主要表现在改善生态环境、维护生态平衡、防治环境污染等方面。这两种效益都具有分散性和长期性的特点，主要应通过宏观的干预和调节加以保障。

2. 各种不同利益的兼顾和协调

在资源配置过程中，往往会出现近期利益与长远利益之间、局部利益与整体利益之间以及不同地区、不同部门之间的利益冲突和矛盾。由于资源的稀缺，许多不同的利益之间具有此消彼长的关系，这就要求在资源配置过程中注意兼顾和协调各方面的不同利益，调动各方面积极性，促进资源合理有效地流动和配置，以获得最优的整体综合效益。

3. 多层次综合利用

不可更新资源的稀缺和多用途特点，要求在资源配置中尽量实现多层次综合利用，提高资源利用率和生产率，防止资源破坏、浪费和环境污染。同时，资源本身处于经济、社会、生态三大系统组成的综合体系之中，资源的开发利用过程是一个复杂的经济社会生态过程，这种体系和过程的复杂结构在客观上要求在资源配置中对其进行多层次综合利用。

4. 因地制宜的优势发挥

大多数资源分布都具有地域性特点，其中相当一部分的位置是固定和不能移动的，只能进行现场利用。因此，在资源利用和产业布局中必须发扬各地区的优势，根据当地资源的适宜性特点和综合优势，配置最适宜的生产部门，使资源利用取得最佳的总体综合效益。

三、不可更新资源配置的模型

不可更新资源具备有限性和不可再生性，当代人使用了，未来人就难以继续使用，且在开发利用过程中会产生机会丧失、生态环境损害等问题。因此，不可更新资源的配置需要重点探讨三个方面的问题：第一，以什么样的速率来开采和消耗资源才能实现净效益现值的最大化，因此，确定合适的开采量和开采时机非常重要；第二，不可更新资源耗竭的严格概念并非储量为零，而是指成本高到将需求量压低到零的水平，如果资源终将"耗竭"，那么我们需要为后代留下什么，这取决于资源开发效益的使用方向；第三，不可更新资源的开采和利用往往伴随着环境负外部性问题，如何将这些外部性成本纳入决策过程中，达到污染最小化，也是资源配置要解决的重要问题。

（一）最优开采量

1. 时间配置模型

对于不可更新资源而言，动态效率是资源配置的核心指标，要求在当前和未来之间资源使用达到平衡，资源有效配置要求其使用的净收益的现值最大化。资源的时间配置模型，是指一个有限的时间周期 t 内，各时期 t_i 的资源最优开采的策略，即各年度的最优开采量。

任何一段时间内，不可更新资源开采的净收益取决于收益和成本，那么在一个任意长的有限周期 T 内，最大净收益现值为：

$$\max PV = \int_0^t \frac{P(R) \times R - C \times R}{e^{rt}} \mathrm{d}t \qquad (1-1)$$

式中：PV 为净收益现值；$P(R)$ 为需求函数，为产品价格 P 与开采量 R 之间的关系；$P(R) \times R$ 为收益；$C \times R$ 为成本；r 为贴现率。

$$P(R) = \beta_1 - \beta_2 \times R \qquad (1-2)$$

开采率为存量（探明储量）随时间的变化速率，即：

$$\frac{\mathrm{d}s(t)}{\mathrm{d}t} = -R(t) \qquad (1-3)$$

则，期间开采量为：

$$\int_0^t R(t)\,\mathrm{d}t = R(T) \leqslant S \qquad (1-4)$$

式中：$R(t)$ 为 t 时刻开采量；$R(T)$ 为累计开采量；S 为资源存量。

约束条件为：

$$\begin{cases} P,\ R \geqslant 0 \\ P \times R - C \times R \geqslant 0 \end{cases} \qquad (1-5)$$

式（1-2）~式（1-5）构成了最优开采模型。该模型的哈密尔顿函数为：

$$H = \frac{P(R) \times R - C \times R}{e^{rt}} - \lambda R \qquad (1-6)$$

式中：λ 为矿区使用费（或影子价格）。

对于时间离散问题，上述模型可修改成：

$$\max PV = \sum_{t=0}^{t-1} \frac{P(R) \times R - C \times R}{(1+r)^t} \qquad (1-7)$$

$$\sum_{t=0}^{t-1} R_t = P(T-1) \leqslant S \qquad (1-8)$$

则，

$$H = \frac{P(R) \times R - C \times R}{(1+r)^t} - \lambda R \qquad (1-9)$$

根据以上两式，可导出最优开采量的时间路径为：

$$R_t = \beta_0 + \frac{(S - T\beta_0)(1 + r)^t}{\mu(T)} \qquad (1-10)$$

根据式（1-10），当 T 确定后，按照不可更新资源的设计计划，可得各时期（t_i）的最优开采量。这也是唯一能在既定的需求水平下使整个开采期现值达到最大化的开采序列，或称为最优控制开采量。

基于该模型，进一步讨论技术进步对期间最优配置的影响。一般而言，技术进步的作用体现在两个方面：一是通过勘查发现新存量，二是在生产过程中重复利用或再循环。当存量增加时，需要在模型中引入资源的发现量 Z 和勘查的成本函数 $P(Z)$，则构造的哈密尔顿函数为：

$$H = \frac{P(R) \times R - C \times R - P(Z)}{e^{rt}} - \lambda(Z - R) \qquad (1-11)$$

对重复利用或再循环的情形，只是一种节约使用资源的方法，也间接地反映了存量的增加。其模型与式（1-11）相同，只是 Z 代表资源的节约量或重复利用量，P 为重复利用或再利用的成本。

通过分析矿区使用费（影子价格）与资源发现量（节约量）的关系，以及开采量、存量及发现量之间的关系等，可以得出以下结论：技术进步为资源价格随边际成本上涨的过程增加了一个制动调节器，技术进步有助于降低成本、平抑价格。

2. 跨期最优配置模型

时间配置模型更关注一定时间周期内资源开发的效率问题，跨期最优模型更强调长期乃至代际间资源开发的效率问题。资源净效益现值主要受产品价格、边际开发成本、贴现率 r 等因素影响，其中，边际开发成本包括开采成本和边际使用者成本。下面区分两个时期、N 个时期、存在替代资源、边际开采成本增加等不同条件介绍资源配置情况。

（1）两个时期。假定边际开采成本不变，资源需求稳定，若维持当代和未来的产量平衡，实现有效的资源配置，边际使用者成本以速率 r 增长。同时，不可更新资源的有效配置必将导致边际使用者成本不断上升和消费数量不断下降。

（2）N 个时期。同样假定边际开采成本不变，资源需求稳定，将时间尺度延长可以发现，有效率的边际使用者成本呈现稳步上升趋势（如图 1-1 所示），这表示资源日益稀缺和剩余存量减少导致当前消费的机会成本相应增加。随着时间推移，边际总成本上升，开采量随之下降，最终降为 0。此时，消费者愿意支付的最高价格等于边际总成本，供给量和需求量都等于 0。因此，边际开采成本不变时，有效配置也会使资源平滑过渡到耗竭状态，资源最终被用尽。

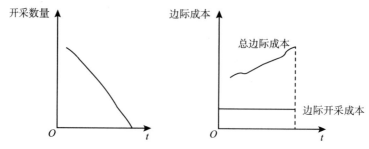

图1-1　边际开采成本不变且无替代资源的资源配置

资料来源：汤姆·蒂坦伯格，琳恩·刘易斯. 环境与自然资源经济学［M］. 北京：中国人民大学出版社，2021。

（3）存在替代资源。前文分析发现，不存在替代资源时，最大支付意愿决定了边际总成本的上限（如图1-2所示）。如果存在替代资源，并且替代资源的边际成本低于遏制需求价格时，有效的资源配置会让其他资源替代不可更新资源的过程平稳发生。不可更新资源开采量会随着边际使用者成本的上升而逐渐降低，直至最终过渡到使用替代资源。

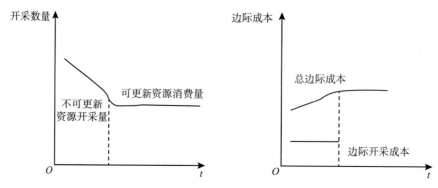

图1-2　边际开采成本不变且有替代资源的资源配置

资料来源：汤姆·蒂坦伯格，琳恩·刘易斯. 环境与自然资源经济学［M］. 北京：中国人民大学出版社，2021。

（4）边际开采成本增加。实际生产过程中，随着开采量的不断增大，不可更新资源的边际开采成本不断增加（如图1-3所示）。例如，生产者首先会开采高品位矿石，随后才会开采低品位矿石，开采成本也随之提高。虽然开采成本随着开采量增加而上升，但当净效益现值最大时，资源仍然可以实现有效配置。边际使用者成本反映了放弃的未来边际效益的机会成本。随着时间的推移，逐渐增加的边际开采成本抬高了未来的开采成本，边际成本持续增加，未来人们从保留下来的资源中所获得的净效益会越来越少，边际使用者成本逐渐降低。最终，边际开采成本将会变得非常高，以致对资源的提前消费根本不会影响对资源的使用。因为，未被开采的不可更新资源边际成本过高，人们倾向于使用替代资源，未被开采的不可更新资源将永远留在地下，不被使用。

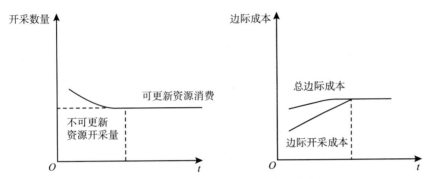

图 1 – 3　边际开采成本增加且有替代资源的资源配置

资料来源：汤姆·蒂坦伯格，琳恩·刘易斯．环境与自然资源经济学［M］．北京：中国人民大学出版社，2021。

（二）最佳开采时机

霍特林定律把埋藏在地下的资源看作特殊形式的资本财产，地下资源对于所有者而言存在两种潜在价值：第一，开采资源时，所有者得到其他形式的资本财产并按资本利率取得收入；第二，资源被保存于地下时，在资源价格随时间增长的情况下，所有者可以预期资源作为资本收益的增加。当且仅当增加 1 个单位原位资源的保有所带来的好处与所付出的代价相抵时，所有者才会停止对资源的继续开采。当增加 1 个单位原有资源保有而不开采，其边际收益主要表现在两个方面：原位资源稀缺租的增值和自然资源产品未来生产成本的降低。而其机会成本，也就相当于开采资源所得存入银行而获得的利息收入。用数学模型表示：

$$Q^*(t) + [P(t) - Q(t)] \times \left[\frac{\partial R(t)}{\partial S(t)}\right] = r \times Q(t) \qquad (1-12)$$

式中：$r \times Q(t)$ 为银行利息所得，即资源保有的机会成本；$Q^*(t)$ 为原位稀缺租的增值；$[P(t) - Q(t)] \times \left[\dfrac{\partial R(t)}{\partial S(t)}\right]$ 可以理解为资源产品未来生产成本的降低。

如果不考虑资源开采成本的变化，即：

$$[P(t) - Q(t)] \times \left[\frac{\partial R(t)}{\partial S(t)}\right] = 0 \qquad (1-13)$$

可得：

$$\frac{Q^*(t)}{Q(t)} = r \qquad\qquad (1-14)$$

这就是简单的霍特林定律：不可更新资源的消费必须遵循以下路线，资源价格的增长率必须等于折现率。此时，所有者才会对把资源存在地下和开采资源两种选择之间没有偏好，也就是说，合理的最优价格（从而合理的资源资本收益）能够激励所有者合理保存（从而合理开采）资源。

简单的霍特林定律假设地下资源的价格和开采出来资源的价格相等。实际开采价格高于地下资源的价格，这是因为开采成本还包括使用者成本。资源所有者试图通过选择一个开采率使在某一时段内净效益现值的总和最大，在增加开采量的收益和成本之间作出权衡。首先，如果人们预期价格快速上涨，那么当前开采的使用者成本上涨，或者预期技术进步大幅降低开采成本，所有者倾向于将资源保存在地下，以期未来以更高价格卖出。其次，如果折现率快速提高，那么人们倾向于开采资源，资源开采率上升，如果利率足够高，所有者倾向于将资源全部开采出来。因此，高折现率产生快速使用资源的动机，低折现率产生保存资源的动机。

（三）最佳效益使用

前文讨论发现，折现率越高，消耗完的时间越短。需要思考的是，我们究竟给后代留下什么？难道要抛弃留点东西给下一代的伦理吗？一种回答是我们没有伦理要求把资源原封不动地留下，相反地，我们可以留给他们因使用这些资源而积累得到的资本经济系统。如果我们今天使用这些资源并且用于毫无意义的浪费上，这的确对后代不公平。但是如果我们明智地投资这些资源，今天对资源的使用将使我们和我们的后代同时受益。

哈特维克规则（Hartwick rule），也被称为储蓄准则，提供了资源效益使用的方向。该准则是指在人口处于零增长的条件下，要保持人均消费水平不下降，则必须保持真实储蓄不减少。如果仅考虑自然财富与实物资本两种财富形式，那么哈特维克准则包含以下内容：不可更新资源与实物资本两种投入之间必须以特殊的方式相互替代，该条件要求随着不可再生资源的减少而积累实物资本存量；不可再生资源的开采效益必须得到储蓄，然后完全以资本的形式积累。因此，我们可以用等价的生产资本来代替减少的自然资源，要将开发资源得到的净收益转化为生产性资产，而不是消费它们。

通过这种方式，可以确保在不可更新资源逐渐耗尽的同时，实物资本存量得到增加，从而保持经济的稳定增长。这种策略不仅有助于防止资源的过度消耗，还可以为未来的经济发展提供必要的物质基础。部分国家或地区尽管资源丰富，但由于未能将资源收益有效转化为实物资本，而是直接消费，导致了财富的下降，出现了所谓的"资源诅咒"现象。这进一步强调了遵循哈特维克准则，将资源收益转化为再生产性资本的重要性。

（四）最优污染水平

不可更新资源开发利用过程中产生的负外部性问题，尤其是污染问题越来越受到重视。自然界对污染有一定的吸收能力，当污染量小于某一值时，自然界可以把污染物吸收并转化为无害物，但是当污染物的排放超过一定限度时，自然界不能吸收污染，外部性就产生了。根据经济学的基本原理，污染并不一定要完全消除，最优的污染水平不一定意味着零污染水平，资源有效配置要实现最优污染水平。

1. 基于净效益最大化的最优污染水平

假设经济活动和污染水平是成比例的，如图 1-4 所示：$MNPB$ 代表边际私人净效益，是经济活动水平的 1 个单位变动所得到的追加的净效益；MEC 代表边际外部成本，是生产活动产生的未由生产者承担的成本，用边际社会成本 MSC 减去边际私人成本 MPC；环境对污染的吸收能力是 W_a，是边际外部成本的起始点。MEC 在经济活动水平为正的 Q_a 点开始，在此点左侧，外部性为零，污染被环境吸收。社会的目的是使总效益与总成本之差最大，只有当边际私人净效益等于边际外部成本时，总效益与总成本之差最大，相应的最优污染水平为 W^*。

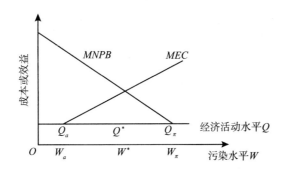

图 1-4　环境有吸收能力情况下的最优污染水平

资料来源：张帆，夏凡. 环境与自然资源经济学 ［M］. 上海：格致出版社，2015。

在 Q^* 点达到最优经济活动水平，此时边际私人净效益等于边际外部成本，即：

$$MNPB = MEC \qquad\qquad (1-15)$$

完全竞争时，存在：

$$MNPB = P - MPC \qquad (1-16)$$

可得：

$$P - MPC = MEC \qquad (1-17)$$

又因：

$$MSC = MEC + MPC \qquad (1-18)$$

可得：

$$P = MSC \qquad (1-19)$$

式中：MSC 为边际社会成本；MPC 为边际私人成本；MEC 为边际外部成本；$MNPB$ 为边际私人净效益。

因此，当资源产品价格等于边际社会成本时是帕累托最优的条件，此时达到最优污染水平为 W^*。

2. 基于损害成本和控制污染成本最小化的最优污染水平

企业面对污染有若干选择，如：购买设备降低污染，还是减少产量以减少污染量，抑或者不再生产。企业需要比较各种成本来作出选择，因此考虑从损害成本和控制污染的成本出发，确定最优污染水平。

控制成本随控制程度变化，损害成本随污染物排放而变化，如图 1-5 所示。MAC 代表边际控制成本，控制成本越高，污染物排放量越少；MEC 代表边际外部成本，污染排放越少，边际外部成本越低。企业的目的是边际总成本最低，此时资源配置效率最优。在 W^* 左边的点，控制成本的增加超过损害成本的降低，总成本上升；在 W^* 右边的点，控制成本虽然降低，但是损害成本提高更多，总成本依然上升。因此，只有当边际控制成本等于边际损害成本时，即 $MAC = MEC$，边际总成本最低，此时达到最优污染水平 W^*。

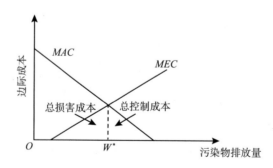

图 1-5　边际控制成本与边际损害成本

资料来源：张帆，夏凡. 环境与自然资源经济学 [M]. 上海：格致出版社，2015。

当污染存在外部成本时，社会最优与企业最优并不重合，这就需要控制污染，达到社会最优。通常存在两种解决方法：一是直接管制，通过设定环境质量指标，以立法手段强制执行；二是市场激励，实现外部问题内部化。市场激励方面也有两种措施：一方面，以庇古思想为指导，通过税收和补贴等政策调节；另一方面，以科斯理论为指导，通过产权界定，完善市场机制进行调节。

第三节　不可更新资源持续利用管理研究

一、对自然资源可耗竭性的基本认识

（一）自然资源可耗竭性含义

利用经济学理论和方法评估和判断不可更新资源的耗竭性是世界性难题，很难形成统一的认识。原因之一就是大家对资源的耗竭性难以做出准确的评估。在汉语中，"耗竭"的释义是消耗干净。对"资源耗竭"的解释有两种：一种认为是自然资源的数量逐渐减少、质量恶化直至完全消失或变质的过程；另一种则认为是指人类对自然资源无节制地利用，导致资源逐渐减少、枯竭的现象。前者强调过程，后者强调结果，都是表明自然资源实体被消耗干净，也就是"物理性耗竭"。但以经济学理论的视角看，在市场经济发达的经济活动中，某一种资源出现"物理性枯竭"的情况是不容易发生的。这是因为几乎所有的资源都存在替代品，市场原理会自动、顺利地进行替代品之间的置换。例如电线一般是用铜制作的，这是因为相比其他具有相同功能的金属，铜具有导电性能优良、防腐蚀、寿命长的优点，虽然其价格较高，但与其性能相权衡，是最佳选择。但铜并不是唯一可做电线的金属，当因铜资源剩余量的减少而引起铜价大幅上涨，成本高到电线制造企业无法承受时，即使还有未开采的铜矿石，企业也不再用铜制作电线而是选择其他代用品。实际上企业一直在探索使用物美价廉的其他材料加工电线，目前铝线和铜铝复合线也是市场中的重要产品。由此，有专家认为，只要市场原理在起作用，"物理性耗竭"就不会发生。当开发利用铜资源在经济上不可行时，铜资源出现了"经济性耗竭"。但这一结论隐含一个假设前提，那就是仅限于和平时期，不考虑军事等特殊情况。此外，当技术、工艺和知识不能将地球中天然赋存的矿产资源有效提取出来时，还存在"技术性耗竭"。

　　经济学重点研究自然资源的"经济性耗竭"，有以下四个原因：第一，"物理性耗竭"是在资源作为生产资料和劳动对象过程中发生的，也是出现资源开发利用经济不可行现象的诱因；第二，出现资源耗竭状况的资源种类与经济发展方式密切相关，经济发展方式影响能源资源开发利用结构，能源资源开发利用结构影响资源的开发利用种类和数量，进而使某种资源出现过度消耗的现象，例如，第一次工业革命，以蒸汽机的发明和改良的重大技术变革促进了煤炭和铁矿石的大量开采，而能源革命则在降低煤炭的消费量；第三，影响资源耗竭的三个决定性因素，天然蕴藏量、资源价格、发现和利用资源的技术，这些因素均与资源的经济可行性密切相关，例如，过高的资源成本，会影响整个社会福利的分配和共享；第四，会减少后代人利用当代可开发利用自然资源的数量或种类（不包括后代人新发现的资源），影响经济社会的可持续发展。

（二）对资源可耗竭性的几点认识

　　自然资源耗竭性有六点基本认识：第一，从分类体系看，不仅存在于不可更新资源中，也存在于看似无穷无尽的可更新资源中，如水资源，只是不可更新资源更加突出；第二，从空间分布看，不仅存在于某些特定的区域，也可能存在于全球范围；第三，从影响程度看，不仅对人类经济社会发展产生负面影响，也会对整个地球的生态系统造成严重破坏；第四，从社会伦理的角度看，资源耗尽的过程是不平等的，因经济社会发展水平不同，国与国、地区之间的资源消费水平差异很大，因此造成资源福利被局部地区的人口享用，而因资源过度消耗带来的负外部性却成为地球居民的共同灾难；第五，从范围看，具有动态变化性，当自然环境达标时，某些为人类提供动植物产品（食物、药材、木材等）或服务（观赏等）的不可更新资源还会实现向可更新资源的转化，而一些提供能源或矿物原料的不可更新资源在高价位的情况下，有可能减缓开发利用速度，减少资源自然蓄积量的利用量，甚至停止使用，从而避免资源耗竭现象发生；第六，从成因看，虽然不同地区、不同种类的资源耗竭原因是多样的，但过度消耗或非必要消耗仍是主因。这些基本认识是制定不可更新资源管理策略重要参考依据。

二、不可更新资源持续利用原则

　　不可更新资源可持续利用是指在对人类社会有意义的时间和空间上，资源的数量、质量以及与经济社会发展的总体匹配水平维持不变，人类对矿产资源的开发利用可以在一个无限长的时期内永远保持下去，既满足当代人对资源的需求，又不对后代人的需求构成危害，从而使人类对矿产资源的开发利用不会衰落，永续地满足社会可持续发展的需要。促进不可更新资源持续利用有利于发展社会主义社会的生产力，有利于增强社会主义国家的综合国力，有利于提高人民的生活水平。基于对资源可耗竭性的认识，促进不可更新资源持续利用应坚持以下原则。

（一）代际公平原则

为使后代人享有与当代人同等利用资源的机会，应尽量保持可利用自然资源总存量不变，在保证当代人发展利用所需资源的基础上，为后代人存储达到最低安全标准的资源量。当某种不可更新资源的数量减少过快时，应通过价格等杠杆进行调节，降低开采量；当某种资源出现枯竭态势时，要积极寻找替代资源。

（二）尊重自然原则

树立尊重自然、顺应自然、保护自然的生态文明理念，坚持人口资源环境相均衡，以资源环境承载能力为基础，根据资源禀赋、生态条件和环境容量，科学确定不可更新资源开发利用的规模、结构、布局和时序。在不可更新自然资源开发利用过程中，谋求资源开发、利用、消费过程中对生态环境损害的最小化，推动形成绿色低碳的生产方式和生活方式。

（三）高效利用原则

落实全面节约战略，全面推进资源节约集约利用，全面提高资源利用综合效率，杜绝资源破坏和浪费。追求相同数量的资源消耗实现经济效益目标的最大化，提高资源产出率；追求实现既定经济发展目标资源消耗的最小化，提高资源利用效率。

（四）全球化视野原则

基于自然资源分布不均衡的特性，世界上没有哪一个国家是依靠本国资源实现经济社会发展的。谋划不可更新资源的持续利用，应有全球化视野，坚持共商共建共享的全球治理观，在坚定维护世界和平与发展中谋求自身发展。

三、不可更新资源持续利用管理

（一）什么是自然资源管理？

管理活动始于人类群体生活中的共同劳动，但对于什么是管理，专家和学者们各抒己见，没有统一的表述。弗雷德里克·温斯洛·泰勒（Frederick W. Taylor）认为："管理就是确切地知道你要别人干什么，并使他用最好的方法去干。"诺贝尔奖获得者赫伯特·西蒙（Herbert A. Simon）认为："管理就是制定决策。"《现代汉语词典》中对"管理"一词的解释为：负责某项工作使其顺利进行，如管理财务；保管和料理，如管理图书、宿舍、公司等；照管并约束（人或动物）。有专家认为，管理，是主体（人）通过客体（对象）来实现自己的目的的一种活动。对于什么是自然资源管理，专家学者们的定义也很多，有专家认为自然资源管理是指政府对自然资源及其开发利用采取的一系列干预活动。资源管理主要围绕自然资源的开发、利用、保护和治理进行，重点是协调人类与各种资源及生态环境的关系。本书认为，自然资源管理是人们按照经济规律、资源开发利用规律和生态规律，运用法律、行政、经济、技术等多种手段，对自然资源在各社会集团和各时间段进行合理分配，并对自然资源的开发利用和保护进行组织、协调、规划和监督等活动的总称。

自然资源管理是政府为弥补市场失灵，促进资源有效配置的手段。在我国，自然资源管理的主责部门是自然资源部。其主要职责是：代表国家对自然资源开发利用和保护进行监管，建立空间规划体系并监督实施，履行全民所有各类自然资源资产所有者职责，统一调查和确权登记，建立自然资源有偿使用制度，负责测绘和地质勘查行业管理等。

（二）不可更新资源持续利用管理的目标考量

不可更新资源持续利用管理的目标应根据经济社会发展的需要，从资源的自然属性出发，结合其开发利用活动的特殊性设定。其目标与可更新资源的具有相同之处，也有不同点。相同之处在于都关注资源对经济社会发展的保障和生态系统健康等方面，根本目标都是促进人口、资源、环境与发展相协调，实现资源的可持续利用。不同点在于不可更新资源更加关注资源开发利用的代际公平，更加强调资源保护。不可更新资源持续利用管理以科学地、永续地开发利用为目标，以努力协调好人类与资源的关系为主线，以十分珍惜和合理利用资源为手段，以资源效益为前提，以生态效益为基础，以经济效益为中心。具体可从以下几个方面考虑。

1. 经济活动规范有序

资源开发利用经济活动的任何一个环节出现问题，都会直接影响不可更新资源产业链的稳定性，如在开采环节中，严重的滥采乱挖行为会造成资源的破坏和浪费，甚至对生态环境产生不可逆的影响。因此，实现开发利用经济活动有序化是不可更新资源管理的首要目标。

2. 资源利用有节有度

不可更新资源大多具有固定的天然蕴藏量，用一点就少一点，所以我们必须更加珍惜每一类每一吨资源。实现不可更新资源开发利用有节有度，是资源管理的第二个目标。首先，要加强资源的节约和循环利用，避免过度消耗和浪费。其次，要将资源开发利用速率调控在一个合理的区间，使其保持一定的持续能力，也就是实际能长期提供资源性有用产品或服务的能力，将资源利用上限控制在不使生态环境发生显著变化而使资源生产力得以长期维持的范围之内，确保资源的可持续利用和生态系统的平衡。最后，要重视资源的保护与储备，留给后代同等的资源利用机会。

3. 生产消费方式绿色低碳

不可更新资源在开发利用过程中，特别是采矿活动对地形、水文、土壤、生物等会产生不同程度的影响，利用过程中产生的废弃物也会对生态环境产生一定的影响，如化石能源的大量利用，是气候变化诱因之一。因此，充分重视资源开发利用过程中对生态环境的保护与修复，将资源开发利用引发的负面效应控制在资源环境承载能力之内，推进形成资源生产方式绿色化、消费方式绿色化，是资源管理的第三个目标。

4. 责任公平对等

这个问题一直是资源经济学研究的难题，也是资源管理的难点。处理不好不仅要影响资源开发利用秩序，还会造成国有资产的流失、资源浪费和环境破坏。本目标至少包括三个层面：一是如何实现资源开发收益公平分配？二是如何促进资源开发利用不良后果治理义务的履行？三是如何实现资源保护责任的落实？

5. 资源安全保障有力

这是不可更新资源管理的终极目标。这方面目标至少包括四个层面：一是资源开发利用产业链条和供应链条的建设和完善；二是国内持续供应能力的建设，包括原生资源利用、可回收利用资源的循环利用、资源储备等方面；三是国外资源开发合作能力建设；四是资源替代能力建设，包括不可更新资源向可更新资源的转移（如太阳能替代化石能源），一种不可更新资源向另一种不可更新资源的转移，发现新资源和科技进步，等等。

6. 资源治理依法有效

这一目标是所有管理目标实现的保障。不可更新资源管理决策过程具有很强的不确定性：一是对资源蕴藏量和可得量难以做出准确估算，也就是用于决策参考的资源基础难以判断；二是政府或企业对于长期的资源消费偏好难以把控，因而对资源开发利用结构、数量不好预判，且难以掌握完全、细致的信息，因此难以对供需形势做出科学判断；三是资源的需求和供给过程受政策、市场等多方面影响。这就要求不可更新资源的管理必须强化资源长期效用最大化，关注长期资源生产力的保持；强化资源系统管理，统筹发展与安全、统筹高质量发展与高水平保护、统筹资源资产资本、统筹资源配置与空间优化，从自然资源基本属性出发，妥善处理好不同门类资源之间的关系、资源与空间的关系、资源与生态的关系，加强自然资源战略、规划、标准、政策的研究、制定与实施，构建现代化的资源治理体系，提高治理能力和治理效能。

（三）警惕不可更新资源政策的"合成谬误"与"分解谬误"

逻辑谬误是我们日常生活中常常会遇到的问题，也是我们管理实践中经常遇到的问题。因掌握的知识、信息、实践经验的不足，以及看问题的角度、目标诉求的差异，人类在思维过程中往往容易出现错误的推理和论证方式，因此产生逻辑谬误。"合成谬误"是诺贝尔经济学奖获得者萨缪尔森提出的一种非形式逻辑谬误。它论证说：如果其中的部分或个体拥有某种性质，则其整体具备该性质。这犯了"以偏概全"的错误。例如，对局部说来是对的东西，由于它对局部而言是对的，便认为它对全局而言也必然是对的。"合成谬误"存在于社会生活各个方面。也存在于不可更新资源的管理中，"公地悲剧"就是典型例证。管理实践中，我们经常会遇到这样的问题，有的自然资源管理政策，在各局部地区看，每项都是对的，也是有效的，但合起来看，当齐头并进地实施时，可能就错了。某些不考虑自然资源开发利用适宜性的"一刀切"性政策，也是一种"合成谬误"。

"分解谬误"与"合成谬误"相反。它论证说：如果整体或集合具有某种性质，则它的每一部分或元素也具有此种性质，例如，自然资源供需形势总体良好，所以每一种自然资源供需形势均好。它未能认识到在整体和部分之间不存在这种转换关系，犯了"以全概偏"的错误。自然资源政策"分解谬误"是指不该分解的系统性任务被分解了，有的分解到各部门、各地方，甚至企业，有的分解到各个时间段。本以为可以更好地明确责任，但过多过细的任务分解实际上反而可能会造成整体无序和相互掣肘。

不可更新资源管理涉及资源保护与开发利用经济活动各个环节、各个层面、各个领域，是一个协同统一的复杂系统，任何一个环节发生变化都将影响整个系统及其他链条的运行。习近平总书记曾深刻地指出："有些政策相互不协调，政策效应同向叠加，或者是工作方式简单，导致一些初衷是好的政策产生了相反的作用。"[①]这就要求我们必须充分认识不可再生资源的基本特征，深入了解其开发利用活动的特殊性，坚持系统观念，把握好政策出台、工作推进的时度效，加强政策的关联

---

① 习近平：在民营企业座谈会上的讲话 [N]. 人民日报，2018 - 11 - 02.

性、耦合性、实施成效的研究和评估，防止政策"合成谬误"与"分解谬误"。首先，要处理好宏观决策和微观政策的关系，经济学领域中一般认为微观上而言是对的东西，在宏观上并不总是对的；反之，在宏观上是对的东西，在微观上可能是十分错误的，因此必须处理好宏观决策和微观政策的协同关系。其次，了解局部问题和整体问题的差异，深入调研是必不可少的。再其次，对多元目标应明确进行分层分类、轻重缓急的排序，以便更好统筹资源开发利用政策和资源保护政策，让各项政策既各有侧重、有的放矢，又统筹兼顾、综合平衡。最后，构建政策协同的生成机制。一是条块关系的政策协同，从国家治理的角度来看，地方是一级治理主体，应赋予其辖区治理更大的自主决策权，在大的国家战略、大政方针上，地方应根据当地实际情况创造性地转化落实，而不是机械地、教条式地照搬中央政策；二是条条关系的政策协同，各个部门出台政策应该要有事前评估，政策出台时要少一点想当然，多一点不确定性思维，积极做好风险评估工作，将政策及其执行可能出现的偏差或引致的风险降至最小。

需要特别注意的是，不可更新资源开发利用面临很多不确定性，政策制定和实施环境也具有不确定性，在宏观环境不确定的条件下，要为资源政策留有更多余地和弹性，政策过度刚性化考核容易导致实施者行为的极端化、短期化和指标化，而过度指标化会导致实施者缺乏必要的因地制宜的政策创新空间。

|第二章| 可更新资源利用与管理

可更新资源为人类的生存和发展提供资源要素和空间保障，其自我更新、自我复制的能力赋予了它们独特的价值，也为资源永续利用提供了可能，但是也带来了资源管理上的挑战。本章从可更新资源的概念、内涵特征和类型出发，明确了其调查与评价的重点及要求，探讨了可更新资源优化配置的概念、原则和思路，重点从时间配置和空间配置两个维度阐述了基本原理和决策模型，在此基础上，从资源、经济、社会、生态和安全等五个维度提出了可更新资源宏观管理目标以及管理路径。

第一节 可更新资源的概念、特征和分类

一、可更新资源的概念

（一）存量与流量的概念

存量和流量是两个重要的自然资源经济学基本概念。自然资源的存量是指在一定的经济技术水平下可以被利用的资源储量。在某一固定时间点上，自然资源存量是一个确定的数值。随着经济社会的发展和科学技术水平的提高，已探明的资源不断被利用，新的资源也不断被发现，在一个动态的时间范围内，资源的存量又是不断变化的。

自然资源的流量是指在一定时期内的资源流量。例如，可更新资源的再生量、不可更新资源的开采量等。自然资源的流量可以反映自然资源的消耗速度，影响因

素包括自然因素和人为因素。在一定的时期内，资源流入量减去资源流出量等于资源净流量，即：期初存量 + 期内资源流入量 – 期内资源流出量 = 期初存量 + 期内净流量 = 期末存量。其中，期内资源流入量包括新发现量、生长量、补充量、重估增值量等，期内资源流出量包括开采量、各种损失量、重估减值量等。

（二）可更新资源的概念和内涵

可更新资源（renewable resources），是指那些通过自然作用或人类活动后能够反复利用的自然资源。这些资源具有自我更新、自我复制的能力，能够在人类利用的过程中保持或增加其蕴藏量。这类资源的特点是，在被人类合理开发利用后，依靠生态系统循环，自身储量可以持续地得到补充和增加，从而使人们能够永续利用。

大多数学者研究可更新资源时，一般只是指出可更新资源的定义，至于可更新资源到底包含哪些，对此进行的界定比较模糊。本书根据自然资源经济学的相关定义，从为人类提供有形产品和无形服务功能特性出发，将可更新资源初步划分为：土地资源、水资源、动物资源、植物资源、微生物资源、空气资源、太阳能、潮汐能和风能等。具体如表 2 – 1 所示。

表 2 – 1　　　　　　　　　　　　　不同类型可更新资源特点

资源类型	流量	影响因素	更新周期
土地资源	肥力和生产力	气候、土壤类型、地形、植被覆盖、人类活动（如耕作、城市化、恢复措施等）	从数年到数百年不等
水资源	水量和流速	降雨、融雪、地下水补给、蒸发、人类活动（如取水、污染等）	从几小时到数千年
动物资源	动物的种群数量	动物种类、食物供应、栖息地质量、人类活动（如狩猎、栖息地破坏等）、气候变化	从几小时到几十年
植物资源	植物的生长量	光照、水分、土壤肥力、气候、人类活动（如砍伐、农业活动等）	从几个月到数百年
微生物资源	数量和活性	营养条件、温度、水分、酸碱度、氧气、有毒物质	繁殖迅速，几分钟
空气资源	数量和浓度	气候变化、地形地貌、大气环流、人类活动（如工业、农业排放等）	从几小时到数百年
太阳能	太阳辐射能量	日照时间、地理位置（纬度、海拔）、大气条件（云层、污染）、地形和植被	可认为无限
潮汐能	潮汐发电能量	月球和太阳对地球的引力、地球自转、海底地形、风力	可认为无限
风能	空气流动的动能	地理位置、地形地貌、大气环流、气候条件	可认为无限

第　二　章

部分可更新资源的存量和持续性不受人类活动影响，如太阳能、潮汐能、风能等。但是其他可更新资源的可持续性受到人类利用方式的影响：当合理开发利用时，资源可以通过再生产实现恢复和更新；当不合理开发利用时，其再生产能力受到破坏，存量不断减少，以致资源耗尽。例如，过度捕捞减少了鱼类的存量，并且进一步降低了鱼群的自然增长率。因此，在开发利用可更新资源时，需要遵循可持续性原则，确保资源的长期可持续利用。

此外，可更新资源能够被储存起来，这为不同时期配置资源提供了可能。例如，粮食储备可以调剂余缺，平抑市场价格，另外太阳能也可以被储存，最常见的方式就是光合作用。可更新资源的储存目的不同于不可更新资源，储藏不可更新资源是为了延长它本身的使用期限，而储存可更新资源则是为了保证不同时期资源的供求平衡。

二、可更新资源的基本特征

可更新资源具有多种类型，不同的可更新资源无论从物理形态到化学组成，都存在较大差异。例如，土地资源与水资源的性质存在较大差异。但从可更新性角度看仍有部分共性，具体表现为以下几个方面。

（一）功能的多样性和多宜性

可更新资源往往具有多种用途和使用价值，满足人们的不同需要，在功能上表现出多样性和多宜性特点。例如：森林资源既可用作单一的薪材，也可用于木材，还可用于户外娱乐、放牧、狩猎、其他林副产品等综合利用方式，并具有涵养水源、净化空气、保持水土、削减噪声、美化环境等综合功能；水资源既可用于发电和灌溉，也是生物最基本的生存要素和生态系统循环的组成部分。

（二）系统弹性的有限性和可恢复性

可更新资源本身是生态系统的重要组成部分，具有生态系统的基本特征，在生态系统的结构功能演化，以及自组织能力的建设等方面具有重要作用。生态系统具有稳定性，即系统持续存在或恢复其原来状态的能力，表现出一定的系统弹性和抗干扰能力，在其可承受的范围内，对于某种原始状态的偏离，系统可通过其自身的调节能力和反馈机制而重新回到原始状态或平衡状态。但若超过其恢复能力，则将难以恢复，乃至枯竭。而且即便是同样的自然资源，若处于不同的状态，其更新周期也存在很大的差异性（见表2-2）。这就要求人们在开发利用可更新资源时，必须遵循生态平衡和可持续利用原则，防止盲目利用、过度利用和不合理利用。

表 2 - 2　　　　　　　　　　　　不同水资源状态的更新周期

水体种类	更新周期	水体种类	更新周期	水体种类	更新周期
海洋	2500 年	永冻层中冰	1 万年	土壤水	1 年
深层地下水	1400 年	湖泊	17 年	大气水	8 天
极地冰川和雪盖	9700 年	沼泽	5 年	生物水	几小时
高山冰川	1600 年	河流	16 天	—	—

资料来源：葛剑雄. 未来生存空间：自然空间 [M].上海：上海三联书店，2000。

（三）分布的地域性和用途的相似性

可更新资源类型多样化，主要是受地质、地形、气候及人类干预等多种因素长期作用的结果，上述因子的不同组合使资源分布呈现区域性特征。这就要求我们在开发资源时遵循因地制宜原则，充分发挥地区资源优势，建立合理的生态系统与生产布局。

（四）供给数量的持续性和相对短缺性

可更新资源的再生性特点，决定其供给数量的持续性，只要合理利用，可更新资源的供给数量会持续增长。但是，可更新资源的供给数量不会因人类需求量的增加而增加；相反，随着人类对各类资源的需求量与日俱增，造成了可更新资源的相对短缺性。这就需要人们引入市场调节机制，实行资源有偿使用制度，通过价值规律来优化资源配置，消除人们片面追求利用可更新资源的数量和规模，而不注意其经济、社会、生态效益的行为，实现可更新资源的节约高效利用。

三、可更新资源的分类

（一）按更新条件分类

根据资源的更新条件差异，将可更新资源划分为临界性可更新资源和恒定性可更新资源两类。

1. 临界性可更新资源

临界性可更新资源是指通过人类活动而反复利用的自然资源，如土地资源、生物资源、水资源、空气资源等。这类资源是在人类合理利用条件下，可以恢复、更新和再生产的资源，它的可持续性在很大程度上取决于人类利用的方式和强度，如果利用得当，这些资源可以长期为人类提供经济、社会和生态方面的效益。

2. 恒定性可更新资源

恒定性可更新资源是指通过天然作用而反复利用的自然资源，如太阳能、风能等。这类资源的蕴藏量和可持续性几乎不受人类经济活动的影响，可以视为无限资源。

（二）按存在形式分类

根据是否以生命形式存在，将可更新资源划分为生物性可更新资源和非生物性可更新资源两类。

1. 生物性可更新资源

生物性可更新资源主要包括植物资源、动物资源和微生物资源等。对于生物性可更新资源：一方面，生物资源的数量、质量和再生生产力，在很大程度上取决于人类对生物资源的合理利用、经营管理水平和科学培育方法；另一方面，还要根据生物资源的生长规律，保证生物资源的最大持续生长量，并使人类对生物资源的开发利用量小于生物资源的再生量，以使生物资源的生长、利用、再生长、再利用的运行过程可以得到持续。

2. 非生物性可更新资源

非生物性可更新资源包括土地资源、水资源、太阳能等。它们主要是指那些非生命存在的自然资源，它们不是由生物体产生或构成的，但是可以在自然界中通过物理或化学过程不断再生可补充。重点在于确保资源的合理利用和生态环境保护，避免过度开发和污染。

（三）按产权归属分类

产权是关于财产的权利集，包括所有权、占有权、支配权、使用权、收益权和处置权。根据不同产权归属主体，将可更新资源细分为可更新的私人资源、可更新的共有资源、可更新的国有资源和可更新的开放资源。

1. 可更新的私人资源

可更新私人资源（renewable private resources），是指将资源产权界定给特定主体，完全由个人决定支配的可更新资源。没有经产权主体的允许或给予产权主体相应补偿的任何人不得使用这些资源，或影响产权主体拥有并行使资源产权。可更新私人资源具有四个特点，分别是完全明确的财产权、排他性、可转让性和受保护性。

2. 可更新的共有资源

可更新共有资源（renewable common resources），是指资源产权由特定组织（群体）共同所有的可更新资源，组织内部的每一个成员都有权分享资源的权利和利益。对共有组织来说，共有资源就是私有财产，它排除了组织外的成员对组织内的任何成员行使这些权利的干扰，以谋取组织内部所有成员平均收益最大化。一个共有组织的成员，只有取得其他各成员或他们的代理人同意，才能将共有组织的权益转让给他人。在现实生活中，存在着多种形式的共有资源，共有资源与外部性有着密切的联系。可更新共有资源具有三个方面的特点，分别是资源的共有性、利用的外部性问题及拥挤性和管理的必要性。

3. 可更新的国有资源

可更新国有资源（renewable state resources），是指由代表公共利益的国家和政府所有的可更新资源。国家及有关政府部门根据相关法律法规以行政、法律和经济等手段协调、控制和监督国有资源开发利用活动，以实现全社会效用最大化的目标。

《中华人民共和国宪法》规定，自然资源属国家所有，即全民所有，但法律规定属于集体所有的森林、山岭、草原、荒地和滩涂除外。社会全体共同拥有自然资源是国家自然资源公共财产权的特征，这种特征决定了非因国家或委托代理授权行为，任何单位和个人都无权行使资源所有权。

4. 可更新的开放资源

可更新开放资源（renewable open access resources），是指不为任何特定的个人所单独拥有，但是却能为任何人所享用的可更新资源。它具有非排他性，即允许私人自由地使用并获益，无需承担使用费用。在现实生活中，存在多种形式的开放资源，如阳光、空气、自然景观等。对开放资源"搭便车"的过度使用会导致其实际增加的价值（效用）低于增加的成本，造成整个社会效率的损失。例如：对公众开放的公海渔业资源而言，人类的过度捕捞会导致一些鱼类资源枯竭；高速公路、港口、自然风景区等地每逢节假日便人满为患，非常拥挤。可更新的开放资源具有非排他性和不可分性两个方面的特点。

四、可更新资源经济学的发展历程

（一）萌芽时期

自 18 世纪 60 年代工业革命爆发后，生产力迅猛发展，经济发展水平显著提升。然而，究竟是什么决定了生活水平提高和经济增长，一直是古典经济学家关注的核心问题。自然资源通常被看作国家财富及经济增长的决定因素，基于此，古典经济学家开始涉猎资源问题。例如，亚当·斯密（Adam Smith）在《国富论》中第一个系统论述了市场对资源配置的重要性，托马斯·马尔萨斯（Thomas Malthus）提出了"土地肥力递减规律"，大卫·李嘉图（David Ricardo）提出"经济最终走向稳定状态"以及马克思提出的"级差地租"学说，这都是对资源经济问题的最早探讨。此外，约翰·斯库尔特·穆勒（John Stuart Mill）开始关注资源的自然生态价值，提出土地除了农业和采掘的用途外，还具有游憩价值，并随着物质条件的改善游憩价值会变得越来越重要。

19 世纪 70 年代，新古典经济学派开始走上历史舞台。新古典经济学认为价值决定于交换，反映了产品偏好和成本，并在方法论上采取边际分析技术。瓦尔拉斯（Leon Walras）提出"一般均衡理论"，艾尔弗莱德·马歇尔（Alfred Marshall）阐述了供给和需求的局部均衡。新古典经济学在"边际革命"的基础上，从新的角度研究了可更新资源的经济问题，如马歇尔运用现代经济学的手段对于土地资源问题进行了一些研究。总体上看，这段时期对于资源经济问题的研究还没有真正从经济学中独立出来。

（二）发展时期

20 世纪初福利经济学开始兴起，福利经济学家不仅关注资源分配和效率问题，也关注环境问题。阿瑟·塞尔西·庇古（Arhur Cecil Pigou）出版了《福利经济学》，在基数效用论的基础上，系统地论证了整个经济体系实现经济福利最大值的可能性，并进一步完善了"外部性"理论。维尔弗雷多·帕累托（Vilfredo Pareto）探讨了资源配置的效率问题，并提出了著名的"帕累托最优"，主张通过自由竞争和个人选择来实现社会福利的最大化。20 世纪 30 年代，人们开始将注意力转向资源的经济问题上，最早起源于"土地经济学"。1924 年，美国经济学家理查德·西奥多·伊利（Richard Theodore Ely）和爱德华·莫尔豪斯（Edward Morehouse）合著了《土地经济学原理》这一经典之作，中国第一本研究专著是章植于 1930 年完成的《土地经济学》。20 世纪 50～60 年代，效益分析技术开始出现，这是应用福利经济学及进行政策建议的有效工具。同时，福利经济学的兴起进一步丰富了可更新资源经济研究的理论基础和技术工具。

之后，人们更加关注资源环境问题，国际上出版了许多关于资源与环境问题的专著和论文，主要围绕土壤破坏、气候变化、能源浪费、生物多样性降低、森林面积减少、水体污染、过度城市化、海洋过度开发、空气污染、极地臭氧层空洞等问题进行深度分析，尤其是对盲目追求经济增长的发展观进行了反思和批判。虽然这一阶段的研究还停留在哲学层面，但总体上看，可更新资源经济学已经初步形成并快速发展。

（三）成熟时期

20 世纪 80 年代以后，随着可持续发展观提出，生态经济学逐渐发展，可更新资源经济学的发展进入了一个崭新阶段。经济学家和资源环境专家意识到，自然资源和环境是影响经济行为的物质基础，若想在理解和论述资源和环境问题上有所进步的话，必须以交叉学科的方式开展研究，该学科如今被广泛称作"生态经济学"。1989 年发行了第一期以《生态经济学》为刊名的杂志，另外，赫尔曼·E.戴利乔（Herman E. Daly）、舒亚·法利（Joshua Farley）撰写了《生态经济学：原理和应用》一书，是该学科的经典著作。生态经济学将经济系统作为维持全球生态系统的一个子系统，目标之一是研究经济子系统在生态系统退化所产生的机会成本与经济持续增长所带来效益二者之间的关系。因此，在可持续发展观的指导下，必须把可更新资源经济问题放在全球生态系统中进行研究，不仅要考虑现在，还要考虑到未来的发展，才能得出科学的结论。基于这个视角，可更新资源经济学开始以资源可持续利用为研究目标，更加关注资源开发利用过程中的生态问题和经济问题，使其理论体系逐级完善和走向成熟。

第二节 可更新资源调查与评价

一、可更新资源的调查

根据自然资源调查监测的总体框架，将可更新资源调查分为基础调查和专项调查两类。其中，基础调查是对可更新资源共性特征开展的调查，专项调查是为可更新资源的个性或特定需要开展的专业性调查。本部分围绕土地、水、森林、草原、海洋等几种主要的可更新资源，介绍其调查主要内容。

（一）基础调查

基础调查属于重大的国情国力调查，由党中央、国务院部署安排。为保证基础调查成果的现势性，组织开展自然资源成果年度更新，及时掌握全国各类自然资源的类型、面积、范围等方面的变化情况。当前，以第三次全国国土调查为基础，集成现有的森林资源清查、湿地资源调查、水资源调查、草原资源清查等数据成果，形成自然资源管理的调查监测"一张底图"。按照自然资源分类标准，适时组织开展全国性的自然资源调查工作。

基础调查主要任务是查清各类可更新资源体投射在地表的分布和范围，以及开发利用与保护等基本情况，掌握最基本的全国可更新资源本底状况和共性特征。基础调查以各类可更新资源的分布、范围、面积、权属性质等为核心内容，以地表覆盖为基础，按照基本需求组织开展我国陆海全域的可更新资源基础性调查工作。

（二）专项调查

专项调查要根据土地、森林、草原、水、湿地、海域海岛等自然资源的特性、自然资源资产管理和宏观经济发展需求，查清各类可更新资源的数量、质量、结构、生态功能以及人文地理等多维度信息。专项调查主要包括耕地资源调查、森林资源调查、草原资源调查、湿地资源调查、水资源调查、海洋资源调查、地下资源调查、地表基质调查等。

（1）耕地资源调查。在基础调查耕地范围内，开展耕地资源专项调查工作，查清耕地的等级、健康状况、产能等，掌握全国耕地资源的质量状况。每年对重点区域的耕地质量情况进行调查，包括对耕地的质量、土壤酸化和盐渍化及其他生物化学成分组成等进行实时监测，分析耕地质量变化趋势。

（2）森林资源调查。查清森林资源的种类、数量、质量、结构、功能和生态状况以及变化情况等，获取全国森林覆盖率、森林蓄积量，以及树种、龄组、郁闭度等指标数据。

（3）草原资源调查。查清草原的类型、生物量、等级、生态状况以及变化情况等，获取全国草原植被覆盖度、草原综合植被覆盖度、草原生产力等指标数据，掌握全国草原植被生长、利用、退化、鼠害和病虫害，以及生态修复状况等信息。

（4）湿地资源调查。查清湿地类型、分布、面积，湿地水环境、生物多样性、保护与利用、受威胁状况等现状及其变化情况，全面掌握湿地生态质量状况及湿地损毁等变化趋势，形成湿地面积、分布、湿地率、湿地保护率等数据。

（5）水资源调查。查清地表水资源量、地下水资源量、水资源总量、水资源质量、河流年平均径流量、湖泊水库的蓄水动态、地下水位动态等现状及变化情况，开展重点区域水资源详查。

（6）海洋资源调查。查清海岸线类型（如基岩岸线、砂质岸线、淤泥质岸线、生物岸线、人工岸线）和长度，查清沿海湿地、沿海滩涂、海域的类型、分布、面积和保护利用状况以及海岛的数量、位置、面积、开发利用与保护等现状及其变化情况，掌握全国海岸带保护利用情况、围填海情况以及海岛资源现状及其保护利用状况。同时，开展海洋矿产资源（包括海砂、海洋油气资源等）、海洋能（包括海上风能、潮汐能、潮流能、波浪能、温差能等）、海洋生态系统（包括珊瑚礁、红树林、海草床等）、海洋生物资源（包括鱼卵、籽鱼、浮游动植物、游泳生物、海底栖生物的种类和数量等）、海洋水体地形地貌等调查。

（7）地下资源调查。可更新的地下资源调查主要包括以城市为主要对象的地下空间资源调查、海底空间和利用情况调查。查清可利用的地下空间资源分布范围、类型、位置及体积规模等，以及地下天然洞穴的类型、空间位置、规模、用途等。

（8）地表基质调查。查清岩石、砾石、沙、土壤等地表基质的类型、理化性质及地质景观属性等。条件成熟时，结合已有的基础地质调查等工作，组织开展全国地表基质调查，必要时进行补充调查与更新。

除以上专项调查外，还可结合国土空间规划和自然资源管理需要，有针对性地组织开展城乡建设用地和城镇设施用地、野生动物、生物多样性、水土流失、海岸带侵蚀，以及荒漠化和沙化石漠化等方面的专项调查。基础调查与专项调查要统筹谋划、同步部署、协同开展。通过统一调查分类标准，衔接调查指标与技术规程，统筹安排工作任务。原则上采取基础调查内容在先、专项调查内容递进的方式，统筹部署调查任务，科学组织，有序实施，全方位、多维度获取信息，按照不同的调查目的和需求，整合数据成果并入库，做到图件资料相统一、基础控制能衔接、调查成果可集成，确保两项调查全面综合地反映自然资源的相关状况。

二、可更新资源的评价

可更新资源评价包括自然特性评价、经济评价以及环境影响评价。

（一）自然特性评价

1. 土地资源评价

土地资源的自然特性评价，是基于特定利用目的进行的土地生产潜力或适宜性评价，分别称为土地潜力（land capacity）评价和土地适宜性（land suitability）评价。

土地潜力评价主要依据土地的自然性质及其对土地利用的影响，就土地的潜在生产能力进行等级划分，迄今为止土地潜力评价都是针对大农业利用的目的。土地适宜性评价是根据土地在不同利用方式下是否适宜以及适宜程度的大小，从而做出的等级评定。二者都取决于土地组成要素和土地的区位条件差异。因此，土地资源的自然特性评价其实是评价土地的组成要素（例如，地形、气象气候、水分状况、土壤性质、土地覆被）和区位等。

2. 水资源评价

水资源综合评价主要包括水资源利用的自然和社会背景调查、水资源质量、水资源开发利用现状和条件、水资源管理及利用效果等四个方面。

水资源评价的核心是要计算具体区域的大气降水、地表水、地下水、污水及过境外调水等供应量，调查分析工业用水、农业用水、生活用水、生态环境用水等需求量。一个区域中只有实现供水和需水之间的协调平衡，才可能实现水资源的可持续利用，保障经济社会的可持续发展。因此，水量、水质、水能评价是水资源评价的重点。

3. 森林资源评价

森林资源评价主要包括林地面积、森林结构、林产品的数量和质量、森林资源的分布、开发利用条件。

林地面积是衡量一个地区森林资源的首要指标。森林结构是影响林分生长、生产力以及稳定性的重要因素，同时也影响着森林其他功能的发挥，主要包括树种结构、层次结构、年龄结构和森林密度等。林产品的数量和质量依据不同林种而有不同要求，生态系统服务也是重要的林产品。森林分布有明显的地带性和非地带性分异特点，同时受人为因素影响，森林分布决定着其区位条件和其他开发利用条件。森林资源开发利用条件表现为森林资源的集中程度、林区交通条件、林区附近工农业发展水平、林区动力保证程度，以及林区的气候、地貌条件等。

4. 草原资源评价

草原资源评价包括草场生境条件、草场植被条件、载畜量与载畜能力、畜产品的年产量与单位面积产量等。

草场生境条件是重要的评价指标，决定草场类型、植被组成、草场的生长期、产量和质量等，主要评价气候、地貌、水源、土壤基质等要素。草场植被条件是草场的主体因素，也是人类利用草场的直接对象，它决定草场的基本特征（例如，植被组成、发育强度和产草量等）、草丛质量和草场利用的发展方向。草场植被条件主要由植被覆盖度、草场饲用植物、草群品质和产量等构成。此外，生态系统服务评价也是草场植被条件评价的重要内容。载畜量是指草场实际的家畜放养量，载畜能力是指草场对牧畜的承载能力，指草场在保证可持续利用条件下，全年放牧期内可能容载的最大牲畜数。草场生产最终目的是获得畜产品，畜产品的年产量与单位面积产量直接体现了草场的生产能力。

5. 海洋渔业资源评价

海洋渔业资源评价主要内容是鱼类的数量变动。鱼类的数量变动一般通过渔获量的变动来体现，其影响因素包括海域饵料保证程度、鱼类繁殖特征、人为捕捞和增值措施等方面。此外，鱼群洄游对鱼类资源的分布和数量有显著影响，其主要包括生殖洄游、索饵洄游、越冬洄游等三种类型。由于洄游，鱼类集合成群，定期在一定地区大量出现，这就形成"渔场"，洄游的进行即表现成渔场的移动，渔场受海区位置、海水深度、海底地形和底质、渔港和渔业基地条件等不同因素影响，有着不同的开发利用价值。同时，中下层鱼类在昼夜之间还有明显的垂直移动规律，这些特性在生产上有重要意义。

（二）经济评价

经济评价是指通过一定的手段，对资源效用进行量化评价，并以货币的形式来表现其价值量的大小。根据资源价值的不同属性和获取信息的不同途径，通常把资源价值评价方法划分为传统市场评价法、揭示性偏好方法和陈述性偏好方法等三种基本类型。

1. 传统市场评价法

传统市场评价法，包括市场价值法、费用支出法、生产率变动法、机会成本法、影子价格法、替代工程法、恢复费用法、因子收益法以及人力资本法。

不同评价方法的特点不同。市场价值法，直接按自然资源提供的服务或产品的市场价值计算。费用支出法，以人们对某种自然资源的支出费用来评估该资源的经济价值。生产率变动法，认为环境变化可以通过生产过程影响生产者的产量、成本和利润。机会成本法，以其他利用方案中的最大经济利益作为该选择的机会成本。影子价格法，以市场上相同产品的价格进行估算。替代工程法，以替代工程建造费用进行估算。恢复费用法，以恢复原有状况需承担的治理费用进行估算。因子收益法，以因自然资源提供的服务或产品而增加的收益进行估算。人力资本法，通过市场价格或工资来确定个人对社会的潜在贡献，并以此来估算资源环境对人体健康的贡献。

2. 揭示性偏好方法

（1）享乐价值法。

享乐价值法起源于兰开斯特（Lancaster，1966）和罗森（Rosen，1974）提出的特征价值理论。该理论认为，商品价值是一系列商品内在特征（characteristic）与属性（attribute）的价值总和。不同的消费者对产品属性的需求不相同，因此会依据个人需要与欲望，给予各种产品不同属性的重要性程度评价。与传统消费理论以产品为研究对象的分析不同，享乐价值法以产品特征为研究对象，直接分析消费者对不同商品特征组合的选择，丰富了消费者选择理论的内涵。

享乐价值法适合评价的领域很广，包括评价局地空气和水质量的变化，评价噪声（特别是飞机和交通噪声），评价舒适性对于社区福利的影响，评价工厂选址、铁路以及高速公路的选线规划，评价城市中比较贫困的地区改善项目的影响。在我们日常生活中，能够应用享乐价值法分析企业品牌对红酒价格的影响、分析生态标识对鸡蛋等农产品价格推动作用、分析湖泊景观对房价上涨的影响、分析高等院校人文氛围对房价的贡献等。

（2）旅行成本法。

旅行成本法是以旅行费用作为替代物衡量人们对景点或其他公共物品的评价，是资源的游憩价值评估中应用最广泛的方法。作为非市场价值评估方法之一，旅行成本法通过计算旅游者到达旅行目的地所花费的各种开支（如车票、门票、时间成本等）来评估资源的价值。这种方法主要适用于户外旅游景点，如自然保护区、具有独特景观功能的湿地或国家公园、森林资源等的旅游效益评估。

3. 陈述性偏好法

以社会公众的支付意愿（willingness to pay，WTP）或受偿意愿（willingness to accept，WTA）来衡量和表达自然资源及环境价值，陈述性偏好法（preference method，SP）是常用方法。陈述性偏好法中应用最广泛、最成熟的是条件价值评估法。条件价值评估法（contingent value method，CVM）和选择实验法（choice experiment，CE）均属陈述性偏好方法，二者均基于效用最大化理论，在构建假想市场环境的基础上，通过电话、信件或面对面访问等形式进行问卷调研，以此了解消费者对资源环境物品相关偏好及保护意愿的基本信息，进一步通过技术方法评估出资源环境的价值。但两者最大的差异体现在：条件价值评估法主要通过直接询问受访者的最低支付意愿或最高受偿意愿来获取对价值的直接表达，衡量资源环境物品单一属性特征的福利变化；而选择实验法需要受访者在不同的备选项之间进行选择和权衡，以此间接推断受访者对资源价值的判断，能够权衡出消费者对资源环境物品在多种属性特征变化组合状态下的最优选择及配置方案。

（1）条件价值评估法。

条件价值评估法是基于效用最大化原理，采用问卷调查，通过模拟市场来揭示消费者对环境物品和服务的偏好，并推导消费者的支付意愿，从而最终得到公共物品非市场价值的一种研究方法。条件价值评估法通常随机选择部分家庭或居民作为调查样本，以问卷调查形式向受访居民询问一系列的假设问题诱导受访居民陈述其对资源环境或非市场财物的偏好及评价，引出受访居民对某项环境改善效益的社会公众的支付意愿或者对环境质量损失的受偿意愿。然后，通过计算受访居民的平均支付意愿或受偿意愿，并把样本扩展到研究区域整体，用平均支付意愿或受偿意愿乘以受益群体，估算环境改善或损失所能带来的经济效益或损失。通常结合其他相关信息进行计划项目的成本效益分析，论证计划项目的可行性。

（2）选择实验法。

选择实验法在自然资源经济研究领域的应用从最初对物品或服务的休憩娱乐和美学价值的研究，发展到目前广泛用于生态系统修复（如河流、湖泊、湿地、水土流失等）、生物多样性（如野生动植物保护）、文化和艺术（如文化遗产、国家公园等）等诸多领域的非市场价值评估，为资源政策制定直接提供参考及决策依据。

（三）环境影响评价

环境影响评价有狭义和广义两种理解，前者只评价自然环境影响，后者则还要评价对经济环境和社会环境的影响。广义理解的环境影响评价实际上是要评价项目导致的所有未纳入市场体系的影响后果，既包括有益的方面，也包括有害的方面。这些影响绝大多数是不能用市场价格衡量的，有时甚至是无形的、不可度量、不可测定的。环境影响评价主要包括环境影响的识别、估算和比较。

1. 环境影响的识别

如果拟订的资源开发计划（包括采用的技术）付诸实施，将对哪些环境要素产生影响？影响的重要性如何？要提供一个清单。清单的内容取决于项目的特点，可以包括八个方面。一是人类健康，包括发病率、死亡率；二是生态系统，包括植被的增减、生物生产量、物种的变化、生态系统稳定性、动物迁移（尤其是鱼类洄游）；三是环境的美学和娱乐价值，包括风景、垂钓、体育；四是环境污染，包括大气、水体、土地、噪声；五是资源变化，包括土地占用、资源的耗损、对其他资源的影响；六是自然要素，包括气温、湿度、径流、水位、温室气体、地貌；七是文物古迹，包括历史遗址、风景名胜；八是对周围地区或上、下游地区的影响，包括水土流失、沉积物、水量、酸雨。

环境影响的识别必须以对各要素之间相互关系的认识为基础，其中的因果关系有一些已被认识，但还有许多没有被认识。此外，影响及其重要性的判断不免会有一定主观性，因而会有争论。

2. 环境影响的估算

有些影响可以换算成货币单位，例如，砍掉了多少树木、淹没了多少房屋和财产，直接可以算出价格；有些不能以货币价值计量，则可以用非货币型实物指标；若两种方法都不行，可以定性地确定影响的级别。还有一种方法是通过财产价值的变动来估算项目的环境影响。例如，噪声大的项目（如机场）会使附近房地产贬值，改善交通的项目会使房地产增值，可以用房地产租金或售价的变化来间接估算环境影响的费用或效益。

已建立的国家（或国际）环境质量标准也可以用来估算项目的环境影响。例如，空气和水质污染可以按照有害物种含量的标准作为一种实物性指标：零点水平、临界水平、可承受水平。对难以确定实物量的影响，可以通过问卷调查或专家打分来分级。

3. 环境影响的比较

对不同的开发方案，或者同一方案的不同技术、不同设计都做出环境影响评价，然后估算上述各种影响的总和。比较不同方案的环境影响总分，寻找环境影响最小的项目。对于总分无可比性的不同方案，常采取两种方法，一种是通过实地调查或问卷调查了解人们对项目的支持程度，另一种是投票决定取舍。

第三节　可更新资源的优化配置

一、可更新资源配置的概念

可更新资源配置是指经济活动中的各种资源在不同使用方向之间的分配，这是自然资源经济学要研究的核心问题之一。可更新资源配置的原则就是最优化原理，即如何实现可更新资源的最优化利用和可持续利用，具体要求是经济效率最高，资源耗竭最小，资源可持续利用。这主要涉及两个方面的问题：一是如何在不同时间点上合理分配可更新资源；二是如何在不同地区或用途之间合理分配可更新资源。前者主要是指时间配置，后者主要是指空间配置。

二、可更新资源的时间配置

可更新资源的时间配置是指资源在不同时段上的最优分布，也就是通常所说的动态优化问题，即根据资源动态特征，实现其开发利用的最佳时段、最佳时限的控制与决策。

优化过程在数学运算中通常是极值求解过程，包括最大值（如净收益、产值和产量等）和极小值（如成本等）。优化过程可分为静态和动态两类。静态优化常采用线性规划、目标规划等方法；动态优化是一个非线性问题，常采用拉格朗日乘数法。

首先，构造一个最优化问题：

$$\max V(x_1,\ x_2,\ \cdots,\ x_n) \tag{2-1}$$

明确约束条件：

$$G(x_1,\ x_2,\ \cdots,\ x_n) \geqslant C \tag{2-2}$$

定义原问题的拉格朗日表达式：

$$L = V(x_1,\ x_2,\ \cdots,\ x_n) - \lambda\left[G(x_1,\ x_2,\ \cdots,\ x_n) - C\right] \tag{2-3}$$

式中：λ 为拉格朗日乘数，表示因约束参数 C 发生变化带来的目标值变化，即约束值的边际价值。对拉格朗日函数进行求解，即可得到资源最优配置结果。

鉴于不同类型的可更新资源具有各自的特殊性，本书后面章节对土地资源、水资源等类型的开发利用展开详细分析，本节聚焦生物性可更新资源以及恒定性可更新资源，介绍其具体的经济决策模型。

（一）生物性可更新资源

生物性可更新资源的特别之处在于，这类资源具有再生能力，同时在自然环境中具有自身特点决定的动态规律。从经济学出发，可更新资源配置重点是对资源存量或群体数量的最优控制，最终目标是实现开发周期的净收益现值达到最大化。因此，本部分依次介绍群体数量增长模型、剩余产量模型以及资源最优利用模型。

1. 群体数量增长模型

生物性可更新资源群体数量的影响因素包括内部因素和外部因素。其中，内部因素是指出生率和死亡率，外部因素包括竞争者、捕食者等生物因素，以及物理、环境方面的非生物因素，生物因素主要指竞争者或捕食者等，非生物因素包括物理环境方面的约束。生物性可更新资源的群体数量增长模型包括几何增长模型、指数增长模型以及逻辑斯蒂（Logistic）模型等。

Logistic 模型是目前最常用的模型之一，该模型认为群体数量受初始数量、内在增长率以及环境容量等三个方面因素的影响。具体表现为：群体数量随时间呈 S 形曲线变化，早期群体数量快速增长，之后内在增长率逐渐降低，最终群体数量趋于有限值，这一限值也称为环境容量或承载力（如图 2 - 1 所示）。Logistic 模型方程为：

$$N_t = \frac{K}{1 - (1 - K/N_0)e^{-rt}} \tag{2-4}$$

式中：N 为群体数量；K 为环境容量；r 为内在增长率。

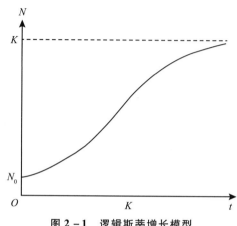

图 2 - 1　逻辑斯蒂增长模型

资料来源：詹姆斯·L. 斯威尼（2007）。

2. 剩余产量模型

Logistic 模型在可更新资源最优管理理论中具有重要地位。尤其是对林木、牧草、鱼类等可更新资源，可以拟合其生长规律，从而得到单位时间内生长量的最大时点，确定资源的最大持续产量（maxiumum sustainable yield，MSY），有利于制定资源管理的最优策略。

群体数量不受人为因素影响的群体数量变化特征符合 Logistic 模型，对式（2 - 4）中的 t 微分，得到：

$$\frac{\mathrm{d}N}{\mathrm{d}t} = rN\left(1 - \frac{N}{K}\right) = F(N) \tag{2-5}$$

求导可得资源增长率最大时的群体数量水平，即 $N = K/2$ 时，资源增长率达到最大值，为 $rK/4$。

当这一可更新资源存在开发活动时，群体数量变化受到了收获率（h）的影响，则有：

$$\frac{\mathrm{d}N}{\mathrm{d}t} = F(N) - h(t) \tag{2-6}$$

现在，我们仅从自然科学的角度分析收获行为与种群数量增长率之间的关系（如图 2 - 2 所示）。

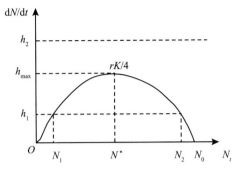

图 2 - 2　收获对群体数量的动态影响

资料来源：曲福田（2017）。

（1）当收获率为 h_1 时，$h_1 < rK/4$，则有两个平衡点 N_1 和 N_2，在这种情况下，群体数量取决于其存量规模 N_t。若 N_t 位于 N_1 和 N_2 之间，则 $\mathrm{d}N/\mathrm{d}t > 0$，$N_t$ 将趋向于 N_2，当 $N_t = K$ 时也会出现这种情况；若 N_t 位于 N_1 的左侧，则 $\mathrm{d}N/\mathrm{d}t < 0$，$N_t$ 将趋于 0，或在有限时间内衰减为 0。

（2）当收获率为 $h_{\max}$ 时，$h_1 < rK/4$，则在 $N^* = K/2$ 处，有唯一平衡点，此时 $\mathrm{d}N/\mathrm{d}t = 0$，则该点的收获量成为最大持续产量（*MSY*）。

（3）当收获率为 h_2 时，$h_2 > rK/4$，则 $\mathrm{d}N/\mathrm{d}t < 0$。对于任一资源的存量水平 N_1，群体数量都将趋向于 0，这种情况被称为过度开发。

MSY 通常被视为是在一般条件下（或正常自然条件）可捕捞的最高可持续产量。下面，通过剩余产量模型来计算 *MSY*。

现在，假定收获量与群体数量（或资源存量）水平成正比，则有：

$$h = qEN \tag{2-7}$$

式中：q 为收获系数；E 为收获强度；N 为群体数量。由此可得：

$$\frac{\mathrm{d}N}{\mathrm{d}t} = F(N) - h(t) = rN\left(1 - \frac{N}{K}\right) - qEN \tag{2-8}$$

令 $\mathrm{d}N/\mathrm{d}t = 0$，则有 $N^* = K\left(1 - \dfrac{Eq}{r}\right)$。相对于收获强度 E 的持续产量 $Y = h$，则有：

$$Y = qEK\left(1 - \frac{Eq}{r}\right) = aE - bE^2 \tag{2-9}$$

式中：$a = qK$；$b = Kq^2/r$。

式（2-9）也被称为 Schaefer 模型。求解可得，最大持续产量 *MSY* 为 $a^2/4b$，对应的收获强度为 $E_{MSY} = a/2b$。

3. 资源最优利用模型

从经济学出发，资源的最优配置是指资源所有者从资源开发中得到的纯收入的最大贴现值，则对于开发期间内的资源配置来说，其决策目标可表示为：

$$\max PV = \int_0^T e^{-\delta t} R(N,\ E)\,dt \tag{2-10}$$

式中：PV 为现值函数；R 为净收益函数，受群体数量 N 和收获强度 E 的影响；δ 为贴现率；T 为开发周期长度。

假定所收获资源的单价为常数 p，单位收获强度的生产成本为常数 c，则一个收获强度 E 在 Δt 时间内所产生的净收益为：

$$[R(N,\ E)\Delta t] = [ph - cE]\Delta t \tag{2-11}$$

式中：h 为收获率；E 为收获强度。

假定收获率 h 主要由群体数量 N_t 和收获强度 E_t 决定，即：

$$h = Q(E,\ N) = aE^{\alpha}N^{\beta} \tag{2-12}$$

令 $a = 1$，用不减函数 $G(N)$ 代替函数 aN^{β}，可得：

$$h = Q(E,\ N) = G(N) \times E \tag{2-13}$$

令 $C(N) = \dfrac{c}{G(N)}$，$C(N)$ 是指群体数量为 N 时的单位收获量的生产成本，可将式（2-11）改写成：

$$[R(N,\ E)\Delta t] = [ph - cE]\Delta t = [p - C(N)]h\Delta t \tag{2-14}$$

将式（2-14）代入式（2-10），可得：

$$\max PV = \int_0^T e^{-\delta t} R(N,\ E)\,dt = \int_0^{\infty} e^{-\delta t}\{p - C[N(t)]\}h(t)\,dt \tag{2-15}$$

考虑必须满足约束条件 $N(t) \geqslant 0$ 和 $h(t) \geqslant 0$。用 $h(t) \geqslant 0 = F(N) - \dfrac{dN}{dt} = F(N) - \dot{N}$ 代入式（2-15），可得：

$$PV = \int_0^{\infty} e^{-\delta t}[p - C(N)][F(N) - \dot{N}]\,dt \tag{2-16}$$

应用求最大值的经典欧拉（Euler）的必要条件：

$$\frac{\partial \emptyset}{\partial N} = \frac{d}{dt} \times \frac{\partial \emptyset}{\partial \dot{N}} \tag{2-17}$$

令 $\emptyset(t,\ N,\ \dot{N}) = e^{-\delta t}[p - C(N)][F(N) - \dot{N}]$，经推导后，可得：

$$F'(N) - \frac{C'(N)F(N)}{p - C(N)} = \delta \tag{2-18}$$

式中：$F'(N)$ 为资源生产的边际生产率；$\dfrac{C'(N)F(N)}{p - C(N)}$ 为资源资产边际值的相对增

长率；δ 为贴现率。群体最优数量 $N = N^*$。若该方程有唯一解 N^*，该解就是最优平衡水平的群体数量。

区别生产成本与群体数量的关系，根据收获策略进行初步分析：

（1）当生产成本不依赖于群体数量时，即 $C'(N) = 0$ 时，则可推导出 $F'(N^*) = \delta$。这说明资源的边际生产率等于给定的贴现率时，资源的群体数量达到最优水平。

当初始群体数量 N_0 不同于 N^* 时，最优收获策略是尽快"投资"（当 $N_0 < N^*$ 时）或不投资（当 $N_0 > N^*$ 时），其中，"投资"意味着现在建立起"股本"。例如，当 $N_0 < N^*$ 时，资金值正在以大于机会成本率 δ 的速率增长，这是一种"优越的资金"，肯定应当保留和扩大，即不进行收获（如图 2-3 所示）。反之，当 $N_0 > N^*$ 时，资金应该处理（当然不是全部，而是 $N_0 - N^*$ 部分）。而且想要投资或不投资应该尽快实施。因此，当 $N > N^*$ 时，其最优收获率为 h_{max}，当 $N < N^*$ 时，其最优收获率为 0 ［式（2-19）］。

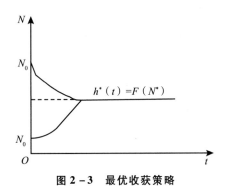

图 2-3　最优收获策略

资料来源：曲福田（2017）。

（2）当生产成本依赖于群体数量时，则随着群体数量的减少，收获成本增加，此时式（2-19）左边第二项的值小于零，则 $F'(N^*) < \delta$，这说明 N^* 必须大于相应于边际生产率 $F'(N^*) = \delta$ 时的水平。

$$h^*(t) = \begin{cases} h_{max}, & \text{如果 } N > N^* \\ F(N^*), & \text{如果 } N = N^* \\ 0, & \text{如果 } N < N^* \end{cases} \qquad (2-19)$$

（二）恒定性可更新资源

恒定性可更新资源（如太阳能、风能、水能等）可以持续不断地提供流量，一般采用恒定性可更新资源替代不可更新资源，当可更新资源的边际生产成本高于不可更新资源的边际生产成本时，人们主要利用可更新资源。

采用恒定性可更新资源替代不可更新资源的成本节约量为：

$$ECST_t = E_t \times ECSU_t = E_t \times (P_t^N - P_t^{S/W}) \qquad (2-20)$$

式中：$ECST_t$ 为成本节约量；E_t 为消费电量；$ECSU_t$ 为单位电力的成本节约量，由不可更新资源获取电力的边际成本/价格 P_t^N 和恒定性可更新能源获取电力的边际成本/价格 $P_t^{S/W}$ 共同决定。

由此，恒定性可更新资源发电的年度成本节约量的贴现值为：

$$PV_{ECST} = \sum_{t=1}^{T^*} \frac{(E_t \times ECSU_t)}{(1+r)^t} \qquad (2-21)$$

式中：T^* 为时间范围，一般等于固定设备使用期限，如二十年。

采用 S/W 表示恒定性可更新资源发电的前期资本成本，下面对管理策略进行初步分析：

（1）当 $PV_{ECST} > S/W$ 时，适合采用恒定性可更新资源发电；

（2）当 $PV_{ECST} = S/W$ 时，可更新资源或不可更新资源发电均可；

（3）当 $PV_{ECST} < S/W$ 时，说明恒定性可更新资源发电成本较高，不宜采用。

对于恒定性可更新资源而言，由于其源源不断的特性，为实现长期效用最大化，应尽早地开发和利用资源。只要提供这些产品或劳务的成本能够降到其预期售价以下，那么该开发就是经济可行的。

三、可更新资源的空间配置

可更新资源分布呈现区域性特征，资源要素不能完全流动。资源如何在空间上优化配置，充分发挥地区资源优势，建立合理的生态系统与生产布局，以最大限度地满足人们对美好生活的需要，成为资源经济学长期关注的课题。可更新资源的空间配置实质上就是可更新资源在不同区域或不同用途之间的最优分配问题。从古典区位理论到宏观区位理论的研究，为区域内、区域间到区域整体的资源配置提供了丰富的理论基础（见表 2 - 3）。

（一）区域内的资源配置

资源空间配置的影响因素主要包括资源分布、交通与基础设施、地方发展需求、环境与社会条件等因素的影响。一定的区域内部资源分布、地方发展需求、环境与社会条件等情况相近，在这种情况下，交通与基础设施情况，如资源地距离中心地域（城镇、市场、集散地）的远近决定着运输成本，影响着资源空间配置。

如果中心地域具有一定辐射范围，企业配置资源的决策需要在市场价格与边际运输成本之间权衡。当市场价格高于运输成本时，企业可能更有动力将资源运往该市场，以获得更好的利润，然而随着运输成本的增加，这种动力可能会逐渐减弱，直到达到一个平衡点，即运输成本与市场价格的差值不再足以覆盖其他成本并获得合理利润。然而，在中心地域对资源具有吸引力时，企业在配置资源时可能需要更加关注市场的潜力和优势，而不是单纯地权衡市场价格与边际运输成本。当然，这并不意味着企业可以忽视运输成本，而是需要在全面考虑市场吸引力、运输成本以及其他相关因素的基础上，作出更加合理的资源配置决策。

表 2－3　　　　　　　　　　资源空间配置的主要理论基础情况

提出人	理论	主要内容
杜能（德国，1986 年）	农业区位理论	分析了农业生产与地理环境、市场因素的相互关系，奠定了区位理论的基础
韦伯（德国，1909 年）	工业区位理论	探讨了区位因子、原料获取、运输成本以及产业集聚等因素对工业生产布局的影响，为西方工业区位理论奠定了基础
廖什（德国，1940 年）	市场区位理论	将空间均衡的思想引入区位分析，研究了市场规模和市场需求结构对区位选择和产业配置的影响，将区位理论从局部均衡拓展到一般均衡
克里斯塔勒（德国，1933 年）、廖什（德国，1940 年）	中心地理论	论述了一定区域（或国家）内城镇等级、规模、职能间关系及其空间结构的规律性，促进区域资源在不同等级规模城市的有效配置
佩鲁克斯（法国，1955 年）	增长极理论	经济繁荣依赖于"增长中心"的增长和扩散效应，应确保资源的空间配置可以保障优先发展地区和产业的需要
列昂惕夫（美国，1936 年）	国民经济投入产出理论	揭示国民经济各部门间投入产出关系，了解资源在不同部门的利用效率，促进资源在不同部门的优化配置
艾萨德（美国，1951 年）	一般区间投入产出理论	强调不同区间（地区或部门）之间的经济联系和相互影响，识别资源效率利用低下的地区或部门，有利于实现资源的均衡分布和高效利用
哈肯（德国，1971 年）	空间协同效应理论	主要探讨具有地理空间信息特征的个体在空间上聚集并相互作用、依赖和影响的现象。这种协同效应依据作用程度的不同，可以分为集聚效应、溢出效应和挤出效应，这种效应可以促进资源的有效配置，优化空间结构，提升整体发展水平

如果区域内存在多个中心地域，必然存在对资源产地的争夺，这就涉及确定各中心的引力范围。引力范围是指中心地域吸引原材料、输出产品的有效空间，中心

区域到引力边界的距离计算公式为：

$$R_A = \frac{D_{AB}}{\left(1 + \sqrt{\dfrac{P_B}{P_A}}\right)} \qquad\qquad (2-22)$$

式中：R_A 为引力边界到中心地域 A 的距离；D_{AB} 为两中心 A、B 之间的距离；P_A、P_B 分别为两个大小不同的中心地域中的人口规模。

（二）区域间资源配置

区域间的资源配置也称为多区域配置，主要是指不同空间或用途的资源配置。区域间协同配置的理论基础包括两种理论：绝对利益理论和比较利益理论。1776年，亚当·斯密提出地域分工论，该理论认为各个区域（国家）都有生产条件上的某种绝对优势，如果他们各自利用其优势进行专业化生产，通过贸易交换，可以大大提高资源和劳动生产率，实现经济增长。19世纪初，李嘉图提出了比较利益理论，该理论认为，不同国家和地区应该集中生产并出口其资源消耗较低的产品，进口那些自己生产，资源消耗较高的产品。因此，一个国家或地区生产什么，不是以它的资源绝对优势而定，而是以哪种产业资源消耗较小为依据。这一理论很快就被广泛应用于一切利益主体不同的区域以确定最优的区域间资源配置格局，并从不同研究角度得到了发展。

（三）区域整体的资源配置

区域整体的资源配置是指在同一空间范畴内，通过优化全域和分区的资源配置，促进产业协同发展，促进经济一体化发展。区域整体配置主要解决局部与整体的协调问题，需要注意以下四个方面。第一，从总体上把握全区资源状态、发展目标与可能性。既包括自然资源、人力资源、技术资源等各类资源的全面摸底和评估，也需要明确长短期发展目标，以及实现这些目标所面临的挑战和机遇。第二，在总体把握的基础上，深入考虑各分区自身发展规律及外部刺激（如价格、利润率、需求等）对其影响，以及各分区可能作出的反应。第三，注重总体目标的确定以及分区资源的充分利用，这就要求自然和经济资源在生态许可的范围内全部投入经济流转过程，避免资源闲置和浪费。同时，也要关注资源配置的效率和公平性，确保各分区都能从资源配置中获得合理的利益。第四，统筹分区发展和全局发展。通过精细化的经济核算和全面的社会成本考量，为分区发展设定合理的约束条件。同时，通过开放性的约束来实现全局发展控制，即对那些有比较利益的配置项目，暂时牺牲局部利益求得发展，以通过补偿的方式维持分区发展。

针对区域整体资源配置问题，鉴于其目标繁多且约束条件多样，可以运用线性规划模型来寻求解决之道。常用的解决方法有两个：一是借助大型配置模型的分解原理，将总模型拆解为多个子模型，以便更灵活地应对各种资源配置需求；二是直接构建局部与整体协调的大型配置模型，确保资源配置的均衡与高效。

第四节　可更新资源的可持续管理

一、可更新资源开发利用的管理决策

可更新资源的开发利用是一个复杂的系统工程，不仅涉及资源和经济，还涉及社会、生态等诸多方面。从经济学出发，我们已经找到了可更新资源最大经济收益的最优解，但是实际问题往往更加错综复杂。以生物性可更新资源的管理决策为例，需要统筹考虑产权和排他成本、劳动和资本转移、优化结果再分配、不同优化目标权衡等多个方面。

第一，如果考虑产权和排他成本问题，那么就可以对生物性可更新资源开展全生命周期的管理，而不仅仅通过考虑收获量来实现对生物性可更新资源的长期控制能力。

第二，如果将群体数量控制在最优水平上，那么多余的劳动和资本如何处置？理论上，过剩的生产要素可以转移到别的经济活动中，但在实际中往往不能实现转移和流动，反而会造成增加失业、社区萎缩、前期投资固定资金闲置浪费等问题，这些也可能超过"优化"中获得的经济收益。

第三，如果考虑优化结果再分配问题，优化结果实际上使净收益从失业的劳动者身上转移到仍就业的劳动者中，理论上处于优势的人应当向失业的人支付赔偿。按照帕累托标准，这里存在某种潜在的福利改进，不仅仅是优化机制的事情，而更多的属于政治决策的事情。

第四，如果考虑不同的优化目标，那么最佳策略的选择不同。例如，在欠发达国家，普遍缺乏蛋白质，管理鱼类资源使其达到最大化产量而不是最大化经济效益，才是社会优化。

可更新资源的开发利用过程表现为某一产业的经济再生产和自然再生产的双重过程，需要建立一个合理的、高效的、可调控的和永续利用的生态经济系统，其特征就是"资源－经济－社会－生态"的高度统一。对于可更新资源的管理决策而

言，经济效率提供了一种有效的评价标准。但是作为管理者或政策制定者而言，为了满足可持续发展的目标需求，出于对社会、生态等目标的考虑，可能接受经济上的次优选择。

二、可更新资源的可持续管理目标

可更新资源管理不仅关注资源使用者的权益，更应该关注更广泛的社会目标，才能实现可持续发展。2015 年，联合国 193 个成员国正式通过了联合国可持续发展目标（sustainable development goals，SDGs），包括 17 个全球发展目标，旨在 2015~2030 年以综合方式彻底解决经济、社会和环境三个维度的发展问题，转向可持续发展道路。考虑可更新资源的基本特征，可更新资源管理的根本目标是实现可更新资源的可持续发展，包括五个方面的具体目标，即资源高效利用、经济持续增长、社会公平分配、生态系统健康以及资源安全保障。

（1）资源高效利用。资源高效利用是资源可持续管理的重要手段。资源高效利用强调在资源有限的情况下，通过技术创新、管理优化和政策引导，减少资源的消耗和浪费，实现资源利用的最大化和最优化。关注个人和企业、地区和国家在可更新资源形成、开发、利用等全生命周期和全空间范围内的有效组合和优化配置，以实现消耗最少的资源，创造最大的产出，最终实现资源的可持续供应，为经济、社会、生态、安全等目标的实现提供基础支撑。

（2）经济持续增长。经济持续增长是实现资源可持续利用的重要目标。经济持续增长强调经济增长的数量和质量呈现长期增长的态势，是检验资源可持续管理成效的重要标准。在可持续发展的框架下，只有实现经济的持续增长，才能真正证明资源可持续管理的有效性和可持续性。同时，经济持续增长意味着更多的资金投入和技术研发可以用于资源的开发、利用和保护，助推可更新资源可持续管理。例如，太阳能、风能产业随着技术提升与普及，可以得到广泛利用。

（3）社会公平分配。社会公平分配是实现资源可持续利用的重要保障。社会公平分配强调在不同利益群体之间，资源收益的合理分配与资源保护成本的合理分摊。国家通过赋税制度和社会保障体系实现社会财富的调节与二次分配，体现了以人为本的思想。社会公平分配有助于社会和谐稳定，激发人们积极性和创造力，为资源的可持续利用提供有利的社会环境。

（4）生态系统健康。生态系统健康是实现资源可持续利用的重要基础。生态系统健康是指生态系统自身结构和功能稳定，且可以为人类提供资源和服务。健康的生态系统能够维持资源的再生能力，可以源源不断地为人类发展提供物质基础。例如，森林、草原、水域等生态系统的健康状态直接影响到可更新资源的数量和质量。同时，健康的生态系统也具有良好的自我调节和恢复能力，能够抵御外界干扰和压力，保持资源的稳定供应。

（5）资源安全保障。资源安全保障是实现资源可持续利用的重要前提。资源安全保障是指一个国家或地区可以持续、稳定、及时、足量和经济地获取所需的自然资源，是国家安全体系的重要组成部分。随着全球化的深入发展，资源安全问题已成为国际关系的重要议题，国家间的资源争夺、资源外交和资源军事等问题的出现，使得资源安全问题更加复杂和严峻。

综上所述，可更新资源利用的目标体系是一个多元化、综合性的框架，目标之间相互关联、相互支撑，政府和社会应该努力统筹各类目标，为人类社会的可持续发展奠定坚实基础。

三、可更新资源的可持续管理路径

实现可更新资源的可持续管理是一项系统工程，需要围绕资源管理、政府规制、市场机制、科技创新、伦理观念等多个方面综合施策，实现可更新资源的可持续利用。

（一）全生命周期管理

全生命周期管理是指针对可更新资源，在其整个生命周期内，从开展调查评价、实施规划布局，高效开发利用、到资源生态保护等多方面开展全面、长期和综合性管理。它不仅关注资源的当前利用情况，还考虑资源的未来发展趋势和潜在价值。第一，开展可更新资源的基础调查和专项调查，摸清资源的数量、质量、结构、生态功能、人文地理等基础信息，同时开展自然特性、经济特性和环境影响的评价，为规划布局、开发利用和生态保护提供依据。第二，基于可更新资源时空配置需要（例如，代间和代际时间平衡，区域和全球空间配置），制定资源的长期规划和战略布局，服务经济社会可持续发展。第三，采用先进的技术和管理手段，在可更新资源年减少量不超过年增加量的前提下，降低资源消耗，减少废弃物排放，提高资源的开发效率和利用效益。例如，控制鱼类和森林的过度开采，提高农业生产的同时降低化肥农药污染等。第四，加强生态系统保护与修复，提高可更新资源再生产能力，支撑资源可持续利用。例如，人工促进鱼类和森林产品生产，国土空间生态修复等。

（二）强化政府规制

强化可更新资源的政府规制，是指通过建立法规、制定政策、加强监管等促进资源的可持续利用。完善产权制度和激励约束政策是加强政府规制的重要内容，同时还能促进机制的有效运行。一方面，完善可更新资源的产权制度，通过明确资源的所有权、使用权、收益权等，加强产权流转，推动产权保护，可以激发产权主体的积极性，推动资源优化配置，实现资源可持续利用。随着自然资源统一确权登记和自然资源资产有偿使用制度改革的推进，为推动可更新资源产权制度的建立奠定了良好的基础。但还存在确权类型不全面（多为所有权，使用权和收益权等不明晰）、产权流转不畅通、部分可更新资源难以确权（如海洋渔业）等问题，还需要不断完善，建立权责明确的可更新资源产权体系。另一方面，政府通过制定激励约束政策，采用财政投资、税收优惠、奖励、罚款、价格优惠等政策工具调控资源开发利用，引导资金、技术和人才要素流向可更新资源领域，推动产业转型升级，实现绿色低碳发展。例如，为鼓励和支持太阳能、风能的利用，提供投资补贴、税收优惠、价格优惠，以及对污染排放收取排污税费。

（三）健全市场机制

健全可更新资源的市场机制，可以促进资源市场的健康、有序和高效发展，确保市场在资源配置中起决定性作用。其中，价格机制是市场机制的核心部分，具体指由市场主体之间的自由竞争、供需关系、价格调节等因素形成的一种自然规律。然而，由于可更新资源的开发外部性和不完善的产权制度，导致直接市场定价法不能充分反映资源真实价格。目前政府通过税收、补贴、可交易的许可证等手段来试图将外部问题内部化，人们也采用间接市场定价法进行纠正，但仍然不能从根本上解决可更新资源价格机制不完善的问题。下一步，仍需从可更新资源的生态特性和经济特性出发，探索其价格形成机制，确保资源定价反映其真实价值。在价格机制完善的基础上，通过其敏感性和有效性，推动市场机制的良性运行，资源的可持续利用。

（四）科技创新驱动

推动可更新资源的科技创新，包括两层含义：一是技术创新，也就是研发高效、低成本的可更新资源利用技术，提高可更新资源的开发利用效率；二是技术推广，也就是促进技术创新在可更新资源领域的应用，从而实现对传统技术的替代。科技创新驱动既有利于可更新资源产业的发展，形成新的经济增长点，也鼓励新能源的使用，减少对传统资源的消耗和环境的影响，实现可持续发展。例如：研发技术有效提高太阳能电池的转换效率，降低了制造成本；通过改进风力发电机组的设计和材料，提高风能利用效率的同时降低噪声和视觉影响；通过生物技术，将农作物秸秆、林业废弃物等生物质资源转化为生物燃料或生物化学品，实现资源的循环利用和高效利用。通过科技研发与推广，发挥科技创新驱动作用，有效推动可更新资源产业的快速发展，可更新资源必将在未来发挥更加重要的作用，推动人类社会的可持续发展。

（五）伦理观念转变

伦理观念的转变影响着资源开发利用方式，人与自然之间的关系变化，伴随着人类文明的发展脉络。回溯至原始文明时代，人类怀揣敬畏之心，对自然充满了崇拜与敬畏；步入农业文明时代，人们在顺应天地规律的同时，亦开始尝试着改造自然；在工业文明时代，人类逐渐萌生了对自然的征服欲望，认为自己能够成为自然的主宰；随着生态文明时代的到来，人们倡导尊重自然、顺应自然、保护自然。在人与自然和谐共生的伦理观念下，我们需要重新审视资源价值、创新资源利用方式、加强资源管理和监管，它为实现资源的可持续利用提供了有力的思想支持和行动指南。

第 二 章

| 第三章 | 生物多样性与生态系统服务

生物多样性和生态系统服务关系人类生存和社会经济可持续发展，应对生物多样性丧失和生态系统服务退化问题已经成为自然资源经济研究的焦点。本章以生物多样性保护和生态系统服务能力提升为切入口，基于自然资源保护、开发、利用和修复中的经济关系，从经济学视角分析讨论了扭转生物多样性丧失的决策成本与收益，提出了将生物多样性保护纳入决策的经济学分析思路。

第一节　生物多样性、生态系统和生态系统服务

一、生物多样性的发展历程及概念

联合国《生物多样性公约》将生物多样性定义为："所有来源的活的生物体中的变异性，这些来源包括陆地、海洋和其他水生生态系统及其所构成的生态综合体，包括物种内、物种之间和生态系统的多样性。"

1968 年，美国野生生物学家和保育学家雷蒙德（Dasman）在《一个不同类型的国度》（*A Different Kind of Country*）中首先使用了"生物多样性"一词，是"biology"和"diversity"的组合，即"biological diversity"。

1980 年，托马斯·洛夫乔伊将生物学以及多样性两个名词进行了融合缩写，创造了"biodiversity"一词，以此来表述生物多样性概念，使得这一概念在学术研究和实务中传播。

1985 年，罗森（Rosen）第一次使用"生物多样性"（biodiversity）的缩写形式，并于 1986 年第一次在公开出版物上使用，由此"生物多样性"在科学和环境领域得到广泛传播和使用。

1986 年，美国有关单位主办了一次生物多样性论坛，此后哈佛大学著名生物学家、生物多样性最早倡导者之一威尔逊（Wilson）于 1988 年将会议论文整理成里程碑式的巨著——《生物多样性》（*Biodiversity*），并首次正式提出"生物多样性"的概念。

1992 年，由各国首脑参加的联合国环境与发展大会在巴西里约热内卢召开，这次峰会签署了一系列具有历史意义的协议，联合国《生物多样性公约》也由此诞生，并迅速获得广泛接纳，中国亦在这一年签署加入该公约。生物多样性保护意识也随着该公约的诞生及在各国的深入推进而不断提升。

1995 年，联合国环境规划署对生物多样性又进行了整体概括，认为生物多样性就是"生物体本身以及生物体组成的生态系统的多样性或者变异后的多样性"。

2021 年 10 月 8 日，中华人民共和国国务院新闻办公室发表《中国的生物多样性保护》白皮书，从国家层面梳理总结了我国生物多样性保护的理念及实践。白皮书中指出"生物多样性"是生物（动物、植物、微生物）与环境形成的生态复合体以及与此相关的各种生态过程的总和，包括生态系统、物种和基因三个层次。

二、生态系统的发展历程及概念

"生态系统"概念最早是由英国植物学家和生态学的先驱之一坦斯利（Tansley）在 1935 年《植被的概念和术语的使用及滥用》（*The Use and Abuse of Vegetational Concepts and Terms*）论文中提出。他在总结前人研究成果的基础上，认为生态系统是一定空间范围内的生物群落和非生物环境的自然整体。1940 年，美国生态学家林德曼（R. L. Lindeman）对赛达伯格湖（Cedar Bog lake）进行生态系统研究，通过定量分析后发现了生态系统在能量流动上的基本特点：能量在生态系统中传递具有不可逆转的特点，以及能量传递过程中逐级递减，递减率为 10% ~ 20%，这也就是著名的林德曼定律。生态学家里克莱夫斯（Ricklefs）在《生态学》中，描述了生态系统中物质循环和能量流动的基本格局，形象地表示了生态系统中生物与非生物之间的相互作用关系。奥德姆（Odum）家族对于推进生态系统概念的发展做出了杰出贡献。其中，针对佛罗里达银泉（Silver Spring）生态系统进行的能流收支研究，被誉为界中研究能量流动分析的典范。当前，联合国给出的定义已达成普遍共识，生态系统是指"植物、动物和微生物群落及其所在非生命环境作为一个功能单元交互作用所形成的动态复合体"。①

早在 3000 多年前，中国古代哲学家就提出了"天地人合一"的思想，其基本点是人与自然统一。虽然尚不能断定中国古代已经有了生态系统的思想，但从哲学意义上看，"天地人合一"是一种生态系统的思想萌芽却是没有太多争议的。这是由于"天地人"思想具有客观性、整体性、统一性与和谐性的特点，而这些特点是建立在朴素的系统哲学基础上的。既然天地代表大自然，人与其他生物又是自然所生，这就形成了人、生物和环境等自然现象相互统一的整体。这个整体就是大生态观或者叫作朴素的生态系统思想。生态系统理论是现代生态科学理论的主体，现代生态科学的发展有三大趋势：一是人类生态系统及其相关理论的形成与深化；二是生态科学向相邻学科的渗透，形成了大跨度的远缘杂交的边缘学科；三是生态系统规律在自然－经济－社会复合系统中的广泛应用。中国关于生态系统的研究始于20 世纪 60 年代，此后发展较快，在草原、森林和农田等生态系统的研究应用方面开展了工作。对害虫的治理也已提高到生态系统管理的水平。

三、生态系统服务的发展历程及概念

生态系统服务的概念早在 19 世纪后期的生态学及其分支学科中就被提出，但是只停留在定性描述阶段（李文华等，2008）。20 世纪 70 年代初，首次出现了生态系统服务的科学概念，经过霍尔德伦和埃利希（Holdren and Ehrlich，1974）、埃利希和埃利希（Ehrlich and Ehrlich，1982）的扩展而逐步被接受。（Daily，1997）提出"生态系统服务功能是指整体系统与生态过程中形成的、维持人类生存的自然环境条件及效用"。科斯坦扎等（Costanza et al.，1997）用生态系统产品和服务来表示人类从生态系统服务中直接或者间接获得的效益。随后，德格鲁特等（De Groot et al.，2002）探讨了生态系统功能与生态系统产品和服务之间的关系，并将生态系统服务功能定义为自然过程及其组成部分提供产品和服务，从而满足人类直接或者间接需要的能力。进入 21 世纪后，联合国环境规划署、联合国开发计划署、世界银行等机构以及《生物多样性公约》《联合国防治荒漠化公约》《关于特别是作为水禽栖息地的国际重要湿地公约》等共同发起联合国《千年生态系统评估报告》（*The Millennium Ecosystem Assessment*，MA），该报告认为生态系统服务是指人

---

① 《生物多样性公约》（1993 年 12 月 29 日生效）。

类从生态系统获取的福利（UN，2005）。

针对生态系统服务的功能分类。德格鲁特（De Groot，1992）提出将生态系统服务功能分为 4 类：调节功能、承载功能、生产功能和信息功能。费里曼（Freeman，1993）提出另一种分类方法：为经济系统输入原材料、维持生命系统、提供舒适性服务，以及分解、转移和容纳经济活动的副产品。戴利（Daily，1997）将生态系统服务功能分为 3 个大类，即生活与生产物种的提供、生命支持系统的维持和精神生活的享受。科斯坦扎等（Costanza et al.，1997）将全球生态系统服务功能分为：气候调节、大气调节、扰动调节、水调节、水供给、控制侵蚀和保持沉积物、土壤形成、养分循环、废物处理、传粉、生物防治、避难所、食物生产、原材料、基因资源、休闲、文化等 17 个类型。21 世纪初期，联合国《千年生态系统评估报告》根据评价和管理的需求，将生态系统服务功能分为 4 个大类（支撑型向生境提供型转变）：供给服务、调节服务、文化服务和支持服务（UN，2005），以及 22 个小类别，具体如表 3 - 1 所示。之后联合国组织了生态系统与生物多样性经济学（The Economics of Ecosystems and Biodiversity，TEEB）项目，又将森林生态系统服务功能分为 4 个大类，包括供给服务、栖息地服务（支持服务）、调节服务、文化服务。目前 MA 和 TEEB 这 2 种分类体系在生态系统服务功能价值评估相关研究中应用较为广泛。

表 3 - 1　　　　　　　　　　　　　　MA 价值分类

一级分类	二级分类
供给服务	提供实物、淡水、燃料、纤维、基因资源、生化药剂
调节服务	气候调节、水文调节、疾病控制、水净化、授粉
文化服务	精神与宗教价值、故土情结、文化遗产、审美、教育、激励、娱乐与生态旅游
支持服务	土壤形成、养分循环、初级生产、制造氧气、提供栖息地

四、生物多样性、生态系统和生态系统服务的联系

生物多样性、生态系统及其提供服务功能之间的关系复杂多变。生物多样性包括遗传多样性、物种多样性和生态系统多样性，生态系统是生物多样性的组成部分，物种是生态系统内的基本要素。生物多样性任何组成部分的丧失都会引发相应生态系统提供的服务发生变化。不同情形下，这些变化（最初）可能很微小，或者也可能导致生态系统稳定性降低，趋于崩溃。如果整个生态系统丧失，则会带来

极大的结构性影响,并对人类、社会和经济发展造成直接损失(如图 3 – 1 所示)。

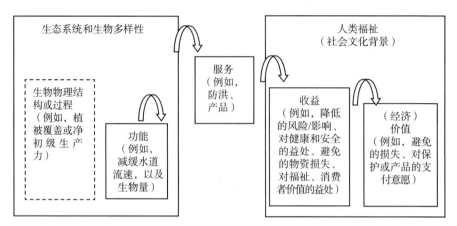

图 3 – 1　从生态系统结构和过程到人类福祉的路径

资料来源:Haines-Young 和 Potschin(2009)、Maltby(2009)。

第二节　生物多样性丧失的动力及其经济损益分析

一、生物多样性受威胁现状及趋势

据世界经济论坛发布的《2024 年全球风险报告》显示,未来十年全球排名前十的风险中,环境风险占一半,其中极端天气事件、地球系统关键变化、生物多样性丧失和生态系统崩溃排名前三。

据世界自然基金会(WWF)发布的《地球生命力报告(2022)》中的“地球生命力指数”(living planet index)显示(如图 3 – 2 所示),在 1970 ~ 2018 年,受监测的种群平均下降 69%。该指数既有上升趋势,也有下降趋势。

除了 1970 ~ 2018 年哺乳类、鸟类、两栖类、爬行类和鱼类全球总体种群规模平均下降了 68% 外,北美洲、拉丁美洲和加勒比海地区、非洲地区、欧洲和中亚地区、亚太地区也均出现了不同程度的种群规模下降情况。其中,以拉丁美洲和加勒比海地区为代表的热带地区降幅最大。

北美洲有 20% 的物种已经消失。1970 ~ 2000 年,北美洲生物多样性出现下降趋势。此后,这一趋势趋于稳定,并在 2014 ~ 2018 年期间有所增长。值得注意的是，在汇编数据之前，野生动物种群已经受到人类活动的影响几十年了。虽然说物种数量显著增加还为时过早，但最近在两栖类和爬行类种群中出现了一些积极的迹象。

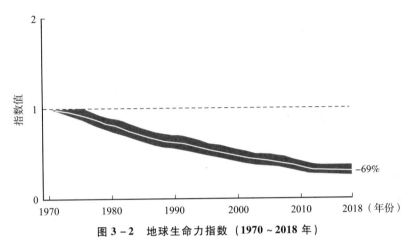

图 3 - 2　地球生命力指数（1970～2018 年）

注：全球监测到的 5230 个物种的 31821 个种群的相对丰度平均变化为 69%。白线表示指数值，阴影区域表示置信区间。统计基线时间是 1970 年。

资料来源：《地球生命力报告（2022）》。

拉丁美洲和加勒比海地区有 94% 的物种已经消失。整个拉丁美洲和加勒比海地区的下降幅度远远高于任何其他区域，1970～2018 年期间下降了 94%。所有被研究的物种群都出现了下降，但淡水鱼、爬行动物和两栖动物的下降最为严重。

非洲地区有 66% 的物种已经消失。从 1970～2017 年，非洲呈现出持续下降的人口趋势，哺乳动物和淡水鱼的平均下降幅度比其他动物群体更大。然而，一些物种却与全球趋势背道而驰。例如，维龙加山脉的山地大猩猩数量已经从 2010 年的 480 只增长到 604 只，尽管该地区多年来一直处于内乱状态。

欧洲和中亚地区有 18% 的物种已经消失。虽然欧洲和中亚的区域下降幅度最小，但应该认识到，在开始收集数据时，许多物种已处于枯竭状态。虽然今年的地球生命力指数显示鸟类和哺乳动物种群数量呈积极趋势，但两栖动物、爬行动物和淡水鱼类种群的平均数量正在下降。

亚太地区有 55% 的物种已经消失。亚太地区人口在 1970～2018 年几乎持续下降，受监测的人口平均下降了 55%。观察到该区域所有物种群体的数量下降。例如，在南澳大利亚州和西澳大利亚州，1977～2019 年由于狩猎、用渔具或其他海洋废弃物捕获和疾病，澳大利亚海狮幼兽数量减少了 64%。

二、生物多样性丧失的驱动因素

根据生物多样性和生态系统服务政府间科学政策平台（IPBES）发布的《生物多样性和生态系统服务全球评估报告（2019）》显示，生物多样性丧失的五大驱动因素分别为土地和海洋用途改变、气候变化、自然资源的过度开发和利用、污染以及外来物种入侵（如表 3 – 2 所示）。

表 3 – 2   **1970 年以来生物多样性丧失的五大驱动因素**

驱动因素	对自然影响的说明
土地和海洋用途改变	（1）今天所有可居住的土地有一半曾用于农业和畜牧 （2）近年来，我们每年失去 300 多万公顷的热带原始森林，这是世界上生物多样性最丰富的生态系统之一 （3）在过去 50 年中，死亡区的数目增加了 4 倍，即：氧气含量过低，不足以维持大多数海洋生物生存的地区；全世界有超过 400 个死亡区，加起来比英国面积还大
气候变化	（1）北方的森林火灾比过去 1 万年更广泛、更具破坏力 （2）根据气候模型预测，使火灾更加频繁和严重的条件将显著增强 （3）预计升温 1.5℃时，珊瑚礁将继续减少 70% ~ 90%，而在升温 2℃时，珊瑚礁的损失将更大（>99%）
自然资源的过度开发和利用	（1）当前，93% 的鱼类资源被捕获，捕获量达到或超过了最大可持续水平 （2）自 1970 年以来，包括化石燃料和生物质在内的自然资源年开采量增加了 3.4 倍
污染	（1）全球每年约有 1.15 亿吨矿质氮肥施用于农田 （2）20% 的氮输入积累在土壤和生物量中，35% 进入海洋
外来物种入侵	非本地物种增加了 70%，对当地生态系统和生物多样性造成了不利影响

资料来源：《生物多样性和生态系统服务全球评估报告（2019）》。

（一）土地和海洋用途改变

生物多样性丧失的最大驱动因素是土地和海洋的用途改变。例如，将森林、湿地和其他自然栖息地等土地覆盖转换为农业和城市用途。所有的用途改变都会对环境及其栖息的生物多样性产生影响。

联合国粮农组织（FAO）发布的《2020 年全球森林资源评估》披露，自 1990 年以来，约 4.2 亿公顷的森林因转为其他土地用途而丧失。农业扩张仍然是森林砍伐、森林退化和森林生物多样性丧失的主要驱动因素。全球粮食系统是生物多样性丧失的主要驱动因素，在 28000 个面临灭绝风险的物种中，仅农业一项就构成了

85%以上的威胁。此外，从海底开采矿物等材料以及建造城镇也会影响自然环境和生物多样性。因此，重新考虑人们种植和消费食物的方式是减轻生态系统压力的一种方法。退化和废弃的农田可能是理想的恢复耕地，可以支持森林、泥炭地和湿地等重要生态系统的保护和恢复。

（二）气候变化

气候变化正在对自然产生巨大影响。一些物种正在灭绝，而另一些物种则由于温度、天气模式和海平面的变化而不得不迁移。气候变化不仅是生物多样性丧失的直接原因，还加剧了其他原因。

自1980年以来，温室气体排放量翻了一番，使全球平均气温上升了至少0.7℃。全球变暖已经影响到世界各地的物种和生态系统，特别是珊瑚礁、山脉和极地生态系统等脆弱的生态系统。有迹象表明，气候变化引起的气温上升可能威胁到全球1/6的物种。[1]

森林、泥炭地和湿地等生态系统具有全球重要的碳储量，它们的保护、恢复和可持续性对于实现《巴黎协定》的目标至关重要。通过与自然和谐共生，到2030年，每年可减少高达117亿吨二氧化碳当量的排放量，超过限制全球变暖所需排放量的40%。[2]

（三）自然资源的过度开发和利用

通过狩猎或偷猎对动植物的过度开发是我们失去生物多样性的另一个原因。过度捕捞的规模如此之大，以至于全球监测到的鱼类种群中几乎有1/3遭到过度捕捞。如果这种情况继续下去，对于海洋生态系统以及全世界依赖鱼类作为主要蛋白质来源的超过30亿人来说将是灾难性的。

2022年7月生物多样性和生态系统服务政府间科学政策平台（IPBES）发布《野生物种可持续利用评估报告》显示，对动植物的不可持续利用不仅威胁着全世界100万物种的生存，而且威胁着数十亿依靠野生物种获取食物、燃料和收入的人的生计。

根据科学家的说法，阻止和扭转土地和海洋的退化可以防止100万濒危物种的损失。此外，只恢复优先地区15%的生态系统将改善栖息地，从而通过改善栖息地将物种灭绝减少60%。

（四）污染

污染已经影响到所有类型的生态系统，甚至包括那些位于偏远地区的生态系

---

[1][2]　《生物多样性和生态系统服务全球评估报告（2019）》。

统。污染有多种形式，从集约化农业造成的氮和氨，到淹没在海洋最深处的微塑料。这种污染的热点在欧洲最为常见，对陆地两栖动物、哺乳动物和鸟类构成威胁。

包括化学品和废物在内的污染是生物多样性和生态系统变化的主要驱动力，对淡水和海洋栖息地的直接影响尤其严重。由于持续使用高度危险的杀虫剂，植物和昆虫的数量正在减少。

自 1980 年以来，海洋塑料污染增加了 10 倍，影响了至少 267 种动物，包括 86% 的海龟、44% 的海鸟和 43% 的海洋哺乳动物。空气和土壤污染也在增加。

在全球范围内，大气中的氮沉积是对全球生物多样性完整性的最严重威胁之一。当氮沉积在陆地生态系统上时，可能会产生一连串的影响，通常导致整体生物多样性下降。因此，减少空气和水污染以及安全管理化学品和废物对于应对自然危机至关重要。

（五）外来入侵物种

入侵物种是指那些到达它们历史上没有生活过的地方并在阳光和水等资源方面超越本地生物多样性的物种。这导致本地物种灭绝，导致自然生态系统的组成发生变化。

外来入侵物种是指动物、植物、真菌和微生物在其自然栖息地以外的环境中进入并建立自己的环境。外来入侵物种对本地动植物的生命造成毁灭性的影响，导致本地物种的减少甚至灭绝，对生态系统产生负面影响。

随着货物运输和旅行的增加，全球经济促进了外来物种的远距离和超越自然边界的引进。这些物种对生物多样性的负面影响可能因气候变化、栖息地破坏和污染而加剧。

自 17 世纪以来，外来入侵物种造成了近 40% 的动物灭绝，其原因是已知的。与此同时，澳大利亚、巴西、印度、南非、英国和美国每年因引进有害生物造成的环境损失估计超过 1000 亿美元。这是一个全球性问题，需要国际合作和行动。与控制和根除相比，防止这些物种的国际流动和在边境迅速发现成本更低。

三、生物多样性丧失的潜在风险

爱德曼（Edelman）2019 年的《信任晴雨表全球报告》发现 76% 的人希望首席执行官带头实施变革，而不是等待政府实施变革。尽管在过去的几年中，人们越来越关注自然灾害这个话题，但是对于自然灾害是如何影响企业的，以及企业在应对自然灾害方面可以采取哪些实际措施，大家的了解仍然有限。造成这种情况的主要原因之一，是自然常常被隐藏起来或者是在供应链中被错误地定价。

生物多样性和生态系统的破坏会给企业带来三重风险。

（1）企业对自然的依赖：当企业直接依赖自然进行经营、供应链绩效、房地产资产价值、人身安全和商业的连续性时。

（2）商业对自然的影响：当自然丧失直接和间接地对商务活动产生负面影响时。例如，失去客户或整个市场、代价高昂的法律行动和不利监管变化。

（3）自然丧失对社会的影响：当自然丧失加剧了企业所处社会的破坏时，反过来又会衍生人身和市场风险。

生物多样性丧失和生态系统退化将对经济社会发展产生影响，既给企业带来风险，也给企业带来机遇，但对于绝大多数企业而言，风险大于机遇。自然相关财务披露工作组（taskforce on naturerelated financial disclosures，TNFD）总结了生物多样性和生态系统影响企业发展的作用机理，具体如图 3 - 3 所示。

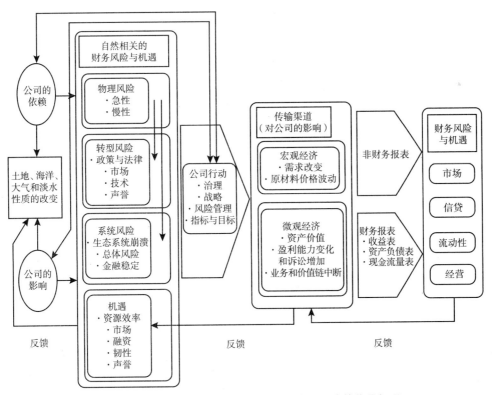

图 3 - 3　生物多样性和生态系统对企业产生影响的作用机理

（一）由于商业与自然割裂而引发的风险

世界经济论坛（WEF）的 2020 年 1 月发布的《新自然经济报告》显示，全球 15% 的 GDP（约 13 万亿美元）在中等程度上依赖于自然界的馈赠，37% 的 GDP（约 31 万亿美元）高度依赖于自然界的馈赠，这两项合计 44 万亿美元，占全球 84.75 万亿美元 GDP 的一半以上。[①] 此外，全世界 21 亿人的生计有赖于生态系统的有效管理和生态系统的可持续性。[②]

1. 产业对自然的依赖[③]

高度依赖自然的产业占全球 GDP 的 15%（13 万亿美元），中度依赖的产业占 37%（31 万亿美元）。高度依赖自然的产业中，三个最大的产业总共创造了约德国总经济规模两倍的 8 万亿美元总增加值。其中，建筑业（4 万亿美元）、农业（2.5 万亿美元）、食品和饮料行业（1.4 万亿美元）。这些部门依靠直接从森林和海洋中提取资源或生态系统服务，例如，健康的土壤、清洁的水、授粉和稳定的气候。如果大自然失去了提供这些服务的能力，这些部门可能会遭受重大损失。例如，由于气候变化、疾病和森林砍伐，60% 的咖啡品种将面临灭绝，如果发生这种情况，全球咖啡市场将严重不稳定，进而会影响众多小农生产者的生计。同样，入侵性病虫害的暴发是造成自然丧失的常见原因，威胁到具有低遗传多样性的重要商业作物品种的生存。世界上超过一半的食物来自大米、小麦和玉米。由于外来物种入侵，这三种作物每年损失高达总产量的 16%（价值 960 亿美元）。农业作物多样化可以提高对病虫害暴发的适应能力，并缓冲作物生产以应对更大气候变化的影响。然而，主要由经济刺激所诱导的单一栽培仍然是工业化农业的主要形式。

对自然的依赖在不同产业和部门之间会有很大不同。尽管第一产业面临的风险显而易见，但第二和第三产业的后果也会十分严重。例如，虽然化工材料、航空旅游、矿业、运输、零售等行业的总增加值直接依赖自然不足 15%，但它们的供应链中有 50% 以上的总增加值高度或中度依赖自然。

2. 国家和地区对自然的依赖[④]

以国家或地区为单位分析全行业的总增加值，可以提供企业对自然的依赖性和影响的不同视角。我们发现，世界上一些增长最快的经济体尤其容易遭受自然丧失。例如，印度 33% 的 GDP 和印度尼西亚 32% 的 GDP 是在高度依赖自然的产业中创造的，同时非洲大陆的这些部门创造了 23% 的 GDP。

就全球风险敞口而言，规模较大的经济体在依赖自然的行业中所占 GDP 绝对

---

①②③④　《新自然经济报告》（2020 年）。

值最高：中国是 2.7 万亿美元，欧盟是 2.4 万亿美元，美国是 2.1 万亿美元。这意味着，即使是在其经济中自然丧失比例相对较低的地区，在全球风险敞口中也占有相当大的份额，所以不能自满。

鉴于这些经济体具有重大的自然依赖性，对有重大自然丧失风险的经济体开展评估、确定优先次序并对自然进行投资至关重要。但这只是一方面，因为自然损失也有可能错失机会，而目前的经济数据或趋势可能无法捕捉到这些机会。不过，在很多情况下大自然总是启发人们应对挑战。例如，哈佛大学研究人员对纳米布沙漠甲虫进行了研究，以开发出一种更好的凝结和运输水滴的方法来对抗干旱。他们通过模仿甲虫在其外壳凸起处收集水滴，并用 V 形刺来引导水滴进入植物体内。

科学家和研究人员预测，如果自然破坏的速度持续不减，一些生物群落（如苔原、草原、森林、沙漠）可能会跨越不可逆转的临界点，进而带来深远的经济和社会影响。一旦超过这些临界点，就可能会引发局部的，甚至是全球性的（如气候变化）灾难性事件。例如，亚马孙森林遭受到的大规模开发和毁害，不仅影响到被破坏的地区，还改变区域的天气模式，影响到区域的水供应和农业生产力。

根据世界自然基金会的数据，1970 年以来，亚马孙地区大约 17% 的森林覆盖已经消失。如果森林消失的速度继续下去，20% ~25% 的森林将消失，科学家警告该地区将达到一个临界点，部分地区将变成非森林生态系统。模型表明，这将导致该地区干旱的时间持续延长。比如，作为全球重要粮食出口国的巴西，仅一年的农业生产损失就高达 4.22 亿美元，其农业产量的急剧下降还可能会导致世界粮价波动。

（二）生物多样性丧失的商业管理风险

除了对自然的依赖外，企业对自然的负面影响还可能造成监管、法律、声誉和市场风险等形式的直接和间接风险。

1. 监管和法律压力

2020 年 10 月，生物多样性公约第 15 届缔约方大会在中国昆明召开，有 196 个参加联合国生物多样性公约的缔约方对 2020 年后全球生物多样性框架进行谈判，为大自然设定"巴黎时刻"的行动路线。会议制定了新的目标，鼓励政府加强对遏制自然丧失的行动。出台一系列包括商业用地管制、补贴改革、税收、罚款、科学目标和贸易指令等新监管手段。

一些国家已经开始了这一进程。例如：印度尼西亚实施了通过限制发放新的农业许可证来暂停泥炭地转换用途的政策；哥斯达黎加将牲畜补贴转为补贴农民和土地所有者，鼓励他们提供碳封存和流域保护等生态系统服务；法国制定了强制性法规，要求企业将环境评估纳入其供应链。越来越多的国家可能会效仿，这将会增加许多企业的监管风险敞口。

随着监管的加强，企业持有"搁浅资产"的概率增加。持有与自然相关的搁浅资产（如地产银行）的公司可能面临过早注销、估值下调或转为负债。例如，热带林联盟（TFA）估计，如果投资者继续投资于与砍伐森林有关商品的生产，数以百亿美元计的资产可能面临搁浅危险。通常情况下，导致资产搁浅的风险经常被低估和忽视，很少被理解，这意味着金融体系可能过度暴露于此类资产。除了监管方面的变化外，长期环境变化（如气候变化或自然灾害）也会直接导致资产搁浅。

2. 舆论、声誉和投资者压力

舆论正在转变，特别是在 1995 年与 2000 年后出生的两代人之间。我们看到消费者在一次性塑料、肉类和其他商品的消费伦理上发生了重大转变。例如，通常来说时装和纺织是一个资源和水密集型、化学物质含量高并会产生大量废物的行业。在消费者环境意识和行为日渐上升的背景下，能够顺应消费者偏好转变的公司将从中受益。在 2019 年七国集团峰会的推动下，50 多家公司和 250 多个品牌签署了七国集团《时尚公约》，这是时尚业为阻止全球变暖、恢复生物多样性和保护海洋做出的承诺。

另一个消费者偏好转变的例子是肉类行业，该行业因为环境问题正受到越来越多的审查。美国的牛肉消费量在 2005～2014 年下降了 19%，而欧洲的牛肉和猪肉消费量预计将在 2030 年前下降。消费者并不是唯一向企业提出更高要求的群体。评级机构已开始在其评估中纳入企业与自然相关的信息，而机构投资者则要求在企业经营的环境风险方面承担更多责任。这意味着公司在从事破坏自然的行为时将会产生更高成本。以大豆供应链为例，57 个资产总计 6.3 万亿美元的机构投资者已经要求所有大豆贸易公司披露避免毁林的承诺、大豆来源和他们对供应商不遵从无毁林标准的立场。

（三）生物多样性丧失的社会风险

生物多样性的丧失不仅是环境问题，也是经济、发展、安全、社会、道德和伦理问题。生物多样性和生态系统除了对经济活动有贡献外，还提供了人类社会赖以运转的重要公共产品，例如，清洁的空气、充足的淡水、肥沃的土壤、稳定的气候等资源资产和生态服务。因此，生物多样性丧失会造成全球面临健康、冲突、贸易等系统性的地缘政治风险，而且在一些情况下还会动摇企业稳定的经营环境。

1. 全球健康面临的风险

生态系统的退化和丧失会影响健康结果。例如，传染病发生与生态系统的紊乱有关，埃博拉病毒和寨卡病毒就是因森林砍伐而导致动物传播疾病暴发的例证。

自然丧失还会加剧空气污染的影响，这项威胁每年造成 340 万 ~ 890 万人死亡。城市树木提供了大量污染物减少的服务，其中世界 10 个特大城市每年减污服务的估值为 4.82 亿美元，而在森林和灌木火灾中的植被破坏是大气污染日益频繁的来源。世界银行估计 2015 年印度尼西亚森林大火产生的雾霾就造成了 1.51 亿美元的直接健康成本，远期成本更是无法量化。

2. 全球和平面临的风险

伴随气候变化的自然退化可能会导致水资源短缺，而水资源短缺长期以来一直是争端和冲突的前兆。干旱与气候变化有关，而森林砍伐等自然丧失趋势加剧了干旱。从地缘政治角度看，干旱与水资源问题越发被视为暴力升级的主要诱因，这些暴力事件包括撒哈拉以南非洲、肯尼亚和苏丹的内部安全挑战和马里的多次政变。众所周知的例子就是叙利亚内战了。

3. 全球贸易面临的风险

大规模自然丧失可能会影响国际贸易。2019 年巴西亚马孙地区森林火灾的急剧增加，有可能破坏欧盟与南方共同市场（南美地区最大的经济一体化组织）历经 20 年谈判达成的贸易协定。这两个集团的贸易额为 1220 亿欧元，预计该协议将通过降低或消除关税和贸易壁垒而产生重大的新市场机遇。但欧盟成员国对森林火灾规模表示担忧，这使得该协议陷入危险。奥地利议会以环境等问题为由，提出了会破坏欧盟任何针对这项协议所做准许的反对。爱尔兰和法国也表示，除非巴西履行对亚马孙流域的环境承诺，否则他们将拒绝该协议。

4. 经济发展的风险

自然丧失对农村贫困人口及其经济发展前景的影响尤为严重。农村社区的食物、住所、收入、燃料、健康和生活方式往往直接依赖自然。因为替代品往往无法获得或成本太昂贵，所以他们更容易因自然丧失而受到影响。例如，在印度，森林生态系统仅贡献了印度 GDP 的 7%，却维系了印度农村 57% 人口的生计。鉴于 75% 的中等和极度贫困人口生活在农村地区，自然资产和生态系统服务的丧失对全球贫困和发展产生了深远影响。

5. 性别平等的风险

由于妇女在燃料、粮食和水等生物资源管理方面发挥着重要作用，自然丧失和气候变化对妇女和儿童产生了不平等的社会影响。因为提高性别平等是经济增长的动力，自然丧失对妇女的不利影响将对经济发展产生广泛的负面影响，并可能减少企业的市场发展机会。

（四）遗传物质的损失使制药业未来发展面临风险

大自然不仅对人类健康和福祉至关重要，也是药物的关键来源，超过40%的药物直接或间接来自自然。在世界卫生组织列出的基本药物清单和关键药物清单中，仅开花植物便为1/10的药物提供了来源，更有40%以上的药物配方源自大自然。例如，早在公元前2800年，兰花被用于传统中药，是治疗胃痛、关节炎等各种疾病的良方。此外，大约70%的抗癌药物都直接或间接来自大自然。例如，来源于紫杉树的树皮紫杉醇是一种抗肿瘤的化疗药物，虽然和许多其他救命之药一样，现在也可以人工合成紫杉醇，但它的自然源头——红豆杉物种正受到威胁。治疗帕金森病、阿尔茨海默病和疟疾药物的化学物质都能在植物中发现。可以降低心脏病发作风险的阿司匹林来自柳树树皮。2023年8月，世界卫生组织举办了首届传统医学全球峰会。数据预计，在大多数亚洲和非洲的国家，约有高达80%的人获取的基础医疗保健需要依靠传统医学。2024年，在印度政府的投资下，世界卫生组织将成立一个全球传统医学中心，以充分释放传统医学的潜力。预计到2023年底，传统医学市场将达到1150亿美元。传统医学行业本身以及那些依赖于其获得医疗保健的人们都正受到生物多样性丧失和气候变化的威胁。[①]

制药业的可持续增长依赖于新药和治疗方法的研发，没有哪个行业在研发上的投入能与制药业相比。多达50%的处方药是基于一种天然存在于植物中的分子，而70%的抗癌药物是天然或受自然启发而合成的产品。在过去70年中，大约75%的批准抗肿瘤药物是非合成的，其中49%是纯天然产品或直接来自天然产品。目前因生物多样性丧失而濒临灭绝的物种，就包括了疟疾药物奎宁的来源——南美金鸡纳树。[②]

制药业尤其依赖于热带雨林的生物多样性，现代医学中25%的药物来自热带雨林植物。随着热带森林砍伐和野火的威胁，制药公司面临着失去大量未被发现的基因材料的风险，而这些基因材料可能会带来下一个医学和商业的突破。全球大约30万种植物中只有15%被评估过以确定它们的药理潜力。据估计，我们每两年就会失去一种潜在的主要药物。[③]

---

①②③ 《自然生态系统名录（2018版）》。

第三节　将生物多样性保护纳入决策的经济学分析

一、决策忽视生物多样性的主要原因

不同的观点和多重价值（不仅仅是基于金钱的）定义了日常实践及决策。机构应该将这些价值观清晰地表达到社会习俗、规范和规则中。然而，当前制度和政府政策不平衡地支持自然退化，要么积极促进破坏性做法，要么未能对其进行监管。有害补贴，例如，使化石燃料更便宜或土地清理成本更低的补贴，估计在2020年将达到4万~6万亿美元①，而现有的共同资源治理依赖于薄弱的立法（如自愿激励），没有明确的责任界限。因此，它经常不能保护重要的自然基础设施，例如为人类提供重要服务的世界海洋、热带雨林和湿地。

尽管这些政策和措施初见成效，但全球生物多样性仍然面临严峻危机，这说明当前政策还并不足以有效解决问题。有些阻碍生物多样性的原因，诸如缺少财政资源、能力不足、信息和/或专门技术匮乏，权责重叠和执行力薄弱，政策制定者们并不陌生。除此之外，决策者们还需增进对根本经济障碍的了解，才能在保护生物多样性方面取得长足的进步。值得注意的是，从根本上而言，生物多样性是一个跨领域的问题。很多政策对生物多样性具有重要影响，包括行业政策（例如，农业、林业、渔业政策）、跨行业政策（例如，旅游、交通、贸易、土地利用政策、地区规划等）及一般经济和发展政策。在实践中，影响生物多样性和生态系统服务的政策制定通常是零散的，不能充分反映生物多样性和生态系统服务对经济和社会的重要性。

忽视生物多样性的根本原因是生物多样性和生态系统可被视为公共物品：

（1）生物多样性和生态系统能够带来各种形式的、广泛的福利，因此很难"捕捉"其价值并确保执行"谁受益，谁付费"的原则。例如：森林为当地人口提供地方性福利（木材、食物和其他产品）；森林生态系统调节水流量并保证地区气候稳定性；森林在全球范围内都很重要，因为它们能够维持生物多样性并长期发挥碳汇作用。

---

① 国际能源署（IEA）《2050年净零能源报告》。

（2）现有市场和市场价格仅仅反映了部分生态系统服务的价值，即主要反映了食物或纤维等"供给服务"价值。大多数情况下，个人和企业不用支付任何费用便可使用生物多样性服务，而服务提供者却很少得到应有的认可或回报。

（3）保护和恢复成本通常需要即时支付，但很多福利却在将来才能体现出来。例如，划定一片保护区拯救濒危物种会对该区域的使用群体造成短期损失，这种观点几乎或完全没有考虑到建立保护区能带来的长期福利（如受保护物种的药用价值）。

其他制约因素包括：第一，对潜在未来福利的不确定性和对不作为风险的无知相伴而生。我们对于为何每个物种都很重要、其在食物网中扮演什么角色、该物种灭绝后会产生什么后果以及不同生态系统的"临界点"知之甚少。对于政策制定者而言，把钱花在回报明确的政策上通常比花在结果不明确的政策上更具吸引力。第二，生物多样性和生态系统服务退化通常是日积月累的过程：个体和地方行为引发的微弱影响会不断累积，并造成全球性的严重破坏。例如，对单个开发项目（如砍伐森林用于农业用途或房屋建设）开展小范围评估，可能产生正的成本收益比，但这些项目造成的森林砍伐和栖息地破碎的累积影响却相当惊人。

这些因素均会导致我们制定政策和决策方式产生系统性偏差。首先，当我们在环境保护与其他政策目标（例如，提高农业生产力、发展交通或能源基础设施）之间进行权衡取舍时，由于表面上缺乏具有说服力的经济论据，导致我们的决定往往会不利于生物多样性和生态系统服务。其次，忽视生物多样性和生态系统服务的经济价值，导致公共决策往往呈现相互排斥的目标，而不是寻求融合一体、协调一致的政策方案。

某些情况下，的确进行了权衡取舍，而且这种权衡经过严格审视依然合理。另一些情况下，声称进行此类权衡取舍，必须作出艰难的决定，却是操之过急。提供有关生物多样性和生态系统的经济信息有助于把这两种情况区分开。

二、利用经济信息提高政策一致性

传统的环境政策和管理主要关注自然退化的直接原因。例如，滥伐林木、过度使用农用化学品污染土壤和水源等可直接导致生物多样性丧失。尽管有必要采取传统的保护行动，但科学界和政策界普遍认为，仅靠这种传统的保护方法无法改变我们的经济和社会使用自然和与自然相处的破坏性方式。因此，需要对现代人类社会的生活方式进行更为紧迫和雄心勃勃的"变革"，以减少自然退化的根本原因。这些原因可能是人口方面的（如人类人口动态）、社会文化方面的（如生产和消费模式、追求地位的行为）、金融方面的（如注重国内生产总值的增长和通过投资或利润增加财富）、技术方面的，也可能与体制和治理不善有关。在所有情况下，这些根本原因都与个人、家庭、公司和组织使用稀缺自然资源以实现多重目标（有时是相互竞争的目标）的方式，以及在进行必要权衡时分配给自然的价值有关。

有三个关键原则需要纳入经济学，以推动所需的转型变革：

第一，创造人与自然共同繁荣的未来，取决于社会如何珍视自然，以及如何将其纳入日常决策。

不同的视角和多重价值观（不仅仅是基于金钱的价值观）决定了日常实践和决策。机构应将这些价值观转化为社会惯例、规范和规则。然而，当前的机构和政府政策却一边倒地支持自然退化，从而要么积极推动破坏性做法，要么未能对其进行监管。据估计，到 2020 年，有害的补贴（如使化石燃料更便宜或使土地开垦成本更低）将达到 4 万 ~6 万亿美元。因此，往往无法保护为人类提供重要服务的关键自然基础设施，例如世界海洋、雨林和湿地。

第二，将自然更明确地纳入金融和经济体系，有助于将选择转向可持续的做法。

商品和投入的价格应反映社会在环境和人类影响方面的真实成本，从而重新平衡消费品（从食品到运动鞋）的供需，使其不超出自然能力的限度。

使用社会成本效益分析等经济工具，并改进贴现率，以考虑非常长远的前景，应成为企业、金融机构和多边组织进行可信决策的全球实践标准的一部分。例如，多边银行资助的基础设施项目应进行彻底的社会成本效益分析。

提高对关键自然资源（如海洋、河流和沿岸森林、湿地）的公共性质的认识，应在治理和预防性保障措施方面给予特别关注。

第三，变革可以通过精心设计的干预措施来触发，针对关键的平衡点，在不同的行动尺度上改变支撑日常决策的选择架构。

在设计此类干预措施和相关有利条件时，需要考虑到整个社会生态系统中不同地方和不同人群之间相互竞争的目标之间的权衡，以及政策实施的激励机制和政治障碍的作用。转型变革需要将法规、公众参与和基于行为/市场的手段结合起来，同时停止有害的补贴和抑制措施。

（一）重视生物多样性和生态系统服务

将其他政策领域搁置一旁，仅设计更好的生物多样性政策，还远不足。对于各个生产行业以及依靠这些行业谋生的人们来说，其经济生存状态与生态系统服务和支撑生态系统服务的生物多样性之间存在着错综复杂的联系。基于上述理由，生物多样性问题应该成为关乎行业和跨行业计划、项目和政策，以及扶贫计划和国家可持续发展规划的主流内容。

因此，建立能够确保国内和各个国家之间，不同行业和各级政府之间政策协调性和一致性的机制十分必要。空间规划对维持这种平衡尤为重要。由于大部分环境决策都是在基层推行（尤其是许可、检查、规划决定及执行等方面的事宜），因此地方行政管理部门和参与者需要提高相关意识，获得丰富的资源并积极投身。

决策者可借鉴相关生物多样性国际条约下确立的全球认可的目标和实施框架。《生物多样性公约》（CBD）是生物多样性领域最重要的公约。该公约要求各缔约国制定《国家生物多样性战略和行动计划》（NBSAP）。这一进程已发展成为推动生物多样性政策在各行业和各级政府之间得以协调一致实施的主要国家机制。

引入生态系统服务（ecosystem services approach）这一概念可能需要修改其他政策领域的国际公约或标准。例如，在芬兰，为恢复海豹种群推出的政策，使得渔获发生损失。而政府对渔民进行的补偿却与欧盟国家援助规定相冲突。这导致该政策在实施仅两年后就被取消。

（二）利用生态服务价值数据为决策提供信息

我们应加大对生物多样性和生态系统提供服务的关注，克服我们一直以来对其漠视的问题。千年生态系统评估设立了衡量生态系统服务状态的一系列指标。而生态系统与生物多样性组织（TEEB）又向前迈进一步，利用服务价值数据为决策提供更多信息。

从承认生态系统服务的存在到评估其价值，人们的生态保护意识得到极大的提高。现在，我们能够证明生物多样性和生态系统服务具有双重价值——狭义价值（在市场上具有的商品和服务价值）及广义价值（对保障我们的生活、生存和福祉必不可少）。即使市场尚不存在或未能以货币形式体现服务价值，仍可基于定性或半定性评估来体现生态系统服务价值。实际上，我们以货币形式衡量的价值通常只是生物多样性和生态系统服务总价值的一部分，其"真正"的价值往往比评估值高得多。价值评估能够揭示不同生态系统服务的直接或间接贡献，因此可为决策者提供帮助。

在政策工具选择和设计的过程中，考量经济价值有助于：第一，显示各种价值（例如，制造资本和自然资本的价值、当前与未来收益—成本的价值、不同资源种类的价值）是否均等，从而克服上文提到的决策偏差，即使该价值没有被货币化或以市场价格体现。第二，说明即使生物多样性福利是多层面和分散的，它们仍可以被包含或聚合在某些更广泛的价值之内（例如，森林）。第三，开创先前并不存在的新市场（例如，最近设立的 GHG 排放市场就是一个很好的范例，其充分说明了在强有力的政策框架下，对环境商品采取基于市场的方法可以取得良好成效）。第四，挖掘未来收益，而不仅仅是依赖当前成本（例如，识别可用于制药产品生产的热带雨林植物的选择价值，或开发环保旅游业的潜力）。

（三）生物多样性和生态系统服务价值贡献政策的场景

生物多样性和生态系统服务价值信息可以在决策过程的多个环节得到系统应用。经济数据是提升公共意识、为政策制定提供信息的重要工具，经济数据是形成新政策的基础，并为政策变更提供切入点。

经济评估可反映出有些政策已取得良好效果，其收益高于成本、成效显著且效率较高。例如，2007 年引入的减少森林砍伐和森林退化造成的碳排放（REDD）机制是一项重要的气候政策工具，成功推动了社会各界对生态系统服务付费机制的关注。多个国家和组织已积累可供其他国家和应用借鉴的 REDD 设计与实施案例研究经验。其他能够更广泛应用于生物多样性目标的方法包括：绿色公共采购，基于"谁污染谁付费"原则的工具，诸如税收、可交易配额或责任规则等定向激励性工具。这些方法都能够改进政策措施的成本效益。

经济分析有助于现有工具取得更好效果。运用评估工具衡量和比较现有政策的效率和成本效益，能够确保政策工具充分发挥其作用。评估能够提供持续的机会以审查和改进政策设计、调整目标和阈值、展示保护措施所取得的积极效果（例如，设立保护区所取得的成效）。评估过程有助于提高透明度，促使利益相关方接受限制性政策。

经济评估能够揭示其他政策领域采取的措施（例如，对环境有害的补贴）所造成的非故意损害。如果政策工具未将自然环境考虑在内，就容易导致危害生物多样性和生态系统服务的活动，产生净负影响。例如，房地产补贴会鼓励转换土地用途和在自然区域进行城市扩张，渔业和农业补贴会鼓励超出生态可持续阈值程度的活动。

当经济分析涵盖不同社会群体之间的成本与收益分配时，经济信息还有助于政策制定者解决贫困问题并实现社会目标。这类分析能够凸显生物多样性和生态系统服务对很多国家贫困人口的重要性。通过解决这些问题，生物多样性政策将有助于解决贫困问题。

（四）关键是解决来自产权的挑战

生物多样性保护政策旨在保护生物多样性和维护生态系统服务的新策略和工具

通常需要改变现有管理、获取或使用资源的权利。我们应预见政策转变所导致的分配影响，尤其是对弱势群体和土著居民造成的影响，并在制定政策的磋商过程中予以充分考虑。

大多数人都会同意这样的观点，即其他物种拥有与人类在地球上共存的权利使生物多样性维持在能够为人类提供福利的状态十分重要。把道德问题和实际责任问题摆在了政策制定者面前，土地所有者应该为了保护濒危物种而放弃对部分土地的使用吗？应该为了保护淡水资源而种树吗？能因为新的生物多样性政策蒙受损失或收益减少而获得补偿吗？世代居住在土地上，但没有正式登记过土地所有权登记的居民，能持有土地吗？当制药公司通过热带雨林植物发明重要药物时，谁有权从中获利呢？制药公司、原产国还是森林居民？

专栏 3-1

"产权"如何适用于生物多样性和生态系统服务？

"产权"是对一种资源（P）享有的一系列不同权利的总称，这些权利并不一定全部由同一个人享有。具体说明如下：

（1）使用权：A 方享有使用资源 P 的权利。

（2）管理权：A 方享有管理资源 P 的权利，可以决定 P 由谁使用和以何种方式使用。

（3）收入权：A 方享有资源 P 创造的收入的权利，换言之，A 可以享用来自 P 的成果、租金、利润等。

（4）排他权：其他方只有经过 A 方同意才能使用资源 P（如果 A 方同意，可以初步判定其他方使用资源 P 没有过错；如果 A 方不同意，可以初步判定其他方使用资源 P 有过错）。

（5）转移权：经同意，A 方可以把使用者权利暂时或永久性地转移给具体的其他人。

（6）求偿权：如果 B 方未经 A 方同意损坏或使用资源 P，那么 A 方通常有权从 B 方获得赔偿。此外，以下两条规则也与产权概念相关：

（7）惩罚规则：如果 B 方干涉 A 方对资源 P 的使用或未经 A 方同意使用资源 P，那么可以对 B 方进行适当惩罚。

（8）责任规则：如果对资源 P 的使用造成 B 方人员或财产损害，那么 A 方

（作为 P 的所有人）应承担责任并可能面临损害索赔。

资料来源：Bimer（1999）。

产权和分配影响应该作为政策制定必不可少的组成部分，主要原因有：

（1）公平处理个人、群体、社区甚至几代人之间的权利变化在大多数国家都是重要的政策目标。

（2）在应对生物多样性丧失问题时，考虑分配事宜可以推动其他目标的实现，尤其是与扶贫相关的目标和千年发展目标。

（3）政策转变总会伴随着赢家和输家。在大多数情况下，利益受损群体会反对新措施。如果在政策设计阶段充分考虑分配影响，成功实施政策的概率就会增大。

可以采用多种形式来使用自然资源或从自然资源获得收益，例如，传统规范或占有权（tenure rights）等非正式规则。有些国家在法律上支持民众享有娱乐服务的权利，例如，穿行私人林地或享用海岸及海边或湖边的权利。

政策制定者面临不同权利往往由社会中不同的人或群体持有。例如，某片森林归国家所有，但本地人有权使用部分森林产品，第三方对来自森林的水资源拥有权利，而国际公司持有森林砍伐特许权。在调整或引入生态系统服务和生物多样性政策时，决策者应考虑上述法律和历史复杂性。

此外，诺贝尔奖得主埃莉诺·奥斯特罗姆（Elinor Ostrom）经过大量实证研究发现：成功的自然资源管理并不总是通过仅仅转让全部私有产权而实现的（Ostrom，1990，2005）。经济理论区分了四大类管理制度：国有产权制度、私有产权制度、公共产权制度和开放型制度。针对某一特定情况的最佳选择取决于具体资源和社会制度的发展情况。

政府及其他产权所有者（如地方社区）执行产权的能力都取决于制度能力，对于政府，制度能力包括检查权力和能力。而功能完善的司法制度对于政府和其他产权所有者都必不可少。此外，透明度和信息获取能力也至关重要。每个国家的特定社会背景也会对政策方案的设计和成功的可能性造成影响。

三、"基于自然的解决方案"三种可能的保护策略

基于自然的解决方案（nature-based solutions，NbS）是近十年提出的新概念，目前对于 NbS 有多种定义和解读。例如，世界银行（World Bank，2008）认为，

NbS 是能够在减缓和适应气候变化影响的同时，保护生物多样性、促进可持续发展的创新解决方案。世界自然保护联盟（IUCN，2016）将 NbS 定义为通过保护、可持续管理和修复自然或人工生态系统，从而有效和适应性地应对社会挑战，并为人类福祉和生物多样性带来益处的行动。欧盟将 NbS 定义为受自然启发和支撑的成本有效的解决方案，同时可以提供环境、社会和经济效益。NbS 通过因地制宜、资源高效的系统性干预措施，将多样化的自然元素带入城市、陆地和海洋景观（Bauduceau et al.，2015）。上述的 NbS 定义大同小异，都是通过有效利用生态系统及其服务来应对重大的社会挑战，同时非常注重 NbS 所能带来的一系列环境、社会、经济等协同效益。世界自然保护联盟的定义强调 NbS 的核心需要有自然或人工生态系统作为支撑，而欧盟的定义不局限于有效利用自然生态系统，NbS 也应包括受自然启发和支撑的解决方案。同时，由于欧洲城市人口比重较高，急需充分利用自然应对人类健康、气候变化和自然资本退化等挑战，其 NbS 概念框架更侧重于城市生态系统（Raymond et al.，2017）。

除此之外，雨林联盟、银行和保险等机构分别就自身关注领域给出了有关 NbS 的定义。雨林联盟的概念侧重于森林生物群区的韧性，银行和保险机构主要将 NbS 用于灾害风险管理等。NbS 与其他密切相关的概念也常常被混用，如基于自然的气候变化解决方案（natural climate solutions，NCS）、绿色基础设施（green infrastructure，GI）、基于生态系统的适应（ecosystem-based adaptation，EbA）等，导致对 NbS 概念及其实际应用的混淆。佛罗里达州政府与大自然保护协会（TNC）认为 NbS 是积极地利用自然和人工生态系统服务来实现可持续发展目标（SDGs）的伞形概念，包含诸多基于生态系统的方法，例如，基于生态系统的适应（EbA）、基于生态系统的灾害风险减缓（ecosystem-based disaster risk reduction，Eco-DRR）、自然基础设施（NI）、绿色基础设施（GI）以及基于自然的气候变化解决方案（NCS）。同时，NbS 还考虑了将基于生态系统的原则应用于修复再生食物系统和水管理。NbS 要在满足一个或多个社会需求的同时，给自然带来净效益。由于 NbS 作为伞形概念包罗万象，所涉及领域丰富多样且同时应对多种社会挑战，因此在实际涉及某一领域的 NbS 措施时，应优先使用该领域专有的基于生态系统方法的术语，例如，当 NbS 应用于气候变化减缓时，可使用 NCS，而当应用于适应气候变化时，可使用 EbA。

（一）政府引导

政府引导生物多样性保护是指根据生物多样性状况，通过构建制度鼓励社会力量共同参与，营造有利于企业参与生物多样性保护的制度环境，包括实施一系列国家专项保护计划，在环保、林业、农业和城建等部门建立有关生物多样性保护的管理机构和推行生物多样性保护管理制度等。

例如，在 20 世纪 80 年代，佛罗里达州政府曾计划将位于佛罗里达州中部迪士尼荒野保护区的湿地开发成房屋和高尔夫球场。由于迪士尼荒野保护区距离美国迪士尼乐园仅 24 公里，地处大沼泽地生态系统上游，美国现存 5% 的长叶松浸水林地生态系统的最南端。开发这片湿地意味着该地区将丧失大片已经退化但仍可恢复的湿地，并对濒危植物及野生动物赖以生存的栖息地造成破坏。为此，大自然保护协会（TNC）与华特迪士尼公司携手合作，制定了细致审慎的评估流程，而且众多合作伙伴均承诺在该开发项目可能对这片湿地造成永久改变之前进行干预，在各方的共同努力下最终成功建立了一座大型自然保护区，以抵消佛罗里达州迪士尼乐园扩张带来的不利影响。[①]

（二）经济路径

生物多样性保护的经济路径是指将森林、草原、湿地、清洁水资源及其他生态系统的自然资本定价纳入国民经济核算体系，并给予投入和补偿，旨在为决策者、地方政府和私营部门的管理者提供政策指导，以缓解生态系统服务功能的减退和生物多样性下降造成的不良影响。

例如，2016 年发表的一项旨在记录生态系统服务付费项目对环境定量影响的研究在乌干达设立了一组随机对照试验（RCT），以衡量旨在减少砍伐树木的生态系统服务付费项目影响（RCT 为特定项目的参与者与不在项目中的类似群体进行比较）。参与该项目的农民每年因不清理林地而获得每公顷约 30 美元。乌干达西部共有 60 个村庄被随机挑选参加生态系统服务付费项目，另有 61 个村庄被选作对照组。研究人员随后使用高分辨率卫星图像来测量实验村庄和对照村庄的树木覆盖率。结果表明，生态系统服务付费项目确实减少了森林砍伐。对照村的森林覆盖率下降了 7%～10%，而实验村的森林覆盖率仅下降了 2%～5%。卫星数据还显示，通过研究每个村庄周围林地的树木覆盖率，实验村只有 32% 的合格参与者报名生态系统服务付费项目。后续调查确定参与率低的原因是该项目宣传不足，以及一些土地所有者担心该项目是接管其土地的阴谋。参与者中 80% 符合生态系统服务付费合同条件。然而，由于这项研究只持续了两年，研究人员认为，若不采取进一步干预措施，毁林率最终可能会回到基线水平。[②]

---

① 肖协文，于秀波，潘明麒. 美国南佛罗里达沼泽湿地恢复、规划实施与建议 [J]. 湿地科学与管理，2021（3）：31－35.

② 在乌干达 Bugoma 森林开发生态系统服务付费计划. 关键生态系统伙伴基金官网 [EB/OL]. https：//zh-cn. cepf. net/grants/grantee-projects/developing-payment-ecosystem-service-scheme-bugoma-forest-uganda.

（三）社区参与

社区参与生物多样性保护是指利用原住民和当地社区的地方、文化和认知，以与大自然互惠互利的方式管理并维持更高的生物多样性，是由当地社区主导的因地制宜的有效保护措施。

例如，由于帕达马特保护区的土地私有化，曾经动物可以自由迁徙的草原现在被围栏分隔开，而且长时间的干旱也加剧了资源竞争。这种土地分块和私人围栏阻碍了野生动物的迁徙路线，如此一来，野生动物们在自然生态系统中寻找食物、水和繁殖地变得非常困难，而栖息地丧失和偷猎进一步加剧了这一问题。为了保护本土野生动物，肯尼亚实施了由社区主导的创新性保护行动（如社区保护地），以确保有土地用于野生动物保护和其他可改善生计的可持续土地利用。[①] 肯尼亚有100多个社区保护地，分布在6万多平方公里的不同栖息地之中，其中一些保护区设有濒危黑犀牛、河马、长颈鹿和孤儿大象的保护区。这些社区保护地不仅仅带来了生态效益，它们也是促进社区经济增长和改善生计的各种战略的典范。在一些地区，例如，马赛马拉国家级自然保护区（MMNR），土地所有者将土地租给保护区或旅游经营者，每月均可获得补贴，从而获得总计每年数百万美元的收入。其他的社区保护地雇用社区成员担任野生动物看护员，以阻止保护区上的偷猎和其他非法活动。这些举措带来的收益直接回馈到社区发展中，例如通过创办新学校和颁发奖学金来增加受教育的机会、扩大获得医疗保健服务的机会以及为女性提供更多的领导机会。肯尼亚在社区主导的自然保护工作方面处于世界领先地位，越来越多的社区渴望得到支持，建立自然保护区，这样他们就可以改善生计，并确保下一代能从野生动物中获得与他们现在同样的收益。

---

① Pushpam Kumar. 生态系统和生物多样性经济学生态和经济基础［M］. 李俊生，翟生强，胡理乐，译. 北京：中国环境出版集团，2015.

| 第四章 | 地质多样性与地质系统服务

2021 年第 41 届联合国教科文组织大会决定，将每年的 10 月 6 日确定为"国际地质多样性日"（international geodiversity day），标志着地质多样性从理论研究阶段正式进入实践应用阶段。地质多样性（geodiversity）理论自 20 世纪 90 年代提出以来，已经被全世界地球科学家所关注，而且成为当前国际学术研究的热点之一，联合国教科文组织正在实施世界地质公园和国际地质科学计划，从而支撑地质多样性研究。国际地球科学界越来越明确地认识到，地表与地表面之下的地质系统在维持生物多样性与生态系统服务方面具有不可替代的重要作用。

第一节　地质多样性概述

一、地质多样性的一般概念

地质多样性（geodiversity）是地球表面和地下物质、形态和过程的非生物多样性，包括地质、地貌、土壤和水文等要素的相互组合、结构、系统的多样性，由此决定了人类生存地球的陆上景观和自然生态环境。

生物多样性（biondiversity）是生物（动物、植物、微生物）与环境形成的生态复合体以及与此相关的各种生态过程的总和，包括生态系统、物种和基因三个层次。[1]

---

[1] 中国的生物多样性保护［R］. 国务院新闻办公室，2021 - 10 - 08.

生物多样性可以通过不同种群的生物活动改变地质多样性，影响生态系统多样性。

地质圈层与生物群落共同构成了自然生态系统，相应的地质多样性与生物多样性共同支撑和维持了生态系统。图4-1显示，将生物多样性和地质多样性过程之间相互作用纳入生态系统多样性的概念模型。其中，地质多样性包括地貌、地形、土壤、水文与地质等五个要素组成，以及地貌、地形、土壤、水文与地质过程之间相互作用，这些要素和相互作用也是生物群物质资源的来源，包括水、能量、空间和养分，它们的分布和丰度在时间空间上是可变的。因此，地质多样性包含了跨时间空间的不同尺度资源可用性的变化。[①] 生物多样性受资源可利用性的制约，可以组织成为景观、生态系统、种群和群落四个层次，也可以产生跨层次之间的相互作用。跨层次组织加上非生物过程的相互作用，产生了生物群的变化特性，这通常被描述为生物多样性。在物种层面，与生物多样性直接相关的是群落和种群。相比之下，对种群和群落生存至关重要的能量循环和营养循环，在生态系统层面上受到调

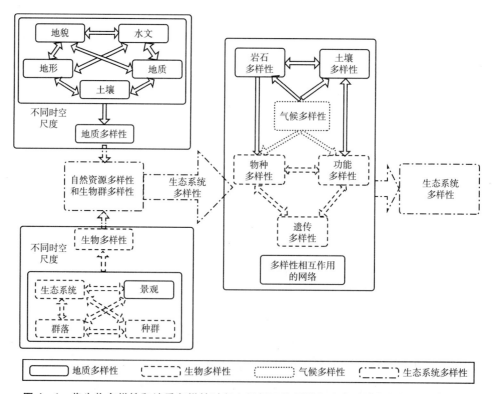

图4-1 将生物多样性和地质多样性过程之间相互作用纳入生态系统多样性的概念模型

① Brilha J, Gray M, Pereira D I, et al. Geodiversity: An Integrative Review as a Contribution to the Sustainable Management of the Whole of Nature [J]. Environmental Science & Policy, 2018, 86: 19-28.

节。景观层次通过提供由斑块多样性组成的景观镶嵌图，来促进生物多样性。将生物多样性与地质多样性相联系，共同形成自然资源多样性和生物群多样性，进而产生生态系统多样性。生态系统多样性表现为一个多样性相互作用的网络，包括气候多样性、岩石多样性、土壤多样性、物种多样性、遗传多样性和功能多样性。

地质多样性和生物多样性是生态系统多样性的共同贡献者，它们交互耦合，共同为自然环境和人类社会提供物质产品和生态系统服务，并直接或间接地提升自然界应对碳排放等生态危机的冲击弹性，降低人类赖以生存和高质量发展的自然生态服务风险。因此，认识和尊重地质多样性、生物多样性的自然成因、属性功能和运行规律，把地质多样性、气候变化多样性与生物多样性有机地结合起来，才能真正认知地球各圈层形成发展演化过程和人类开发自然的可持续性以及如何转化自然要素并向自然排放，促进人与自然和谐共生的实现。具体如图 4 - 1 所示。

专栏 4 - 1

地质多样性和生物多样性要素整合研究实例

Ileana Patru-Stupariu 等人 2017 年在《生态指标》（*Ecological Indicators*）发表《景观格局分析中地质 - 生物多样性要素的整合》，调查地质 - 生物多样性特征与景观格局之间微尺度的联系，解释与地质多样性 - 生物多样性特征变化的第一个变化轴。

该研究旨在探讨特定的物理和生物因素，即地质和生物多样性特征如何影响景观格局。研究的重点是微观尺度的关系，该研究选择罗马尼亚喀尔巴阡山脉木本牧场景观格局，面积 3091 公顷，具有多种植被镶嵌的特点。我们把地质、土壤和海拔高度（针对地质多样性）和土地覆被类别（针对生物多样性）视为叠加层，并将其元素聚合成一个新的组合镶嵌。在分类水平上计算了与景观破碎化、生境连接性和交错带性质等格局相关的景观指标，并将其用于多元统计分析。

研究场地位于罗马尼亚喀尔巴阡山脉南部，牧场林地仍然是一个广泛的土地覆被层，并有丰富的基岩镶嵌，如石灰岩、泥灰岩和砾岩。研究场地位占地面积 3091 公顷。海拔高度在 1100 ~ 1400 米之间变化。植被覆盖是未被夷为平地的山毛榉林和木质牧场的混合物，其中挪威云杉是主要树种，杜松树是主要灌木。草地由毛毛虫或羊茅主导的各种群落组成。研究调查提供了诸如石灰岩露头和管理信息等微观地形要素的数据。

该研究结果表明，景观格局是不同元素及其相互作用的复杂混合物。以从草地到森林的逐渐过渡为特征，边缘度量及其变异性在确定植被镶嵌的特定模式中起着关键作用。景观包括各种自然梯度，由非生物、生物和文化方面及其关系决定。该研究试图将景观格局解释为非生物立地特性（地质基质、土壤、地形）和生物方面（生态系统类型，以土地覆被等级表示）的组合，从而得出89个组合类别。

二、地质多样性概念的提出与完善

自从1993年地质多样性作为生物多样性的"非生物对应词"提出以来，关于地质多样性的研究得到不断发展。概括而言，经历了3个相互衔接而又各有特色的主要阶段，每10年左右都有显著的进步和完善：20世纪90年代，形成了地质多样性的基本概念和主要内涵；21世纪初，将地质多样性纳入生态系统评估中；近10年来，地质多样性服务与自然资源和可持续发展决策管理成为研究重点。

（一）概念的提出

1992年，经过100多个国家和国际组织共同努力，生物多样性这一概念被广泛接受并形成《生物多样性公约》。该公约提出的明确目标是保护和可持续利用生物多样性、公平分享利用遗传资源所带来的惠益。针对这个公约，地质学界立刻意识到，地质多样性同样是自然的多样性不可分割的组成部分，也需要明确地质多样性概念并予以保护和可持续利用。1993年，澳大利亚、英国和德国均使用了地质多样性一词。

地质多样性作为生物多样性的非生物对应概念，但是当地质学界试图提出一个对应的概念时却遇到挑战，这就是如何让地质多样性的界定与生物多样性一样广泛和多元，并结合其自身特点来体现时空变异性，用于衡量非生物的更广泛变化。目前来看，地质多样性含义丰富，但其定义还存在不同的解释，也就是说地质多样性研究正处于不断发展和完善的过程中。

（二）概念的探索

澳大利亚地质保护学者在地质多样性概念的提出和推广方面起到了关键作用。

这可能是澳大利亚学者和管理者很早就意识到地质保护长期以来一直是自然保护体系中受不公正对待的"灰姑娘",脱离了自然保护的主流,在土地管理政策中的优先地位普遍较低。早在 20 世纪 80 年代,澳大利亚塔斯马尼亚林业委员会的凯文·基尔南使用了诸如"地貌多样性"和"地貌物种"这样的术语,目的是与生物学概念相提并论。他还指出,在制订自然保护计划时,地貌的多样性和生物的多样性一样,都是有效的目标。对于生物可能在动物园中培育稀有物种、将物种重新引入野外、建立种子库或 DNA 库能恢复,非生物在某些情况下物理恢复也是可能的。但是,重要的岩石、矿物和化石遗址一旦被破坏,就无法恢复,这意味着它们的保护更为重要。

澳大利亚地质保护学者出于对地质多样性内在价值的理解,最初定义地质多样性为:"包括基岩、地貌和土壤的特征及其相互的集合、系统和过程的多样性。"在 2002 年《澳大利亚自然遗产章程》中,加入自然保护的关键原则。该章程第五条规定:"保护是基于对生物多样性和地质多样性的尊重。保护应尽可能减少对生态过程、进化过程和地球过程的物理干预。"在澳大利亚,地质多样性一词至今依旧是地质学家和地质旅游运营者解释地质遗迹地区或地点保护和管理的概念。该定义限定为专门针对某一地区或某一场地(即特定地区和特定地点),同时增加了水文要素,并更详细地解释自然变化是从一个极端的纯静态特征(如海岸线、沙嘴、石灰岩尖顶或河流峡谷等)到要素的集合,再到另一个极端即其形成过程(如在给定风况下形成的活动抛物线沙丘)的地质多样性。

21 世纪初,欧洲也开始接受这样的观点:地质多样性的内在价值受到人类威胁,需要进行保护。一个重要的里程碑是 2000 年瑞典、挪威、芬兰、丹麦和冰岛等北欧国家发布了《地质多样性与北欧自然保护》研究报告。英国、西班牙、葡萄牙、意大利、波兰、爱尔兰也使用了地质多样性概念。

(三)概念的丰富

21 世纪初,欧洲学者和相关机构开始意识到,地质多样性不仅仅是其内在价值在自然保护中的重要作用,而且人类赋予地质多样性更广泛的价值。承认地质多样性对生态系统服务的贡献,以及通过更广泛地承认非生物环境在过去和现在的人类社会文化背景中的作用,而产生了附加价值,包括文化、美学、经济或教育,地质多样性在基于自然解决方案的综合管理作用也逐渐得到认可。

2004 年,英国伦敦玛丽女王大学格雷(Gray)出版《地质多样性:评估和保护非生物自然(2004)》一书,将地质多样性定义为"地质、地貌、土壤和水文这四要素特征的多样性。包括四要素的相互集合、结构、系统的多样性"。根据统计，全球 299 篇涉及地质多样性的文献中，88% 的研究者支持和赞同格雷对地质多样性的定义。

格雷的研究还认证，地质多样性至少为生态系统提供 25 项主要服务。这一结论得到学界广泛认可。2006 年《英国地质多样性的社会和经济价值》报告发布，承认地质多样性从观赏、知识、产品、生态系统/自然功能四个方面的价值，能够给经济、社会和文化带来福祉，并提供重视自然的开发利用方案。

(四) 近十年来发展趋势

随着地质多样性理论的不断完善，学者将地质多样性研究运用到自然资源和可持续发展决策管理之中。特别是英国，从政府部门、研究机构到相关企业都广泛使用地质多样性这一术语，区域和地方政府的规划和政策文件也开始运用地质多样性概念。英国大约四十个地方政府制定了《地质多样性行动最佳实践指南》。2010 年，英国开展"地质多样性行动计划"（UKGAP），认为地质多样性是英国重要的自然资本之一，提出在环境规划发展的政策以及立法中，加深对地质多样性的认识，加强相关的保护和管理。2011 年，英国发布《国家生态系统评估》报告（UKNEA），增加了地质多样性对生态系统贡献的内容。

2015 年，联合国可持续发展峰会通过 17 个可持续发展目标。学界发现，可持续发展的许多方面都以地质资产为基础，但地质多样性尚未纳入可持续发展的国际政策和公约之中。2019 年，全球 32 名科学家联名在《美国国家科学院院刊》发表倡议，强调应当将地质多样性纳入全球可持续发展的公约之中，并将地质多样性定义为"与地质、地貌、土壤和水文有关的非生物状态和过程：一是与自然资源管理和人类福祉、保护或生态有关；二是与自然多样性中其他变量互补；三是可测量且成本效益高"。这为地质多样性服务自然资源和可持续发展决策管理提供了更为广泛的条件。

第二节　地质多样性外在价值即自然资本组成部分

地质多样性价值的认识是地质多样性研究的关键，也是地质多样性运用于管理实践的要点。地质多样性的价值包括内在价值和外在价值。早期对地质多样性价值的认识，主要涉及地质多样性的内在价值，随后才扩展到地质多样性的外在价值。地质多样性的内在价值是保护地质本身的价值，是以地质为中心的。地质多样性的外在价值更多体现其更广泛的价值，任何事物都有存在价值，但只有在人类社会发展过程中起到有益作用，为人类福祉作出贡献的，才是被人类所认可的价值。地质多样性主要是服务于自然资源和可持续发展管理，其价值是一种广泛而珍贵的价值。

一、地质多样性的内在价值

地质多样性的内在价值指地质本身的价值，是以保护地质本身的价值为中心的。澳大利亚学者基尔南（Kiernan，1997）和沙普尔斯（Sharples，1993）将地质多样性应用于塔斯马尼亚州的地质保护研究中，并成为《澳大利亚自然遗产宪章》的一个重要组成部分。从地质保护的角度出发，地质多样性的理论探讨、定量测量、案例分析、国家和国际管理，都已在地质场地、地质公园、地质管理、地质教育、地质旅游等方面得到广泛应用。随着对地质多样性价值的认识不断深化，以地质保护为中心的观点在地质多样性概念框架内得到升华和完善。比如，布里拉（Brilha，2016）对地质遗迹和地质多样性场地进行了区分。格雷等（Gray et al.，2020）认为地质遗迹保护只是全球地质多样性研究的一部分。

二、地质多样性的外在价值

地质多样性的外在价值指在人类社会发展过程中起到有益作用，为人类福祉作出贡献的，被人类所认可的价值。学术文献对地质多样性一词的讨论和应用，早期大多是从地球科学和地质保护专业的角度进行的。当学科不断发展到技术性和价值取向更高领域时，对地质多样性的定性和定量解释已经在生态系统服务的理论与实践中得到应用。作为自然多样性一种稀有或具代表性的组成部分的内在重要特征，地质多样性还可以通过岩石、矿物、土壤和地表水的生态系统服务予以提供，陆地－地表－大气反馈之间的调节服务、生物介质的地理调节流及其分布，对生态系统功能作出贡献。格雷（Gray）在《千年生态系统评估》四种服务框架下，确认地质多样性至少可以提供二十五项服务。

地质多样性正被地球科学家所认识、探索和欣赏，包括其更广泛的价值。例如，过去气候变化的记录、生命进化以及对地球系统如何运作的理解。这可以用来帮助理解未来可能发生的环境变化，它们对生命的影响，以及我们如何应对或适应它们。过去的过程、地貌和沉积物的记录有助于我们了解海岸系统是如何运作的，这可以用来指导适应性海岸管理，为人类和自然保护带来多重利益。了解过去的自然变化范围、速率和地貌过程类型，可用于预测和规划变化、验证保护管理决策和允许有限资源开发的优先次序。

人们越来越重视人类赋予地质多样性更广泛的价值及其与保护生物多样性、气候变化适应性管理、生态系统方法和景观规划、自然资本和生态系统服务、海洋保护与规划、土地保护与利用、栖息地恢复和管理、地质遗迹保护、国家公园管理、可持续管理的联系。这说明地质多样性更广泛的价值正在被不断认可（如表4-1所示），为地质多样性纳入更广泛的自然资源管理政策和议程提供了框架体系。因此认为，地质多样性主要是服务于自然资源和可持续发展管理，在人类社会发展过程中起到有益作用，为人类福祉作出贡献，被人类所认可，其价值是一种广泛而珍贵的价值。

表4-1　　　　　　　　地质多样性与自然资源管理相关研究

连接自然资源管理	研究内容或案例
保护生物多样性	保护自然舞台——支持生物多样性的物理特征和自然过程
气候变化适应	了解地貌对气候变化的敏感性如何影响生物多样性适应；保护自然舞台并提供自然解决方案；提供环境异质性、宏观和微观避难所、景观和过程连通性
生态系统方法和景观规划	保护自然舞台和理解不同空间尺度上物理过程的作用和地质多样性、生物多样性和人之间的联系
自然资本和生态系统服务	提供许多有价值的生态系统服务；有助于了解生态系统历史和生态系统服务的长期趋势，这些记录体现在古环境记录中
海洋保护与规划	支持海洋保护区的生物多样性，并根据对物理过程的理解为海洋空间规划和海岸线管理提供信息
土壤保护与利用	了解物理过程的作用，特别是与生境支持、土壤侵蚀和碳管理有关的作用
栖息地恢复和管理	通过了解自然过程并与自然过程合作来提供恢复策略；从古生态记录中了解生态系统历史
地质遗迹保护	地质学、地质遗迹、地质公园、地质保护地、地质管理、地质教育和地质旅游的发展过程及其相互关系
国家公园管理	了解受威胁物种多样性对国家公园管理和规划非常重要，把地质多样性与受威胁物种丰富度和气候多样性结合研究；保护自然舞台粗滤方案
实现联合国可持续发展目标	为全球环境挑战、人类福祉和生态系统功能提供基于自然的解决方案

资料来源：笔者根据相关资料整理。

专栏 4 - 2

地质多样性可连接《可持续发展目标》和《仙台减灾框架》

作为 2030 年全球可持续发展议程的组成部分，联合国《可持续发展目标》呼吁全世界共同采取行动，消除贫困、保护地球、改善所有人的生活和未来。英国诺丁汉大学施罗特等（Schrodt et al.，2019）剖析了地质多样性帮助实现和监测联合国《可持续发展目标》和《仙台减灾框架》的案例（见表 4 - 2）。通过地质多样性概念的分析，可以解决三个方面的问题：第一，补充现有的变量（如生物多样性），例如，继续开采资源对于实现可持续发展目标至关重要，在可持续发展目标的范围内纳入地质多样性概念，可以处理与保护生物多样性和人权之间的权衡问题；第二，通过地质多样性提高可持续监测的全球协调能力，按照国际通用协议、标准化术语和一致的元数据报告，在全球范围内协作开发综合性和互操作性的地质多样性数据库，建立专家小组。例如，在地球观测小组框架下发展地质多样性框架；第三，通过地质多样性加强决策者和地球科学家之间的沟通，在国际公约和国际政策中明确地质多样性的重要性。

表 4 - 2 地质多样性帮助实施与监测联合国可持续发展目标和仙台减灾框架

社会层面		地球系统							
		地质		地貌		土壤		水文	
		岩石化石矿物	未固结沉积物	地球物理过程	地形分布	化学	物理状态	地表水	地下水
可持续发展目标	1 无贫困	√	√	√	√	√	√	√	√
	2 零饥饿	√	√	√		√	√	√	√
	3 良好健康与福祉	√	√			√	√	√	√
	4 优良教育							√	√
	5 性别平等	√	√	√			√	√	√
	6 清洁饮水和卫生设施	√	√		√	√	√	√	√
	7 经济适用的清洁能源							√	√
	8 体面工作和经济增长	√	√		√		√	√	√
	9 产业、创新和基础设施	√	√	√	√			√	√
	10 减少不平等					√	√	√	√
	11 可持续城市和社区	√	√	√			√	√	√

续表

社会层面		地球系统							
		地质		地貌		土壤		水文	
		岩石、化石、矿物	未固结沉积物	地球物理过程	地形分布	化学	物理状态	地表水	地下水
可持续发展目标	12 负责任消费和生产	√	√	√	√	√	√	√	√
	13 气候行动	√	√	√	√	√	√	√	√
	14 水下生物	√	√	√	√	√	√	√	√
	15 陆地生物	√	√	√	√	√	√	√	
	16 和平、正义与强大机构	√	√	√	√	√			√
	17 促进目标实现的伙伴关系	√	√	√	√	√	√	√	√
仙台减灾框架	1 了解灾害风险		√	√	√			√	√
	2 加强灾害风险治理	√	√	√	√	√		√	√
	3 投资于减少灾害风险，提高抗灾能力	√	√	√	√			√	√
	4 恢复、善后和重建		√	√	√			√	√

资料来源：Schrodt 等（2019）。

地质多样性是自然资本资产的重要组成部分。世界自然资本论坛将"自然资本"（natural capital）定义为："世界自然资产存量，包括地质、土壤、空气、水和生物。"这个定义把地质放在第一位，承认地质在自然的基础性地位。英国自然资本委员会（2014）发布《自然资本现状》报告，其自然资产清单包括物种、生态群落，也包括土壤、淡水、矿产等。

自然资本通常被分为两种主要类型（Costanza and Daly，1992；Voora and Venema，2008）：可再生自然资本和不可再生自然资本。这两类自然资本已开始与生物性自然和非生物性自然关联，但不能完全对应，因为有相当多的可再生是非生物性的，如淡水、海岸侵蚀、瀑布。尽管世界自然资本论坛正在倡导自然资本定义中出现"地质"要素，但是格雷（Gray，2018）对比更多自然资本定义（如图 4 - 2 所示），发现地质只是以显性或隐性的方式包含其中，而且常常只是涉及不可再生资源。

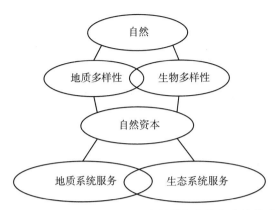

图 4 – 2　地质多样性、生物多样性与自然资本的关系

资料来源：Gray（2018）。

第三节　地质系统服务的类别与服务

联合国教科文组织定义地质多样性为地球表面和地球内部的自然部分。可以说，地质多样性（geodiversity）与生物多样性（biodiversity）为人类带来自然生态系统产品和服务，所包含的地质系统服务（geosystem services）和生态系统服务（ecosystem services）两者有重叠，共同供给和维护整个自然生态系统。

地质系统服务，指地质多样性支撑人类福祉所提供的直接或间接的服务，将地质多样性与人类福祉紧密联系起来，是地质多样性价值的表现形式，也是地质系统服务分类对全球认可的生态系统分类为基础的补充和拓展。

余韵和杨建锋（2021）以"千年生态系统评估"分类为基础，来展示与地质多样性相关的产品和服务。"千年生态系统评估"系统将服务分为四组：调节服务是自然过程调节环境的方式；支持服务是支持自然环境的过程；供给服务是社会使用的天然材料；文化服务是从精神或文化意义上使社会受益的自然环境的非有形收益。可以以"千年生态系统评估"分类的调节服务、支持服务、供给服务、文化服务为基础，来展示与地质多样性相关的产品和服务。通过分析地质多样性提供的地质系统服务，提供自然生态系统驱动力和服务趋势的长期观点，改进自然生态系统管理，以及这些因素如何影响地质多样性和生物多样性之间的功能联系。对于地质多样性提供的服务中，最容易忽略的是调节服务和支持服务。依赖地质多样性，地质系统为生物与人类提供的产品与服务包括四个大类，被认为对社会有重大益处的主要地质系统服务，所有这些服务都是基于地球是一个地质多样性系统这一事实而产生的（Gray，2011）。"千年生态系统评估"中服务和地质多样性提供福祉的案例，如表4-3所示。

表4-3　　　　"千年生态系统评估"中服务和地质多样性提供福祉的案例

千年生态系统评估服务	生物作用和过程	地质作用和过程
供给服务	淡水	淡水
	食物	为食物、纤维、生物化学物、天然药材及药物提供必需的无机营养素
	纤维	
	生物化学物、天然药材及药物	
	遗传资源	可再生和不可再生能源
		非金属矿产
		金属矿产
		宝玉石材料
调节服务	调节空气质量	调节空气质量
	调节气候	调节气候
	调节水源	调节水源
	控制水土侵蚀	控制水土侵蚀
	控制自然灾害	控制自然灾害
	控制疾病	控制疾病
	控制病虫害	岩石循环
	授粉	水循环
	调节水质（净化水源、废物处理）	调节水质（岩石和沉积物因环流而形成的水质）
		碳和其他生物地球化学循环
		固碳
文化服务	精神和宗教价值	精神和宗教价值
	审美价值	审美价值
	休闲和生态旅游	休闲和地质旅游
		地质遗迹
		地球科学知识
		教育和培训
		环境监测与预测
支持服务	土壤形成	土壤形成
	养分循环	养分循环
		提供栖息地

续表

千年生态系统评估服务	生物作用和过程	地质作用和过程
支持服务	养分循环	建立生态廊道
		基础设施
		城市发展的平台
		埋藏和储存

资料来源：基于《千年生态系统评估》和 Gray（2013）的分类和观点进行扩展整理。

一、供给服务

地质多样性提供的供给服务，是地质多样性对生态系统的供给服务主要贡献是提供淡水、矿产资源、建筑材料和可再生能源。对食物、纤维、燃料、遗传资源和生物化学物质的其他贡献，主要通过营养物和土壤提供间接的服务。以我国为例，中国单位面积淡水资源相当于全球平均值的 91.5%，但是因为人口众多，中国淡水资源紧张。[①] 矿产资源对于维持现代经济和生活方式至关重要。《中国矿产资源报告（2023）》发布，截至 2022 年底，中国已发现 173 种矿产，其中，能源矿产 13 种，金属矿产 59 种，非金属矿产 95 种，水气矿产 6 种。其中，煤炭储量 2070.12 亿吨。农用氮、磷、钾化肥产量为 5731.17 万吨，对中国农业部门至关重要。

二、调节服务

地质多样性提供的调节服务，地质多样性对生命和现代社会存在的基本条件予以调节，通过岩石、土壤和水的成分及其对土壤，水和空气质量的影响，对人类和动物健康产生益处或者害处。地质多样性提供的调节服务包括不同的尺度。第一，全球尺度的调节服务，例如，水文循环和碳循环，沉积岩中大量碳的保留及其向大气中释放受沉积和火山作用的调节。中国岩石圈碳库是全球最大的，碳元素在岩石圈中是碳酸盐岩石和沉积岩的主要成分。其向大气中的释放受沉积和火山作用的调节。水文循环从可再生资源的角度观察，地下水和地表水都来源于大气降水，并相互转化。第二，区域和地方尺度的调节服务，例如，集水区的地质、地形、土壤和水文路径对水调节很重要，而河道的地貌和沉积特征从根本上影响水质和栖息地可

---

① 张宏仁. 中国的淡水资源问题 [J]. 环境保护，2001 (5)：3-7.

用性。主要的生态系统服务往往忽视河流地貌对人类福祉的贡献。地质因素通过岩石、土壤和水的成分及其对土壤、水和空气质量的影响，对人类和动物健康产生益处和害处。

三、支持服务

地质多样性提供的支持服务，是支持自然环境的过程。地质多样性对生态系统支持服务的主要贡献，是栖息地的创造和维护，特别是通过土壤形成、生物地球化学循环和水循环，为废物处理和水储存提供合适的场地，以及为建筑和基础设施提供土地。但是当前，保护管理的传统方法侧重于物种和保护区，往往忽视生态系统更广泛的功能和联系。在维持动态的栖息地、维持和提升生态系统稳定性以及保护景观时，应当整合地貌过程以及土壤和基岩的特性与条件。

四、文化服务

地质多样性的文化服务，是从精神或文化意义上使社会受益的自然环境的非有形收益。地质多样性对生态系统文化服务的主要贡献，是教育价值和科学知识、艺术灵感、审美价值、景观特征和当地感、文化遗产以及娱乐和生态旅游，对文化活动发展做贡献。地质多样性对生态系统的知识服务起到关键作用。例如，岩溶区地貌景观奇特秀美，通过调查、评价岩溶地质遗迹和洞穴，找到岩溶景观，给人们带来生态旅游的享受。例如，地形、沉积物和古生态，记录过去生态系统服务和景观调整随时间变化而产生的变化。汪品先和翦知在《寻求高分辨率的古环境记录》一文开篇写道："恰如政治家需要从历史中吸取教训一样，科学家在预测人类社会生存环境的变化时，也要从古气候、古环境的研究中寻求类比、发现规律。"

第四节　地质多样性保育

一、地质多样性保育一般概念

地质多样性与生物多样性相比，人们近年来才开始进行针对性保护和管理。地质多样性保育（geodiversity conservation），指不同国家和机构保护对地质多样性的内在价值和外在价值的保护，因国家而异，可以指特定地点、特殊地点等单一特征，也可以指地质组合（geological ensembles）的保护和保育，也可以指更广泛的与人类福祉相关的保护和管理。

地质多样性保育研究与实践依托一个概念，即，保护自然舞台（conserving nature's stage，CNS）。保护自然舞台指将地貌、基岩、土壤和地形等地质多样性特征明确地纳入保护规划中，利用地质多样性来划分生物保护中的优先保护区。确定和定义保护区域的传统方法，是在地图上画出边界，然后给这些边界内的土地、野生动物或特征以特定的地位，而这些地位不适用于边界外。地质多样性作为当前或未来保护和管理生物多样性的"粗滤方法"（coarse filter strategy，CFS），将保护的重点放在首先创造多样性的物理因素上，同时允许物种和群落再分配，以应对不断变化的气候。一部分保护划分方式，是通过关键物种或关键生态系统的所在位置，来圈定需要保护的范围，但是随着气候变化和环境变化，这个划分方式正在受到挑战，今天所保护的范围在几百年后可能完全不同。地质多样性更能抵抗气候变化的影响，并且能更好地维系本地野生动植物和生态过程，因此，将地质多样性作为保护规划的划分依据，将有利于解决这一难题。粗滤方法的基本假设是，生物和非生物形成相互作用，地质多样性驱动生物多样性的格局，自然环境构成了支撑演员表演的舞台，这里的"演员"即指生物多样性保护主要目标的物种，这些物种（演员）因气候变化而发生了改变，但是自然环境（舞台）不易改变。这种方法是依据地质、地貌等物理因素，而不是气候预测模型而作出最佳决策选择。因为粗滤方法专注于自然环境，并提供了一种有吸引力的粗滤替代方案，在没有复杂的气候模型和单个物种响应的情况下，可识别出预期的高气候弹性区域。

专栏 4 -3

地质多样性解释濒危物种丰富度——以芬兰国家公园为例

地质多样性和物种丰富度之间的关系已经得到证实，但是地质多样性与受威胁物种的多样性和分布模式的关系需要明确，因为制定保护管理措施的前提条件。《保护生物学》（*Conservation Biology*）（2017 年第 31 卷第 2 期）刊登题为"把地质多样性与气候和地形结合起来解释濒危物种的丰富度"的文章，主要内容如下：

文章使用了岩石类型和土壤类型丰富度、地貌多样性和水文特征多样性等 4 个地质多样性变量以及 4 个气候和地形变量，对芬兰 31 个国家公园的濒危物种多样性进行了建模。分析了受威胁的维管植物、真菌、苔藓植物和所有物种组合的稀有度——加权丰富度。每平方公里分辨率数据集包括 16 个主类群的 271 种濒危物种。文章用增强型回归树对濒危物种丰富度进行建模。气候变量，尤其是 5℃ 以上的年平均温度，主导这个模型，这与温度在北方环境中的关键作用是一致的。地质多样性显著增加了解释力。高地质多样性值与整个分类群的高度濒危物种丰富度一致。在稀有度加权丰富度分析中，地质多样性变量的综合效应比物种丰富度分析更为显著。地质多样性指标与受威胁维管植物和苔藓植物的物种丰富度关系最密切，而软体动物、地衣和哺乳动物的物种丰富度最弱。虽然简单的地形测量可以改善生物多样性模型，但结果表明，与地质、地貌和水文相关的地质多样性数据也值得包括在内。这篇文章论证了，保护自然舞台是保护自然的一个重要原则。

资料来源：Tukiainen H, Bailey J J, Field R, et al. Combining geodiversity with climate and topography to account for threatened species richness [J]. Conserv Biol, 2017, 31（2）：364 – 375。

二、地质多样性保育的范围

地质多样性保育是将地质多样性概念落到地质保护工作中的抓手，各国在地质保护实践中，分成了不同尺度下的地质多样性保育和管理，以下按照不同尺度进行介绍：

在小尺度上，地质多样性保育的管理范围是，一个重要的地质特征单独出现或同时可能具有历史或文化意义的地方。澳大利亚称此保育范围是地质场地（geosite），英国称此保育范围是具有特殊科学意义的场地（site of special scientific interest, SSSI）。自然保护联盟的保护类别、联合国教科文组织地质公园网络称此保育范围是地质遗迹（geological heritage）。地质场地、具有特殊科学意义的场地、地质遗迹、基准场地、典型位置和地质景观等名词均代表规模较小，涉及的区域一般小于 100×100 米。

在区域上，地质多样性保育的管理范围是，地质组合的保护涉及保存包含一系列重要地质特征的区域。地质组合可以看作同一区域内一系列具有特殊科学意义的相互关联的地点，通常包含从大到小的各种地质地貌特征，从国际到国家都具有不同的意义。

在更大尺度的保护和更大类型范围的保护上，参照世界自然保护联盟《自然

第 四 章

保护地管理类别应用指南》，地质多样性保育管理目标：包括：科学研究、自然过程的保护、物种及其遗传多样性的保护、环境效益的保持、特殊自然和文化特征的保护、旅游和娱乐、教育、自然生态系统资源的持续利用、文化和传统标志的保持。可以看出，地质多样性保育不仅仅保护特殊的地质特征，而且是保护地质多样性更广泛外在价值，即与更多人类福祉相关的价值。

三、地质多样性保育的原则

2020 年，IUCN 世界自然保护地委员会（IUCN WCPA）发布了最佳实践指南系列第 31 册——《自然保护地的地质保护指南》。基于 IUCN 自然保护地管理分类，本指南为现有自然保护地和将要设立的地质保护区，总结了九项关于保护地质多样性的一般性原则：第一，应认识到地质遗产和地质多样性的内在价值和外在价值；第二，有效的地质保护需要对保护地进行严格、系统的评估、监测和管理；第三，自然系统的管理应"与自然合作"，允许自然过程在其可变范围内运转；第四，应正确理解自然系统和过程，以空间综合的方式进行管理；第五，地质多样性保育的决策前应先开展地质多样性脆弱性与风险评估；第六，应认识到自然变化的必然性；第七，应尽可能评估全球气候变化的影响，并采取相应措施；第八，应在自然系统承受变化的能力范围内对其进行管理；第九，应认识到地质多样性、生物多样性和文化遗产之间的相互作用和相互依存的关系。

戈登（Gordon，2019）分析了四条原则和具体在保护区内的管理措施。一是有效的地质保护需要对地质场地的识别和管理采取系统的方法。管理措施需要遵循世界自然保护联盟最佳实践指南中的建议，在所有保护区内识别、保护和解释地质多样性。二是地质多样性具有内在的、科学的、教育的、审美的、精神的、文化的和生态的价值。管理措施需要在保护区的管理和解释中整合了地质多样性和地质遗迹的多重价值，承认它们对自然资本和生态系统服务的贡献，把人与自然联系起来，开发应对全球挑战和联合国可持续发展目标的自然解决方案。三是地质多样性、生物多样性与人之间存在着多重联系、相互作用和反馈。管理措施需要在保护区的设计和管理中采取整体性的方法，将地质、生物和文化利益融为一体。四是通过"与自然合作"来管理自然系统。管理措施需要：第一，认识到地质多样性和"保护自然舞台"的价值；第二，认识到自然变化的必然性，并对这种变化进行规划；第三，留出空间，使自然过程能够在其自然变化的整个范围内运行；第四，以空间整合的方式管理自然系统，保持自然过程和地貌要素的连通性；第五，认识到地质场地和自然系统的敏感性，并在能够控制压力和威胁的情况下，在其吸收变化的能力范围内对其进行管理；第六，从过去学习并运用对物理过程和景观演变的理解。

第五节　地质多样性评估

地质多样性评估，是对自然环境中非生物成分的优势和劣势进行评估，也是对决定地质多样性变化，以及对地质多样性满足人类需求的关系进行评估，通过地质多样性评估助推优化资源配置（如图4-3所示）。现有地质多样性评估的方法包括：定性评估、定量评估以及定性—定量评估。

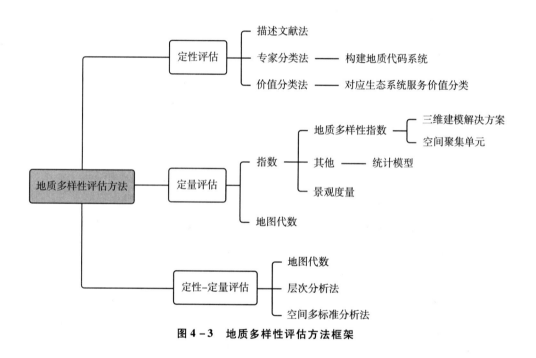

图4-3　地质多样性评估方法框架

一、定性评估

地质多样性定性评估是基于专家或专家组的知识和经验，通常采用描述文献法、专家分类法和价值分类法。定性评估通过对现有数据、照片、地图等资料的定性描述，确定该区域地质多样性的特点和优势。

以国家或区域地质多样性特征为例，定性评价地质多样性驱动下提供的产品和服务。英国于 2010 年开始实施"地质多样性行动计划"（UKGAP），用作不同类型区域自然资源管理的工具。衡量地质多样性的指标有 6 个主题，即地质多样性活动的关键领域。这 6 个主题共同组成一个框架，将重点任务放在每个关键领域之下，予以具体实施。设立 6 个一级指标，并且各自下设相应的二级指标，用以监测英国 UKGAP 的进展情况，所形成的年度监测报告更为清晰，更具操作性。格雷等（Gray, Gordon and Brown, 2013）在《英国国家生态系统评估》（UKNEA）基础上，定性描述英国古环境记录、动态地貌过程、基岩地质和第四纪沉积物的性质与特征等服务。戈登和巴伦（Gordon and Barron, 2013）定性描述苏格兰地质多样性对生态系统服务的调节、支持、供应和文化等 4 大类 13 项主要服务。马格利乌洛等（Magliulo Russo and Valente, 2020）以意大利区域公园为例构建地质多样性"驱动力—压力—状态—影响—对策"（DPSIR）框架。福克斯等（Fox Graham and Eigenbrod, 2020）在 CICES 级联模型基础上补充了地质多样性作为生态系统服务的驱动力之一。余韵和杨建锋（2024）以 MEA 分类为基础，补充和区分了地质和生物不同的作用和过程。兹沃林斯基等（Zwolinski Najwer and Giardino, 2018）认为定性评估保持了一定程度的主观性，其结果往往不能与不同研究区域的结果进行比较，尤其是地貌差异较大的情况下更是如此。

专栏 4 - 4

地质多样性基本变量

英国诺丁汉大学施罗特等（Schrodt et al., 2019）提出了描述地球表面和地下非生物特征和过程的地质多样性基本变量（EGVs），以促进科学的和可持续的管理，补充现有的基本变量（见图 4 - 4）。EGVs 将使监测工作、决策和应对全球变化的响应更加综合和循证。

现有 EBV、ECV 和 EOV 以及本研究提议的 EGV 所覆盖的地球"部分"示意图。尽管生命存在于整个海洋环境中，但 EOV 主要指海洋物理和生物地球化学等非生物方面，它们与 EBV（根据定义，仅涵盖生物方面）不重叠。因此，EBV 框不会延伸到整个地球表面（横轴）。一些基本变量确实存在重叠，如图中的条带部分所示，例如，浮游动物多样性既是一类 EBV，也是一类 EOV，而地表水同样既是一类 ECV，也是一类 EGV。若干重要国际公约（右侧）监测和评估与每个基本变量概念有关的网络。

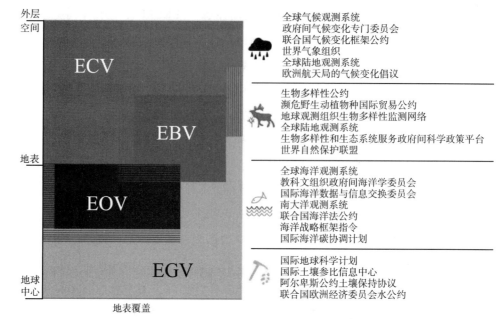

图 4-4　地质多样性基本变量与其他变量的关系

在提出 EGV 概念时，施罗特等（Schrodt et al.，2019）的目标是：第一，补充和增加现有的基本变量（ECVs、EOVs、EBVs 和 ESDGVs）。第二，提高监测战略的全球协调能力。第三，加强决策者和地球科学家之间的沟通。为了实现这些目标，我们为政策制定者和研究人员提出了一个框架，以指导未来对捕获地质多样性关键要素的相关指标的定义。

施罗特等（Schrodt et al.，2019）将 EGVs（地质多样性基本变量）定义为：与地质、地貌、土壤和水文有关的非生物状态和过程的变量：第一，与自然资源管理和人类福祉、保护或生态有关；第二，与其他一系列基本变量互补（而不是重复）；第三，测量可行且成本效益高。

资料来源：施罗特等（Schrodt et al.，2019）。

二、定量评估

地质多样性定量评估，通过实地仪器测量、数值计算或地理信息系统分析原始数据等方法，可以聚焦在特定区域地质多样性特征的测量。通过给定区域内地质多样性的数量、频度、分布等要素，进行制图分析。通常采用地质多样性指数和地图代数法。通过使用栅格或矢量空间数据的代数和逻辑运算及函数，地图代数用于汇编对地质多样性元素进行部分评估的结果。这些程序的制图输出可以是完整的地质多样性图，也可以是局部地质、地貌、岩性、水文多样性指数图。指数结果能反映给定区域内自然环境的地质多样性特征。指数结果也能反映某一组地质多样性要素特征的集中度，比如，给定区域内水文这一组地质多样性要素特征的集中度，从而减少数据量，同时提高相似的类型学研究结果的可比性。塞拉诺和弗拉诺（Serrano and Flano，2023）以西班牙中部的高地地区为例（该地区是以高地势能量为特征的山地地区）提出的坡度等级划分，可作为地形粗糙度变化的参数。桑托斯等（Santos et al.，2017）通过整合一张城市增长图来量化巴西里约热内卢州一个市的地质多样性受影响的区域。对地质多样性要素的定量评估，扎哈罗夫斯基和内梅特（Zakharovskyi and Németh，2022）认为一些研究者过于重视地貌和地形这两个参数，在地质多样性评估研究中造成了地貌地形与地质、土壤、水文等其他物理要素的不平衡。

三、定性－定量评估

地质多样性定性－定量评估，是根据不同地质多样性要素在最终地质多样性图中的组合方式进行细分，结合了定量数据和原因－效果数据。地质多样性定性－定量评估考虑到评估对象不同时空尺度，通常采用地图代数、层次分析法、空间多标准分析等。扎哈罗夫斯基和内梅特（Zakharovskyi and Németh，2022）认为在现阶段地质多样性研究方法的发展中，定性－定量方法是评价地质多样性的最先进、最有效的技术方案，因为其能够将不同类型的数据源和实质性内容与专家知识相结合，并且可以在不同空间尺度的研究领域中运用。近年来，地质多样性定性－定量评估方法在评估南美、欧洲等地质多样性支撑生物多样性研究中发挥了关键作用，认为地质多样性定性－定量评估方法，可以有效突出与地质多样性要素和过程有关的潜力场地。其中，空间多标准分析可以将判断和分析相结合，因而成为定性－定量评估方法中的核心方法。

| 第五章 | **水资源经济**

　　水资源是人类生存和社会经济发展的基础性资源，保护和节约利用水资源对于维护生态平衡、促进经济发展和实现可持续发展具有关键意义。应对气候变化背景下水资源问题是自然资源经济研究助力美丽中国建设的重要内容。本章在分析水资源特点及其中国水资源现状基础上，聚焦水资源配置、高效持续利用，系统梳理了我国水资源供需及其相关政策，结合案例讨论了水权、水价、水市场等优化市场配置的关键制度。

第一节　水资源的内涵与属性

一、水资源内涵

　　中国水资源开发利用历史悠久，逐渐形成了比较完整且具备中国特色的科学体系。国内最具权威性的工具书《中国大百科全书》中，不同卷册对水资源给予了不同解释。在大气科学、海洋科学、水文科学卷中，水资源被定义为"地球表层可供人类利用的水，包括水量（水质）、水域和水能资源，一般指每年可更新的水量资源"；在水利卷中，水资源被定义为"自然界各种形态（气态、固态和液态）的天然水，并将可供人类利用的水资源作为供评价的水资源"。1997 年，全国科学技术名词审定委员会公布的水利科技名词中，将水资源定义为"地球上具有一定数量和可用质量能从自然界获得补充并可资利用的水"。

人们对水资源的解释差别较大，但是在多数定义中都把可以利用或可能被利用作为前提。水资源可以理解为人类生存、生活和生产活动中所需要的水源。既有数量要求，又有质量标准；既有使用价值的概念，又有经济价值的概念。广义上的水资源，指能够直接或间接利用的各种水源，包括咸水和淡水。狭义上的水资源，指在一定经济、技术条件下，人类可以利用的淡水水源，或者说指在自然界水循环过程中，大气降水形成的地表径流，流入江河、湖泊、沼泽和水库中的水，以及渗入地下的地下水。一般来讲，水资源是指淡水资源，淡水资源总量由地表水资源量和地下水资源量组成，我国水法亦是如此界定。

对于水资源的内涵有两点得到普遍承认：一是水资源必须是可以利用或可能被利用的水源；二是水资源的利用有一定的水质要求。水质对于水资源而言，是十分重要的，由于全球性水污染的加剧，目前存在大量由于水质污染而不能被直接利用的水资源。如果不考虑水质而研究水资源，必将导致水资源开发利用的失误。水资源具有数量和质量双重属性，二者联系密切，互为依存。作者认为，水资源包含水量与水质两个方面，是人类生产生活及生命生存不可替代的自然资源和环境资源，是在一定的经济技术条件下能够为社会直接利用或待利用，参与自然界水分循环，影响国民经济的淡水。

二、水资源属性

水资源的特征属性可以分为自然属性、社会属性、经济属性、生态属性和环境属性，其中，自然属性、社会属性、经济属性是水资源天然条件下的三种原始的基本属性，生态属性和环境属性在外延和内涵上与其原始基本属性已不尽相同。

（一）自然属性

（1）时空分布不均匀性。受降水和气候条件的影响，水资源呈现时空分布不均匀性。在时间上，水资源存在洪水期和枯水期，降水量通常随季节发生很大变化；在空间上，各大洲水资源拥有量和各国人均水资源拥有量也有很大区别。而全球气候变暖改变区域降水的蒸发格局，导致干旱和洪涝的加剧，使水资源在时空分布上更加不均匀。

（2）循环性。自然界的水通过蒸发、降水、渗透、径流等环节，形成了水循环过程，水资源通过自己的循环过程不断复原。地表水和浅层地下水不断得到大气降水的补给，开发利用后可以恢复和更新。

（3）流动性。水资源是"流动性"自然资源，地表水、地下水、土壤水、大气水在水系中不断运动转化，系统内部的各种关系都要通过水的补给、径流、排泄的运动过程维系和表现出来。

（4）系统性。水资源是一个有机的整体，地表水、土壤水、地下水都有一定的联系。把某一个水源地、一个含水层当作一个孤立的单元看待和开发是造成各种水事纠纷、水资源浪费、水质恶化、环境质量下降等问题的主要原因之一。

（5）可再生性和有限性。水资源的循环往复造就了它的再生性，即水的蒸发、排泄、降水循环，使得水资源川流不息、源源不断。但人类对地表径流的应用速率在许多地方已经超过了水资源的再生速度，严重扰乱了水文循环。此外，水资源虽然是可再生的，但并不是取之不尽、用之不竭的，这是因为全球真正能够被人类利用的淡水储量是有限的。

（二）社会属性

（1）社会共享性。虽然水资源所有权为国家所有，具有一定的垄断性，使水资源的使用权与所有权发生了分离，但作为原始公共物品，在一定的区域内，每一用水群体和个人都享有平等的基本使用权。

（2）公平性。水资源开发利用应有助于体现公平原则，包括代际公平、城乡公平、上下游公平和部门公平。

（3）生存用水优先性。作为基础性资源，水资源必须先保证社会生产发展的最基本用水，只有保证了生存，才能谈得起发展，所以要有生存用水优先性。

（三）经济属性

（1）垄断性。受区域自然条件的限制，在供给上呈现明显的区域性。受到输水工程范围的控制，范围相当有限，因此，水资源市场形成垄断性。

（2）商品性。水资源作为生产资料，在利用过程中能够创造价值，如用于工业、农业和其他行业的用水，具有竞争性、排他性、收益关联性等私有物品特征，这部分水资源可以从市场中获得，决定了水资源具有商品属性。

（3）外部性。外部性是指一种经济行为直接影响他人时，却没有给予相应的支付或得到报偿，在人类生活用水和生产用水过程中，水很少完全消耗掉。用水后总是有水又回水层或河流中。水中的溶解成分对水质有很大的影响，而水质在许多情况下关系到水能否直接使用和其他一些公共利益。

（4）功能多样性。水资源能够满足人类许多不同的需求，在经济建设中水可以发挥多种作用，如市政供水、灌溉、水力发电、航运、城乡生活用水、生态环境用水、工业用水、水产养殖等。

（四）生态属性

水资源生态属性主要体现在水资源是维系生物繁衍和生存的不可缺少要素和物质，是保持生物多样性、维护自然生态平衡的基本保障；水资源条件对生态环境系统演替的控制和影响上，水资源分布和水体质量决定生态系统的基本特征，包括人工生态系统和天然生态系统。

（五）环境属性

水资源的环境属性主要体现在水资源具有稀释、降解污染物，吸附污尘、净化空气、美化环境和景观的作用。在人类活动强烈干扰下的水资源的纳污和自净功能更加显得突出和重要。

第二节　水资源供需的政策分析

一、水资源供给系统

水资源供给系统主要包括水的自然供给、水的社会供给。

水的自然供给即自然水循环。自然水循环指地球上的水在太阳和重力的驱动下无休止地在大气、地表和地下循环运动的过程，它为人类和生态系统提供了必不可少的水资源。这种自然供给在时间上和空间上都不均匀，降水、径流、蒸发等所有水文要素都存在空间差异。正因为降水和蒸发空间差异大，造成地球上干旱区和湿润区的差别。

水的社会供给指人类利用各种工程措施对水量水质进行调控以满足人类的用水要求。对于河道内用水，供水就是对径流的时间过程进行调节以满足发电、航运、生物繁衍等对流量、水位、水深的要求。对于河道外用水，供水就是从自然水体中取水供人类利用。一般说的供水指河道外用水的供给。按照取水工程类型，可将水的社会供给分为常规取水工程类型和非常规水资源利用类型，常规取水工程类型中的常规水资源主要指可以动态更新的地表、地下淡水径流，非常规水资源利用类型中的非常规水资源主要指雨水、污水、陆地咸水和海水，具体如表 5-1 所示。

表 5-1   水的社会供给方式

类型	按水源划分		按取水方式划分		按工程规模划分
常规取水工程类型	地表水		引水工程	无坝引水	
				有坝引水	
			蓄水工程	水窖（旱井）	
				塘坝与水库	塘坝：总库容在 10 万立方米以下
					小（2）型水库：10 万~100 万立方米
					小（1）型水库：100 万~1000 万立方米
					中型水库：总库容 0.1 亿~1 亿立方米
					大（2）型水库：1 亿~10 亿立方米
					大（1）型水库：10 亿立方米以上
			提水工程	人力提水	
				泵水工程	
			其他	倒虹吸	
	地下水	承压水	垂直井	管井	
		潜水	垂直井	大口井	
			水平井	坎儿井	
				卧管井	
				截渗井	
		混合井	辐射井		
非常规水资源利用	雨水利用				
	污水回用与中水利用				
	陆地咸水利用				
	海水利用				

二、水资源需求系统

水资源需求系统主要指用水需求系统。根据用水主体的不同在大的类型上，常把用水分为"三生"用水，即生活用水、生产用水和生态用水，国内常用生产生活用水分类具体如表 5-2 所示。

表 5 - 2　　　　　　　　　　　　　国内常用生产生活用水分类

分类			说明
生活用水	农村生活用水		农村居民家庭用水，有时把农村牲畜用水也算在内
	城镇生活用水	家庭生活用水	城镇居民家庭用水
		公共生活用水	包括商店、学校、宾馆、饭店、环卫、城市绿化等商业和公共用水
生产用水	农业用水	农田灌溉用水	水田和水浇地的人工补充水量
		牲畜用水	牧场、养殖场用水
		林业用水	林地灌溉用水
		渔业用水	人工渔场、鱼塘用水
	工业用水	火电工业用水	火力发电厂的用水
		一般工业用水	除了火电工业用水以外的城镇一般工业用水
生态用水	人工生态环境补水		保障生态环境用水的重要方式

第 五 章

目前国内外所采用的水资源需求估算的预测方法很多，主要包括时间序列法、系统分析法、结构分析法、宏观经济模型法、基于用水机理预测法、用水定额法等。其中，最常用的一种用水需求估算的预测方法是用水定额法，即：

$$用水量 = 用户规模 \times 用水定额$$

其中，用户规模指各种用水主体的规模（如城镇人口数量、农村人口数量）或用水对象的规模（如灌溉面积、牲畜数量、工业产值等）。用水定额（water use quota）指单个用户或单位用水对象的用水量。

长期以来，在用水需求的预测上一直是过于"超前"。造成这一现象的原因主要包括以下几个因素：第一，预测方法大多建立在历史数据的基础上，难免存在误差。第二，驱动水资源需求增长的各类因素具有阶段性，随着科技水平的提高、节水的实施、经济结构的变化等，用水定额不会一直增加的，而且国外的一些地方用水零增长、负增长的实例已经证实了这一点。第三，需水预测中采用的方法都具有一定的局限性。由于实际的需水预测涉及人口、经济、社会政策、生态等各方面因素的影响，单一地采用一些数学手段只能反映出一些平稳的几何级增长过程，所以预测结果会与实际用水量有差别。第四，对水资源实际供给能力的约束力考虑不够。供需应综合进行考虑，当水资源的需求量接近或者超过现有的供给能力后，用水量会极大地受限于实际所能提供的水资源量，如果进行无约束的需水预测，必然造成预测结果偏大。第五，忽略经济规律的作用—水价与水资源需求的关系，缺乏社会经济系统对水资源的适应性调整能力的认识。第六，现有的需水预测一般对生态需水考虑得不够，没有将生态需水和生态用水清晰地区别开，况且目前的生态需水计算基本上是以现状为主，对生态环境现状的合理性分析与诊断比较欠缺，由此造成的预测结果有偏差也是难免的。

在此，我们特别强调水资源需求估算的预测需要一个观念的转变，即水资源需求估算的预测应是对受经济规律决定的、一定供水价格下的水资源有效需求的预测，而不应是原来的对不考虑供水成本、不计效益的生产过程的最大（或较大）需水量的预测。在这里，国家不仅是水利设施的建设者，更重要的是水资源合理使用的促进者。国家水资源主管部门将对一个地区各用水部门（生活用水、农业用水、工业用水、生态用水）的各个用户（尤其是用水大户）实行用水定额和总用水量控制，并大力采用先进供水技术，提高用水效率。这不仅需要采用行政手段的控制，而且要建立经济制度（价格和市场），促进水资源的高效和可持续利用。

第　五　章

三、水资源供需平衡

水资源供需平衡主要分为三类。

（1）传统水资源供需平衡。研究包括生产、生活和人工生态水资源需求和可控水资源供给量之间的平衡，其缺水量表明人工供水与人工需水之间的缺口。

（2）地表、地下耗水供需平衡。研究包括天然生态系统和人工系统的可控地表、地下水资源需求与消耗的可控地表、地下水之间的平衡。耗水缺水量可以通过模拟生活、工业、农业、人工生态和天然生态需水不受到破坏的情况下，消耗的地表、地下水资源量与实际配置过程中消耗的地表、地下水资源比较得到，其缺口表明包括天然生态在内的区域消耗地表、地下水资源量的不足。耗水供需平衡分析对于分析区域天然和人工系统消耗地表、地下水资源的不足具有重要意义。

（3）广义水资源供需平衡。研究包括天然需水在内的广义水资源需求和包括土壤水在内广义水资源供给之间的平衡。广义水资源供需平衡缺水量反映的是天然生态系统的水资源供需平衡关系，其缺水量表明区域人工系统和天然系统的蒸发蒸腾量与广义水资源需求量之间的缺口，能够预测水资源开发利用和节水改造等人工措施对天然生态环境的影响。

由于水资源在空间和时间上分布的不均匀性，国民经济发展对水资源开发利用的不平衡性，以及水污染使水质恶化等，已给世界范围内很多地区带来水资源的供需问题。水资源供需平衡分析（supply and demand analysis of water resources）指在一定区域范围内就水资源的供给与需求，以及它们之间的余缺关系进行分析的过程。进行水资源的供需平衡分析，揭示水的供需之间的矛盾，预测未来可能发生的问题，可以未雨绸缪，使区域内的水资源能更好地为国民经济、人民生活服务，为人类生存创造更良好的生态环境。

四、水资源供需的相关政策分析

水资源配置通过对多种可利用水资源在区域间和各用水部门间进行的合理调配，实现有限水资源的经济、社会和生态环境综合效益最大化，以及水质和水量的统一和协调，可以说，水资源供需平衡是水资源配置中最基本的关系。因此，我们也可以将水资源管理理解为：为人类为实现水资源供需平衡而采取的各类措施与行动的总和。为解决因社会经济发展而引起的水资源供需不平衡问题，有"增加水供给"和"控制水需求"两类途径，水供给管理可以理解为人类为增加水资源的供给能力而采取的各类措施与行动的总和，而水需求管理可以理解为人类为控制社会经济系统对水资源的需求而采取的各类措施与行动的总和。

我国水资源正面临着时空分布差异化、过度开发、粗放利用、水污染加剧、人均用水量远低于国际水平等问题。在对水资源政策法规体系进一步完善后，高标准的水资源管理政策应运而生，全面实施最严格水资源管理制度，通过设置水资源开发利用控制、用水效率控制和水功能区限制纳污"三条红线"目标，规范水资源管理。对我国新中国成立以来的水资源管理政策的梳理，发现在不同时期政策的侧重点有所不同。水资源供需不平衡引发的水资源矛盾，经济社会发展带来水资源问题复杂化，政府对于公共事务的管理方式的转变等，都在从不同角度影响着水资源管理政策的制定和实施。政策变迁既受到资源存量变化等内在因素影响，又受到环境恶化等引发的外在压力影响，内外因的作用下，政府与其他利益相关者的互动逐渐加强。从政策目标出发，可以将我国水资源管理政策主要分为三类：水资源配置类政策、节水类政策和水污染防治类政策。

水资源配置政策主要运用计划配置和市场配置的手段，通过政策工具使水资源的供需关系达到最优。早在20世纪80年代我国就有关于水量分配的政策方面的探索。1981年5月国务院确定了天津保证用水方针，开始酝酿引滦入津工程，基于此，运用工程建设缓解用水短缺的政策思路开始形成。1987年配水区域进一步扩大，并融入了用水计划的政策思路，为缓解黄河流域断流问题，国家计委和水利部联合制定了黄河流域范围内可用水的分配方案。自 2008 年起，全国多省市开始根据本级政策辖区情况制订用水计划，计划性配水政策在全国范围内铺开。2014 年水利部专门就计划用水工作制定了管理办法，主要针对取水许可管理的部门及耗水量较大的单位，要求按月、年制订用水量计划，在满足生态用水的基础上对水资源可用量进行划分，实行用水总量控制方针，至此，我国已在全国范围内基于总量控制，实行计划性水资源配置政策。与此同时，市场机制的引入，可以实现水资源外部性一定程度内部化，我国引入水价机制，进行水费、水资源费等费用的征收，旨在通过税收提高用水成本从而降低用水量，进而通过补偿涵养水源从而实现可持续发展。1988 年《中华人民共和国水法》颁布，从法律上规定了征收水资源费和水费。1992 年，国家物价主管部门将水利工程供水列入商品目录，1994 年财政部颁发了《水利工程管理单位财务制度》，将水利工程水费列入水管单位的生产经营收入。2000 年 8 月，财政部、国家计委、农业部在联合发文《关于取消农村税费改革试点地区有关涉及农民负担收费项目的通知》进一步明确水费为营利性收费，水价才真正具有了市场经济下的价格概念。2016 年河南省实施水资源税改试点工作，针对不同行业，不同水资源来源差别化地制定税额标准。2017 年，依照国务院决策部署，全国新增九个试点省份，试点省份开征水资源税后，原征收的水资源费征收标准降为零，为全国范围内推行水资源税政策打下坚实基础。

节水类政策主要从提高效率和减少损耗的角度出发，以减少水资源量的使用为目标。自 2014 年"节水优先"理念被提出以来，我国始终坚持节约用水的政策导向，积极落实农田节水政策，进一步推进大中型灌区节水改造。2017 年，国家发改委联合水利部、住房城乡建设部发布《节水型社会建设"十三五"规划》，水利部发布《关于开展县域节水型社会达标建设工作的通知》，党的十九大报告中明确提出实施国家节水行动，标志着节水是全方位、全社会层面的参与。2019 年国家制定节水行动方案，意味着节水政策全面贯彻实施在生产生活中。

在早期的水资源管理政策中涉及水环境保护相关问题较少。从 1984 年第一部专门法律《中华人民共和国水污染防治法》的发布，到多流域水污染防治计划的制订，再到全流域的水功能区划监督措施，直至最严格水资源管理制度的实施，生态文明建设与环境保护放在突出地位，我国政策要求不断加大对水污染防治力度。2015 年国务院印发了指导性文件《水污染防治行动计划》（以下简称"水十条"），要求到 2020 年，全国水环境质量得到阶段性改善，污染严重水体较大幅度减少，饮用水安全保障水平持续提升，地下水超采得到严格控制，地下水污染加剧趋势得到初步遏制，近岸海域环境质量稳中趋好，京津冀、长三角、珠三角等区域水生态环境状况有所好转；到 2030 年，力争全国水环境质量总体改善，水生态系统功能初步恢复；到 21 世纪中叶，生态环境质量全面改善，生态系统实现良性循环。"水十条"政策内容涉及我国水污染防治全方位，细化了公众参与水污染治理的方式。2016 年，国务院印发了《关于全面推行河长制的意见》，要求各省因地制宜地制定推行河长制的工作制度，河长制的实施，打破了河湖管理工作中部门之间的壁垒，加强各部门协作，共同参与治理。截至 2018 年，全国 31 个省份均实施了河长制。

五、"四水四定"发展时间及制度内容

党的十八大以来，以习近平同志为核心的党中央着眼于生态文明建设全局，明确了"节水优先、空间均衡、系统治理、两手发力"的治水思路，确立了国家"江河战略"，强调坚持"以水定城、以水定地、以水定人、以水定产"的"四水四定"原则，把水资源作为最大的刚性约束。

2014 年 3 月，习近平总书记在中央财经领导小组第 5 次全体会议上，提出"节水优先、空间均衡、系统治理、两手发力"的新时期治水思路，强调"从观念、意识、措施等各方面都要把节水放在优先位置"，将保障水安全提升至国家战略高度。

2019 年 9 月，习近平总书记在黄河流域生态保护和高质量发展座谈会提出要"坚持以水定城、以水定地、以水定人、以水定产，把水资源作为最大的刚性约束，合理规划人口、城市和产业发展，坚决抑制不合理用水需求""以水而定、量水而行"，正式确立"四水四定"原则。

随着我国的水资源保护利用管理进入精细化管理阶段，"四水四定"原则在各地区水资源管理实际过程中被不断深化应用。2020 年 11 月，习近平总书记在江苏考察时，提出"北方地区要从实际出发，坚持以水定城、以水定业，节约用水，不能随意扩大用水量"。2021 年 10 月，国家的"江河战略"正式确立，习近平在深入推动黄河流域生态保护和高质量发展座谈会上强调"要坚决落实以水定城、以水定地、以水定人、以水定产，走好水安全有效保障、水资源高效利用、水生态明显改善的集约节约发展之路。"2022 年 10 月 30 日，中华人民共和国第十三届全国人民代表大会常务委员会第三十七次会议通过《中华人民共和国黄河保护法》，明确要求"国家在黄河流域实行水资源刚性约束制度，坚持以水定城、以水定地、

以水定人、以水定产，优化国土空间开发保护格局，促进人口和城市科学合理布局，构建与水资源承载能力相适应的现代产业体系"。2023 年 4 月 10 日，习近平总书记在广东徐闻县大水桥水库考察调研时强调，推进中国式现代化，要把水资源问题考虑进去，以水定城、以水定地、以水定人、以水定产，发展节水产业。习近平总书记关于"四水四定"的重要指示批示精神，为建设人与自然和谐共生的现代化提供了重要遵循。

第三节　水权、水价与水市场

一、水权

（一）水权基本特征

在资源与环境经济学里，产权通常被定义为配置和使用资源的一系列权利，这些权利以所有权为基础，包括所有、使用、处置和受益的权利。水权的定义很多，但总体来看，水权可以被定义为"水资源稀缺条件下，以所有权为基础，并由此派生的一些类权利的总和"。水权以水资源所有权为中心和出发点，涉及水资源的使用权、受益权等一系列权利。水权与一般的资产产权不同，具有明显的特征，主要表现在以下几个方面：

（1）水权实际难以完全排他性。我国宪法规定，水资源归国家或集体所有，这样导致了水权二元结构的存在。从法律层面上来看，法律约束的水权具有无限的排他性，但从实践上来看，水权具有难以完全排他性，这是水权特征之一。我国现行的水权管理体制存在许多问题，理论上水权归国家或集体所有，实质上归部门或者地方所有，导致水资源优化配置效率降低。

（2）水权的分离性。根据我国的实际情况，水资源的所有权、经营权和使用权存在着严重的分离，这是由我国特有的水资源管理体制所决定的。在现行的法律框架下，水资源所有权归国家或集体所有，但纵观水资源开发利用全过程，国家总是自觉地或不自觉地将水资源的经营权委授给地方或部门，而地方或部门本身也不是水资源的使用者，通过一定的方式转移给最终使用者，水资源的所有者、经营者和使用者相分离，所以导致水权的非完整性。

（3）水权的外部性。外部性，也称外部效果，是指那种与本措施并无直接关

第五章

联者所招致的效益和损失。水权具有一定的外部性，既有积极的外部经济性效益，也有消极的损失。以流域为例，如果上游过多地利用水资源，就可能导致下游水资源可利用的减少，甚至江河的干涸，给下游带来一定的损失。同样，在某一地区修建大型水库，由于改善了局部地区的小气候，可能给周边地区带来额外的效益，如增加旅游人数，为当地提供一定的就业机会等。

（4）水权交易的不平衡性。水权交易是通过政府宏观调控与市场机制调节两手发力，促进水资源节约保护，优化配置与高效利用的重要经济手段。由于我国的水资源归国家或集体所有，水权交易是在所有权不变的前提下使用权或经营权的交易，交易双方是两个不同的利益代表者，其地位不同。一方通常是代表国家或集体组织行使水资源的管理权，它出让产权，另一方则是为了获利的水资源经营者或使用者，产权出让者可以凭借政府的良好形象或者权威对出让的产权施加影响，而且他们具有垄断性，而购买者则不具备这样的优势，他们只能被动地接受这种影响。

（二）水权对水资源配置的影响

水权对水资源配置的影响是多方面的，主要表现在以下几个方面：

（1）水权清晰促进水资源可持续利用。现代产权经济学认为，合理的产权制度就是明确界定资源的所有权和使用权，以及在资源使用中获益、受益、受损的边界和补偿原则，并规定产权交易的原则以及保护产权所有者利益等。产权明确清晰，就是财产的各项权能、风险责任的主体是清楚的，不同的经济当事人对其所拥有的财产的某项权利的边界是确定的，从而财产的处置、使用权、收益分配及责任都明确地落实在经济当事人上。只要产权界定，不管初始权利配置如何，都不会影响经济效率。产权制度对资源配置具有根本性的影响，它是影响资源配置的决定性因素，若资源产权不明，使个人使用资源的直接成本小于社会所需付出的成本，将会导致过度开发、粗放利用和奢侈浪费，违背资源可持续利用的原则。根据产权有关理论可知，水权对促进水资源的合理配置和高效利用具有积极的推动作用。

（2）水权对生态环境的影响。在水资源产权不清的情况下，水资源的开发利用会对生态环境产生极其重要的负面影响，主要表现在少部分人的利益获得建立在多数人损失的基础上。水资源属于国家，其产权在理论上非常明确，但在实际上，由于各方面的原因，国家产权得不到很好的实施和贯彻，即产权缺乏主体的代表，一些生产单位、个人对污水不加治理排放到水体之中，污染了水源，严重地侵害了全体人民的利益。然而由于每个公民只拥有水资源部分"份额"，而且确定每个人"份额"难度较大，其交易、谈判的费用较高甚至无法想象，所以每个公民基本上放弃了其权利，这样无疑放纵了水资源利用者乱采乱用，加剧了生态环境的破坏。生态环境资产产权具有典型公有性，环境容量资源的终极所有权属于公众，国家是环境容量资源终极所有权的代理者，而地方政府拥有使用权。地方政府是生态环境保护的主体，从费用效益角度来说，它拥有环境容量资源初始使用权并从中获得使用收益的权利。只有如此，地方政府才会有足够的积极性实施监督排污企业的功能，从而对生态环境产生积极影响。所以，明确清晰的水权对于生态环境保护是极为重要的。

（3）水权对水资源开发利用与保护的激励。清晰的产权给所有者带来可预见的预期结果，对个人或者团体投入资金、劳动改善资源资产质量起到激励作用，并且可以使水资源由低效用途流转到高效用途，提高水资源利用效率，这也符合市场优化配置资源的机制要求。实践证明，明确水权对促进资源开发利用和保护产生积极影响，可以克服经营使用中的短期行为，鼓励长期投资和促进可持续发展。

（三）水权制度

水权制度是以水权为中心，用来约束、鼓励、规范人们水权行为的系列制度。它是规范水事关系中各方权利、责任和义务的制度，是建立市场经济体制所必不可少的制度之一。

我国水权制度建设与世界上许多国家不同，源于计划经济体制、农业占大头的传统社会、工业化城市化快速发展阶段，有其自身的特点。从新中国成立到改革开放之前，我国以自由取用水为主。1978年以后水权制度显现雏形，直到1988年水法出台，我国水权制度正式确立。1993年颁布的《取水许可证制度实施办法》正式确立了我国水权制度的法律框架。随着水法的修订、修正和《取水许可和水资源费征收管理条例》的出台，我国水权制度的法律框架逐步完善。进入21世纪，党中央、国务院对水权制度建设高度重视，推出多项政策、法规、文件，具体水权制度建设的主要进程如图5-1所示。经过一系列理论和实践探索，水利部已经形成了一套完整的"明晰水权、引入市场"的水权改革思路。这套思路将水权管理划分为三个阶段：首先，确立总量和定额两套指标，把水资源的使用权指标逐级分解，并结合总量指标核定各种微观用水单位的用水定额；其次，运用多种手段保障水权的实施，采取法律、行政、科技，特别是经济手段，使控制指标成为每一个用水单元的权利依据；最后，允许用水户和用水单元节约的水量有偿转让，这样就形成了水权市场，《关于水权转让的若干意见》中，将可转让的水权转让的主体界定为在一定期限内拥有节余水量或者通过工程节水措施拥有节余水量的取水人。目前，我国水权制度体系由水资源所有制度、水资源使用制度和水权转让制度组成。

水资源所有制度主要实现国家对水资源的所有权。地方水权制度建设，主要是使用制度和转让制度建设。一般情况下，水权获取必须由水行政主管部门颁发取水许可证并向国家缴纳水资源费。

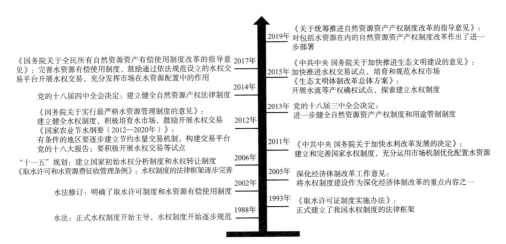

图 5 - 1　改革开放以来国家水权制度建设主要进程

在坚持社会主义市场经济根本制度前提下，总结来看，我国水权改革和制度建设主要呈现五个特点：一是水资源所有权实行国家所有；二是水资源使用权实行行政确权和分配；三是以行政区和流域为单元的用水总量控制管理；四是行政分配管理与水权转换制度并存；五是政府发挥主导并充分发挥市场作用，且在用水户间、行业间、行政区间、流域间、流域上下游间等不同层面开展了水权交易。但仍需要满足一系列基础条件，包括法律制度条件、初始水权条件、市场平台条件、硬件设施保障条件、外部动力条件等。

目前我国水权改革和水权制度建设已取得重要发展，但仍处于探索阶段，水权交易平台建设开始起步，也面临许多挑战，需要进一步深化改革，在水质换水权、跨流域水权交易、多层次水权交易平台建设等方面大胆创新，实现突破。在坚持水资源国有的基础原则上，应当着眼于建立高效、公平和可持续的水权制度，从完善水权法律体系建设、政府市场两手发力、妥善协调各方利益、加强各类制度规则配套、推进水利工程建设、建设分区域水权制度等方面完善我国水权制度，同时，构建起覆盖配置体系、交易体系、监测体系、政策体系四位一体的水权框架体系（如表 5 - 3 所示），并健全水权交易风险防控机制，防范化解水权交易风险，力促我国水权制度建设取得新成效。

表 5 - 3　　　　　　　　　　　　水权制度四大体系建设

	主要内容	重点任务	目标方向	具体措施
配置体系	1. 水资源的宏观控制指标, 即水资源管理"三条红线" 2. 水资源的微观定额体系, 即分产业、分用途的水资源使用定额	1. 全面完成全国各流域和行政单位的水量分配 2. 大力推进灌区水权细化配置 3. 大力推进水权确权到户	水权公平配置, 建立动态调整机制	1. 《实行最严格水资源管理制度考核办法》 2. 《关于实行最严格水资源管理制度的意见》
交易体系	1. 用水户间水权交易体系 2. 行业间水权交易体系 3. 行政区间水权交易体系 4. 流域间水权交易体系 5. 上下游水权交易体系	1. 建立规范高效水权交易平台 2. 建立水权定价机制和交易期限确定办法 3. 明确交易主体、可交易水权、水市场等要素	建成规范高效水权交易市场	1. 借鉴产权交易平台建设经验, 依托水行政主管部门建立区域性和全国性的水权交易平台 2. 开展水权鉴定、水权买卖、信息发布、业务咨询等综合服务
监测体系	1. 水量使用的计量监测体系 2. 水权交易的监管体系	1. 按照水资源规划、水功能区划等划分分类实行严格水资源管理 2. 建立水权利益诉求、纠纷调处和损害赔偿机制	维护水权水市场公正、公平的秩序	1. 大力推进水文水利监测系统建设 2. 加强水利监测的科技研发 3. 建立统一的水资源监测管理平台
政策体系	1. 法律法规 2. 技术标准 3. 管理办法 4. 实施方案	1. 完善水权界定、分配的配套性法律法规建设 2. 完善水资源费的征收、管理和使用的配套性法律法规、管理办法、实施方案等 3. 完善水权转换、水市场和水权交易转让的配套性法律法规、管理办法、实施方案等 4. 完善水权的调整、续期和终止的配套性法律法规等	建立完善的水权交易政策法规体系	1. 制定出台专门的水权制度法律法规 2. 制定水资源使用、交易、监管相关的科学与技术标准 3. 提供强有力的监测和惩罚制度 4. 制定消除水权交易外部性影响的措施和办法

二、水价

（一）水资源价值

根据马克思的价值决定理论, 商品的价格由价值决定, 并受供求关系影响围绕价值波动。水资源成为一种商品, 必有其价值存在, 探究其价值内涵, 主要体现在水资源的稀缺性、劳动投入、资源产权以及使用功能等。

（1）稀缺性。稀缺性是资源价值的基础, 也是形成市场的根本条件, 是水资源价值的首要体现。虽然人类利用水资源具有悠久的历史, 远古时代人类就临水而居发展文明, 水资源很长时期都被视为取之不尽用之不竭的, 没有认识到水资源的价值。直到社会经济飞速发展, 水资源的需求超过了水资源承载能力, 成为发展的瓶颈，人们才意识到水资源的有限性。对水的重要性有了重新认识，开始重视水资源的优化配置、保护治理及合理开发等问题。稀缺性是个相对概念，不同地区不同时段条件下，水资源的稀缺程度导致水资源价值量的不同。对于水资源充沛的地区和季节，稀缺性不明显或不存在时，其价值很小甚至无法体现；相反，对于水资源短缺的地区或季节，稀缺性明显，价值也相对很大。

（2）产权。产权作为水资源交易的先决条件，与资源配置和经济效益等问题密切相关。产权主要包含四种权利，即所有权、使用权、收益权和转让权。其中，所有权是决定资源归谁所有；使用权决定能够使用资源以及使用资源的时间和方式；收益权为通过使用权获取的收益；转让权是处置资源的权利。根据《中华人民共和国水法》的规定，水资源属国家所有，国家拥有水资源产权，任何单位和个人开发水资源都要支付一定的费用，补偿其产权利益。这就构成了水资源产权价值，其表现形式即为水资源费。

（3）劳动价值。是否投入了劳动和资金是用以区分开发利用的和天然的水资源的重要性质。这里的劳动价值主要包括投入在开发、管理和维护中的劳动和资金。其中，水资源开发的投入主要有水源工程、供水工程、运输费和管理人员费等，而管理维护投入主要由水资源的前期规划管理、水资源保护与恢复等构成。对于未投入开发的水资源，其价值主要由水资源的稀缺性、资源产权所形成。

（4）使用价值。使用价值是从资源效用的角度体现的水资源价值，主要是水资源的经济服务价值和生态环境服务功能的价值。由于使用者的效用不同，水资源在利用过程中产生的使用价值也大有差异。其使用价值可以分为社会价值、生产价值、生态价值和环境价值等类。水资源的用途广泛，在人类生产生活等广泛应用过程中，产生不同的经济效益，导致不同使用者对水资源愿意的支付价格有所不同，该特点决定了在制定水资源收费标准和收费办法时，不仅考虑到按用水用途分类制定，还考虑不同用途的具体特性，以及用水户用水资源的具体情况。

（5）补偿价值。水资源进入经济社会系统，那么将导致环境中的水量减少，同时使用后的废污水进入水环境中，会改变水环境质量，这将直接影响其生态、环境服务功能，如果经济社会用水没有超过水资源可利用量或者排污量在环境纳污能力之内，那么对生态、环境服务功能的影响较小，但是一旦超过可利用量或者废污水排放超过水体纳污能力，那么将对水生态、水环境造成负面影响。

通过对水资源价值内涵的分析，可以得知，无论是否经过人类开发利用的水资源都具有价值，这个价值是水资源的产权价值，对于开发利用的水资源，除了产权价值，还包括投入的劳动和资金形式的劳动价值。稀缺性则是导致水资源价值量大小的地区与时间差异。而水资源在不同用水户用水过程中体现的使用价值，则影响了水资源收费标准和收费办法的制定，补偿价值则反映用水过程产生的外部性影响，强调对造成损害的补偿。

（二）水价制定

在中国目前的水价体系中，从供给角度讲，水价应体现产权价值、劳动价值和补偿价值，分别通过水资源费、生产成本和水环境补偿税（费）来表现，也就是目前水价构成中的资源水价、工程水价和环境水价，三者之和为供给价格；从使用角度讲，主要使用对象为生产部门和消费部门，分别体现为经济价值和社会价值，通过需求价格来表现。在此我们主要讨论供水价格。

影响水价制定的因素很多，包括自然因素、社会经济因素以及工程因素等，它们直接或间接地影响着水资源的供求关系，决定着供水价格水平的高低。自然因素主要包括水量和水质，根据水资源价值内涵的稀缺性，当水资源量丰富时，水价相对较低；当水资源短缺时，水价有所上涨。水质对水价的影响，一方面由于高品质的水资源在水处理中投入的劳动和资金高于低品质水中的投入，另一方面，受政策影响，为促进中水二次利用，一些城市采用政府补贴形式，降低中水价格，促进污水回用，缓解高品质水的供需矛盾。社会经济因素主要包括社会经济发展水平和用水户承受能力，社会经济发展水平主要体现在对水资源量的需求上，经济发展速度、产业结构、社会生活生产用水的节约程度等等，都会影响社会需水量，当供需矛盾加深时，水价上涨。而不同用水的消费群体对水价的承受能力不同，即使同一类用水户，经济状况好的用户，水价承受能力就高；反之，则低。水资源作为基础资源，供水事业具有公共事业性质，必须保证基础的生活和生产，在水价制定时，用户的承受能力是决策者必须考虑的因素。工程因素主要包括工程状况、工程的投资规模及结构和供水保证率，均通过影响供水成本来影响水价。

从实际情况来看，合理的水价制定原则应包括：效率原则、成本与利润原则、承受能力原则、区域定价原则等。

（1）效率原则。水价对效率的调节体现在提高行业自身的用水效率和水资源配置的效率。对于行业自身用水，当提高水价时用户为降低生产成本，势必会通过提高用水效率来减少水资源成本投入。对于水资源配置的效率，主要体现在通过水价体系的建立，提高单位供水量的产出和产值，并降低水污染，促进经济社会与生态环境协调发展。

（2）成本与利润原则。补偿成本、合理收益是水价制定的重要原则。水费收入是供水单位维护生产和扩大再生产的主要资金来源。因此在制定和调整水价时要首先考虑供水工程的成本回收问题，确保回收到工程的初期建设投资和运行管理费用，并有维护运行管理、维修、设备更新等的足够资金保证，来维护供水单位的正常运行，提高供水投资单位的投资积极性。随着供水单位由事业单位性质转为企业。企业在供水定价调整中，首先要对水商品的成本进行核算，还要保证供水企业获得一定的合理利润，既要保证企业员工的福利待遇与社会平均福利水平相当，也要控制供水企业凭借其垄断地位来获取高额利润。

（3）承受能力原则。由于水资源具有公益性属性，且一般实行政府监管，因此必须考虑用水户的承受能力，即在考虑水资源开发利用可持续发展的基础上，将水的综合成本和用水户的支付能力与意愿综合考虑，实现供给方与使用方的合理协调。对于特定用户或出于政府的特殊政策方针，适度补贴也是常用措施。

（4）区域定价原则。供水价格的制定必须考虑地区差别，不同地区自然地理条件、社会经济条件、水资源供求状况、开发利用条件等都有较大差异，致使不同地区供水成本有较大差异，所以供水价格应当根据不同地区的情况分别制定。同时，在同一区域应对工业用水、城市居民用水和农业用水分别实行统一定价，将跨区域引水、过境水、当地地表水和地下水制定统一的供水价格，实行多种水源联合调度。

（三）全成本水价核算

传统的水价核算没有考虑水资源的自身价值，仅将水资源从开发到供给的过程中投入的人力和物力资源折算成相应的成本价格。而全成本水价，包括了水资源开发利用中所投入的各种成本之和，包括资源成本、工程成本、环境成本、利润和税收等五部分价格，如表 5 - 4 所示。

表 5 - 4　　　　　　　　　　　　全成本水价构成

全成本水价项	具体项目
资源成本	天然水资源价格
	前期费用补偿
	竞争性用水经济补偿
	运行管理费

全成本水价项	具体项目
工程成本	直接工程水价
	水源工程水价
	供水利润
	供水税收
环境成本	水源区水源保护经济补偿
	水环境整治工程费用
利润	—
税收	—

第五章

　　资源成本主要体现的是水权价格。水资源为国家所有，在水资源使用中，需支付水资源使用权的费用，主要包括以下三个部分。第一，天然水资源价格，体现国家对水资源的所有权，用水户通过对水资源所有者，即国家，缴纳资源资金，获取水资源使用权；第二，补偿国家对先期供水所投入的费用。实施供水前投入的费用补偿与水资源运行管理费用，如水资源勘查评价、规划、水利工程设计、水文站网布设与观测，在供水过程中对水资源的管理投入的补偿，如水文水质测验等；第三，用水竞争造成的机会成本。水资源稀缺性的体现，尤其在水资源供需矛盾突出的地区，用水户需要对水资源竞争造成的经济损失给予补偿。

　　工程成本主要是生产成本和产权收益。由供水工程本身的直接工程成本和水源调节工程、水土保持工程等间接的水源工程成本两部分构成。前者由供水工程固定资产折旧费分摊、供水工程年租金摊销、无形资产摊销，以及运作成本；后者有水源工程的固定资产折旧费、水源工程的大修费和运作成本等。利润有生产经营利润、投资净收益、公益服务利润、水主管部门和同级财政拨付的补贴等。税金主要是营业税及利润中形成的所得税。

　　环境成本是补偿通过水环境治理保证水质达标所投入人力物力的经济补偿，包括水环境整治工程（生活污水处理厂和工业污水处理厂等）补偿和水源区环境保护的补偿。

（四）农业水价

　　我国是农业大国，农业更是耗水大户，但因为技术、工程和节水意识、管理、水价等多方面存在不同程度的缺陷，导致我国用水效率偏低，农业节水潜力巨大。为了建立健全农业水价形成机制，促进农业节水和农业可持续发展，国务院办公厅于 2016 年颁布《关于推进农业水价综合改革的意见》，明确了农业水价综合改革的目标是：用 10 年左右时间，建立健全合理反映供水成本、有利于节水和农田水利体制机制创新、与投融资体制相适应的农业水价形成机制；农业用水价格总体达到运行维护成本水平，农业用水总量控制和定额管理普遍实行，可持续的精准补贴和节水奖励机制基本建立，先进适用的农业节水技术措施普遍应用，农业种植结构实现优化调整，促进农业用水方式由粗放式向集约化转变。未来我国农业水价发展方向是：

（1）探索农业水价合理分担。农业水价综合改革中需要投入大量的资金，进行基础设施建设、计量设施配套、奖补资金落实等多个方面均需要资金支持，因此，自 2016 年全面开展农业水价综合改革工作以来，多地多次提出资金短缺问题，这个问题成为改革推进过程中的关键制约因素，然而随着改革不断向基础和条件较差的地区拓展，资金短缺问题将更加突出。然而，目前来说主要依靠政府投资的方式显然是不可持续也不科学的。因此探索农业水价合理分担，成为解决当前农业水价综合改革工作中资金短缺困境有效途径。进行农业水价合理分担，可以将农业水价改革涉及的多个利益相关者，均以不同形式参与到农业水价分担中，由更多的利益群体分担资金和改革压力。

（2）充分发挥社会机构在改革中的作用。加强农民用水者协会规范化建设，加大协会人员培训力度，提高协会综合事务处理能力。对农民用水者协会进行适当补贴，保障其良性运转，对农民用水者协会成员进行技术、管理能力的培训，提升工作能力。充分发挥农民用水户协会在水利工程建设、农业水价制定、奖补资金筹集、农业水权明晰、用水计量管理和政策培训中的主体作用。

（3）加强对已有成果的巩固。部分率先开展改革工作的区域和省份，即将迎来验收或者已经完成验收，这些地方在机制、工程建设、节水改造等多方面取得了显著的成效。但是在完成验收后，如何巩固保持改革成果也非常重要。一方面，要考虑工程、设施的折旧问题，计量和田间灌溉设施的折旧率相对较高，需要定期更换，完成改革后仍需保持监测和更新；另一方面，改革完成验收后，各部门仍需拉紧改革的"弦"，防止因关注度降低和对相关工作的忽视，造成改革成果的流失。

（4）进一步完善绩效评估和工作监督机制的建设。针对因为不再进行单独的绩效评价和缺乏惩罚机制造成的改革内生动力不足这一问题；首先，应该进一步完善绩效评价和工作监督机制的建设，健全农业水价综合改革评价指标和考核体系；其次，提高其在"粮食安全省长责任制"和"最严格水资源管理制度"考核中的分值，以加大考核力度；最后，考虑建立惩罚机制，对于做得不好的、态度不端正

第 五 章

的进行适当的惩罚，以此促进和深化农业水价综合改革。一方面，提升基层对于农业水价综合改革工作的重视程度，积极推进改革进程；另一方面，也能够避免基层人员不必要的工作负担。改善当前不同部门不同表格，对于改革的绩效评价应该形成一套完整并且被多部门认可的一套体系，保证一套体系多部门共用，基层部门也可以只填报一套表格，避免重复工作造成的政策低效。

（5）优化完善资金管理体系。既要加强对改革资金的管理，同时也应该赋予基层管理部门更多的权力，只要是有利于改革推进的，不应该拘泥于专款专用。无规矩不成方圆，强化资金管理是保障资金合理使用的基础，但是过于严格的资金管理体系在一定程度上制约了基层改革工作的开展，基层管理中经常会出现"有钱的项目用不了，需要的项目没有钱"的现象。严格的资金管理体系，避免了改革工作中的贪污腐败现象，但是由于政策存在的一定局限性，也使得一些资金在改革中的应用受到制约，因此资金管理的过程中给予基层人员一定的权力，在一定范围内更加便捷地使用改革资金也能够提升改革效率。但是，如何控制监管与权力之间的度，还要在改革的过程中通过不断的探索和试验进行优化和完善。

三、水市场

（一）水市场的形成

水资源的需求和供给是建立水市场的前提，有偿水权的提出是建立水市场的理论基础，认识到水价是水资源优化配置的一种手段，合理地确定水价是市场建立的关键，灵活运用水价的涨落和调整来实现水资源的优化配置，配套的法律法规体系是水市场建立的重要保障，完善配套的工程设施是水市场建立的物质基础。

水市场不同于一般的市场，它是一个准市场。水资源具有公共物品和私有物品的双重属性。在供水、水能利用、灌溉等领域具有私有物品的属性，在维持生态系统、防洪等领域具有公共物品的特征。此外，水价不可能完全由市场竞争来决定，还需要通过核算、协商等方式，最后由政府来定价，水资源的开发利用和社会经济的发展紧密相连，不同地区、不同用户之间差异很大，难以完全进行公平自由竞争，政府的宏观调控作用必不可少，因此水市场应是"准市场"，是政府的宏观调控、民主协商、水市场调节三者相结合的产物。

利用水市场进行水资源配置优于传统的"指令配置"，主要表现在：第一，通过市场交换、双方利益同时增加，实现了帕累托改进，是市场销量的体现。第二，市场交换具有动态性，能够反映总水量的变化和用水供求的变化，部分消除了指令

第 五 章

分配各地区水量的不合理性。第三，创造了节水激励。第四，地区总用水量通过市场得到强有力的约束，必然会带动其内部各区域的水资源配置优化，区域又会拉动基层各部门用水优化，这样通过一级一级的"制度效仿"，可以大大加快微观层次上的水价改革。通过水市场可以较好地实现传统行政管理方式难以实现的目标。

（二）水市场的特征

市场是商品交换的场所，水市场除了具有此种含义外，还包括水资源交易有关的其他一系列关系的总和。因此，水市场除了具有商品市场特征外，还具有其自身的特征。

（1）水市场的垄断性与广阔性。《中华人民共和国水法》规定：水资源属于国家所有，即全民所有，从法律上对水资源进行了垄断。同时，水市场具有广阔性，这是一般商品难以比拟的。水资源用途广泛，无论是生物生存还是国民经济各个部门，都离不开水资源。

（2）水市场的双重性。水资源具有生产资料和消费资料双重性，因此水市场也具有双重性。正因如此，在制定水资源价格时，对于生产的投入物即生产资料应完全按照市场经济的原则进行，对于消费资料，其价格的制定应有政策倾斜，最高价格不能超过社会承载能力。

（3）水市场时空分异性。水资源价格会因水资源时空变化而相应地变化，存在着明显的时空价值流。

（4）水市场失效性。在水市场中，市场存在某些方面失灵，主要表现在水资源保护和水资源公益性方面。由于受利益的驱使和短视，又缺乏保护水资源环境的有力约束机制，某些企业甚至政府常常依靠消耗资源和牺牲环境来换取经济的快速增长。由于水资源环境污染具有潜在性、渐进性、滞后性、长期性及涉及面广的特点，显然不能完全通过市场来预防。此外，由于水资源具有多种功能，特别它是人类生存不可或缺的必需品，国家提供安全足够的饮用水是一种责任和义务。正因如此，水价不可能完全由市场调节，必须在政府的调控下确定合适的价格。所以完全依靠市场进行水资源保护和完全发挥水资源公益是困难的，必须辅助宏观调控手段，使水市场更加完善。

（5）水市场交易所有权恒定性。商品交易最终结果导致商品所有权和使用权的转移，水市场则不同，在交易过程中，出现水资源所有权、经营权和使用权的分离。水资源所有权属于国家，水市场中水资源所有权是不变的。

（三）水市场的调控

由于水市场是一个准市场，是带有公益性质和垄断性质的行业，所以政府宏观调控是必需的。水资源开发利用具有外部性，由于水权交易而利益受损的第三方的利益需要得到保护和补偿，诸如上游用水对下游的影响，向水体排放污染物而对其他使用者造成的影响，这些都是由于市场失灵造成的，需要政府的宏观调控。另外实践证明，政府宏观调控、民主协商、水市场调节三者结合是实现水资源有效管理的途径，宏观调控必不可少。

水资源只有在一定范围内实现统一管理，才能在这范围内建立水价和水市场机制，才能实现水资源的优化配置。一般来说，水资源统一管理有两个重点，一个是城市用水的统一管理，另一个是流域的统一管理。城市用水统一管理主要包括节水管理、水费管理、污水管理以及水交易管理等内容。由于水资源以流域为整体的特征，每个流域的水资源是一个完整的水系，各种类型的水不断运动、相互转化，例如，水可以从上游向下游流动，地表水和地下水可以相互转化，客观上要求流域统一管理。以黄河为例，黄河的水量调度要综合协调解决防洪防凌与发电、发电与灌溉、上游用水与下游用水、汛期下游用水与防凌、汛期水库蓄水与河道泥沙冲淤、工农业供水与生态用水、地表水与地下水等各方面的矛盾，供水、灌溉和水能等水需求必然受制于防洪、防凌、冲沙、生态保护等其他水需求，使得水市场即使在水资源私人物品属性的领域内也要受制于水资源利用的多目标化。这是一项宏大而复杂的系统工程，如果没有统一管理和调度，综合协调这些矛盾是难以实现的。水市场的建立和完善，政府能否有效地进行宏观调控，客观上要求水资源的统一管理，这也是生产力、生产关系和上层建筑之间辩证关系的必然要求。

具体调控手段主要包括：第一，建立基于平等参与的全流域地方政治民主协商制度。建立全流域范围的地方政治民主协商机制，对重大问题进行磋商和谈判，在一定的规则下达成用水合约以及违约惩罚办法，定期公布供水、用水、分水信息，并定期进行监督。为保障水市场的形成，可设立"水银行"，通过价格听证、市场干预等经济手段对水市场进行宏观调控。第二，建立合理的水资源补偿机制。由于大量的农业水资源被转移他用，所以应该在这方面对农民给予一定补偿。第三，大力发展节水技术宣传节水观念。可加大对节水技术的研发和节水器具生产的投资，并给予政策优惠。第四，加大信息披露力度，广泛公布水文资料。第五，建立各种形式的用水组织，积极鼓励基层用户广泛参与等。广泛的用户参与和广泛的信息披露，能够降低交易成本和管理成本，这是打破供水方垄断性和促进降低供水成本的制度安排。

四、水资源市场配置实践案例

（一）跨区域水交易：浙江东阳－义乌水交易案例[①]

浙江省金华市的东阳市和义乌市分处于钱塘江支流金华江的上下游。上游东阳市拥有横锦水库和南江水库两座大型水库，水资源比较丰富，通过投资 3880 万元进行灌区节水改造后，横锦水库在满足灌区灌溉及城市供水外，每年还有 1.65 亿立方米的水可以利用。义乌市所属水库供水能力有限，城市的不断发展对水资源的需求还在迅速增加，市区现有供水能力严重不足，水资源已经成为限制城市发展的瓶颈，迫切需要从境外开辟新的水源约 5000 万立方米。

东阳、义乌两市水权交易协议于 2000 年 11 月 24 日签订，义乌市一次性出资 2 亿元人民币，购买东阳市横锦水库每年 5000 万立方米水的永久使用权，引水工程完工通水后，义乌市每年根据实际供水量，支付包括工程运行维护费、水资源费、利润、税收等在内的综合管理费，综合管理费价格为 0.1 元/立方米。另外，义乌市负责规划设计并投资建设从横锦水库到义乌的引水管道工程；负责投资建设引水工程的计量室及计量设备等，接水计量点为横锦水库一级电站尾水处，双方对计量设施共同管理。东阳市负责横锦水库的日常运行管理和工程维护，水库所有权仍属东阳市，在正常情况下保证给义乌市每年留足 5000 万立方米的供水水量，如毁约，须双倍返还义乌市已支付的水权转让费，并双倍赔偿义乌市已投入的引水工程建设费用及相关利息。协议执行中，若省级以上水利规费政策发生变化，按政策执行。

东阳、义乌两市水权交易的动因及效果都非常明显。东阳市通过投资 3880 万元进行灌区节水改造，实现了农业节水，并把农业节余用水和水库多余弃水有偿出让，一次性获得 2 亿元资金，另外每年获得供水收入约 500 万元，增加了水利建设资金来源。义乌市在短时间内迅速获得了每年 5000 万立方米的取水权，若新建相当库容的水库一座，按当时 5 元/立方米的造价标准计算，需投资 2.5 亿元资金，同时新建水库的供水水价也远不止 0.1 元/立方米的标准。东阳－义乌水权交易促进了两市水资源的优化配置和高效利用，促进了两市的水利基础设施建设和相关产业发展，同时促进了义乌市的城市化进程，实现了双赢。

东阳－义乌水权交易是中国区域水权交易的代表案例，从中我们可以得到以下

---

① 浙江义乌 2 亿元水权交易提升水的价值与尊严［EB/OL］．新华网，https://news.zgyww.cn/system/2018/04/17/010127765.shtml，2018-04-17.

启示：一是区域水权交易可以促进水资源在区域之间的优化配置；二是以水权交易形式配置水资源，可以降低配置成本，提高配置效率；三是水资源的市场配置可以节约交易费用，并可以成为区域调水工程的现实选择。

（二）跨行业水交易：宁夏、内蒙古黄河水权转换案例[①]

宁夏、内蒙古两个自治区是全国地表水资源最缺乏的地区，黄河是两区主要客水资源，自黄河水利委员会对黄河水量实行统一调度以来，两区用水均严重超指标限制，同时两区用水效率低，输水过程中水损超过 50%，更加剧了缺水，并限制了两区火力发电等煤炭资源优势利用工业项目的实施和地方经济的发展。自 2003年起，黄河水利委员会在宁夏、内蒙古进行水权转换试点，两区用水在不突破国家分水指标的前提下，由工业项目业主投资建设引黄灌区节水改造工程，提高水资源利用率，把从农业灌溉中节约下来的水量指标，用于满足新增工业项目或原工业项目新增用水需求，从而实现水资源使用权的转换。这种水权转换，主要是通过"点对点"的方式实现的，即一个工业项目对应一个灌区或灌域的一段渠道，转换双方签订水权转让协议，通过投资节水，转换水权。自 2004 年 6 月起，水利部黄河水利委员会先后制定出台了《黄河水权转换管理实施办法》《黄河水权转换节水工程核验办法》，对水权转让的原则、审批权限与程序、技术文件编制、转让期限与费用、组织实施与监督管理等方面作出明确规定，促进了黄河水权转换的规范化发展，并为中国其他江河流域水权制度建设的探索积累了经验。

宁夏、内蒙古黄河水权转换是农业向工业转换水权的跨行业水权交易典型案例，从中我们可以得到以下启示：一是黄河水权转换为沿黄地区拟建工业项目提供了生产用水，有力地促进了地方经济社会的发展；二是通过水权转换，拓展了水利投融资渠道，促进了灌区的节水改造，提高了水资源的利用效率和效益；三是在一定程度上保护了农民的合法权益，输水损失减少，水费支出下降；四是客观上保护了地下水资源，保护了水生态。

（三）政府水交易：新疆吐鲁番政府向企业出让水权案例[②]

由于水资源紧缺，新疆吐鲁番地区在新增取水权配置中，试行政府通过有偿出让水权的方式，给需水企业配置水权。2010 年，托克逊县人民政府与新疆圣雄能源开发有限公司签订协议，该公司通过投资建设 2000 座标准第五代温室大棚，实现每年节约农业用水约 400 万立方米，以此换取每年 400 万立方米水的使用权。吐鲁番地区 2011 年制定了《水权转让管理办法（试行）》，对全区水权转让进行规范，2012 年，当地与万向集团、中铝公司、东湖水泥、天瑞集团、圣雄能源、神华集团等 10 余家企业签订了水权转让协议，共征收水权转让费 1.85 亿元。

新疆吐鲁番地区向企业出让水权是政府直接运用市场手段配置水资源的典型案例，从中我们可以得到以下启示：政府采取出让水权的方式，以市场手段配置水资源，促进了水资源的优化配置，并筹集了水利建设及农业节水资金，实现了政府与企业、工业与农业的良性互动。

（四）农户间水交易：新疆呼图壁县农户水权交易案例[①]

新疆呼图壁县为优化配置水资源，提高农民节水积极性，制定了《军塘湖河流域农业初始水权分配及水量交易管理办法》，于 2010 年启动了军塘湖河流域水资源优化配置试点工作。农户农业初始水权根据灌溉用水定额和农户二轮承包土地面积计算确定，共核定 2311 万立方米初始水权水量，认定 5.52 万亩水权面积，并核发水权证 1500 本。允许农户、村组、农民用水户协会之间在本轮次土地承包期内进行水量交易；村组、农民用水户协会之间的水量交易须报县水管总站批准，并由乡镇供水单位统一调度；政府规定水量交易价格不得超过现行农业灌溉用水水价的 3 倍，具体交易价格由交易双方协商确定。以 2010 年为例，试点区农户之间通过口头协议交易水量 22 万立方米，村组、农民用水户协会之间交易水量 65 万立方米，共交易水量 87 万立方米，交易现金共 10.44 万元；试点区农业灌溉用水较 2009 年减少 288 万立方米。

新疆呼图壁县农户水权交易是农户间水权交易的典型案例，从中我们可以得到以下启示：一是农户间的水权交易可以增强农户的节水意识，促进节约用水，进而促进节水型社会建设；二是农户间通过水权交易，促进了水资源的优化配置和使用效率的提高。

---

① 新疆呼图壁玛纳斯鄯善三地初始水权确权让农田流水有主可寻［N］. 中国水利报，2018 - 09 - 12.

第六章 | 土地资源经济

土地是人类赖以生存和发展的重要物质基础，人多地少是我国的基本国情，土地不仅是粮食生产的"命根子"，也是支撑高质量发展、实现中国式现代化的重要保障。土地作为经济学中重要的生产要素，土地经济学的建立和发展是人类应用经济学知识、能力来解决经济社会发展中日益恶化的土地问题的过程。随着经济社会发展过程中人地关系日益复杂化，土地经济学的研究内容也不断发展变化，但其围绕的土地问题大致可归为土地所有与分配问题、土地交易与转移问题、土地保护利用与经营问题三大类。土地产权问题是其他两个问题产生和解决的前提，同时，土地资源的合理配置、利用与保护又是土地产权设立的目的。基于此，本章重点从土地产权、土地市场、土地利用与保护三个方面展开讨论。

第一节 土地资源概念、属性与现状

一、土地资源的概念

关于土地的概念，17 世纪西方古典经济学家威廉·配第（William Petty）曾说过"土地是一切财富之母，劳动是一切财富之父"。马克思在《资本论》中论及资本、劳动与土地的关系时提出，"经济学上所说的土地是指未经人的协助而自然存在的一切劳动对象""土地是一切生产和存在的源泉"；同时，自然状态的土地是"土地物质"或"劳动对象"，已利用土地由于附加了人类的劳动成为了"土地资本"。美国土地经济学创始人伊利（Ely）认为土地指的是自然的各种力量，或者说经济学上的土地侧重于大自然所赋予的东西。中国近代著名经济学家刘潇然认为广义的土地和自然同义，包括了水陆以及地上地下的天然资源，如农林矿畜牧建筑等各种用地、荒地闲地以及水力资源，乃至日光空气等。土地经济学家周诚将土地分为自然土地和经济土地，自然土地是大自然的产物，是与劳动力、机器、设备、管理、科技等并列的生产力要素，经济土地是由自然土地、人工土地结合而成的自然—经济综合体。

综合来看，土地的概念有狭义和广义之分，狭义的土地资源主要指地球表层的陆地，广义的土地包括陆地、水域以及地球表层的其他土地资源。综上所述，土地可定义为：由地球表层陆地（包含内陆水域在内）的地质、地貌、土壤、植被、水文和气候等因素构成的综合体，是受人类过去和现在长期活动影响而不断变化的自然–经济综合体。

从人类经济社会发展的需求而言，土地的基本功能主要包括以下几个方面：一是生产功能，土地具有自然生产能力，能够为人类社会和生命系统提供必需的食物、营养品、矿产品、原材料和其他动力资源等；二是承载功能，基于其物理特性，土地为一切自然活动和人类生产生活活动提供空间和场所；三是生态功能，土地是基本的生态环境要素，土地的构成要素时刻参与着地球生态系统循环，在保持水土、涵养水源、净化环境和调节气候等方面发挥着重大作用；四是财产功能，当土地所有制出现以后，土地资源转化为土地财产，并在可进入市场流通后，具有了资产功能，能产生物质财富和增值经济资产。

二、土地资源的属性

土地具有自然属性、经济属性和人文社会属性。自然属性主要表现在其具有自然生产能力和承载能力；经济属性主要表现在作为生产资料和生活资料的经济资产；人文社会属性表现在土地是自然与人类的联合产品，在人们利用土地的过程中会产生各种各样的土地生产关系，并成为社会关系的重要组成部分。具体而言，土地资源具有以下特殊属性：

（1）区位重要性。首先，土地的空间位置是固定的，因此人们只能就地利用土地。其次，受地质、地貌、土壤、植被、水文和气候等因素影响，不同位置的土地质量差异明显，土地质量的差异性是土地级差生产力的基础。最后，土地在经济社会中的地位和作用，不仅取决于土地生产力，还受到交通设施、市场距离等因素的影响。土地自然区位和经济区位的重要性要求人们必须因地制宜合理地利用土地资源，合理安排土地利用结构与布局，以取得土地利用的最佳综合效益。

（2）功能多样性。土地具有多宜性，一片地势平坦、光热条件适中的土地既可用作农用地，也可以进行非农建设；一片水域既可用作水生植物和渔业养殖，也可用作休闲游憩等娱乐功能。其多宜性、多用性为人们合理利用和保护土地提供了基础条件。土地还具有需求和用途的多样性，同一块土地，可以确定为耕地、园地、林地、牧草地，也可确定为交通、住宅、工业、商业、金融、旅游、公共设施等用地。

（3）供给稀缺性。从地球的自然形成过程来说，土地面积具有不可再生性，尽管人们可以通过多种手段改变土地形态、提升土地质量，但不能无限扩大土地面积，可利用的地上地下空间都是有限的。土地资源供给可分为自然供给和经济供给，其稀缺性不仅因为土地面积的有限性，还表现在由于土地位置固定和质量存在差异，可在某些地区利用和用作某种用途的土地资源是有限的，甚至十分稀缺。

（4）利用永续性。在合理保护和利用的前提下，土地不会如其他生产资料一般在使用过程中耗费掉或完全转变形态，可以反复利用、永续利用。但是，土地利用的方向并非无限制变更，在许多情况下具有不可逆性或者难以逆转，如农业用地用作建设用地从技术、资金等投入上相对容易，但从建设用地改变为农用地，需要改良土壤、地力培肥等方面付出诸多努力。这一特性也要求人们必须合理利用土地资源，不能随意改变土地利用方向。

三、土地资源的分类

依据土地资源的不同属性，土地有多种分类方法。从 20 世纪 30 年代开展的区域农业调查和区域土地利用调查，到 60 年代开展的全国土壤普查，再到 80 年代以来，随着遥感技术的进步与应用，全国农业区划委员会、中国科学院、住房城乡建设部、国务院全国地理国情普查办公室、自然资源部（原国土资源部）等陆续建立了服务部门管理、科学研究的土地利用/覆被分类体系。不同的分类体系都有特定的时代背景和应用背景，由于出台分类体系的部门职能不同，制定分类体系的目的不一致，分类体系内容也相差甚远，但分类方法主要是依据用途功能、地物覆被形态，或者采用二者相结合的方法。

根据 2019 年《中华人民共和国土地管理法》，按照土地的功能用途，国家将土地分为农用地、建设用地和未利用地三类，以实行用途管制制度。农用地是指直接用于农业生产的土地，包括耕地、林地、草地、农田水利用地、养殖水面等；建设用地是指建造建筑物、构筑物的土地，包括城乡住宅和公共设施用地、工矿用地、交通水利设施用地、旅游用地、军事设施用地等；未利用地是指农用地和建设用地以外的土地。

　　为进一步加强土地资源利用调查、规划与管理需要，自然资源部陆续制修订了多套土地利用分类体系，其中最新、最常用的是《第三次全国国土调查工作分类》《国土空间调查、规划、用途管制用地用海分类指南》（具体如表6－1所示）。前者的目的是掌握真实准确的土地基础数据，健全土地调查、监测和统计制度，强化土地资源信息社会化服务；后者整合了原《土地利用现状分类》《城市用地分类与规划建设用地标准》《海域使用分类》等分类，目的是落实"多规合一"改革要求，建立全国统一的国土空间用地用海分类。

表6－1　　　　　　　　　　　国内主要土地利用/覆被分类体系

分类体系	层级/类型数	一级类
第三次全国国土调查工作分类	2/13－56	湿地、耕地、种植园用地、林地、草地、商业服务业用地、工矿用地、住宅用地、公共管理与公共服务用地、特殊用地、交通运输用地、水域及水利设施用地、其他土地
国土空间调查、规划、用途管制用地用海分类	3/18－90－39	耕地、园地、林地、草地、湿地、农业设施建设用地、居住用地、公共管理与公共服务用地、商业服务业用地、工矿用地、仓储用地、交通运输用地、公用设施用地、绿地与开敞空间用地、特殊用地、留白用地、陆地水域、其他土地

四、我国土地资源特征与利用现状

　　我国陆域国土总面积约960多万平方公里，占世界陆地面积的1/15，亚洲的1/4，南北跨纬度49°，东西跨经度62°，是世界上跨纬度和经度最辽阔的国家之一。按照热量条件，我国由南至北分为南、中、北三个亚热带和暖、中、寒三个温带，以及青藏高原的高原温带至高原寒带；按照水分条件，由东到西分为湿润区、半湿润区、半干旱区和干旱区；地势从东部海拔50米以下的平原低地，往西逐级升高到海拔4000米以上素有世界屋脊之称的青藏高原。上述温度、湿度、地形条件，构成我国土地条件的巨大差异性和土地利用的多样性。

（一）我国土地资源基本特征

　　我国土地资源的特点主要有：第一，绝对数量较大，人均占有量小。我国陆域土地总面积居世界第三位，但人均占有土地面积约为 12 亩，不到世界平均水平（约 40 亩）的 1/3，人均耕地面积 1.37 亩，只占世界平均水平的 1/3；第二，山地多，平地少。我国地形错综复杂、地貌类型多，海拔小于 500 米、500～4000 米、大于 4000 米的土地面积分别占比 27.1%、51.7%、20.2%（未包括 1% 的水域）；第三，土地资源分布不平衡，土地生产力区域差异显著。我国东南部季风区土地生产力较高，集中了全国约 92% 的耕地与林地，约 95% 的农业人口与农业总产值。

（二）我国土地资源利用现状

2023 年全国国土变更调查结果显示（见图 6 - 1）①，全国共有耕地 12860.88 万公顷、园地 1961.09 万公顷、林地 28369.57 万公顷、草地 26321.57 万公顷、湿地 2351.98 万公顷、城镇村及工矿用地 3610.37 万公顷、交通运输用地 1042.91 万公顷、水域及水利设施用地 3626.48 万公顷。

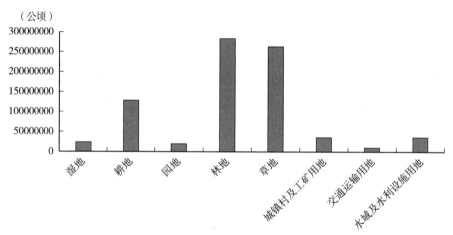

图 6 - 1 2023 年全国国土变更调查土地利用结构

从土地利用结构来看，林地、草地、耕地是我国主要用地类型，所占比重分别为 35.4%、32.8% 和 16.1%；城镇村及工矿用地占比 4.5%，其中村庄占比达 59.3%；交通运输用地占比 1.3%，其农村道路、公路分别占 49.0%、43.0%；水域及水利设施用地占比 4.5%，其中河流水面、湖泊水面、坑塘水面分别占 24.4%、22.9% 和 17.5%。

从土地利用布局来看，我国 60% 以上的耕地分布在秦岭—淮河以北，黑龙江、内蒙古、河南、吉林、新疆、山东等 6 个省份耕地占全国耕地的 44.7%；园地主

---

① 自然资源部国土调查成果共享应用服务平台，https：//gtdc. mnr. gov. cn/Share。

要分布在秦岭—淮河以南地区，占全国园地的 60% 以上；80% 以上的林地分布在年降水量 400 毫米及以上地区，四川、云南、内蒙古、黑龙江等 4 个省份林地占全国林地的 33.9%；草地主要分布在西藏、内蒙古、新疆、青海、甘肃、四川等 6 个省份，占全国草地的 94.4%；湿地主要分布在青海、西藏、内蒙古、黑龙江、新疆、四川、甘肃等 7 个省份，占全国湿地的 87.4%；西藏、新疆、青海、江苏等 4 个省份水域面积较大，占全国水域的 44.7%。

第二节 土地产权

一、土地产权的内涵与构成

土地产权是以土地为客体的各种权利的总和，是存在于土地之中的排他性完全权利。土地产权包含了法律、经济两层含义：一是产权的各种权利由法律规定；二是产权关系即经济利益关系。土地产权主要包含了三个要素：第一，土地产权的主体，即土地产权的拥有者，包括个人、小组、集体、企业、社区、国家等；第二，土地产权的客体，即土地产权本身，包括所有权、使用权等；第三，土地产权束，即土地产权的整体组成以及不同产权主体所拥有的产权客体的具体组成。

综合不同体制国家土地产权的共性和学者观点来看，土地产权体系一般包括了以下权能类型。

（1）占有权：在物理意义上对资源的排他性的控制权利。

（2）使用权：为了特定目的而使用资源的权利。

（3）经营权：决定如何和由谁来使用资源的权利。

（4）收益权：从资源利用中获得产出剩余的权利。

（5）处置权：将资源消费、破坏、卖给他人的权利。

产权是实践中由特定社会群体建构出的各种社会关系，因此权利的类型总是不断发展变化和创新的。除了以上常见的基本权利类型以外，还有地役权、地上权、土地发展权、土地租赁权等权利类型。

我国实行土地的社会主义公有制，即全民所有制和劳动群众集体所有制，全民所有制属于国有产权，劳动群众集体所有制属于共有产权。我国存在国有土地、集体所有土地两种所有权，这是长期以来受我国城乡二元格局等体制机制影响的结果。《中华人民共和国民法典》确立了我国土地产权包含了土地所有权、用益物权、担保物权、债权等一系列权利（如图 6-2 所示）。其中，所有权、用益物权、担保物权是物权范畴，直接在土地资源之上进行设定，体现物权人对特定的土地资源进行支配并对他人的干涉予以排除的权利；债权发生于不同的权利义务主体之间，土地资源相关的债权一般基于合同而设立。随着经济发展，物权和债权的联系更加紧密，物权会以债权形态或物权与债权相混合的形态表现，债权也会进行物权化（如租赁权）。

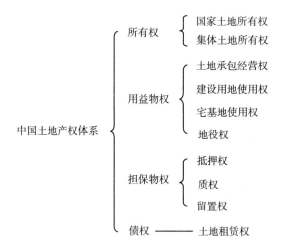

图 6-2 《中华人民共和国民法典》确立的土地产权体系

二、土地产权收益的实现与分配

土地产权收益是产权主体通过行使对土地的占有、使用、收益、处置等权利而获得的收益，拥有产权是收益实现的前提。

（一）土地财产性收益的实现形式

土地财产性收益是指土地产权人凭借土地资产直接获取的非生产性收益，即基于要素投入获取的收益，而非财产所有者参与生产过程所得的生产性收益。土地财产性收益的实现取决于完整清晰的土地产权，以及能够显化土地资产价值的完备的市场机制。由于土地产权权利类型多样、流转类型多样，因此土地财产性收益的来源和实现形式也具有多样性。

从收益来源来看，一般包括土地财产权流转中的红利、租金、征收补偿等。从我国现有的土地产权形式和交易形式来看，土地财产性收益的来源主要可分为三种类型：一是土地所有权转移收益，我国土地所有权的转移发生在国家和集体两个所有权主体之间，表现为国家征收集体土地所有权，集体土地所有者获得土地征收补偿；二是农地使用权流转收益，通过农地承包经营权转包、出租、转让、入股等方式，村集体和农民获得多样化的收益；三是建设用地流转收益，通过城镇国有建设用地、农村集体建设用地的出让、出租、入股、抵押、转让、转租等多种交易方式获得收益。

从收益主体来看，参与土地财产性收益分配的主体主要包括各级政府、集体经济组织以及微观个体。我国城镇国有土地所有权由中央政府代表国家行使，中央政府通过"委托－代理"机制将城镇土地的管理权限下放给地方政府，地方政府在城镇土地出让、集体土地所有权征收等过程中发挥了主导作用，是土地财产收益的重要主体。集体经济组织拥有农村土地所有权，在集体土地所有权征收、集体经营性建设用地入市和流转中获得土地财产性收益。农民、城市居民、企业等微观个体在国家因公共利益需要对其拥有产权的土地进行征收或征用时会获得相应补偿，并能从土地使用权流转中获得土地财产性收益。

从收益形式来看，土地财产性收益包括货币、实物、股权等不同形式。货币是土地财产收益实现的最常见形式；留地安置、住房安置等实物收益形式在土地征用过程中被广泛采用；股权在土地使用权设立、让渡的过程中，根据股权价格折算成一定份额的股权分配给土地所有权人或使用权人。

（二）土地财产的增值与分配

土地财产增值是指单位面积土地财产价值量的增加，其本质是资本化的地租的增加。整体上看，我国土地增值包括繁多的增值环节以及复杂的利益关系，土地生产、征地、出让（入市）、开发、再开发等多类环节均会产生相应的土地增值收益；同时，各级政府、开发商、城市居民、集体经济组织和农民等都是与土地增值密切相关的利益主体。土地增值收益分配制度是土地制度改革的关键核心，决定了利益格局的形成与实现。

土地增值收益分配也是学界重点关注的问题之一，"涨价归公"还是"涨价归私"曾引发诸多讨论。拥护"涨价归私论"的学者认为，农村土地所有权属于集体，其开发使用权利是所有权的固有内容，集体土地被国家征收并出让，农村集体放弃土地产权就自然享有相应的增值收益，政府在扣除管理费用之后应将土地增值全部返还农民。拥护"涨价归公论"的学者认为，在土地公有制的条件下，土地开发使用的权利与所有权分离，国家通过规划管制等行政手段掌控了开发使用权，土地增值收益应归国家全民所有，并且盲目主张"涨价归私"可能会加剧社会贫富分化和矛盾（如城市近郊被征地农民暴富，远郊农民失地失业）。随着我国土地制度改革不断发展，学界对土地增值收益归属问题的理论认知也逐步走向统一，即"公私共享"，兼顾公平与效率，既要考虑到土地增值收益的形成过程，也要考虑到城乡、区域和代际公平。具体的土地增值环节、增值收益来源及其分配关系具体如图 6-3 所示。

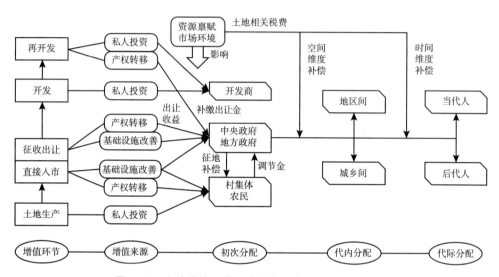

图 6-3　土地增值环节、增值收益来源及其分配关系

在初次分配阶段，土地增值收益分配应遵循市场经济原则，主要考虑资源配置效率，提高相关利益主体的积极性。农民依法享有对土地生产进行农业投资产生的土地增值收益，在被征地时应获得一定标准的补偿费用。集体经营性建设用地入市的增值收益由村集体与政府共享，村集体向政府（代表社会）缴纳调节金用于履行社会义务。被征收土地出让给开发商所得的增值收益部分，归因于基础设施改善和土地使用权转移，应归属中央和地方政府。开发商投资产生的过程中的土地增值表现为销售收益与土地出让收益和生产成本之差，由开发商投资产生，也应由其享有。在土地再开发阶段产生的增值收益，政府通过规划允许调整用途或提高开发强度（实质是让渡发展权），应获取开发商补缴出让金，剩余收益由开发商享有。

在再次分配阶段，土地增值收益分配应兼顾公平正义原则，进行代内分配和代际分配，实现土地增值收益的全民共享。首先，中央和地方政府在初次分配阶段获得的增值收益（包括土地出让净收益、补缴出让金、调节金等）本质上归属全民所有，需要进入二次分配。其次，土地资源自然禀赋、地理区位和市场交易环境等都会影响土地增值收益的形成，其中地理区位、市场环境较好的土地所产生的超额增值收益并非由产权主体贡献产生，理应通过土地相关税费收归国家所有，并以代内分配的形式支持农村和偏远地区发展建设。此外，土地征收和土地出让的长时限性必然影响了后代人的合理收益，应以代际分配的形式对后代人进行有效补偿，形成全民共享的土地增值收益分配格局。

三、我国土地产权制度改革探索

在我国土地资源产权制度的沿革过程中，从单一的国家所有向国家、集体所有的二元（所有）结构，从使用权的国有企业独揽到使用权主体的多元化，从使用权的无偿取得与不可交易到使用权的有偿取得与可交易，产权制度总体符合当代国际上土地资源公有的趋同性，符合土地资源所有权和使用权分离的制度总体趋势，保障了土地资源的有偿使用和合理开发利用。在我国土地"全民所有"和"集体所有"两种所有权背景下，城市土地的产权制度相对完备，目前探讨较多的是建设用地使用权分层设立等问题；农村土地产权制度仍不健全，并且土地财产性收益差距是城乡收入差距的重要原因之一，因此农民土地财产收益问题是我国土地产权制度改革研究的重点问题。党的二十大报告中再次强调提出，"深化农村土地制度改革，赋予农民更加充分的财产权益"。

（一）征地制度改革

1. 土地征收的内涵和特征

土地征收是指国家出于公共利益的需求，按照法律规定将农民集体所有土地转为国有土地，并依法给予被征地对象（农村集体组织和被征地农民）合理补偿和妥善安置的行为。其具有两大特征：

第一，强制性。土地征收的核心本质与市场交易行为不同，市场交易是自愿行为，而征收是强制行为，以国家公权力为后盾，对产权进行征收。

第二，公共利益。强制性要求政府征收土地必须师出有名，只有以公共利益为目标，国家和政府才能采用强制征收土地的手段。征收的最早法律来源是所谓的紧急状态法，一旦发生战争、灾害等特殊事件，那么政府就可以征收、征用公民的财产。具体到土地领域，主要归结于"公共利益"，征收所得的土地必须用于促进公共利益的项目。

2. 土地征收制度改革探索

1954 年制定的第一部《中华人民共和国宪法》（以下简称"五四宪法"）中就

宣布：国家为了公共利益的需要，可以依照法律规定的条件，对城乡土地和其他生产资料实行征购、征用或者收归国有（第 13 条）。改革开放以来，为了延缓耕地非农化速度，保障被征地农民的利益，1998 年修订的《中华人民共和国土地管理法》对征地制度做出调整：一是随着经济水平发展提高征地补偿标准，土地补偿费与安置补助费之和最高标准由不得超过被征土地年产值的"20 倍"提高到"30 倍"；二是将原有五级审批制改为中央和省级两级审批制。

进入 21 世纪以来，我国每年都有超过 1000 平方公里的土地被征用，其中绝大部分是耕地。虽然城市化和工业化取得了快速发展，但许多城市发展都是以建设大量开发区、城市新区、新城等外延式扩张为主，这对于中国这样一个耕地资源匮乏的国家来说，土地的低效利用意味着发展难以持续。另外，大量失地的无就业、无保障、无耕地"三无"农民增加，大量农民上访都因为征地而起。关于征地制度本身的争议，焦点主要在现行征地补偿是基于原农业用途并具有最高补偿限定，农民无法享受因土地用途转换形成的增值收益，农民土地财产性收益受到损害。在此背景下，2019 年新修正的《中华人民共和国土地管理法》就征地制度改革，在界定征地范围、规范土地征收程序、完善补偿机制等多方面作出进一步突破：

第一，清晰界定征地范围。新修正的《中华人民共和国土地管理法》改革大幅缩小了征地范围、明确政府职能边界，明确了"军事和外交用地"等六种情形属于公共利益范围，将政府"看得见的手"限定在满足公益用地供给的基本需求范围内；其余由市场机制这一"看不见的手"在城乡土地资源配置中发挥决定性作用，经营性用途需要使用农村集体土地的，可通过集体经济组织以出让、出租等方式获得使用权。

第二，规范土地征收程序。新修正的《中华人民共和国土地管理法》将原来征地批准以后公告，改为征地批准前公告，保障农民集体的知情权、参与权和监督权。

第三，完善征地补偿机制，提升土地征收补偿标准。新修正的《中华人民共和国土地管理法》明确征收农用地的土地补偿费、安置补助费标准由各地制定公布区片综合地价确定，区片综合地价应当综合考虑土地原用途、土地资源条件、土地产值、土地区位、土地供求关系、人口以及经济社会发展水平等因素制定，并至少每三年调整或者重新公布一次。农民住房不再作为地上附着物补偿，而是作为专门的住房财产权给予公平合理补偿。将被征收土地的农民纳入相应的医疗、养老等城镇社会保障体系，切实保障被征地农民长远生计。

第 六 章

（二）农村集体土地"三权分置"改革探索

1."三权分置"改革探索

1956 年我国完成了农业的社会主义改造，实现了农村土地从农民所有制到集体所有制的过渡，实行农业生产合作社，统一生产、统一劳动、统一经营、统一分配，这一时期农村土地产权统一为"集体所有"。改革开放之初，我国农村推行家庭联产承包责任制，将土地所有权和承包经营权分设，实现了"两权分离"——所有权归集体、承包经营权归农户，这极大激发了农民的积极性，解决了"吃大锅饭"的低效率问题。随着城镇化的快速发展，我国城乡人口结构发生巨大变化。一方面，许多农村人口进城务工甚至落户，大量耕地抛荒撂荒，许多农户都愿意将农用地流转给他人经营；另一方面，农村家庭承包经营已经不符合农业现代化发展要求，从家庭承包经营模式转向与合作社经营、企业化经营等规模经营模式并存成为大势所趋。2016 年 10 月，中共中央办公厅、国务院办公厅印发《关于完善农村土地所有权承包权经营权分置办法的意见》，推进农村土地所有权、承包权、经营权"三权分置"。这一改革举措引导农村土地经营权规范有序流转，有力促进了农村土地适度规模经营，提高农业规模效益。

除了对土地承包经营权实行"三权分置"以外，我国还探索了宅基地"三权分置"模式。针对许多农村人口进城务工，"空心村"大量出现，全国大部分农村地区"人减地增"，2018 年中央 1 号文件提出，完善农民闲置宅基地和闲置农房政策，探索宅基地所有权、资格权、使用权"三权分置"，落实宅基地集体所有权，保障宅基地农户资格权和农民房屋财产权，适度放活宅基地和农民房屋使用权。山东禹城、浙江义乌和德清、四川泸县等试点地区结合实际，探索了宅基地"三权分置"，并取得了明显收效。一方面，赋予宅基地及农房新权能，拓宽了农民的受益途径；另一方面，为引入工商资本盘活闲置宅基地及农房提供了产权基础。

2."三权分置"的产权关系调整

农村集体土地产权制度改革的核心问题在于探索集体土地所有制的多种实现方式，为加快发展现代农业、实现乡村振兴提供土地利用条件。实行农用地所有权、承包权、经营权"三权分置"并行，落实集体所有权、稳定农户承包权、放活土地经营权，符合当前绝大多数农村居民非农就业的基本需求，赋予了农民更多的选择性权利，促进了土地经营权的有效流转，以及土地资本与其他要素资本的融合，为构建新型农业经营体系，发展农业规模化、专业化、现代化经营奠定了制度基础。"三权分置"兼顾了土地所有者、占有者、经营者等各方利益，能够减少土地利用的制度性成本，有利于促进农业生产力发展，是一种有效的产权制度安排，符合生产关系适应生产力发展的客观规律。

从产权关系调整来看，土地承包经营权是用益物权，在没有发生权利分离的情形下，拥有法定的占有、经营、收益、处置等完整的权利形态。在承包权与经营权两权分离之后，承包权主要表现为占有和处置权，以及衍生出的继承权、退出权等多重权益，而经营权更加凸显使用的权利特性，主要表现为经营、收益，以及衍生出的入股权、抵押权等其他权益。实行承包权和经营权分置，承包权主要体现为给农户承包土地带来财产收益，实现土地承包经营权的财产价值（非生产性收益）；经营权则通过可超出集体经济组织范围以外的土地流转，发展新型经营主体和多元化的经营方式，提高农地资源的市场配置效率和农业竞争力，经营主体实现土地承包经营权的生产价值（生产性收益）。推行"三权分置"，既没有改变农村土地农民集体所有的法定属性，又通过科学分置农户土地承包权和经营权，推行了以土地使用权为核心的供给侧结构性改革，有利于充分发挥市场经济的调控和引领作用，促进经济特别是农业经济的结构调整和增长。

宅基地由于性质特殊，只有集体经济组织成员才能无偿取得、长期使用。目前各方对宅基地所有权、资格权、使用权的权利性质和边界认识还不一致，宅基地"三权分置"尚未纳入新修正的《中华人民共和国土地管理法》，仍有待深入研究。

第三节　土 地 市 场

一、土地市场的概念与特征

从狭义上看，市场指商品买卖的场所；从广义上看，市场是一种交易制度或机制，是商品交换过程中一切经济关系的总和。土地市场是指土地这种特殊商品交易的场所，是土地交易过程中发生的经济关系的总和。在土地市场中，市场主体是土地的供给者、需求者和其他参与者；市场客体是土地的各种权利，由于土地位置的不可移动性，真正发生交易的是土地所有权、土地使用权等各种权利；市场管理者是综合运用各种手段对土地市场进行调控与管理以保障其正常运行的单位或个人；交易场所是指土地权利交换的场所，包括土地的有形交易场所和无形交易场所。

由于土地具有位置固定、稀缺性等特性，土地市场与一般商品市场相比也具有其特殊性：一是区域性。由于土地的异质性及位置的固定性，土地不像一般要素能够自由流动，使得土地市场具有明显的区域特征，难以形成全国性的统一市场。二是不完全竞争性。与一般商品相比，进入市场的交易主体和对象不多，同时市场信息获取较难，国有土地一级市场的供给易由地方政府垄断，使得市场竞争不充分。三是低效率性。土地市场是区域性市场，同一用途、不同区域的土地之间替代性较小，并且市场参与者相对较少，投资决策受价格以外的因素影响较大，因此市场交易效率较低。四是政府干预性。由于土地资源的供给有限性和对经济社会发展的重要性，通常政府会对土地市场的准入条件、价格机制、交易权利等多方面进行干预。

同时，土地市场正常运行需要具备一些基本条件，具体包括：稳定的市场经济环境、明晰的土地产权、发达的土地金融市场、良好的市场中介机构、完善的土地法规等。

二、土地市场的运行机制

土地市场运行机制就是在土地市场系统各种要素之间的相互联系、相互依存、相互作用及运动发展的内在机理。从微观层面看，土地市场运行机制通常包括供求机制、价格机制、竞争机制等。

（一）供求机制

供求机制是指在土地市场运行过程中，土地供给与需求关系的变化同其他市场要素之间相互联系和相互作用的机制。供给与需求之间在不平衡状态时形成的土地的市场价格，会传导给市场供求双方，并通过价格、市场供给量和需求量等市场信号来调节社会生产和需求，最终实现供求基本平衡。

一般而言，土地的自然供给缺乏弹性，但土地的经济供给具有一定弹性，随着社会经济发展需求、政策因素、交通与区位因素、规划等因素变化而发生变化。某类用途土地供给的变化会通过市场供求机制的作用表现在土地的市场价格上，进而引起土地供求关系的变化。如图 6-4 显示，土地供给与土地价格呈反向变动趋势，供给 S 增加时，市场均衡点 E 右移至 E_1，土地价格下降；反之，土地价格上升。土地需求和土地供给一样，也是通过土地价格的传导来实现对土地市场的调节作用。土地需求与土地价格呈同向变动趋势，需求 D 增加时，市场均衡点 E 右移至 E_2，土地价格上升；反之，土地价格下降。

第 六 章

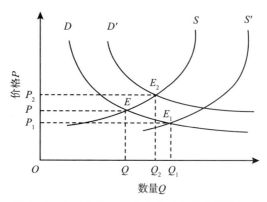

图 6-4 土地供给、需求变化对土地价格的影响

（二）价格机制

价格机制通过土地市场价格信息来反映供求关系，并通过市场价格来调节土地的供应量和需求量，从而使土地资源达到优化配置状态。当市场上的土地价格不断上升时，土地的供给量就会增加，随着土地供过于求，土地价格下降；相反，当土地价格持续下降，土地需求量就会增加，从而使得土地价格回升。如此循环往复，最终使土地的供给和需求在某一价格上相等，此时的价格就是均衡价格。

价格调控机制是政府干预土地市场的基础。土地市场并非完全竞争市场，土地价格受到诸多其他因素的影响，并非完全由土地市场本身所决定。当市场失灵时，可能会出现土地价格波动过大、土地投机和土地盲目供给等不合理现象，需要发挥政府的调控作用。国家通过调整土地价格来调整土地供求关系和生产要素使用成本，能够有效地改善因经济周期变化而出现的市场经济总体或某些行业过冷或过热的现象。但是，只要经济环境足够稳定，市场信息公开透明，应尽量减少政府干预，如图 6-5 显示，政府干预制定的最高限价 P_{max} 低于均衡价格 P_0 时，容易产生超额需求 $Q_2 - Q_1$；最低限价 P_{min} 高于均衡价格 P_0 时，容易产生超额供给 $Q_4 - Q_3$，这两种情况从长期来看都不利于土地资源的优化配置。

（三）竞争机制

竞争机制是市场供求变动、价格波动和生产要素流动而形成的市场经济运行中的有机联系，是市场经济活力的重要表现形式。市场经济条件下，由于价值规律及其利润规律的内在作用，必然使各个市场主体之间为谋求自己最大利益而进行竞争。对于土地资源而言，由于其本身的稀缺性，在市场上如果存在一个以上的需求方，必然形成一种竞争关系。实行竞争性的取得方式，能够促进土地资源在各个市场主体之间合理配置和高效利用。

第六章

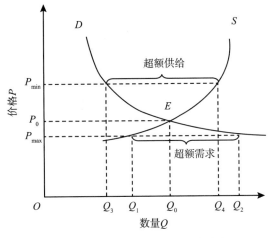

图 6 – 5 政府干预价格调控的影响

三、土地市场的运行模式

西方发达国家的土地市场模式归纳起来可分为两类：以美国、日本、法国等国家为代表的基于土地私有制的完全市场模式，以英国和英联邦国家或地区为代表的基于土地国家所有制的市场竞争模式。这两种模式的基础都是资本主义市场经济，具有以下共同点：第一，土地可以在市场上自由交换，包括买卖、租赁、抵押和赠予等；第二，土地市场进出自由，只要有买卖或租赁土地的意愿，任何土地所有者、使用者和经营者都能够自由地进入土地市场；第三，土地市场价格主要由土地供给与需求决定，市场竞争相对比较充分。同时，两种模式也存在差异：一方面，土地市场客体不同，在土地所有制不同的背景下，完全市场模式中土地市场的客体是土地所有权及其派生的各种权利，市场竞争模式中交换的是土地所有权以外的一切其他权利；另一方面，市场竞争程度不同，完全竞争模式下政府对市场的干预少，市场体系更完整、市场竞争更充分，在某些英联邦国家和地区，政府能够通过土地批租来控制土地市场的初级供给，使得土地市场竞争程度受到一定的限制。

我国实行社会主义公有制，土地所有权不得在市场上进行交易，土地市场一般指土地使用权市场，可分为建设用地使用权市场和农用地使用权市场（如表 6 – 2 所示）。国有建设用地使用权市场按照交易的层次结构，可分为一级市场和二级市场：一级市场即城市土地使用权出让市场，是指政府代表国家将城市土地使用权通过划拨、招标、拍卖、挂牌、租赁等方式让渡给土地使用者；二级市场即土

第 六 章

地使用权转让市场，是城市土地使用者将土地使用权再次转移的行为，包括转让、租赁或抵押等过程。农村土地承包经营权的流转包括通过家庭承包取得的农村土地承包经营权的转包、出租、互换、转让，以及通过招标、拍卖、公开协商等方式承包并依法登记的农村土地承包经营权的转让、出租、入股、抵押以及其他方式的流转；当前我国农村集体所有建设用地的使用权还不能全部直接通过市场进行流转，集体经营性建设用地入市改革仍在试点阶段，农村集体建设用地的使用权市场尚不健全。

表 6 - 2　　　　　　　　　　我国土地资源市场概况

市场类别	产权类别	交易方式	基本情况
建设用地使用权市场	国有建设用地使用权	一级市场：招标、拍卖、挂牌、租赁、划拨等 二级市场：转让、抵押、租赁、股权转让、作价入股、联营等	一级市场已形成了相对完善的制度体系，土地二级市场正在逐步完善。2022年全年国有土地使用权出让超过15万宗，收入超过8万亿元
	集体建设用地使用权	集体经营性建设用地使用权可在一级和二级市场流转。宅基地使用权仅限于在村集体内的转让、抵押、租赁。集体公共公益设施建设用地使用权暂时还不在可市场化交易范围之内	2015年开始已启动集体经营性建设用地入市试点，改革取得积极进展
农用地使用权市场	国有农用地使用权	出让、作价出资/入股、授权经营等有偿使用，以承包经营方式使用的国有农用地仍排除在土地有偿使用改革以外	严格限定在农垦改革范围内。国有农用地有偿使用改革仅体现在各级规范性文件中，缺少法律、行政法规、部门规章层次的制度支撑。另外，其权能界定的不清晰也影响了其市场的完善
	农村土地承包经营权或经营权	土地承包经营权仅可通过集体成员农户取得，且不得继承（林地承包经营权除外）、入股或融资担保；非集体成员的个体或组织只能取得土地经营权，可用于入股或抵押	农村承包土地流转市场发展时间较长，但市场不够完善规范，面临着适应"三权分置"改革、农业现代化、乡村振兴的新要求

　　与西方发达国家的土地市场相比，我国土地市场有以下几点突出特征：一是以社会主义土地公有制为基础，这也决定了市场交易权利的种类、收益分配的原则和市场监管制度都与以土地私有制为基础的土地市场有所区别。二是政府驱动型市场，政府对进入市场的主体和客体都有严格的限定。三是城镇国有土地使用权市场是垄断竞争型市场，国家是城镇国有土地使用权的唯一供给者，一级市场中地方政府代表国家是土地的垄断供给方，这些都使得土地市场竞争不够充分。

四、我国土地市场建设与发展

（一）土地市场体系建设方向

改革开放以来，我国城乡土地市场逐步建立与发展。1978 年起，我国农村开始实行家庭承包经营制度，极大激发了农民的生产积极性。1987 年深圳市分别以协议、招标、拍卖方式出让了三宗土地，开创了市场配置土地的先河。1988 年《中华人民共和国宪法》修订，随后《中华人民共和国土地管理法》修订，明确规定"国家依法实行国有土地有偿使用制度"，1990 年国务院颁布《中华人民共和国城镇国有土地使用权出让和转让暂行条例》，土地资源市场配置在全国城镇全面展开。随着 20 世纪 90 年代初的房地产热和开发区热，全国城市土地市场进入调整发展期，2001 年国务院下发《关于加强国有土地资产管理的通知》，原国土资源部连续出台了《划拨用地目录》《招标拍卖挂牌出让国有土地使用权规定》（后修订发布《招标拍卖挂牌出让国有建设用地使用权规定》）和《协议出让国有土地使用权规定》，2004 年国务院发布的《关于深化改革严格土地管理的决定》要求，工业用地也要逐步实行招拍挂出让，国有土地市场配置法律法规体系基本建立。总体来看，城镇国有建设用地市场建设从无到有、从无序到规范，取得了明显成效，但农村集体建设用地市场建设缓慢、发展不平衡的问题十分突出，城乡建设用地市场呈现明显的二元特征。

党的十八大以来，中央全面推进土地制度改革，党的十八届三中全会提出建立城乡统一的建设用地市场，明确了深化农村土地制度改革的方向、重点和要求。2019 年《中华人民共和国土地管理法》修正，进一步明确了农村土地征收的范围和程序，集体经营性建设用地入市的条件和后续管理，为建立统一的城乡建设地市场明确了法律基础，但具体操作细则仍需进一步完善。2020 年 3 月，中共中央、国务院印发了《关于构建更加完善的要素市场化配置体制机制的意见》，提出在土地要素方面，要着力建立健全城乡统一的建设用地市场，深化产业用地市场化配置改革，鼓励盘活存量建设用地，完善土地管理体制，以适应经济社会发展需求。

当前，我国土地市场体系发展的总体方向是：第一，健全完善国有建设用地市场，完善土地一级市场"招、拍、挂"机制，提高土地资源市场配置效率，进一步开放与盘活二级市场，逐步完善市场交易机制、创新运行模式、健全服务体系等；第二，建立健全农村土地流转市场，鼓励创新土地流转形式，严格规范土地流转行为，加强土地流转管理和服务等，不断健全农村土地流转机制，规范引导农村土地经营权有序流转；第三，建立城乡统一的建设用地市场，重在推进"市场制度规则统一、要素市场平台统一、监测监管服务统一"和农村集体建设用地使用制度改革，探索健全程序规范、补偿合理、保障多元的土地征收制度，建立健全农村集体经营性建设用地入市制度，逐步实现农村集体建设用地同国有建设用地"同地、同权、同价"入市，推动建立城乡统一的建设用地市场交易平台、市场服务机制和市场监管机制。

（二）城镇国有建设用地市场改革

地方政府是国有建设用地一级市场中唯一的土地供给者，土地一级市场是垄断竞争性市场，这也就对政府的土地供应管理提出了很高要求。建立土地资源市场的主要目的是提高土地资源配置效率，因此，城镇国有建设用地市场改革的重点方向主要是瞄准当前土地资源市场配置效率低下的问题。

1. 扩大国有土地有偿使用范围

由于我国实行土地资源无偿划拨、有偿使用双轨制，能源、交通、水利等基础设施用地项目通常以划拨方式提供土地使用权，市场机制尚未能在其土地供应中发挥作用。从现实情况来看，交通等基础设施用地宽打宽用、占用优质耕地、粗放利用的问题非常突出。

国家近年来推动土地有偿使用制度改革，对以营利为目的、非国家重点扶持的能源、交通、水利等基础设施用地项目，应当以有偿方式提供土地使用权。2016年，原国土资源部印发《关于扩大国有土地有偿使用范围的意见》，启动修订《划拨用地目录》，各地开始探索公共服务项目有偿使用，将能源、环境保护、保障性安居工程、养老、教育、文化、体育及供水、燃气供应、供热设施等项目纳入有偿使用范围，鼓励以出让、租赁方式供应土地。

随着经济社会发展进入新常态，地方政府主动扩大国有土地有偿使用范围的动能不足，公共管理与公共服务用地有偿使用率普遍较低。目前国家正在推动修订《划拨用地目录》，根据新的经济社会发展形势严格限定划拨用地的范围，目录之外用途的土地全部进入土地市场进行配置。

2. 完善国有建设用地配置方式

我国城镇国有土地出让制度相对健全，租赁、作价出资（入股）、授权经营等有偿使用方式的准入条件、权能体系和定价机制等相比之下不够成熟，只有政策规定，缺乏法律依据，有必要对其合法性、合理性、协调性和规范性开展评估并明确交易规则，促进形成公开、公平、竞争、有序的土地一级市场。

从国有建设用地类型看，工业用地作为支撑经济高质量发展的关键载体，其出让制度改革成为国有建设用地一级市场改革的重点任务，国内许多城市积极探索了标准地出让以及长期租赁、先租后让、弹性年期供应等工业用地市场供应方式（详见专栏 6-1）。标准地出让本质上是对土地供给者的约束，在土地出让前就明确了用地的标准，减少地方政府对土地使用权交易过程的干预，是向土地市场放权的过程。弹性年期出让本质上是对土地市场客体权利的调整，相较于以往 50 年出让年期，采用缩短出让年限、先租后让、租让结合等方式灵活出让工业用地，既能减轻用地主体的使用成本，又能抑制不合理的囤地需求，还能降低盘活利用的难度，是对以往工业用地出让制度的优化。

专栏 6-1

地方工业用地出让制度创新

一、"标准地"供应

浙江省德清县在 2017 年首创"标准地"工业用地供给方式，深化资源要素配置市场化改革，撬动企业投资项目"最多跑一次"改革迭代升级。2018 年，"标准地"改革在浙江省全面推行，由地方政府完成"标准地"区域评估工作，构建"标准地"出让指标体系，明确当地新增工业项目"标准地"的投资、能耗、环境、建设、亩均税收等控制性指标，以及明确"标准地"出让承诺履约要求，有关部门要按照一般企业投资项目开工前审批最多 100 天的要求，全面压缩全流程审批时间，有关部门要按照一般企业投资项目开工前审批最多 100 天的要求，全面压缩全流程审批时间，有力提升了资源配置和利用效率。

资料来源：《浙江省人民政府办公厅关于加快推进"标准地"改革的实施意见》（2018 年）。

二、弹性年期出让

国家将工业用途国有建设用地使用权出让给土地使用者时，市、县人民政府可以结合本地实际，根据产业生命周期，在法定最高出让年限内，合理确定出让期限，由土地使用者与市、县人民政府土地行政主管部门签订一定期限的土地出让合同并支付出让金的行为，为弹性出让。约定弹性出让期限一般不超过 30 年。

资料来源：《江苏省政府办公厅关于改革工业用地供应方式促进产业转型升级企业提质增效的指导意见》（2016 年）。

3. 加快发展建设用地二级市场

改革开放以来，我国基本建成了以政府供应为主的土地一级市场和以市场主体之间转让、出租、抵押为主的土地二级市场，但较土地一级市场相比，二级市场交易规则不健全、交易信息不对称、交易平台不规范、政府服务和监管不完善等问题突出，导致要素流通不畅，存量土地资源配置效率较低，难以满足经济高质量发展的需要。2017年，国土资源部开展建设用地使用权转让、出租、抵押二级市场试点，选择转让、出租、抵押等交易量较大且不动产登记工作基础较好的大、中城市的34个市县开展试点工作。2019年，国务院办公厅印发《关于完善建设用地使用权转让、出租、抵押二级市场的指导意见》，重点明晰建设用地使用权转让条件、规范建设用地使用权出租、健全建设用地使用权抵押制度，旨在推动建立"产权明晰、市场定价、信息集聚、交易安全、监管有效"的土地二级市场。2023年，全国土地二级市场交易服务平台上线，提供土地供需发布、查询浏览、交易委托、合同赋码等服务，以推动实现更大范围资源配置、更高效率要素保障、更高水平供需匹配。

尽管目前中央和地方层面围绕交易规则、运行模式、服务监管、信息平台等方面陆续出台了一系列文件和技术规范，但是从实践来看，各地成熟的案例还不多，全国土地二级市场信息服务平台上的交易信息较少，一级、二级市场信息还没有实现同步、共享和交互。究其缘由：一方面，交易门槛高，《中华人民共和国城市房地产管理法》中第三十九条规定，建设用地使用权人必须先行开发且达到投资总额的25%之后，才能办理建设用地使用权转让手续。另一方面，交易成本高，企业用地持有成本偏低、转让成本偏高给资源的充分流动造成障碍，甚至造成大量隐形交易。例如，在广东省调研中发现，工业用地转让的买卖双方需缴纳的增值税及附加税、土地增值税、所得税、印花税、契税等各项税费占总价款的40%左右。此外，土地使用权转让时规划条件调整、增值收益分配等相关机制不健全，也极大影响了企业转让的积极性。

加快发展建设用地二级市场，要重点针对土地交易税费、转让门槛设置、增值收益分配等问题进行研究解决，充分调动市场主体的积极性；按照简化程序、提高效率的原则，优化建设用地二级市场交易申请、审批、价款和税费缴纳等流程，为地方提供指引；进一步完善土地分割、合并转让政策，规范建设用地使用权出租管理，健全建设用地使用权抵押机制，加强一级、二级市场土地供应总量、结构、时序等的衔接，构建起一级市场与二级市场联动的政策和宏观调控体系。

（三）集体经营性建设用地入市探索

我国土地制度具有明显的城乡二元结构特征，很长一段时期内农村集体经营性建设用地缺乏完整的产权，不能自由出让或转让给本集体经济组织以外的人进行非农建设，只能通过征收入市的途径，这造成了农村内部、城乡之间生产要素流通不畅，农村低效闲置的经营性建设用地无法得到有效盘活利用。其次，由于长期以来无法通过土地市场进行合法合规的交易来显示土地价值，即便自然条件类似、区位相近、面积同等，农村集体经营性建设用地的价格远远低于城市国有建设用地。这些都限制了农村集体经济组织利用集体土地进行专业化和规模化非农生产。

随着我国进入以工促农、以城带乡，构建城乡经济社会发展一体化新格局的重要阶段，国家开始探索推进农村集体经营性建设用地入市改革，以推动实现农村集体建设用地与国有建设用地"同地、同权、同价"。2015年原国土资源部选取了15个县级行政区进行试点改革，2016年中央全面深化改革领导小组决定将试点范围扩大到33个试点县（市、区），2022年中央全面深化改革委员会第二十七次会议审议通过《关于深化农村集体经营性建设用地入市试点工作的指导意见》，再次启动并进一步扩大农村集体经营性建设用地入市改革试点范围。推进农村集体经营性建设用地入市改革，事关农民切身利益，涉及各方面利益重大调整，须审慎稳妥推进，中央提出了"严守土地公有制性质不改变、耕地红线不突破、农民利益不受损"三条底线原则，各试点地区主要围绕入市主体、入市客体、入市途径和收益分配进行了探索。

1. 入市主体

各试点地区农村产权制度建设和集体组织治理改革进展不一、差异较大，改革落实中面临多种多样的实际。入市主体归纳起来有以下几种情况：一是村集体经济组织作为入市主体；二是农村集体经营性建设用地所有权的行使代表作为入市主体，具体包括村集体经济组织、村民小组集体经济组织、乡（镇）农村集体经济组织；三是成立代表集体行使所有权、具有市场法人资格的土地股份合作社、土地专营公司等，作为入市实施主体；四是组建乡镇土地股份联营公司作为入市实施主体，实行入市镇级统筹；五是有关集体经济组织联合设立实施主体。

2. 入市客体

入市土地范围的确定需要厘清与征地范围的区别，避免互相嵌套。现实中，多是将集体经营性建设用地入市范围界定在规划确定的城镇开发边界之外，城镇开发边界之内的集体土地开发继续走征收路径。入市客体是指国土空间规划确定为工业、商业等经营性用途，并经依法登记的集体经营性建设用地。关于集体经营性建设用地入市的范围有两点共识：一是符合规划和用途管制；二是不属于公共利益建设用地。

3. 入市途径

由于存量经营性建设用地数量较小，而且大多分散零碎，区位条件差，不适合直接入市，试点地区除了直接入市以外，还探索通过调换土地所有权、土地整备等多种方式，将分散的建设用地调整整合后转换为经营性建设用地入市，或将建设用地复垦指标交易入市，实现集体建设用地的异地调整入市。比较有代表性的有：一是就地调整入市，贵州湄潭县、四川泸县将退出和闲置的宅基地变更登记为集体经营性建设用地，再参照经营性建设用地的规则入市；二是异地调整入市，浙江德清县采取了调换土地所有权自行入市、建设用地复垦指标交易入市、集体经济组织之间合作入市三种具体形式；三是整备入市，如广东南海区将零星、分散的集体建设用地通过整备统一规划、统一开发入市。

4. 收益分配

入市收益如何合理分配，包括政府与农民集体、农民个体之间如何分配，不同地区集体之间收益如何平衡，是集体经营性建设用地改革的核心问题。在政府与村集体之间的分配上，各试点区均按照国家政策因地制宜地规定土地增值收益调节金的征收比例。

专栏 6-2

部分试点地区集体经营性建设用地入市收益分配做法

山西泽州：收取土地增值收益调节金为 20%，土地收益按集体三成个人七成分配。

山东禹城：土地增值收益调节金区分土地用途，按土地增值收益 30%～50% 征收。

江苏常州武进：针对不同的入市交易行为，对调节金规定了从 20%～50% 的不同征收比例。

河南长垣：按照土地不同用途和不同地块的基准地价等级收取 5%～40% 不等的调节金。

吉林长春九台：参照土地增值税分级超额累进计税方法，设定不同增值收益级别和不同的分配比例。

四川成都郫都：以成交总价款 13%～40% 的比例，进行阶梯式差别化征收调节金。

辽宁海城：考虑土地用途、土地等级、交易方式等因素，调节金分别按入市或再转让农村集体经营性建设用地土地增值收益的20%～50%征收。

第四节　土地利用与保护

一、土地利用与保护的内涵

（一）土地利用

"利用"，从字面解释，是指人类通过对物质的使用满足自身需求的过程。有学者认为，土地利用是指对于某一国家、某一地区、某一单位之土地，在社会需要的不同方向上，在国民经济各个不同部门之间，在各个不同项目上的分配和使用；也有学者认为，土地利用是人们根据土地资源的特性、功能和一定目的，对土地的使用、保护和改造。综合理解，就其实质而言，土地利用是将人类劳动、资本等要素与土地结合，获得物质产品和生态服务的经济活动，这一活动表现为人类与土地之间进行的物质、能量以及价值、信息的交流和转换。

土地利用首先是一个技术问题。土地是多种自然因素的综合体，这些因素包括空气、土壤、岩石、水分、海拔高度、地形、地貌、生物等，土地利用实际上就是对这些因素的利用。随着人类科学技术水平不断提高，对这些因素的认识就会更加深刻，利用这些因素所采取的手段、措施也会更恰当，因而取得的效果也就更好。在农业生产过程中，可以通过土壤改良等生物技术，有效提升高中、低产田的产量；在城市建设中，采用节地技术和节地模式，可以减少对土地要素的占用，提升土地利用效益。由此可见，技术在土地利用中起着至关重要的作用。

土地利用同时又是一个社会经济问题。土地利用主要是基于土地的社会经济属性，如土地所有权、土地现状、民族构成和文化传统、经济和科技发展水平、交通状况以及土地利用政策等。它们虽然不会直接决定土地的质量特征，却在很大程度上影响着土地利用方式、生产成本和利用价值等。土地作为最基本的生产要素，要与其他要素相结合才能进入社会生产过程。和其他生产要素一样，土地资源在利用过程中也必然遵循一定的社会经济规律，通过供求机制、价格机制等市场机制作用，从效率低的部门向效率高的部门流动，实现其合理高效配置，取得良好的经济

第 六 章

社会效益。土地供给的稀缺性、土地报酬的递减性、土地资本的储藏性、土地投入的增值性等经济属性在土地利用的过程中也会充分体现出来。

（二）土地保护

"保护"，从字面解释，有"保存""保育""保持"或"保证事物安全与完整"的含义。相对于土地利用，土地保护更多是基于土地的自然生态属性。土地本身就是一个生态系统，即土地是地表各自然地理要素与生物体及人类之间相互作用、相互制约所形成的统一整体。土地是万物（生物）生存、生活、繁育的基础，一切生物都将依附于土地。从自然生态的角度，土地不仅有支撑功能、养育功能，还有净化功能。土地生态系统可持续利用的实质是保障系统结构功能的良性循环，不破坏系统的结构与机制，保持系统具备一定的承载力且具备持续再生产的能力。

综上所述，土地保护主要是指通过对土地的合理利用和经营，使当代人得到最大的综合效益，并能保持土地的潜力满足后代人对土地的需要。具体来讲，就是依据自然生态规律采取各项保护措施，或在利用土地时停止采用原来的破坏性措施，从而达到保护土地资源的目的，如退耕还林、植树造林、适当减轻草场载畜量。

（三）土地利用与保护的关系

土地资源利用与保护是一个相互关联、相互影响的过程。合理的开发是实现科学保护土地资源的有效方式，例如，合理地划区轮牧既有利于草原植被的恢复，也有利于草原畜牧业的可持续发展。同时，土地资源的合理开发是经济社会发展的物质基础，没有土地资源的开发利用，人类就无法生存和发展，也就不能为生态环境保护提供物质基础。保护是开发的前提，保护的目的是更可持续地开发利用。

土地资源利用和保护还可视为一个相互区别，甚至相互对立的过程。在不同的条件下，土地对人类的功能不同。土地资源开发利用强调的是实体功能，体现为其对于人类实体的直接有用性；土地资源保护强调的是其"生态功能"和"服务功能"，体现为接受并容纳生产和消费所排放的废弃物，以及为包括人类在内的所有生物提供生存繁衍栖息的场所。从某种程度上说，土地开发利用意味着对生态功能、服务功能一定程度的破坏。对土地资源开发利用不当，只注重索取、不加强保护的开发，必然会造成生态环境的严重破坏。然而，过度保护妨碍开发或片面保护忽视开发，就不能全面体现土地资源的自身价值。

综上所述，土地资源开发与保护之间是一种双向制约的辩证统一关系。西方发达国家的发展历程表明，先开发后保护的工业化道路不利于土地资源可持续发展。如，始于18世纪末的美国西部拓荒运动，为美国工业化提供了优越的条件和广阔的市场前景，也为美国农业的发展提供了广阔的天地，大大促进了美国经济的发展，但由于过度开垦土地造成植被破坏，美国于 1934 年发生了震惊世界的"黑风暴"事件，付出了不可估量的环境代价。因此，只有科学合理地规划、利用和保护土地资源，才能确保生态平衡和可持续发展的目标得以实现。

二、土地利用与保护的经济分析

土地保护重在对土地自然生态属性和功能可持续性的保护，不同土地利用类型的自然生态属性有强弱之分，就某一具体地块而言，土地用途转换是影响土地生态功能和效益的关键所在。因此，土地保护的核心是对自然生态属性较强的利用类型（如林地、草地）的合理利用与保护，防止其向生态属性和功能减弱的利用类型（如建设用地）转化。

（一）土地用途转换的市场驱动机制

在市场经济条件下，追求最高使用价值是土地市场配置的特点。不同用途土地的竞租函数表征了土地距离城市中心或市场中心的远近与该用途下土地单位面积最大收益之间的关系，其关系可简化为图 6-6 所示。假定土地利用用途只有三类——耕地、建设用地、其他土地（如荒草地），图中横坐标表示距离城市中心或市场中心的距离，纵坐标表示单位面积土地的地租收益。综合传统的土地区位论（典型的如杜能农业区位论）和竞租函数相关研究来看，不同土地利用类型下，竞租函数都符合距离越远、运输成本增加导致土地租金收益下降的规律。

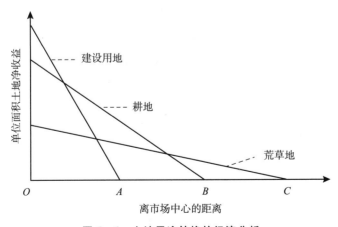

图 6-6　土地用途转换的经济分析

土地市场的运行规则是按照最高使用价值来配置土地，距离中心最近的土地将

第 六 章

用于建设用地，次优价值的土地用于耕种等农业，距离市场最远的土地保持了荒草地状态，这种配置方式能够使得全社会的土地总净收益最大化。当竞租函数变化时，土地利用方式/用途就会发生转变：当建设用地的竞租函数向上移动（建设用地租金收益上升），或者耕地竞租函数向下移动（耕地租金收益下降），或是两种情况同时出现时，市场作用会促使耕地向建设用地转变；当人们对生态功能赋予较高的经济价值，荒草地的竞租函数向上移动（荒草地租金收益上升），市场作用会促使耕地乃至建设用地向荒草地转变。从图 6-6 的示例可以看出，如果土地的自然生态价值没有被市场认可并显化，那么在市场机制的驱动下，人们会尽可能以经济价值高的用途类型来利用土地。

（二）基于公共利益目标的土地利用管制

由于土地具有公共属性，即土地的配置和使用不能只满足私人利益的最大化，还必须考虑人类社会发展和资源可持续利用的整体要求。伊利和莫尔豪斯提出土地利用的社会目标包括财富生产与分配的平衡，自然资源保护，增加有赖于土地利用的生活乐趣等。这些公共目标需要依托公权力进行立法或出台政策来保障实现，即通过调整或协调相互冲突的私人利益，并保障公共利益免受唯利是图的影响。为了避免市场机制驱动下，事关人类长远福祉的生态用地漫无限制地被建设占用，国家公权力应对土地利用进行管制。同时，土地利用管制必须严格限定在公共利益目标范围内，防止权力寻租和对土地市场秩序的扰乱。

国际上比较通行的土地利用管制手段主要包括规划管制、建设用地许可等。我国在 1997 年中共中央、国务院发布的《关于进一步加强土地管理切实保护耕地的通知》，首次提出了"用途管制"这一概念。2017 年，原国土资源部印发《自然生态空间用途管制办法（试行）》，提出建立覆盖全部自然生态空间的用途管制制度。2019年中共中央、国务院颁布《关于建立国土空间规划体系并监督实施的若干意见》，要求"以国土空间规划为依据，对所有国土空间分区分类实施用途管制"。

三、我国土地资源利用与保护

（一）土地资源利用与保护形势

1. 重要生态空间被占用，部分地区生态系统退化严重

长期以来，人们为了片面追求经济效益而对土地资源过度开发和不合理利用，导致土地的物理化学性质发生了很大改变，农业生态系统遭到破坏，耕地面积不断减少。2022 年全国人均耕地 1.36 亩，较 2019 年第三次全国土地调查时的人均

1.37 亩、2009 年第二次全国土地调查时的人均 1.52 亩、1996 年第一次调查时的人均 1.59 亩均有所下降，目前不到世界人均水平的 1/3。[①] 此外，不合理的土地利用也造成了水土流失和土地荒漠化等现象。我国是世界上水土流失最严重的国家之一，水土流失面积超过 294.91 万平方公里[②]，部分地区人为破坏植被、开山采矿、陡坡开荒等都不同程度地加剧了水土流失。全国土地荒漠化面积超过 257 万平方公里[③]，主要分布在北方干旱、半干旱地区，土地荒漠化不仅造成土地生产力下降，而且会极大损害公路、铁路等基础设施，威胁人类生存环境。同时，填湖造田、开山修路、裁弯取直的土地利用方式对原生植被、次生植被、湿地系统等造成了很大破坏，生物多样性受到影响。近十年来，全国林地、草地、水域等自然生态空间减少的面积中，建设开发占比高达 51%。

2. 建设用地过度开发，粗放利用问题突出

改革开放以来，土地要素有力支撑了我国城镇化和工业化进程。2022 年全国建设用地总量 4700.13 万公顷，较第二次全国土地调查时增加了 33.5%，同期国内生产总值增长了 290.1%，常住人口城镇化率从 48.3% 提高到 65.2%，建设用地的增加与经济社会发展的用地需求总体相适应。[④] 与此同时，土地城市化快于人口城市化，建设用地过度开发、粗放利用问题依然突出，对国家粮食安全、生态安全造成威胁。城镇建设用地、农村建设用地双增长，2022 年全国人均城镇工矿建设用地面积为 165 平方米、人均农村居民点面积为 406 平方米，超过国家标准上限。开发区土地粗放利用问题仍然突出，从 2022 年度国家级开发区土地集约利用监测统计情况通报看，部分开发区土地利用程度偏低、强度有待提高，存量挖潜空间较大。579 个国家级开发区中，16 个国家级开发区土地开发率低于 60%，29 个土地供应率低于 60%，24 个土地建成率低于 60%，近六成国家级开发区工业用地综合容积率不到 0.6；批而未供土地 1.57 万公顷，闲置土地 0.06 万公顷，土地闲置率比上年度增加了 1 倍。[⑤]

（二）土地资源利用与保护策略

从系统观念来看，土地资源的开发、利用、治理、保护和管理在客观上是辩证

---

① 耕地面积数据来源于自然资源部国土调查成果共享应用服务平台公布的全国国土变更调查数据；人口数据来源于中国统计年鉴。

② 第一次全国水利普查成果。

③ 第六次全国荒漠化和沙化调查结果。

④ 建设用地面积来源于自然资源部国土调查成果共享应用服务平台公布的 2022 年全国国土变更调查数据和第二次全国土地调查数据；国内生产总值和人口数据来源于中华人民共和国 2009 年和 2022 年国民经济和社会发展统计公报。

⑤ 《自然资源部办公厅关于 2022 年度国家级开发区土地集约利用监测统计情况的通报》。

统一的。土地具有多宜性，土地利用会产生经济效益、生态效益与社会效益等多重效益。土地利用目标应是追求三种效益的有机统一，利用好了相得益彰，利用不当则顾此失彼。因此，必须站在人与自然和谐共生的高度，处理和协调好利用和保护之间的关系和矛盾，建立和谐的人地关系，取得多重效益的统一。

1. 强化国土空间用途管制的源头治理

以国土空间规划为依据，实施严格的国土空间用途管制，加强土地利用与保护的协调管控。推动各级各类国土空间规划编制实施，科学划定"三区三线"，全面落实耕地和永久基本农田保护任务，强化对生态空间的保护与修复，分区分类引导城乡集约高效用地。将永久基本农田保护红线、生态保护红线、城镇开发边界，作为调整经济结构、规划产业发展、推进城镇化不可逾越的控制线，统筹建设用地审批、规划许可与占用林地、草地、湿地、海域审核；健全分区差别化管控规则，促进形成节约资源和保护环境的空间格局、产业结构、生产方式、生活方式。

2. 推进建设用地节约集约与高效利用

强化规划对用地总量、布局和时序的统筹与约束作用，限定不同区域土地资源利用上限，对不同类型城市采取差别化的用地总量管控，防止过度超前和重复建设。强化土地计划对新增用地的管控和对存量盘活的促进，按照"土地要素跟着项目走"的原则，统筹做好土地利用年度计划安排，严格实施计划指标配置与处置存量土地挂钩机制。充分发挥市场配置资源的决定性作用，不断优化和完善用地准入制度、地价管理制度和土地出让收益分配制度，促进土地利用结构优化和效益提升。加强重大基础设施建设用地、产业园区规模控制，推动用地标准修订并严格依据标准核减不合理用地，大力推广应用节地技术与节地模式。坚持"政府引导、市场主导"原则，盘活利用存量低效用地，推动城乡发展从增量依赖向存量挖潜转变。

3. 统筹土地开发利用与生态保护

改善土地生态环境，建立和谐的人地关系，除了增加对土地的保护性投入以外，重点是改善人类开发利用土地的方法和措施。主要包括：第一，土地利用与改造相结合。改造主要针对已遭受严重破坏的土地资源，如通过植树、种草改造沙漠，用合理灌溉方法改良盐碱地等，有效增加生态用地面积。第二，土地利用与培养地力相结合。主要是通过增加投入，实施黏土掺沙、增施有机肥料、休耕或免耕以保护土壤的团粒结构等，提高土壤的经济肥力。第三，土地利用与保护相结合。如实行轮作有助于恢复地力；植树种草可防止水土流失；严格控制化肥农药的种类和用量，正确处理工业"三废"物，防止农业环境进一步遭到污染。第四，土地利用与复垦相结合。被采矿、挖沙、烧砖、垃圾、洪水等破坏的土地，通过清理、填土等措施可以再度恢复许多功能，重新投入使用。

第五节　耕　地　保　护

一、中国耕地保护制度

为了切实守护粮食安全，确保中国饭碗装中国粮食，我国构建了严密的耕地保护制度体系。1953 年《国家建设征用土地办法》提出"凡属有荒地、空地可资利用者，应尽量利用，而不征用或少征用人民的耕地良田"，耕地保护制度自此萌芽。此后的耕地保护制度与节约用地制度基本上是相互交织、联动出现。1986 年《关于加强土地管理、制止乱占耕地的通知》明确了"十分珍惜和合理利用每寸土地、切实保护耕地"是我国必须长期坚持的一项基本国策。1998 年土地管理法修订将耕地保护单列一章，明确了耕地保护在土地管理中的重要地位，标志着我国开始实行最严格的耕地保护制度。2004 年《关于深化改革严格土地管理的决定》强调严格执行占用耕地补偿机制、提出完善征地补偿和安置制度，以及建立完善耕地保护和土地管理的责任制度。党的十八大以来，中央对耕地保护的要求从以粮食安全为主要目标转变为生态文明框架下的耕地保护，强调数量、质量和生态"三位一体"保护，将耕地和永久基本农田上图入库，实施精准化管理，并构建了严格的考核奖惩制度。

（一）耕地保护红线管理

粮食安全是"国之大者"，耕地是粮食生产的命根子，为了耕地保护，2006 年，第十届全国人民代表大会第四次会议上通过的《国民经济和社会发展第十一个五年规划纲要》提出了 18 亿亩耕地保护红线的保护任务，从此 18 亿亩耕地保护红线的说法逐渐深入人心。2022 年正式印发的新一轮国土空间规划中，明确了 18.65 亿亩耕地和 15.46 亿亩永久基本农田的保护目标，按照"三调"成果，把 18 亿亩耕地红线落实到地块图斑，把耕地保护责任压实到各级政府，把耕地保有量和永久基本农田保护目标任务足额带位置逐级分解下达，由中央和地方签订耕地保护目标责任书，作为刚性指标实行严格考核、终身追责。

（二）耕地占补平衡

当前，我国耕地保护最核心的管控政策是基于政府公权力而施行的土地用途管制，已经实现了从"两个平衡"转变为统一的占补平衡。

占补平衡制度主要是严格管控非农建设占用耕地，是统筹耕地保护和经济发展的重要制度基础。针对20世纪90年代全国掀起的开发区建设、房地产开发浪潮导致的耕地大规模占用问题，为平衡发展与保护，严格限制农用地转化为非农建设用地，1997年《关于进一步加强土地管理切实保护耕地的通知》提出了耕地占补平衡的制度雏形。1998年《中华人民共和国土地管理法》增加"耕地保护"专门章节，明确"国家实行占用耕地补偿制度。非农业建设经批准占用耕地的，按照'占多少，垦多少'的原则，由占用耕地的单位负责开垦与所占用耕地的数量和质量相当的耕地；没有条件开垦或者开垦的耕地不符合要求的，应当按照省、自治区、直辖市的规定缴纳耕地开垦费，专款用于开垦新的耕地"。

2021年开始实施进出平衡制度，严格管控耕地转为其他农用地。"二调"至"三调"期间，我国耕地减少了1.13亿亩，主要原因是国土绿化和农业种植结构调整，其中耕地净流向林地1.12亿亩，净流向园地0.63亿亩。针对部分地区频频出现的耕地"非粮化"倾向，进出平衡制度应运而生。自然资源部、农业农村部、国家林业和草原局《关于严格耕地用途管制有关问题的通知》（2021年）明确：除国家安排的生态退耕、自然灾害损毁难以复耕、河湖水面自然扩大造成耕地永久淹没外，耕地转为林地、草地、园地等其他农用地及农业设施建设用地的，应当通过统筹林地、草地、园地等其他农用地及农业设施建设用地整治为耕地等方式，补足同等数量、质量的可以长期稳定利用的耕地。

2024年，国家深入推进占补平衡制度改革。考虑到耕地占用的多元化以及补充耕地资源紧张等客观情况，对占补平衡制度进行了改革和完善。2024年2月5日，中共中央办公厅、国务院办公厅印发了关于加强耕地保护提升耕地质量完善占补平衡的意见，提出改革占补平衡管理方式，将非农建设、造林种树、种果种茶等各类占用耕地行为统一纳入耕地占补平衡管理。改进占补平衡落实方式，各类实施主体将非耕地垦造、恢复为耕地的，符合规定的可作为补充耕地。坚持"以补定占"，在实现耕地总量动态平衡前提下，将省域内稳定利用耕地净增加量作为下年度非农建设允许占用耕地规模上限，对违法建设相应冻结补充耕地指标。并明确了占补平衡的落实机制、补偿激励、质量验收等要求。落实相关要求，2024年9月30日，自然资源部和农业农村部联合印发了自然资源部、农业农村部《关于改革完善耕地占补平衡管理的通知》（2024年）明确了具体的实施路径。

二、耕地保护与经济发展的辩证统一关系

粮食安全是我国经济发展和人民生活的基本保障，耕地是粮食安全的压舱石。如何管好用好耕地始终是一个基础性、全局性、战略性的问题。把握好土地与广大农民的切身利益，把握好土地与城乡统筹、土地与经济发展方式转变、土地与生态文明建设的内在联系和发展规律是新时代土地利用和耕地保护的新要求。尤其是近年来，随着耕地保护形势趋紧，耕地保护与建设占用、农业结构调整、农民增收等经济社会发展的诸多方面矛盾不断凸显，亟须采取措施统筹协调耕地保护与经济发展的关系。

保护耕地是国家灵活应对世界动荡变革的压舱石，是国家能够长治久安的基础，只有把饭碗牢牢端在自己手中才能保持社会大局稳定。当前我国正经历百年未有之大变局，国际上逆全球化思潮正盛，保护主义越发明显，我国处于机遇与风险并存的时期，只有全方位夯实粮食安全根基，才能将发展的主动权牢牢握在手中。满足人民多样化的食物需求，本身就是经济发展的重要目标之一。粮食安全问题始终是我国治国理政的头等大事，14多亿人口的吃饭问题是中国最大的民生，也是中国最大的国情。坚持以人民为中心的发展思想，要求更好满足人民对美好生活的需要，最基础的是要解决人民的吃饭问题。农业是我国三大产业之一，耕地是经济发展的重要物质基础。耕地是农业农村发展基本的生产要素之一，为农民生产生活和乡村经济发展提供根本保障。我国是农业大国，重农固本是安民之基、治国之要。中华民族历来重视农业农村，"民事农则田垦，田垦则粟多，粟多则国富。"耕地是农业发展和农业现代化的根基和命脉，也为轻工业生产提供重要的原材料，是经济发展的有机组成部分。

土地在利用方式上存在"权衡"关系。土地资源是人类赖以生存的基础，具有多功能性，既是农业生产的物质基础，能够作为耕地开展粮食生产，保障粮食安全，又是人类活动的空间载体，作为建设用地开展建设活动，支撑经济发展。耕地保护是"国之大者"，关系国家粮食安全，工业化、城镇化发展需要发展空间，经济发展同样需要土地资源的保障，再加上土地资源的面积有限性和供给稀缺性特点，耕地和建设用地存在权衡关系。在城乡二元结构向城乡一体化发展过程中，农用地非农化的巨大利益导致耕地保护的法律规制的威慑力弱化，产生了大面积的耕地非农化。此外，种粮经济效益低、工商资本冲击、地方政府对生态文明建设和农业结构调整政策的片面理解等导致耕地"非粮化"。农业生产种植粮食作物与非粮

食作物之间的权衡问题也成为当前耕地保护面临的重要问题之一。

耕地保护与经济发展所涉及的权益关系不协调，耕地保护造成的土地发展权损失没有得到应有的补偿。土地负有社会义务，但附加在土地权利上的社会义务应在一定的限度之内，且应公平合理。耕地保护是对土地施加的严格的用途管制，当前这种用途管制主要是以法律和行政命令的形式确定的。与建设用地以及可以种植经济作物的其他农用地相比，耕地在严格用途管制情况下发展权产生了不同程度的损失，理论上讲，这些损失应该给予相应的补偿，但基于现实的困难，土地发展权损失没有得到应有的补偿。

三、耕地保护成本收益

（一）耕地保护的外部性

耕地保护的出发点首先是基于粮食安全的基础性和重要性，粮食和农副产品是人类的生活资料以及最基础的生产资料。耕地在保障粮食安全、改善生态环境、维护社会稳定和代际公平等方面具有重要作用，使之具有公共物品的显著特征，耕地保护可视为公共物品供给。[①] 其次，随着人类对其他类型用地需求的增长，耕地保护在利益导向下存在弱势性。耕地的地租收益通常低于居住、工业、商业等用途，在市场机制的作用下，耕地转变为建设用地的冲动十分强烈。

耕地保护的外部性使得不同主体保护耕地的目标并不一致。耕地保护的主体包括土地所有权人、使用权人和其他主体等。结合中国实际来看，耕地的所有权人包括国家和集体，土地使用权人包括国家机关、企事业单位、农民集体和个人，其他主体包括农民、其他经营主体以及非政府组织等。除了耕地保护的外部性，还因耕地所有权、使用权与经营权分置，耕地具有多种不同价值，不同主体对耕地保护的目标并不相同。中央政府代表着国家和全体人民的利益，目标是保障粮食安全、维护社会稳定、保护生态环境、促进经济发展，实现政治目标与经济目标、社会目标相统一。地方政府是中央政府委托耕地保护的代理人，其目标是完成中央下达的耕地保护任务，保障地区粮食供给充足，推动地区经济发展，面临着耕地保护和发展建设的"两难"境地。农村集体组织是耕地保护的直接主体，但是由于产权主体的多元化造成其作用虚置。农户保护耕地是希望通过耕地生产获得更高的经济收入，由于存在正外部性，许多农民不愿意对耕地质量建设进行长期投入（如水利

---

① 谭荣. 中国土地制度导论 [M]. 北京：科学出版社，2021.

等基础设施建设），更关心短期内如何提高其产出效益，并且都期望通过农转用获得更高的补偿收益。

（二）种粮农民成本收益

种粮农民收益低是影响种粮积极性的核心因素。由于国际粮食贸易和国计民生兜底保障的必然需求，粮食作物价格较难有大幅度提升，种植粮食作物收益相对于经济作物来说普遍较低。根据国家发展改革委农产品成本调查工作，2023 年稻谷、小麦和玉米三大主粮平均现金收益只有 674.85 元/亩，如果算上用工和地租成本，三大主粮亩平均净利润仅为 75.14 元/亩，种植一亩粮食的收益要低于一个劳动力打工半天的收益。若考虑土地和用工成本，一些地区种植粮食是亏损的，根据课题组调研，云南师宗县种植水稻每亩亏损 80 元，河南滑县种植小麦每亩亏损 253 元。种植蔬菜现金收益能达到每亩 5306.92 元，净收益 3072.7 元，是三大主粮净收益的 26.3 倍，种植柑橘现金收益能达到每亩 3999.27 元，净收益 2818.95 元，是三大主粮净收益的 24.13 倍。从成本利润率来看，种植经济作物要远高于农作物。根据发改委农产品成本收益资料汇编，2023 年种植三大主粮的成本利润率平均为 5.85%，种植蔬菜成本利润率能达到 50.30%，种植苹果成本利润率能达到 60.90%，种植柑橘成本利润率能达到 65.69%（见图 6 - 7）。

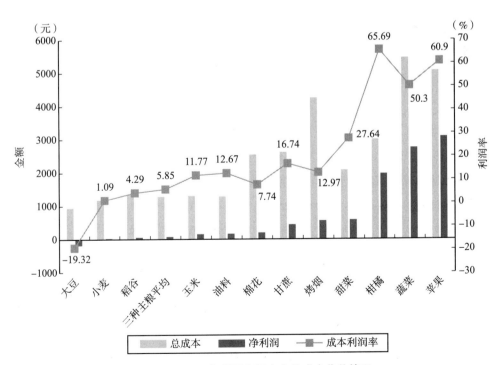

图 6 - 7　2023 年我国主要农产品成本收益情况

四、协调耕地保护与经济发展

1. 优化耕地管控，提高要素保障能力

优化大格局和小布局，引导和督促光热水土资源条件较好的地区恢复更多的耕地。对于宏观的区域不均衡状况，采取一定的行政和经济措施，均衡区域间的耕地保护与经济发展。最为直接地，采取有效措施促使耕地流出地区尽可能多地恢复优质耕地，遏制"北粮南运"格局，使当前对国家粮食安全和耕地保护贡献相对较小的地区承担起更多的粮食安全责任。对于一般耕地，为了更好地保护优质耕地，优化耕地结构，尽量将集中连片、质量较好的平坦土地作为优质耕地保护起来，同时充分考虑林地、园地等生态建设和经济作物种植的需求，将适宜种植林木、园地的山地统筹利用好，做到"宜林则林，宜耕则耕"，做好土地利用结构的优化布局。强化种植用途管控，合理利用耕地资源，统筹自然资源部门和农业农村部门对非粮化管控工作，落实粮棉油糖菜种植优先序，优化耕地种植时空格局。充分利用耕地种粮认定标准留出的弹性空间，在保证一季种粮的基础上，通过粮经轮作、间作或套作等方式提升耕地年收益，研究和推广稻鱼、稻虾等立体种养业的发展。改革占补平衡，提高要素保障，优化占补平衡制度，全方位拓展补充耕地来源，解决后备资源不足导致的建设用地要素保障不足问题。

2. 推进耕地保护补偿，优化粮食主产区利益协调机制

为协调不同区域之间的耕地保护利益关系，既满足社会经济发展对非农建设扩张的合理需求，又最大限度地保护有限的耕地以保障粮食安全，我国近年来一直探索实施耕地保护区域补偿。2021年9月1日实施的新《中华人民共和国土地管理法实施条例》规定，国家建立耕地保护补偿制度。耕地保护区域补偿是指通过研究确定各区域保护耕地的责任和义务，从区域间耕地保护责任和义务对等角度出发，由经济发达、人多地少、承担较少耕地保护义务的地区通过财政转移支付等方式对经济欠发达的、过多承担了耕地保护任务的区域进行经济补偿。①

耕地保护补偿工作的核心内容包括以下几个方面：第一，明确各区域在耕地保护中应该承担的责任和义务，这是耕地保护区域补偿的基础。第二，了解在一定条件下哪些区域存在土地赤字，哪些区域是土地盈余，从而确定耕地保护的补偿主体

① 周伟，沈镭，石吉金，等. 基于义务保有量的耕地保护补偿研究 [J]. 干旱区资源与环境，2022，36 (11)：1 - 9.

和受偿主体。第三，制定合理的耕地保护区域补偿标准。耕地保护补偿标准分为补偿价值标准和补偿面积标准两种。补偿价值标准应该在土地外部性价值内在化的基础上进行重新界定，补偿面积标准是在农用地分等理论指导下确定不同区域土地质量与全国平均水平的折算关系。第四，确定耕地保护区域补偿的方式、程序和管理。[①]

3. 切实提高农业经营收入，引导农民种植粮食作物

健全粮食生产支持保护体系，鼓励粮食生产的产业化和规模化经营。在当前的耕地质量建设、农业服务业支撑、价格支撑、农业保险制度等强化对粮食种植的专门引导基础上，基于当前农村劳动力外流的基本现状以及自然地理条件和产业发展优势，统筹支持小农户和新型农业经营主体，加强政策扶持、服务引导、利益联结，有计划地引导产业化和规模化经营。一是培育农户、合作社、企业等多方参与的新型经营模式，打造农业品牌，发展高效绿色农业，提高农业附加值。二是开展适度规模经营，根据人口外流情况、耕地数量、耕作条件和年收益确定合理规模，保证种粮农民收益不低于外出务工，通过适度经营规模补贴、政策优惠等方式进行引导。强化种粮补贴，提高农民收益。落实党中央关于健全种粮农民收益保障机制的要求，完善耕地保护补偿基金，精准补贴耕地种粮。统筹现有资金，探索开展地区差异性耕地保护补偿。探索将耕地地力补贴、农业资源及生态保护补助资金等，统筹为耕地保护补贴，以粮食种植面积为标准，核算每亩补偿金额，提高补贴精准度。

第六章

---

① 杨庆媛，龙拥军，王成，等. 土地经济学［M］. 北京：科学出版社，2018.

| 第七章 | 气候资源经济

气候资源具有自然、社会、经济等属性，是生态系统的重要组成部分，也是我国推进能源生产和消费革命、推动社会经济转型的重要措施。本章基于气候资源的概念、属性和现状，从农业、能源、旅游业三个产业，论述气候资源与经济发展的关系；从农业生态、城市生态和自然生态三个系统的视角，论述气候资源与生态保护的关系；在此基础上，从气候资源的权属确定、监测评估、综合区划、使用管制和保护利用等方面，提出了气候资源相关制度。

第一节 气候资源的概念、属性和现状

气候是指一个地区大气多年平均状态，主要包括光照、温度、降水、风速等，是大气物理特征的长期平均状态，具有一定的稳定性。当气候环境条件被人们所利用时就成为资源，在人类生存与发展环境中发挥着关键作用。作为生命基石和社会经济进步的重要推动力，对气候资源的概念、属性及现状的准确把握，对于合理利用气候资源并实现可持续发展具有实践价值和意义。

一、气候资源的概念

（一）基本概念

《联合国气候变化框架公约》第一条中提到："气候资源是指大气圈、水圈、生物圈和地圈的整体及其相互作用。"《辞海》将气候资源解释为：有利于人类经

济活动的气候条件，例如，自然界的热量、光照、水分、风等，可以直接发掘出其直接利用的一面，这就是气候资源。在我国现有的法律中，对气候资源这一概念还未有统一的规定。2014 年修订的《中华人民共和国气象法》第六章，即"气候资源开发利用和保护"这一章中，对气候资源的开发和利用进行专门的规定，但是，在附则中，并没有对气候资源做出概念上的明确界定，因此，只能从法条中推断出气候资源主要包括太阳能、风能、大气成分等气候资源。我国现有的其他立法实践中，在地方性法规方面，不同省份对气候资源的界定都不同，例如，山西、江苏、安徽等规定气候资源是能量和自然物质；贵州、四川认为气候资源是大气资源；广西、黑龙江认为气候资源是自然资源。

从学界形成的主要共识来看，气候资源的内涵一般包括以下两个方面：一是气候资源的各个要素必须普遍存在于自然界中；二是气候资源可以通过现有的经济技术实现开发利用，即具有使用价值。从法学的角度，气候资源还应当具有交换价值。具有使用价值而不具有交换价值的气候要素，不具有法律规制的必要性。

（二）分类

根据不同的标准，可以对气候资源进行划分。

（1）根据气候资源的地域性，可以分为全球性、区域性、微观性等。

（2）根据气候资源组成要素，可以将气候资源分为光能资源、降水资源、风力资源和大气成分资源等。光能资源也被称为太阳能资源，它是由太阳辐射形成的，是自然界中绿色植物进行光合作用的源泉，是地球热量的主要来源；风能资源是空气运动所具有的能量；可利用的大气成分资源主要包括氧、二氧化碳、臭氧等，大气成分可以为地球上生物存活提供基本条件和保护屏障。

（3）根据气候资源是否具有可开发性，可以分为广义的气候资源和狭义的气候资源。其中，广义的气候资源是指自然界中普遍存在的气候资源，包括大气、水、阳光、风等等；狭义的气候资源特指具有资源属性，能够规模化开发和利用的气候资源范畴。

二、气候资源的属性

（一）自然属性

1. 整体性

气候资源与其他种类的自然资源构成自然资源的整体。气候资源与其他自然资源相互影响，例如，气候资源对农业资源产生的影响，主要表现为光、温和水的综

第七章

合作用。光合作用是植物生长的起点，而光是作物光合作用必需的能源；太阳辐射带来的热能是作物生化过程的重要条件，没有足够的温度，作物就不能正常地生长发育；水是作物的命脉，是光合作用和土壤中营养物质输送到植物体内不可缺少的因子。因此，在作物的生长和发育过程中，光、温和水之间彼此不可替代，三者缺一不可。最适宜的温度虽然对植物生长有利，但缺少水分，温度再适宜植物也不能生存；反之，在适宜的水分条件下，超过植物所承受的最低和最高温时，植物便受到损害或不能生存。光、温和水的不同组合，形成不同的气候资源类型，不仅决定着农业生产类型和结构，而且影响到作物的产量和产品质量的优劣。

2. 区域差异性

区域差异性主要体现在不同地区气候资源的丰富度会有差异。由于地理纬度、海陆位置、地形起伏及下垫面性质的不同，不同的地理区域形成明显的光、热、水等气候资源的数量和组合上的区域差异性。例如，我国西北干旱地区地处大陆腹地，阴雨少晴天多，是全国太阳辐射能最丰富的地区之一，全区年辐射总量在 6300 兆焦每平方米以上，全年日照时数在 2800 ~ 3200 小时之间。只有掌握气候资源的特点和规律性，因地制宜、因时制宜地合理利用气候资源，趋利避害减轻某些不利影响，才能充分发挥地区气候资源的生产潜力，达到稳产高产的目的。

3. 可再生性

光能资源来源于太阳的辐射，风能资源产生于不同地区间的气压差，降水资源产生于水循环过程。气候资源系统中能量的输送受到太阳辐射的影响和制约，一定时间内一个地区得到的太阳辐射或热量总是有限的，这种有限性表现出气候资源在单位时间内对某些作物生长的限制性。我国东部季风区的温带地区，全年温度偏低，0℃以上的积温在 2100 ~ 3900℃，大于 10℃的积温在 1700 ~ 3500℃之间，生长期较短无霜期只有 90 ~ 160 天。这不仅对热带和亚热带作物有明显的限制作用，而且当气温低于 0℃时，温带作物的生长也受到限制。但是，第一年土地上消耗的热量，第二年又可以毫无代价地重新获得。因此，气候资源是取之不尽用之不竭的再生性资源，具有可再生性。

4. 节律性的周期变化与异常性

由于气候形成因素中辐射因子的影响，气候资源中的光热资源随着昼夜、季节更替而发生周期性变化。例如，我国东部季风区，夏季高温多雨，冬季寒冷干燥，年复一年重复轮回。这种季节性周期变化的特点，制约着一个地区的土地利用方式和作物的合理布局，使农业生产也具有明显的季节性规律。但是，气候资源的周期性变化往往受气候形成因素的影响，常在较大的周期性节奏中发生较小的波动，而表现出的气候资源异常变化，甚至形成灾害性气候，给农业生产带来不同程度的影响。

（二）社会属性

气候资源为人类的物质财富生产源源不断地提供原材料和能源。目前，广泛利用气候资源的领域有农业、工业、旅游业等，气候资源利用范围的普遍性和利用群体的广泛性，体现了公共资源社会属性的特点。

1. 公共性

气候资源是人类共有的财富，关系到地球上所有生命的生存和发展，不适当的开发利用会破坏气候系统，损害生态平衡。因而，气候资源的开发利用项目，需要政府规划并进行环境影响评价，实行公共决策。2006年中国政府正式将"合理开发利用气候资源"纳入了《国民经济和社会发展第十一个五年规划》，意味着气候资源的开发利用正式进入公共决策体系。

2. 外部性

气候资源具有外部性，主要体现在外部经济和外部不经济两个方面。从外部经济来看，气候资源对人类社会具有极大的价值。阳光、风能、降水等气候资源不仅为农业、畜牧业等产业提供必要的条件，还为人类提供清新的空气、适宜的温度，这些都是人类生存和发展的基础。气候资源的可持续利用能够促进经济的可持续发展，为社会创造更多的财富。同时，气候资源的不合理开发利用也会引发外部不经济的情况。例如，过度的碳排放导致全球气候变暖，引发极端天气事件的频率和强度增加，对人类生活和经济活动造成极大的影响。这种影响不仅限于排放国，而且会波及全球，体现出明显的负外部性特征。此外，过度开发气候资源也可能导致资源枯竭和生态环境破坏，从而产生一系列不利影响。

3. 非排他性

非排他性主要表现在两个方面：一是资源享用上的非排斥性。个人享用气候资源时，无法排除他人也同时享用；二是利用气候资源时不能影响或排斥其他人享用，否则与公众的共同利益相违背。

（三）经济属性

1. 气候资源作为生产力要素参与农业生产

气候资源是农业生产的重要因素，它与土地资源一起参与农业生产过程。在传统农业生产中，人们对土地资源的重视程度超过气候资源。但实际上，气候资源对土地价值的影响很大。优越的气候条件，将使土地升值；若无适宜的气候资源配置，土地甚至会变为荒地或废地。特别是，气候资源对不同农用地价值影响巨大，同一区域的农用地，由于自然条件不同，单位面积的价值也存在差异。这种差异除了土壤和地理位置外，还与气候资源条件的利用有关。因此，地价中通常包含了气候资源的经济价值。

2. 气候资源通过聚集转化成为高密度经济能源，直接产生经济意义

气候资源是一种分布极其广泛，但分布密度较低的自然资源，要使其直接转化为经济使用价值，则需要通过采取相应的工程措施或技术措施，使资源聚集用于生产生活而实现经济价值。主要包括：

（1）雨水资源聚集。水资源是人们最基本使用的生产生活资源，但是水资源具有容易流动，资源过少可能造成生产生活使用不足，资源过丰又可能造成水灾等特征。因此，人类较早就掌握了对雨水资源聚集和调控的技术，如修建水库、塘堰、开挖水渠和充分利用河道、江道和湖泊，对雨水资源进行聚集和调控，并按照人们的意愿产生经济价值。

（2）风能、太阳能聚集。自然风能和太阳能都属低密度的气候资源，风力动能通过机械动能转换可以用于发电，太阳能通过特殊聚光聚能材料可以转化为高密度的热能，或转化为电能。

（3）积温资源聚集。土壤积温是从事农业生产的重要资源条件，随着农业种植技术发展，近 30 年有所提升。

3. 利用气候要素变化为资源产生新的经济价值

随着社会经济发展和人们生活质量的提高，不仅对气候环境的要求越来越高，而且有条件通过多种方式享受更适宜于人体的气候环境。例如：在我国南方可大力发展冬季旅游，在西部或高山地区发展夏季旅游或避暑休闲、疗养经济；在某些区域开发出气候观赏旅游经济，如观云景、观雪景、观冰景、观雨淞和雾淞景等；在北方可以组织开展冰雕节活动等。

三、我国气候资源概况

我国气候的两个主要特征，可以概括为气候类型复杂多变和大陆性季风气候显著。气候是自然环境中最活跃的因素之一，气候类型的形成受地理纬度、地形、海陆分布等因素的强烈影响和制约，同时，还与水文特征、生物群落、土壤类型等环境因子有着千丝万缕的联系。

（一）光能资源空间分布

地球上的光资源来自太阳能，它是绿色植物进行光合作用的能量，是影响地温和气温的能量要素，它还可以通过物理或化学方法转化为电能和热能而产生经济价值。光资源是取之不尽、用之不竭的绿色资源，一般用光辐射量、日照时数表示。光资源分布取决于地理条件和日照的多寡，呈季节性变化，到达地面的太阳辐射有散射和直达辐射，二者之和为太阳总辐射。我国光资源分布基本特征是西部大于东部，海拔高的地区大于低地区，最丰富区在西部高原，低值区位于四川盆地，极值主要出现在 6～8 月。太阳年总辐射量大小取决于纬度、海拔和云量。一般是纬度越低，年总辐射量越大，反之越小，且随着云量的增加而减少，随着海拔的增加而增大。

（二）热量资源空间分布

中国幅员辽阔，热量带多，东部季风气候区内由北往南出现北温带、中温带、南温带、北亚热带、中亚热带、南亚热带、北热带、中热带、南热带，南、北热量资源差异大。北部地区≥10℃的积温为 2000～4000℃，中部地区为 4000～6000℃，南部地区为 6000～9000℃。西部多高原山地，热量资源随高度变化大。青藏高原、云贵高原≥10℃的积温比同纬度长江中下游、华南地区少 500～700℃。热量资源集中在温暖季节，黄河流域以北地区冬季为负值，长江流域≥10℃期间的积温占全年积温的 80%～90%。

（三）雨水资源空间分布

雨水资源是保持地球植物等生物生存与发展的基础性资源，广义的雨水资源包括云水资源、冰雪资源和降雨资源。在自然农业经济状态下，雨水资源状况是直接影响农业收成丰歉的重要资源要素。进入工业经济社会，它不仅影响农业经济发展，而且也会严重影响工业经济。同时，雨水资源是维持河流、湖泊自然水生态环境的根本保证，是保障现代社会经济发展的基础性资源。中国气候雨水资源总体上呈东多西少、南多北少、夏多冬少的时空分布。

（四）风能能源空间分布

风是一种能源资源，它可以用作生产动力，亦可利用风车转化为电能。风是地球上的一种自然现象，是由太阳辐射热引起的。太阳照射到地球表面，地球表面各处受热不同，产生温差，从而引起大气的对流运动形成风。气候风力资源分布情况比较复杂，我国风能主要受季风气候影响，夏季多为南风和东南风，冬季多为北风和西北风。其地理分布，平均风速呈北方风大、南方风小，沿海风大、内陆风小，平原风大、山地风小，高原风大、盆地风小的特点。

第七章

第二节　气候资源与经济发展

气候资源对人类的经济活动影响甚大。早在战国末期，《吕氏春秋》已有"廿四节气"的相关记载，表明了气候资源对农业生产的影响早已受到关注。进入20世纪以来，随着科学技术的发展，生产规模不断扩大，气候资源如光能、热量、雨水等，对农业、工业、旅游业等影响越来越大，国民经济活动对气候资源的依赖性更加明显。

一、气候资源与经济发展的相互关系

（一）农业生产方面

气候资源与农业生产的关系最为密切，各种农作物的生长发育都受气候资源的制约。虽然农业技术已有长足进步，但农业生产在很大程度上仍以气候资源为条件。光照、气温、雨量、湿度、风力等，仍是决定农业管理、农作物产量和质量的重要因素；作物播种时间、套种品种选择、估计灌溉需水量、灾害预防等农事活动的安排，都与气候资源的时空变化密切相关。根据区域气候资源的特点开展农业区划，可科学做好农业生产的布局问题，充分发挥农业气候资源优势，避免和克服不利的气候条件，合理调整农业结构，建立各类农业生产基地；确定适宜的种植制度，调整作物结构与布局，提出有效的农业技术措施，达到充分发挥气候生产潜力的目的。

（二）工业生产方面

工业生产中消耗的氧气以及作为某些工业原料的氢、氮等均来自空气。目前，太阳能利用和太阳能发电，在工业上也逐步得到推广应用。同时，气候资源的质量，对精密及具有特殊工艺要求的工业，也有一定的限制作用。工业生产过程中的用水，大部分是由降水形式补给河流、湖泊、水库或储存于地下，经抽取再送往工厂供生产使用，其水量的多少往往限制着工厂生产能否顺利进行；水质的好坏，影响产品的质量优劣或生产成本的高低。酸雨则对工业设备等有腐蚀损坏作用。大风、酷暑、严寒干旱和暴风雪等，不仅影响石油或矿产资源开发，而且还可能造成生产设备的损坏，迫使矿井关闭而停止生产，造成较大的经济损失。

第七章

（三）城乡规划建设方面

气候是城乡规划中的一个重要因素，城乡规划须充分考虑利用气候资源为人类生产、生活创造合适的环境。通常，在城乡规划中要研究温度、辐射、降水、风和影响大气污染的因子。例如，将排放污染物的工厂布置在下风方向；热带、亚热带地区的室内为避免阳光直接照射，不但街道走向须沿着"东南—西北"朝向，而且还要有骑楼和凹廊。所以，不同气候区的城乡规划应该不同，有的城市要以加强通风和降低大气污染程度为规划的主要目标，有的城市则首先要考虑防御大风的袭击，有的城市须尽量减弱辐射热和防止从沙漠方向吹来的热风，有的城市地势低洼，防御洪水成为首要任务。

二、气候资源与农业发展

（一）气候资源与种植业

1. 光能资源

在光合作用下，光照是作物生长必备的制造干物质的能量。作物对光照资源的利用是产量和品质形成的主导因素，当环境条件处于最佳状况时，有效地进行光合作用就能生产形成有机物，从而产生经济价值。

2. 热量资源

温度是作物生长的必要条件之一。各种作物生长都有一定的下限温度，低于其下限温度作物就会停止生长，超过低温临界点就会造成作物损伤，甚至会导致作物死亡。只有生长在最适宜温度区，作物才能在下限温度以上生长，并且达到最佳的生长状态。因此，通过人工措施，对作物生长需要的温度（积温）条件进行调节，可产生明显的经济价值。

3. 雨水资源

水是农业种植经济生产之源。水分主要用于维持农作物生长以及直接参与光合作用。对雨水资源的自然利用，既取决于雨水资源的时空分布，又取决于地理条件的相互配置。因此，人们在农业生产实践中通过提高对雨水资源的利用能力，以保持或发展经常性的农业生产。

4. 气候资源综合配置

有效利用农业气候资源，既要考虑单要素的气候资源利用，也要考虑综合性气候资源的自然配置。农业气候资源的不同配置，既影响农作物总产量，也影响农产品质量，还决定着农业种植制度。如在气候热量资源得到保证，云水资源低于600

毫米的地区，一般农业种植只宜实行一年一熟制或两年三熟制，而云水资源高于800毫米的地区才可实行一年两熟制。

5. 资源延伸产业链

农业气候资源作为生产力要素直接参与人们的生产劳动过程，其与土地资源一起通过水、空气、光照、温度、湿度和土壤，把人们的生产劳动与肥料、种子结合，生产出各种农业产品，从而产生农业气候资源的经济价值。除此之外，在自然条件下，农业气候资源可通过各种绿叶植物转化为草场资源、林木资源，通过多级生物链或产业链转化为生态旅游资源、特色农产品等，形成经济价值。

（二）气候资源与养殖业

1. 光能资源

阳光是唯一对家畜机体发生作用的辐射能，适当日晒可增进家畜的新陈代谢和生长发育。红外线具有极强的光热效应，被畜体组织吸收后变为热，可引起深部组织的微血管扩张，升高畜体温度，增强血液循环促进组织中的物理化学过程，使物质代谢加速、细胞增生。紫外线既能增加肌肉的力量和活动能力，提高家畜对传染病的抵抗力与不良气候的适应，也具有杀菌作用，能加速家畜伤口的愈合，并能促进家畜血液中钙、磷的沉积，保证家畜的骨骼生长发育良好。光线通过家畜的视觉器官和神经系统作用于脑下垂体，影响脑下垂体的分泌，调节生殖腺与生殖机能，对家畜的排卵、发情、多胎均有影响。

2. 热量资源

家畜是恒温动物，只有保持体温的相对恒定，才有利于正常的生长发育。若体温下降到低于某一界限或上升到高于某一上限，都易造成家畜病变，甚至死亡。由于家畜机体的代谢强度随环境温度而改变，因此适当的环境温度就可使家畜的代谢强度和产热量保持生理的最低水平，这种温度范围称为家畜（动物）的等热区或代谢稳定区。在等热区内，家畜与所处的环境温度完全协调，其各项生理机能最为正常，所摄取的养分将最有效地用于形成产品，增膘最快。所以，在这种温度范围内饲养家畜最为经济有利，故生产上也叫"生产适宜温度范围"。

3. 雨水资源

水是家畜维持生命的物质基础之一。雨水能清除空气中的灰尘，清洁空气，给家畜创造清新的环境。炎热天下雨，可以降温避暑，同时还可以冲洗掉家畜身上的灰尘和死毛，增进皮肤的生理活动；但降水过多，使羊毛油汗被冲刷，导致羊毛纤维质量降低。空气湿度过高，有利于病原性真菌、细菌和寄生虫的生长繁殖；但是家畜在潮湿的环境中易感染各种皮肤病和呼吸道疾病，特别是在低温高湿条件下。

高温高湿环境下对家畜不利，一般是较干燥的大气环境对家畜较为有利，尤其在低温情况下，空气干燥利于保暖防寒，减少病害；但空气过分干燥，家畜皮肤和外露的黏膜容易发生干裂，从而减弱皮肤和黏膜对微生物的防卫能力。

4. 风能能源

风对家畜的影响是使皮肤散热加快。夏天，风有利于蒸发散热与对流散热，因而对家畜的健康与生产力具有良好的作用。而在冬季，风能显著提高散热量，加剧寒冷对家畜机体的不良作用，使家畜能量消耗增加，生产力下降。低温风大，可引起冻伤、冻死。一般微风或风力在 3 级以下，有利于家畜放牧。夏季高温期间，畜群可适应 4～5 级大风。而冬季寒冷期内，家畜遇 4 级以上偏北风就有不良影响。在任何季节，如果出现 6～7 级大风，都会使家畜不能在牧场上正常活动，从而影响家畜采食。

三、气候资源与能源产业发展

2023 年，我国可再生能源继续保持快速发展势头，总装机超过 15 亿千瓦，占全国发电总装机比重超过 50%，历史性地超过火电装机。在全球可再生能源新增装机中，我国贡献超过 50%。可再生能源发电量约 3 万亿千瓦时，占全社会用电量比重约 1/3，能源结构进一步优化，绿色底色更加鲜亮，能源绿色低碳转型步伐更加坚实有力。[①]

（一）气候资源与能源产业

1. 光能资源

太阳是一个巨大的核聚变反应堆，能释放出巨大的能量，每年送到地球的能量约为当今人类能源消费总量的 3 万倍。人类可通过各种直接、间接方式利用太阳能。当今太阳能开发利用方式主要是太阳能光伏发电和太阳能热能利用。

太阳能光伏发电是利用太阳能电池（又称太阳电池）吸收太阳光辐射能，产生光伏效应，进而转换为电能的一种太阳能利用方式。可从不同视角对太阳能电池进行分类，种类繁多。

太阳能热利用，就是通过光—热转换，将太阳能直接转换为热能加以利用。根据太阳能集热器所能达到的温度和用途的不同，可以把太阳能热利用分为低温利用（<200℃）、中温利用（200～800℃）和高温利用（>800℃）三种。

---

① 《中国的能源转型》白皮书、全球风能理事会（GWEC）《全球风能报告（2024）》。

2. 风能能源

1890 年前后，人类发明了风力发电机，风力发电日渐成为风能开发利用的主要方式。大约 100 年后，人类先后建成大型陆上风电场和大型海上风电场，从此风能被大规模开发使用。20 世纪末，全球风力发电总装机容量为 1393 万千瓦，到 2011 年，全球风力发电总装机容量达到 23804 万千瓦，增长 16 倍。风力发电已成为当今新能源中技术最成熟、发展最快的产业。

风能是大气层中空气运动所形成的能量，来源于空气的流动，受到风速、风能密度等因素的制约。世界气象组织将风力分为 13 个等级（见表 7 - 1），风力级别越高，表示风速越高，单位面积的风能资源量越大。

表 7 - 1　　　　　　　　　　陆地海洋风力分级及典型标识

级别	风速（米/秒）	陆地	海洋	浪高（米）
0	<0.3	静烟直上	—	—
1	0.3～1.6	烟能表示风向，但风标不能转动	出现鱼鳞似的微波，但不构成浪	0.1
2	1.6～3.4	人的脸部感到有风，树叶微响，风标能转动	小波浪清晰，出现浪花，但并不翻滚	0.2
3	3.4～5.5	树叶和细树枝摇动不息，旌旗展开	小波浪增大，浪花开始翻滚，水泡透明像玻璃，并且到处出现白浪	0.6
4	5.5～8.0	沙尘风扬，纸片飘起，小树枝摇动	小波浪增长，白浪增多	1
5	8.0～10.8	有树叶的灌木摇动，池塘内的水面起小波浪	波浪中等，浪延伸更清楚，白浪更多（有时出现飞沫）	2
6	10.8～13.9	大树枝摇动，电线发出响声，举伞困难	开始产生大的波浪，到处呈现白沫，浪花的范围更大（飞沫更多）	3
7	13.9～17.2	整棵树木摇动，人迎风行走不便	浪大，浪翻滚，白沫像带子一样随风飘动	4
8	17.2～20.8	小的树枝折断，迎风行走很困难	波浪加大变长，浪花顶端出现水雾，泡沫像带子一样清楚地随风飘动	5.5
9	20.8～24.5	建筑物有轻微损坏（如烟囱倒塌、瓦片飞出）	出现大的波浪，泡沫呈粗的带子随风飘动，浪前倾、翻滚、倒卷，飞沫挡住视线	7
10	24.5～28.5	陆上少见，可使树木连根拔起或将建筑物严重损坏	浪变长，形成更大的波浪，大块的泡沫像白色带子随风飘动，整个海面呈白色，波浪翻滚	9

续表

级别	风速（米/秒）	陆地	海洋	浪高（米）
11	28.5～32.7	陆上很少见，有则必引起严重破坏	浪大高如山（中小船舶有时被波浪挡住而看不见），海面全被随风流动的泡沫覆盖，浪花顶端刮起水雾，视线受到阻挡	11.5
12	32.7 以上	—	空气里充满水泡，飞沫变成一片白色，影响视线	14

（二）国内外气候能源产业发展状况

1. 风电起步早、规模大，光伏发电发展快、后来居上

全球风电发展起步早，规模比较大，2008～2018 年装机量年均增长 17.2%，2018 年装机容量达到 591 吉瓦，全球可再生能源发电结构中，风电和光伏发电分别占 5.5% 和 2.4%。2010～2018 年，我国风电装机规模从 44.7 吉瓦增长到 209.5 吉瓦，年均增长 21.3%，光伏装机规模从不足 1 吉瓦增长到 174.5 吉瓦，年均增长 1.3 倍。风力发电量已经连续 5 年超过核电，成为国内第三大电源。[①]

2. 光伏发电与风力发电技术成本快速下降，迎来平价上网时代

根据国际可再生能源署统计数据，2010 年以来，光伏发电与陆上风力发电的全球平均平准化度电成本分别下降了 82.0% 和 38.4%，已在化石能源发电成本范围之内。与化石能源发电相比，光伏发电与风电成本均已具备竞争力（见图 7-1）。在中国，随着规模化发展和技术进步，光伏发电和风电成本持续下降，市场竞争力持续增强。按照我国《可再生能源发展"十三五"规划》目标，"到 2020 年，风电项目电价可与当地燃煤发电同平台竞争，光伏项目电价可与电网销售电价相当"。目前，在部分资源条件较好的地区，这一目标已经基本实现。2019 年 5 月，国家发展改革委办公厅、国家能源局综合司联合公布了第一批风电、光伏发电平价上网项目。全国共有来自 16 个省的 250 个项目成为第一批平价上网示范项目，总装机规模为 2076×104 千瓦。"十四五"期间，我国风电、光伏发电将全面迎来平价上网时代，成为具有竞争力的能源品种。[②]

3. 太阳能和风能发电投资成为全球可再生能源投资的主体

2018 年，太阳能和风能发电投资分别达到 1397 亿美元和 1341 亿美元，分别占

---

① 国际能源署《可再生能源报告（2024）》。
② 关于公布 2019 年第一批风电、光伏发电平价上网项目的通知［发改办能源（2019 年）］。

全球可再生能源投资总额的 48% 和 46%。太阳能发电投资中，发达国家的投资占比为 46.1%，发展中国家及新兴经济体的投资占比为 53.9%，中国投资占全球投资的比例为 28.8%。风能发电投资中，发达国家的投资占比为 45.5%，发展中国家及新兴经济体的投资占比为 54.5%，中国投资占全球投资的比例为 37.4%。①

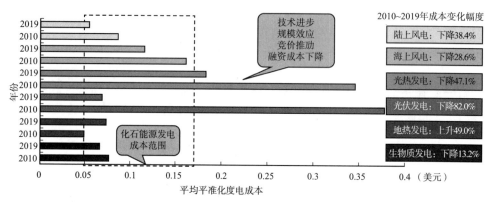

图 7－1　可再生能源与化石能源发电，全球平均平准化度电成本比较

四、气候资源与旅游业发展

（一）气候资源与旅游观光产业

气候对旅游的影响，体现在气温和干湿状况上。每个旅游区天气的冷暖干湿，对人体影响的舒适状态，作为该区的气候旅游资源的气候条件的优劣，是旅游者选择旅游目的地与旅游日期的重要因素。气候不仅直接影响旅游活动和旅游区的建设，还通过水文、土壤、动植物等间接影响旅游区的质量。四季的更替造成植物、水面景观的变化，间接影响一个地区的旅游效果。

1. 避暑型气候

避暑城市与避暑旅游区可分为高山高原、海滨、高纬度三种类型。

（1）高山高原型利用了气温在对流层内随高度的增高而逐渐降低的特点，在中低纬度地区的山地、高原区建成的避暑旅游区。如我国的庐山风景如画，海拔相对于九江市高 1000 多米，夏季天数短，成为长江中游平原热海中的避暑胜地。

（2）海滨地区因受海洋调节气温变化缓和，没有酷热，是夏季避暑疗养的佳境。例如，青岛，该市位于山海之间，平均气温比同纬度内陆低 2℃ 左右。全年

① 《中国可再生能源发展报告（2018）》。

50% 的雨水降在夏季，且多夜雨和阵雨，既减轻了暑热，又清新了空气。

（3）高纬度地区因太阳高度角小，太阳辐射量少，夏无酷暑，成为炎热地区人们向往的地带。如挪威最北部的海港城市哈默费斯特，夏季气候宜人，是欧洲的避暑胜地之一。

2. 避寒型气候

世界上的避寒旅游区均选在热带、亚热带的海洋性气候区，如美国夏威夷、我国海南岛等。海南岛地处热带，气候温和，雨量充沛，年平均气温 23～25℃，冬季平均气温 18～20℃，终年长夏无冬，是我国冬季避寒和旅游的最好去处。冬季去海南岛旅游，既可以避寒，也可以游览热带风光。西双版纳属热带，北有横断山屏障，东有哀牢山阻挡，冬季北方寒冷的气流不易侵入，因此冬无严寒，最冷的 1 月各地平均气温 12～16℃。每年 11 月到次年 4 月为干季，降水较少，晴天多，日照时数是湿季的两倍，风小，多数时候为静风。因此，冬季到西双版纳旅游是最合适的。

3. 阳光充足型气候

阳光是重要的气候旅游资源。根据各类气候类型的降水及季节分配特点，地中海式气候有利于阳光充足型旅游区的建设。目前，地中海沿岸各国就是利用地中海沿岸夏季降水稀少、日照时间长、阳光和煦的特点，建有大量海滨浴场旅游区，成为世界上著名的旅游胜地。另外，在中低纬度的一些高原地区，阳光也比较充足。例如，我国的拉萨，海拔 3600 多米，大气干洁，相对湿度小，是一个无雾无霾、能见度十分好的城市。全年日照时数达 3007 小时，故有"日光城"之称。

4. 极昼景观

极昼也叫"白夜"或"永昼"，也是一种阳光旅游资源。自春分到夏至，极昼现象自北极向北极圈扩展，越接近北极，极昼日数越多。自夏至到秋分，极昼现象自北极圈向北极收缩，极昼日数仍是越近北极越多。极时阳光普照，太阳终日不落到地平线以下，形成"白夜"景象。北欧各国北极圈以北的地区，夏季既有温和湿润的海洋性气候特征，又有长达几十天的"白夜"景观。

（二）气候资源与健康养老产业

在适宜的气候环境中，利用自然因素进行治疗和休养，称为气候疗养。我国地域辽阔，气候多样，有很多理想的疗养佳地，如海滨、山地、森林和草坪等。

1. 海滨气候与康养

所谓海滨气候，一般是指沿海一带的海岸气候。海滨气候的特点是，冷暖变化比内陆上来得缓慢，湿度大，水面对太阳辐射反射强（尤其是紫外线），气流活动

第 七 章

强烈、日照强、污染物少，气雾水滴中含有碘、氯化镁、氯化钠。海滨气候之所以能给人带来舒适之感，主要是温度变化缓和的缘故。盛夏季节，内陆已是烈日酷暑，而海滨却是温风习习，舒适宜人。

2. 山地气候与康养

山地气候的主要特征包括：空气稀薄、紫外线辐射较强、负离子含量丰富、风力较大、气温波动显著、日平均气温低于平原地区、气流活动较少以及污染物含量较低。山上云雨较多，既遮挡了太阳光直射地面，降低了太阳辐射热，同时雨水蒸发也消耗了部分地面吸收的热量，抑制了温度上升。由于降水量较大，雨水冲刷了空气中的尘埃，使得空气更加清新，阴离子迅速增多，有助于中枢神经放松。在这样的气候环境中疗养，人体各项机能将变得活跃，新陈代谢旺盛，内脏功能良好，整个机体将呈现出平衡和健康的状态。

3. 森林、草坪气候与康养

森林、草坪气候的主要特征是：富含氧气，湿度较高，风速、气流活动、阳光辐射较小，夜间降温少，空气中化学污染物少，生物污染物多；离子较少，多雷雨。森林草坪气候能对人的神经系统，特别是大脑皮质，产生一种良好的刺激，使疲劳的神经系统在功能上得以调整，紧张的精神状态得到改善。由于植物的光合作用，二氧化碳及水汽被植物吸收，转化为碳水化合物及氧气释放出来。因此，在森林周围，白天空气中富有氧气。森林地带湿度较高，夜间气温比空旷地降得缓慢，风速比空旷地小，阳光辐射小，污染物也少。

4. 光疗和沙疗

光疗是利用各种光辐射作用于人体进行疾病防治的物理方法。目前多为特殊波长的光线用于治病。红外线能使局部皮肤毛细血管扩张、循环加强、加速组织再生能力、降低神经末梢的兴奋性、消炎、镇痛解痉。沙疗是沙区人民与疾病作斗争的有效疗法，已有100多年的历史，既经济方便，也无不良反应，对一些疾病的疗效明显超过药物和室内理疗的功效，强烈的阳光和高温能使人体的血液循环加快，埋沙后的柔和压缩和挤压作用，便于向人体组织深部加热，促进了细胞的新陈代谢，增强了抗病能力。

第三节　气候资源与生态保护

全球气候变暖是 21 世纪人类面临的最紧迫和最严峻的挑战，应对全球气候变化已经成为国际社会的共识。气候变化将会诱发一系列生态环境问题，对农业生态、城市生态和自然生态产生一定影响。其中，既有极端天气频发导致粮食减产、海平面上升、生物物种多样性减少等负面影响，也有二氧化碳浓度升高，对生态系统服务功能提升的有利影响。总体来看，负面影响要大于正面影响。必须通过自然系统或人类系统对气候变化作出积极主动的响应、调整，以减轻气候变化的不利影响、发掘气候变化带来的发展机会。

一、气候资源与农业生态

农业是深受气候变化影响的敏感行业，气候变化对农业生态的影响主要表现为对农作物的影响。气温波动、降水分布不均衡、极端天气气候事件频发，不仅破坏农作物生产水平，还会通过市场影响到国家及区域的粮食安全。

（一）气候变化对农业生态的影响

长期气候变率对农业生态系统的影响。以温度和降水改变为主要特征的长期气候变化，主要通过农业水热资源的时空分布变化、区域作物种植制度和生产结构改变以及农业病虫害加重等途径影响农业产出。气候变化显著改变农业生态系统生产活动直接依赖的光、热、水和土壤等自然资源要素。此外，长期气候变化对农业生态系统的影响，还表现为区域作物种植制度、生产结构变化和农业病虫害危害。

极端天气气候事件对农业生态系统的影响。极端天气气候事件是发生在统计分布之外的小概率事件，具有灾害性、突发性的特点。一些主要的极端天气气候事件，例如：干旱、洪涝、低温冷害、高温、台风以及沙尘暴，其中旱灾、洪涝、低温冷害和台风等对农业的影响最大。从直接影响来看，主要包括农产品市场价值损失、人员伤亡和家庭财产损失，以及农村地区社会福利方面的灾后救援投入和保险损失等。间接经济影响是指极端天气气候事件对本地和其他地区相关产业部门在投入和产出方面的影响，其内在影响机制表现为直接经济影响通过地区产业部门之间的关联性进行传导和扩散，甚至可能进一步损害农业生态系统产出效益的长期增长。

（二）农村生态对气候变化的适应

面对日益增长的气候变化风险，必须加强农村地区适应气候变化的能力，保持农业经济可持续发展。基于对当地气候变化风险的感知，采取的适应性措施类型，主要包括：一是优化农业气候资源利用格局。开展农业气候资源动态评估和精细区划，调整优化产业布局、种植结构和作物品种配置，合理规划调整农产品贸易格局。开展气候友好型低碳农产品认证，开发地方特色地理标志农产品，促进农民增收。二是增强农业生态系统气候韧性。坚持农业发展生态优先，加强水土保持与生态防护，在适宜地区推广保护性耕作，发展混林农业和山区立体农业，推广合理的间作套作体系。加强耕地质量建设，实施耕地保护与质量提升行动计划。三是建立适应气候变化的粮食安全保障体系。落实"藏粮于地、藏粮于技"战略，根据农业气候资源和气候相关灾害时空分布的改变，调整农业基础设施建设布局。加强耕地保护与质量建设，坚守18亿亩耕地红线，落实最严格的耕地保护制度，加强耕地用途管制，实施永久基本农田特殊保护。

二、气候资源与城市生态

近年来，气温升高、降水异常、台风加剧、洪灾风险、空气污染、粮食短缺、海洋生态系统破坏等正在威胁着城市地区的发展与安全，城市地区正在面临着前所未有的挑战。气候变化的高风险性和适应气候变化的紧迫性，使得城市地区成为了全球关注的焦点。

（一）气候变化对城市及城市生态的影响

气候变化正在加剧城市内部的"热岛效应"。气温升高是城市地区面临的主要气候风险之一。由于城市热岛效应（硬质铺面和建筑物导致城市温度升高3～6℃），相较于农村地区，城市地区的夏季将更加炎热，人们的舒适度将降低。近年来，北京、上海、南京、武汉、重庆、广州、常州等城市纷纷打破了历史同期最高气温的纪录。高温天气不仅会影响人们的日常生活，还会对城市基础设施、能源供应等方面形成巨大压力。此外，高温天气还可能引发极端干旱，进一步威胁人类生产和城市绿化。

极端自然灾害破坏城市安全。气候变化可能导致洪水、海啸、风暴潮、极端降水等极端自然灾害现象，城市群因其规模大、经济活动聚集、经济社会联系复杂，更容易受到气候灾害的影响，引发一系列严重问题，对城市基础设施、生态环境，乃至人类安全造成重大损失。世界银行和亚洲开发银行的研究发现，在气候变化的影响下，到2050年，过去50年一遇的极端天气事件可能会变为15年一遇。此外，全球气温可能会上升1.4℃，季节平均降水可能会增加4%。这意味着全球将有更大面积的土地和更多的人群面临气候变化的风险。近年来，我国城市中的降水纪录屡屡被打破，引发了严重的内涝问题。例如，2011年的"到北京看海"和"到武汉看威尼斯"事件，以及2012年的北京"7·21特大暴雨"事件。预计到2050年，我国降水量还将增加2%～5%，极有可能发生暴雨等极端气候灾害事件。

（二）提升气候韧性的城市适应行动

在全球气候变化的大背景下，雾霾、高温热浪、城市内涝等新型和复合型城市灾害加剧，许多城市的生命线屡遭威胁，城市的风险治理能力备受挑战，气候变化引发的城市安全问题日益突出。因此，"建设包容、安全、有韧性的可持续城市和人类住区"是联合国《2030年可持续发展议程》中的重要目标之一。气候韧性城市是指，特定城市的居民、社区、政府、企业，以及行政、生产和生活系统，在经历包括气候变化在内的各种缓慢性变量所产生的压力、气候变化极端事件的紧急风险与灾害冲击下，能够存续、适应和成长的城市。

建设韧性城市主要有如下措施：一是强化城市气候风险评估。科学分析城市气候变化现状，根据区域气候变化趋势预估，识别气候变化对城市社会、经济与生态的主要影响和风险，合理评估城市不同领域、区域和人群的脆弱性。建立健全"一年一体检、五年一评估"的城市体检评估制度。推动地级及以上城市编制城市气候风险地图。二是调整优化城市功能布局。充分考虑气候承载力，统筹安排城市建设、产业发展、生态涵养、基础设施和公共服务，合理规划城市布局与功能，遏制可能导致区域气候恶化、灾害风险增大与城市病加剧的无序扩张。城市建筑和基础设施建设项目规划、设计、审批时，充分考虑气候变化中长期影响。三是完善城市生态系统服务功能。构建蓝绿交织、清新明亮的复合生态网络和连续完整、功能健全的生态安全屏障，增强生态系统在涵养水源、净化水质、蓄洪抗旱、调节气候和维护生物多样性等方面的服务功能。优先实施基于自然的解决方案，严格保护森林、河湖、湿地、草原等重要生态系统，科学规划布局城市绿环绿廊绿楔绿道，持续推进城市生态修复，优化提升城市绿地系统。四是强化城市自然灾害综合治理。改善城乡防灾基础条件，提升城市重要建筑、基础设施系统和基层防灾能力及标准，加强城市灾害综合治理。优化重大基础设施空间布局，严格限制高风险区域建设活动。

三、气候资源与自然生态

自然资源与生态系统服务功能对气候变化具有较高的敏感度。由于生态系统适应气候和环境变化的周期较长，加之许多独特和敏感生态系统的脆弱性较高，目前研究结果大多认为气候变化对许多生态系统服务功能及其产品价值具有较为不利的影响，但也对部分地区具有积极影响。

第 七 章

（一）气候变化对生态系统的负面影响

以全球变暖为主要特征的气候变化，已导致某些区域的生态系统服务功能退化和生态系统服务供给水平呈下降趋势。全球退化生态系统的面积已占到全球陆地总面积的30%，威胁到30亿人口的生存环境，全球为此每年投入生态系统恢复的经济成本高达3000亿美元。而且，气候变化引发的极端天气气候事件，加剧了生态系统价值的损失，影响自然资本的稳定性与生态资源的可持续利用。

在气候变化与人类活动的共同影响下，荒漠化、水土流失、石漠化、盐渍化及冻土退化等生态风险加剧，成为未来人类可持续发展的主要挑战，主要表现在：第一，海洋气候变化对海洋生态系统服务及海洋捕捞业的影响尤为显著，据研究，在二氧化碳高排放情景下，全球渔业收入可能下降35%。第二，湿地极端天气、气温和降水量的异常变化，会导致湿地生态系统的水环境遭到破坏，影响湿地生态系统的稳定性，导致湿地面积减少、生物多样性受到严重威胁，甚至那些脆弱的湿地生态系统将面临崩溃。第三，森林温度升高导致的干旱以及相关次生灾害（火灾、病虫害、生物多样性减少等）将降低森林生态系统生产力，极端降水和气温变化异常将增加病虫害发生频率，进而降低森林生态系统服务供给水平。第四，脆弱的草地生态系统极易受气候变化的影响，例如，1961~2016年青海共和塔拉滩草原因气候暖干化导致草原荒漠化进程加快，草地牧草产量持续下降，给当地畜牧业生产和牧民生计带来很大损失。第五，气象要素和气象灾害影响农业生态系统的稳定性，使粮食生产的不稳定性增大，影响人类的食物安全，比如全球气候变暖使得亚热带半干旱地区降水愈加稀少，导致该区粮食生产能力下降。气候变化对生物多样性也具有显著影响。中国学者的研究表明，近50年来气候变化对两栖类、爬行类、鸟类、哺乳类物种影响的贡献率在5%左右。对中国2365个县的物种调查发现，1950~2000年，中国252种保护动物中有27.2%的物种已经消失，其中哺乳类、两栖和爬行类、鸟类的消失比重分别高达47.7%、28.8%、19.8%。在未来气候变化影响下，到2050年，将有5%~30%的动物和面临较高濒危风险，面临较高濒危风险的野生植物则占评估植物数的10%~20%。例如，中国特有濒稀物种大熊猫、川金丝猴的适宜生境面积，将分别减少1/3甚至1/2以上。

（二）气候变化对生态系统的积极影响

一般认为，全球变暖对生态系统服务功能的有利影响主要表现为二氧化碳的"化肥效应"，即二氧化碳浓度的升高能够提高多种植物的生物量，也使一些濒危物种的存活率有所升高。20世纪80年代初以来，卫星观测数据表明全球植被覆盖率普遍增大，科学家推测至少部分原因是源于地球大气中二氧化碳浓度的增加。在未来升温情景下，我国森林生态系统服务总价值均呈增加趋势，且东部地区增幅大于西部地区，南部地区增幅高于北部地区。世界银行的《适应气候变化的经济学生态系统服务》指出，气候变化会在一定程度上减少发展中国家对木材与非木材生物质燃料的需求，从而相应减少森林生产力的压力及适应成本。一般情况下，农田生态系统的初级生产力在大气二氧化碳浓度增加条件下将有所增加，在不考虑极端气候灾害的情况下，气候变化对某些地区粮食作物的影响具有正效应，例如，气候变暖将有利于加拿大、俄罗斯、澳大利亚等寒冷地区的小麦产量增长。2018 ~ 2019 年，俄罗斯粮食出口量为 4330 万吨，其中小麦的出口量为 3250 万吨，超过美国和加拿大成为世界上最大的小麦出口国。

（三）生态系统对气候变化的适应

生态系统有自我调节功能，对气候变化的自适应能力大小与生态系统的组成、结构和功能有关。一般来讲，生态系统的生物多样性越丰富，结构越复杂，生产力越高，抗干扰能力越强，系统越稳定，反之亦然。然而，气候变化导致极端气候事件的发生频率或强度增加，往往会超出生态系统的自适应能力。

因此，需要采取一定的人为调整措施来增强和发挥自然生态系统适应气候变化的能力。这些措施包括陆地生态系统保护、海岸带管理、水资源管理、生态保护修复工程等。一是完善陆地生态系统保护。逐步形成以国家公园为主体、自然保护区为基础、各类自然公园为补充的自然保护地分类系统，显著提高管理效能和生态产品供给能力，使自然保护地规模和管理达到世界先进水平。推动出台《生态保护补偿条例》，健全生态保护补偿制度，加大自然生态系统保护。二是加强海岸带管理。继续完善海洋自然保护地建设，推进典型海岸带生态系统一体化保护与修复。加强海岸线保护与修复，实施海洋生态保护修复工程，改善海洋生态环境质量，提升海洋生态碳汇能力。三是加强水资源管理。强化水资源刚性约束，实施最严格的水资源管理制度，完善水价形成机制，推进用水权市场化交易和水资源税改革。加大江河湖泊保护治理力度，统筹做好水土保持、地下水超采治理、受损河湖生态修复等工作，保护和扩大河湖生态空间。四是实施生态保护修复工程。统筹推进山水林田湖草沙一体化保护和系统治理，权衡保护和利用的关系，合理进行整体保护、系统修复、综合治理。实施历史遗留废弃矿山生态修复示范工程，改善区域生态状况，提升生态系统质量和服务功能。以国家重点生态功能区、生态保护红线、国家级自然保护地等为重点，突出对国家重大战略的生态支撑，扎实推进生态保护和修复重大工程建设。

第四节　气候资源合理开发利用与保护

气候资源特征复杂，只有在科学管理之下合理开发利用，才能够为人类带来综合效益，盲目、无序、无度地开发利用有可能招致严重的自然灾害，甚至引发生态危机。《中华人民共和国气象法》对气候资源的综合调查与区划工作、气候资源的开发利用和保护规划、气候可行性论证等作出了规定。因此，需要提高全社会的气候资源理念，合理开发利用和保护气候资源，在经济社会发展中发挥其关键要素作用。

一、气候资源权属确定

（一）气候资源的国家所有

为了更好推动自然资源合理开发利用，需合理确定气候资源权属，既不能陷入"无主物"之"公地悲剧"，也不能属于多个所有人，否则就会出现"反公地悲剧"。气候资源利用比一般财产更加依赖于制度的明确规范，否则极易陷于混乱，导致低效与不公。因此，将气候资源确定为国家所有，则是综合考量各种利弊的相对较佳选择。国家作为气候资源的所有者，可以充分运用强大的国家制度架构，实现资源的最佳配置，有效控制资源的开发利用，制止资源破坏行为，从而在最大限度内发挥出气候资源的效益。

气候资源所有权归属国家，不等于任何利用气候资源的行为都是有偿的，或者都是需要事先审批，也不等于开发利用气候资源的任何行为都是无偿的。比如，江河湖海归属国家所有，但不等于入江游泳就要审批或缴费，也不等于可以随意从事捕捞作业。因此，一个社会公共物，如果其是人类生存的基本条件，人们就有了满足自身需要使用的权利，这种权利可视为人的基本权利，属于不可剥夺的权利。但不能因此而否定国家所有的合理性，因为这种资源使用权是有限度的，那就是不能够破坏生态环境从而影响到他人的生存与发展，不能影响到人类的可持续发展与有序的社会生活，否则国家就要进行干预。而此时国家干预的最正当理由就是国家是该资源的所有者。

（二）气候资源及其产品确权方式的选择

目前对于气候资源及其产品确权方式存在不同观点，主要包括"共有论""依地确权论"和"开发利用者所有论"三种。

第一种是"共有论"。有观点认为气候资源应当归属于全人类共有，气候资源中的风力资源、光能资源、海洋温差能资源是全民"共有"财产。然而，风电等气候资源产品不同于气候资源，若气候资源产品采用国家所有的形式，由国家作为所有权人对气候资源产品进行管理，虽然能够调整气候资源开发和利用过程中的行政关系，却无法让气候资源产品适应市场经济体制的发展，将会导致气候资源产品利用效率低下或者产能过剩等问题。

第二种是"依地确权论"。即强调土地归属谁，谁就拥有附属于地面上气候资源的所有权。然而，若将气候资源及其能源产品也看作土地所有权人的附属品，将不利于气候资源的开发和利用，即气候资源能源产品的流通效率和资源配置的有效性，将会大大降低。因此，我们不能简单地从民法理论中"主物""从物"的原理来看待气候资源及其能源产品与土地的关系。

第三种是开发利用者所有论。认为气候资源及其产品归开发利用者所有，一般是依据"谁先开发、谁拥有、谁获利"的原则来确定的，他们将气候资源以及经开发转化而成的气候资源产品看作民法理论中的无主物，那么谁先开发谁就可以获得相应的所有权或获益权。事实上，若气候资源直接归开发者所有，那么必定会造成资源的抢夺和无序的开发；若气候资源产品直接归开发者或利用者所有，那么，气候资源产品也将直接得到其权利人的控制和支配，权利人将承担气候资源产品开发、利用、收益过程中的法律责任。

二、气候资源普查与监测评估

（一）全国和重点区域气候资源普查

我国幅员辽阔，地形复杂，从赤道海洋到高原寒带，从热带雨林到干旱沙漠，涉及各种气候带和自然景观，各类气候资源均较为丰富，但我国气候资源时空分布极不均匀，具有强烈的地域差异。对于空中水资源，总体资源赋存丰富，如能加以合理利用，将有效改善干旱和半干旱地区的水资源环境，因而空中水资源的估算也是一个需要解决的问题；对于光能资源，已有的太阳能资源数据，大部分是利用地面太阳辐射测量仪器收集，该方法耗资较大，许多地区至今还没有此类观测资料，多依靠天气资料用近似方法估算得到。由于缺少可靠的资源数据，太阳能开发利用工作受到了很大影响；关于我国的风能资源储量，目前利用气象站资料估算出的风能资源分布，已经不能满足各部门日益增长的需要，特别是随着风能技术的提高，可利用的风能也不仅仅局限在 10 米高度层上，预计可能向 30 米甚至 50 米发展。

因此，为了更有效地开发利用气候资源，有必要在现有观测资料的基础上，开展全国性的气候资源普查。并根据当前经济发展的需要，补充新的普查内容，特别是对于某些重点地区，如青藏高原、西北干旱区、西南高山峡谷区。上述地区多为不发达地区，气候资源的综合普查将有助于当地因地制宜、合理开发利用气候资源，有助于生态建设与环境保护，提高社会经济发展水平。

（二）气候资源变化监测评估

《中共中央　国务院关于加快推进生态文明建设的意见》中指出，对大气、水、矿产草原等生态气候资源进行科学的监测，以生态文明建设为主导思想，加快对湿地、河流、森林的治理，并进一步预防土壤的消化、气候环境的恶化以及温室气体的排放等。全球气候变化可能导致水、风能、太阳能等气候资源的变化，并引发一系列全球性灾害问题。2022 年全球平均温度较工业化前水平（1850～1900 年平均值）高出 1.13℃，为 1850 年有气象观测记录以来的第六高值。1961～2022 年，中国平均年降水量呈增加趋势，平均每 10 年增加 0.8%，累计暴雨（日降水量≥50 毫米）日数呈增加趋势，平均每 10 年增加 4.2%。中国气候风险指数呈升高趋势，2022 年，高温和干旱风险指数均为 1961 年以来的最高值。因此，开展气候资源变化监测，研究气候变化对水、风能、太阳能等气候资源的影响，可以为气候资源的开发、规划、建设和运行提供必要的预警和决策建议。

今后，可按照相关规划统一布局，共同建设国家天气、气候及气候变化和空间气象观测网，形成陆海空天一体化、协同高效的精密监测系统。健全气候观测质量管理体系，建立气候变化监测发布制度。强化气候承载力评估，建立气候安全早期预警系统，在重点区域加强气候变化风险预警和智能决策能力建设。科学加密建设各类气候探测设施，持续健全气象卫星和雷达体系，强化遥感综合应用，做好频率使用需求分析和相关论证。发展高精度、智能化气候探测装备，推进国产化和迭代更新，完善气象探测装备计量检定和试验验证体系。加强国际应对气候变化科学评估，加强温室气体浓度监测与动态跟踪研究，开展气候变化对粮食安全、水安全、生态安全、交通安全、能源安全、国防安全等影响评估和应对措施研究。加强全球气候监测，增强参与全球气候治理科技支撑能力，提升全球气候资料获取及共享能力。

三、气候资源综合区划

早在 20 世纪 30 年代初，著名气象学家竺可桢根据当时的台站气温和雨量资料，完成了"中国气候区域"一文，这是我国最早的气候区划。其后，涂长望、徐尔灏、卢沃、么枕生等也分别利用各种资料对中国进行了气候区划。陶诗言根据热量和干湿状况把我国的气候划分为五大类、十多个气候区，避免了以农作物、地理区代替气候区，结果与自然景观相当符合，开创了我国现代气候区划的新格局。1954～1959年，在中国科学院的组织下，完成了我国第一次由国家组织的全国性气候区划。1979年，中央气象局（中国气象局前身）编制了《中华人民共和国气候图集》，其中的气候区划部分是在中国科学院气候区划的基础上进行的，分别使用热量（积温）、年干燥度和季干燥度三级指标进行区划。1984年，中国科学院出版《中国自然地理》丛书，气候分册中的中国气候区划的框架与过去相同，但青藏高原独立成区，区划还对具体的热量指标进行了重大调整。20世纪80～90年代，我国各省份也相继开展了区域气候区划工作。世界气象组织1981年曾对全球风能资源进行了估算，根据风能密度和相应的平均风速，将全球按风能资源分为10个等级。但是，对我国的分区有较大的偏差，特别是忽略了青藏高原地区。我国现有的风能三级区划指标分别是：年平均有效风能密度、各季风能大小和有效风速出现的小时数、风力机最大设计风速。根据上述原则将全国风能划分为4个大区和30个小区。

　　对气候资源进行区划的目的是了解各地气候资源分布的时空差异，以便充分有效地开发利用气候资源。详尽的气候资源区划，也将对我国的生态建设起到积极的指导作用。但现有气候资源区划主要是根据气象台站的观测资料进行估算得到的（局部地区经过野外加密观测），而且大部分针对农业生产的需要而制定。随着社会经济的发展，显然已不能完全满足气候资源开发利用的要求。加上由于我国气象台站分布不均匀、布局不甚合理，导致估算的气候资源数量、质量及其开发潜力等不十分精确。同时，全球气候背景的变迁、人类活动对自然生态系统和环境的改变等因素，都可能造成气候资源出现大的改变，使以往的气候资源区划带有一定的局限性。另外，气候资源既包括直接利用的天然资源，也包括可以转换为能量的气候能源，单一进行天然资源或是气候能源区划，不能为气候资源的综合利用提供全面、可靠的依据。

　　为了适应合理开发利用气候资源的客观要求，应及时修订、更新全国气候资源综合区划。未来气候资源综合区划的发展目标是：第一，打破地域和行业的界限，在全国气候资源普查的基础上形成完整的气候资源数据库。第二，对重点地区进行重点普查，形成区域性高分辨率的数据库，并对气候资源数据库进行全面分析，结合实际利用价值、资源承载能力，深化细化气候资源区划，开展大气候区区划、各

第 七 章

类气候资源小区区划以及气候资源综合利用区划。第三，采用地理信息系统（GIS）技术建立气候资源区划平台，充分利用空间遥感技术，结合气候资源监测评估系统，及时更新数据库和气候资源区划。

四、气候资源使用管制与保护利用

（一）气候资源使用管制

政府在公众共用物品的管理中承担着主要的责任，因此必须要为公众的使用权提供保障。政府的责任主要包括：制定相应的管理制度，组织和引导公众共用物的建设，为公众提供相应的服务。在对使用情况进行监管的情况下，一定要以公众的利益为重，对一些影响人类正常生活和生存的行为必须加以杜绝。

公众在使用共用物的时候，需要政府提供保障。任何人为了生存都有享有公众共有物的权利，但若以商业开发为目的就要缴纳一定的税费。第一，农业气候资料的利用。在从事农业生产中，任何农民都可以利用阳光、热量、降水等，使用这些是免费的，不需要缴纳任何费用。第二，日常生活。为了生存，在日常生活中任何人都可以免费地利用气候资源。例如，呼吸、晾晒、种花种草等活动，都不需要支付费用。第三，商业性开发。商业性开发虽然也是允许的，但与普通民众利用气候资源相比，使用量超过了普通群众利用的范围和力度，这就需要向所有者支付一定的税费，这就是现代所说的气候资源税。缴纳的税费可以用来改善环境，保证气候资源的循环利用。

对于政府在管理中的行为，可以具体到以下几点：第一，公众在利用气候资源时，这项权利叫作普通使用权，也就是在利用资源的时候对其他人并没有任何的影响，他们可以以任何的形式来加以使用。比如，对河流的利用、公车的休息以及在道路上行驶等，这些都不会侵犯到其他人的利益，这种使用一般是在平等的条件下，免费加以享用的，不用进行申请，或者得到一些部门的允许。但如果个人的行为对公众的利益造成了威胁与伤害，这就需要一定的限制。第二，当公共使用的资源比较稀缺的时候，并在使用中造成了一定的冲突，这就需要政府对这些资源的使用加以限制，避免在使用中发生冲突，并制定一些条款以供执法部门来遵循。第三，当公众在行使使用权时，资源被使用权认定部门认定为某些个人与集体独占性的资源，只供特定的人群来使用，这就需要明确其使用权，让他们能够持续性地独占使用，这些都需要相关的法律来进行保障。

（二）气候资源的保护利用

气候不仅是重要的自然资源，也是生态环境重要的组成部分，需要不断强化气候资源的保护力度。一是在气候资源丰富区域或者气候敏感区域内，划定气候资源保护区域，保护区域内不得建设破坏气候资源的项目。二是政府加强生态环境保护和修复，优化气候环境。优化产业布局，科学规划建设和开发项目，建立落后产能淘汰机制，改善能源结构，控制温室气体排放，应对气候变化等责任。三是对规划和建设活动中的气候资源保护行为进行规范。四是开发利用太阳能、风能等气候资源，其范围和强度应当严守生态保护红线、符合环境保护要求。五是气候可行性论证制度作为气候资源保护的基本制度，以从源头保护气候资源，防止规划和建设活动破坏气候资源；在国家对气候资源可行性论证已有具体规定的基础上，规定对应当进行气候可行性论证的项目实行目录管理，并规定未依法进行论证的项目，项目建设单位不得开工建设。六是建立气候资源变化分析与评估制度、建设活动气候环境监测以及气候影响后评估及整改等一系列具体保护制度和措施。

科学合理利用气候资源，助力国家能源结构优化，充分发挥气候资源的综合效益。一是应因地制宜选择气候资源利用项目，并将气候资源利用统筹纳入能源供应计划，推行气候资源认证和标志制度。二是科学布局大中型太阳能开发利用项目的同时，鼓励引导单位和个人安装使用太阳能供热采暖和制冷系统、太阳能光伏发电系统等太阳能利用系统。三是大型风能利用项目应当科学规划和合理布局，促进风能资源规范有序利用。同时，明确在工程实施和风能利用过程中的生态环境保护责任。四是县级以上人民政府应当组织有关部门适时开展人工影响天气作业，合理利用空中云水资源，提高利用和调控能力，同时对城镇云水资源的利用作出规定。五是对可能影响气候变化或者侵害公众气候环境权益的气候资源利用项目应当组织听证。

五、参与全球气候治理

全球气候治理是指在世界范围内，基于有效的政策和法律规则，以解决全球气候变化问题和实现可持续发展为目标，在各领域、各层面采取应对措施的一系列活动。

（一）全球气候治理的基本历程

全球气候治理最早可追溯至 1972 年的联合国人类环境会议，会议成果文件《人类环境行动计划》在第 70 条建议中正式提出"建议各国政府注意那些具有气候风险的活动"，随后，气候治理重要性成为全球大多数国家的共识，自 1995 年起，《联合国气候变化框架公约》每年召开缔约方大会，截至目前已召开 28 次。全球气候治理的标志性事件，如表 7 – 2 所示。

表 7 – 2　　　　　　　　全球气候治理的标志性事件

时间	会议时间	相关文件	内容要求
1972 年	联合国人类环境会议	《人类环境行动计划》	建议各国政府注意那些具有气候风险的活动
1979 年	瑞士日内瓦第一次世界气候大会	—	如果大气中二氧化碳含量保持当时的增长速度，那到 20 世纪末气温上升将达到"可测量"的程度，到 21 世纪中叶将出现显著的增温现象
1987 年	世界环境与发展委员会	《我们共同的未来》	气候变化是国际社会面临的重大挑战，呼吁国际社会采取共同的应对行动
1988 年	世界气象组织和联合国环境规划署联合成立政府间气候变化专门委员会（IPCC）	—	开展对气候变化的科学评估活动
1990 年	第 45 届联合国大会	《为今世后代保护全球气候》的 45/212 号决议	设立一个单一的政府间谈判委员会（INC），制定一项有效的气候变化框架公约，由此正式拉开了国际气候谈判和全球气候治理的序幕
1992 年	联合国环境与发展大会	《联合国气候变化框架公约》	一是温室气体浓度稳定在一定目标范围内；二是各缔约方共同但有区别的责任；三是 1995 年起，《联合国气候变化框架公约》每年召开缔约方大会
1997 年	第三次缔约方大会	《京都议定书》	首次明确了发达国家缔约方的量化减排目标，提出发展中国家缔约方要在可持续发展框架下开展应对气候变化的积极行动
2015 年	第二十一次缔约方大会	《巴黎协定》	提出将全球平均气温上升幅度控制在低于工业化水平前 2℃以内并努力争取 1.5℃的长远目标，确立了"自下而上"的减排模式和以"国家自主贡献"为核心的制度安排
2021 年	第二十六次缔约方大会	《格拉斯哥突破议程》	计划在未来 10 年内共同加快研发和部署电力、道路交通、钢铁、制氢、农业等领域低碳技术和可持续发展解决方案
		《关于森林和土地利用的格拉斯哥领导人宣言》	承诺到 2030 年停止砍伐森林，扭转土地退化状况。部分国家还就煤电转型、甲烷控排、零排放汽车推广等议题签署相关协议和声明

2021 年，在第二十六次缔约方大会上，中国、美国、欧盟等 40 多个国家和组

织签署《格拉斯哥突破议程》，计划在未来 10 年内共同加快研发和部署电力、道路交通、钢铁、制氢、农业等领域低碳技术和可持续发展解决方案。中国、俄罗斯、巴西等 100 多个国家签署了《关于森林和土地利用的格拉斯哥领导人宣言》，承诺到 2030 年停止砍伐森林，扭转土地退化状况。部分国家还就煤电转型、甲烷控排、零排放汽车推广等议题签署相关协议和声明。

（二）全球气候治理的特点

纵观全球气候治理的历史进程，已经取得了一定进展并呈现出一些基本特点。一是全球气候治理的目标不断清晰和明确。《联合国气候变化框架公约》将全球气候治理的最终目标设定为温室气体浓度控制，在此基础上，《巴黎协定》用气温升幅取代大气中的温室气体浓度，并提出"保 2℃争 1.5℃"的量化目标，有利于进一步衡量气候治理成效。二是全球气候治理的原则不断演进和调整。《巴黎协定》对《联合国气候变化框架公约》中"共同但有区别的责任"原则进行了补充，在表明必须遵循《联合国气候变化框架公约》所确立的"包括以公平为基础并体现共同但有区别的责任和各自能力的原则"基础上，增加了"同时要根据不同的国情"的表述。三是全球气候治理中的减排模式发生重大变化。为最大限度地激发其参与全球气候治理的意愿，推动更多国家相继出台并落实相关政策举措，《巴黎协定》修改原规定，将减排目标分摊模式改为以"自下而上"为主的国家自主贡献模式。四是全球气候治理结构不断发展，形成了多层多元且具有较强韧性的全球气候治理体系。自联合国气候谈判启动以来，全球气候治理的基本结构经过不断演进，逐渐形成了以《联合国气候变化框架公约》及其框架下的《京都议定书》和《巴黎协定》为核心，包括国家行为体、次国家行为体和非国家行为体在内的全球多元多层治理体系和网络。

（三）我国积极参与全球气候治理

我国主动承担并积极履行应对气候变化国际义务，加强与各国磋商对话，在气候变化国际谈判中发挥积极作用，为推动全球气候治理进程、深化应对气候变化国际合作发挥重要作用。一是积极参与全球气候治理。2020 年 9 月 22 日，习近平主席在第七十五届联合国大会一般性辩论上郑重宣示，中国将提高国家自主贡献力度，采取更加有力的政策和措施，二氧化碳排放力争于 2030 年前达到峰值，努力争取 2060 年前实现碳中和。此后，我国多次表明坚定支持《巴黎协定》的立场，推动各方达成"格拉斯哥气候协议"，巩固了未来十年全球致力于加速气候行动的共识。二是我国初步构建了碳达峰碳中和"1 + N"政策体系。"1"包括《关于完整准确全面贯彻新发展理念做好碳达峰碳中和工作的意见》《2030 年前碳达峰行动

第　七　章

方案》两个顶层设计。"N"包括能源、工业、交通运输、城乡建设、农业农村等重点领域碳达峰实施方案，煤炭、石油、天然气、钢铁、有色金属、石化化工、建材等重点行业碳达峰方案，以及科技支撑、财政支持、绿色金融、绿色消费、生态碳汇、减污降碳、统计核算、标准计量、人才培养、干部培训等碳达峰碳中和支撑保障方案。

第 七 章

| 第八章 | 能源经济

能源是工业的粮食、国民经济的命脉，是人类文明进步的物质基础和动力源泉，攸关国计民生和国家安全，关系人类生存和发展，对促进经济社会发展、增进人民福祉、维护社会长治久安至关重要。本章从能源的概念、分类出发，从三次能源革命与经济社会发展的关系等多个角度全面深入地探讨了能源与经济社会发展的内在联系。同时坚持问题导向，结合我国的能源结构现状，分析提出了我国能源结构优化调整的路径，提出筑牢国家能源安全屏障的路径建议。

第一节　能源概念、分类与现状

一、能源定义

能源也称为能量资源或能源资源，《辞海》中将能源定义为"可从中获得热能、机械能、电能、化学能、光能或核能等各种形式能量的一切自然资源"。《大英百科全书》中将能源定义为"一个包括所有燃料、流水、阳光和风的术语，人类用适当的转换手段便可让它为自己提供所需的能量"；《日本大百科全书》中将能源定义为"在各种生产活动中，我们利用热能、机械能、光能、电能等来做功，可利用来作为这些能量源泉的自然界中的各种载体，称为能源"；《中国大百科全书》将能源定义为"可以直接或经转换提供人类所需的光、热、动力等任一形式能量的载能体资源"。《中华人民共和国节约能源法》中将能源定义为"煤炭、石油、天然气、生物质能和电力、热力以及其他直接或者通过加工、转换而取得有用能的各种资源"。简单地说，能源是指在当前社会经济技术条件下，自然界中能为人类提供某种形式能量的物质和自然过程。

二、能源分类

能源种类繁多，随着科技进步与发展，更多新型能源已经开始能够满足人类需求。按照不同的分类标准，能源可以划分为不同的类型。具体包括以下几种。

（一）按是否直接产生分类

能源可分为一次能源和二次能源。一次能源是指在自然界现成存在、无须经过任何转换或转化的能源，如煤炭、石油、天然气等。二次能源是指直接或间接由一次能源转换或转化所产生的能源，如电力、汽油、柴油等。

一次能源又分为可再生能源（如太阳能、风能、地热能、海洋能及生物质能）和不可再生能源（如煤炭、石油、天然气等），其中煤炭、石油和天然气三种能源是一次能源的核心，是全球能源的基础。

（二）按使用过程中的污染情况分类

能源可分为污染型能源和清洁型能源。污染型能源是指消耗后带来较高环境污染的能源，如煤炭、石油等。清洁型能源是指消耗后带来较低环境污染甚至几乎不造成环境污染的能源，如太阳能、风能、核能等，可再生能源大部分属于清洁型能源。

"污染"和"清洁"是相对的，清洁型能源并非完全不造成污染，而是其污染程度远小于污染型能源。

（三）按商品市场交易程度分类

能源可分为商品能源和非商品能源。商品能源是指全部或绝大部分需要通过市场交易、具有市场价格的能源，主要包括煤炭、石油、天然气、电力等。非商品能源是指无须通过市场交易、没有市场价格的能源，常见的包括农作物秸秆、沼气等。

商品能源与非商品能源是根据较长时期内某种能源的主要交易属性来划分的，并非与实际交易特征完全一致。例如，煤矿生产的煤炭虽然具有自用的属性，但由于其主要是用来交易的，因而属于商品能源。少数农作物秸秆也会存在交易价值，但由于其绝大多数是自产、自采、自用的，因而属于非商品能源。

（四）按利用技术情况分类

能源可分为常规能源和新型能源。常规能源指的是技术较为成熟、使用较为普遍的能源，主要包括煤炭、石油、天然气、水力资源等。新型能源则指的是技术不够成熟，仍处于研究、发展阶段，在现有条件下利用转换的经济性较差的能源，主要包括风能、太阳能等。新型能源大部分属于可再生能源，"取之不尽、用之不竭"，是未来重点发展的领域。

除了上述分类方法以外，还可根据能源来源将能源分为来自地球外部天体的能源（主要是太阳能）、地球本身蕴藏的能源（如地热能）、地球和其他天体相互作用而产生的能源（如潮汐能）；能源性质将能源分为燃料型能源（如煤炭、石油、天然气、泥炭、木材）和非燃料型能源（如水能、风能、地热能、海洋能）；能源形态特征将能源分为固态燃料、液体燃料、气体燃料等，不同类型的能源划分可能存在一定的交叉。

三、能源现状及趋势

18 世纪以后，煤炭、石油、电力的广泛使用，先后推动了第一、第二次工业革命，使人类社会从农业文明迈向工业文明，能源从此成为世界经济发展的重要动力。但化石能源大量使用，带来环境、生态和全球气候变化等领域一系列问题，全球要实现气温上升控制在 1.5℃ 的目标，大幅增加可再生能源的份额成为全球共识。全球正进入清洁能源技术制造时代，向清洁能源转型既面临巨大挑战又带来战略机遇，对促进经济增长、增强国际竞争力、创造就业机会、实现气候目标等具有重要作用，也将进一步加速全球地缘政治再调整的进程。

（一）世界能源现状及趋势

1. 能源结构加速向清洁低碳转型

为应对全球气候极端变化趋势，《巴黎协定》得到国际社会广泛支持和参与，中国、欧盟、美国、日本等 130 多个国家和地区提出了碳中和目标，86% 的国家部署了清洁能源开发，48% 的国家将太阳能作为可再生能源的首选技术。尽管最近全球危机和地缘冲突对能源转型产生了影响，但清洁能源迎来重要发展机遇期，全球能源转型步伐依旧铿锵。电力作为可再生能源的重要应用领域，在"已公布的承诺情景"中，电力在能源消费中的占比将从 2021 年的 20% 上升到 2050 年的 39%，可再生能源发电量在总发电量中的比重将从 2021 年的 28% 上升至 2050 年的 80%，化石燃料发电量占比则从 2021 年的 62% 下降至 2050 年的 26%。2022 年底，全球

第 八 章

可再生能源发电装机容量达到 3371 吉瓦，占全球装机容量的 40%，其中中东地区增长 13%，亚洲地区增长 12%（如表 8 - 1 所示）。全球可再生能源装机容量增加了近 295 吉瓦，占全球新增电力的 83%。太阳能光伏装机容量激增 191 吉瓦，较 2021 年增长了 36%。国际能源署（IEA）预测，确保在 2050 年实现净零排放，需要在 2030 年前大规模部署清洁能源技术，全球化石能源消耗有望在 2030 年之前达到峰值，化石燃料在一次能源需求中的份额将从过去二十年的 80% 下降到既定政策情景（STEPS）的 73%，承诺情景（APS）的 69% 和净零排放情景（NZE）的 62%。未来五年的太阳能光伏产能将逐年增加，2026 年将超过天然气，2027 年将超过煤炭，成为全球最大的电力来源。

表 8 - 1　　　　　　　　2022 年全球分地区可再生能源发电装机容量变化情况

地区	装机容量（吉瓦）	全球占比（%）	变化情况	
			装机容量（吉瓦）	占比（%）
北美地区	489	15	29	6
中美和加勒比地区	18	1	0.6	3
南美地区	265	8	18	7
欧洲地区	709	21	57	9
欧亚地区	119	4	3.4	3
中东地区	29	1	3.2	13
亚洲地区	1630	48	175	12
非洲地区	59	2	2.7	5
大洋洲地区	55	2	5.2	11

资料来源：IREA, Renewable Capacity Statistics 2023。

第 八 章

2. 能源消费结构多元化加速演进

2022 年一次能源需求增长放缓（增长 1.1%），仍以石油、煤炭、天然气为主，三者合计占一次能源消费总量的 82%，其中石油占 32%、煤炭占 27%、天然气占 23%。但从能源消费变化情况来看，其中可再生能源表现最为突出，较 2021 年增长 13 个百分点（如图 8 - 1 所示）。其次是石油增长 3 个百分点、煤炭增长 1 个百分点、水电增长 1 个百分点。受欧美逐步淘汰核能和俄乌冲突的影响，核能较 2021 年减少 5 个百分点，天然气减少 3 个百分点。2022 年，全球发电总量 29165.1 太瓦时，其中可再生能源（不包括水电）发电量 4204.3 太瓦时，在全球发电量中的占比继续呈上升趋势，占比达 14%，高于核能的占比（9%）。太阳能和风能发电量增长了 266 吉瓦，增幅创下新高，其中太阳能占新增发电量的 72%。煤炭在电力行业的占比约为 35%。天然气发电量的占比仍接近其 10 年平均值（23%）。根据国际可再生能源署（IRENA）的《世界能源转型展望》，到 2050 年，可再生能源将占全球能源结构的 3/4。电力将成为主要的能源载体，到 2050 年将满足 50% 以上的消费。世界能源消费结构也将由"四分天下"格局（煤炭、石油、天然气和新能源）转变为"三小一大"格局（以新能源为主）。

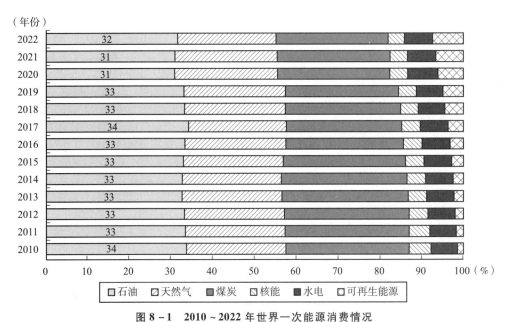

图 8-1 2010~2022 年世界一次能源消费情况

资料来源：BP，世界能源统计年鉴。

3. 可再生电力成本持续下降

据国际可再生能源署统计数据显示，自 2010 年以来，除地热能发电、水电外，其他可再生电力安装成本、平准化度电成本（LCOE）均呈下降趋势（如表 8-2 所示）。2022 年，在化石燃料成本飙升、大宗商品价格持续上涨的情况下，全球新投产的公用事业规模的太阳能光伏发电、陆上风电、聚光太阳能发电、生物质能发电和地热能发电的平准化度电成本均有所下降。其中，太阳能光伏发电全球加权平均平准化度电下降 3%，下降至 0.049 美元/千瓦时，平均总安装成本下降 4%；陆上风电全球加权平均平准化度电下降 5%，从 0.035 美元/千瓦时降至 0.033 美元/千瓦时；聚光太阳能光热发电全球加权平均平准化度电下降 2%，2022 年平均电力

第八章

成本约为 0.118 美元/千瓦时；生物质发电全球加权平均平准化度电下降 13%，从 0.071 美元/千瓦时降至 0.061 美元/千瓦时；地热能发电全球加权平均平准化度电下降 22%，降至 0.056 美元/千瓦时。在技术进步的推动下，可再生发电技术正在主导全球新增电力市场，太阳能和风能等技术也获得了竞争优势。

表 8－2　　　2010 年、2022 年全球可再生电力安装成本及平准化度电成本变化情况

发电类型	安装成本（美元/千瓦时）		安装成本变化（%）	平准化度电成本（美元/千瓦时）		平准化度电成本变化（%）
	2010 年	2022 年		2010 年	2022 年	
生物质能发电	2904	2162	－26	0.082	0.061	－25
地热发电	2904	3478	20	0.053	0.056	6
水电	1407	2881	105	0.042	0.061	47
太阳能光伏发电	5124	876	－83	0.445	0.049	－89
聚光太阳能发电	10082	4274	－58	0.380	0.118	－69
陆上风电	2179	1274	－42	0.107	0.033	－69
海上风电	5217	3461	－34	0.197	0.081	－59

资料来源：IRENA。

4. 清洁能源投资持续增长

世界各国对能源系统的投入正在逐步由化石能源向清洁能源过渡（如图 8－2 所示）。企业对可再生能源的投资意愿持续增加，以太阳能和电动汽车为首的可再生能源引领清洁能源投资增长，全球可再生能源投资再创新高。2022 年清洁能源投资达到 1.4 万亿美元，与 2021 年相比增长 10%，占能源部门总投资增长的 70%。电力投资方面，可再生能源发电投资增长 11%，太阳能光伏和风电继续主导新投资，其中太阳能光伏占总投资的 56%，风电占 40%。据国际能源署《2023 年世界能源投资报告》显示，2023 年能源投资将达到约 2.8 万亿美元，以太阳能和电动汽车为首的可再生能源引领清洁能源投资增长。超过 1.7 万亿美元将用于清洁能源，包括可再生能源、核能、电网、储能、低排放燃料、效率提高以及最终用途可再生能源和电气化。如果要实现 2050 年净零排放目标，这一投资额到 2030 年需达到 4 万亿美元。清洁能源投资的持续增长，将拉动能源技术开发和能源发展进程。

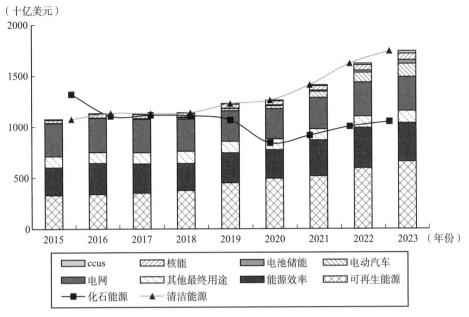

（十亿美元）

图例：
- ccus
- 核能
- 电池储能
- 电动汽车
- 电网
- 其他最终用途
- 能源效率
- 可再生能源
- 化石能源
- 清洁能源

图 8 – 2　2015～2023 年全球化石能源、清洁能源投资情况

资料来源：IEA，World Energy Investment 2023。

5. 关键矿产资源竞争日趋激烈

与传统的能源系统相比，以清洁能源技术为动力的能源系统更加依赖关键矿产，不同清洁能源技术对矿产资源的需求程度也不同（如表 8 – 3 所示），保障关键矿产资源将是未来能源安全战略的重点。太阳能电池板、风力涡轮机和电池等关键技术需要镍、铜、锂、稀土等关键能源矿产，锂、镍、钴、锰和石墨对电池性能、寿命和能量密度至关重要，稀土对风力涡轮机和电动汽车至关重要。国际能源署分析发现，太阳能光伏所需的关键矿产是同等产能燃气发电的 6 倍，海上风力发电是同等产能燃气发电的 13 倍，陆上风力发电是同等产能燃气发电的 9 倍；一辆典型的电动汽车需要超过 200 千克的铜、锂、镍、锰、钴、石墨、稀土等关键矿产（不包括钢和铝），约为传统汽车的 6 倍。据国际能源署预测，到 2040 年全球对锂等关键电池矿产的需求将增长 40 倍，而钴和石墨的需求将增长约 20 倍。2022 年关键能源矿产价格继续飙升，碳酸锂价格上涨 335%，均价创下 47000 美元/吨的历史新高；钴价上涨了 24%，均价达到 64000 美元/吨。全球关键矿产供应链呈现地理聚集度高、加工生产周期长、供应链上中下游分割和供不应求四大主要特征，发达国家的关键矿产战略表现出"友岸外包""近岸外包"和"盟友外包"的特征，致力于打造一个将中国排除在外的供应体系，削弱中国在清洁能源供应链领域

第 八 章

的既有优势。随着全球加速向清洁能源转型，围绕关键矿产供应链和产业链的竞争日趋激烈，围绕关键能源矿产的地缘政治博弈也将不断加剧。

表 8-3　　　　　　　部分清洁能源技术相关的关键矿产需求程度

清洁能源技术类型	关键矿产种类								
	铜	钴	镍	锂	稀土	铬	锌	铂族	铝
太阳能光伏	高	低	低	低	低	低	低	低	高
风能	高	低	中	低	高	中	高	低	中
水电	中	低	低	低	低	中	中	低	中
聚光式太阳能	中	低	中	低	低	高	中	低	高
生物能	高	低	低	低	低	低	中	低	中
地热	低	低	高	低	低	高	低	低	低
核能	中	低	中	低	低	中	低	低	低
电网	高	低	低	低	低	低	低	低	高
电动汽车和电池存储	高	高	高	高	高	低	低	低	高
氢能	低	低	高	低	中	低	低	高	高

资料来源：IEA. The role of critical minerals in clean energy transitions [R]. 2021。

（二）中国能源现状及趋势

经过长期发展，我国已成为世界上最大的能源生产国和消费国。党的十八大以来，在习近平总书记"四个革命、一个合作"能源安全新战略的科学指引下，全面推进能源消费方式变革，形成了煤炭、电力、石油、天然气、新能源、可再生能源全面发展的能源供给体系，供给质量和效益不断提升，能源自给率保持在80%以上，有力保障了经济社会发展和民生用能需求，我国能源进入高质量发展新阶段。

1. 能源安全稳定供应能力稳步增强

一次能源供应总量持续增长，原煤、原油、天然气产量稳步增长，安全供应能力进一步增强（见图 8-3）。"十三五"以来，国内原油产量稳步回升，天然气产量较快增长，年均增量超过 100 亿立方米，油气管道总里程达到 17.5 万公里，发电装机容量达到 22 亿千瓦，西电东送能力达到 2.7 亿千瓦。2023 年，生产原煤 42.4 亿吨，同比增长 2.9%；新建原油产能 2250 万吨、天然气产能 420 亿立方米，全年原油产量稳定在 2 亿吨以上；天然气产量超过 2300 亿立方米、同比增长超过 4.5%；新增电力装机约 3.3 亿千瓦，总装机达到 29 亿千瓦、同比增长 12.9%，全国电力供应总体稳定。能源供应保障基础不断夯实，资源配置能力明显提升。

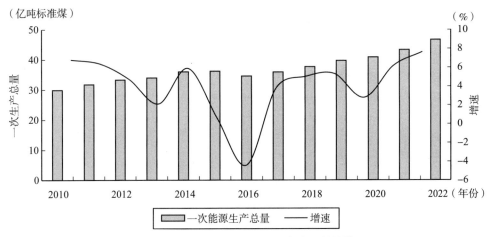

图 8-3　2010~2022 年我国一次能源供给情况

资料来源：国家统计局《国民经济和社会发展统计公报》。

2. 能源绿色低碳转型步伐加快

水电、风电、光伏、生物质发电装机的规模和在建核电装机规模稳居世界第一，农村风电光伏、海上风电、常规水电、抽水蓄能等工程加速推进。我国可再生能源装机容量占比和发电量占比持续上升，2022 年可再生能源装机容量占总量的 45.3%、发电量占 28.5%（如图 8-4 所示），可再生能源成为保障电力供应新力量。2023 年，可再生能源总装机年内连续突破 13 亿千瓦、14 亿千瓦大关，达到 14.5 亿千瓦，占全国发电总装机比重超过 50%，历史性超过火电装机。截至 2023 年底，全国发电装机容量 29.2 亿千瓦，同比增长 13.9%。全国可再生能源发电总装机达 15.16 亿千瓦，占全国发电总装机的 51.9%。全国可再生能源新增装机 3.05 亿千瓦，占全国新增发电装机的 82.7%；全国可再生能源发电量近 3 万亿千瓦时，接近全社会用电量的 1/3。大型风电光伏基地建设进展顺利，第一批大型风电光伏基地已建成并网 4516 万千瓦，第二批、第三批已核准超过 5000 万千瓦，正在陆续开工建设。建成投运新型储能项目超过 2400 万千瓦。电动汽车充电基础设施超过 800 万台。清洁能源消费占能源消费总量的比重上升到 2023 年的 25.9%，能源消费结构持续向清洁低碳转型。

第 八 章

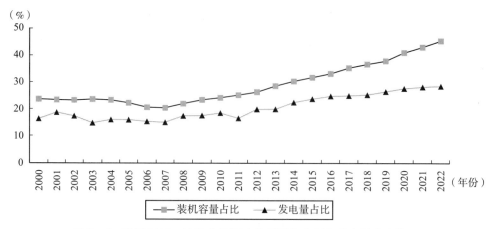

图 8 - 4　我国 2000～2022 年可再生能源装机容量和发电量占比情况

资料来源：国家能源局《全国电力工业统计报告》。

3. 能源科技创新纵深推进

充分发挥科技创新的驱动作用，持续推进能源科技创新，能源技术水平不断提高，能源科技创新能力显著提升。中国可再生能源领域专利数、投资、装机和发电量连续多年稳居全球第一，为全球贡献了 70% 以上的光伏组件和 60% 的风电装备，其中太阳能领域专利数所占比重最大（如图 8 - 5 所示）。新能源和电力装备制造能力全球领先，低风速风力发电技术、光伏电池转换效率等不断取得新突破，中国光伏组件、风力发电机等关键部件占全球市场份额的比重约为 70%，建成了全球最大规模的电动汽车充电和加氢网络。我国新能源汽车、锂电池、光伏产品"新三样"在国际市场上形成了强大竞争力，2023 年产品合计出口 1.06 万亿元，首次突破万亿元大关。建成若干应用先进三代技术的核电站，新一代核电、小型堆等多项核能利用技术取得明显突破，全球首座第四代核电站华能石岛湾高温气冷堆核电站正式商运投产。建立完备的水电、核电、风电、太阳能发电等清洁能源装备制造产业链，成功研发制造全球最大单机容量 100 万千瓦水电机组，具备最大单机容量达 10 兆瓦的全系列风电机组制造能力。建成规模最大、安全可靠、全球领先的电网，供电可靠性位居世界前列。"互联网＋"智慧能源、储能、区块链等一大批能源新技术、新模式、新业态正在蓬勃兴起。

4. 能源国际合作全方位拓展

我国坚持互利共赢、平等互惠原则，深度参与全球能源治理，全方位加强能源国际合作。全面取消煤炭、油气、电力（除核电外）、新能源等领域外资准入限制，埃克森美孚、通用电气、BP、法国电力、西门子等国际能源公司在中国投资规模稳步增加。推动海南等自由贸易试验区能源产业发展，支持浙江自由贸易试验区油气全产业链开放发展。能源合作是共建"一带一路"的重点领域，我国与相关国家和地区推动共建"一带一路"能源绿色可持续发展，先后共同成立了中国—阿盟清洁能源培训中心、中国—中东欧国家能源项目对话与合作中心、中国—非盟能源伙伴关系、中国—东盟清洁能源合作中心等能源合作平台，中俄东线天然气管道、中缅原油管道、中国—中亚天然气管道 C 线、中俄原油管道复线等一批标志性重大项目相继投运，建成中越、中蒙、中缅等跨国输电线路，能源基础设施联通持续推进。2022 年，我国光伏产品出口额同比增长 80.3%。其中，光伏组件出口量同比增长 55.8%，硅片出口量同比增长 60.8%，电池片出口量同比增长130.7%，风电机组出口量截至 2022 年底累计达到 1193 万千瓦，我国成为稳定全球清洁能源产业链供应链的重要力量。

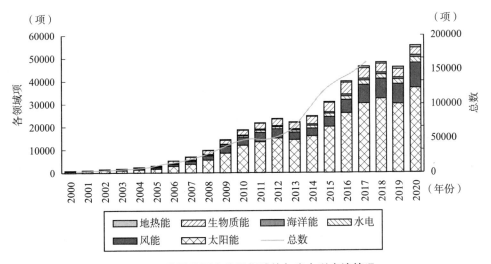

图 8 - 5　我国可再生能源领域的年度专利申请情况

资料来源：国际可再生能源署，https：//www.irena.org/Data/View-data-by-topic/Innovation-and-Technology/Patents-Evolution。

第二节　能源与经济社会发展

能源作为能量的主要来源和载体，既是重要的生产要素，又是重要的生活资料，与经济的关系非常密切，二者既相辅相成又相互制约。一方面，能源是经济社会发展的基础。不仅作为生产要素参与经济活动，而且作为其他生产要素的燃料、动力参与经济活动，能源供给不足或过度利用都会制约整个经济社会发展。另一方面，经济社会发展是能源发展的前提。经济发展带动能源消费，经济发展和生产力水平的提高，也为能源的开发和利用提供必要的技术条件、市场条件和物质条件。

一、能源与经济社会发展的关系

纵观人类社会发展的历史，人类利用能源的过程经历了由表及里的革命，从低级到高级，从低效到高效的发展过程。经历了以主动用火技术、蒸汽机技术以及电力与内燃机技术为标志的三次能源革命，推动人类社会由"薪柴时代"向"煤炭时代"、"煤炭时代"向"油气时代"的过渡。能源品种逐步丰富，能源效率显著提高。随着能源利用技术的不断进步，先后推动了第一、第二次工业革命，使人类社会从原始文明、农业文明迈向工业文明，推动生产力的巨大飞跃，能源从此成为世界经济发展的重要动力。

（一）能源是经济社会发展的基础

1. 第一次能源革命

火是一种较为常见的自然现象，也是能源利用的最简单的方式。初期原始人类并不会恰当地利用火，而是对火的被动利用。他们主要在由火山爆发、雷击、树木自燃等引起的自然火灰烬中寻找食物，利用火焰熄灭后的余温取暖。在140万至150万年前，原始人类掌握了火的使用方法，由被动用火转为主动用火。在距今5万至10万年前，随着原始人类对火的利用技术不断提高，逐渐掌握了人工取火的技术，火的利用也促进了人类智力的开发。薪柴是人类掌握的第一代能源，人类在学会钻木取火并保存火源时，就有了照明、驱赶野兽、煮熟食物的能力，人类的生存能力大大提高。主动用火使人类的生产力得到极大提升，促进了社会分工的形成、人类文明的诞生。恩格斯指出"摩擦生火第一次使人支配了一种自然力，从而最终把人同动物分开"，可以说主动用火技术在人类历史中的重要性仅次于语言的形成。

2. 第二次能源革命

蒸汽机技术的诞生首先要以对煤炭的大规模利用为基础。人类将煤炭作为燃料的历史至少有2400年；而英国的煤炭开采活动最早可追溯至罗马占领时期。18世纪60年代，第一次工业革命在英国发生，蒸汽机的发明和广泛利用，大幅提升了人类的生产力水平，低热值的木材已无法满足巨大的能源需求，推动了煤炭被大规模勘探、开发和利用，成为主要的能源，标志着第二次能源革命的开始。到18世纪80年代，随着蒸汽机的广泛应用，煤炭的适用范围得以逐步扩大（如图8-6所

示），人类社会进入"煤炭时代"。蒸汽动力大规模代替人力和畜力，相继发生了 2
次科技革命和 1 次工业革命，带动冶金、制造、开采、运输等工业的快速发展，加
快了世界工业化进程。

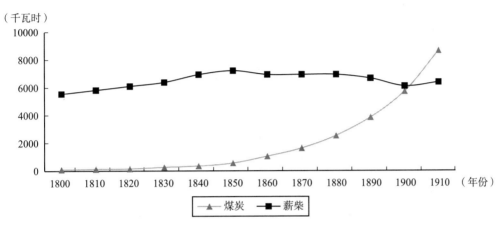

图 8 - 6　1800～1910 年世界柴薪与煤炭消费情况

资料来源：Our World in Data，https://ourworldindata.org/global-energy-200-years。

3. 第三次能源革命

19 世纪 70 年代，世界迎来了近代历史上的第二次工业革命。1831 年，英国物
理学家迈克尔·法拉第（Michael Faraday）发现了磁与电之间的相互联系和转化关
系，并创造了第一台发电机。由蒸汽轮机作动力的发电机出现后，煤炭被转换成更
加便于输送和利用的二次能源—电能。1859 年，美国首先在宾夕法尼亚钻探第 1
口商业油井，开启了近代石油工业。1875 年，法国建成了世界上第一座燃煤发电
厂，技术进步促进了煤炭产业的快速发展，使煤炭成为一次消费能源中占比最大的
能源。内燃机的发明解决了长期困扰人类的动力不足问题。1876 年，德国发明家
奥托（Otto）创制成功第一台四冲程内燃机。1883 年，德国工程师戴姆勒（Daim-
ler）创制成功第一台汽油机。1885 年，德国工程师卡尔·本茨（Carl Benz）发明
了第一辆内燃机汽车。1897 年，德国工程师狄塞尔（Diesel）成功发明了第一台柴
油机。相比蒸汽机，内燃机效率更高，体积更小，内燃机的发明推动了石油开采业
的发展和石油化工工业的生产。电力与内燃机的诞生与实用化使人类社会进入了工
业和科技快速发展阶段，社会生产也从蒸汽动力向燃气动力、电动力、风力、水力
等多元供能体系发展。自 20 世纪 60 年代，人类主要能源从煤炭转向了石油和天然
气，人类社会进入煤炭、石油、天然气共存，以石油天然气为主的"油气时代"。

每一次能源革命不仅是能源开发与利用方式的巨大突破，更是人类经济社会发展的重大变革。自工业革命以来，经济社会对煤炭、石油等化石能源的依赖逐渐增加，2022 年化石能源在一次能源消费量中的占比为 82%。化石能源的大量使用在促进经济发展的同时，也带来了全球气温升高、降水模式不稳定、海平面上升等系列危机。能源消耗是全球碳排放的主要来源，2022 年能源消耗产生的排放量占全球总排放量的 87%。21 世纪以来，共同应对气候变化危机已经成为全球共识，以"低碳化、无碳化"理念为核心的新一轮能源革命与变革在全球范围蓬勃兴起，世界能源发展迎来了由"油气时代"向"新能源时代"过渡的第四次能源革命。

（二）经济社会发展是能源发展的前提

1. 经济增长推动能源消费

人类社会经历了许多复杂的阶段，才发展到今天如此进步和文明的程度，其中工业化时代是非常重要的阶段。在此阶段，经济发展促进了科技创新，科技进步推动了能源技术的革命，从而使能源种类更加丰富和能源供给更加充足。自工业革命以来，世界经济和能源消耗均保持了较快增长。世界能源消费随着经济的变化而变化，经济与能源消费具有很强的正相关性（如图 8 - 7 所示）。随着未来世界经济的增长，世界能源需求也会逐步增长。到 2050 年，全球经济将以平均每年 2.6%的速度增长，必将推动能源消费的持续增长。

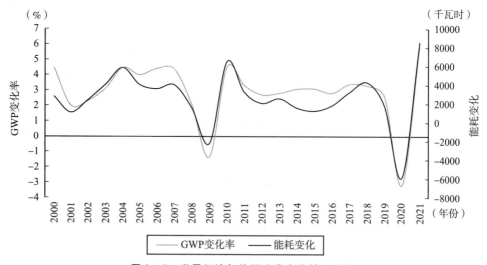

图 8 - 7　世界经济与能源消费变化情况对比

资料来源：Our World in Data。

2. 经济发展为能源开发利用提供物质和技术条件

能源开发具有投资大、风险大、见效慢和周期长等特征，需要丰富的物质基础支撑。特别是新能源、可再生能源，其开发技术含量高、涉及学科多、开发难度大，如果没有足够的财力、物力及技术作保证，是无法完成的。而经济发展水平的高低决定了对能源开发投入的财力、物力和人力的保障程度，进而决定了能源开发和利用的规模和程度。

二、能源与经济发展阶段的关系

能源是经济社会发展不可或缺的基础物资，不同的经济发展阶段、工业化阶段对能源的依赖程度不同，著名经济学家罗斯托、钱纳里、霍夫曼、配第、克拉克、库兹涅茨等通过研究经济发展提出了工业化阶段划分的理论。

（一）罗斯托起飞模型

1960 年，美国经济学家罗斯托在出版的《经济成长的阶段》一书中，通过研究世界经济发展的历史提出经济成长阶段论，又称作"罗斯托模型"，将一个国家的经济发展过程分为五个阶段，1971 年在《政治和成长阶段》中增加了第六阶段。罗斯托认为一个国家从贫困到富裕，要分别经历六个阶段：传统社会阶段、准备起飞阶段、起飞阶段、走向成熟阶段、高额消费阶段和追求生活质量阶段（见表 8 - 4）。

表 8 - 4　　　　　　　　　　　　不同经济发展阶段的特征

发展阶段	主要特征	能源需求
传统社会阶段	手工劳动，农业为主，经济水平很低	很低
准备起飞阶段	第一产业或者劳动密集型制造业为主，进入工业化初期	低
起飞阶段	经济持续增长，进入工业化中期	较高
走向成熟阶段	产业由劳动密集型转向资本密集型	高
高额消费阶段	高度发达的工业社会，由资本密集型转向技术密集型	高
追求生活质量阶段	第三产业为主，技术密集型、高附加值产业	较高

（二）钱纳里工业化阶段理论

1986 年，美国经济学家钱纳里借助多国模型，从经济发展的长期过程中研究了制造业内部各产业部门的地位和作用的变动，揭示制造业内部结构转换的原因，

第 八 章

认为经济社会发展可分为三个阶段六个时期，分别为工业化前期阶段，以初级产品生产为主；工业化实现阶段细分为工业化初期、工业化中期、工业化后期；第三阶段为工业化完成后的发达经济阶段。同时将制造业划分为三种不同类型的产业，即初期产业（如食品、皮革、纺织等部门）、中期产业（非金属矿产品、橡胶制品、石油、化工、煤炭制品等制造业部门）、后期产业（服装和日用品、印刷出版、纸制品、金属制品和机械制造等部门）。推动工业化阶段由低级向高级演变的本质就是经济增长动力由资源驱动向资本驱动、再向技术驱动的转变（如表 8 - 5 所示）。

表 8 - 5　　　　　　　　　　不同工业化阶段的特征

时期	人均 GDP （以 1964 年为基期）	主导产业	发展阶段	工业部门特点
1	100 ~ 200 美元	第一产业	初期阶段	劳动密集型 轻工业
2	200 ~ 400 美元	第二产业	中期阶段	资本密集型 重工业
3	400 ~ 800 美元			
4	800 ~ 1500 美元			
5	1500 ~ 2400 美元	第三产业	后期阶段	技术密集型 高附加值产业
6	2400 ~ 3000 美元			

（三）配第 - 克拉克定理

1691 年，英国经济学家威廉·配第对当时英国的实际研究中发现，随着经济的不断发展，产业中心将逐渐由有形的财物生产转向无形的服务性生产，即工业往往比农业利润多、商业往往比工业的利润多。因此劳动力必然由农转工，而后再由工转商。1940 年，英国经济学家克拉克以配第的研究为基础，对 40 多个国家和地区不同时期三次产业的劳动投入产出资料进行了整理和归纳，总结出随着人均收入水平的提高，劳动力首先由第一产业向第二产业转移；当人均收入水平进一步提高时，劳动力便由第二产业向第三产业转移。根据这一规律把工业发展分为三个阶段，即农业为主、工业为主和服务业为主的阶段。

（四）库兹涅茨产业结构论

1941 年，美国经济学家库兹涅茨在《国民收入及其构成》一书中，就阐述了国民收入与产业结构间的重要联系，将工业化程度划分为五个阶段。第一阶段，工业化起始阶段，第一产业的比重较高，第二产业的比重较低；第二阶段，工业化初期阶段，随着工业化的推进，第一产业比重持续下降，第二产业比重迅速上升，而第三产业比重只是缓慢提高；第三阶段，工业化中期阶段，当第一产业比重下降到20%以下，第二产业的比重超过第三产业且在 GDP 中占最大份额；第四阶段，工业化后期阶段，第一产业比重下降到10%以下，第二产业比重上升到最高水平并保持稳定或有所下降。

（五）霍夫曼定理

1931 年，德国经济学家霍夫曼在《工业化的阶段的类型》一书中，通过分析制造业中消费资料工业和资本资料工业的比例关系，研究一个国家或区域的工业化进程中工业结构演变的规律，正式提出霍夫曼比例，也被称为"霍夫曼系数"。

$$霍夫曼比例 = \frac{消费资料工业净产值}{资本资料工业净产值}$$

霍夫曼认为在工业化的进程中，随着人类社会生产力水平不断发展，经济、文化尤其是科学技术的突飞猛进，工业化程度越高霍夫曼比例越小，产业结构由第二产业主导向第三产业主导转变，将工业化进程划分为四个阶段（如表 8－6 所示）。第一阶段，消费资料工业在制造业中占主导地位；资本资料工业不发达，在制造业中所占比重较小；第二阶段，资本资料工业发展速度比消费资料工业快，但在规模上仍比消费资料工业小得多；第三阶段，消费资料工业和资本资料工业的规模大体相当；第四阶段，资本资料工业的规模超过了消费资料工业的规模。

表 8－6　　　　　　　　　　　霍夫曼的工业阶段划分

霍夫曼系数	工业化阶段	产业特征
5（±1）	第一阶段	消费资料工业占优势
2.5（±1）	第二阶段	资本资料工业迅速发展
1（±0.5）	第三阶段	资本资料工业与消费资料工业相当
1 以下	第四阶段	资本资料工业占优势

第 八 章

根据我国国家统计局的分类方法，第一产业包括农、林、牧、渔业；第二产业包括采矿业，制造业，电力、热力、燃气及水生产和供应业，建筑业；第三产业即服务业，包括农、林、牧、渔服务业，开采辅助活动，金属制品、机械和设备修理业，批发和零售业，交通运输、仓储和邮政业，住宿和餐饮业，信息传输、软件和信息技术服务业，金融业，房地产业，租赁和商务服务业，科学研究和技术服务业，水利、环境和公共设施管理业，居民服务、修理和其他服务业，教育，卫生和社会工作，文化、体育和娱乐业，公共管理、社会保障和社会组织，国际组织。可以看出，工业化进程伴随着产业结构调整和投入要素的不断升级，不同阶段的能源消费也有一定规律。在准工业化时期，农业占主导地位，这一时期对能源的需求较少，能源消费水平较低；随着经济社会发展，进入工业化阶段后，第二产业迅速发展并成为国民经济的支柱产业，这一时期对能源的需求逐步增加，能源消耗迅速提升并逐渐达到峰值；当经济社会发展进入工业化后期，产业结构逐步由第二产业向第三产业转型，耗能产业占比逐步减少，取而代之的是低耗能高附加值的产业，能源消费水平趋缓甚至出现"零增长"。

三、能源与经济关系的测度指标

（一）能源生产总量

能源生产总量指一定时期内，全国一次能源生产量的总和。该指标是观察全国能源生产水平、规模、构成和发展速度的总量指标。一次能源生产量包括原煤、原油、天然气、水电、核能及其他动力能（如风能、地热能等）发电量，不包括低热值燃料生产量、太阳热能等的利用和由一次能源加工转换而成的二次能源产量。

（二）能源消费总量

能源消费总量是指一定地域内，国民经济各行业和居民家庭在一定时期消费的各种能源的总和。包括：原煤、原油、天然气、水能、核能、风能、太阳能、地热能、生物质能等一次能源；一次能源通过加工转换产生的洗煤、焦炭、煤气、电力、热力、成品油等二次能源和同时产生的其他产品；其他化石能源、可再生能源和新能源。其中水能、风能、太阳能、地热能、生物质能等可再生能源，是指人们通过一定技术手段获得的，并作为商品能源使用的部分。在核算过程中，一次能源、二次能源消费不能重复计算。能源消费总量分为终端能源消费量、能源加工转换损失量和能源损失量三个部分。

（1）终端能源消费量：指一定时期内，全国生产和生活消费的各种能源在扣除了用于加工转换二次能源消费量和损失量以后的数量。

（2）能源加工转换损失量：指一定时期内，全国投入加工转换的各种能源数量之和与产出各种能源产品之和的差额。该指标是观察能源在加工转换过程中损失量变化的指标。

（3）能源损失量：指一定时期内，能源在输送、分配、储存过程中发生的损失和由客观原因造成的各种损失量，不包括各种气体能源放空、放散量。计算公式：

$$能源消费总量 = 终端能源消费量 + 能源加工转换损失量 + 能源损失量$$

（三）能源生产弹性系数

能源生产弹性系数是研究能源生产增长速度与国民经济增长速度之间关系的指标。计算公式：

$$能源生产弹性系数 = \frac{能源生产总量年平均增长速度}{国民经济年平均增长速度}$$

根据不同的目的或需要，公式中国民经济年平均增长速度，可用国内生产总值等指标来计算。

（四）能源消费弹性系数

能源消费弹性系数反映能源消费增长速度与国民经济增长速度之间比例关系的指标。认识经济增长与能源消费增长的关系，对评价节能降耗成效、判断经济增长与能源消费的依赖程度、评估能源消费统计数据质量等十分重要。计算公式为：

$$能源消费弹性系数 = \frac{能源消费总量年平均增长速度}{国民经济年平均增长速度}$$

根据不同的目的或需要，公式中能源消费总量年平均增长速度可以是能源消费总量增长速度，也可以是分能源品种的消费量增长速度；国民经济年平均增长速度可以用 GDP 增长速度，也可以用分行业增加值增长速度，原则是分子、分母保持相同统计口径的增长速度。

能源消费弹性系数反映经济增长对能源的需求强度，即当 GDP 每增长 1% 时，能源消费量的增长速率。能源消费弹性系数与国民经济结构、技术装备、生产工艺、能源利用效率、管理水平乃至人民生活等因素密切相关。当国民经济中耗能高的部门（如重工业）比重大，科学技术水平还很低的情况下能源消费增长速度总是比国内生产总值的增长速度快，则能源消费弹性系数 >1。能源利用效率的提高，国民经济结构的变化和低耗能工业的迅速发展，能源消费弹性系数会普遍下降。

（五）电力生产弹性系数

电力生产弹性系数是研究电力生产增长速度与国民经济增长速度之间关系的指标。一般来说，电力的发展应当快于国民经济的发展，也就是说电力应超前发展。计算公式为：

$$电力生产弹性系数 = \frac{电力生产总量年平均增长速度}{国民经济年平均增长速度}$$

第 八 章

（六）电力消费弹性系数

电力消费弹性系数是反映电力消费增长速度与国民经济增长速度之间比例关系的指标。计算公式为：

$$电力消费弹性系数 = \frac{电力消费总量年平均增长速度}{国民经济年平均增长速度}$$

（七）能源加工转换效率

能源加工转换效率是指一定时期内，能源经过加工、转换后，产出的各种能源产品的数量与同期内投入加工转换的各种能源数量的比率。该指标是观察能源加工转换装置和生产工艺先进与落后、管理水平高低等的重要指标。计算公式为：

$$能源加工转换效率 = \frac{能源加工转换产出量}{能源加工转换投入量} \times 100\%$$

（八）单位国内生产总值能耗

单位国内生产总值能耗称为单位 GDP 能耗，是指一定时期内，一个国家或地区每生产一个单位的国内生产总值所消费的能源。计算公式为：

$$单位国内生产总值能耗 = \frac{能源消费总量}{国内生产总值}$$

该指标直接反映了一个国家（地区）经济发展与能源消费之间的强度关系，间接反映产业结构状况、设备技术装备水平、能源消费构成和利用效率等内容。

（九）单位国内生产总值电耗

单位国内生产总值电耗是指一定时期内，一个国家或地区每生产一个单位的国内生产总值所消费的电力。计算公式为：

$$单位国内生产总值电耗 = \frac{全社会用电总量}{国内生产总值}$$

第 八 章

第三节 能源结构调整与气候变化

能源是国民经济和社会发展的重要基础和动力，在促进经济社会发展的同时，也因能源利用特别是对化石能源的过度依赖，而带来大量的温室气体排放，能源来源的温室气体排放量约占全球温室气体排放的 75%。温室气体的大量排放而导致的全球气候变化成为人类面临的严峻挑战之一，在限制气候变化和促进可持续发展的双重需求的驱动下，全球能源结构正在发生深刻变化。对清洁能源特别是可再生能源的开发与利用，为全球能源转型带来新的机遇。

一、能源与气候变化

当前全球气候变化是 21 世纪人类面临的最复杂的挑战之一。全球气候变暖除了自然因素，更多研究证实人为温室气体排放所占比例更大。而人为温室气体排放多数为化石能源消费。工业革命以来，化石燃料的广泛使用成为推动工业发展的重要能源来源，据能源研究院《世界能源统计年鉴》（2023 年）统计数据显示，2022 年全球一次能源消费结构中，石油占比最高（31.6%），其次是煤炭（26.7%）、天然气（23.5%）。由此也导致了世界二氧化碳排放量逐年增加，2022 年全球二氧化碳排放量达到 371.5 亿吨，其中中国达到 114.0 亿吨，美国达到 50.6 亿吨。国际能源署（IEA）发布《2023 年度二氧化碳排放报告》指出，全球能源相关二氧化碳排放量增长 4.1 亿吨，达到创纪录的 374 亿吨，其中煤炭排放占增量的 65% 以上。中国排放量增长 5.65 亿吨，达到 126 亿吨，增幅为 4.7%。印度排放量增加 1.9 亿吨，达到 28 亿吨，增速为 7%。

全球气候变化带来火灾、洪水、干旱、海平面上升等极端天气、自然灾害频发，对全球人民生命安全和经济社会发展带来严重威胁。全球气候变化的事实已经引起国际社会的高度重视。解决气候危机是需全球共同面对的首要任务，1992 年全球 150 多个经济体共同签署了《联合国气候变化框架公约》，力争使大气温室气体浓度维持在一个稳定的水平。国际能源署 2022 年气候危害评估分析认为，能源消耗是引起气候变化的主要诱因，全球必须加速向清洁能源转型。2022 年，联合国政府间气候变化专门委员会第三工作组第六次评估报告显示，要限制全球变暖，全球温室气体排放量最迟在 2025 年之前达到峰值，到 2030 年减少 43%，需要大量部署所有可用的清洁能源技术。世界主要经济体积极推进能源转型，清洁低碳能源发展迎来新机遇。国际能源署自 2017 年底启动清洁能源转型计划（CETP），帮助主要新兴经济体加速能源转型。国际能源署 2022 年部长级会议提出，全球能源部门要大幅减少化石燃料的使用、广泛推广电气化、提高能源效率，以及使用替代燃料（如氢气）等，加速清洁能源转型。国际可再生能源署《2022 年世界能源转型展望》报告指出，能源转型是解决全球能源和气候危机的关键，全球到 21 世纪中叶实现能源领域的温室气体净零排放，需要能源生产和消费方式的彻底转型。通过大幅增加可再生能源、可再生电力、提高能源效率等措施，力争到 2050 年全球能源相关的二氧化碳排放量下降 40%。

二、我国二氧化碳排放概况

我国"富煤、贫油、少气"的资源禀赋特点，决定了我国仍是世界上为数不多的以煤炭等化石能源为主要能源的国家。传统的能源结构导致二氧化碳排放量大幅增加，必须进行能源结构调整和优化配置，积极应对气候变化，展现大国担当，为共建清洁美丽的世界作出重要贡献。

（一）我国二氧化碳排放总量持续增加

改革开放以来，随着我国经济的高速增长和生产活动的高速发展，二氧化碳的排放量也逐渐上升。据国际能源署（IEA）统计，中国二氧化碳总体排放量从2005年的54.07亿吨增长到2019年的98.09亿吨，增长将近一倍。根据世界银行统计，2005年中国超过美国，成为全球最大的碳排放国，至2020年，中国碳排放量已经占全球碳排放总量的30.7%。

（二）我国不同行业二氧化碳排放情况

我国第一产业指生产生活、土生等农业原始产品的行业，例如，农业、林业、牧业、渔业等。第二产业指对第一产业和本产业提供的产品原料进行加工的产业，如采矿业、制造业、建筑业、供应业等。第三产业指第一产业、第二产业以外的其他行业，主要包括交通运输业、餐饮业、金融业、房地产业、教育产业等。虽然中国三产业及大部分行业的能源消耗均呈增长之势，但不同产业及行业的能源消耗量也显示出较为明显的差异（如表8-7所示）。

表8-7 各行业能源消费情况统计 单位：万吨

行业	1999年	2009年	2019年	2023年
消费总量	238253.44	455750.18	687068.13	874438
第一产业	5905.4	8244.57	8931.23	9661.00
农、林、牧、渔业	5905.4	8244.57	8931.23	9661.00
第二产业	201339.74	384366.02	599201.85	706710
工业	100080.34	190167.29	294488.04	348551.00
采掘业	10965.4	14055.77	18298	18298
制造业	78054.00	156218.80	245139.54	293065.00
建筑业	1179.00	4031.44	9608	9608
电力煤气及水生产供应业	11061.0	19892.72	31668.27	37188.00

行业	1999 年	2009 年	2019 年	2023 年
第三产业	14640.3	36349.88	78935.05	90586
交通运输、仓储及邮电通信业	7543.10	20643.37	42190.79	43935.00
批发和零售贸易餐饮业	2394.4	5962.11	12475.43	14898.00
其他行业	4702.80	9744.4	24268.83	31762.00
生活消费	16368.0	26789.71	67620.31	67481.00

资料来源：历年《中国统计年鉴》。

可以看出，第二产业能源消耗在总体能源消耗中始终占据较大比重。上述行业都是能源密集型行业，二氧化碳的排放也主要集中在第二产业的工业生产、采掘业、制造业、建筑业、电力煤气及水生产供应业，同时这几个行业碳排放呈现快速增长的趋势。与美国、日本等发达国家相比，我们的短板较为明显：发达国家已经完成工业化、城镇化进程，但我国仍处于快速工业化、城镇化进程中，能源需求旺盛，抑制能源总量、全面碳减排任重道远；发达国家产业结构以服务业为主，我国产业结构中制造业仍占较大比重，产业转型任重道远；发达国家以非煤能源为主体能源，而我国尽管已成为风、光伏、水发电能力最大的国家，但仍以煤为主体能源，所以总的来说我国能源结构转型任重道远。

三、我国能源资源结构现状及优化调整路径

经过改革开放的不断发展，我国的能源工业取得了显著的成绩。一次性能源生产总量由 2004 年的 206108 万吨增长到 2023 年的 483000 万吨，成为仅次于美国和俄罗斯的世界第三大能源生产国。当前，我国的能源资源主要有煤炭、天然气、石油、核能、风能、太阳能等（如图 8 - 8 所示）。随着我国对外开放力度的扩大和经济的不断发展，我国能源结构也开始发生明显变化，向多元化趋势发展。煤炭在能源消费总量的比重开始下降，由 2002 年占比的 70.2% 到 2023 年占比的 55.3%；同一时段油气消费比重上涨由 22.2% 到 26.3%；一次电力比例上升迅速由 7.6% 上升至 17.5%。根据国家统计局统计数据，目前我国能源消费结构各项占比：煤炭 56.2%、石油 17.9%、天然气 8.4%、核电、水电及新能源 17.5%，我国的能源消费结构比例失衡，仍以煤炭和石油为主要燃料。

第 八 章

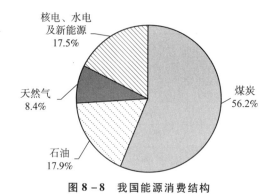

图 8 - 8 我国能源消费结构

资料来源：《中国统计年鉴》。

实现碳达峰、碳中和，是以习近平同志为核心的党中央统筹国内国际两个大局作出的重大战略决策，是着力解决资源环境约束突出问题、实现中华民族永续发展的必然选择，必将对能源生产和消费产生重大而深远的影响。我国提出用 30 年时间达到碳中和，相比发达国家花费 60 年时间实现从碳达峰到碳中和，意味着我国的时间更紧，任务更重。从 2030 年至 2060 年，我国每年需减碳 3 亿吨左右，减碳的强度和速度前所未有。必须在确保能源安全稳定的前提下，坚持先立后破，加快优化调整能源结构，推动能源绿色低碳转型，加快构建清洁低碳安全高效的现代化能源体系，为推动高质量发展、推行绿色生产方式奠定更为坚实更可持续的基础。主要包括：节能降耗，降低能源消费总量，进而降低能源系统碳排放；优化调整能源结构，降低化石能源消费，提高太阳能、风能、水能、核能、地热能等非化石能源比重；利用负碳技术减碳，如森林碳汇、碳捕集与封存（CCS）、碳捕集封存与利用（CCUS）、碳循环利用等技术。

（一）节能降耗，降低能源消费总量

我国能源发展思路长期以"保供应"为主，造成产能持续扩张、能源利用效率低下等问题，导致我国单位 GDP 能耗居高不下，我国能耗强度是世界平均水平的 1.5 倍，六大高耗能行业能耗占比高达 75%。国际能源署研究表明，要实现到 21 世纪末将全球温升控制在 2℃ 以内的目标，节能和提高能效的贡献将达 49%。工业用能占我国能源消费量约 65%，需加强工业领域节能和能效提升，坚决遏制高耗能高排放低水平项目盲目发展，大力推动煤炭清洁高效利用，推动能耗"双控"向碳排放总量和强度"双控"转变。此外，持续提高新建建筑节能标准，加快推进建筑用能电气化和低碳化。构建绿色低碳交通运输体系，不断推进数据中心、5G 通信基站等新型基础设施领域节能和能效提升。

（二）增强能源科技创新，加速能源结构调整

瞄准世界能源科技前沿，巩固风电、太阳能发电等非化石能源领域技术装备优势，聚焦碳捕集与封存（CCS）、碳捕集封存与利用（CCUS）等负碳技术，强化储能、氢能等前沿科技攻关，加强关键核心技术联合攻关，推进能源技术与现代信息、新材料和先进制造技术深度融合，促进新质生产力发展。大力发展清洁能源，降低化石能源尤其是煤炭的消费占比。抓好煤炭清洁高效利用，严控煤电装机规模，大力推动煤电节能降碳改造、灵活性改造、供热改造"三改联动"；加快推进页岩气、煤层气、致密油气等非常规油气资源规模化开发，大力发展风能、太阳能、生物质能、海洋能、地热能等清洁能源，积极安全有序发展核电，推动风能、太阳能就地就近开发利用，合理利用生物质能，因地制宜开发水能。加快推进抽水蓄能和新型储能规模化应用，统筹推进氢能"制储输用"全链条发展，逐步形成煤、油、气、核、新能源、可再生能源多轮驱动的能源供应体系。

（三）积极推进电力转型，推动构建新型电力系统

集能源生产和消费于一体的电力行业特别是火电行业，其低碳绿色转型、"碳脱钩"趋势将最为突出。发挥煤电支撑性调节性作用，持续提高风、光伏、水发电总量及占比，促进新能源优先就地就近开发利用，构建以新能源为主体的新型电力系统。加快电力系统数字化升级和新型电力系统建设迭代发展，全面推动新型电力技术应用和运行模式创新，推动电力系统向适应大规模高比例新能源方向演进，提高电网对高比例可再生能源的消纳和调控能力。

第四节　能源市场与能源价格

能源资源的配置是通过能源市场来实现的，能源作为一种重要的生产要素，其配置较一般产品更加困难。能源市场是一种典型的非均衡市场，政府的宏观调控成为提高市场运行效率，引导资源实现有效配置的重要手段。

一、能源市场

能源市场是指能源产品与服务的买卖场所，涵盖了各类能源产品的交易和流通，包括能源生产者、能源消费者、能源交易中介等主体。能源市场具有价格波动大、供需关系复杂、政策影响明显等特点。根据市场结构，能源市场可以分为电力

第 八 章

市场、石油市场、天然气市场、煤炭市场等。根据交易方式，能源市场可以分为能源期货交易与现货交易等。在能源市场中，供需双方可以通过价格机制进行交易，从而实现资源的优化配置和经济效益的最大化。在世界经济一体化的大背景下，能源市场的开放程度不同，但总体发展趋势是市场更开放、竞争更激烈。市场竞争有利于打破自然垄断，使市场机制对资源配置发挥重要作用。

能源市场受经济、政治、政策等多个因素的综合影响。国际能源市场经过多年发展，形成了位于供给端以石油输出国组织（OPEC）为主和位于需求端以国际能源署（IEA）为主的两大国际组织。

能源价格的合理性直接影响到经济增长、民生福祉以及环境保护等多个方面。能源价格形成机制的基本原理主要由市场供需关系决定。在能源市场中，价格是由能源的供给和需求之间的相互作用形成的。而能源供求关系的变化又受到多种因素影响如能源生产成本、能源储量、能源消费结构等。在市场经济条件下，能源价格的形成也受到市场竞争的影响。不同能源品种之间的竞争、国内外能源市场之间的竞争等都会影响到能源价格。此外，能源价格还受到税收政策、价格管制、补贴政策等政策调控影响。

从国际能源市场整体来看，不同能源产品的市场化程度不同，市场结构也差别较大。例如，煤炭市场由于区域性较强，各区域市场化程度相对较高，竞争也比较充分，基本上属于完全竞争市场。电力和天然气市场垄断性较高，受政府管制较多，属于不完全竞争市场。近年来，随着全球对气候变化和可持续发展的关注增加，新能源如太阳能、风能等在全球范围内得到了快速发展，并逐渐在能源市场中占据重要地位。受欧洲能源危机、新冠疫情、俄乌冲突等"黑天鹅""灰犀牛"事件的影响，能源价格也波动频繁。供给与需求不匹配加剧能源市场震荡，未来价格面对诸多的不确定性，影响全球能源价格和供需链。

（一）石油市场

全球石油资源分布与消费分布不均衡，因此石油产品的国际贸易在全球商品贸易中具有非常重要的地位。欧洲、中国和美国成为国际贸易中原油进口的主要国家和地区，中东、俄罗斯和沙特阿拉伯成为国际贸易中原油出口的主要国家和地区。

石油产品在全球国际贸易中的价格受到国际供需、地缘政治、经济因素以及OPEC政策的影响，经历过多次大幅度波动。OPEC最大的原油生产国是沙特阿拉伯，其他成员国包括伊朗、伊拉克、科威特、委内瑞拉、利比亚、阿联酋、阿尔及利亚、尼日利亚、厄瓜多尔和安哥拉。OPEC成员国都有各自的生产指标，通过降低或提高生产指标来减少或增加世界原油供给从而抬升或降低价格。

（二）天然气市场

随着全球对清洁能源的需求不断增长，天然气的地位日益凸显，天然气市场处于快速发展阶段。天然气价格受国际市场价格波动、供需关系等多种因素影响，天然气价格呈现出波动上涨的趋势。随着天然气市场的不断成熟和完善，价格机制也在逐步完善，未来天然气价格有望更加稳定合理。

中国拥有丰富的天然气资源，尤其是页岩气、煤层气等非常规天然气资源的开发，为天然气市场的快速发展提供了有力保障。随着我国经济的持续发展和人民生活水平的提高，对清洁能源的需求不断增加。特别是在环保政策的推动下，越来越多的企业和居民开始使用天然气作为清洁能源。此外，天然气在工业、发电、化工等领域的应用也在不断扩大，推动了天然气市场的快速发展。

（三）煤炭市场

发达国家煤炭市场化程度高，其煤炭价格主要通过市场机制形成，政府主要发挥对市场运行进行监督和调控的职能。

中国煤炭价格形成机制经历了从计划经济、计划与市场并存到完全市场化的演变过程。2012 年 12 月，《国务院办公厅关于深化电煤市场化改革的指导意见》提出要加快完善社会主义市场经济体制，更大程度发挥市场在资源配置中的基础作用。2018 年国家发展改革委在《关于推进 2018 年煤炭中长期合同签订履行工作的通知》中，对新一轮签订的下水煤中长期合同如何定价，给出了明确的规定。2018 年底，神华公布 2019 年长协煤定价方案：年度长协价格以 535 元/吨为基础，与环渤海动力煤价格指数、CCTD 秦皇岛动力煤价格、中国沿海电煤采购价格指数联动；月度长协价格采用 CCTD 秦皇岛动力煤价格、CCI、API8 指数平均数。

二、能源贸易

与一般商品的交换和流动一样，能源贸易是指世界各国（或地区）之间进行的能源商品层面的交换活动，包括石油、天然气、煤炭等。近三年来，在经历了新冠疫情和俄乌冲突之后，全球能源贸易格局正在逐渐重新调整。

（一）石油贸易

石油贸易以原油为主，约占贸易总量的 70% 以上。2012～2022 年，世界石油贸易量年均增长率为 2%。2022 年累计交易量 33.8 亿吨，较 2021 年增长 3.4%。其中原油交易量 21.3 亿吨，成品油交易量 12.5 亿吨。中东地区是国际石油重要来源地，亚太地区为国际石油的重要进口地，亚太地区进口量占总进口量的 40%，

第 八 章

为 5 亿吨。欧洲是第二大成品油进口地，其进口量为 2 亿吨，比亚太地区低 60%。

（二）天然气贸易

天然气贸易主要分为管道天然气贸易和液化天然气贸易。2012~2022 年，世界天然气贸易量年均增长率为 2.1%。2022 年，世界天然气贸易总量约 9685 亿立方米。国际液化天然气贸易量占所有地区间天然气贸易量的 56%，总量达到 5420 亿立方米，较上 2021 年增长 5%。中东地区是最大的液化天然气出口地区，与澳大利亚和美国合计占液化天然气出口总量的 65%。亚太地区的进口量约占液化天然气进口总量的 65%，欧洲地区占比超过 30%。日本是最大的液化天然气进口国，进口量达 980 亿立方米，与中国合计占全球进口总量的 35%。与液化天然气贸易增长不同，国际管道天然气贸易量下降 15%，较 2021 年下跌 780 亿立方米。过去十年，俄罗斯占全球管道天然气出口总量的比重为 43% 左右。2022 年，俄罗斯占全球管道天然气出口总量的比重跌至 29%，跌幅达 760 亿立方米左右。尽管如此，俄罗斯占全球天然气出口总量的比重仍然达 25%，位居世界第一。其次是挪威，占比为 23%。

（三）煤炭贸易

在国际地缘政治冲突、气候异常等多重因素叠加影响下，世界煤炭产量及消费双双反弹，国际煤炭价格高位运行。2012~2022 年，世界煤炭贸易量年均增长率为 0.6%。2022 年国际煤炭贸易量比 2021 年下跌了近 4%。印度尼西亚、澳大利亚和俄罗斯合计占全球煤炭出口总量的比重超过 71%。从煤炭出口国方面看，2022 年，澳大利亚、美国、俄罗斯等国煤炭出口量出现不同程度下降，其中俄罗斯的煤炭出口量与 2021 年相比下跌了 12%。而哥伦比亚、南非、加拿大、哈萨克斯坦等中小型煤炭出口国呈现 2%~20% 不等增幅的出口增长。印度尼西亚作为全球第一大煤炭出口国，尽管年初发布政策禁止煤炭出口，但全年煤炭出口增幅高达 9.2%，增量接近 4000 万吨，占全球煤炭出口增量的 80% 左右。全球煤炭贸易正在继续向东转移，亚太地区占全球煤炭进口量的 74%；欧洲是第二大煤炭进口地区，进口量较 2021 年上升了 10%。

三、电力市场与价格

（一）电力市场

电力市场特指标准化电力产品或服务的集中交易市场或交易平台，也可以扩展到电力金融衍生品交易市场。电力市场广义上是指电力商品的买卖场所，细分为电力日前市场、电力日内市场、电力实时市场、电力现货市场、电力辅助服务市场、（发电）容量市场和输电权市场等，包括电力中长期交易、短期电力交易、即时电力交易，交易类型包括电能量交易、电力辅助服务交易、容量交易等，交易方式包括双边交易、集中竞价交易、拍卖交易。

电力市场的模式包括强制电力库与自愿电力库模式，一体化模式、过网模式和分散模式，集中式与分散式，按市场结构开放和竞争程度的不同，可分为垂直垄断模式、发电竞争模式、批发竞争模式和零售竞争模式；按市场交易集中程度的不同，可分为电力库（电力联营）模式、双边交易模式、多边交易模式、混合交易模式（电力库模式＋双边/多边交易模式）。通过市场化改革，引入竞争机制，电力市场变得更加活跃和高效，电能生产者和使用者通过协商、竞价等方式就电能及其相关产品进行交易，形成反映市场供需关系的电价机制，使电力资源得到更合理的配置和利用。

（二）电价及市场定价机制

电力价格是由多种因素综合影响形成的，需要综合考虑供需关系、生产成本、政策因素和市场结构等多个方面。首先，供需关系是核心因素。在电力市场中，如果电力供大于求，电价往往会下降；反之，电价则可能上涨。其次，燃料成本（如煤炭、天然气等用于发电的能源）、设备维护成本、人工成本以及环保投入等电力生产成本也是决定电价的重要因素。此外，政府出台的能源、环保以及电价补贴等政策因素都会直接或间接地影响电力价格。另外，市场结构也会对电价产生影响。在竞争充分的电力市场中，价格往往由市场供需关系决定；而在垄断性市场中，价格可能受到供应商的控制。

电力市场交易的结算价格主要包括按报价结算、以出清价格结算两种。按报价结算是指在电力市场中中标的市场交易主体按其申报的买电或卖电价格进行结算。而出清价格结算是指电力市场按照市场出清原则决定出清价格，中标的市场交易主体按照市场出清价格进行结算。

1. 上网电价

上网电价（feed-in tariff，FiT）是指电网购买发电企业的电力和电量，在发电企业接入主网架那一点的计量价格，包括发电容量电价和电量电价，其定价方法有个别成本定价法、标准成本定价法和竞价法。上网电价根据电源的不同，又可以分为水电、煤电、核电、风电、燃气、生物质、光伏的上网电价等。

2. 系统边际电价

系统边际电价（system marginal price，SMP）是指在现货电能交易中，按照报价从低到高的顺序逐一成交电力，使成交的电力满足负荷需求的最后一个电能供应者的报价称为系统的"边际电价"。边际电价的影响因素除电力供需外，还受市场规则、生产成本、输电阻塞等因素的影响。

3. 节点边际电价

节点边际电价（location marginal price，LMP）是指现货电能量交易中，在满足发电侧和输电安全等约束条件下，为满足某一电气节点增加单位负荷时导致的系统总电能供给成本的增量，包括系统电能价格和输电阻塞成本。

4. 分区边际电价

分区边际电价（zonal marginal price，ZMP）是指当电网存在输电阻塞时，按阻塞断面将市场分成几个不同的分区（即价区），并以分区内边际机组的价格作为该分区市场出清价格，即分区边际电价。

第五节　能　源　安　全

能源安全是关系国家经济社会发展的全局性、战略性问题。中国坚定不移推进能源革命，能源生产和利用方式发生重大变革，能源发展取得历史性成就。能源生产和消费结构不断优化，能源利用效率显著提高，生产生活用能条件明显改善，能源安全保障能力持续增强，为服务经济高质量发展、打赢脱贫攻坚战和全面建成小康社会提供了重要支撑。

一、能源安全的概念和基本特征

能源安全的概念自提出以来，经历了一个不断发展和完善的过程。能源安全是一种综合的概念，是一个国家或地区可以持续、稳定、及时、足量和经济地获得经济社会发展所需能源的状态或能力。狭义的能源安全主要是保障能源的持续稳定供应，特别是石油的稳定供应。从广义上看，能源安全涉及国家安全和对外战略等多层面的问题，关乎国际能源供应和地缘政治，既要保证以合理的价格为经济发展提供所需的各种能源，又要尽量减少对环境和气候的破坏；既要满足现代人民对能源的基本需要，又要保护子孙后代不受能源危机的影响。

国际能源署（IEA）认为能源安全是"能够以可承受的价格持续获取能源"；亚太能源研究中心认为，能源安全是指"一个经济体以可持续和及时的方式保证能源供应的能力，同时其能源价格水平不会对该经济体的经济表现产生不利影响"；欧盟委员会把能源安全定义为"以所有消费者（私人和行业）都可承受的价格，向市场上持续供应能源产品的能力，同时尊重环境问题并寻求可持续发展"。由此可见，对于能源安全的定义，这三大组织主要聚焦在三个方面："能源供应的可获得性""经济上的承受能力"和"环境发展的可持续性"。

能源安全问题不仅局限于供应安全，还涉及能源价格、运输、使用等方面。随着人们对全球气候变化、可持续发展等问题逐渐达成共识，以供应安全为目标的传统能源安全观正逐步向综合能源安全观转变，能源安全也被赋予了新的内涵并具有国际化、市场化、多元化、低碳化等特征。

影响能源安全的因素很多，包括禀赋因素、政治因素、运输因素、经济因素、军事因素和可持续发展因素等。一般来说，能源资源越丰富的国家，其能源供应的安全性也越高，受外界影响的可能性也越小，本国的能源也越安全。能源进口国与出口国之间的政治关系越密切，能源生产国的国内政治形势越稳定，能源安全性也越高。一个国家的军事实力越强，越可有效应对能源运输环节的潜在风险。

二、我国的能源安全现状

资源短缺、气候变化和环境污染等全球性问题日趋严重，全球冲突不断，部分西方国家将能源过度"政治化""工具化""武器化"，引发复杂多变的地缘政治危机，严重影响全球能源转型发展，我国能源安全面临着多重风险叠加的严峻挑战。我国目前正处于工业化、新型城镇化快速发展时期，作为世界上最大的发展中国家，能源消耗仍处于上升趋势。

（一）能源结构不合理

我国的能源消费结构仍然以传统化石能源为主，是全球唯一以煤炭为主的能源消费大国。我国目前的能源结构中，煤炭所占比例在 60% 左右浮动，据 IEA（国际能源署）预计，到 2030 年煤炭仍将占中国能源消费总量的 60% 左右。

（二）能源供需矛盾

我国的能源供求关系日趋紧张。20 世纪 90 年代以后，在中国经济高速发展的同时，中国的能源供给严重短缺，已成为我国经济发展的"瓶颈"。我国的能源产量增速始终落后于能耗增速，产、用之间的差距在不断扩大，同时，我国还处于工业化、城镇化、现代化进程加速发展的时期，能源消费强度持续增加，供需矛盾将会不断加剧。

第 八 章

（三）石油对外依存度剧增

我国石油的储量虽然丰富，但地质条件复杂，埋藏较深，勘探开发技术要求较高，导致石油生产增速远不及消费增速，对进口的依赖度急剧上升。目前我国石油对外依存度约占 70%，超过了警戒线。我国超过 60% 的原油进口来源于中东、北非等不稳定地区，中国进口原油多采用集中海运方式，其中约 4/5 的原油经马六甲海峡过境，构成"马六甲困境"，严重影响中国的能源安全。此外，我国石油战略储备体系也处于起步阶段，石油储备体系还不是很完善。

（四）能源人均占有量低

中国能源总产量居世界第三位，但是能源人均拥有量却低于世界平均水平，煤炭、石油、天然气人均剩余可采储量分别只有世界平均水平的 58.6%、7.69% 和 7.05%。目前已探明的石油资源按人口平均比例仅为 33%。中国的能源资源在空间上的分布是不均的。其特点是北多南少，西富东贫；品种分布是北煤、南水和西油气，因而形成了北煤南运、西气东输和西电东送等长距离输送的基本格局。

（五）能源利用率低

中国长期以来一直处于能源效率低下的状态，单位产值能耗较发达国家高出 3～4 倍，主要工业品单耗较大，高出国外平均的 40%，能源平均利用率也仅为 30%。

三、我国的能源安全建议

当前，世界之变、时代之变、历史之变正以前所未有的方式展开，和平赤字、发展赤字、安全赤字、治理赤字不断加重，人类前途命运再次来到何去何从的十字路口。面对生态环境和经济社会的多重风险，中国贯彻落实"四个革命、一个合作"能源安全新战略，坚持统筹发展和安全，先立后破，推进我国能源的低碳转型和供给保障，筑牢国家能源安全屏障。

（一）增强能源供应链稳定性和安全性

坚持立足国内、多元保障、强化储备，积极开发和利用多种能源资源，实现能源供应的多元化。加大国内油气勘探开发，坚持常非并举、海陆并重，增强油气供应能力。优化煤炭产能布局，加强煤炭安全托底保障，发挥煤电支撑性调节性作用。加强核电站、水电站、枢纽变电站等重要能源设施安全防护和保护，完善电力监控系统安全防控体系，加强电力、油气行业关键信息基础设施安全保护能力建设。建立完善的能源产、供、储、销体系，统筹推进地下储气库、液化天然气（LNG）接收站等储气设施建设，提升天然气储备和调节能力。

（二）加快推动能源绿色低碳转型

坚持生态优先、绿色发展，大力发展非化石能源，不断壮大清洁能源产业，逐渐提高新能源占比，特别是全面推进风电和太阳能发电大规模开发和高质量发展。坚持生态优先、统筹考虑、适度开发、确保底线，因地制宜开发水电，积极有序推动沿海核电项目建设，因地制宜发展其他可再生能源。推动煤炭和新能源优化组合，大力推动煤炭清洁高效利用，加快新型储能技术规模化应用。

（三）优化能源发展布局

统筹生态保护和高质量发展，加强区域能源供需衔接，优化能源开发利用布局，提高资源配置效率。完善能源生产供应格局，加大能源就近开发利用力度，积极发展分布式能源。统筹提升区域能源发展水平，推进西部清洁能源基地绿色高效开发，提升东部和中部地区能源清洁低碳发展水平。

（四）提升能源产业链现代化水平

加快能源领域关键核心技术和装备攻关，推动低碳技术重大突破，加快构筑支撑能源转型变革的先发优势。加快能源产业数字化智能化升级，持续提升风电、太阳能发电、生物质能、地热能、海洋能等开发利用的技术水平和经济性。整合优化科技资源配置，完善能源科技和产业创新体系。

（五）完善制度体系增强能源治理效能

完善能源法律法规和政策，持续深化能源领域"放管服"改革，加强事中事后监管，优化能源资源市场化配置，加快现代能源市场建设，深化价格形成机制市场化改革，加强能源监管，依法推进能源治理，保障能源安全和可持续发展。

（六）构建开放共赢能源国际合作新格局

积极参与全球能源治理，坚持绿色低碳转型发展，加强应对气候变化国际合作，积极参与并引导在联合国、G20、APEC、金砖国家、上合组织等多边框架下的能源合作，实施更大范围、更宽领域、更深层次能源开放合作，巩固拓展海外能源资源保障能力，加强科技创新合作，实现开放条件下的能源安全。

第 八 章

| 第九章 | 矿产资源经济

矿产资源是经济社会发展的重要物质基础，矿产资源勘查开发事关国计民生和国家安全。推进中国式现代化建设，我国将面临大宗矿产和战略性新兴矿产消费同步扩张之态势，并且 2050 年前后预计消费体量都不会有减少的倾向。促进矿产资源转化为经济要素资源，不仅要经历地质调查、矿产勘查开发和冶炼加工等系列经济活动，而且要理顺并处理好这些经济活动中的经济关系，以及矿产资源与经济社会发展、建设现代化产业体系及国际政治等方面的关系，为实现中国新的"两步走"战略目标，实现中国经济转型、腾飞和跨越提供坚强的物质保障。

第一节　矿产资源概念、属性和现状

一、矿产资源概念与矿床成因

（一）矿产资源

矿产资源（mineral resources）是指由地质作用形成的，具有利用价值的，呈固态、液态、气态的自然资源。[①]

（二）矿床

矿床是指地壳的某一地段，由于各种不同的地质作用而生产的矿物质的堆积，

[①]　自然资源部矿业权管理司．矿产资源开发管理常用法律法规文件汇编［M］．北京：地质出版社，2020．

它们在数量、质量和产状方面都有利于工业利用。① 确切地说，矿床是指在地壳中由地质作用形成的，其所含有用矿物资源的数量和质量，在一定的经济技术条件下能被开采利用的综合地质体。② 矿床的概念中包含有地质的和经济技术的双重意义。一方面，矿床是地质作用的产物，矿床的形成取决于地质作用的规律；另一方面，矿床的范围及其利用价值要随经济技术条件发展而改变，过去不够条件的某些矿化岩体或岩石，今天可能成为矿床。随着社会生产力的不断发展，科学技术的不断进步，人们对矿床的认识和使用能力的不断提高，以及对各种矿物原料需要量的不断增加，矿床的范畴也在不断变化。

（三）成矿作用和矿床成因分类

成矿作用是指在地球的演化过程中，使分散在地壳、上地幔和水圈中的化学元素，在一定的地质环境中相对富集而形成矿床的作用。③ 与一般的地质作用一样，按作用的性质和能量来源，将成矿作用划分为内生成矿作用、外生成矿作用、变质成矿作用和叠加成矿作用，并相应地形成内生矿床、外生矿床、变质矿床和叠生矿床（如图 9 – 1 所示）。

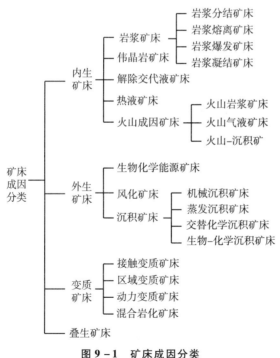

图 9 – 1　矿床成因分类

① 弗·伊·斯米尔诺夫. 矿床地质学 ［M］. 北京：地质出版社，1985.

②③ 翟裕生，姚书振，蔡克勤. 矿床学 ［M］. 3 版. 北京：地质出版社，2011.

二、矿产资源分类

矿产资源种类繁多，不同类型矿产资源具备不同的自然、经济、社会等属性。根据不同的研究（工作）目标，对矿产资源有不同的分类方案。中国已发现 173 种矿产，根据矿产资源的自然属性和工业用途、经济属性和经济重要性，以及管理办法和管理实践工作需要，矿产资源通常有三种分类方案。

（一）按自然属性与工业用途分类

参照《中华人民共和国矿产资源法实施细则》（1994 年），并结合矿产资源自然属性及其主要工业用途，可将 173 种矿产分为能源矿产、金属矿产、非金属矿产和水气矿产等四个类别。[①]

1. 能源矿产

能源矿产是指能够为社会生产和人民生活提供能源的地下资源，包括煤炭、石油、天然气、煤层气、页岩气等 13 种矿产。能源矿产既是经济社会发展需要的主要能源，又是重要的化工原料。从化学成分看，它主要是由碳氢化合物组成的，按理应属于非金属矿产，但其形成条件和用途与一般非金属矿产大不相同，且经济价值特别重大，因而将其独立分出。

2. 金属矿产

金属矿产是指能够从中提出某种金属元素的矿物资源，共包括铁、铜、铝等 59 种矿产。按工业用途及其物理、化学性质可分为黑色金属、有色金属、贵金属、稀有金属、稀土金属和稀散金属等 6 个亚类。其中，黑色金属包括铁、锰、铬、钒、钛等 5 种矿产；有色金属包括铜、铅、锌、铝、镍、钴、钨、锡、钼、锑等 13 种矿产；贵金属包括金、银、铂族金属等 8 种矿产；稀有金属包括钽、铌、锂、铍、锆等 8 种矿产；稀土金属包括钪、镧、铈、钇、铈、钕等 16 种矿产；稀散金属包括锗、镓、铟、铊、铪、铼等 9 种矿产。

3. 非金属矿产

非金属矿产是指能够从中提取某种非金属元素或可直接利用的矿物资源，共包括菱镁矿、萤石、磷矿、钾盐、石墨、滑石等 95 种矿产。工业上除少数非金属矿产是用来提取某种元素（如磷和硫）外，大多数是利用其矿物或岩石的某些物理、化学性质和工艺特性。例如金刚石大多是利用它的硬度和光泽，花岗岩是利用其坚

---

① 翟裕生，姚书振，蔡克勤. 矿床学 ［M］. 3 版. 北京：地质出版社，2011.

固性和色泽。

4. 水气矿产

水气矿产主要包括地下水、矿泉水、二氧化碳气、硫化氢气、氦气、氡气等 6 种矿产。

（二）按经济属性和经济重要性分类

受地缘政治、产业发展或本土供需等因素影响，不同时期不同矿产对国家经济安全、产业安全或国防安全的影响程度差异很大。根据矿产资源对国防安全、经济安全和战略性新兴产业发展的影响程度，可将矿产资源分为战略性矿产和一般性矿产两大类。

1. 战略性矿产

战略性矿产是指对国防安全、经济安全和战略性新兴产业发展起着至关重要作用的矿产资源。为保障国家经济安全、国防安全和战略性新兴产业发展需求，《全国矿产资源规划（2016—2020 年）》将石油、天然气、页岩气、煤炭、煤层气、铀、铁、铬、铜、铝、金、镍、钨、锡、钼、锑、钴、锂、稀土、锆、磷、钾盐、晶质石墨、萤石等 24 种矿产定义为战略性矿产，其中既包括煤炭、油气、铁、铜、铝等"大宗矿产"，也包括锆、稀土等"小宗矿产"，这主要与中国传统工业化和发展高端制造业叠加同步进行密切相关。

美国、欧盟、日本等西方发达国家，它们通常称为关键矿产，主要是指当前和未来相当长时间内可持续发展所必需但在稳定供给方面又存在高风险的矿产。近年来，美国、欧盟、英国、加拿大等发达国家关键矿产目录清单虽然在不断调整，但是"关键性"界定均把"供应风险"和"经济重要性"作为重要指标进行考量。目前，西方发达国家关键矿产目录清单主要包括稀有金属、稀土金属、稀散金属和部分稀贵金属，这主要与他们集中发展高端制造业密切相关。

2. 一般性矿产

一般性矿产是指战略性矿产目录清单之外的其他矿产。一般性矿产之所以被排除在战略性矿产目录清单之外，主要是受战略性矿产遴选指标的约束，但有的时候，一般性矿产供应紧缺所造成的影响毫不逊色于战略性矿产。例如砂石黏土，看似极为普通，但是近几年在一些经济发达地区供应紧张，已经成为影响重大项目或基础设施建设的约束性因素。当然，随着经济社会发展和科技进步催生新质生产力，战略性矿产目录清单也在动态调整之中，现在的一般性矿产在将来也可能成为战略性矿产家族成员，美国、欧盟等发达国家定期调整关键矿产目录清单就是典型的例子（见图 9 - 2）。

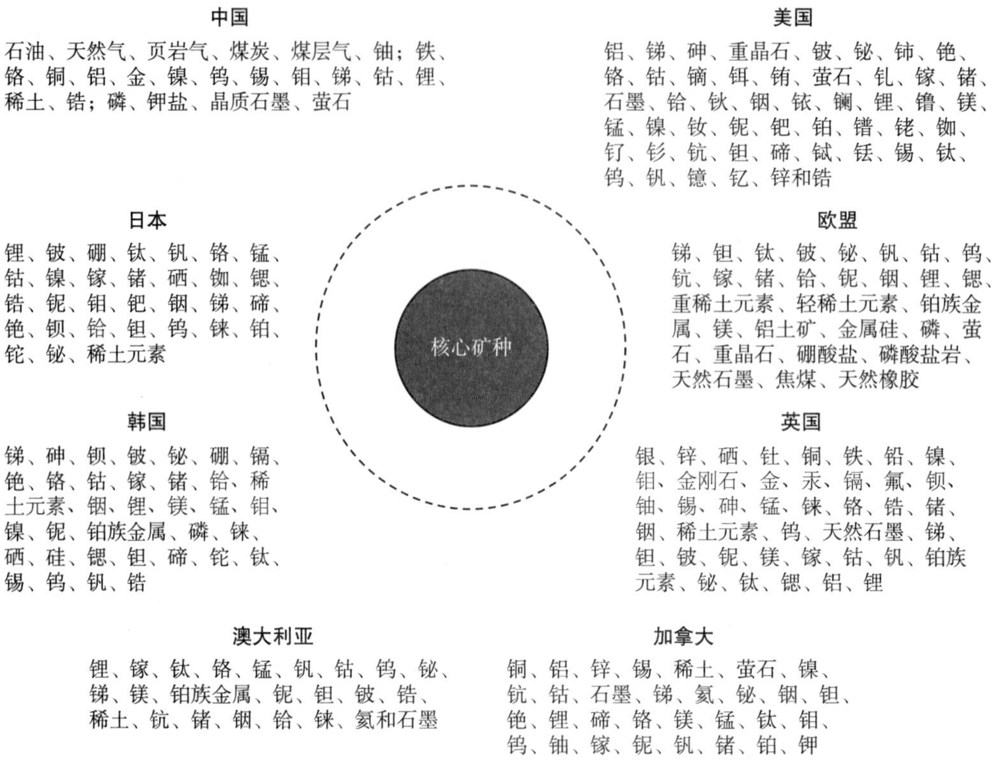

中国
石油、天然气、页岩气、煤炭、煤层气、铀；铁、铬、铜、铝、金、镍、钨、锡、钼、锑、钴、锂、稀土、锆；磷、钾盐、晶质石墨、萤石

美国
铝、锑、砷、重晶石、铍、铋、铈、铯、铬、钴、镝、铒、铕、萤石、钆、镓、锗、石墨、铪、钬、铟、铱、镧、锂、镥、镁、锰、镍、钕、铌、钯、铂、镨、铑、铷、钌、钐、钪、钽、碲、铽、铥、锡、钛、钨、钒、镱、钇、锌和锆

日本
锂、铍、硼、钛、钒、铬、锰、钴、镍、镓、锗、硒、铷、锶、锆、铌、钼、钯、铟、锑、碲、铯、钡、铪、钽、钨、铼、铂、铊、铋、稀土元素

欧盟
锑、钽、钛、铍、铋、钒、钴、钨、钪、镓、锗、铪、铌、铟、锂、锶、重稀土元素、轻稀土元素、铂族金属、镁、铝土矿、金属硅、磷、萤石、重晶石、硼酸盐、磷酸盐岩、天然石墨、焦煤、天然橡胶

核心矿种

韩国
锑、砷、钡、铍、铋、硼、镉、铯、钴、镓、锗、铪、稀土元素、铟、锂、镁、锰、钼、镍、铌、铂族金属、磷、铼、硒、硅、锶、钽、碲、铊、钛、锡、钨、钒、锆

英国
银、锌、硒、钍、铜、铁、铅、镍、钼、金刚石、金、汞、镉、钡、铀、锡、砷、锰、铼、铬、锆、铟、稀土元素、钨、天然石墨、锑、钽、铍、铌、镁、镓、钴、钒、铂族元素、铋、钛、锶、铝、锂

澳大利亚
锂、镓、钛、铬、锰、钒、钴、钨、铋、锑、镁、铂族金属、铌、钽、铍、锆、稀土、钪、锗、铟、铪、铼、氦和石墨

加拿大
铜、铝、锌、锡、稀土、萤石、镍、钪、钴、石墨、锑、氦、铋、铟、钽、铯、锂、碲、铬、镁、锰、钛、钼、钨、铀、镓、铌、钒、锗、铂、钾

图 9-2　主要国家关键矿产目录清单对比

资料来源：根据相关公开资料整理。

（三）按管理办法和管理需要分类

1. 按管理审批登记权限划分

维护矿业市场秩序，促进矿业健康发展，是资源管理部门的重要职责，也是矿产资源社会属性的充分体现。为加强矿产资源管理，根据《矿产资源开采登记管理办法》（2014 年），按照管理审批登记权限，可将矿产资源分为中央管理的矿产和地方管理的矿产两大类。

（1）中央管理的矿产。

按照《矿产资源开采登记管理办法》（2014 年），由国务院地质矿产主管部门审批发证的矿产主要有 34 种，主要包括煤炭、石油、油页岩、烃类天然气、二氧化碳气、煤层气、地热、放射性矿产、金、银、铂、锰、铬、钴、铁、铜、铅、锌、铝、镍、钨、锡、锑、钼、稀土、磷、钾、硫、锶、金刚石、铌、钽、石棉、矿泉水。当然，中央管理权限的矿产也是处于动态调整之中。2023 年 7 月，自然资源部印发《关于深化矿产资源管理改革若干事项的意见》（2023 年），其中明确，自然资源部只负责石油、烃类天然气、页岩气、天然气水合物、放射性矿产、钨、稀土、锡、锑、钼、钴、锂、钾盐、晶质石墨的矿业权出让登记。

（2）地方管理的矿产。

按照《矿产资源开采登记管理办法》（2014 年），除国务院地质矿产主管部门审批发证的 34 种矿产外，其他矿产主要由地方（包括省、市、县级）地质矿产主管部门审批登记发证。但是，根据 2023 年 7 月自然资源部印发的《关于深化矿产资源管理改革若干事项的意见》（2023 年），除石油、烃类天然气、页岩气、天然气水合物、放射性矿产、钨、稀土、锡、锑、钼、钴、锂、钾盐、晶质石墨等 14 种矿产由中央负责矿业权出让登记外，省级自然资源主管部门负责其他战略性矿产的矿业权出让登记，并落实矿产资源规划管控措施，省级及以下自然资源主管部门负责其余矿种的矿业权出让登记。

2. 按相关法规条例划分

实践工作中，依据矿产资源法和有关条例，管理上又划分出国家规划矿区、对国民经济具有重要价值的矿区和保护性开采特定矿种 3 个亚类。

（1）国家规划矿区。

国家规划矿区是指国家根据建设规划和矿产资源规划，为建设大、中型矿山划定的矿产资源分布区域。国家规划矿区不是一个新事物，1986 年矿产资源法确立了国家规划矿区管理制度，它是矿产资源法规定的一项重要制度，是矿产资源规划空间布局与分区体系的重要组成部分，也是支撑国家资源安全供应的核心区域和重要载体。《全国矿产资源规划（2016—2020 年）》中明确了全国 267 个国家规划矿区。

（2）对国民经济具有重要价值的矿区。

对国民经济具有重要价值的矿区是指国家根据国民经济发展需要划定的，尚未列入国家建设规划的，储量大、质量好、具有开发前景的矿产资源保护区域，其意义在于作为国家重要的战略资源储备基地，以满足国民经济建设长远发展的需要。《全国矿产资源规划（2016—2020 年）》中明确了全国 28 个对国民经济具有重要价值矿区，其中有色金属有 14 个。

（3）保护性开采特定矿种。

保护性开采特定矿种是指国务院根据国民经济建设和高科技发展的需要，以及资源稀缺、贵重程度确定的，由国务院有关主管部门按照国家计划批准开采的矿种。国家对实行保护性开采的特定矿种，实行有计划的开采。目前，国家规定实行保护性开采的特定矿种包括钨、锡、锑、离子型稀土。

依据矿产资源法或有关管理办法及条例，对国家规划矿区、国民经济具有重要

第 九 章

价值的矿区内的矿产资源，以及国家规定实行保护性开采的特定矿种，其开采由国务院资源主管部门审批并颁发采矿许可证。未取得采矿许可证擅自进入国家规划矿区、对国民经济具有重要价值的矿区范围采矿的，擅自开采国家规定实行保护性开采的特定矿种的，责令停止开采、赔偿损失，没收采出的矿产品和违法所得，可以并处罚款；拒不停止开采，造成矿产资源破坏的，依照刑法的有关规定对直接责任人员追究刑事责任。

三、矿产资源属性

（一）经济属性

矿产资源是经济社会发展的重要物质基础，矿产资源勘查开发事关国计民生和国家安全。当今社会92%以上的一次性能源、80%以上的工业原材料、70%以上的农业生产资料取自矿产资源，30%以上的工农业生产用水和城乡居民用水取自地下水。[①] 矿产资源与国家经济和社会可持续发展密切相关，资源勘查开发能够带来巨大的经济效益，例如澳大利亚和智利，国民经济发展对矿业高度依赖。像印度尼西亚等国家，甚至限制原矿出口，要求在本地发展冶炼加工产业助力地方经济发展，矿产资源的经济属性表现得非常明显。

（二）生态属性

矿产资源开发利用会不可避免地对矿产地及周边地区产生不同程度的环境影响，而且这种影响是多层次立体的，包括地表环境、水文气候、固体废物、地质条件等多个方面。例如矿山开采长期占用、破坏和污染土地，甚至可能会改变区域水系结构，破坏动植物区系，引发一系列社会经济与生态环境问题。合理有效地利用地球资源，维护人类的生存环境，已经成为当今世界共同关注的问题，需要在矿产资源开发和环境保护之间寻求最优平衡。

（三）政治属性

矿产资源在国家安全中居于基础地位，各国矿产资源法对矿产资源的财产权，以及依法对矿产资源享有占有、使用、收益和处分的权利均有明确规定，充分反映了所有者的意愿。在国家层面，维护资源稳定供应更是上升为国家意志。例如，当下的新能源金属矿产，美欧等国家把锂、钴、镍等资源作为双边或多边合作的核心要义，不断主导建立资源同盟，使得全球资源治理"区域化、集团化"格局凸显，

---

① 宋顺昌，王佳，张文侠. 中国的矿业发展、经济安全及解决路径 [J]. 石家庄经济学院学报，2014（5）：46-49.

给资源地缘打上了深深的政治烙印。

（四）文化属性

矿产资源开发利用与人类社会文明进化史息息相关，并深刻地影响着人类社会的发展进程。在古猿与自然界的斗争过程中逐渐学会了用燧石、石英岩等坚硬的石块来制作工具和武器，从此人类进入旧石器时代。随着时间的推移，人们开始用做工比较精细的磨制石器代替做工粗糙的打制石器，从而使人类进入新石器时代。石器的产生和利用标志着人类文明的形成。

大约在新石器时代后期，晚期智人掌握了用火技术，人类开始用黏土烧制陶器。1921年在河南渑池县爷韶村发现了新石器时代末期的彩陶，这说明人类在利用矿物原料方面又进了一步，可以说是远古时代"矿产勘查开发业"的萌芽。公元前21世纪，我国历史上第一个奴隶制国家建立，这时铜器生产已经开始，但由于铜很贵，故专用于农业生产，使农业生产有了很大水平的提高。到了商代，青铜业逐渐发展起来。在手工作坊里，人们把铜和铅放在一起冶炼成青铜，由于青铜工具很坚硬，人们用它制作各种生产生活工具，如青铜的刀、斧等。青铜器时代，铜的开发和利用促进了生产生活水平提高，增加了国家军事实力。春秋时期（公元前770~476年），我们的祖先发明了开采和冶炼矿石技术，铁器比青铜器更加坚硬和锋利，在农业生产和手工业生产中取得了较为广泛的应用，特别是在西汉时期，铁器普遍使用于生产中，炼铁质量达到了很高的水平，标志着社会生产力进一步提高。石油、天然气、石棉等其他矿产的开发利用促使人类分工越来越细，生产规模逐渐扩大。在20世纪的今天，人类已经进入原子时代和电子时代，但是油、煤、铁等矿产仍然是人类生产和生活中必备的物质资料。可以说，人类社会是随着人类对矿产资源的不断开发利用而生产和发展的。

（五）社会属性

人类在征服自然、改造自然和创造社会物质财富的过程中，不断地加强了对矿产资源的认识，尤其是工业社会，通过持续的矿业科技创新和加强勘查开发投入，使得矿产资源勘查开发利用的空间范围在不断扩大，并且已成为人类社会最基本的劳动对象之一。但是，由于矿产资源的耗竭性、不可再生性和分布的不均衡性，它有时成为社会矛盾或战争的重要导火索。为了促进经济社会的可持续发展，维护矿业市场的公平和正义，国际上围绕全球资源治理的规则、机制、机构和组织在不断健全，各国围绕资源保护和合理开发利用等方面的目标也在不断地动态调整管理政策，有时为了特定目标甚至强制性限制特定矿产开采，例如钨、稀土生产总量控制指标制度，以及前几年部分经济发达地区限制砂石黏土矿产开采就是典型例子，管理政策的目的意识性非常强。

（六）安全属性

矿产资源安全是现代国际政治经济中的一个重要问题。全球矿产资源分布不均衡，世界上没有任何一个国家可以完全做到自给自足，特别是石油等一些关系国家经济命脉的矿产，对它的争夺往往成为国家战争、局部地区冲突或地缘政治紧张的重要原因，例如 1991 年的海湾战争就是石油资源争夺战的典型例子。将来，随着资源的日益紧张，这种争夺势必会更加激烈。美国未来学家克莱尔 2001 年著书阐述，资源争夺是国际冲突的根本动因，获得和维护对本国经济发展和国家安全至关重要的战略资源，乃是维护国家安全的首要任务，并据此预测美国发动伊拉克战争的必然性。

（七）自然属性

不同矿产的成因决定了它的自然分布和勘查开发方式的差异，并影响资源管理的模式。例如，油气，它的突出特点是呈层状或片状面积型分布，勘探风险相对较低，资源潜力相对比较清晰，管理上实行探采合一制度，矿业权人发现可供开采的油气资源，完成试油（气）作业后决定继续开采的，在 30 日内向有登记权限的自然资源主管部门提交探采合一计划表后可以进行开采。金属矿产，大多数呈脉状或浸染状，勘探风险很高（通常所说的勘探成功率仅 1% 左右，指的就是此类矿产），所利用的基本上不是矿石整体而是利用其中所含的有用组分，通常需要熔炼精炼等一系列复杂工艺才能提取其中的有益元素。金属矿产在管理上通常是探采分离，也就是说，先要取得探矿权才能进行勘查；勘查成功后，需要办理采矿权才能进行开采。对于砂石黏土，通常用作建筑材料或骨料，一般情况下可以整体开发利用。在管理上通常不需要设置探矿权进行勘查而可以直接开采（简单评价后即可申请办理采矿权进行开采）。

四、国内外矿产资源状况

（一）全球矿产资源状况

1. 全球矿产资源分布不均衡

受成矿环境等因素影响，全球矿产资源分布显得相对集中。例如，煤炭，主要分布在美国、中国、俄罗斯、澳大利亚及印度等地；石油主要分布在中东和美洲等地；天然气主要分布在俄罗斯、伊朗、卡塔尔、土库曼斯坦等地；铁矿主要分布在澳大利亚、巴西、俄罗斯、中国、乌克兰等地；铜矿主要分布在智利、澳大利亚、秘鲁、俄罗斯等地；铝土矿主要分布在几内亚、越南、澳大利亚、巴西等地；钾盐主要分布在加拿大、白俄罗斯、俄罗斯、中国及美国等地，具体分布情况如图 9-3 所示。

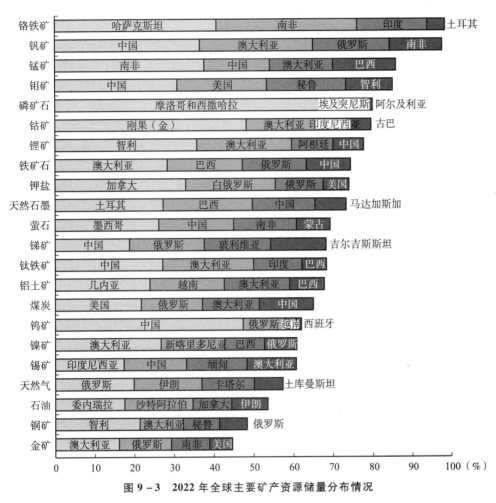

图 9-3　2022 年全球主要矿产资源储量分布情况

资料来源：根据美国地质调查局（2023）、《BP 世界能源统计年鉴（2022）》等相关资料计算。

2. 全球矿产资源储量呈增长态势

随着勘查资金与技术等要素投入，世界不断有新的重大矿床被发现。与此同时，技术进步拓展了矿产资源开发利用的范畴和空间，大量非常规能源、共伴生矿产、低品位及难选冶矿产变得可以经济地开发利用，使得消耗的矿产资源储量不仅及时得到有效补充，而且总体上是"越开越多"。与 2012 年相比，2022 年全球矿产储量总体呈现增长态势（如表 9-1 所示），其中增长超过 50% 的有天然石墨、锰矿、锂矿、钒矿，增幅分别为 328.6%、169.8%、100.0%、85.7%。

表 9 - 1 2012～2022 年全球主要矿产储量对比以及中国占比情况

矿产	单位	2012 年	2022 年	2022 年较 2012 年增速（%）	2012 年占比（%）	2022 年占比（%）
煤炭	亿吨	8609	11612	34.9	13.3	13.6
石油	亿吨	2308	2362	2.3	1	1.5
天然气	万亿立方米	180.8	205.3	13.6	1.7	3.3
铁矿石	亿吨	1700	1800	5.9	13.5	11.1
锰矿	亿吨	6.3	17	169.8	7	16.5
铬铁矿	亿吨	4.6	5.6	21.7	—	—
钒矿	万吨	1400	2600	85.7	36.4	36.5
钛铁矿	二氧化钛亿吨	7	7	0	28.6	27.1
铜矿	金属亿吨	6.8	8.9	30.9	4.4	3
铝土矿	亿吨	280	310	10.7	3	2.3
镍矿	金属万吨	7500	10000	33.3	4	2.1
钨矿	金属万吨	320	380	18.8	59.4	47.4
锡矿	金属万吨	490	460	- 6.1	30.6	15.7
锑矿	金属万吨	180	186.2	3.4	52.8	18.8
钼矿	金属万吨	1100	1200	9.1	39.1	30.8
钴矿	金属万吨	750	830	10.7	1.1	1.7
锂矿	金属万吨	1300	2600	100	26.9	7.7
金矿	金属万吨	5.2	5.2	0	3.7	3.7
钾盐	亿吨	95	33.35	- 64.9	2.2	5.1
天然石墨	百万吨	77	330	328.6	71.4	15.8
磷矿石	亿吨	670	720	7.5	5.5	2.6
萤石	亿吨	2.4	2.6	8.3	10	18.8

资料来源：煤炭、石油、天然气的储量数据来自《BP 世界能源统计年鉴（2013）》。其中由于 2022 年数据缺乏，故采用 2020 年数据替代；金属矿和钾盐各年份储量数据来自 2013 年和 2023 年 Mineral Commodity Summaries，2013。

3. 矿产资源品位逐步降低

随着开采强度增加，地表易采资源逐步枯竭，以铁、铜等为代表的金属矿产资源品位下降趋势明显。20 世纪 50 年代以前，世界各国基本上只利用富铁矿，据统计，1951 年前后世界一些主要产钢国家自产铁矿石的平均品位是：美国 49.5%、苏联 52%、加拿大 54.5%、瑞典 60%。随着富铁矿资源枯竭，各国铁矿石开采品位迅速降低：苏联在 1955 年为 50%、1960 年 44.5%、1970 年 37.3%、1988 年只有 33.4%，美国铁矿石开采品位下降更快，1965 年降至 27.75%、1970 年 24.87%、1980 年 20.7%、1990 年 19.67%。世界铜矿开采品位下降幅度更大。以美国为例，自 1750 年以来，所采铜矿的可采品位由 16% 降到 0.5% 以下。据统计，西方国家和发展中国家铜矿平均品位由 1950 年 18.5% 下降为 1960 年 1.33%、1970 年 1.09%、1975 年 0.9%。

另外，一些大宗矿产，例如铅锌矿，它的开采品位也是成倍下降。1950～1980 年的 30 年间，澳大利亚、加拿大、美国、墨西哥等国家的重要多金属矿区，铅的平均品位从 3%～5% 降至 1.5%～2.0%、锌从 8%～10% 降为 4%～6%。

4. 全球矿产品供需总体平衡

第二次世界大战后，尽管全球经济出现了多次"恢复—回升—发展—衰退"的周期性规律，主要矿产品生产及消费也经历了多次反复，但是总体上基本能够实现供需平衡，甚至略有盈余。据统计，与 2001 年相比，2021 年全球煤炭、原油、天然气、铁矿、锰矿、铬铁矿、铜精矿、铝土矿、铅精矿、锌精矿、镍精矿、钾盐、磷矿等矿产品产量均呈增长态势。而且，全球矿产品总体上能够实现供需平衡，例如，2012～2021 年，全球 70% 以上的年份供应略有过剩，其中钢铁、原油等产品 90% 及以上的年份存在 0～8% 的供应过剩率，煤炭、电解铝等 80% 的年份存在 0～6% 的供应过剩率，天然气、精炼镍等 70% 的年份存在 0～15% 的供应过剩率，仅铜等少数产品供应略有不足，但 2012～2021 年的平均供应短缺率也在 1% 以内（如图 9-4 所示），可以通过库存调节供应缺口。

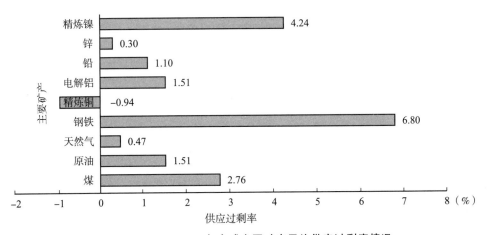

图 9-4　2012～2021 年全球主要矿产平均供应过剩率情况

资料来源：根据相关公开资料计算整理。

（二）中国矿产资源状况

1. 矿产资源总量丰富，结构性矛盾突出

中国矿产资源总量丰富，品种齐全（目前已发现 173 种矿产），但是人均占有量不足。据美国地调局和英国石油公司（BP）等国际机构数据统计，除钨、钼、锑、锡、稀土、钒、钛、石墨、萤石、钽等矿产外，中国大多数矿产的储量全球占比均低于 20%，尤其是石油、天然气、铜、铝等大宗矿产，全球储量占比均不足5%（钾盐、磷矿也仅占 5% 左右）。在可获取数据统计储量的 26 种矿产中，中国储量全球占比超过 50% 的只有 2 种，占比在 30% ~ 40% 的有 3 种，占比在 20% ~ 30% 的有 5 种，占比在 10% ~ 20% 的有 5 种，占比不足 10% 的有 11 种（如图 9 – 5 所示）。

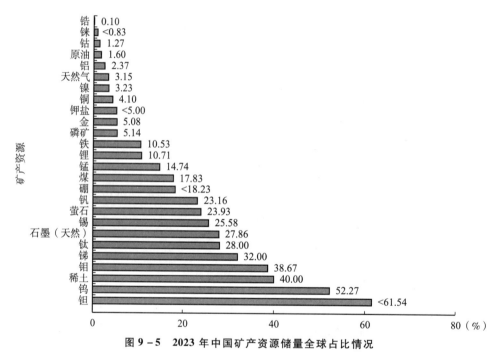

图 9 – 5 2023 年中国矿产资源储量全球占比情况

资料来源：美国地调局、BP 等机构相关统计数据计算。

2. 贫矿多，富矿易选矿少

与国外相比，中国支柱性矿产大多存在品位偏低的问题。例如，铁矿平均品位仅 33%，而国外主要铁矿生产国，如澳大利亚、巴西，其铁矿石不经选矿品位就可达 62% 的商品矿品位；锰矿平均品位仅 22%，不到世界锰商品矿石工业标准48% 的一半，且多属难选的碳酸锰；铝土矿几乎全是一水硬铝石，生产成本远高于美国、加拿大、澳大利亚等国的三水或一水软铝石；钾盐严重短缺，现在利用的盐湖钾镁盐，根本无法与国外固态氯化钾开发的成本效益相比。

3. 共（伴）生矿多，开发利用难度大

据统计，中国有 80 多种矿产是共（伴）生矿，其中以有色金属最为普遍。例如，铅锌矿中共（伴）生组分达 50 多种，仅铅锌矿中的银就占全国银储量的 60%。虽然共（伴）生矿的潜在价值较大，甚至超过主要组分的价值，但其开发利用的技术难度亦大，选冶复杂，成本高，因而缺乏竞争力。

4. 中小型矿和坑采矿多，大型超大型矿和露采矿少

中国矿产资源总体上是矿产地多，但单个矿床规模大多偏小。拥有大型、超大型矿床的多为钨、锑、稀土、菱铁矿、石墨等矿产；一些重要支柱矿产，如铁、铜、铝、金及石油天然气等，以中小型为主，不利于规模开发，单个矿床难以形成较大的产量，影响资源开发的总体效益。中国至今尚未发现特大型的富铁矿（5 亿吨级）和富铜矿（500 万吨级），而国外探明金属量超过 1000 万吨的超大型铜矿 60 余座。可露采的矿产地少，如煤矿可露采的储量仅占 7%，而美国、澳大利亚露采矿分别占总产量的 60% 和 70%，因此生产效率、成本、回采率等都难以与国外的相比；在金属矿产中，70% 以上的铝土矿、80% 以上的铜矿、90% 以上的镍矿都需坑采。

5. 矿产资源地理分布不均衡

由于地质成矿条件不同，导致中国部分重要矿产分布集中。例如，90% 的煤炭查明资源储量集中于华北、西北和西南，而东北、华东和中南地区的煤炭资源仅占全国 10% 左右；70% 的磷矿查明资源储量集中于云南、贵州、四川、湖北四省，铁矿主要集中在辽宁、河北、四川、山西等省。此外，近年来在西部边远地区发现了一批大型特大型矿区，但开发难度亦大。基于矿产资源分布的不平衡态势，今后矿业重心西移已成必然之势。

第二节　矿产资源勘查开发经济活动

从矿产资源产业链各环节之间的关系看，矿产资源勘查开发活动主要包括地质调查、矿产勘查（包括普查、详查和勘探）、矿山开采、选矿和冶炼、矿山闭坑和复垦等五个阶段。

一、地质调查

（一）基本任务

地质调查是一项具有战略意义的基础地质工作，基本属于公益性地质工作范畴，主要以财政出资为主，基本任务是：以极为有限的地质勘查技术手段，初步查明工作区域的岩石、地层、构造、矿产、水文地质、地貌等基本地质特征及其相互关系，并在此基础上编制一系列基础地质图件和资料，圈定出若干个具有进一步开展工作潜力的成矿远景区，以便为制订国家和地区地质工作计划，服务矿产勘查、水文地质、工程地质、环境地质，以及国土开发整治等方面提供可靠的基础地质资料。

（二）基本目标

从服务矿产勘查而言，地质调查的主要目标是：查明工作区找矿方向，确定找矿远景区，并提交公益性地质调查成果，为后续矿产勘查降低找矿风险。

二、矿产勘查

矿产勘查是地质调查工作的延续和深化，主要是运用地质填图、物探、化探、钻探和坑探等探矿手段，并通过取样分析、矿体圈定和储量计算、研究矿石选冶技术性能和开采水文工程地质条件、矿床技术经济评价等工作，发现并查明工业矿床的过程。在地质调查的基础上进行矿产勘查，按照地质工作程度，又可分为普查、详查和勘探三个阶段，但是各阶段的工作技术方法和目标各不相同（如表 9-2 所示），且必须依法取得探矿权。在矿产勘查的各阶段，必须遵守绿色勘查理念，尽可能减少勘查活动对生态环境的扰动。

（一）普查

普查是矿产勘查的初级阶段，主要是基于成矿远景区，投资主体在依法申请获得探矿权的基础上，通过运用地质填图、物探化探方法，以及稀疏的钻探、坑探等有效勘查技术手段和稀疏的取样工程，对工作区内已发现的矿点或地质体物化探异常等进行查验，追索矿化线索，发现矿（化）体，并初步查明矿体或矿床地质特征以及矿石加工选冶技术性能，初步了解开采技术条件。同时，开展概略研究，估算推断资源量，提出可供详查的范围，并做出是否具有经济开发远景的评价，作出是否有必要转入详查的评价。

表 9 – 2　　金属和非金属矿床各勘查阶段探求的资源量及其比例的参考要求

项目		复杂程度			
		一般		复杂	
资源量规模		大、中型	小型	大、中型	小型
普查	探求资源量类型	推断资源量	推断资源量	推断资源量	推断资源量
详查	探求资源量类型	控制 + 推断资源量	控制 + 推断资源量	控制 + 推断资源量	推断资源量
	其中：金融占比最低要求	20% ~ 30%	20% ~ 30%	20% ~ 30%	—
	非金融占比最低要求	30% ~ 50%	30% ~ 50%	30% ~ 50%	—
勘探	探求资源量类型	探明 + 控制 + 推断资源量	不要求达到勘探程度才能作为矿山建设设计的依据	不要求达到勘探程度才能作为矿山建设设计的依据	不要求达到勘探程度才能作为矿山建设设计的依据
	其中：探明资源量占比最低要求	10% ~ 20%	—	—	—
	探明 + 控源量占比最低要求制资	50% ~ 60%	—	—	—
供矿山建设设计的复杂和小型矿床	探求资源量类型	—	控制 + 推断资源量	控制 + 推断资源量	推断资源量
	其中：控制资源量占比最低要求	—	50% ~ 60%	30% ~ 60%	—

（二）详查

详查是矿产勘查的中级阶段，主要是在普查的基础上，通过有效的勘查技术手段、系统取样工程和试验研究，基本查明矿床地质特征、矿石加工选冶技术性能以及开采技术条件，为矿区（井田）规划、勘探区确定等提供地质依据。同时，开展概略研究，估算推断资源量和控制资源量，提出可供勘探的范围，并做出是否有经济价值的评价，做出是否有必要转入勘探的评价。

（三）勘探

勘探是矿产勘查的高级阶段，主要是在详查的基础上，通过有效的勘查技术手段、加密工程控制和取样测试、深入试验研究，详细查明矿床地质特征、矿石加工

第 九 章

选冶技术性能以及开采技术条件，并估算资源储量和推断、控制、探明资源量，做出矿产资源开发是否可行的评价，为矿山建设设计、确定矿山（井田）生产规模、产品方案、开采方式、开拓方案、矿石加工选冶工艺，以及矿山总体布置等提供必需的地质资料。

三、矿山开采

矿山开采是指矿山企业在依法获得采矿权的基础上，依据批准的开发利用方案和矿山采矿设计方案，将埋藏在地下的矿产资源储量开采出来而转化为原矿产量的过程。根据矿床的埋深和赋存地质条件等因素，矿山开采可分为露天开采和井下开采两种方式。无论是哪种开采方式，依据矿山地质环境保护与治理恢复方案，需要对矿山采选过程中产生的生态环境问题进行修复治理，使之达到绿色矿山建设的标准和有关要求。

（一）露天开采

露天开采是采用采掘设备在敞露的条件下，以山坡露天或凹陷露天的方式，分阶段（平台）逐次向下剥离岩石并采出有用矿物的一种采矿方法。露天开采的优点是：一是矿山建设速度快，劳动生产率高，且生产成本相对较低；二是劳动生产条件好，工作较为安全；三是矿石回收率高，贫化损失小。随着大型高效露天采矿及运输设备的发展，露天开采将会得到更加广泛的应用，并成为优先选用的采矿方式。

（二）井下开采

当矿床埋藏很深，采用露天开采会使剥离系数过高，经技术经济比较认为采用地下开采较为合理时，则采用井下（地下）开采方式。由于矿体埋藏较深，要将矿石开采出来，必须开凿由地表通往矿体的巷道，如竖井、斜井、斜坡道、平巷等，并且开凿这些井巷是井下矿山基本建设的重点工程。根据矿床赋存条件复杂程度，并考虑矿石和围岩物理力学性质差异，以及地压管理等因素，井下采矿方法通常分为空场采矿法、充填采矿法和崩落采矿法三大类。但是，无论哪种采矿方法，均包括开拓、采切（采准和切割工作）和回采三个基本步骤。

四、选矿和冶炼

（一）选矿

当矿山开采出来的原矿品位达不到冶炼商品矿的要求，或原矿中的共伴生有

第九章

益元素需要综合利用分离提取，或者要进一步除去原矿中所含的大量脉石及有害元素时，则必须对开采出来的原矿做选矿处理。显而易见，选矿就是将有用矿物与脉石矿物最大限度地分开，从而获得更高品位精矿的过程，或者是把共伴生的有用矿物尽可能地分别回收成为单独的精矿，除去有害杂质，综合回收利用各种有用成分的过程。一般而言，原矿（尤其是金属矿产）一般不能直接进行利用，必须经过选矿处理才能获得冶炼或其他工业所需的原料。选矿可以显著提高矿物原料的质量，减少运输费用，减轻进一步处理的困难，并可实现矿物原料的综合利用。由于矿产资源品位越来越趋于降低，需要选矿处理的矿石量将越来越大。因此，选矿对于矿产资源的充分和合理利用，以及国民经济发展具有重要的现实意义。

从狭义上讲，选矿的主要对象是矿山开采出来的原矿；从广义上讲，选矿的主要对象包括尾矿、围岩，以及二次资源等。通常所说的选矿都是狭义概念。选矿是整个矿产品生产过程中最重要的环节之一。根据矿石中不同矿物的物理、化学性质，矿石破碎磨细以后，常用的选矿方法主要包括重选法、浮选法、磁选法、电选法等四大类，但是无论哪种选矿方法，都将产生大量的尾矿。妥善处置尾矿是矿山安全生产的重要环节之一。

（二）冶炼

冶炼是一种提炼技术，是指用焙烧、熔炼、电解以及使用化学药剂等方法把矿石中的金属提取出来，或者是减少金属中所含的杂质或增加金属中某种成分，炼成所需要的金属原材料。根据需要提纯矿物的物理、化学特性，以及生产工艺等情况，冶炼可分为火法冶炼、湿法提取和化学反应等三大类。其中，火法冶炼又称为干式冶金，就是把矿石和必要的添加物一起在炉中加热至高温熔化为液体而生成所需的化学反应，从而分离出粗金属，然后再将粗金属精炼。湿法冶金就是用酸、碱、盐类的水溶液，以化学方法从矿石中提取所需金属组分，然后用水溶液电解等各种方法制取金属，此法主要应用在低品位、难熔化或微粉状的矿石。化学反应就是利用某种溶剂，借助化学反应（包括氧化、还原、中和、水解及络合等反应），对原料中的金属进行提取和分离的冶金过程。

五、矿山闭坑和复垦

（一）矿山闭坑

矿山闭坑是指矿山资源储量枯竭后，依法履行矿山闭坑审批程序，并注销采矿

第九章

权，终止矿山后续一切采矿作业活动。为保证在矿山开采末期（或资源枯竭期）产量均衡稳定，维持企业经营的持续性，由企业自行编制出来的施工计划（规划），称为闭坑计划，在实施闭坑计划时的开采（经营）过程为闭坑过程。闭坑过程一般以年为单位实施，时长多在 2～3 年，视矿山设计开采规模而定。

矿山关闭必须按照国家规定的有关程序，报请主管部门审查批准并办理手续。依据《中华人民共和国矿产资源法》《中华人民共和国矿产资源法实施细则》《矿产资源开采登记管理办法》等规定，采矿权人在申请办理闭坑手续时，需要提交采矿权注销申请登记书、采矿许可证正（副）本、采矿权人应缴纳完毕的有关费用凭证、矿山地质生态环境治理情况及治理备用金缴纳完毕凭证、采矿权人义务履行证明材料、闭坑地质报告及审查意见等有关申请材料，经自然资源行政主管部门验收合格后，办理闭坑的各项手续。

（二）复垦

矿山闭坑前，采矿权人应当完成矿山闭坑及地质环境恢复治理义务，其中复垦是一项重要的工作。矿山复垦是指在矿山建设和生产过程中，有计划地整治因挖损、塌陷、压占等破坏的土地，使其恢复到可利用状态的工作。矿山开采过程中，破坏当地生态平衡是矿山环境问题产生的主要根源，矿山复垦是解决矿山环境问题及矿山经济发展的主要途径。根据复垦后矿区土地的用途，矿区土地复垦可分为农业复垦、林业复垦、渔业复垦、自然保护复垦、水资源复垦和工业复垦等类型，其中农业复垦和林业复垦是最为普遍的。

第三节　矿产资源勘查开发经济关系

一、地质调查与矿产勘查的关系

（一）地质调查

地质调查一般是非营利性的工作，主要包括基础地质调查、重要矿产资源远景调查、潜力评价等方面。地质调查追求的是社会效益，一般由政府出资（包括中央财政投资，也包括地方财政投资），由国家专门队伍承担相应的工作，调查形成的地质资料成果无偿提供给全行业、全社会使用。

（二）矿产勘查

矿产勘查是以市场为导向，在国家规划和政策指导下，以追求经济效益为目的营利性的地质找矿活动。按照"谁投资、谁受益"原则，矿产勘查具有利益上的排他性，勘查支出在企业成本中列支，勘查成果由投资者依法自行处置，并取得投资回报。矿产勘查主要分为普查、详查和勘探三个阶段，必须取得合法的探矿权才能开展有关工作。

（三）地质调查与矿产勘查的关系

地质调查是矿产勘查的前期和基础，它能够降低矿产勘查的工作风险，并能吸引更多的社会资金投入矿产勘查工作。反之，矿产勘查又可以丰富地质调查工作资料信息，并对地质调查工作起到拉动需求和验证作用。地质调查与矿产勘查工作的划分不是绝对的，但二者总体上是相辅相成，共同构成地质找矿工作的完整体系。

二、资源量与储量的关系

资源量和储量类型及转换关系，如图 9 – 6 所示。

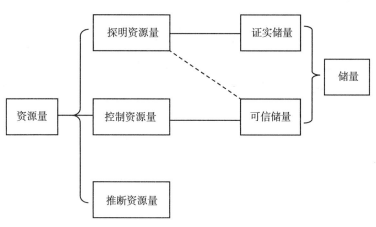

图 9 – 6　资源量和储量类型及转换关系

（一）资源量

探明矿产资源的地质可靠性和经济可行性是决定其是否具有开发利用价值，能否被开发利用的决定性因素。我国新的矿产资源储量分类标准将探明矿产资源分为"探明资源量""控制资源量""推断资源量"，而探明资源又可分为可利用矿产资源和暂难利用矿产资源。但是，无论是"探明资源量""控制资源量""推断资源

第 九 章

量"，还是可利用矿产资源和暂难利用矿产资源，都是指原地矿产资源数量，过去称为"地质储量""查明资源储量"，现在称为"资源量"。在西方国家，资源量可以作为矿山开采设计的依据，但在中国，资源量能否作为矿山开采设计的依据，主要取决于储量在资源量中的占比情况（只有储量在资源量中的占比达到一定的要求时才可以作为设计依据，否则不能）。

（二）储量

储量是指具备开采经济技术可行性的那部分可以被经济采出的资源量，其地质可靠性要达到"探明资源量"和"控制资源量"要求。可见，储量是包含在可利用矿产资源中的探明资源量和控制资源量中，而未包含在推断资源量中，因为推断资源量的地质可靠性达不到开发利用的要求。按照我国矿产资源储量分类新标准，探明资源量对应证实储量，控制资源量对应可信储量。暂难利用矿产资源中是没有储量的。

（三）资源量与储量的关系

资源量是储量的来源，储量是资源量追求的目标。"新分类标准"明确，普查阶段估算推断资源量，详查阶段估算控制资源量、推断资源量。通常来说，低级别的资源量可以通过增加地质勘查投入（加密勘探）而转化成高级别的储量，或者说，推断资源量可以转化成控制资源量，控制资源量可以转化成探明资源量。反之，探明资源量不会转化成控制资源量，控制资源量也不会转化成推断资源量。也就是说，探明资源量、控制资源量通过加密勘探可转换为储量（资源量转换为储量至少要经过可行性研究，或与之相当的技术经济评价）。但是，当转换因素发生改变，已无法满足技术可行性和经济合理性的要求时，储量也应适当转化为资源量。

三、资源与资产的关系

（一）资源

这里的资源主要指矿产资源。无论是探明的储量还是资源量，在国家层面都统称为资源。也就是说，资源是国家层面的概念。

（二）资产

矿产资源属于自然资源的一种，矿产资源要转化为资产需满足三个条件：一是在一定技术条件下已被探明；二是能够被开发利用带来经济效益，可以转化为货币；三是要有明确的产权。从上述三个条件看，只有取得合法矿业权的矿业权人所拥有的探明资源才能称得上资产。

（三）资源与资产的关系

从隶属关系看，资源对应的是国家层面的概念，资产对应的是产权明晰（取得合法矿业权的矿业权人）所拥有的探明矿产。也就是说，探明的矿产在国家层面称为资源，但是探明的矿产以矿业权归属形式转入矿业权人时就成为资产。国家资源转化为矿业权人的资产，其前提条件是获得合法矿业权的矿业权人要及时按规定以权益金的形式对国家进行补偿。从经济变现性看，未查明的矿产资源或暂难利用的矿产资源，也就是未达到储量级别标准的资源量，都不能转化为资产。

四、供应和需求的关系

（一）需求

在经济学中，需求是消费者在特定时刻和某一价格水平上愿意并且能够购买的某种商品或劳务的数量。若以 Q_d 表示需求量，以 P 表示价格，以 D 表示需求函数，则需求函数可表示为 $Q_d = D(P)$。

（二）供应

与需求相对应，供给是生产者在特定时刻和某一价格水平上愿意并且能够出售的某种商品或劳务的数量。若以 Q_S 表示供给量，以 P 表示价格，以 S 表示供给函数，则供给函数可表示为 $Q_S = S(P)$。

一般来说，需求是随着供应价格的降低而增加，供应是随着价格的增加而增多，供需达到平衡决定市场的交易价格（如图 9－7 所示）。

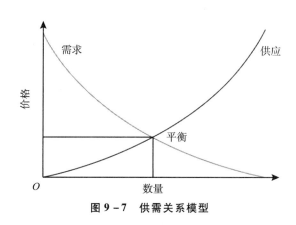

图 9－7　供需关系模型

（三）供应和需求的关系

就全球而言，虽然矿产品总体上基本能够实现供需平衡，但是就不同矿类，它们在供需上仍存在一些独特的关系：对于大宗矿产品，需求和供应弹性均比较小，也就是说供应和需求都总体比较稳定和均衡，供需表现为互促互进状态；对于小宗矿产，由于应用技术突破经常导致需求突然性增长，而供应一时难以跟上需求增长的步伐，使得需求弹性明显高于供应弹性，此时表现为需求引领供应，近几年的锂、钴、镍就属于这种情况。对于一些特殊的矿产品，例如，原油，受地缘政治等因素影响，"欧佩克＋"产油国为了稳定油价，经常采取一致性联合限产行动，使得供应略小于需求，造成市场供需紧平衡。又如，砂石黏土，因价值低和销售运输半径小（砂石运输半径一般在 30 公里以内，属于地方市场）等原因，不同区域供需状况差异很大，一些发达都市或经济圈，通常表现为供不应求，价格也明显高于欠发达地区。

五、品位与价格的关系

计划经济时代，我国矿产勘查对储量的经济意义不是很重视。储量按经济意义大致分为两类，即表内储量和表外储量[①]。为了适应社会主义市场经济要求，充分发挥市场在资源配置中的决定性作用，并促进资源保护和合理利用，矿产资源开发品位指标需要依据矿产品市场价格进行动态调整。

（一）边界品位

边界品位，指在当时经济技术条件下无法利用，但在矿产品价格大幅上升或矿山企业成本大幅下降或政府大力扶持等条件下，能被利用的那部分资源的最低品位。边界品位是区分矿与非矿的界限，其最低要求必须大于尾矿品位。如果以某品位为边界圈算的资源，在矿产品价格大幅上升或矿山企业成本大幅下降，或政府大力扶持的条件下仍不能利用，则边界品位定得太低；反之，则定得偏高。

（二）边际品位

边际品位，指在矿体圈定时的矿产品价格和生产成本条件下，生产的矿产品收益等于可变成本的品位。即在此品位条件下生产，矿山企业只能维持生产，而无法返本。边际品位是区分次边际经济的资源量和边际经济资源的界限，如果矿

---

① 高兆奎. 试论市场经济条件下圈定矿体的 4 项品位指标［J］. 西北地质，2002（3）：113 – 118.

第九章

山企业在当时经济技术条件下，以低于该品位生产就会亏损；反之，则能维持生产。

$$g_m = \frac{C_p}{PR(1-\alpha)} \quad\quad (9-1)$$

其中：P 为矿产品价格；R 为综合回收率；α 为采矿贫化率；C_p 为吨矿可变成本。

（三）经济品位

经济品位，指在矿体圈定当时的经济技术条件下，矿山企业能够收回投资所需要的最低品位，即在该品位条件下生产，正好能收回投资。该品位是经济资源与边际经济资源的分界线，以该品位圈定的资源即为经济储量。如果矿山企业加工的矿石品位低于该品位，则矿山企业无法还本。

$$g_m = \frac{C_p + I_p}{PR(1-\alpha)} \quad\quad (9-2)$$

其中，I_p 为每吨矿石的投资额固定资产投资贷款利息。

（四）矿床平均品位

指达到一定投资回报率所需要的最低品位，该品位是衡量矿山企业盈利能力的重要指标。在矿床规模既定的情况下，如果该品位低于经济品位，则整个矿床是边际经济的；反之，矿床是经济的，且有较强的盈利能力。矿床平均品位的计算应以边际品位以上的资源为准。在技术条件具备和矿石量既定的情况下，矿床是否有投资价值，由矿床的平均品位决定。投资者只能根据此值来判断是否值得投资。品位公式为：

$$g_\alpha = \frac{C_p + I_p + \dfrac{\pi_p}{1-T_i}}{PR(1-\alpha)} \quad\quad (9-3)$$

其中：π_p 为每吨矿的利润；T_i 为所得税利率。

一般说来，经济品位以上的资源在正常条件下都能够得到有效开采，都能够纳入矿山企业的采掘计划。由图 9-8 可见，对于边际品位以上、经济品位以下的资源，由于它们的开采仅能回收可变成本，矿山正常运营的固定成本没有保障，但假如品位变化比较均衡，并处于经济品位资源的外圈，开发时并不需要增加很多的额外成本，则这部分资源也可能得到有效开发。但是，对于边际品位以下、边界品位以上的资源，正常开采条件下是无利可图的，如果没有特殊的条件出现，它们顶多只能看成是被矿化了的围岩，不具备开发利用的经济性能。

第九章

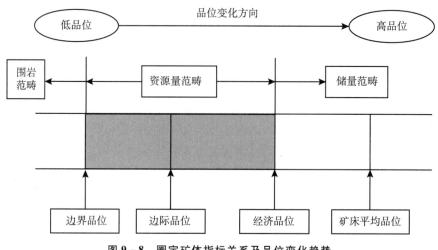

图 9 - 8 　圈定矿体指标关系及品位变化趋势

六、成本与价格的关系

（一）定价方法

产品定价的方法很多，其中成本加成定价是最常用的定价模型之一，它将产品或服务的成本作为基础，再加上一个固定的百分比作为利润[①]。

$$成本加成定价 = 成本 \times (1 + 加成率)$$

受自然地理条件、矿床的地理位置和埋藏深度、品位和质量等不同因素影响，同样的劳动所获得的矿产品数量和质量也有很大不同，这就使得同样的矿产品在不同的资源条件下，其成本 - 效用关系也不同。矿产品传统定价体系中，矿产品的价格一般以劣质生产条件下的平均成本为基础，使得劣质生产条件下的生产者也能与其他部门大致获得平均利润。

（二）价格影响因素

能够影响价格的因素有很多，例如，成本、供需关系、政治、经济、金融、政策、市场竞争、产品替代、地缘政策、突发事件等。但是，对矿产品价格而言，一般情况下，成本、供需关系和资本是影响价格的常规主要因素。例如，19 世纪纯铝制品因生产工艺水平导致生产成本较高，当时只有皇家贵族才能用得起；现在因电解铝生产技术进步带来生产成本大幅下降，铝制品已进入普通百姓生活。同样，近期锑、钨等矿产，因发展光伏创造新需求，而供应没有明显改变，也导致市场价

---

① 周柳柳．关于加成定价的研究综述［J］．现代经济信息，2014（3）：159 - 160.

格快速上涨。而且，一旦资本介入，价格上涨的速度更是惊人，2022 年 3 月的"妖镍"事件，镍价 2 个交易日大涨 248%。

（三）成本与价格的关系

成本是价格构成的重要组成部分，一般情况下，价格和成本之间存在较为稳定的均衡关系[1][2]。但是，受人力、能源、环保或税费政策调整等因素影响，矿产品的全成本抬升和价格上涨总体呈正相关关系，例如，2002 ~ 2012 年成本上升是价格上涨的原因之一。然而，当叠加供需关系改变、国家政策调整或突发事件等因素影响时，就会表现出价格和成本"脱钩"，此时突出表现出四种情形：一是价格上涨和成本"脱钩"。例如，锑在 2024 年上半年价格涨幅超过 75%，而其生产成本并无明显变化，核心原因就是光伏发展创造新需求，供应跟不上消费增长步伐驱动价格持续上涨。二是价格下跌和成本"脱钩"。例如，锂由于供应过剩，价格由最高接近 60 万元/吨跌至 2024 年上半年 10 万元/吨左右，跌幅超过 80%，但其生产成本并没有明显降低。三是价格相对稳定而与成本"脱钩"。最典型的是民用天然气，价格常年稳定，与成本几乎处于绝对"脱钩"状态。四是价格区间性涨跌与成本"脱钩"。最典型的是电煤，受"基准价 + 浮动价"定价机制影响，价格涨跌空间受限，表现为价格区间性变动与成本"脱钩"。

七、价格和产业链供应链的关系

矿产品价格异常波动直接影响相关产业经营成本、利润空间，以及矿产资源产业链供应链韧性，并可能波及整体物价水平与经济发展质量。从近十年的情况看，煤炭、原油、铁矿石、铜等权重较大的矿产品价格受期货盘金融因素影响较大，价格阶段性持续上涨或下跌，对供应"大头在外"的矿产安全构成冲击。

（一）矿产品价格指数

矿产品价格指数是以 30 种工业总产值居前的煤炭、原油、天然气、铁、铜、钾盐、磷矿等为代表，以有关矿产品销售收入比为权重，在对各有关矿产品历史价格数据进行归纳整理的基础上，以 2012 年 1 月为基期（定义为 100），通过运用加权系数平均法综合计算得出，反映的是报告期价格水平与基期价格水平相比较的相

第九章

---

① 周洲. 我国粮食增产粮农不增收的原因：基于粮食价格和生产成本关系的检验［J］. 河南工业大学学报（社会科学版），2018（6）：10 - 18.

② 李璐，郭琪. 山西省煤炭价格与煤炭企业成本的协整关系研究［J］. 煤炭经济研究，2017（6）：41 - 45.

对波动幅度。矿产品价格指数不仅可以直观描述和反映国内外主要矿产品价格水平变化的方向、幅度、趋势及其规律，也能在一定程度上反映主要矿产品供需关系，在支撑矿产资源管理政策动态调整、科学分析矿产资源形势，主动应对市场新情况新问题等方面具有重要的应用价值。

（二）近 10 年中国矿产品价格指数走势

2012 年以来，主要矿产品价格指数在此期间也经历了"持续走低—波动调整—剧烈波动"三个阶段，如图 9－9 所示。

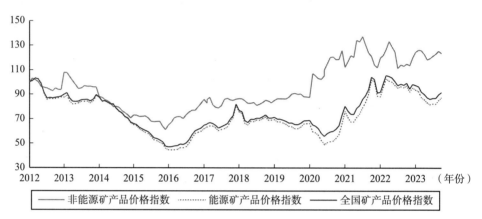

图 9－9　2012～2023 年中国矿产品价格指数变化情况

资料来源：根据相关公开资料计算整理。

（1）持续走低阶段（2012～2015 年）。2002～2012 年，主要矿产品价格总体经历了持续上涨，并在 2012 年前后陆续达到顶峰。2012 年之后，受全球经济增速放缓压缩需求，以及中国去产能、供给侧结构性改革等因素影响，主要矿产品价格单边震荡下行，2015 年全国矿产品价格指数跌至 47，不足 2012 年初的 50%。

（2）波动调整阶段（2016～2019 年）。得益于矿产品价格"触底"、供给侧结构性改革调整供需关系，叠加部分金融资本入场炒作，主要矿产品价格指数开始缓慢回升，2017 年底基本达到 2012 年初水平的 80%，随后又小幅震荡回落，但总体比较稳定。这个阶段，矿产品价格指数均值为 2012 年初的 64%。

（3）剧烈波动阶段（2020 年至今）。2020 年 1～4 月，全球新冠疫情暴发，矿产品需求回落，价格快速下行。2020 年 5 月至 2022 年第一季度，在美西方主要国家"量化宽松"政策、市场资本炒作等因素驱动下，矿产品价格开始了一波快速上涨的行情，其中煤炭、天然气、铁矿石、铜、磷矿石、氯化钾、镍、锡、碳酸锂等先后创出历史新高（原油创近 10 年新高）。经历了 2 年多的持续上涨，2022 年第二季度至 2023 年，矿产品价格指数从前期高位又总体震荡回调。此阶段，矿产品价格指数均值为 2012 年初的 92%，总体呈现高位运行态势。但是，这个阶段的另一个显著特点是，非能源矿产品价格指数与全国矿产品价格指数走势呈现明显分离，主要原因是 2022 年第四季度以来，铁矿石在能源等其他主要矿产品价格震荡回落的形势下逆势上涨，并似乎与国家加强市场监管 "脱钩"，表明我国市场定价话语权影响较弱。

（三）矿产品价格与矿产资源产业链供应链的关系

一般来说，矿产品价格指数上涨，意味着上游企业经济效益较好，有利于采矿业固定资产投资增加，有利于 "上产"，但是并不一定有利于增强产业链供应链的韧性。例如，铁矿石，2023 年价格逆势上涨，我国钢铁冶炼行业几乎全线 "亏损"或处于微利状态，严重削弱了行业的发展能力。当矿产品价格指数下跌，下游冶炼加工企业资源成本虽然有所下降，但是矿产品价格指数大幅下跌时，采矿业经济效益将严重受损，也会影响矿产品稳产增产的积极性，甚至可能催生一批 "僵尸"矿山，影响守住资源安全战略底线的能力。因此，矿产品价格波动应保持在相对平稳的合理区间，确保供应 "大头在外" 的矿产品 "用得起"，确保矿产资源产业平稳运营。

八、矿产资源税和费的关系

除所有行业普遍征收的增值税、所得税等通用税费种类外，矿产资源领域专有税费主要包括资源税、矿业权出让收益、矿业权占用费、石油特别收益金等。

（一）资源税

资源税是依据国家政治权力，以各种应税产品为课税对象征收的一种税。从征收方式看，《中华人民共和国资源税法》规定了 164 个资源产品的税目，大部分税目实施从价计征，少部分实施从价计征或从量计征。从分成比例看，资源税为地方税，收入全部归地方所有，纳入一般公共预算管理，由各地税务部门负责征收管理。

（二）矿业权出让收益

矿业权出让收益是国家基于矿产资源所有权，依法向矿业权人收取的国有资源有偿使用收入，体现矿产资源国家所有者权益。从征收方式看，分为按收益率和按金额征收两种形式。对《按矿业权出让收益率形式征收矿业权出让收益的矿种目录（试行）》《矿种目录》内的 144 个矿种（包括所有的能源、金属、宝玉石、水气和大部分非金属矿种，占法定 173 个矿种的 83.2%），分"按额征收"和"逐年按率征收"两部分缴纳矿业权出让收益。其中，"按额征收"部分，在出让环节依据竞争结果确定并一次征收，"逐年按率征收"部分，由矿业权人在开采销售后依据销售收入一定比例（即出让收益率）按年缴纳。

$$矿业权出让总收益 = 按额征收 + 逐年按率征收$$

其余 29 个砂石土类等勘查风险较低或可直接出让采矿权的矿种，在出让时确定征收金额，可分期缴纳，但首次征收比例 10% ~ 20%，剩余部分在采矿许可证有效期内按年度分期缴清。

从分成比例看，矿业权出让收益为由中央和地方按照 4∶6 的比例分成，地方管理海域由中央和地方按照 4∶6 的比例分成，其他我国管辖海域全部缴入中央国库。矿业权出让收益属非税收入，全部纳入一般公共预算管理，具体由税务机关负责征收。

（三）矿业权占用费

根据《关于全民所有自然资源资产有偿使用制度改革的指导意见》（2016 年）和《国务院关于印发矿产资源权益金制度改革方案的通知》（2017 年）要求，探矿权采矿权使用费整合为矿业权占用费，并合理确定探矿权占用费收取标准，建立累进动态调整机制，利用经济手段有效遏制"圈而不探"等行为。矿业权占用费按矿区范围面积逐年征收，中央和地方分享比例为 2∶8，具体由税务机关负责征收。现使用标准为，第一勘查年度至第三勘查年度，每平方千米每年缴纳 100 元，从第四个勘查年度起，每平方千米每年增加 100 元，但是最高不得超过每平方千米每年 500 元。矿业权占用费属中央财政非税收入，纳入中央财政预算管理。

（四）石油特别收益金

石油特别收益金是指国家对石油开采企业销售国产原油因价格超过一定水平所获得的超额收入按比例征收的收益金，属中央财政非税收入，纳入中央财政预算管理。《关于提高石油特别收益金起征点的通知》（2014 年）将石油特别收益金起征点从 55 美元/桶提高至 65 美元/桶，实行 5 级超额累进从价定率方式征收，征收比率为 20% ~ 40%，按月计算、按季缴纳。

（五）矿产资源税和费的关系

税是国家为满足社会公共需要，依据其社会职能，按照法律规定，强制地、无偿地参与社会产品分配的一种形式。费是国家机关向有关当事人提供某种特定劳务或服务，按规定收取的一种费用。从功能上看，矿产资源税和费之间没有必然的直接关联关系，但是它们都作为成本的组成要素，会影响企业的利润和经济效益。

第 九 章

第四节　矿产资源与政治经济的关系

一、矿产资源与经济社会发展的关系

矿产资源是人类赖以生存和社会进步的物质基础，是国家安全和经济发展的重要保障，没有矿产资源持续稳定的供应，就没有现代经济与社会的发展。据美国矿业局分析，目前美国人均消耗 20 吨矿石（不包括重复使用的金属和建筑材料在内）。如果保持现有水平，每个人一生中要耗费铜 350 千克（主要用汽车蓄电瓶、焊接和电子设备），锌 300 千克（冶炼青铜、钢构件镀导、橡胶印涂料生产中使用），铜在 700 千克以上（主要消耗在电子设备、发电机、通信设施），铝约 1.5 吨（飞机、折叠式家具、啤酒杯、汁液及其他清凉饲料罐），铸铁 15 吨（船舶和楼房建筑、厨房用具和汽车），黏土 12 吨以上（没有它不仅不能生产砖瓦，也不能生产纸张、涂料、玻璃、陶瓷），盐 13 吨左右（主要是制造塑料、清洁剂和用于筑路以及食用）。此外，不断发展建筑需要，还不得不为每个人开采 500 吨以上的沙子、砾石、水泥等。

我国幅员辽阔，探明储量的潜在价值在世界上居第三位，为进一步实现工业化乃至整个国家经济的发展提供了可靠的物质基础，是建设有中国特色社会主义现代化的重要物质基础（如图 9-10 所示）。例如，2020 年以国内生产和净进口的矿物原料、国内回收的金属和矿产品旧废料，以及净进口的旧废料总价值约 6.28 万亿元，支撑并实现了国内加工的矿物材料产值约 39.93 万亿元，加上净进口约 0.15 万亿元的加工矿物材料，使得消耗加工矿物材料的主要行业实现增加值 31.29 万亿元，进而间接支撑全年实现国内生产总值 101.36 万亿元。

二、矿产资源与国际政治的关系

矿产资源的重要地位和作用，使得它成为一个国家在对外事务中的重要筹码。历史上殖民主义者对殖民地侵略的目的之一就是对矿产资源的掠夺。马克思曾指出，掠夺别国的金银矿产是资本原始积累中的一个重要因素。"美洲金银产地的发现，土著居民的被剿灭、被奴役和被埋葬于矿井，对东印度开始进行的征服和掠夺，非洲变成商业性的猎获黑人场所。这一切标志着资本主义生产时代的曙光。这些田园诗式的过程是原始积累的主要因素"。① 历史上瓜分殖民地的战争，也主要是为了掠夺矿产资源。当今世界，发达资本主义国家从发展中国家获得低价的矿产品并销售高价的加工产品，使得富国越富，穷国越穷。矿产资源不但影响工农业生产、高新技术发展、航空航天、国防建设等各行各业，而且也与国家安全息息相关，20 世纪 90 年代初的海湾战争以及美国与伊拉克之间的对立等国际纷争都与矿产资源有关。矿产资源问题已经成为国际事务中的重要筹码和国际纷争的重要因素之一，是世界各国采用政治的、经济的，甚至是军事手段争夺和控制的对象。

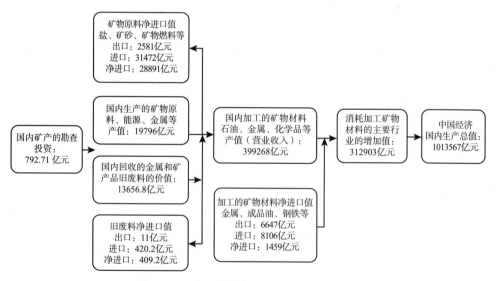

图 9 - 10　中国矿产资源价值链（2020 年）

资料来源：①国内生产总值、消耗加工矿物材料的主要行业增加值数据来自国家统计局。②国内加工的矿物材料产值（营业收入）包含石油、煤炭及其他燃料加工业、化学原料及化学制品制造业、化学纤维制造业、橡胶和塑料制品业、非金属矿物制品业、黑色金属冶炼及压延加工业、有色金属冶炼及压延加工业、电力、热力的生产和供应业、燃气生产和供应业的营业收入。③加工的矿物材料净进口值自海关总署，包括成品油、钢铁和有色金属的进口值。④矿物原料的净进口值来自海关总署统计的 2020 年矿产品进出口值。⑤国内生产的矿物原料、回收的金属和矿产品、旧废料净出口值的数据来自 2020 年全国非油气矿产资源开发利用统计年报。⑥国内回收金属价值为单个金属回收价值的总和，单个矿种回收金属价值 = 回收金属量 × 当年平均价，包括废钢、再生铜、再生铝、再生铅，回收量数据来源为《"十四五"循环经济发展规划》，年度平均价格数据钢和铜取自 Wind 数据库，铝和铅取自国际货币基金组织。⑦废旧金属进出口值数据自海关统计数据在线查询平台，统计范围包括贵金属或包贵金属的废碎料；含有贵金属或贵金属化合物的其他废碎料，主要用于回收贵金属（商品编码 7112），钢铁废碎料；供再熔的碎料钢铁锭（7204）、铜废碎料（7404）、铝废碎料（7602）、锌废碎料（7902）、镍废碎料（7503）、锡废碎料（8002）。

第 九 章

① 《资本论》节选本，第 209 页。

三、矿产资源与产业链供应链的关系

（一）产业链供应链韧性和安全水平的内涵

产业链供应链韧性和安全水平主要是指其受到外部冲击后能够恢复原样甚至达到更理想状态，在极端情况下能够有效运转，在关键时刻能够反制封锁打压，并能够在价值链中获利的能力。尽管我国是全球少有的产业体系较为完整的国家，但是在一些核心技术和关键环节上还受制于人。提升重点产业链供应链韧性和安全水平已经上升到国家利益和国家安全的高度，也是实现中国式现代化的重要保障。增强重点产业链供应链韧性和安全水平，需要改变传统上只注重经济效益的观念，统筹发展和安全，充分发挥产业链供应链的溢出效应，促进产业链供应链协同发展。产业链供应链韧性和安全水平的突出特征在于产业链各环节都具有较大的回旋余地，能够在研发设计、制造、物流运输和终端服务等各环节深度协同，具备价值传递的循环体系，在产业链供应链的布局上，兼具全球视野和本土深耕，具备完整的面向内循环的本土产业链供应链布局体系，表现出安全可控性和循环稳定性。

"韧性""安全水平"是相互关联且高度统一的。韧性是达到较高程度安全水平的保证，安全水平是进一步提升韧性的先决条件。产业链供应链韧性和安全水平是"一体两面"的关系，产业链供应链韧性强调断链后能够迅速恢复的能力；产业链供应链安全水平强调在各种风险冲击下能够稳定运行的能力，旨在减小产业链供应链断链的概率。产业链供应链韧性和安全水平既联系密切，又各有侧重。从某种意义上讲，提升韧性与安全水平就是增强产业链供应链体系的竞争力与稳定性，这既有利于促进产业转型升级，又有助于维护社会和谐稳定。

（二）矿产资源产业链供应链结构模型

矿产资源是产业发展的起点。从生产模块结构和物质流方向来看（见图 9 - 11），矿产工业形成了以下产业链：勘查开发→冶炼加工→生产制造。显然，该产业链属于物理串联模式，理论上，健康协调发展的产业链，各生产环节必须保持一定的比例关系，但是实践中，产业链各环节的盈利能力和技术装备要求不一致，或者是发展的外部条件不同，往往使得产业链各环节发展"粗细"不一般，进而造成产业链某个或几个环节生产能力过剩，使得产业链缺乏韧性。通常，产业链中最薄弱的环节是制约整个产业链顺利发展和影响安全水平的根源。解决产业链中最薄弱的环节约束，才是提升产业链供应链韧性和安全水平的关键。

理想的产业链供应链应该是各环节协调发展，也就是要求矿产品供应能够满足

冶炼精炼需求、冶炼精炼产品能够满足下游生产制造环节消费，各环节之间基本是
1∶1∶1的关系，也就是图9－12中情况1。情况2是明显冶炼加工能力过大（产
能过剩），上游供应链压力较大，不符合高质量协调发展的要求。情况3是产业链
供应链明显不协调，缺乏韧性和安全水平，铜、镍等矿产就属于这种情况。情况4
产业链供应链韧性和安全水平相对较好，但结构上仍有优化调整的空间。

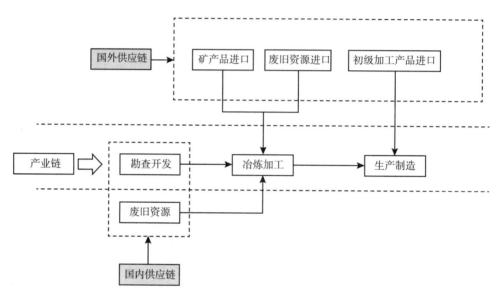

图9－11　矿产资源产业链供应链复合结构

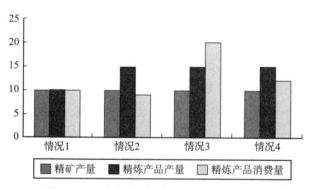

图9－12　矿产资源产业链供应链结构模型

资料来源：陈甲斌. 铅锌产业链结构状况及海外资源战略［J］. 地质学刊，2009, 33（1）: 102 - 107。

（三）矿产资源与产业链供应链匹配状况

以铁、铜、铝、锂、钴、镍等我国不具资源优势的矿产为例（如表9－3所
示），它们的优势主要集中在产业链的冶炼加工环节。其中，锂、钴冶炼产量及硫

酸镍产量均约占全球 70%，粗钢产量占全球 55%、铜 43%、铝 57%。由于冶炼加工能力大，国内矿产品生产供应跟不上冶炼消费增长步伐，致使 2022 年铁矿石、铜等对外依存度达到 75% 左右，铝达到 60% 左右，锂 65% 左右，钴、镍超过 90%。从目前情况看，我国矿产资源产业链供应链的"短板"通常主要集中在上游原材料的供应风险，"优势"主要集中在冶炼加工能力庞大。冶炼加工环节虽然优势突出，但是铜、镍等少数矿产仍不能满足下游生产制造的消费需要，产业链供应链在供需上存在结构性失衡，其中矿产品供应不足是影响产业链供应链韧性和安全水平的最主要因素。

表 9 - 3　　　　　2022 年大宗矿产和新能源矿产资源产业链供应链匹配情况

矿种	单位	矿产产量①	冶炼加工产量②	消费量③	产业链供应链结构(①:②:③)
铁	铁金属（亿吨）	2.53	8.14	8.36	1:3.2:3.3
铜	铜金属（万吨）	187.4	1106	1415	1:5.9:7.6
铝	原铝（万吨）	4252.6	4021.36	3985	1:0.95:0.94
锂	碳酸锂当量（万吨）	20.4	58.9	61.27	1:3:3
钴	钴金属（吨）	2200	138300	141000	1:63:64
镍	镍金属（万吨）	10.94	17.3	173.1	1:2:16

资料来源：根据相关公开资料整理。

四、矿产资源与建设现代化产业体系的关系

（一）矿产资源需求演进规律

产业演进决定矿产资源需求种类更替。早期工业化阶段，经济增长由农业转向工业，尤其是英国工业革命，更是确立了煤炭作为主体能源的全球地位。第二次世界大战后，欧美等发达国家恢复经济建设和深入推进工业化，相继扩大生产规模，工业开始向重型化发展，造船、汽车等行业不断壮大，促进了钢铁、有色金属和石油需求的快速增加。20 世纪六七十年代，燃煤所导致的大气污染达到历史高峰，并且 1973 年第一次石油危机导致油价暴涨，使得优质的清洁能源—天然气成为廉价的替代品，自此又开始了能源转型，越来越多的国家开始重视天然气，使得天然气需求量大增。进入 21 世纪，以发展新能源、新材料、电子信息、海洋和太空产业等为主要标志，人类进入一个崭新时代，高新技术产业发展逐步成为国际社会的

主流，使得新能源矿产和稀有稀散金属矿产需求不断崛起。总体来看，矿产资源需求演进的基本路径是：煤炭→钢铁→有色金属和石油→天然气和稀有稀散金属等高技术矿产。

（二）现代化产业体系

党的二十大报告提出建设现代化产业体系新任务。一般认为，现代化产业体系主要包括发达的制造业、强大的战略性新兴产业、优质的服务业和保障有力的农业。其中，发展发达的制造业和强大的战略性新兴产业显得更为重要，欧美等一些发达国家前几年"脱实向虚"影响经济发展，以及之后重提再工业化，就充分说明了这一问题。党的二十大报告提出加快建设制造强国、质量强国、航天强国、交通强国、网络强国、数字中国，推动制造业高端化、智能化、绿色化发展，并提出到2035年建成现代化经济体系，形成新发展格局，基本实现新型工业化、信息化、城镇化、农业现代化，充分表明了发展高端制造业在我国经济发展中的重要地位。从《中国制造2025》重点发展领域看，高端制造业主要包括新一代信息技术产业、高档数控机床和机器人、航空航天装备、海洋工程装备及高技术船舶、先进轨道交通装备、节能与新能源汽车、电力装备、农机装备、新材料、生物医药及高性能医疗器械等领域。

（三）矿产资源与建设现代化产业体系的关系

目前，我国仍处于城镇化深入推进过程之中。据报道，2023年我国常住人口城镇化率66.2%，还有4.7亿人口在农村，与发达国家70%～80%的城镇化水平相比还有一定的发展空间。我国城镇化率每提高1个百分点，将有1400万人口进城，相当于增加7个200万人口的城市，建设交通、住房、配套服务设施等需要消耗大量的铁、铜、铝等大宗矿产资源。与此同时，发展新质生产力，建设制造业强国方兴未艾。因此，在基本实现新型工业化、信息化、城镇化、农业现代化过程中，我国矿产资源需求将面临资源种类更多、用量更大、质量更高的新要求。例如，发展人工智能与信息技术需要高纯石英、镓、锗、铟、稀土、石墨等矿产，发展新能源需要铜、铝、锂、钴、镍、硅、镓、锗、稀土、磷、石墨等矿产，发展新材料需要铝、镁、钨、锡、锑、铍、铌、钽、锆、铪、铼等矿产，发展高端装备需要铁、锰、铬、钨、镍、钴、铌、钽、锆等矿产，发展生物技术需要铋、萤石、锂等矿产。总的来看，推进中国式现代化建设，我国将面临大宗矿产和战略新兴矿产消费同步扩张之态势，并且2050年前后消费体量都不会有减少的倾向。实现中国新的"两步走"战略目标，实现中国经济转型、腾飞和跨越，必须把矿产资源安全的饭碗牢牢端在自己手里。矿产资源在中国作为重要物质基础的地位和作用没有变。

| 第十章 | 森林资源经济

森林是陆地生态系统的主体，是自然界功能最完善的水库、钱库、粮库、碳库，在维系全球生态平衡中扮演着核心作用。森林资源蕴含着森林生态系统中所包含的一切可利用资源的总量，其高水平保护和合理利用可以为社会带来巨大的经济、社会和生态效益。森林资源经济是自然资源经济学中关于森林资源部分的研究"特写"、放大和深化。主要通过厘清中国森林资源特征及现状，理顺森林资源经营规律，找寻森林退化、丧失的根本驱动，进而发掘森林资源科学管理、合理经营方式，可以有效地培育、开发、利用、保护和管理森林资源，满足社会经济高质量发展过程中人们对森林生态产品需求。

第一节　中国森林资源现状与特征

一、森林资源的概念、分类和属性

（一）森林资源

森林资源与森林的概念密切相关。人们对森林内容和空间尺度的定义，进一步决定了森林资源的范围和内容。国际上对森林的定义众多，但多数国家是从土地利用和土地覆盖的原则或者是二者的结合来定义森林的（韦希勤，2011）。俄罗斯、巴西、加拿大、美国和中国是世界上森林面积最大的 5 个国家，森林面积总量占全球森林面积的 54%（FAO，2021）。俄罗斯和中国是以土地覆盖为主定义森林的，加拿大和美国主要是以土地利用来定义森林的（韦希勒，2011；Lund，2018）。因此，森林资源就可以理解为，符合森林特征的土地范围内的一切对人类有用的物质和能量。从经济学的视角来看，森林资源就是森林生物群落或者森林生态系统当中对人类有用的一切成分和能量。

联合国粮农组织（FAO）主要是从生态系统的角度认识森林的，将森林定义为："面积不小于 0.5 公顷，树高超过 5 米，郁闭度不小于 10% 的土地，或者尚未达到郁闭度 10%、树高 5 米的标准，但今后有望达到这些标准的土地。不包括主导用途为农地或城镇用地的土地"（FAO，2003，2023）。《联合国气候变化框架公约》（UNFCCC）认为森林的土地面积最少为 0.05 ~ 1.0 公顷，郁闭度超过 10% ~ 30%，树木在成熟时高度可能达到 2 ~ 5 米；参加 UNFCCC 的国家可以自行选择在该范围内定义森林。联合国环境规划署《生物多样性公约》指出，森林是面积 0.5 公顷以上、林木郁闭度 10% 以上的地类，不包括用于农业或其他特定非林业用途的土地。

美国没有关于"森林"这一名词的解释，而以土地利用的方式对"林地"[①]进行定义，是指林带宽度在 37 米以上，面积在 0.4047 公顷以上，且活立木郁闭度不小于 0.1（或者相等的立木密度）的土地。包括原来达到过此阈值，将要进行人工或天然更新的林地。林地还包括地类过渡带，如林地与非林地之间的区域，及与城市、永久性建筑的接触区，但活立木郁闭度不小于 0.1（或者相等的立木密度）的土地。道路、河道两侧、防护林带的林木冠幅宽度在 37 米以上，且连续长度在 109 米以上，面积 0.4047 公顷以上，林区中宽度在 37 米以下或面积在 0.4047 公顷以下的林中便道、临时性公路、河流及林中空地均为林地。农区中有林木覆盖的土地、果园或者城市中有林木覆盖的土地、城市公园等不作为林地（韦希勒，2011；Coulston et al.，2023）。

中国对森林和森林资源是分开定义的。认为森林是面积大于 0.067 公顷，林冠郁闭度大于等于 0.2，以乔木和竹类为主，就地生长达到 2 米以上（含 2 米）的生物群落，包括符合这一标准的竹林和行数在 2 行以上且行距小于等于 4 米或林冠冠幅投影宽度在 10 米以上的林带。[②] 森林资源则是包括森林及其之外的林木、林地以及依托森林、林木、林地生存的野生动物、植物和微生物。[③] 中国对森林资源的

---

① Forest Resources. U. S. Department of Agriculture, Forest Service ［EB/OL］. https：//www. fs. usda. gov/research/publications/gtr/gtr_wo102/gtr_wo102_Chap6. pdf，2023.

②③ 《中华人民共和国森林法实施条例》（2018 年修正）第二条作详细规定。

定义实际上超出了森林植物群落的范围，扩展到了森林生态系统的尺度，但对森林植物群落的界定范围比国际定义小，同时也没有把森林生态系统内对人类有用的全部内容包括在内，仅限定了其中主要的物质成分，定义的外延整体上小于经济学意义上的资源范畴。

森林资源对人类社会经济可持续发展具有重要作用。习近平总书记关于森林"四库"的论述，生动阐明了森林资源对于人类社会的多种作用。2022 年 3 月，习近平总书记在参加首都义务植树活动时指出，森林是水库、钱库、粮库，现在应该再加上一个"碳库"。[①]

森林是粮库，表明森林可以为人类提供丰富的食物资源。这是人类对森林资源最初和最基本的一种利用方式。早期人类在很大程度上依赖森林获取食物来源。直到原始农耕文明出现，人类才走出森林，开始耕作农业获取主要的食物资源。此后很长一段时期，森林依然发挥着丰富人类食物结构、补充食物来源的重要作用。在一些山地和雨林地区，即使在农业文明的繁荣时期，当地的人口也主要依赖从森林当中获取基本食物。在当代文明时期，虽然人类的农业生产高度发达，食物来源数量极大丰富，由于健康观念的增强，膳食结构需求的变化，森林资源在为人类提供更加健康的、原生态的保健食品方面又开始在新的高度上发挥重要作用。同时，森林生态系统所保存的生物多样性也为农业种质资源的改良提供了丰富的基因资源，从而为人类的食物安全提供了坚实的保障。森林还具有保障农业稳产增收的功能，侧面印证"森林是粮库"。森林具有防风固沙、保护农田免受风沙侵袭的作用，还能够保护当地生态环境，调节小气候，改善农业生产条件，促进农业高质量发展，是守住粮食安全底线基础。

森林是钱库，表明了森林对人类具有多重的、高度的经济价值。森林可以向人类供给木材和非木材林产品等多种物质产品，这是传统的森林对人类的经济物质产出的主要部分，也是构成传统林产工业体系的物质基础。2021 年中国林业产业总产值达到 8.68 万亿元，其中木材和竹材采伐、各类经济林产品和林下经营利用产品产值占到了 32%，森林旅游休闲产业产值达到了 23%，分别反映了森林物质供给和文化服务功能的经济价值。同时，森林资源的调节与支持功能服务还隐藏着巨大的可转化经济价值。[②] 据统计，中国平均每亩森林年涵养水源量 192.34 吨、年吸收大气污染物量 12.1 千克、年释氧量 315 千克，森林生态系统提供的生态服务

①　刘广超. 充分发挥森林"四库"功能作用［N］. 光明日报，2024 – 05 – 15（6）.
②　2021 年中国林业和草原发展报告（摘要）［R］. 国家林业和草原局，2021.

第十章

总价值约为 15.88 万亿元。①

森林是水库，说明森林能够起到有效截流降水、涵养水源、净化水质的功能，对于改善区域水文条件，提高生态环境质量具有重要作用，也反映了"山水林田湖草沙生命共同体"之间复杂系统关系。从文明发展的视角来看，森林与水的和谐共生是促进人类文明发展的重要基石。四大文明古国均发源于森林茂密、水量丰沛的地区。由于人类毁林开荒、乱砍滥伐，致使古代埃及、古代巴比伦等地区水土大量流失与生态环境衰退，最终导致文明的陨落，充分说明了失去森林资源就会失去水资源，最终将导致文明的衰退。

森林是碳库，强调森林具有显著的碳汇功能，是陆地上除永冻土外最大的储碳库。森林是大气二氧化碳的吸收汇、储存库和缓冲器（刘世荣等，2024）。2020 年《全球森林资源评估报告》（FAO，2021）指出，全球森林总碳储量达到 6620 亿吨。森林生长过程中，通过光合作用吸收固定的大气二氧化碳高于通过呼吸作用所释放到大气中的二氧化碳，从而使森林生物质量不断增大，形成二氧化碳的汇。森林生态系统的光合作用和呼吸作用直接影响到"大气—植被—土壤"的碳循环过程（刘世荣等，2022）。通过造林、培育和森林经营等方式，可以增强森林的再生长，使森林吸收更多的碳，推进我国碳中和、碳达峰战略目标的实现，以及全球变暖趋势的减缓（Zheng et al.，2024；Liang et al.，2022）。

（二）森林资源的类别

由于森林是以乔木为主的植物群落，木材又是人类利用森林最重要的产品，因此人们通常把森林分为木材和非木材资源两大类。其中，木材资源又根据主要的用材树种，分为多种树种资源，如中国南方的马尾松、杉木、桉树，北方的油松、落叶松、红松、杨树等；非木材资源又可以根据人们利用的内容进一步划分，如植物部分的果实、枝、叶、皮、液，草，各种具有经济价值的动物物种，微生物物种，非生物性的水、泥炭，森林及其环境形成的景观资源等，甚至森林生态系统空间范围内的矿物资源。

为了便于森林调查、经营和管理，国家层面多通过用法律和法规的形式对森林资源的类型进行划分。《中华人民共和国森林法》按照用途把森林划分为防护林、特种用途林、用材林、经济林和能源林，还根据生态建设及管理的需要，把森林划

---

① 森林"四库"解读——森林是钱库 [EB/OL]. 中国林业科学研究院，https://www.caf.ac.cn/info/1221/44332.htm，2022 - 04 - 24，并结合第九次全国森林资源连续清查结果、中国森林资源核算结果和中国林业统计年鉴相关统计结果，测算平均每亩森林的效益显示。

分为公益林和商品林两大类，形成了相应林种类型的森林资源。[1] 《中华人民共和国森林法实施条例》根据实物形态把森林资源分为森林、林木、林地以及依托森林、林木、林地生存的野生动物、植物和微生物。森林，包括乔木林和竹林。林木，包括树木和竹子。林地，包括郁闭度 0.2 以上的乔木林地以及竹林地、灌木林地、疏林地、采伐迹地、火烧迹地、未成林造林地、苗圃地和县级以上人民政府规划的宜林地。[2] 中国国标的《森林资源连续清查技术规程》根据覆被类型把森林划分为乔木林、竹林、灌木林、树林、新造林、灌丛、其他林地。根据起源，森林资源分为天然林资源和人工林资源（国家林业和草原局调查规划设计院，2020）。

从开发利用的角度来说，森林资源还可以分为不可及资源与可及资源，后者也被称为经济性森林资源。一些森林资源虽然可以提供生态环境效益，但由于处在边远地区或者地理条件严苛的地区难以利用，或者质量太差而无任何经济利用价值。这种没有经济价值或者其他用途的森林，不存在经济资源所具有的、在相互竞争的用途中必须对其进行选择和分配的问题。与之相对的，能够被用于生产一种或多种产品及服务的森林资源，就是经济性的森林资源。

（三）森林资源的属性

森林资源作为可更新自然资源的一种类型，除了具有一般自然资源的稀缺性、效用性，还具备自身的一些特有属性。

1. 森林资源的系统性

森林资源作为一个有机整体，其各个组成部分在生物与环境因子的共同作用下，组成了一个复杂、相互联系又相互制约的森林生态系统。在这个系统中，既包括其中如土壤、水、空气等非生物环境，如绿色植物、蓝绿藻和少数化能合成细菌等生产者，如草食性、肉食性动物等各级消费者，如细菌、真菌等分解者；也包括各种食物链、食物网、共生结构、立体结构等。任何一个成分的改变都会影响系统的结构和功能，并引起其他成分在系统中的地位和作用的变化。

2. 森林资源效用的多样性

森林资源对人类具有多种多样的经济功能、生态功能以及巨大的社会功能。在科学管理和合理经营下，森林可不断向社会提供物质、非物质产品及环境服务，促进林业乃至社会经济的持续发展与环境改善（张卫民，2004）。例如，森林中的木材、果品、香料、药材、饲料、薪材等具有经济价值的林产品，体现可以作为工农业生产和

---

[1] 《中华人民共和国森林法》（2019 年修订）第八十三条和第四十七条作出规定。
[2] 《中华人民共和国森林法实施条例》（2018 年修正）第二条作出规定。

生活之用的直接经济功能。森林资源具备净化大气、防风固沙、保持水土、涵养水源、保持生物多样性等生态功能，为人类创造良好的生存环境。森林资源还具备科研、就业、休闲、康养等社会功能，为人类的健康、教育、娱乐等方面提供了重要的服务。由于森林资源的系统性，其一种功能的实现可能引起其他功能的损失。因此，在利用森林资源时要综合考虑，使森林资源系统的功能在整体上实现最佳状态。

3. 再生过程的长期性

除某些热带和温带树种以外，森林生长缓慢，通常需要数十年的再生产周期。维持适当的采伐量，就需要保持大量的林分蓄积。所以林业通常占有大量的资本以及与生产规模相关的大量经营成本。一方面，森林生产的成本主要是由长时间占用的林地和资本的数量所决定的；另一方面，也意味着森林对经济和自然条件的改变的反应是缓慢的。较长的生产周期叠加工业用材林既是资本又是产品的情况，使得森林有别于其他形式的资本，从而产生了最佳经济轮伐期和确定税收及采伐规划等经营管理问题。

4. 森林资源的动态性

随着人类经济社会发展和技术进步不断变化，人类可利用经济森林资源的范围会进一步扩大，森林资源功效的需求也会发生变化。在农业文明和工业文明时期，人们对森林资源的需求主要集中在各种实物产品方面，如木材和非木材林产品。在生态文明阶段，人类对森林的环境和生态效益的需求变得越来越强烈。习近平总书记提出的关于森林"四库"的论述，生动形象地阐明了森林在国家生态安全和人类经济社会可持续发展中的基础性、战略性地位与作用。

二、中国森林资源现状

（一）资源总量和结构

中国是世界森林资源大国之一，森林面积占世界森林面积的 5.42%，居俄罗斯联邦、巴西、加拿大、美国之后，排第五位；森林蓄积占世界森林蓄积的 3.45%，居巴西、俄罗斯联邦、加拿大、美国、刚果民主共和国之后，排第六位；人工林面积位居世界首位（FAO，2021）。根据第九次森林资源清查结果（国家林业和草原局，2023），中国森林资源构成情况如下：

我国林地资源总量为 28412.59 万公顷①，其中，乔木林地 19591.94 万公顷，

---

① 不包含我国港澳台地区。

竹林地 752.76 万公顷，灌木林地 5523.83 万公顷，疏林地、未成林地、苗圃地、迹地等其他林地 2544.12 万公顷。

全国森林面积 841.62 万公顷，森林覆盖率 22.96%。其中，大陆地区森林面积 21822.05 万公顷，港澳台地区 222.57 万公顷。大陆地区森林面积中，乔木林 17988.85 万公顷、占 82.43%，竹林 641.16 万公顷、占 2.94%，特殊灌木林 3192.04 万公顷、占 14.63%。

全国活立木蓄积 2154074.81 万立方米，其中森林蓄积 1899077.40 万立方米、占 88.16%，疏林蓄积 8184.74 万立方米、占 0.38%，散生木蓄积 138114.91 万立方米、占 6.41%，四旁树蓄积 108697.76 万立方米、占 5.05%。港澳台地区活立木蓄积约为 5.02 亿立方米。森林生物量 189.55 亿吨，森林碳储量 92.87 亿吨。

（二）森林资源分区和分布

中国复杂多样的自然地理条件和悠久的人类历史共同影响了森林资源的历史变迁和自然演替，形成了六个具有明显区域特征的森林资源相对集中分布的林区，合计占全国森林面积的近八成，占全国森林蓄积的近九成，根据《中国森林资源报告（2014—2018）》，五大林区森林资源基本情况如下。

1. 东北内蒙古林区

地处黑龙江、吉林和内蒙古 3 省区，包括大兴安岭、小兴安岭、完达山、张广才岭、长白山等山系，森林资源丰富，是中国森林资源主要集中分布区之一；森林面积 3700 多万公顷，森林覆盖率超过 70%，每公顷蓄积 1000 立方米以上。该林区是世界北方针叶林带的南缘部分，主要为针叶林及针阔叶混交林，其中温带植物种类较多，经过历代人工采伐更新和人工改造经营，人工林的比重逐渐增加。西北部大兴安岭优势树种主要有落叶松、桦木、山杨、樟子松、蒙古栎和朝鲜柳；小兴安岭主要是红松、落叶松、鱼鳞松、红皮云杉、冷杉、椴树、水曲柳、核桃楸、黄波罗、榆树、槭树类和桦木、杨树。长白山的森林和小兴安岭林区相近，阔叶树的比重更高，以及特有的沙松和长白赤松。

2. 东南低山丘陵林区

大致位于淮河、秦岭以南到南岭南麓、云贵高原以东的广大地区，是北半球亚热带森林的重要部分，中国发展经济林和速生丰产用材林基地潜力最大的地区，包括江西、福建、浙江、安徽、湖北、湖南、广东、广西、贵州、四川、台湾等省的全部或部分地区。该区域森林面积近 6400 万公顷，其中人工林面积近 2900 万公顷，是中国面积最大和人工林面积最多的林区，人工林面积占全国的 36% 以上。该区域优势树种主要有：多种常绿针叶树，如马尾松、黄山松、杉木、柳杉、柏木等；多种常绿阔叶树，如樟树、楠木、栲类、石栎、常绿青冈、木荷、木莲、阿丁枫树、胆八树等；多种落叶阔叶树，如山毛榉、枫香、擦树、拟赤杨和光皮桦等；多种竹类。

3. 西南高山林区

位于中国西南边疆，青藏高原的东南部，包括西藏全部、四川和云南两省部分地区，林区地形复杂，植物种类繁多，是中国生物多样性资源最为丰富、天然林面积和森林蓄积最多的林区。该区域天然林 4100 多万公顷，占全国天然林面积的四成以上，蓄积量近 57 亿立方米，占全国森林蓄积的三成以上。林区海拔高差大，森林主要分布 4000 米以下山坡中下部，属于亚高山针叶林和针阔叶混交林。该区域森林蓄积量近 57 亿立方米，占全国森林蓄积的三成以上；分布有：多种常绿针叶树，如冷杉、云杉等；多种落叶针叶树，如落叶松、高山松、铁杉、华山松；多种落叶阔叶树，如桦木、槭树、高山栎、椴树、榆树；低海拔的山坡出现常绿阔叶树，如壳斗科、樟科等；林下常分布有杜鹃、悬钩子、忍冬和竹类。

4. 西北高山林区

涉及新疆、甘肃、陕西 3 省，包括新疆天山、阿尔泰山，甘肃白龙江、祁连山等林区，陕西秦岭、巴山等林区；是中国森林面积最小、蓄积量最低的林区，森林面积 560 余万公顷，蓄积约 6.4 亿立方米，占全国的比例为 2% ~4%。在山区，随高海拔高度下降，依次分布针叶、针阔混交和阔叶林。新疆、甘肃荒漠草原的绿洲、河流沿岸有片状和带状森林，胡杨林是典型植被类型。

5. 热带林区

包括云南、广西、广东、海南、西藏、台湾 6 省北回归线以南地区和香港、澳门地区，典型森林类型为热带季雨林，其他森林类型还有热带常绿阔叶林、热带雨林、红树林等。该林区森林面积约 1400 万公顷，蓄积量近 12 亿立方米，覆盖率超50%。代表树种有青梅、坡垒、龙脑香、婆罗双树、蝴蝶树、人面子、番龙眼、山棟、麻棟、卵叶阿丁枫等。海拔较高山地多壳斗科树种，低海拔干热河谷分布有厚皮树、闭花木、合欢属和刺竹等。

6. 华北山地林区

位于沈（阳）丹（东）一线以南，到淮河秦岭以北地区，包括内蒙古中部、山西、河北、北京、天津、山东全境，河南、安徽和江苏北部地区。该区域的平原、平地为农业区，仅有小片零星人工林；森林主要集中分布于阴山、燕山和太行山脉地区。

三、中国森林资源特征

（一）资源禀赋相对不足

中国虽然森林总量位居世界前列，但相对于国土面积、人均占有水平和经济社会发展的需求，资源禀赋相对不足，稀缺性较为突出。根据中国森林资源清查报告，中国森林覆盖率24.02%，低于全球30.7%的平均水平；人均森林面积0.16公顷，不足世界人均森林面积0.55公顷的1/3；人均森林蓄积12.35立方米，仅为世界人均森林蓄积75.65立方米的1/6（国家林业和草原局，2019，2023）。国内资源禀赋不足和市场需求的快速增长，使得中国木材林产品对外贸易依存度较高，长期保持世界第一大原木、锯材、木浆和单板进口国，第二大木片进口国的地位（王拓，2023），进口木材数量连续多年超过国产木材产量（朱光前，2023）。中国森林资源禀赋不足另一个表现就是资源质量不高。第九次森林资源清查全国乔木林质量指数0.62，森林质量整体上处于中等水平（国家林业和草原局，2019）。联合国粮食及农业组织（FAO）发布的《全球森林资源评估（2020）》显示，中国森林单位面积立木蓄积量为每公顷87.2立方米，远低于全球平均水平的每公顷137.11立方米，与先进林业国家如德国每公顷320.78立方米、奥地利每公顷299.04立方米、巴西每公顷242.35立方米更是差距极大，甚至不及水热条件差、经营粗放的俄罗斯的每公顷99.44立方米（郝天象，2022）。

（二）资源分布不均

受自然地理条件、人为活动、经济发展和自然灾害等因素的影响，中国森林资源分布极不均衡。东北的大、小兴安岭和长白山，西南的川西、川南、云南大部、西藏东南，南方低山丘陵区，以及西北的秦岭、天山、阿尔泰山、祁连山，青海东南部，华北的阴山、燕山和太行山等区域森林资源分布相对集中；而地域辽阔的西北地区、内蒙古中西部、西藏大部，以及人口稠密经济发达的华北平原地区、中原及长江、黄河下游地区，森林资源分布相对较少（郭倩倩，2012）。这种资源分布格局造成资源产品产区与需求市场空间隔离，提高了森林资源的开发、运输成本，也造成了不同区域之间森林生态功能效益的巨大差异。

（三）经济可及性资源比例偏低

除东北内蒙古林区、东南地山丘陵林区，中国其他主要林区普遍地形复杂、坡度大、相对高差大，区位遥远偏僻、交通条件不便，超出了经济开发利用的可及范围，无法形成有效的资源产品供给。随着近年中国生态文明建设力度的加强，位于

第十章

国家重要生态功能区的森林多数都被纳入了天然林保护的范围，或被区划为生态公益林，被禁止商业性采伐利用。这部分森林资源受生态建设公共政策的影响事实上也退出了经济可及的范围，进一步降低了中国森林资源经济可及的比例。

（四）资源种类丰富多样

中国幅员辽阔，地形复杂多样，高纬差的南北疆域跨度以及西高东低的地势走向造就了中国丰富多样的气候类型和自然地理环境，从而孕育了生物种类繁多、植被类型多样的森林资源，为人类提供了丰厚的物质资源（Fang et al.，2012）。按照《中国植被》（吴征镒，1980）分类系统，中国森林包括 2 个类别 4 个植被型组 24 个植被型，有乔木树种 2000 余种、珍贵树种 101 种。多样化的森林类型，多变的自然地理环境，还孕育了种类繁多的林下生物和非生物资源，造就了无数奇幻秀丽、鬼斧神工的森林景观资源。

（五）资源总量持续增长

森林资源具有可再生性，通过科学合理地保护开发可以实现数量增长和质量改善的永续发展目标。依据 1973～2018 年实施的 9 次森林资源连续清查，中国森林资源发展经历了过量消耗、治理恢复、快速增长 3 个阶段（郝天象，2022）。新中国成立初期到 20 世纪 70 年代末，因恢复建设和经济发展大量需求木材，国家大规模高强度采伐各林区森林资源，加之民间自用采伐和不合理的开垦、放牧，导致中国森林资源严重消耗，森林覆盖率一度低至 12%。[1] 改革开放以来，党和国家逐步调整了林业发展战略，强化采伐限额管理，控制采伐量不高于生长量，同时大力实施营林、造林绿化和森林保护行动，森林资源得到恢复发展。21 世纪以来，中国林业全面转向以生态保护修复为主的战略方向，全面实施天然林保护、退耕还林、防护林建设等生态工程，深入推进全民义务植树，完善公益林政策，整体森林面积、蓄积量持续增长，森林覆盖率稳步提升，森林生态功能不断增强。

第二节　森林经营经济分析

一、森林经营的经济贡献

广义的森林经营是指对森林资源合理开发利用和再生产活动的总称，包括育种

---

① 第二次全国森林资源调查。

育苗、造林和更新，森林经营、管护和改培，木材和竹材采运、林产采集等经济活动。狭义的森林经营仅指为促进林木生长发育，在林木生长的不同时期进行的促进林木生长发育的活动。森林经营活动是国民经济的重要组成部分，为经济社会发展提供了多种物质产品、创造了大量就业机会和社会财富，为大量社会群体提供基本生计来源，还同时贡献了多样化的生态功能效益。

（一）森林经营为经济社会发展提供了重要的物质基础

森林经营活动为经济社会发展提供了多种重要的基础原材料和直接消费品，直接关系到国民经济的健康运行和人民的福祉水平（徐萌等，2015）。在工业文明时代之前漫长的人类文明时期，木材是经济社会发展的基本原材料。农业、牧业、食品、各种制造行业、建筑交通、军事等各个行业都大量使用木材作为基本的原料或燃料，没有木材的经济社会发展是无法想象的。例如，17～18世纪欧洲的木材短缺，直接威胁了多国的经济社会发展。"木材饥荒"（timber famine）在18世纪成为欧洲各国词汇库的新词语。工业文明以来，钢材、水泥、塑料、化石能源的大规模使用一定程度削弱了木材的在经济社会中的地位。但木材仍和钢材、水泥、塑料被并称为支撑经济社会发展的"四大材"（四种基础原材料），广泛用于建筑、车船制造、采矿、武器装备、装饰装修、家具、制浆造纸、固体燃料、林产化工、日用工具等诸多行业，依然是国民经济建设中不可或缺的战略性物资。木材不仅没有被钢材、水泥、塑料等材料替代，在现代工业技术的支持下，反而在化工、医药、能源等领域得到了更加广泛的应用，如以木材为原料制备生物柴油、燃料乙醇、紫杉醇、碳纤维等。此外，人们通过对森林树种的选育、改良，大力发展各类经济林，生产大量的干鲜果品、木本油料、调料等森林食品，还依托森林环境培育生产花卉、森林药材、食用菌，养殖多种禽畜产品。

（二）森林经营创造了大量社会财富和就业机会

通常以国内生产总值指标衡量森林经营活动在创造社会财富方面的直接贡献。根据《世界森林状况》（FAO，2014），2011年林业部门（这里的口径除了森林经营活动，还包括木材加工业和制浆造纸行业）为全球GDP贡献了约6000亿美元的总金额，占全球GDP的大约0.9%。148个国家向美国森林资源协会（FRA）报告的数据表明，其林业和伐木业的贡献约为1170亿美元。在这一数额中，高收入国家占41%，而低收入国家仅占5%。然而，在低收入国家这一贡献占GDP总量的比例接近1.4%，相对于在高收入国家中只有0.1%的比例来说要高得多。根据《中国林业和草原统计年鉴（2022）》，中国森林经营活动（包括林木育种育苗、营造林、木材和竹材采运、经济林产品的种植和采集、花卉和其他观赏植物种植、陆生野生动物繁育和其他经营活动）按当年价格的总产值达到了 28735.59 亿元。[①]

森林经营提供的就业机会包括正式和非正式两种就业机会。正式就业是指在各种经营组织和企业中的全日制劳动力，非正式就业是指在林区和农村地区兼业从事森林经营活动的非全日制劳动力。森林经营就业具有重要的社会经济、环境和社会福利的意义，因为在林区和农村地区，通常很少有其他就业机会。这就使得此类就业在这些地区更为重要。森林经营就业劳动力的统计数据通常只能提供正式就业的情况，缺少非正式工或小时工的信息，导致严重低估了森林经营的就业贡献。森林经营的非正式就业对低收入地区的女性就业通常具有更加重要的社会和福利意义，可以提高女性的家庭和社会地位、促进性别平等、改善家庭生计。非木材林产品的采集和利用在森林经营的非正式就业中占有较大份额，但通常是以家庭兼业或者小时工的分散性经营活动为主，这些活动很少在规范的组织中发生，其中的很多产品可能并未进入商业市场，也就很难统计与之相关的具体的就业贡献。

（三）森林经营为社会贡献了多样化的生态功能效益

通过多种直接和间接的方式，森林经营活动还为人类社会贡献了多样化的生态功能效益。人类社会经济既需要森林经营提供的资源产品，也需要森林生态系统提供的多种生态功能效益，水源涵养、水土保持、空气净化、防风固沙、固碳、释氧、气候调节、维持生物多样性等，在生态文明时代，后者的意义甚至更加重要和突出（Wei et al.，2022）。造林活动直接扩大了森林的面积、增加了森林资源的数量。更新造林大大缩短了森林自然演替的过程，促进了森林的新陈代谢、稳定了森林面积。抚育活动能够改善森林的结构、加速森林生长。有害生物防治和森林管护可以保持森林生态系统健康状态、降低森林资源损失的风险。其中，造林活动带来的森林资源的增量直接扩大了森林生态功能效益的总量，其他经营活动主要以间接方式提升了森林生态功能效益的产出效率。相关研究表明，大规模的植树造林护林活动使得中国在全球陆地植被变绿中起到了主导地位，森林对中国变绿的贡献达42%（Chen et al.，2019）。森林经营活动是增加碳吸收以减缓气候变暖、调节区域水文循环、实现生物多样性保护目标的重要补充和有效途径，对于实现生态服务多维供给与可持续性目标具有重要作用。

（四）森林经营为工农业和区域经济提供了重要的发展支撑

森林经营活动还可以为工农业和区域经济提供重要的发展支撑。森林经营活动

[①] 按照中国现行统计制度和林业生产的特点，森林经营活动各经济部门的总产值采用"产品法"进行核算，即用产品产量乘以价格求出各种产品的产值，然后把它们加总求得各经济部门的产值。这个产值不是增加值，包含用于当年产品生产消耗的那部分产品的产值。

增加了森林生态系统碳吸收和固定的规模，有效减缓了温室效应，实现了间接减排，扩大了工业发展的环境容量，拓宽了工业发展空间，提高了经济社会发展的生态环境承载能力。《全球森林资源评估报告》（FAO，2021）指出，从 1990～2020年，全球森林碳密度从每公顷 159 吨增加到 163 吨，反映了经营活动对增强森林碳汇能力的作用。森林经营活动也为农业发展和粮食安全提供了直接支持。森林生态系统是农业生产不可替代的生态屏障。很多国家都发展各具特色、行之有效的农田防护林体系，或者农林混作体系，其中的森林系统为农业生态系统阻挡了风沙、调节了气温，改良了土壤，显著改善了农业生态环境，增强了农业生产抵御干热风、干旱、风沙、冰雹和霜冻等自然灾害的能力，促进了农业稳产高产。森林经营对很多山地丘陵区域经济发展具有重要支撑作用。森林经营相关产业是此类区域的主导产业和优势产业，推动森林经营的产业化发展，能够壮大区域经济总量，优化区域经济结构，还能显著增强区域可持续发展的生态环境支撑能力，促进区域生态与产业相互促进的高质量发展。

二、主要森林经营理论

社会经济发展、森林资源相对稀缺性和人类对森林产出产品和服务需求的变化，推动了森林经营理论的演变。国际上森林可持续经营理论、森林多功能理论、林业分工论、新林业理论和近自然林业理论，在不同的历史时期对人类森林经营的实践发挥了重大影响。中国也根据自身的国情、林情提出了现代林业论、社会林业论和生态林业论等理论学说。

（一）森林可持续经营理论

由于长期大规模、高强度的采伐，15 世纪以来，欧洲各国的天然林以极快的速度丧失，到 18 世纪中叶，欧洲各国普遍出现了严重的木材短缺问题。"木材危机"使人们认识到森林资源并非取之不尽用之不竭，不少国家试图通过人工林经营解决木材供应问题，这就迫切需要科学的森林经营理论来指导林业生产。1713年，德国的冯·卡洛维茨（Von Car Lowitz）出版的《林木培育经济学》（*Sylvicultura Oeconomica*）总结了 18 世纪初期之前德国及有关国家森林经营的理论和实践经验，首先提出了"森林可持续经营"（sustainable forest management，在一些文献中也被称为"森林永续利用"）的一整套技术和管理方法。冯·卡洛维茨也因此被奉为"森林可持续经营理论"的创始人。

卡洛维茨森林可持续经营理论的主要目标是通过人工林经营获得持续的木材供

给，反对把森林当成采掘性资源。该理论认为森林经营应该通过造林和科学地调节采伐，使生产作业和木材收获能够永续开展，让世世代代从森林中收获的木材和当代人一样多。这一理论的提出拉开了近代林业以商业化方式发展人工林的序幕。1826 年，洪德斯哈根（Hund eshagen）提出了"法正林"（normal frost）理论，这是森林可持续经营理论的实践操作技术体系，把森林可持续经营从理论推到了可以具体实施的商业过程，其对人工用材林经营的影响一直持续至今，并且也影响了其后对天然林开发的采伐调节经营措施。所谓法正林就是理想的或标准的森林，在一个作业级内，森林被按照轮伐期区划为相应数量的林分，每一林分的林龄相差一年，在成熟龄可以收获相同数量的木材，对这样的森林按成熟林分顺序采伐并更新造林，就可以永续收获等量的木材。

早期森林可持续经营的永续利用理论以单一的木材生产为经营目标，忽视了森林的其他功能和多样化的产出。随着社会经济发展对森林经营目标需求的变化，现代森林可持续经营理论的内涵也发生了演化，包含了更加丰富的内容，旨在维持并提高所有类型森林的经济、社会与环境价值，为当代和子孙后代造福。

（二）森林多功能理论

以木材收获作为单一经营目标的森林可持续经营早期的理论和实践，在欧洲形成了大面积的同龄针叶纯林，极大改变了森林结构的多样性和自然景观类型。很多森林在连续经营之后，普遍面临着严重的病虫危害、地力衰退、生长力下降等系列问题，木材永续收获的目标遇到了严峻挑战。同时，人们对森林提供木材以外的其他需求也日益增加，要求在森林经营中兼顾木材、非木材林产品供给和森林其他公共服务的目标。由此，形成了森林多功能理论，即森林经营要能充分发挥森林的多种功能效益，在生产木材的同时，强调森林经营产出的多样性、保持景观和文化的多样性，以及对生态环境效益的改善作用。按照多功能理论经营的森林，原则上实行长轮伐期和择伐作业，采伐利用强度低，人工干预时间少，生态系统长期保持相对稳定，各种生态功能也较传统人工林更强。

森林多功能理论包括多种学说。森林永续多项利用（multiple）、多资源（multi-resource）经营、多价值（multi-value）经营、多效益永续经营和新林业理论等学说，均属于森林多功能经营理论的范畴。此外，在一些亚洲发展中国家出现的社会林业、农用林业，也可以认为是多功能理论的一种经营模式，实践中强调保护和扩大森林资源，满足国民经济和人民对林产品、保持生态平衡、改善生活环境、摆脱贫困、提高生活水平等多种需求（田明华，2002）。

（三）林业分工论

20 世纪 70 年代，美国林业经济学家克劳森、塞乔和海蒂等人提出森林多效益主导利用的经营思想，进而创立了林业分工理论。他们认为，现代集约林业与现代化农业具有一定的相似性，不能对所有的林地采取相同的集约化经营水平，只能在优质林地上进行集约化经营，并且使优质林地的集约化经营趋向单一化，从而影响不同林地经营目标的分工。林业分工理论和森林多功能理论在经营实践上实行相反的策略，反对森林经营经济（木材）、生态和社会效益一体化的经营模式，而是注重发展各种功能不同的专用森林、主导利用森林多种效益的某个优势方向。例如，澳大利亚、新西兰、智利和南非等国依据林业分工理论，把森林规划为提供环境和游憩服务的自然保护林和专注木材生产、集约经营的工业人工林；法国则根据森林多效益主导利用的方向把国有森林区划为木材培育、公益森林和多功能森林。

林业分工理论还认为在热带和亚热带地区发展集约工业人工林具有更为优越的自然条件和良好的经济效益，世界木材产区将从温带森林向热带和亚热带地区转移。这一趋势将随着北半球天然林的采伐消耗而加快。木材主产地区的转移进而将影响木材国际贸易格局，拉美地区、非洲、大洋洲和东南亚将成为主要的木材出口地区，欧洲、北美和日本将是主要的木材进口地区。

中国于 20 世纪 90 年代初引入了林业分工理论，并根据国情和林情，对林业分工理论的内涵进行了发展。中国化的"林业分工论"主张根据现代林业需求，通过专业化分工的途径，分类经营森林资源，并使其中的一部分与工业加工有机结合，形成林业现代化产业，最终在国土上形成一个动态稳定的、并具有与经济需求和环境需求相适应的森林生态大系统。具体实践中，中国森林分类经营是将森林划分为公益林和商品林。

（四）近自然林业理论

1898 年，德国著名林学家盖耶（Gayer）提出了"近自然林业"理论，认为"生产的奥秘在于一切在森林内起作用的力量的和谐"。经营者要尽可能按上述原则从事林业活动，即森林经营应该遵从自然法则，充分利用自然的综合生产力，提高森林生态系统的稳定性，把森林结构向天然原始林的方向进行调整。虽然该理论产生较早，但由于当时人工林的弊端并未充分暴露，没有受到林学界的重视。20世纪 80 年代，随着生态逐步恶化及人工林经营问题加剧，该理论开始受到林学界的重视，逐渐被欧洲一些国家接受，并纳入林业发展的指导思想和经营目标中。

20 世纪 90 年代德国全面采用"近自然林业"理论作为指导，把森林按立地类型进行分类，在每个立地类型中选择"最接近自然"的林分作为经营样板，规定其他林分向"样本林"方向进行诱导经营。奥地利则提出"未来森林属于混交林"的口号，对现有的人工林进行异龄混交化改造。欧洲的其他国家，如法国、挪威、比利时、瑞典、匈牙利、波兰等国的森林经营也不同程度地受到此理论的影响。

（五）中国本土的林业经营理论

20 世纪 80 年代以来，中国有关学者根据本土的国情和林情，提出适合中国林业发展阶段需求的特色经营理论，其中具有较大学术影响并对森林经营实践起到重要指导作用的包括生态林业论、现代林业论、木材培育论等。

生态林业论认为森林经营活动实质是森林资源自然再生产和经济再生产的复合过程，受到自然再生产过程的明显制约；森林经营活动要以现代生态学、生态经济学理论为指导，按"生态利用"原则进行组织，充分利用当地自然条件和自然资源，运用系统工程方法和先进科学技术，通过生态与经济良性循环，在促进森林产品生产的同时，为人类生存与发展创造最佳状态的环境。

现代林业论认为应在科学认识的基础上，用现代技术装备、现代工艺方法和现代科学管理方法来经营管理森林资源，实现林业的可持续发展。

木材培育论主张在立地条件优越、交通方便的宜林地，采用科学营林方法，营造速生丰产林，采用资本、技术高投入的集约经营模式，追求木材高产和高效益。该理论对中国速生丰产用材林工程的建设起到了直接的指导作用。

三、森林最佳经济轮伐期

人工投入经济要素对森林开展经营利用的主要目标是追求经营收益的最大化，这就要求对各种经营活动进行经济核算并确定最佳经营决策的经济原则。

（一）用材林的经济轮伐期

轮伐期是用材林经营的关键经济决策问题，决定了各种资本投入从森林资源资本形态转化为货币资本形态的时间周期和资本报酬水平，也决定了为保持一定生产水平的木材产量而必须维持的森林蓄积量。

轮伐期是森林经营的一种生产周期，表示林木经过生长发育到达可以采伐利用的时间间隔（刘强，2003）。计算轮伐期通常有两个空间尺度，一是林分，二是包含多个林分的经营类型（作业级）。理论研究多以林分为空间尺度对象。生产实践中，通常以作业级为对象，表示伐尽整个经营单位内全部成熟林分之后，可以再次采伐成熟林分所需的时期。轮伐期以森林成熟作为确定的基本标准。森林具有多种成熟类型，如数量、工艺、自然、防护、更新和经济成熟。其中，经济成熟是指林分货币价值最高时的状态，此时的林龄被称为经济成熟龄，对应的采伐周期就是经济轮伐期。此外，由于作业级的轮伐期决策需要以林分尺度轮伐期为基础，林分尺度经济轮伐期遵循以下基本原理。

1. 林分价值变化规律

林分是指内部特征如树种、林龄、立地条件等相对一致的具体地理单元的森林。在主要考虑木材收益的情况下，林分价值一般随着林龄的增长而增加。林分价值和林龄变化的关系如图 10 - 1 所示。

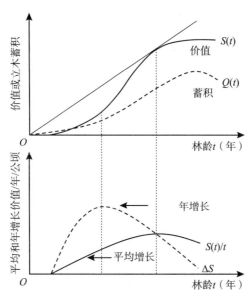

图 10 - 1　林分价值和林龄变化的关系

图 10 - 1 中 $S(t)$ 为林分价值增长曲线，$Q(t)$ 为林分蓄积增长曲线，t 为林龄。假设立木价格为 $P(t)$，则：

$$S(t) = P(t) \times Q(t) \tag{10 - 1}$$

假定立木价格 $P(t)$ 恒定不变，林分价值随着林龄变化而增长主要存在三种机制。一是林分蓄积量随着林龄增长逐步增加；二是随着林龄增长，立木径级变大可以提高单位木材的价格；三是随着林分平均径级的增大，可以降低单位木材的采运成本。以上三种机制使得林分价值增长和林分立木蓄积增长过程具有较高的相似性，但林分价值的增长速度会快于蓄积增长的速度，并且最大值比林分蓄积最大值到达的时间更晚。林分价值在某个林龄达到最大值之后开始下降，这主要是林分到了一定林龄总蓄积量会随着森林枯损量大于生长量而下降，在立木价格不变的情况下，拉动林分总价值量走低。

根据林分总价值量增长曲线可以进一步推导出林分价值量在一定林龄范围内的平均增长曲线和年增长曲线及其各自的增长率。图 10 - 1 显示，林分价值的平均增长曲线为 $S(t)/t$，年增长曲线为 $\Delta S = S(t+1) - S(t)$；价值平均增长率在几何为林分总价值曲线某一点切线的斜率，价值年增长率则为曲线 $\Delta S/S(t)$。林分价值年增长曲线先上升后下降，是因为森林在中幼林龄及其之前的时间生长速度较快，并且呈加速趋势；之后随着林龄增加，生长速度变慢并呈下降趋势。林分价值的平均增长曲线和年增长曲线的交点之前的区域，位于年增长曲线的下方，但呈增长态势；越过交点以后，位于年增长曲线的上方，开始趋于下降。这是因为在交点林龄之前，森林处于中幼林生长阶段，总蓄积量较低，年均蓄积增长量低于年生长量，但较高的年生长量会拉动年均蓄积量继续走高。在交点林龄之后的情况正好相反。

2. 单次采伐的最佳林龄

从以上林分价值增长规律看，对森林采伐的时间选择决定了立木从森林资本形态转化为货币资本形态的时间，还决定了为保持一定生产水平而必须维持的森林蓄积量，进而直接影响了收获森林的收益以及继续持有森林的成本。在这种情况下，森林经营者必须考虑森林生长的边际收益和边际成本，在森林继续生长的边际收益超过其边际成本时，才会让森林继续生长，否则就应采伐森林，以实现木材收益现值的最大化。单次采伐仅仅考虑一个经营周期内的木材收益最大化，不考虑后续的土地利用和更新造林成本。

假设市场利率 i，则在第 t 年采伐的林分价值的净现值为：

$$V_0 = \frac{S(t)}{(1+i)^t} \tag{10 - 2}$$

最佳经济轮伐期就是使得林分收益净现值最大的林龄，也就是森林现值年增长为零时的林龄。此时，$\Delta V_0 = 0$，也即：

$$\frac{S(t+1)}{(1+i)^{t+1}} - \frac{S(t)}{(1+i)^t} = 0 \tag{10 - 3}$$

进一步变换如下：

$$S(t+1) = S(t)(1+i) \tag{10 - 4}$$

再变换为公式（10 - 5）和公式（10 - 6）：

$$\Delta S = iS(t) \tag{10 - 5}$$

$$\frac{\Delta S}{S(t)} = i \tag{10 - 6}$$

　　公式（10-5）表示森林采伐最佳经济周期的边际含义。ΔS 为保持森林继续生长一年的边际收益，$iS(t)$ 为延迟采伐一年所产生的立木资本占用的成本。公式（10-6）表明了在经营实践中采伐决策的一个更便于实施的观测条件，也就是当立木价值年增长率与利率相等时采伐，就可以实现林分价值净现值的最大化，其经营含义如图 10-2 所示。

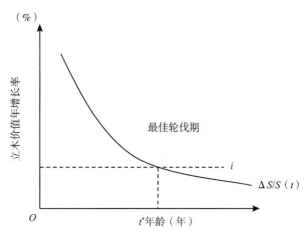

图 10-2　立木价值年增长率与最佳轮伐期

3. 连续经营森林的经济轮伐期

　　单次采伐最佳经济周期只考虑到了立木资本占用的成本。如果采伐林分的土地，继续用于森林培育直至下次采伐，并且连续不断地经营下去，分析最佳经济轮伐期时还必须考虑土地要素的成本。这种情况相当于假定生产木材是土地最有效的利用方式，同时也假定每一采伐周期的森林具有相同的价值和成本。如果以一个相同的间隔期 t 年进行采伐并持续经营下去，则该土地用于森林培育将产生一个无限序列的净现值 V_s，并形成一个几何级数：

$$V_s = \frac{S(t)}{(1+i)^t} + \frac{S(t)}{(1+i)^{2t}} + \frac{S(t)}{(1+i)^{3t}} + \cdots + \frac{S(t)}{(1+i)^{\infty}} \tag{10-7}$$

　　公式（10-7）中右边每一项代表每隔 t 年达到采伐条件的森林的净现值。公式（10-7）可被简化为：

$$V_s = \frac{S(t)/(1+i)^t}{1-(1/1+i)^t} \tag{10-8}$$

　　再进一步简化为：

$$V_s = \frac{S(t)}{(1+i)^t - 1} \tag{10-9}$$

公式（10-9）即为扣除了采伐运输成本的连续培育木材的林分收益的净现值，也被称为林地期望价。该公式还隐含了以下假设：土地以木材生产为目的进行连续利用，林价和林木生长量不变，林地价值是在生产周期土地处于无林地状态计算的，不存在造林成本或者不需要造林活动。

连续经营森林的最佳经济轮伐期，就是可以产生最大林地期望值的采伐间隔时间（林龄），应当满足 $\Delta V_s = 0$。这意味着：

$$\frac{S(t)}{(1+i)^t - 1} = \frac{S(t+1)}{(1+i)^{t+1} - 1} \qquad (10-10)$$

简化为：

$$\frac{\Delta S}{S(t)} = \frac{i}{1 - (1+i)^{-t}} \qquad (10-11)$$

公式（10-11）左边表示林分价值的增长率，右边是一个综合的成本因子。在年利率 i 已知，林分价值增长率可观测的情况下，很容易计算出使公式（10-11）左右两边相等的 t 的值，也就是最佳的经济轮伐期。在最佳经济林龄实施轮伐，每一个采伐轮次，此时森林生长一年的立木价值增长率 $\frac{\Delta S}{S(t)}$ 表示的边际收益与包括维持土地成本在内的边际成本 $\frac{i}{1 - (1+i)^{-t}}$ 刚好相等，累计得到的林地价值也达到了最大化。连续经营森林的最佳经济轮伐期公式（10-11）也被称为福斯特曼公式（Faustamann formula），它是由德国学者马丁·福斯特曼（Martin Faustamann）在1849年推导出来的。

图10-3将连续经营森林和单次采伐森林的最佳经济轮伐期进行了对比。

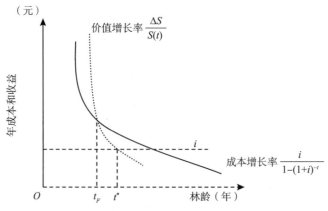

图 10-3　连续经营森林的最佳经济轮伐期

图 10 - 3 中 t^* 是单次采伐的林龄，t_F 是福斯特曼经济轮伐期。可以看出，在连续经营的最佳轮伐期 t_F，比一次性培育森林的最佳经济轮伐期 t^* 短。因为在连续培育森林时，成本的增长率 $\dfrac{i}{1-(1+i)^{-t}}$ 比一次性培育森林的成本增长率 i 曲线位置更高，因而与价值增长率曲线相交于较早的林龄。连续经营森林成本增长率曲线 $\dfrac{i}{1-(1+i)^{-t}}$ 在林龄增大时变成利率 i 的渐进线。

4. 考虑造林成本的经济轮伐期

如果一块土地一开始是一块无林地，则森林经营活动首先需要进行初始的绿化造林，之后每次采伐后还会产生更新成本，假设初始绿化造成成本和之后更新成本均为 C 并且不变，则此林地的期望价 V_s 应该为：

$$V_s = \frac{S(t) - C}{(1+i)^t - 1} - C \qquad (10-12)$$

公式（10 - 12）中等式右边分式中分子中的 C 表示更新造林成本（从采伐收入中扣除，和采伐发生在同一时间），右边第二项的 C 表示初始绿化造林成本。

如果一开始是有林地，不需要初始的绿化造林成本，只需要采伐后从立木价值中扣除更新造林成本 C，林地期望价为：

$$V_s = \frac{S(t) - C}{(1+i)^t - 1} \qquad (10-13)$$

求解满足公式（10 - 12）和公式（10 - 13）最大值的 t 值，就得到了这两种情况下的经济轮伐期。在公式（10 - 12）中，初始绿化成本直接从林地期望值中扣除，只是降低了林地期望值的数额，再求计算 ΔV_s 也会被抵消掉，对经济轮伐期不会产生影响。在公式（10 - 13）中，更新造林成本降低了在每一个时点进行采伐的林分价值，计算林分价值增长率时，$\dfrac{\Delta S}{S(t)}$ 需要修改为 $\dfrac{\Delta S}{S(t) - C}$，这种情况下会影响经济轮伐期。

（二）异龄林分的经济采伐周期

森林多功能理论、近自然林业理论追求森林经营多种产出效益的统一，提倡异龄林作业。福斯特曼公式对于异龄林分最佳采伐周期和保留蓄积量的决策也可以适用。可以把每次异龄林分择伐保留的木材蓄积看作更新造林成本的一部分。在这种情况下，异龄林林地和森林价值最大化的理论基础和同龄林分的土地期望值是一致的。异龄林保留的蓄积、最佳采伐量和经济轮伐期的经济学解释可以使用公式（10 - 13）为基础进行推导。当然，如果异龄林经营作业仍然仅仅考虑木材收益，

第　十　章

特别在低强度采伐的情况下，保留立木资本占用的成本就会快速增长，进而要求林分价值增长率相应提高，才能保持边际收益和边际成本的平衡，其结果是缩短轮伐期。除非有木材以外的收益现金流可以平衡保留蓄积增加的成本，这种情况可能又会和多功能、近自然林业经营要求的长轮伐期目标相矛盾。

（三）哈特曼采伐林龄

森林经营过程中，在采伐之前也可以产生非木材形式的其他收益形式，例如，游憩服务、非木材林产品采集、放牧等，甚至在一定的市场条件下，森林的生态与环境支持服务也可以获得一定的收益形式。哈特曼于 1976 年将森林的非木材价值引入福斯特曼公式来计算此种情况下的最佳经济轮伐期。哈特曼假设森林所有的非木材收益都汇总为一个和林龄及蓄积量有关年收入 $n(t)$，在一次性采伐最优林龄的条件中引入非木材的年收入，公式（10-5）变换为：

$$\Delta S + n(t) = iS(t) \qquad (10-14)$$

这意味着，当林分木材和非木材的边际收益等于保持森林继续生长的边际成本时，实施采伐将获得最大的现值收入。由于是在公式（10-14）的左边加入非木材的年收入，公式右边的边际成本项不变，左侧边际收益的提高将使轮伐期延长。也就是说，当存在非木材的年收入时，一次性采伐的最佳时机将延后。

对于连续经营的森林，首先将公式（10-11）变换为：

$$\Delta S = iS(t) + A \qquad (10-15)$$

或者

$$\Delta S = iS(t) + iV_S \qquad (10-16)$$

公式（10-15）中 A，公式（10-16）中 iV_S 表示与土地价值有关的资本成本（地租）。将非木材的年收入 $n(t)$ 加入公式（10-15）或公式（10-16）中分别得到：

$$\Delta S + n(t) = iS(t) + A \qquad (10-17)$$

和

$$\Delta S + n(t) = iS(t) + iV_S \qquad (10-18)$$

对连续经营的森林，当考虑多种非木材收益时，最佳经济轮伐期仍然遵循边际原则。当延迟采伐增加的木材收益与非木材收益之和等于立木与土地资本占用的成本之和时，就达到了最佳的采伐时机。此时采伐林龄的间隔期，就被称为哈特曼轮伐期。通常情况下，只要非木材收益会随着林龄增加而增长，哈特曼轮伐期就会比福斯特曼轮伐期长。有些时候，森林非木材的边际收益可能超过总的边际成本，例如特殊的景观林、生物多样性保护用途的森林。这些森林也就不会被采伐，只是出于维护生态系统健康目的进行必要的管护。

第三节　森林可持续经营（基于丧失的驱动力）

当前森林可持续经营概念与卡洛维茨在 18 世纪初的共词概念在语义内涵上发生了重大的变化。卡洛维茨在 18 世纪初提出的概念核心是收获持续稳定的木材产量，当前森林可持续经营概念源于 20 世纪 80 年代以来的可持续发展理念，强调对森林资源的管理要充分平衡当前和未来世代对森林的社会、经济、生态、文化和精神等多方面的需求（中国森林可持续经营国家报告）。森林可持续经营概念和有关行动战略主要的背景是全球范围内大规模的毁林和大范围的森林退化。

一、森林可持续经营的内涵

森林可持续经营的概念源于 1987 年世界环境与发展委员会（WCED）发布《我们共同的未来》提出的可持续发展理念，又称可持续发展理念下的森林资源保护与管理（WCED，1987）。1992 年联合国环境与发展大会《关于森林问题的原则声明》《生物多样性公约》《21 世纪议程》等文件明确提出了森林可持续经营概念。2007 年联合国发布了《关于所有类型森林的无法律约束力文书》，2017 年《联合国森林战略规划（2017—2030 年）》进一步丰富了森林可持续经营的内涵。

由于可持续发展理念的内涵过于宽泛，缺少明确一致的国际共识，这也影响了森林可持续经营概念内涵共识的形成，存在多种不同的理解。联合国粮食及农业组织（FAO）认为森林可持续经营是一种包括行政、经济、法律、社会、技术以及科技等手段的行为，涉及天然林和人工林，它是有计划的各种人为干预措施，目的是保持和维护森林生态系统及其各种功能。国际热带木材组织（ITTO）认为，经营永久性林地的过程以达到一个或多个明确定义的管理目标，连续生产所需要的林产品和服务，不降低其内部价值和森林的未来生产力，并且不对物理和社会环境产生不良影响。泛欧进程（FE）认为，森林可持续经营是指以一定的方式和速率管理和利用森林和林地，保护森林的生物多样性、维持森林的生产力、保持其更新能力、维持森林生态系统的健康和活力，确保在当地、国家和全球尺度上满足人类当代和未来世代对森林的生态、经济和社会功能的需要的潜力，并且不对森林生态系统造成任何损害。《关于所有类型森林的无法律约束力文书》确认可持续森林经营是一个动态和不断发展的概念，目的是保持和增强所有类型森林的经济、社会和环境价值，为当代和后代造福。

20 世纪末，可持续理念越来越多得到认同之后，国际社会关于森林在促进人类社会经济可持续发展中作用的认识日益增强。全球森林面积有 40.6 亿公顷（FAO，2021），占陆地面积的 30% 左右，对人类福祉、可持续发展与地球健康至关重要。全球约 1/4 的人口（约 16 亿）依靠森林获取食物、谋求生计、实现就业、获得收入。森林提供不可缺少的生态系统服务，例如，木材、食物、燃料、饲料、非木质林产品和住所。森林能够保持水土，提供清洁空气，防止土地退化和荒漠化，降低洪水、山体滑坡、雪崩、干旱、沙尘暴和其他灾害发生的风险，是 80% 陆地物种的家园。森林可为减缓与适应气候变化、保护生物多样性作出巨大贡献。

但由于对木材、食物、燃料和纤维的需求，毁林和森林退化仍在许多地区持续发生。毁林的根本原因在于社会与经济问题，而非林业本身，包括贫困、城市发展，以及农业、能源、矿产和交通运输等产出更高、收益更快的土地利用政策。森林还面临非法采伐或不可持续采伐、火灾、污染、沙尘暴、风暴、病虫害、外来物种入侵、碎片化和极端天气事件等气候变化带来的风险影响。森林的健康及作为高产和强适应性的生态系统能力受到上述风险因素的直接威胁。

为有效应对人口快速增长，人均收入提升，全球林产品和服务需求扩张给森林带来的压力，国际社会逐步形成了应立即采取行动，加强跨部门政策协调，实施森林可持续经营，包括保护森林、恢复森林和扩大森林面积的共识。

二、森林丧失的驱动力

森林丧失是森林结构的消失，表现为森林覆盖率的下降，原来有森林植被覆盖的土地类型转为成为其他土地类型。造成森林丧失的原因包括社会经济和自然两方面的因素。其中，社会经济方面主要是由于人类出于多种社会和经济目的对林地用途的改变，如把森林开垦为耕地、改造为草地（牧场）、变为各类建设用地。自然方面的因素主要包括气候变化、不可逆的地质灾害等导致土地覆被由森林永久转变为其他覆被类型，如草地、荒漠、水面等。

（一）人类土地利用导致的森林丧失

人口增长、社会经济发展对耕地、草地和建设用地等生产地类需求的增加，提高了这些地类相对林地的比较收益水平，这是导致森林丧失最主要的社会经济驱动力。在人类文明的早期，陆地上气候和土壤条件适应的大部分地区都被森林覆盖，人类依赖森林直接获取食物和庇护场所，没有主动改变土地森林覆被状态的动机。原始农业出现以后，人类也开始面临着土地在森林和耕地两种利用方式之间的选择。当时，人们虽然也需要森林提供的木材以及补充性的食品，但由于森林资源禀赋极大丰富，森林产品可以供人们自由取用，相对稀缺性很弱，这也造成林地的相对收益很低。随着人口增长和社会发展，粮食需求快速增加，粮食和畜牧业农产品具有更高的相对价格，进而提高了农业用地的相对收益水平。于是人类开始加速把森林开垦为耕地，或者焚毁以后改造成草地，从事农牧业生产。直到在一定空间范围内，随着森林持续转变为耕地和草地，森林的相对稀缺性逐渐增强，再加上土地自然条件和交通区位的影响，一些土地用于森林经营比发展农业更加有利可图。于是，这些土地就配置给了林业用途，在地理上形成了农地和林地的分布边界，在经济上产生了农地和林地的配置界线。

如图 10 - 4 所示，坐标原点表示城市中心，横轴表示空间距离，纵轴表示土地净收益水平（如地租）。假设只考虑农业和林业两种土地用途，土地净收益主要受产品运输成本的影响，土地本身是均质的，不存在影响农业或林业用途配置的立地条件的差异，则土地在农业和林业之间的用途配置主要就是由两种产品的相对净收益水平决定的。图中，农业用地净收益曲线和林业用地净收益曲线相交于 a 点，这意味着 Ob 的区域为农业用地，b 点右侧为林地，b 点为森林分布的自然界限。如果因为人口增长，粮食等农产品价格相对更快地增长，农地的净收益曲线向右上方移动到虚线位置，与原林地净收益曲线相交于 d 点。此时，bc 区域的森林就会被开垦为耕地，出现森林丧失的现象。如果是相反的情况，则会出现耕地的抛荒现象，经过一段时间，抛荒的耕地将重新恢复为森林。从农业文明时代以来，在全球范围内土地更多是从森林转化为耕地，这种趋势至今仍未停止。当然，在局部地区也有一定规模的耕地通过造林或自然更新方式，重新恢复为森林的情况。

大部分情况下，林业用地在与农业用地的竞争中处于被动的地位。第一，从现有土地的机会经济用途看，林地占据的主要是边际土地，也就是对于农业用途来说没有经济价值的土地。第二，林业用地与农地竞争土地配置时处于被动和弱势地位，最终能有多少土地配置给林业用途，主要取决于农业对土地的需求。第三，林业大多数时候、在大多数地块上，都是在农业放弃利用的土地上发展。在全球人口仍在持续增长、全球粮食短期形势依然严峻、农业技术进步有限的情况下，势必需要更多的农地以满足不断增长的粮食需求，控制全球范围的森林丧失仍然是极具挑战性的任务。

第 十 章

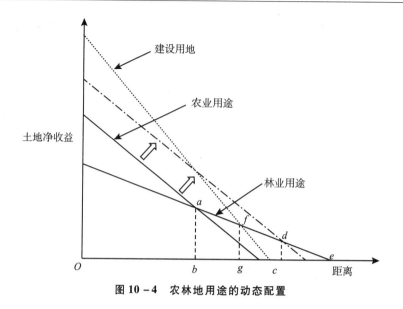

图 10 - 4　农林地用途的动态配置

据联合国粮食及农业组织统计，1990～2015 年，全球森林面积累计丧失了逾 1 亿公顷。虽然丧失速度从 1990～2000 年的年均 726.7 万公顷，下降到 2010～2015 年的年均 330.8 万公顷，但整体丧失的规模仍然相当可观，并且丧失的趋势并没有得到根本遏制。大部分丧失的林地都转化为了耕地或草地等农用地类型，例如，热带地区 2000～2010 年每年约有超过 700 万公顷的森林丧失，同期耕地面积每年增加约 600 万公顷（FAO，2016）。

农业是和森林竞争土地用途配置的主要和首要竞争对手，但在一定的条件下，例如一个地区土地资源的基础禀赋和结构、城镇和居民点的布局和发展规划、人们的居住习惯、交通网络体系的规划布局、自然资源开发和有些经济建设项目布局等，也可能会把林地转变为其他类型的建设用地，进而造成森林的丧失。这些情况可以看作是在农林地界线的林地一侧出现了农业用地以外的其他建设用地需求，例如，图 10 - 4 中新出现的建设用地机会净收益曲线和林地净收益曲线相交于 *f* 点，意味着 *bg* 之间的森林会转换为新出现的建设用地类型，例如水电站的库区、采矿场的作业面、公路或铁路等。例如，中国第七次全国森林资源清查间隔期就有上百万公顷的林地被逆转为各类工程建设用地。

（二）自然因素导致的森林丧失

自然方面导致森林丧失主要有三个主要的来源机制。一是全球气候变化的直接影响。近代以来，由于总规模持续增长的社会经济活动对全球生态环境的扰动强度不断加大，叠加地球天体运行周期的影响，加剧了全球气候变化，直接导致了一些地区温度和干湿环境等森林适生条件的变化，进而造成这些地区森林的丧失。二是气候变化的间接影响。气候变化还导致大范围的气象和继发性地质灾害发生频率、范围和强度扩大，并且更容易形成暴发性的森林病虫灾害，因此间接导致一些地区的森林丧失。三是大气酸沉降污染导致的森林丧失。

树木存活受到水、肥、光、温度和生物等因子的影响。当这些因子不适合树木生存、生长时，就会发生森林衰退直至丧失。全球变暖将给对温度敏感的树木带来高温胁迫，而高温胁迫常伴随着水分胁迫。两者相互作用，导致树木代谢和调节过程失调，抑制植物生长，促进衰老、枯萎和落叶等。另外，二氧化碳浓度升高引起的温度上升，以及在生长季干旱胁迫加剧，都不可避免地引起树木顶梢枯死、森林破碎化等衰退现象。干旱一直是森林衰退和丧失最主要的原因之一。早在1982年，欧洲就开始对引起森林衰退的主导因子和次要因子进行研究，结果表明，干旱是该时期欧洲森林衰退的主要胁迫因子。在欧洲，森林区域性衰退的历史至少可以追溯到18世纪末或19世纪初，干旱、冬季极端低温、霜冻（早霜过迟）等均可能是其中的原因。20世纪30~50年代，在美国华盛顿州和加拿大不列颠哥伦比亚，由于当地气候极端变化，加州山松发生了枯梢病和树木枯死。这可能是1936年衰退林区异常的冬天解冻条件及其后几年夏天高温与干旱产生的胁迫，破坏了加州山松的根系组织，使水分运输受到阻碍，影响了木质部组织的正常生长及功能，从而发生枯梢病，使树木枯死。20世纪70年代末至80年代初，法国东北部孚日（Vosges）山脉欧洲冷杉森林的衰退，则是由于近40年气候发生了重大变化，尤其是干旱胁迫，导致原本健康的森林发生了衰退。同期在加拿大魁北克东部阿巴拉契亚山脉发生大面积糖槭林的衰退，主要原因则是土壤养分不平衡、虫害以及气候变化导致夏季干旱和异常高温。20世纪80年代，斯里兰卡发生的森林衰退就是直接干旱胁迫作用的结果，海拔1500米以下的天然林几乎全部毁灭。在智利的温带雨林，持续干旱造成南方假山毛榉林内没有天然更新，林木随山毛榉的衰老而死亡衰退。干旱还造成了新西兰成熟的榉树天然林衰退。冬季干燥和季节性地表霜冻融化过晚也造成瑞典挪威云杉和欧洲赤松森林的衰退（朱教君和李凤芹，2007）。

病虫害也是造成林木迅速衰退的原因之一。诱发或加速森林衰退的另一种自然胁迫因素是真菌类。在很多情况下，昆虫易于被感病树木所吸引从而使树木失去活力（朱教君和李凤芹，2007）。

酸雨和自然灾害问题是发达国家森林所面临的问题。随着工业的发展，大气中二氧化硫、氮氧化物等污染物质的增多，所形成的酸雨对发达国家森林的危害日趋严重，使大片森林衰退和死亡，特别是欧洲的一些国家。据观测，欧洲大多数工业区，雨水的 pH 值在 5.5～4.5 强酸性（pH 值在 4.0～4.5）雨水地带中心，已于 1950 年由比利时经荷兰，扩大到德国和英国，并逐渐向北欧和东欧扩大，使整个欧洲森林遭受酸雨的危害，致使大片森林衰退和死亡。北美洲森林受酸雨的危害也日趋严重，如美国肯塔基州有 73% 的森林遭受大气污染的危害。加拿大森林的受害率达 28%。当前，酸雨对森林的危害正向全球蔓延（张永利，2004）。

三、森林退化的影响因素

世界范围内森林大面积丧失的同时还存在不同程度的退化。森林的退化通常是毁灭的开端。森林退化一般指森林的空间格局和结构功能的退行性变化，如空间格局的破碎化、优势树种和植被结构的逆向演替、郁闭度的下降，进而使森林的主要生态功能遭到破坏（如碳储存、供水、物种栖息地的维持）。FAO 把森林退化定义为"逆向影响林分或立地的结构或功能从而降低森林提供产品和服务能力的森林内的变化过程"。联合国生物多样性保护公约（UNCBD）认为森林退化是指："由人类活动引起的、丧失原有天然林正常的结构、功能、物种组成或生产力的次生林"。国际热带木材组织（ITTO）强调森林退化是指"森林潜在效益的全面、长期降低，包括木材、生物多样性和任何其他产品或服务"。

导致森林退化的原因也包括社会经济和自然两个方面。近代以来人类对森林资源的过度利用是主要原因，如掠夺式采伐、过度樵采、过度放牧等。采伐是人类利用森林资源的主要方式，如果采取永续经营的思想和措施，是可以维持正常森林结构的，否则就会造成森林的退化。通过下面的模型可以更加深入认识人类不当采伐活动造成森林退化的理论机制。图 10－5 中，坐标、点线有关含义与图 10－4 相同，其中 c 点右侧为森林分布区。在引入产权安全成本曲线之后，林地被分成两个部分，cd 之间是集约经营的人工林，de 之间是粗放经营的天然林。因为，即使考虑森林资源资产的产权安全成本，cd 区域的森林产品净收益依然为正，从而会确立明确的产权并实施长期的集约化经营，森林的结构也将保持稳定。在 de 区域，考虑产权安全成本之后，林产品的净收益为负，该区域的森林不会确立明确的产权，从而处于开放资源的状态。在这种情况下，各类主体就会自由进入 de 区域从事森林采伐、樵采、采伐等利用活动，并获得净收益。由于开放资源产权的状态，该区域森林资源被过度利用，进而发生退化的情况就很难避免。

如图 10－4 所示，de 区域森林退化的程度还会进一步受到当地劳动力的机会成本的影响。一般来说，区域劳动力机会成本高的地区，森林退化的程度相对较轻，区域劳动力机会成本更低的地区，森林退化的程度也会更加严重。这是因为，劳动力在开放产权的森林中从事资源利用活动的收益，与在其他领域就业的收入是互为机会成本的关系。劳动力在其他领域就业机会越多，收入水平越高，则进入开放产权的森林中从事资源利用活动的机会成本就越高。在一定的机会成本水平上，劳动力甚至不会进入这些森林从事有关资源利用活动，从而使该地森林保持较为完整的结构状态。而在人口密集，就业机会少的地区，特别是农村地区，邻近地区的公共森林往往存在强度更高的利用活动，森林退化的压力及情况也更为严重。例如，发展中国家的农村和山区的人口估计占全球总人口的70%，农业以外的就业机会很少，家庭基本生计对木材采伐、放牧活动依赖程度较高，消耗的总能源中90%以上是薪材，采伐、樵采和放牧活动造成了很多农村居民点周边公共森林的严重退化，逐渐变成疏林地，甚至演变成草地。

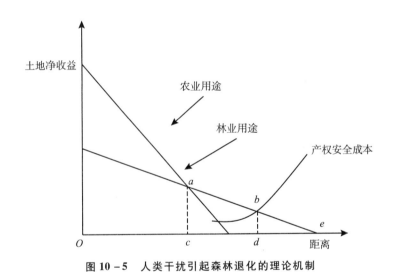

图 10-5　人类干扰引起森林退化的理论机制

四、森林可持续经营的策略

森林可持续经营的目标决定应该采取的策略和措施。联合国森林文书和联合国森林战略规划确定的目标包括四个方面：一是保护、恢复、植树造林和重新造林，扭转世界各地森林覆盖丧失的趋势，更加努力地防止森林退化；二是增强森林的经济、社会和环境效益，包括改善依靠森林为生者的生计；三是大幅增加世界各地保护林区和其他可持续经营林区的面积以及可持续经营林区森林产品所占比例；四是从各渠道大幅增加新的和额外的资金，实施森林可持续经营，加强科技合作与伙伴

第 十 章

关系。各个国家通常在上述目标的框架下，根据本国的国情和林情确定自身的森林可持续经营目标，并采取适应性的策略和措施。

（一）完善森林可持续经营的治理体系

首先要完善森林可持续经营的法律政策。全球森林丧失和退化的主要区域是广大发展中国家和地区。其中很多国家尚未建立系统的森林资源保护经营的法律政策体系，使得大量森林资源处于开放产权的公共资源状态，极其容易出现不当和过度利用引发的森林丧失与退化。这类国家和地区，需要加快森林保护的立法进程，明晰林地使用权和所有权，加强森林执法、治理与贸易，打击非法采伐与相关贸易。还有很多国家和地区，虽然出台了森林资源经营的政策法律，但在保障和促进森林可持续经营方面存在较大的空缺，亟待更新完善。包括完善森林可持续经营的标准与指标，提高森林资源清查与林业数据的可用性，完善国家森林资源清查与其他官方涉林数据，加强科研在森林可持续经营中的作用。

其次要完善森林可持续经营的机制框架并促进社会参与。中国森林资源核算研究始于20世纪80年代开展的森林价值核算及纳入国民经济核算体系的研究（张卫民，2019）。要将森林价值纳入国家规划与核算体系，为森林可持续经营创造良好的投资环境，加强推动森林可持续经营的各层级跨部门协调机制。公众参与既是森林可持续经营的主要特征之一，更是森林可持续经营规划的重要途径。要推动各层级利益相关方参与、公众参与林业决策制定，建立民间团体伙伴关系等。

（二）加强森林保护与恢复

通过加强森林保护与恢复，扩大森林资源的存量，提高森林生态系统的功能质量，是森林可持续经营的首要目标。需要在强化森林保护立法与执法的基础上，综合运用财政、税收、金融和行政工具，减少/停止毁林与森林退化，维护和改善森林健康，实施造林和再造林，开展森林景观恢复、天然林更新；减缓/遏制森林生物多样性损失，减少外来物种入侵的影响，加强林火控制与管理、土地退化和荒漠化防治、野生动植物保护与管理；强化森林减灾防灾和有害生物防治，控制森林内及周边地区采矿作业，减少酸沉降、空气、水和土壤污染对森林的胁迫。

（三）提高森林经营效益

采取科学的经营方法、创新经营形式，提高森林经营的综合效益，可以在增加或不减少总产出的前提下，降低森林经营利用强度和粗放式的规模扩张，从而有利于森林保存并减少森林退化。包括：改进集体林经营，发展高附加值林产品的生产加工，提高林产品的竞争力与多样性，推动林产品的可持续生产与消费，发展生态旅游，开展农林复合经营，开发新型和创新林产品，使用可持续建筑材料和木材替代材料；开展涉林教育、培训和拓展，保护和推广传统涉林知识，加强林业科学研究；改进林业工作者的工作环境，提高森林工作者的收入；对林产品与服务进行价值评估，建立健全森林生态系统服务补偿机制，提高森林的生态保护效益，保护和可持续利用森林及森林以外树木的遗传生物多样性。

（四）扩大指定保护性森林面积

对一些生态区位重要、生态功能突出的森林要采取专门的保护措施，纳入国家保护地体系，指定为保护性的森林。包括：扩大和完善森林保护地及网络的管理，通过其他有效的地域保护措施加强森林保护，视情况建立或扩大国家公园。

（五）扩大可持续经营林区的面积

对保护地体系以外的森林，尽可能纳入相关的可持续经营的体系。包括：保护和可持续利用森林（包括用材林）生物多样性，对用材林和非木质林产品生产的森林实施可持续经营；积极发展能源林和薪材林，包括可持续利用木质生物质材料；利用基于市场的工具，提高可持续经营林区林产品的竞争力，建立和完善森林可持续经营的激励机制和其他公共政策工具，开展林产品的合法性认证与跟踪；减少采伐造成的影响，使用空间和土地利用规划工具；加强土著居民和当地社区在森林可持续经营中的作用，建立市场和基础设施，推动可持续经营林产品的生产与消费，保护和可持续利用森林生物多样性。

（六）扩大森林可持续经营的融资

丰富森林可持续经营的融资渠道。加强实现森林可持续经营的执行机制，鼓励国际公共资金和国家预算投资森林可持续经营，鼓励私有外资和国内私营资金投资森林可持续经营和涉林企业，开展能力建设，提升获得和筹集森林可持续经营资金的能力，强化区域和次区域林业资金来源与机制。

（七）加强科技合作与伙伴关系

森林可持续经营需要加强国际科技合作与伙伴关系建设，促进林业技术创新（Ma et al.，2023）。要坚持加快发展数字经济，做好数字经济基础设施、装备制造和人才培养工作，提升数字经济发展速度和质量（Chen et al.，2023）。要为发展中国家提高能力建设提供专业知识，建立公私伙伴关系，推广环保和创新的涉林技术和发明，开展南北、南南、北北和三方科技合作，提高涉林产业效率，推动森林的科技与政策对接，推广最佳实践与创新工具。

第 十 章

第十一章 | 草原资源经济

草原作为世界陆地上重要的生态系统之一，是多样生物生存的重要基地，是人类生存所依赖的持续发展的关键物质资源基础。草原资源在恢复和维持土壤生产力、应对气候变化、保证饲料和粮食供应的数量和质量以及种类等方面均作出重要贡献。无论从地理学和生物学，还是从经济学和社会学，甚至从文化学和民族学的角度来看，草原资源都具有重要价值。草原经济已经成为农业经济的重要组成部分，并有望成为国民经济新的增长点。本章主要梳理了草原资源的概念、分布特点和现状，以畜牧业、特色产品开发和旅游业为主要切口，相对系统地阐述和评价了我国草原经济管理活动状况，并在此基础上，从产权制度改革、多样性与生态系统服务、资源保护利用等方面，论述了草原可持续管理的政策动态和成效。

第一节 草原资源的特点及中国的现状

草原，涵盖天然草地、稀树草原（萨王纳）、灌丛地、苔原、荒漠、欧亚草原（斯泰普）等多种类型（Allen et al.，2011；United States Environmental Protection Agency，2015）。中国复杂的自然地理条件所形成的多种草原资源类型是欧亚大陆草原的重要组成部分，从远古至近代再到现代的地质和气候变迁，形成如今多样化的草原景观。

一、草原资源的特点

（一）草原及相关概念

草原的概念和范畴随着不同自然区域、不同生产发展阶段以及不同的研究角度而发生变化。国际上对草原（草地）范畴的认识和定义主要侧重农学属性和植被学属性两种（董世魁，2022），前者强调其作为畜牧业或饲料生产的资源基础，后者则强调草本植物群落的地表覆盖。《放牧地与放牧动物国际术语》（2011）中，术语"草原"（rangeland）指植被（顶级或亚顶级群落）主要由禾草、类禾草、阔叶草或灌木组成，是作为自然生态系统用于放牧家畜和野生动物生产的土地；术语"草地"（grassland）指可以是天然的也可以是人为干预的生态系统，泛指作为饲草利用的土地，是牧草地（pastureland）和草原（rangeland）之间的桥梁，且当意指施加人为干预的放牧地生态系统时，"草地"与"牧草地"（pastureland）[①] 同义。国际草原大会（International Grassland Congress，IGC）[②] 认为草原（草地）是世界上最重要的生态系统之一，覆盖了世界陆地面积的27%，占农业用地的70%，其构成了农业和畜牧业的重要基础，为超过8亿人的生计作出贡献。联合国粮食及农业组织（FAO）从农学属性定义草地是作为放牧和生产动物饲料的土地，包括永久性草地、荒漠、疏林、冻原和灌木等植被（Suttie et al.，2005）。

中国在科技文献和政府文件中对草原（草地）的定义也存在多种范畴和延伸，且在我国已有学术研究和官方文件中，草原与草地通常作为同义词交替使用，即一般从农学属性角度将草原和草地视为同义的概念（任继周，2015；董世魁，2022）。以国内权威发布的法律条文为参考，《中华人民共和国草原法》（2009年、2013年和2021年修订）中所称草原，指天然草原和人工草地，其中，天然草原包括草地、草山和草坡，人工草地包括改良草地和退耕还草地。《草业大辞典》中认为草原是与草地有细微差别的同义词。本文延续已有国内研究的习惯，并借鉴国际上农学领域的范畴，对草原与草地的概念不做严格区分，认为草原是与草地有细微差别的同义转换词，主要指生长草本植物，并伴有灌木和稀疏乔木生

---

① 牧草地：专门用于引进饲草或本地饲草的生产，用来放牧、刈割或刈牧兼用的土地（《放牧地与放牧动物国际术语》，2011）。

② https：//internationalgrasslands.org/。

长，包括林间草地及栽培草地的多功能的土地—生物资源，是草业的生产基地，也是陆地生态系统的重要组成部分，具有生态服务、生产建设、文化承载基地等功能（草业大辞典，2008）。

（二）草原资源分布特点

据世界资源研究所（World Resources Institute，WRI)[①] 数据显示，世界草原总面积为52.5亿公顷，占全球陆地面积（格陵兰岛和南极洲除外）的40.5%，以分布在沙漠和森林的中间地域居多。世界各洲草原分布面积并不均匀，根据联合国粮食及农业组织（FAO）数据库中基于欧空局全球土地覆盖产品（CCI-LC）数据，2021年，世界各大洲（除南极洲外）天然草原覆盖面积的所占比重由高到低依次为美洲（30.64%）、亚洲（27.29%）、非洲（25.78%）、欧洲（10.06%）和大洋洲（6.24%）。从分布国家来看，2021年，中国、美国、哈萨克斯坦、俄罗斯、加拿大、巴西、澳大利亚、蒙古、阿根廷和苏丹是位居世界天然草原面积较大的前10位国家（如表11-1所示）。

表 11-1　　　　　　　　2021 年世界天然草原面积排名前 10 位的国家

排名	国家	天然草原面积（万公顷）
1	中国	298610.20
2	美国	293173.68
3	哈萨克斯坦	232919.05
4	俄罗斯	226496.97
5	加拿大	196505.49
6	巴西	189776.85
7	澳大利亚	181188.1
8	蒙古	101928.46
9	阿根廷	87417.81
10	苏丹	66561.19

注：为统一口径，此处主要以数据库统计项目中的天然草原面积来分析草原资源的大致分布，不包括灌木丛、荒漠等其他草原类型。

资料来源：联合国粮农组织数据库（FAO），https：//www.fao.org/faostat/en/#data/LC 基于欧空局全球土地覆盖产品（CCI-LC）数据。

天然草原的分布主要取决于气候和土壤条件。按气候类型划分，全球草原的分

---

① https：//www.wri.org/。

布可分为温带草原和热带草原两大类。

（1）温带草原中以欧亚大陆草原、北美大陆草原和南美草原最为典型，该区域年降水量在 150 ~ 500 毫米之间，气候特征表现为夏季炎热、冬季寒冷。其中，欧亚大陆草原以亚洲草原和欧洲草原为主要覆盖区域，在中国的西北、东北部区域以及蒙古国、哈萨克斯坦和东欧平原的南部广为分布；北美大陆草原，主要分布在阿根廷境内，呈狭长状，经由美国作为枢纽，从加拿大南部延伸到墨西哥北部；南美草原也称潘帕斯草原，主体部分在阿根廷，其余部分主要分布在南非。

（2）热带草原又被称为热带稀树草原，通常分布在热带雨林和沙漠之间，区域雨季降水量保持在 300 ~ 1500 毫米之间。该类型草原多分布在非洲、南美洲、澳大利亚和印度，其中，非洲拥有世界最大的热带草原，位于北纬 10° ~ 17°、南纬 15° ~ 25°之间以及东非高原地区，在热带雨林外围广泛分布。[①]

具体到天然草原植被类型，世界不同区域分布的草原植被类型呈现多样性。第一，坎普草原（Campos），其典型地形特征是多起伏、多山丘，植被类型以禾草为主，伴有阔叶草、小灌木和乔木生长，土壤肥力多变，在南美草原的北部、乌拉圭和巴西南部以及阿根廷东北部均有分布。第二，萨王纳草原（Savanna），也被称为稀树草原，属于草地与林地之间的过渡性植被类型。其植被群落生长中伴有不同比例的乔木或大型灌木，多分布于热带和亚热带地区，其中，热带萨王纳草原的典型气候特征是干湿季交替，而亚热带萨王纳的气候较为湿润，且夏热冬暖。此种类型的草原植被在南美洲、非洲、澳大利亚、北美洲的亚热带和热带地区分布居多。第三，斯泰普草原（Steppe），也称欧亚草原，地势较为起伏，其植被群落中以低矮或中等高度的禾草为主，混生其他草本植物，偶见灌木伴生，植被较为稀疏。在欧洲东南部、亚洲和北美洲均有分布。分布在俄罗斯的斯泰普草原属于半干旱气候，年降水量在 250 ~ 500 毫米之间，冬季严寒且漫长。第四，潘帕斯草原（Pampas），典型特征是地形平坦、土壤肥沃的无树草原，属于温带或亚热带草原气候，夏热冬暖，该种类型草原广泛分布于阿根廷境内的东部地区和中部地区。第五，普列里草原（Prairie），地势平坦或略有起伏，土壤肥沃，无树或有稀少树木。根据气候特点、降水量变化、蒸散速率以及土层深度等，可分为低草普列里、中草普列里和高草普列里。此种类型草原多分布于北美洲，土层深度和降水量表现为从西到东增加，依次为低草普列里、中草普列里和高草普列里（Allen et al.，2011）。

① 国家林业和草原局. 草原：全球状况与保护利用热点 ［EB/OL］. https：//www. forestry. gov. cn/main/5462/20180704/145620462837370. html，2018.

二、中国草原资源现状

(一) 中国草原资源类型

中国地域辽阔,横跨多个气候热量带,南北纬度、东西经度跨越较大,区域降水量分布和海拔高低不均,多种因素形成的气候水热关系使中国草原类型呈现典型兼多样的特征,地域性和多变性明显。

国内学者从不同地理位置的植物群落特征表现、气候条件等角度切入归类中国草原资源,多以自然特征和生物特征为划分依据来反映草地发生和演替规律,至今仍然具有重要的借鉴意义。

(1) 植物群落学分类方法上,王栋在其《草原管理学》(1955 年) 一书中根据草原群落这一最本质的草原生物特征将中国草原划分为高草地带、低草地带、旱草地带、碱草地带、水草地带和灌木地带这 6 种基本类型。吴征镒在《中国植被》(1980 年) 中将中国草地资源类型划分为 6 类,依次为草原(包括草甸草原、典型草原、荒漠草原和高寒草原)、稀树草原、草甸(包括典型草甸、高寒草甸、沼泽化草甸和盐生草甸)、草本沼泽、灌草丛(包括温性灌草丛和暖性灌草丛)、荒漠(包括灌木荒漠、半灌木、小半灌木荒漠和垫状小半灌木荒漠) 植被型。

(2) 气候 - 土地 - 植被综合顺序分类法上,任继周等在《草原的综合顺序分类法及其草原发生学意义》(1980 年) 一文中综合考虑热量级和湿润度等硬性气候指标,按照类、亚类和型的划分单位将草地类型划分为 10 个类组,分别为热带森林草原、热荒漠草原、热带稀树草原、亚热带森林草原、温性干草原、温带湿润草原、温带森林草原、冷荒漠草原、半荒漠草原和冻原高山草原。

(3) 根据植物群落结构和生物量的不同,兼顾考虑生态环境和可利用价值,可将中国的草地资源类型划分为草甸类草地、草原类草地、荒漠类草地和草丛类草地 4 类,其中的草甸类草地又进一步被分为沼泽草甸和嵩草草甸 (盖志毅,2005)。

(4) 气候类型上,中国拥有热带、亚热带、暖温带、中温带和寒温带以及独特的高寒草原 6 种草原资源类型 (丁勇等,2020)。

(5) 结合类、组、型三级的"植被 - 生境学"分类,即同时考虑热量带和植被性质,兼顾生物大气候和植被型的共同性,《中国草地类型的划分标准和中国草地类型分类系统》中将中国草原分为 18 类 (如表 11 - 2 所示),学者将其进一步归纳为温性草原类、高寒草原类、温性荒漠类、高寒荒漠类、暖性草丛类、热性草丛类、草甸类、高寒草甸类和沼泽类 9 个类组 (孙鸿烈,2000)。

表 11 - 2　　　　　　　　　　　植被 - 生境学的中国草原分类

类分	组分	型分
草原类	温性草原类组	温性典型草原类
		温性草甸草原类
		温性荒漠草原类
	高寒草原类组	高寒典型草原类
		高寒草甸草原类
		高寒荒漠草原类
荒漠类	温性荒漠类组	温性典型荒漠类
		温性草原化荒漠类
	高寒荒漠类组	高寒荒漠类
草丛类	暖性草丛类组	暖性草丛类
		暖性灌草丛类
	热性草丛类组	热性草丛类
		热性灌草丛类
		干热稀树灌草丛类
草甸类	草甸类组	低地草甸类
		山地草甸类
	高寒草甸类组	高寒草甸类
沼泽类	沼泽类组	沼泽类

资料来源：《中国草地类型的划分标准和中国草地类型分类系统》（1988 年）、《中国资源科学百科全书》（2000 年）。

第十一章

（二）中国草原资源分布

中国作为世界草原大国之一，草地面积广袤富饶，经过几千万年的地貌和气候巨变，草本植物不断发展。从已经成形的草原地貌来看，中国草原分布东起东北平原，中经内蒙古高原、鄂尔多斯高原和黄土高原，西达青藏高原。不同地理位置的气候条件、土壤质地等的差异性使水分与热量分配不均，结果表现为中国草原资源的区域性特征，东西绵延约 4500 公里，农业生物气候特征地带性明显。

从中国草原总面积来看，《第三次全国国土调查主要数据公报（2021）》① 最新数据显示，中国草地面积 396795.21 万亩（26453.01 万公顷），占国土总面积的

① 中华人民共和国自然资源部，https：//m. mnr. gov. cn/zt/td/dscqggtdc/bd/202108/t20210826_2678340. html。

27.56%，是耕地面积（191792.79 万亩）的 2.07 倍。其中，天然牧草地占地面积
319758.21 万亩（21317.21 万公顷），占草地总面积的比重为 80.59%；人工牧草
地占地面积 870.97 万亩（58.06 万公顷），占草地总面积的 0.22%；其他草地占地
面积 76166.03 万亩（5077.74 万公顷），占草地总面积的 19.19%。从行政区域的
草地面积分布情况来看，西藏、内蒙古、新疆、青海和甘肃位居中国草地面积的前
五位省份（如表 11 - 3 所示），且多以天然牧草地面积为主体。其中，西藏草地面
积 120097.55 万亩，占全国草地面积的 30.27%；内蒙古草地面积 81257.92 万亩，
占全国草地面积的 20.48%；新疆草地面积 77978.97 万亩，占全国草地面积的
19.65%；青海草地面积 59206.23 万亩，占全国草地面积的 14.92%；甘肃草地面
积 21460.65 万亩，占全国草地面积的 5.41%。这 5 个行政区域的草地面积共计占
全国草地面积的 90.73%。内蒙古、新疆和西藏分别对应我国的第一、第二和第三
大牧区，青海和甘肃对应我国第四和第五大牧区。从草原分布面积的具体情况来
看，中国草地资源多分布在北方干旱、半干旱温带气候区以及青藏高原气候区，其
余分布在南方草山草坡区，并伴有疏林草地。

表 11 - 3　　　　　　第三次全国国土调查排名前 10 位省份的草地面积　　　　单位：万亩

省份	草地面积	天然牧草地	人工牧草地	其他草地
全国	396795.21	319758.20	870.97	76166.03
西藏	120097.55	103003.90	68.00	17025.61
内蒙古	81257.92	71882.20	190.74	9184.98
新疆	77978.97	59397.13	223.69	18358.14
青海	59206.23	54995.88	133.66	4076.68
甘肃	21460.65	9849.24	37.35	11574.06
四川	14531.76	14152.29	86.56	292.91
山西	4657.66	10.01	7.21	4640.45
陕西	3315.49	2238.09	22.69	1054.71
宁夏	3046.46	2174.03	16.44	855.99
河北	2920.89	629.97	16.45	2274.48

资料来源：第三次全国国土调查数据（2021）。

　　较为被国内学者认可和通用的是按照区域空间格局和地带性分布将中国草原区
域布局进一步划分为东北草原区、蒙宁甘草原区、新疆草原区、青藏高原高寒草原

区和南方草山草坡区这 5 个大区。其中：第一，东北草原区是指包括黑龙江、吉林、辽宁和内蒙古的东北部在内的草原地区，以温带森林草原为主覆盖在东北平原的中北部以及大小兴安岭和长白山脉的山前台地上。第二，蒙宁甘草原区主要包括内蒙古、甘肃两省区的大部分和宁夏的全部及冀北、晋北、陕北草原区，荒漠草原占据一定比例，分布有蒙古冰草、甘草和短花针茅群落（胡海英等，2019）。该区域地貌特征包括高平原、平原、山地、丘陵和沙地等，分布着不同的草原植被类型。第三，新疆草原区主体由山地草原覆盖，草地类型占中国草原大类的 60% 以上，包括高山绢蒿、驼绒藜在内的高寒荒漠草甸、草原以及温性草甸、草原等 11个草地大类。① 第四，青藏高原高寒草原区位于中国西南部，涵盖青海、西藏、甘肃西南部以及四川和云南的西北部。以高寒草原和高寒草甸类型为主，植物群落由耐寒耐旱的多年生密丛型禾草、根茎型苔草以及莎草科的嵩草属和苔草属的植物组成（邹珊等，2016）。第五，南方草山草坡区是由四川和云南部分地区以及贵州、湖南、湖北、皖南、苏南、浙江、福建、台湾、广东、海南、广西等地区拥有的大量零散草地以及大片的草山草坡和林间草地构成。该区域的草地类型以热带森林草原、热带稀树草原和热带荒漠草原为主。

第二节　草原经济管理

一、草原经济活动

随着草原动物繁衍生息以及人为经济活动的干预，草原早已不仅是一个单纯的植物群落，而已然演变成由生态系统和经济系统组合而成的复合系统。从生态经济学角度，自然生态系统和社会经济系统并非相互孤立，而是一个相互密切联系、相互影响的有机整体。任何经济活动都必然依赖于自然资源的消耗和生态资源的供给。草原是发展草原经济的核心基地，是草原经济活动得以持续进行的重要因子，其早已打上经济行为人的活动印记。

游牧和农耕是由于自然气候条件的差异和优劣势而并存的两大传统经济文化形

---

① 中国地质调查局自然资源综合调查指挥中心，http://www.zhzx.cgs.gov.cn/xxfw02/dxkp/202108/t20210826_680435.html。

式。草原是农牧民生产、生活的关键资源基础，也是民族文化得以生存、传承和发展的宝贵财富，更是涵养水源、保护物种，承载生态功能和观光游憩功能的重要资源库。草原的多功能性在生态经济这一复合系统中形成了草原畜牧业、草原特色产业和草原旅游业等多元化的部门经济，并产生丰富的生态、经济和社会效益。

（一）草原畜牧业

草原畜牧业自游牧民族逐水而居后逐步发展，在漫长的历史进程中，经历了游猎、群牧、游牧、个体经济、副业向专业化转变等阶段。

如今，草原畜牧业已成为我国社会经济发展尤其是少数民族地区国民经济中的重要支柱产业。

改革开放至今，在宏观经济政策指引下以及全体农牧民的共同努力下，草原畜牧业稳步发展。据《中国畜牧兽医年鉴（2023）》数据显示，2022年，全国牛肉、羊肉、奶和毛绒产量分别达到718.26万吨、524.53万吨、3931.63万吨和61.95万吨。其中，全国13个牧业省区①268个牧区半牧区县畜牧业生产形势整体向好，2022年，全国牧区县牛肉、羊肉、奶和毛绒产量分别达到76.34万吨、67.29万吨、275.70万吨和9.79万吨；半牧区县牛肉、羊肉、奶和毛绒产量分别达到141.32万吨、130.38万吨、542.74万吨和11.58万吨。牧区、半牧区县各畜产品总产量分别占全国总产量的30.30%、37.69%、20.33%和54.01%，为保障人民日益增长的优质畜产品的持续供给作出重要贡献。

草原畜牧业的稳定发展是农牧民赖以生存的重要基础，是草原经济持续发展和农牧民收入的重要支撑。2022年，全国牧区县牧业人口405.6万人，人均纯收入15625.1元，其中人均牧业收入9785.7元，占人均纯收入比重为62.63%；半牧区县牧业人口1268.7万人，人均纯收入13582.0元，其中人均牧业收入5672.7元，占人均纯收入的41.77%。从牧业总产值来看，2022年，13个牧业省区牧业产值为18114.5亿元，占全国牧业产值（40652.4亿元）的44.56%，较2010年牧业产值（8447.39亿元）增长1.14倍，在全国牧业产值中的占比增长3.27%（中国畜牧兽医年鉴编辑委员会，2023）。

（二）草原特色产品开发

在民族地区依托草原这一特色资源大力发展特色经济是带动农牧民经济收入的有效途径，是草原经济发展的优势所在，也是地区经济发展一个新的增长点。马产

---

① 13个牧业省（区）分别为河北、山西、内蒙古、辽宁、吉林、黑龙江、四川、云南、西藏、甘肃、青海、宁夏、新疆。

业、骆驼产业等特色民族产业的发展和特色产品的开发，在推进草原特色畜牧业与草原文化、民俗文化的融合发展以及巩固和发挥特色畜种的保供增收作用具有重要意义。

自古除牛、羊外，马是草原上的标志性畜种，其既是农牧民的生产资料，也是生活资料，更是草原文化的重要组成部分。传统马业主要在运输、骑乘和农耕等方面发挥作用，近年来，随着人们生活方式的升级以及对休闲娱乐的更高追求，马产业已在农牧业、食品行业、体育界、休闲娱乐业甚至美容业（如马乳、马脂护肤品）中崭露头角，融合了一二三产业（芒来，2015）。2022 年，全国马存栏量 366.7 万头，其中新疆、内蒙古、四川马存栏量分别为 110.1 万头、79.0 万头和 60.0 万头，合计占全国马存栏比重的 67.9%（中国畜牧兽医年鉴编辑委员会，2023）。内蒙古马产业在全国享有盛名，是蒙古马、鄂伦春马、阿巴嘎黑马等马品种的发源地，全国 44 个种马场中有 24 个在内蒙古，其先后培育了三河马、锡林郭勒马、科尔沁马等现代马品种，并引进了纯血马、汗血马等优质品种。据行业统计，国内马业全产业链产值约 700 亿元，每年参与马文化旅游的消费群体在 3000 万人次以上（《中国马文化产业蓝皮书2021》，2022）。在内蒙古、新疆等传统特色优势区适合因地制宜发展肉用马、乳用马和生物制品马，发展重点在提高马乳、马肉等草原特色畜产品的产量和质量上，以打造马产业强镇和产业集群为目标；在京津冀等城郊新兴发展区重点以马术等赛马运动和品牌赛事为主要产业发展形式；在西南和东北等其他区域，需加快特色马品种的开发、培育和利用。[①]

骆驼是中国西北、华北地区荒漠草原上的重要畜种，也是草原特色畜牧业的重要组成部分。随着人们对驼毛、驼绒、驼乳、驼肉等用途认识的提高，其畜产品需求也呈现持续增长态势，骆驼养殖的经济效益开始受到关注。2022 年，全国骆驼存栏 54.1 万头，各省份中仅新疆、内蒙古、甘肃、青海和宁夏保有骆驼养殖，这 5 个省份骆驼存栏分别为 28.4 万头、20.4 万头、3.9 万头、1.3 万头和 0.1 万头，占全国骆驼存栏量的 52.50%、37.71%、7.21%、2.40% 和 0.18%（中国畜牧兽医年鉴编辑委员会，2023）。驼奶具有保健和药用功效，是新疆骆驼产业的生产主体，据《草牧业分析报告（2020）》显示，目前全疆驼奶产量在 5 万吨以上，随着需求的增长，其价格也处于高位，一瓶液态驼奶零售价48 元（180 克），驼奶粉价格也不菲，一罐零售价 588 元（300 克）。中国产业信息网[②]的数据显示，全国驼奶

---

① 农业农村部办公厅、国家体育总局办公厅关于印发《全国马产业发展规划（2020—2025）》的通知。
② 中国产业信息网，https://www.chyxx.com/。

的平均收购价格由 2015 年的 32 元/千克增长到 2022 年的 50~80 元/千克；驼奶收购规模由 2015 年的 4.32 亿元增长到 2022 年的 12 亿元，在带动农牧民增收方面有较大的发展潜力。内蒙古骆驼以阿拉善盟的"阿拉善双峰驼"和锡林郭勒盟的"苏尼特双峰驼"为主要饲养品种。其中，阿拉善双峰驼生存性能强，被誉为"沙漠之舟"，是阿拉善的地方优势品种，其驼绒产量大且质地极好，用其制作的驼绒被等系列产品销往全国。随着政府对草原特色产业的日益重视，企业陆续投资建厂，加快了骆驼产业的升级发展，并在创新合作（如沙产业）方面取得进展。

（三）草原旅游业

草原秀丽的自然景观使其观光游憩功能得以发挥，草原旅游业的蓬勃发展使草地资源得到科学合理利用，使生态、经济、社会效益最大化合一，开辟了一条推动牧区牧业现代化、促进农牧民增收、践行绿水青山就是金山银山的有效途径。

草原旅游是以草原生态系统为依托、以草原文化为核心、旅游者为主体，以草原景观、草原人文历史遗迹、草原游牧生产生活方式及相关接待设施为客体的多层次游憩活动（张岩，2003），是依托草原生态系统及与其和谐相生的人文资源开展的旅游活动，具有生态旅游的特点（杨富裕等，2007）。草原旅游主要包括三个层次的内容，其中：草原风光和野生动物植物观赏是草原旅游的基本层次；草原民族风情游、遗址遗迹旅游等是草原旅游的提高层次；疗养度假旅游、特殊地质地貌科考旅游等是草原旅游的专门层次（李远等，2006）。

从供给角度来看，草原旅游依托独特的自然景观和浓厚的草原文化及相关的设施设备为旅游者提供全方位的服务；从需求角度来看，消费群体以体验草原自然和人文环境的方式来获得旅游经历，并享受相关活动的服务。中国多样的草原类型铸就了各具特色的草原风光，草原旅游主要分布在东北的西部、内蒙古、西北和青藏高原一带，呼伦贝尔东部草原、伊犁草原、锡林郭勒草原、毛垭高寒大草原、那曲高寒草原和祁连山草原曾被《中国国家地理》评为中国最美的六大草原。内蒙古作为草原旅游的典型代表省（区），除了自然风光外，蒙古包、蒙古族美食以及那达慕大会等草原文化承载品也吸引着全国各地的消费者。据内蒙古统计局数据，2023 年，全区接待国内游客 2.3 亿人次，实现国内旅游收入 3350 亿元，已经成为全区经济的重要增长点，确立了其作为自治区重要产业的地位。

二、草原经济现状

近年草原经济在国家政策的积极支持下和市场经济的自主选择下得到了有效、

稳定的发展，为巩固拓展脱贫攻坚成果、推动产业融合发展和区域经济增长发挥了重要作用。但由于国内草原经济起步较晚，体制机制等相关配套体系尚未健全，以草原资源为依托的产业经济部门现代化程度较低，利益联结不紧密，草原经济发展仍然面临巨大挑战。

（一）发展机遇

1. 政策支持力度不断增强

发展草原经济是我国农业供给侧结构调整的重要抓手，在缓解"人畜争粮"和维护食物安全中发挥重要战略作用，更是保障生态安全、促进农牧民增收和维护边疆稳定的重要经济活动。近年来，政府高度重视草原经济的健康发展，国家相继出台《国务院办公厅关于促进畜牧业高质量发展的意见》《"十四五"全国畜牧兽医行业发展规划》《关于推进肉牛肉羊生产发展五年行动方案》等文件，政策支持力度不断增强。2022 年中央一号文件明确指出"加快扩大牛羊肉和奶业生产，推进草原畜牧业转型升级试点示范"。同时，草原生态保护补助奖励政策、粮改饲、振兴奶业苜蓿发展行动、肉牛肉羊增量提质行动等项目持续有效实施，为草原经济可持续发展保驾护航。

2. 市场需求扩面升级

消费是拉动经济增长的第一驱动力，随着城乡居民收入水平的不断提高及消费观念的逐步转变，草原经济生产中所获得的健康、安全、绿色有机农畜产品日益受到消费群体的青睐，草原生态和民族本土化的畜产品正在逐步进军消费市场，居民消费结构持续优化，市场需求扩面升级。以牛肉消费趋势变化为例，近年城乡居民牛肉消费总体呈现出增长的态势。其中，城镇居民家庭人均牛肉消费量从 2000 年的 2.0 千克增长到 2022 年的 3.2 千克，增长了 60.0%；农村居民家庭人均牛肉消费量从 2000 年的 0.5 千克增长到 2022 年的 1.6 千克，增长了 220.0%。随着城乡居民消费水平提升及消费结构改善，草原畜产品户外消费也呈现出持续增长的态势。此外，人们对草原旅游及草原特色产品的消费需求也在与日俱增，据行业统计数据，每年文旅马产业及关联消费产值可达 600 亿元。

3. 发展模式持续创新

传统粗放的草原经济发展模式已经不能适应如今生产经营主体的增收需求以及城乡居民的消费观念，在资源环境约束趋紧、市场需求结构升级下，草原畜牧业生产经营方式模式不断创新。围封禁牧、舍饲休牧、区域分工、牧繁农育、三产融合、"公司＋合作社（协会）＋农（牧）户"、特色型家庭牧场以及"互联网＋"草原畜牧业等新兴模式的出现，促进了草原经济的转型升级和农牧区生态、经济、社会的协调发展。同时，放牧管理技术、草原畜牧业信息化管理技术、放牧加补饲育肥技术等的研发、推广和应用，在进一步促进草原资源的科学合理利用、生产管理以及畜产品安全可追溯等方面产生积极影响。尤其是新型经营主体的出现，将多方主体的优势结合起来，在提升养殖者的生产经营地位、降低成本、增加养殖效益和提升整体产业竞争力方面发挥重要作用。

（二）重要挑战

1. 产业发展基础仍然薄弱

草原经济起步较晚，草原畜牧业长期处于粗放型经营状态，草畜结合不紧密，养殖主体科学饲养管理能力偏弱，生产管理较为分散，基础设施建设落后，产业规模化、组织化程度仍然较低（赵广彬，2019）。笔者调研发现，部分牧区各类棚圈、饲草料基地等基础设施配套体系仍然薄弱，抵御自然灾害等风险的能力偏低，畜种良种化养殖、机械化作业、现代化管理等的技术推广和利用能力亟待增强。同时，草原畜牧业还存在产供销一体化经营体系不健全，畜产品加工产业链条短，后端屠宰、加工、销售等重要产业链环节薄弱，缺乏竞争力，社会化服务体系尚未建立健全，市场对接能力较低，产品市场占有率低，导致整体经济效益偏低等问题。产业发展基础薄弱在一定程度上给草原畜牧业的快速发展带来挑战。

2. 利益联结机制亟待完善

近年涌现出诸多典型的草原经济发展模式，其中不乏成功的新型经营主体和组织的带动，但实地调研发现，畜牧业生产以农牧民散养为主的局面尚未得到根本转变。当前，草原经济产业发展进程中，多数企业与合作社、农牧民的合作关系仍处于以产品买卖关系为主的低层次产销阶段，利益联结机制落后，尚未形成风险共担、利益共享的发展共同体。各主体并未能够在要素投入、管理技术和产品销售等方面发挥各自的优势，合作关系利益分配不平等，农牧民参与草原畜牧产业化经营的积极性不高。尚有部分专业合作社的作用未得到充分发挥。且现有企业普遍经营规模较小，存在生产要素投入难、运营成本高的问题，带动农牧民的能力不强，抵御市场风险能力也较弱。整体上，草原经济发展的产业组织化程度不高，"企业＋合作社＋农牧民"利益联结机制还不健全。

3. 科技人才支撑能力不足

目前草原经济和产业发展中的科技人才支撑能力依然薄弱，主要体现在畜牧业科技水平较弱、基层专业技术人员匮乏等方面，使得支撑和引领地方畜牧业发展能力不强。笔者调研发现，部分地方缺乏科技服务相关的配套体系，科技推广存在滞后性，尤其是县乡级畜牧、推广技术机构技术力量相对薄弱，部分农牧民仍然缺乏满足实际生产和经营需要的相关技术指导。此外，牧区普遍地理位置偏远，基础设施条件和生活便利水平相对较弱，部分牧区实用专业人才选择到基础设施水平相对较高的城镇工作，或者改变职业规划从事其他非畜牧业生产，导致实际留在基层具备畜牧、兽医、农机等专业技术人才匮乏，整体科技人才支撑水平不足。现有科技人才储备不能满足牧区现代化发展对农牧民知识技能素养吸收和采纳的需求，给草原经济的持续健康发展造成一定阻碍。

4. 金融保障支撑能力偏弱

随着草原经济的持续发展，相关产业发展速度步伐加快，对资金投入等金融保障能力提出更高要求。完善的金融支持体系和与产业发展相适应的金融支持力度是提升草原经济发展和牧区现代化水平的关键。调研中发现，部分牧区仍然存在金融支持力度不足从而导致产业发展受到制约的困境。虽有部分金融机构面向农牧民推出了小额信贷、畜牧业贷款等金融产品，但远不能满足当前草原畜牧业快速发展的需要，草原畜牧业规模化和现代化发展所需要的金融保障支撑能力明显不足。而且，地方普遍存在金融产品少、信贷门槛高等问题，银行慎贷、惜贷现象在牧区仍然普遍存在，导致小微企业、合作社、农牧民融资渠道狭窄。由于缺少周转和发展资金，养殖场空圈现象突出，部分企业和农牧民运营困难。

三、草原资源开发利用的经济社会评价

草原资源的有效开发和利用，是促进草原经济可持续发展的关键。法国、澳大利亚和新西兰等农业发达国家的草原经济产值已经占到农业总体产值的 50% 以上。对草原资源开发利用进行科学合理的经济社会评价，有利于摸清草原经济发展阶段所产生的经济社会价值，更有利于找寻发展滞后点和驱动力，为统计信息化服务和政府的宏观决策提供参考。

（一）评价方法

草原资源的开发和利用所产生和带动的产业主要包括草业、草原畜牧业和草原文体旅游业，因此，从广义角度来看，草原资源开发利用的经济社会评价由草业产值、草原畜牧业产值和草原文体旅游产值三个代表指标组成，统称为草牧业产值。参考现有国家统计局国民经济统计核算中农林牧渔总产值的核算方法，采用"产品法"对草牧业产值指标进行核算，即草牧业各种产品产值等于产品产量乘以产品价格，草牧业产业产值等于各种产品产值之和。

进一步地，结合国家统计局对畜牧业产值、董永平等（2018）对草业产值以

及全国畜牧总站《草牧业分析报告（2020）》中对草牧业产值的核算，考虑到数据的准确性和可获得性，本书从狭义角度，将草牧业产值主要归纳为草业产值和草原畜牧业产值，其中：第一，草业产值为当年鲜草生产所产生的经济价值，表示为鲜草种植面积、单产与单价的乘积，即鲜草产量与价格的乘积；第二，草原畜牧业产值即为草食牲畜相关产品的产值，主要包括年内出栏的牛、羊、马等主要草食牲畜的产值以及奶、毛绒等牲畜产品的产值。其中，牲畜的产值均按出栏量计算，计算方法为牲畜的产值 = 相关畜产品产量 × 产品单价。

（二）评价结果

根据前述评价方法，结合《中国林业和草原年鉴》《中国草业统计年鉴》以及实地调研数据，2022 年，全国鲜草产量 5.95 亿吨，按照鲜草平均价格 700 元/吨来计算草业产值，同时，根据《中国畜牧兽医年鉴》数据对全国 13 个牧业省区年内出栏的牛、羊、马等主要草食牲畜的产值以及奶、毛绒等牲畜产品的产值进行核算。评价结果显示，2022 年，全国草原资源开发（草业和草原畜牧业）所得经济价值约为 22279.5 亿元，其中草业产值（4165.00 亿元）和草原畜牧业产值（18114.5 亿元）分别占草原资源开发总经济总价值的 18.69% 和 81.31%。从对农林牧渔业经济效益的贡献来看，2022 年，草原资源开发利用的经济价值占全国当年农林牧渔业产生的总经济价值（156100.00 亿元）的 14.27%，经济贡献价值至关重要。从增长程度来看，2022 年草原经济价值相较于 2010 年（16255.39 亿元）增加了 6024.11 亿元，较 2010 年增长 37.06%。随着草原生态修复和草地生产力的持续恢复，草原产草量以及单位面积畜产品产值有望得到进一步提升，草原经济价值贡献仍存在巨大潜力。

第十一章

第三节　草原可持续管理

草原生态经济系统能否实现可持续发展是一个影响人类生存和发展的战略性问题（盖志毅，2005）。作为土地的一部分，草原资源具有稀缺性的特点，如果不顾生态环境承载力而一味地向其索取经济价值，必然会带来草原退化、沙化等生态危机。美国生态经济学家戴利（Daly）在其《超越增长：可持续发展的经济学》（1996 年）一书中指出，可持续性意味着不损坏环境承载力；可持续发展的实质是经济子系统的增长规模决不能超越生态系统可以持续支持的容纳范围。

一、草原产权、三权分置及效应

产权的确立是保存、管理、有效利用资源以及对资源进行投资的先决条件。自然资源和生态环境通过所有制形式进入社会经济活动，人们结合自然资源功能以及自身的生产生活需要对其进行开发利用、资金和劳动力投入、建设和保护等，从而在草原上形成了权利义务关系。草原是一种宝贵的自然资源，明确草原权属并完善相关制度，对草原的生态保护和科学合理利用具有重要意义。

（一）草原产权制度演变

新中国成立后，中国草原产权制度演变经历了民主改革时期、合作化时期、人民公社化时期和"文化大革命"时期以及改革开放时期（赵澍，2015）。

（1）民主改革时期（1949～1954年）。这一时期的土地制度改革废除了草原经营私有制，牧场公有，允许自由放牧，牧民拥有对自己所占草场的占有、使用、收益和处分权，实质上是一种效率与公平并重的草原产权制度，激励效果较为明显（黄玉玺和李军，2017）。

（2）合作化时期（1954～1958年）。该时期仍然实行草场经营公有制，牲畜保持私人所有，牧民开始自发合作经营，将牲畜按头数入社，入社时归集体经营，按照年值来计股分红，提高了产权制度安排效率（张家武，2009）。

（3）人民公社化时期和"文化大革命"时期（1958～1977年）。这一时期包括草原畜牧业在内的草原经济受到重创，其中：第一，人民公社化时期（1958～1966年）达到了牧民百分之百加入合作社，全面实行公有制，集体劳动、统一分配，但集体分红不复存在，牧民生产积极性大幅下降；第二，"文化大革命"时期（1966～1977年）出现大面积毁草种粮现象，据统计，1958～1976年仅内蒙古就开垦草原3100.5万亩，草原生产力发展受到严重打击（盖志毅，2008）。

（4）改革开放时期（1978年至今）。这一时期草原产权制度实行草原家庭承包责任制，并依次经历了"畜草双承包""双权一制""三权分置"三个阶段。党的十一届三中全会后，草地所有权落实到集体所有，草地承包权到户并同时践行草地使用权承包到户，确立了"草地公有、承包经营"草地制度，"畜草双承包"制度就此出现（布仁吉日嘎拉等，2019）。1985年《关于加速发展畜牧业若干问题的决定》中提出草场有偿承包的概念，该时期牲畜承包到户，但草地归集体所有，并未承包到户，公地的使用带来了外部性，草畜矛盾突出，牧户间利益冲突频发，即草原经济生产陷入"公地的悲剧"（杨理，2007）。1996年，政府进一步落实完善草地所有权、草地使用权和草地承包责任制的"双权一制"规定，将草地直接承包到户。同时，开始实施以保护草原生态环境为目标的草畜平衡和草原生态保护补助奖励等政策，但由于相关配套的制度体系尚未建立健全，导致牧民落入"围栏的陷阱"（杨理，2010）。2017 年，为了进一步使草地资源得到更有效合理的利用和保护，《关于完善农村牧区土地草原所有权承包权经营权分置办法的实施意见》出台，提出将"草地所有权、牧户承包权、草地经营权"三权分置，放活草地经营权以适应牧区对于草地流转的现实需要，其实质是确保草地所有权明确归属的基础上，严格保护承包权到户，根本出发点是放活草地经营权。

（二）三权分置及效应

"三权分置"制度被看作是土地制度改革的重大理论和实践创新（韩长赋，2016）。目前，"三权分置"制度改革已经成为我国农村土地制度改革的新方向（马明，2021）。2013 年 7 月，习近平总书记在湖北省武汉市考察时，提出"要好好研究农村土地所有权、承包权、经营权三者之间的关系"[1]，这是国家领导人首次提出的关于农村土地制度中三权（即所有权、承包权、经营权）的思想。同年 12 月，中央农村工作会议提出"要不断探索农村土地集体所有制的有效实现形式，落实集体所有权，稳定农户承包权，放活土地经营权"[2]，为适时适应我国农村土地承包主体和经营主体存在分离关系的政策导向提出了更高要求。次年，中共中央办公厅、国务院办公厅印发《关于引导农村土地经营权有序流转发展农业适度规模经营的意见》，其中，强调要"坚持农村土地集体所有，实现所有权、承包权、经营权三权分置，引导土地经营权有序流转，坚持家庭经营的基础性地位。"[3] 至此，"三权分置"这一概念被正式以文件形式提出。

随着草原经济的持续发展和草原生态环境问题的日益突出，"三权分置"在草原经济发展中发挥效应，草地制度逐步完善。"三权分置"的初衷是放活草地经营权，促进草地流转。近年牧区草地流转意愿日益增多，草原流转行为日渐增加，在完善草原家庭承包制、实现草地的合理有效利用和破解草地细碎化方面发挥有效作用，且在一定程度上协调草畜矛盾和缓解放牧压力，推动牲畜对草地需求与草场供给相匹配，最终促进牧民生计水平的提高（赖玉珮和李文军，2012）。草原承包权

① 习近平：要把握全面深化改革的重大关系 [EB/OL]. http://jjckb.xinhuanet.com/2013-07/23/content_457246.htm.
② 中央农村工作会议举行 习近平、李克强作重要讲话 [EB/OL]. http://www.gov.Cn/ldhd/2013-12/24/content_2553842.htm.
③ 关于引导农村土地经营权有序流转发展农业适度规模的意见 [EB/OL]. http://www.gov.cn/xinwen/2014-11/20/content_2781544.htm.

与经营权的分离，使草原政治、社会、生态和经济功能均得以发挥，而草原"三权分置"改革应首先体现草原生态功能的效力，以解决草原生态功能与其他功能可能存在的矛盾为核心，以合理提高草原生产效益为目标，在管理监督上也应分别在所有权、承包权和经营权的权能属性上予以强化（代琴和杨红，2019）。

草场"三权分置"改革有序进行，但仍然受到产业发展基础薄弱、市场行情阶段性低迷和剩余劳动力转移等多方面的限制和影响。一方面，部分牧区在草地制度改革后并未出现大规模的草场流转，反而让草场分配不均衡、产业发展素质不强、牧民融资能力弱和基层监督管理体系缺乏等诸多社会问题凸显。另一方面，"三权分置"的实施导致产权不安全，且草场流转在一定程度上会使草地被过度利用，再加上草场监督管理体制机制不完善，最终加剧草地退化问题，导致草地生产力下降。因此，采用适合不同地区特点的确权方式，从系统思维出发，加强制度、政策、产业和管理的协同推进，是"三权分置"改革得以有效实施的重要途径（路冠军，2017；Li et al.，2018；谭淑豪，2020）。

二、草原资源多样性与生态系统服务

草原资源的多样性不仅在草原景观上给予观光者丰富的视觉享受与体验，更重要的是，多样的草原资源繁育了多样的草原生物，提供了多种重要可利用资源，并与多样的草原民族文化相得益彰，共同造就了丰富多彩的草原文化。

（一）草原资源多样性

中国草原资源的丰富基础给多样性的草原生物提供了生存基地。草原生物多样性主要表现在三个方面。第一，草原植被群落结构、草原类型和功能的多样性；第二，草原动物、植物和微生物在内的物种的多样性；第三，草原生物的遗传多样性。据统计，中国草原拥有超过17000种动物和植物物种，其中，包括15000余种草类植物和2000余种草原动物，是维护我国生物多样性的重要种质资源库，囊括了农业资源（牧草资源）、可食用植物资源、药用植物资源和工业用植物资源等，为人类生存发展提供了不可或缺的物质资源。[①]

草原植物的多样性使其在科学研究中发挥重要价值，是筛选、提纯和培育牧草种类的基本材料。人类所依赖和培育的作物品种随着生态经济发展会逐渐退化，因此，为满足人民日益增长的美好生活需要对优质食物的更高追求，需要不断改良和

---

① 国家林业和草原局，https://www.forestry.gov.cn/。

优化作物品种，维持和提高农牧业的生产效率，而抗逆、抗病等高生存性能的优异基因，多来自自然生态系统中的多样性生物。这些基因资源既是人类生存不可或缺的守护者，更是农业持续发展的关键基础。行业深度报告显示，2016年，基因物质对全球农业收入的直接贡献为182亿美元。

草原生态系统由微生物、植物、昆虫、鼠兔、黄羊、草原狼以及湖泊河流湿地中的水禽等诸多生物组成，保有包括野牦牛和藏羚羊在内的150余种野生动物，为珍稀动物的生存、繁衍和保护提供基地。多样性的生物相互依存、相互制约，自然状态下形成了和谐共生的平衡有机系统，更多物种的存在增加了充分利用有限性资源的可能性，进而产生更高的资源生产力。

草原丰富而多样的生物是草原民族文化得以传承和发扬的纽带。草原上的多种植物可以作为制作绘画颜料和染色染料的基本材料；牛、羊、骆驼等草原动物的皮毛可以制作多种多样的民族服饰；少数民族年轻男女嫁娶时，也会用草原畜种等作为陪嫁和彩礼；草原上定期会举办赛马、祭敖包和那达慕大会等民族习俗浓厚的各种文化活动，这些都承载着草原生物多样性的文化价值。

（二）生态系统服务

20世纪60年代，生态系统服务理论开始受到学者关注，人们深刻认识到生态系统的属性随着社会经济的发展已经发生了质的改变，其早已不再是一种资源的简单存在，而是为人类生存发展和生产生活等经济活动提供便利与保障等服务的综合性存在。生态系统服务的理论渊源最早追溯到美国地理学家马什认为人类的活动干扰了自然原本的安排这一观点（秦玉才和汪劲，2013）。之后，学界开始对生态系统服务的定义、过程和效应等进行细致探索。霍尔德伦等（Holdren et al.，1974）和埃利希等（Ehrlich et al.，1982）认为环境功能已不能概括生态系统作为公共品对于世界的贡献，而应将其功能概念拓展为"全球环境的公共服务功能"（Westman，1977），后续综合学界研究，"生态系统服务"（Ehrlich et al.，1982）这一概念应运而生。对于具体的定义内容，在诸多概念中，多为被学界接受的是斯坦福大学戴利教授对于生态系统服务的定义，他认为"生态系统服务是自然生态系统以及构成生态系统的物种，为维持和满足人类所需而依赖的客观状况和过程，它维持着生物多样性和生态产品的提供"（Gretchen，1997）。

生态系统服务付费制度的出现让生态系统服务理论得以应用于经济活动。生态系统具有服务属性，从市场经济角度，当人们以需求者身份使用生态系统提供的服务这一产品时，需要以对应的交易形式给予其相应的回报，这一回报的费用就是生态系统服务付费。经济学家伍德对生态系统服务付费的概念作出如下定义："一个自愿的、有条件的交易，在至少有一个买方支付给至少一个卖方，为卖方保持可持续土地经营行为，这种行为有利于环境服务的提供"（Sven，2005）。国际通用的概念是"生态或环境服务付费"（payment for ecological services，PES）。

生态补偿（eco-compensation）的概念是在生态系统服务付费概念的基础上提出的。草原生态系统服务价值补偿，就是对草原管理者保护和恢复草原生态系统行为的补偿。中国草原生态补偿主要以草原生态保护补助奖励政策等项目形式在草原牧区实施。自 2011 年以来，国家先后启动了 3 轮为期 5 年的草原生态保护补助奖励政策，以保护草原生态为主要目标，兼顾农牧民生产生活质量，以禁牧补助和草畜平衡奖励为主要补贴内容，用以缓解草原牧区生态生产双重压力。据中国农业农村部畜牧兽医局统计，2022 年，国家继续在河北、山西、内蒙古等 13 个省份以及新疆生产建设兵团和北大荒农垦集团有限公司实施第三轮草原生态保护补助奖励政策，中央财政继续按照禁牧补助 7.5 元/亩、草畜平衡奖励 2.5 元/亩的标准进行补贴，地方可结合实际对政策实施标准进行适当调整，确保政策实施的连贯性，稳定农牧民的政策预期，补奖资金已成为农牧民增收的重要补充。草原具有特殊性，与海洋、湿地等其他生态环境不同，草原包含大量的居住人口，是畜牧业生产的必须资源形式，其承载民族文化，关乎地缘政治稳定。对草原生态系统的服务价值补偿需要平衡生态保护与牧民生活质量、平衡经济建设与生态文明建设以及维护民族团结和边疆稳定（严海等，2018）。

三、草原资源保护及合理利用

2019 年，联合国生物多样性和生态系统服务政府间科学政策平台（IPBES）发布了一份自然损失分析报告，其中分析：全球物种正在以人类历史上前所未有的速度衰退，由于人类无节制地对自然资源过度索取，12.5% 的物种因此而灭绝，约 50 万种动植物当前"欠缺长期生存的栖息地"，人类行为成为地球物种损失的主因。草原资源的保护和合理利用是保护草原生物多样性的基础，更是保护全球生态环境和人类命运共同体的基础。

（一）草原资源保护

草原的生态环境安全直接关系到国家的整体生态安全，因此，草原资源保护已成为世界的长久议题。长期以来，中国草原存在过度开发、过度放牧和植被破坏等的不合理利用，导致草原大面积退化（姚润风，2003）。20 世纪 70 年代到 21 世纪初，我国草原退化率由 15% 上升到 57%（卢欣石，2022）。部分草原荒漠化、干化和沙化严重，土壤固水能力丢失，养分固持作用减弱，生物多样性品种急剧减少。生物链的断裂导致天敌缺失的有毒和有害植物群体迅速扩张，鼠虫灾害日渐频发，扰乱了草原生态系统的正常秩序。草原甚至一度成为中国所有生态体系中遭受破坏最为严重的生态系统之一。此外，全球气候变化所带来的水热关系变动，改变了耐寒耐冻草本植物的生长环境，让本就脆弱的草原生态区雪上加霜。为遏制草场进一步退化，我国自 1999 年以来先后开展了两轮大规模退耕还林还草，中央累计投入5700 多亿元[①]，尽管草原生态明显改善，但草原生态保护与牧区经济发展的矛盾仍十分突出，草原总体退化的局面仍难以从根本上改变（王明利，2020）。

面对严峻的草原生态形势以及草原生态与牧区经济可能存在的日益增长的矛盾，草原资源保护任务艰巨而迫切。国家从新时代生态资源保护出发，提出保护"山水林田湖草"生命共同体、"两山"理念等绿色发展战略方针，从政策导向上引领全社会提高对草原等生态资源重要性的认识。深刻评价生态系统的重大价值，逐步完善长期以来实施的生态政策，并重新审视和总结生态管理体系的成就和挑战。从国家生态安全的高度出发，草原保护修复、有害生物防治和禁牧休牧等政策有序推进，持续开展草原监测，评价草原生态变化趋势。继续加强草原修复保护力度，致力于保持草原原有的地貌特征和完整性，建立草原自然保护区，并辅助人工种草等的恢复手段，运用现代科学技术完善现有草原资源监测体系，及时全面判断草原变化与恢复趋势，必要时进行人为干预，为政府决策和未来方针导向提供价值参考。据《中国林业和草原年鉴（2022）》数据显示，2022 年，草原生态修复有效实施，全国草原综合植被盖度达到 50.32%，草原生物灾害治理面积 1384.6 万公顷，鼠虫害防治面积 1344.7 万公顷，草原禁牧面积达到 8000 万公顷，积极有效的措施和政策的实行，进一步巩固了草原资源保护成果。

（二）草原资源合理利用

草原资源的合理利用是草原资源得以保护的关键手段，而草原保护政策的长期稳定支持是保证草原资源合理利用的重要基础条件。国外发达国家与草原利用相关的支持政策多具有稳定性和连续性，以项目实践展开和运行，并根据社会经济环境和政策实施效果的变化进行适度调整。例如，韩国农业食品及农村事务部门（MAFRA）自1988 年就开展了饲草生产扩张项目（FBEP），用作饲草生产的激励并延续至今，近年进一步扩大项目实施范围，有效降低了国内饲草料成本（Chang，2018）。日

---

① 国家林业和草原局 2023 年第一季度例行发布会 ［EB/OL］. http：//www.scio.gov.cn/xwfb/bwxwfb/gbwfbh/lyhcyj/202303/t20230320_707891.html.

本农林渔署（MAFF）长期执行的水稻田全利用饲草料政策，激励作用明显，国内饲草（包括牧草、青贮玉米、青贮稻米和青贮高粱）自给率明显提高（USDA，2020）。中国草原生态保护补助奖励政策实施也已超过 10 年，自政策实施以来，82％的草原生态得到了轻度的改善，牧区家畜舍饲、半舍饲比例不断提高（国家林业和草原局，2020）。政策支持长期稳定性有助于草原管理者进行长期规划，最终促进草原资源的合理利用以及草牧业的可持续发展。

草原的保护性利用离不开科技的支持，信息化和数据化的监测和管理为合理利用草原以及提高草原生产力提供了强有力的支撑。各国非常重视草原资源的实时监测，利用遥感技术等得到草原生态现状和利用情况有利于及时针对性地调整相应政策和措施。美国通过可互动旱灾地图、国家海洋和气象署气象预报以及 RMA 网站等从空间维度对草原生态、资源以及草畜生产情况进行等级划分或栅格定位，获得较为精准的草原资源利用情况，并持续进行实时监测和线上互动（USDA，2019，2020）。英国根据科研机构和数据平台定期提供的监测数据和详细信息，掌握区域性的饲草种植情况，根据分析结果出台相对应的草种推荐清单，引导和协助农场主根据拥有草场的具体情况选择适宜的草种进行生产，有针对性地促进草地生产力的提升；加拿大根据科学研究成果，对不同类型的草原实施分类管理经营，并针对性地出台不同政策措施予以保护，有力保障了草原的保护和利用（国家林业和草原局，2018）。中国研发草原监测外业数据采集 App、林草综合监测草原监测与数据管理平台、草原小班数据入库检查及统计汇总软件，支撑了草原监测数据外业采集、数据质检及统计汇总工作（国家林业和草原局，2022）。产学研的紧密结合让草原资源在利用中保护，在保护中利用。

第十一章

第十二章 ｜ 湿地资源经济

　　湿地是我国重要的生态系统之一，作为"地球之肾"的湿地与森林、农田并称陆地三大生态系统，为我国社会经济系统提供了多种生态系统服务，具有重要的生态效益、经济效益和社会效益。我国湿地类型多样，分布广泛，湿地保护和合理利用等成为湿地资源经济学研究的重要问题。本章主要介绍湿地概念和概况，分析湿地资源配置的经济原理，讨论湿地保护与利用的公共政策。

第一节　湿地与中国湿地

一、湿地及其分类

（一）湿地的概念

　　不同工作和领域由于工作的重点和目的不同，对湿地概念的界定存在差异。科研人员便于进行湿地分类、外业调查和研究等，建立严密的概念体系。从科学研究的角度定义湿地是水土交会形成的一类生态系统。各种类型的湿地具有一些共同特征：长期、季节性浅层积水或者土壤饱和；独特的土壤条件，长期处于厌氧环境或厌氧环境与好氧环境交替，积累有机植物并且分解缓慢；多种多样的适应淹水或土壤饱和条件的动物和植物，缺乏不耐水淹的植物（卞少文，2006）。

　　科学研究角度的湿地概念与资源管理角度的概念并不完全相同，湿地管理者更关心湿地管理的相关法律法规，需要确定准确且具有法律效力的定义（Mitsch &

Gosselink，2015）。在科研研究界定湿地概念的基础上，资源管理角度通过各种法律法规界定的湿地概念。引用较多的定义是《关于特别是作为水禽栖息地的国际重要湿地公约》（*Convention on Wetlands of International Importance Especially as Waterfowl Habitat*）（以下简称《湿地公约》）关于湿地的定义。《湿地公约》第一条第一款给出的湿地定义如下："湿地系指天然或人工、永久或暂时之死水或流水、淡水、微咸水（brackish）或咸水（salt）相关的沼泽地（marsh）、湿原（fen）、泥炭地（peatland）或水域，包括低潮时水深不超过 6 米的海水区（marine water）。"第二条第一款在说明各国指定国际重要湿地时进一步指出，各国在划定国际重要湿地时，"湿地，可以包括与湿地毗邻的河岸和海岸地区，以及位于湿地内的岛屿或低潮时水深超过 6 米的海洋水体，特别是具有水禽生境意义的地区岛屿与水体"。可见，《湿地公约》关于湿地的定义，是一种广义的定义。

20 世纪 80 年代，"湿地"一词作为科学术语进入中国，后逐渐出现于政府文件中。1987 年制定的《中国自然保护纲要》作为中国政府文件第一次出现"湿地"一词。《中国自然保护纲要》分别给出"沼泽"和"海涂"定义，然后按照国际惯例界定沼泽和海涂合称为"湿地"。2000 年，原国家林业局、水利部、原农业部、原国家海洋局、原国家环保总局等 17 个部委共同编制发布的《中国湿地保护行动计划》中，采用了《湿地公约》的湿地定义及其补充。2022 年施行的《中华人民共和国湿地保护法》第二条第二款规定"本法所称湿地，是指具有显著生态功能的自然或者人工的、常年或者季节性积水地带、水域，包括低潮时水深不超过六米的海域，但是水田以及用于养殖的人工的水域和滩涂除外"。

（二）湿地的分类

湿地分布广泛、环境复杂、种类繁多，国际和国内具有多种分类体系。关于湿地的分类，中国学者提出湿地分类的四个必要性：为了描述具有相同自然属性的生态系统单元；将不同的湿地纳入一个统一框架，便于资源管理政策的制定；湿地分类后可以进行科学的编目和制图；形成统一的概念和学术用语。（于洪贤和姚允龙，2011）

国际上关于湿地分类体系多样，如欧洲分类系统、美国分类系统、加拿大分类系统、《湿地公约》国际重要湿地类型分类系统等。但目前尚没有确定出为学术界和管理部门共同接受的湿地分类系统。（于洪贤和姚允龙，2011）

《湿地公约》在国际上建立了重要湿地类型分类系统。1990 年 6 月在瑞士蒙特勒召开的第四次缔约国大会建议通过并经缔约方大会决议修订的"湿地类型分类系统"，要求成员国和执行局就湿地的类型使用统一的分类系统。这个分类系统仅仅是为了提供一个很宽泛的湿地类型分类框架，以便迅速确定每一个国际重要湿地代表的主要湿地栖息地（国家林业局《湿地公约》履约办公室，转引自：于洪贤和姚允龙，2011）。《湿地公约》国际重要湿地类型分类系统，首先按照湿地的海、陆、人类活动形式的不同，将湿地划分为海洋与海岸湿地、内陆湿地、人工湿地三大类。对于海洋与海岸湿地、内陆湿地、人工湿地而言，每类又包含若干种具体的湿地类型（于洪贤和姚允龙，2011）。

国家林业局根据中国的实际情况以及《湿地公约》分类系统，于1995年制定了《中国湿地调查纲要》、1997年发布了《全国湿地资源调查与监测技术规程（试行本）》。《全国湿地资源调查与监测技术规程（试行本）》是我国第一个国家湿地类型分类体系，初步确定了中国湿地分类框架，将湿地资源分为近海与海岸湿地、河流湿地、湖泊湿地、沼泽湿地和库塘五大类28个类型。依据该分类体系于2003年完成了第一次全国湿地资源调查（于洪贤和姚允龙，2011）。

2009年11月30日，国家质量监督检验检疫总局和国家标准化管理委员会联合发布了《湿地分类》国家标准（GB/T 24708—2009），并于2010年1月1日实施，作为湿地综合调查、监测、管理、评价和保护规划使用。标准综合考虑湿地成因、地貌类型、水文特征、植被类型将湿地分为三级。第1级将全国湿地生态系统分为自然湿地和人工湿地两大类。自然湿地往下依次分为第2级（4类）、第3级（30类）。人工湿地相对较为简单，仅划分至第2级，共有12个类。整个分类系统包括近海与海岸湿地、河流湿地、湖泊湿地、沼泽湿地、人工湿地5大类共42个亚型，详情如表12-1所示。

表 12-1 湿地分类 （GB/T 24708—2009）

1级	2级	3级
自然湿地	近海与海岸湿地	浅海水域
		潮下水生层
		珊瑚礁
		岩石海岸
		沙石海滩
		淤泥质海滩
		潮间盐水沼泽
		红树林
		河口水域
		河口三角洲/沙洲/沙岛

续表

1 级	2 级	3 级
自然湿地	近海与海岸湿地	海岸性咸水湖
		海岸性淡水湖
	河流湿地	永久性河流
		季节性或间歇性河流
		洪泛湿地
		喀斯特溶洞湿地
	湖泊湿地	永久性淡水湖
		永久性咸水湖
		永久性内陆盐湖
		季节性淡水湖
		季节性咸水湖
	沼泽湿地	苔藓沼泽
		草本沼泽
		灌丛沼泽
		森林沼泽
		内陆盐沼
		季节性咸水沼泽
		沼泽化草甸
		地热湿地
		淡水泉/绿洲湿地
人工湿地	水库	—
	运河、输水河	—
	淡水养殖场	—
	海水养殖场	—
	农用池塘	—
	灌溉用沟、渠	—
	稻田/冬水田	—
	季节性洪泛农业用地	—
	盐田	—
	采矿挖掘区和塌陷积水区	—
	废水处理场所	—
	城市人工景观水面和娱乐水面	—

（三）湿地属性

湿地作为自然资源重要组成部分，具有自然资源的普遍性属性，以及特殊属性。具体包括以下：

1. 稀缺性

湿地在维持生物种群和生态系统平衡中起着至关重要的作用，具有高度生态价值。其产生条件特殊，其在数量和空间分布上是极其有限。湿地易受人类活动影响，恢复能力有限，更迭的速度也十分缓慢，造成了数量稀缺，不能无节制地干扰甚至破坏。此外，相较于其他类型自然资源，湿地的稀缺性具有普遍性特点，即各地的湿地资源不受区域位置和地理格局的影响，数量均十分有限。

2. 公共性

湿地是具有公共物品属性的自然资源，是重要的生存环境和自然界最富生物多样性的景观之一，具有十分显著的生态系统服务功能。湿地的生态系统服务具有非竞争性、非排他性，是纯公共物品类，湿地的各类有形资源则具有准公共物品属性特点。

3. 不可替代性

湿地具有重要的生态功能，孕育着丰富的自然资源也维护着丰富的生物多样性，被人们称为"地球之肾"、物种贮存库、气候调节器，在供给生物质、维护栖息地、调节生态环境、保持生物多样性、维护地球生命系统以及发展经济社会中，具有不可替代的重要作用。

二、中国的湿地

（一）湿地概况

我国湿地分布广，类型多，区域差异显著，面积居亚洲第一、世界第四，以占全球4%的湿地承载着世界五分之一人口对湿地的主要需求。我国湿地类型丰富，包括红树林地、森林沼泽、灌丛沼泽、沼泽草地、沿海滩涂、内陆滩涂、沼泽地、河流水面、湖泊水面、水库水面、坑塘水面、沟渠、浅海水域等。按照湿地公约对湿地类型划分，31类天然湿地和9类人工湿地在我国均有分布。

2021年8月25日，国务院公布了《第三次全国国土调查主要数据公报》，根据第三次全国国土调查及2020年度国土变更调查结果，全国湿地面积约5634.93万公顷，其中，湿地主要分布在青海、西藏、内蒙古、黑龙江、新疆、四川、甘肃7个省份，占全国湿地的88%。我国现状红树林地2.71万公顷，占0.05%；森林沼泽 220.76 万公顷，占 3.92%；灌丛沼泽 75.48 万公顷，占 1.34%；沼泽草地 1113.91 万公顷，占 19.77%；沿海滩涂 150.97 万公顷，占 2.68%；内陆滩涂 607.21 万公顷，占 10.77%；沼泽地 193.64 万公顷，占 3.44%；河流水面 882.98 万公顷，占 15.67%；湖泊水面 827.99 万公顷，占 14.69%；水库水面 339.35 万公顷，占 6.02%；坑塘水面 456.54 万公顷，占 8.10%；沟渠 351.71 万公顷，占 6.24%。浅海水域（以海洋基础测绘成果中的零米等深线及 5 米、10 米等深线插值推算）411.68 万公顷，占 7.31%。

中国自 1992 年加入《拉姆萨尔公约》以来，相继采取了一系列重大举措加强湿地保护与恢复。特别是随着生态文明建设的持续推进，生态保护和修复、退渔（耕）还湿、栖息地改造、污染综合治理等工程的实施，重要湿地生态保护与恢复、湿地生物多样性保护和可持续利用取得新成效，初步形成了以湿地自然保护区为主体，其他保护形式为补充的湿地保护体系。截至 2023 年，我国共指定国际重要湿地 82 处，认定国家重要湿地 58 处，认证国际湿地城市 13 个，建立国家湿地公园 903 处（袁继明，2024）。

（二）湿地分布

我国湿地分布广，类型多，区域差异显著。具体来说：红树林地、沿海滩涂、浅海水域等湿地集中分布在东部及南部沿海区域；森林沼泽、灌丛沼泽、沼泽草地等湿地集中分布在东北平原、大小兴安岭和青藏高原；具有显著生态功能的河流水面、湖泊水面和内陆滩涂等湿地集中分布在青藏高原和长江中下游地区；具有显著生态功能的水库水面、坑塘水面、沟渠等湿地集中分布在长江中下游地区和东南沿海地区（黄俊毅，2022）。

1. 近海湿地

近海湿地主要分布于沿海的 11 个省份和港澳台地区。海域沿岸约有 1500 多条大中河流入海，形成了浅海滩涂、珊瑚礁、河口水域、三角洲、红树林等湿地生态系统。具体来讲，近海与海岸湿地以杭州湾为界，分成杭州湾以北和杭州湾以南两个部分。第一，杭州湾以北的近海与海岸湿地除山东半岛、辽东半岛的部分地区为岩石性海滩外，多为沙质和淤泥质海滩，由环渤海滨海和江苏滨海湿地组成。这里植物生长茂盛，潮间带无脊椎动物特别丰富，浅水区域鱼类较多，为鸟类提供了丰富的食物来源和良好的栖息场所，许多地区成为大量珍禽的栖息地，如辽河三角洲、黄河三角洲、江苏盐城沿海等。第二，杭州湾以南的近海与海岸湿地以岩石性海滩为主。其主要河口及海湾有钱塘江－杭州湾、晋江口－泉州湾、珠江口河口湾和北部湾等。在海南至福建北部沿海滩涂及台湾西海岸的海湾、河口的淤泥质海滩上都有天然红树林分布（国家林业局等，2000）。

2. 湖泊湿地

湖泊湿地根据自然环境的差异、湖泊资源开发利用和湖泊环境整治的区域特色，划分为 5 个自然区域。东部平原地区湖泊，分布于长江及淮河中下游、黄河及海河下游和大运河沿岸的大小湖泊；蒙新高原地区湖泊，该区气候干旱，降水稀少，地表径流补给不足，蒸发强度较大，超过湖水的补给量，湖水不断浓缩而发育成闭流类的咸水湖或盐湖；云贵高原地区湖泊全系淡水湖，分布在断裂带或各大水系的分水岭地带，如滇池、抚仙湖、洱海等；青藏高原地区湖泊，地球上海拔最高、数量最多、面积最大的高原湖群区，也是中国湖泊分布密度最大的两大稠密湖群区之一；东北平原与山区湖泊多系外流淡水湖，主要分布在松辽平原和三江平原，由于地势低平、排水不畅，发育了大小不等的湖泊。此外，丘陵和山地还有火山口湖和堰塞湖（国家林业局等，2000）。

3. 沼泽湿地

沼泽湿地以东北三江平原、大兴安岭、小兴安岭、长白山地和青藏高原为多，天山山麓、阿尔泰山、云贵高原以及各地河漫滩、湖滨、海滨一带也有沼泽发育，山区多木本沼泽，平原则草本沼泽居多（国家林业局等，2000）。

第十二章

第二节　湿地产权

（一）湿地所有权

产权制度长期是我国湿地保护制度的基础。湿地产权是一束权利，包括所有权、使用权、占有权、收益权等。湿地资源产权是我国自然资源管理制度的重要内容，更是建立湿地保护制度的基础。在我国现行的法律中，并没有关于湿地所有权的专门表述，但《中华人民共和国宪法》《中华人民共和国民法典》《中华人民共和国土地管理法》等对自然资源所有权的总体规定中对湿地涉及的土地进行了规定。《中华人民共和国宪法》第九条规定"矿藏、水流、森林、山岭、草原、荒地、滩涂等自然资源，都属于国家所有，即全民所有；由法律规定属于集体所有的森林和山岭、草原、荒地、滩涂除外"。《中华人民共和国民法典》第五章"国家所有权、集体所有权、个人所有权"部分也有规定。《中华人民共和国土地管理法》第九条规定，城市市区土地归国家所有，农村和城市郊区土地除由法律规定为国家所有的，均属农民集体所有。因此，可以得出，自然湿地的所有权包括国家所有和集体所有；位于城市市区的人工湿地，其所有权归国家所有；位于农村和城市郊区的人工湿地，其所有权主要为农民集体所有。

（二）湿地用益物权

我国实行自然资源有偿使用制度，2015 年 9 月 11 日，中共中央、国务院印发的《生态文明体制改革总体方案》明确提出，要健全完善全民所有自然资源资产有偿使用制度，并将制定出台指导意见列为重要改革任务。2016 年 12 月 29 日，国务院出台《国务院关于全民所有自然资源资产有偿使用制度改革的指导意见》，提出建立健全全民所有自然资源资产有偿使用制度。《中华人民共和国民法典》规定"所有权人有权在自己的不动产或者动产上设立用益物权和担保物权。用益物权人、担保物权人行使权利，不得损害所有权人的权益""用益物权人对他人所有的不动产或者动产，依法享有占有、使用和收益的权利"。

第二次全国湿地资源调查显示，我国全部湿地的 84% 是国有土地，自然湿地的 88% 是国有土地，但是湿地不仅包括土地资源，还包括水、生物、景观等多种资源，这些资源看起来也是国有的，但是在多种管理制度，甚至缺乏相应管理制度的情况下，这些资源被多种经济主体所利用，也就是其使用产权十分模糊。湿地土地及相关资源产权的不清晰，使得湿地保护中利益冲突不断，湿地保护效果低下（Zheng et al.，2014；陈红军，2007；姜宏瑶和温亚利，2010；徐忠麟和方孝安，2012；徐佳变，2014）。因此，建立和完善湿地资源的产权制度，对于湿地保护非常必要，也是新时期国家治理体系现代化的必然要求。

然而，湿地资源的特点和我国现行的自然资源管理制度，使得湿地资源产权制度错综复杂。长期以来，人们对湿地的整体性认识不足，仅仅关注其中的土地、水、鱼类、芦苇等自然资源，围绕这些资源逐渐形成了一些产权制度和管理政策。后来，人们逐渐认识到湿地生态系统的整体性。我国 1992 年加入《湿地公约》后才逐渐将湿地作为一类生态系统进行保护管理（鲍达明，2016）。于是，针对湿地整体的产权制度与针对湿地资源要素的各项制度交叉冲突。并且，湿地资源具有生产力高、经济价值大、演替变化快、动态随机性强等特点，进一步使得湿地产权制度错综复杂。

正是基于其重要性和复杂性，2016 年我国开展了湿地产权确权试点。2015 年出台的《关于加快推进生态文明建设的意见》和《生态文明体制改革总体方案》，提出"健全自然资源资产产权制度"，"在甘肃、宁夏等地开展湿地产权确权试点"，这些试点于 2018 年完成。试点中，湿地产权确权，主要是在湿地单元内，明确土地的国家所有或集体所有性质，再明确湿地资源用益物权（主要包括取水权、水域滩涂养殖权、林权、采矿权、土地承包经营权等），遵循了现行法律并尊重利用现状（伊红德，2016）。

2019 年 7 月，自然资源部、财政部、生态环境部、水利部、国家林业和草原局印发了《自然资源统一确权登记暂行办法》，其中第十五条规定"湿地可以单独划定自然资源登记单元。以湿地作为独立自然资源登记单元的，依据全国国土调查成果和湿地专项调查成果，按照自然资源边界划定登记单元"。《自然资源统一确权登记暂行办法》中计划从 2019 年起利用 5 年时间基本完成全国重点区域自然资源统一确权登记。按照这一办法，湿地资源登记将以湿地资源空间单元为对象，主要区分国家所有和集体所有的边界，而对其中的要素的权利情况关注较少。我国湿地的确权登记仍在进行之中。

第三节　　湿地资源配置的经济分析

一、湿地特点及其利用活动

（一）湿地基本特点

从湿地保护与利用来看，湿地自身的特点包括多样性、多要素、季节性、不确定性等特点。

湿地具有多样性。湿地是以水土交会为核心特征的一类生态系统，其包括多种具体类型，各种类型之间存在巨大的差异。《湿地公约》国际重要湿地类型分类系统，首先按照湿地的海、陆、人类活动形式的不同，将湿地划分为海洋与海岸湿地、内陆湿地、人工湿地三大类，每类又包含若干种具体的湿地类型。在我国，《湿地分类》的国家标准（GB/T 24708—2009）根据湿地成因、地貌类型、水文特征、植被类型等将湿地分为近海与海岸湿地、河流湿地、湖泊湿地、沼泽湿地、人工湿地五大类共 42 个亚型。湿地类型多样，意味着湿地利用方式也多种多样。

湿地包含多要素。湿地生态系统包括多种要素，首先可以分为土地、水、生物三大类，而生物又可以进一步分为植物、动物等。这意味着，湿地利用可以针对其中不同的要素，从而形成多种多样的利用方式。

湿地具有季节性。湿地生态系统通常具有季节性，这主要是由于降水、水文、气候的季节性导致的。

湿地具有不确定性。由于降水等自然条件年际变化较大，也就导致湿地年际变化较大，从而表现出不确定性。例如，江河滩地，在降水较多时被淹没，而在降水较少时成为可以放牧的草场、耕作的农田，而在某一年内是否被淹没则是很难提前预测的，具有不确定性。

（二）湿地利用活动

湿地保护与利用，是湿地生态系统与社会经济系统之间的相互作用。一般认为，湿地具有保持水源、蓄洪防旱、净化水质、固碳储碳、调节气候、维持生物多样性、提供生物产品等多种重要的生态功能。这些生态功能是针对社会经济系统而言的。一个视角是，湿地生态系统为社会经济系统提供了各种生态系统服务；另一个视角是，社会经济系统保护与利用了湿地生态系统。这里简要讨论湿地保护与利用的具体方式，即可能的各种利用活动。

社会经济系统对湿地生态系统存在多种利用活动。第一，社会经济系统可以通过围垦、占用湿地，将其变为耕地或建设用地，这是一种消耗性利用方式，减少了湿地面积。第二，利用湿地各种资源，包括水资源、生物资源等，其中的生物资源包括鱼类、芦苇等。第三，利用湿地景观资源，包括湿地旅游等。第四，利用湿地蓄洪防旱、净化水质等功能，例如，向湿地排放洪水、废水等。这些利用活动主要是从人类直接利用湿地的角度概括的，另外，人类也间接利用湿地的很多生态系统服务，包括固碳储碳、调节气候、维持生物多样性等，这些利用通常伴随着前述直接的利用活动。

湿地利用活动也具有类型多样、季节性、收益不确定性等特征。类型多样，即具有多种类型的利用活动；季节性，即利用活动随着湿地自身和自然条件的季节性而具有季节性；收益不确定性，即一些利用活动会由于湿地自身的不确定性而具有不确定性。除此之外，湿地利用活动还具有时间演变特征，即湿地利用活动随着时间而变化，通常是由于对湿地认识的变化、湿地利用能力的变化等引起的。

二、湿地资源配置的经济学分析

经济理论认为，稀缺资源配置的目标是效率与公平，而完全竞争市场机制可以实现稀缺资源的有效率配置，再结合初始资源禀赋的再分配，可以实现期望的公平结果。对于湿地资源而言，并不总是存在完全竞争市场，于是导致市场失灵，市场均衡结果并非有效率的结果，于是需要政府干预以达到有效率的结果。湿地保护与利用中，较为典型的市场失灵包括外部性、公共物品、共有资源（如表 12 - 2 所示）。

表 12 - 2 湿地主要利用活动的市场失灵与政策需求

主要利用活动	市场失灵	公共政策举例
占用湿地变成建设用地	负外部性	管制、税收
围垦湿地	负外部性	管制、税收
改成人工鱼塘	负外部性	管制、税收
捕捞渔业资源	共有资源	管制、税收、可交易资源配额
过度利用水资源	负外部性	管制、税收、水权交易
排放废水	负外部性/共有资源	管制、税收、排污权交易
发展旅游业	负外部性	管制
严格保护湿地提供生态系统服务	公共物品	政府提供

湿地保护与利用中，一些利用活动具有外部性。例如，围垦湿地得到耕地，其减少了湿地面积，使得其他人从中获得的生态系统服务减少，于是围垦活动具有负外部性。负外部性导致湿地利用活动超过有效率的水平。这时需要的公共政策包括管制、税收等。

湿地保护与利用中，一些生态系统服务具有公共物品属性。例如，保护湿地提供了更多的生态系统服务，但是这些生态系统服务的消费没有排他性，也没有竞争性，即这些生态系统服务的受益者很难明确划定，一些人受益并不妨碍其他人从中受益，这样的湿地生态系统服务具有公共物品属性。例如，湿地提供的蓄洪服务。公共物品的市场失灵主要包括供给不足，也就是说，市场没有动力去提供此类湿地生态系统服务，那么就需要政府来提供。

湿地保护与利用中，一些湿地资源的利用具有共有资源属性。共有资源，即消费中不具有排他性但是具有竞争性的物品，往往导致供给不足和过度利用即"公地的悲剧"。对于天然的湿地资源而言，其供给由自然完成，但是仍然存在过度利用问题。例如，湿地中的鱼类资源，由于具有共有资源属性而被滥捕。这所需要的公共政策包括管制、税收与补贴、可交易的资源配额等。

三、湿地价值评估

湿地生态系统为社会经济系统提供了多种生态系统服务。从湿地为社会经济系统服务角度来看，湿地价值即湿地生态系统服务的价值。湿地生态系统服务价值评估通常分为两个主要步骤。

1. 需要核算湿地提供的各类生态系统服务的实物量

湿地生态系统提供了多种生态系统服务，如何分类和明确这些生态系统服务不同的研究也有不同的结果。2017 年，当时的国家林业局发布了行业标准《湿地生态系统服务评估规范》（LY/T 2899—2017），该标准参考千年生态系统评估报告对生态系统服务的分类，将湿地生态系统服务也分为供给服务、调节服务、文化服务、支持服务四类，其中供给服务包括食物生产、水资源供给、原材料供给、航运、电力供给；调节服务包括防洪蓄水、水质净化、补充地下水、保持土壤、消浪护岸、气候调节、固碳、释氧；文化服务包括休闲旅游、科研、教育、身心健康；支持服务包括生物多样性维持和净初级生产力。该标准进一步建议了针对这些生态系统服务实物量的估算方法。

2. 需要核算这些生态系统服务的价值量

湿地生态系统提供的生态系统服务与森林等生态系统提供的生态系统服务类似，有些生态系统服务产品进入了市场，那么其市场价格就成为评估生态系统服务价值的主要依据；但是，有些生态系统服务并没有进入市场，无法以市场价格来评估其价值，这时就需要借助于价值评估方法来进行评估。对没有进入市场的生态系统服务的价值的评估方法主要有旅行费用法、内涵资产定价法等显示偏好的方法和意愿调查法等陈述偏好的方法。对于某一种具体的生态系统服务，通常有不止一种评估方法可以选择，即使是同一种方法也会涉及参数的选择，这些都使得评估结果不同。

第四节　湿地保护与利用的公共政策

一、中国湿地保护与利用状况

（一）湿地保护状况

湿地保护状况也包括湿地各项要素保护和湿地整体保护两个层面，这里主要讨论湿地整体层面的保护情况。

我国自 1992 年加入《湿地公约》以来，湿地保护的认知、意识、体制、制度不断完善，特别是 2016 年国务院办公厅颁布《湿地保护修复制度方案》以来，湿地保护的力度显著加强，进一步地，2021 年 12 月全国人大常委会通过了《中华人民共和国湿地保护法》，这势必进一步促进湿地保护制度的完善和优化。2014 年公布的第二次全国湿地资源调查结果显示：我国已初步建立了以湿地自然保护区为主体，湿地公园和自然保护小区并存，其他保护形式为补充的湿地保护体系。纳入保护体系的湿地面积 2324.32 万公顷，湿地保护率 43.51%。其中，自然湿地保护面积 2115.68 万公顷，自然湿地保护率 45.33%。与十年前第一次调查相比，湿地保护面积增加了 525.94 万公顷，湿地保护率由 30.49% 提高到 43.51%。新增国际重要湿地 25 块，新建湿地自然保护区 279 个，新建湿地公园 468 个，初步形成了较为完善的湿地保护体系。

根据国家林业和草原局统计数据，2021 年 11 月，我国已建立 64 处国际重要湿地、29 处国家重要湿地、602 处湿地自然保护区、1693 处湿地公园。根据《"十四五"林业草原保护发展规划纲要》，2020 年全国湿地保护率达到 52%，计划 2025 年全国湿地保护率达到 55%。总体来看，我国湿地保护取得了较为明显的成效。

与此同时，对标《湿地公约》提出的"保护与合理利用"的总目标，我国湿地保护与利用还存在一些问题和挑战。第一，湿地仍然面临占用、污染、过度利用等问题。在我国城镇化、工业化过程中，湿地仍然面临较为严重的占用威胁。污染方面，除了工业污染外，农业污染、农村生活污染也对湿地产生了重要威胁。过度利用方面，主要针对湿地的渔业等生物资源，威胁着湿地生态系统的生态状况。第二，当前，我国湿地保护率仍需进一步提高，一些具有重要生态价值的湿地尚未纳入湿地保护体系。第三，湿地未来面临较为严峻的旅游开发压力。随着社会经济发展水平的进一步提高，社会公众对良好生态环境的需求进一步提高，其中就包括对湿地旅游的需求。在这样的背景下，湿地将面临更大的旅游开发压力，这既有可能占用湿地面积，也有可能对湿地过度干扰而影响生态状况。

《湿地公约》关于湿地保护与利用的总体目标是"保护与合理利用"。当前，我国湿地面积已经大幅减少、社会经济发展水平已达到一定程度、生态保护与社会经济发展之间的矛盾有所缓解。国务院办公厅 2016 年发布的《湿地保护修复制度方案》，提出的目标为"确保湿地面积不减少，增强湿地生态功能，维护湿地生物多样性"；2021 年发布的《"十四五"林业草原保护发展规划纲要》提出，"到2025 年，湿地保护率达到 55%；到 2035 年，全国湿地生态系统质量和稳定性全面提升"。为了实现湿地保护与利用的目标，需要采取的路径主要包括：第一，防止湿地被占用，适度开展湿地修复，以保持湿地面积稳定；第二，控制水体污染排放，包括工业、城镇、农业、农村等来源的水污染，以提升湿地生态功能；第三，确保湿地各项资源合理利用，实现永续利用；第四，科学发展湿地生态旅游和自然教育。

（二）湿地利用状况

湿地利用包括消耗性利用和非消耗性利用两种方式。消耗性利用湿地，将会减少湿地面积。非消耗性利用，即在保持湿地面积的情况下对湿地各种资源的利用。鉴于我国湿地面积已经大幅减少，湿地利用主要指不减少湿地面积的非消耗性利用。尽管如此，2021年12月颁布的《中华人民共和国湿地保护法》为消耗性利用保留了一些空间。《中华人民共和国湿地保护法》第十九条、第二十一条规定了"应当尽量减少占用""恢复或者重建"湿地、无法恢复或重建的"应当缴纳湿地恢复费"。

关于湿地的非消耗性利用，即在不减少湿地面积、减轻对湿地生态功能不利影响的前提下开展湿地资源利用。《中华人民共和国湿地保护法》提及的湿地利用活动包括种植（生态农业）、畜牧、水产养殖、航运、旅游（生态旅游）、生态教育、自然体验等活动。

一个例子是湿地公园。湿地公园是在保护湿地前提下开展旅游、宣传教育的重要形式。根据国家林业和草原局相关统计，2019年，全国国家湿地公园接待游客量达3.85亿人次，89.33%的国家湿地公园向公众免费开放。湿地公园同时成为自然教育的主阵地，全国国家湿地公园已累计开展1.76亿人次的科普宣教工作（寇江泽，2020）。

湿地利用活动的规模和经济价值，是一个较难衡量的问题。湿地是一类生态系统，包括多种自然资源。对湿地各类自然资源的利用形成了第一、第二、第三产业活动，这些活动的产值或增加值统计到了对应的经济活动中，无法从中区分出与湿地相关的经济活动的产值和增加值。另外，国家林业局在发布的年度统计资料中，列出了湿地产业产值，具体包括2006~2018年各省三个产业中湿地产业的产值（见表12-3）。各省三次产业湿地产业产值波动幅度较大，还存在一些数据缺失的情况。这里仅对全国层面数据做简要分析。表列出了湿地产业产值情况，数字均为以当年价计。可见，2006~2018年，全国湿地产业产值从81.4亿元增加到901.0亿元，年均增长约22.2%，增长速度快于同期国民经济增长速度。从三次产业产值来看，湿地三次产业的年均增长率分别为20.0%、16.7%和30.7%，湿地第三产业增长幅度最快，这表明基于湿地的生态旅游、生态教育等活动发展最为迅速。

表 12 – 3   湿地产业产值

年份	第一产业		第二产业		第三产业		全部产业	
	产值（亿元）	占比（%）	产值（亿元）	占比（%）	产值（亿元）	占比（%）	产值（亿元）	占比（%）
2006	31.9	39.2	33.2	40.8	16.3	20.0	81.4	100
2007	39.0	55.7	11.3	16.1	19.8	28.2	70.1	100
2008	27.3	37.8	21.0	29.0	24.0	33.2	72.3	100
2009	33.0	45.9	14.7	20.5	24.1	33.6	71.8	100
2010	29.4	39.3	12.9	17.3	32.4	43.4	74.7	100
2011	33.3	33.1	9.3	9.2	58.0	57.7	100.5	100
2012	50.0	29.9	42.6	25.5	74.7	44.6	167.3	100
2013	110.7	35.8	103.8	33.5	94.9	30.7	309.4	100
2014	137.0	28.8	134.4	28.3	203.5	42.9	474.9	100
2015	117.2	23.5	181.4	36.3	200.8	40.2	499.4	100
2016	97.0	18.6	233.9	44.9	189.7	36.4	520.6	100
2017	167.6	22.5	211.6	28.5	364.5	49.0	743.6	100
2018	285.5	31.7	212.2	23.6	403.3	44.8	901.0	100

资料来源：2006～2017 年《中国林业统计年鉴》、《中国林业和草原统计年鉴（2018）》。

进一步具体分析我国湿地提供水产品的情况。这里基于《中国农村统计年鉴（2021）》的数据进行分析，其给出了内陆水产品的自然捕捞量及其占内陆水产品产量的比例，如图 12 – 1 所示。可见，1980～2020 年，我国内陆水产品自然捕捞量的变化情况可以分为四个阶段。第一个阶段为 1980～1998 年，自然捕捞量快速增加，从 33.9 万吨增加到 197.5 万吨，年均增长约 10.3%；第二个阶段为 1998～2010 年，自然捕捞量波动中略有上升，到 2010 年仅增长到 229 万吨，年均增长约 1.2%；第三个阶段为 2010～2018 年，自然捕捞量波动中缓慢下降，到 2018 年下降到 196.4 万吨，年均下降约 1.9%；第四个阶段为 2018～2020 年，自然捕捞量快速下降，到 2020 年下降到 145.7 万吨，已经低于 1995 年的 151 万吨，其间年均下降约 13.9%。其中，2020 年的快速下降有可能是长江流域开始实施十年禁捕引起的，也可能由于受到新冠疫情的影响。即使不考虑 2020 年，从 2018～2019 年，自然捕捞量也下降了 6.2%。从某种程度上，意味着自 2012 年将生态文明建设纳入"五位一体"总体布局以来，我国生态保护力度不断加大，对应陆地水域自然捕捞的水产品数量逐渐下降。另外，自然捕捞量占陆地水产品总量的比例不断下降，从

1980 年的 27.3% 下降到 2019 年的 5.8%、2020 年的 4.5%，这意味着我国陆地人工养殖的水产品产量占比不断提高而且占据了绝大部分比例。自然捕捞量的下降，说明对湿地资源利用压力在缓解，有利于改善湿地生态系统状况。

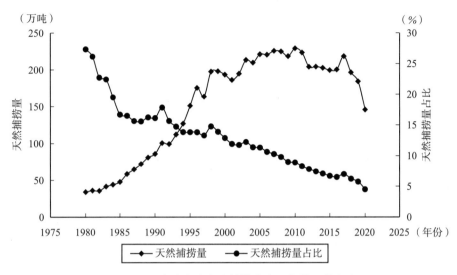

图 12 - 1　内陆水域自然捕捞水产品数量及其占比

资料来源：《中国农村统计年鉴（2018）》。

二、中国湿地保护管理体制

湿地是以水土交会为特征的一类生态系统，包括多种更为具体的子类生态系统，也包括多种组成要素，而且湿地这一术语的提出相对较晚。湿地的这些特征，使得湿地保护管理体制较为复杂。针对湿地所包括的具体的子类生态系统，或者湿地生态系统的多种要素，其利用与保护已经建立了相应的管理部门，但是，当湿地概念提出之后，在湿地概念层面进行管理与在湿地要素层面进行管理便存在交叉，从而使得湿地管理较为复杂。在实践管理中，湿地管理一直比其他生态系统更为困难（鲍达明，2016）。例如，在美国，联邦政府层面涉及湿地保护管理的机构包括美国环境保护署、陆军部下属的陆军工程兵团、内务部下属的鱼类与野生动物服务署、商务部下属的国家海洋渔业服务署、国家海洋与大气管理局、农业部下属的自然资源保护服务署、环境质量委员会等（李国强，2007）。

在我国的中央政府层面，根据有关法律法规和 2018 年改革后的国务院部门"三定"方案，涉及湿地保护管理的部门主要有林草部门、自然资源部门、农业农村部门、生态环境部门、水行政部门、海洋部门、住房城乡建设部门等，各个部门与湿地相关的主要管理职责如表 12 - 4 所示。2021 年 12 月通过的《中华人民共和国湿地保护法》第五条也明确规定："国务院林业草原主管部门负责湿地资源的监督管理，负责湿地保护规划和相关国家标准拟定、湿地开发利用的监督管理、湿地生态保护修复工作。国务院自然资源、水行政、住房城乡建设、生态环境、农业农村等其他有关部门，按照职责分工承担湿地保护、修复、管理有关工作。"

表 12 - 4 中国湿地保护管理相关部门及其主要职责

部门	主要职责
林草部门（牵头）	负责湿地资源的监督管理，指导湿地保护工作，负责湿地生态保护修复工作，组织开展湿地资源动态监测与评价，拟订湿地保护规划和相关国家标准，监督管理湿地的开发利用，承担湿地公约履约工作。
林草部门	陆生和两栖爬行野生动物保护管理，林区内野生植物和林区外珍贵野生树木的监督管理
农业农村部门	水生野生动物保护管理，渔业生产和渔业资源保护，其他野生植物的监督管理
生态环境部门	水污染防治以及湿地水环境监督
水行政部门	水资源调配和管理以及水利建设工程项目
自然资源部门	湿地土地审批和行政许可
海洋部门	滨海与近海湿地管理
住房城乡建设部门	市湿地的管理和保护

湿地保护管理涉及多个部门，使得湿地保护管理较为复杂。以保护湿地生态系统为目标的林草部门，在实际工作中通常会与以资源利用和保护为主要目标的其他部门在管理程度上发生冲突。例如：一些地方鸟类迁徙季节湿地水位控制和渔业捕捞管理等，有时会与水行政部门和渔业部门产生冲突，导致部分湿地生态状况受到影响。审议重大水利工程建设项目，林业部门与资源管理部门意见不同时，其结果通常是湿地生态系统的保护目标放在决策的次要位置。部门职责交叉等导致湿地管理工作难以开展，湿地生态保护与水资源调配、水利设施建设、水污染防治、农业开发、渔业养殖和捕捞、旅游开发、海洋开发利用等都存在一定程度的冲突，制约了湿地保护管理工作的有效开展（鲍达明，2016）。

2021 年 12 月通过的《中华人民共和国湿地保护法》第五条规定"国务院林业草原主管部门负责湿地资源的监督管理，自然资源、水行政、住房和城乡建设、生态环境、农业农村等其他有关部门，按照职责分工承担湿地保护、修复、管理有关工作"；第十九条规定"建设项目规划选址、选线审批或者核准时，涉及国家重要湿地的，应当征求国务院林业草原主管部门的意见；涉及省级重要湿地或者一般湿地的，应当按照管理权限，征求县级以上地方人民政府授权的部门的意见"；第二十五条规定"县级以上人民政府有关部门在办理环境影响评价、国土空间规划、海域使用、养殖、防洪等相关行政许可时，应当加强对有关湿地利用活动的必要性、合理性以及湿地保护措施等内容的审查"。这些规定在一定程度上明确了林草部门与其他相关部门的职责分工，有利于各个部门协作开展湿地保护管理。

三、中国湿地保护管理制度

（一）湿地保护规章制度

湿地相关政府制度方面，即由于湿地资源的共有资源、公共物品等属性而需要的政府干预手段。理论上，政府干预手段可以分为命令控制型、经济激励型、鼓励资源型三类，主要是政府对经济活动的干预程度不同。在我国，对于湿地资源而言，政府相关制度即湿地保护管理制度，主要包括两个方面，针对湿地各项要素的管理制度和针对湿地整体的管理制度。针对湿地各项要素的管理制度，其依据为对应的法律法规（王会等，2021）（如表 12 - 5 所示），其实施也由相应的部门负责。

表 12 - 5　　　　　　　　　　湿地各项要素的主要法律法规

要素	主要法规和部门规章
土地资源管理	《土地管理法》《农业法》《渔业法》《水法》《防洪法》《水土保持法》《森林法》《海洋环境保护法》《海域使用管理法》《海岛保护法》
水资源管理	《水法》《水污染防治法》
水污染管理	《水污染防治法》《农业法》《渔业法》《海洋环境保护法》
渔业资源管理	《农业法》《渔业法》
野生动物保护管理	《野生动物保护法》《农业法》《渔业法》《水生野生动物保护实施条例》
野生植物保护管理	《野生植物保护条例》
外来物种管理	《环境保护法》《海洋环境保护法》《农业法》《野生动物保护法》《渔业法》

针对湿地整体的管理制度，主要法律法规和部门规章为《中华人民共和国湿地保护法》（2021 年 12 月通过）、27 个省（自治区、直辖市）出台的省级湿地保护法规（截至 2021 年底）（王会等，2021）、国家林草局出台的《湿地保护管理规

定》（2013 年出台、2017 年修改）等。其中，各省出台的湿地保护地方性法规和《湿地保护管理规定》，是在《中华人民共和国湿地保护法》颁布之前由各省先行制定的。

基于《中华人民共和国湿地保护法》，梳理我国针对湿地整体的主要管理制度，如表 12 - 6 所示。表中并未包括基础的湿地保护管理、资金投入、宣传等制度，而是主要包括政府之间管理制度、针对湿地的具体管理制度。其中，政府之间管理制度主要包括湿地面积总量管控制度、湿地保护目标责任制、湿地自然资源资产离任审计等 3 项制度；针对湿地的具体管理制度包括湿地保护规划、资源调查、动态监测、分级管理、占用与恢复、合理利用、禁止破坏、生态保护补偿、湿地修复、特殊类型湿地保护等 10 项制度。

表 12 - 6　　　　《中华人民共和国湿地保护法》规定的主要湿地保护管理制度

类别	序号	制度	主要法律条文
政府之间管理	1	湿地面积总量管控制度	国务院林业草原、自然资源主管部门会同国务院有关部门根据全国湿地资源状况、自然变化情况和湿地面积总量管控要求，确定全国和各省、自治区、直辖市湿地面积总量管控目标
	2	湿地保护目标责任制	国家实行湿地保护目标责任制，将湿地保护纳入地方人民政府综合绩效评价内容
	3	湿地自然资源资产离任审计	湿地的保护、修复和管理情况，应当纳入领导干部自然资源资产离任审计
具体管理制度	4	湿地保护规划制度	国务院林业草原主管部门应当会同国务院有关部门，依据国民经济和社会发展规划、国土空间规划和生态环境保护规划编制全国湿地保护规划
	5	湿地资源调查评价制度	国务院自然资源主管部门应当会同国务院林业草原等有关部门定期开展全国湿地资源调查评价工作
	6	国家重要湿地动态监测制度	国务院林业草原主管部门应当按照监测技术规范开展国家重要湿地动态监测
	7	湿地分级管理	国务院林业草原主管部门会同国务院自然资源、水行政、住房城乡建设、生态环境、农业农村等有关部门发布国家重要湿地名录及范围
	8	湿地占用与恢复制度	建设项目选址、选线应当避让湿地，无法避让的应当尽量减少占用，并采取必要措施减轻对湿地生态功能的不利影响。经依法批准占用重要湿地的单位应当根据当地自然条件恢复或者重建与所占用湿地面积和质量相当的湿地；没有条件恢复、重建的，应当缴纳湿地恢复费
	9	湿地合理利用制度	地方各级人民政府对省级重要湿地和一般湿地利用活动进行分类指导，鼓励单位和个人开展符合湿地保护要求的生态旅游、生态农业、生态教育、自然体验等活动，适度控制种植养殖等湿地利用规模

续表

类别	序号	制度	主要法律条文
具体管理制度	10	禁止破坏湿地行为制度	禁止开（围）垦、排干自然湿地、永久性截断自然湿地水源、擅自填埋自然湿地等
	11	湿地生态保护补偿	因生态保护等公共利益需要，造成湿地所有者或者使用者合法权益受到损害的，县级以上人民政府应当给予补偿
	12	湿地修复制度	修复原则，编制湿地修复方案，政府修复与违法行为人修复
	13	特殊类型湿地保护制度	红树林湿地保护制度、泥炭沼泽湿地保护制度

（二）湿地保护投入制度

针对湿地修复、湿地生态保护补偿等需要资金投入的制度，各级政府逐渐加大了资金投入。在中央政府层面，以湿地为直接对象的资金投入包括国家发展改革部门主导的中央预算内投资、财政部与国家林业局共同组织的湿地保护补助资金。

中央预算内直接投资，主要由发展和改革部门立项、批复。国家发展和改革部门根据《全国湿地保护工程规划（2002—2030 年）》及其具体实施规划（多为五年实施规划），安排中央预算内投资用于湿地保护。中央预算内投资主要支持湿地保护、湿地恢复、可持续利用示范、能力建设等方面。这些项目通过发展和改革系统进行申请、立项、实施。这些项目一般按照湿地保护与恢复项目的重要性来批准项目。湿地保护的中央预算内直接投资的主要依据是湿地保护规划。2003 年，国务院批准了《全国湿地保护工程规划（2002—2030 年）》，之后陆续批准了该规划的具体实施规划，即《全国湿地保护工程实施规划（2005—2010 年）》《全国湿地保护工程实施规划（2011—2015 年）》《全国湿地保护"十三五"实施规划》《全国湿地保护规划（2022—2030 年）》。具体来说，"十一五"规划的投资总额大约90 亿元，其中中央48 亿元，项目包括湿地保护工程、湿地恢复工程、可持续利用示范工程、能力建设工程等四个方面。"十二五"规划投资129 亿元，其中中央55 亿元，项目包括湿地保护工程、湿地综合治理工程、可持续利用示范工程、能力建设工程等四个方面共738 个，其中保护工程590 多个、综合治理工程110 个、可持续利用示范工程26 个、能力建设工程10 余个。"十三五"时期，中央预算内投资了15 亿元，实施湿地保护与恢复项目53 个。[①]

---

① 国家林业和草原局统计数据。

中央财政湿地保护补助资金方面，国家林草部门在财政部支持下设立了湿地保护专项资金，该资金通过各级林草部门进行申报和批复，然后实施和进行相关监督检查。这是湿地保护方面中央财政设立的主要专项资金。

中央财政湿地保护补助资金最早设立于 2010 年。2009 年的中央一号文件（即《中共中央 国务院关于 2009 年促进农业稳定发展和农民持续增收的若干意见》）提出，"启动湿地生态效益补偿试点"。2010 年，中央财政设立了湿地保护补助资金专项，3 年共安排专项资金 6 亿元，用于国际重要湿地、湿地自然保护区和国家湿地公园开展湿地监控监测和生态恢复项目。2013 年，中央财政安排湿地保护补助资金 2.5 亿元。2014 年，中央财政安排林业补助资金湿地相关支出 15.94 亿元，实施项目 331 个，主要支持湿地保护与恢复，同时启动退耕还湿、湿地生态效益补偿试点和湿地保护奖励等工作。2015 ~ 2016 年，每年安排 16 亿元用于湿地保护与恢复、退耕还湿、湿地生态效益补偿；2017 年，资金额度增加到 19 亿元。"十三五"期间，中央财政湿地保护补助共计 83.7 亿元，实施湿地生态效益补偿补助、退耕还湿、湿地保护与恢复补助项目 2000 余个，新增湿地面积 20.26 万公顷。[①]

中央财政湿地保护资金管理办法于 2014 年纳入财政部和国家林业局印发的《中央财政林业补助资金管理办法》。2016 年，该文件被修订为《林业改革发展资金管理办法》。2019 年、2020 年、2021 年、2022 年，财政部和国家林业和草原局连续修订了该文件，2022 年 12 月印发了《林业草原生态保护恢复资金管理办法》。该办法规定了湿地等生态保护资金的使用范围、资金分配、预算下达、预算绩效管理、预算执行和监督等内容。

中央财政湿地保护资金的分配实行项目法，需要申报纳入项目储备库。2020 年，财政部、自然资源部、生态环境部、国家林草局印发《关于加强生态环保资金管理推动建立项目储备制度的通知》；2021 年财政部、自然资源部、生态环境部、应急部、国家林草局修订后印发《中央生态环保转移支付资金项目储备制度管理暂行办法》。根据管理办法，湿地等生态保护支出项目需要申报进入储备库。根据国家林业和草原局办公室、财政部办公厅《关于印发〈中央财政林业草原项目储备库入库指南〉的通知》，中央财政湿地保护修复项目资金的实施范围为国家重要湿地（含国际重要湿地）和湿地类型国家级自然保护区，支出方向用于湿地保护与恢复、退耕还湿、湿地生态效益补偿等湿地保护修复。

---

① 国家林业和草原局统计数据。

第十三章 | 海洋资源经济

海洋是生命的摇篮、资源的宝库和国家安全的屏障，也是高质量发展的战略要地和未来人类可持续发展的重要战略空间。随着世界能源资源勘探开发已进入海洋时代，海洋将成为未来能源资源主要来源地。海岸带作为支撑社会经济发展的重要场所，是实现我国长三角一体化、长江经济带发展、粤港澳大湾区建设、京津冀及环渤海经济带协同发展的命脉。本章将从海洋资源，海洋权益，陆海统筹的海洋经济、产业和蓝色金融等方面阐述海洋资源经济学的基本内容。

第一节 海洋资源概念、分类与概况

海洋资源是人类赖以生存和发展的重要基础，通过加强保护和可持续利用，实现海洋经济可持续发展。

一、海洋资源概念

海洋资源是指在一定社会、经济条件下，海洋环境中可以被人类利用的物质和能量以及与海洋开发有关的海洋空间。《海洋学术语海洋资源学》（GB/T 19834—2005）将海洋资源定义为："海岸带和海洋中一切能供人类利用的天然物质、能源和空间的总称。"

二、海洋资源分类

各种海洋资源种类齐全，从不同的视角有多种分类方法，基本分类方法可概况为以下几种：

（1）依据海洋资源的自然属性，可分为海洋物质资源、海洋空间资源和海洋能量资源。

（2）依据海洋资源的可再生性，可分为再生性和非再生性海洋资源，或者耗竭性和非耗竭性海洋资源。

（3）依据海洋资源有无生物属性，可分为海洋生物和海洋非生物资源。

（4）依据海洋资源所处的地理位置属性，可分为海岸带资源、海域资源、海岛资源、极地资源、深海资源等。

（5）依据海洋资源的垂直空间分层属性，可分为海上空间资源、海中空间资源、海底空间资源。

（6）依据海洋资源的依赖关系，可分为主体性和依属性海洋资源两大类。主体性海洋资源包括海域资源、海岛资源、海洋矿产能源资源、滩涂湿地及盐田资源；依属性海洋资源包括海洋生物资源、海洋新能源、海洋景观资源、港口岸线资源等。

综合海洋资源的自然属性、特征和存在与开发状态，可分为海洋生物遗传资源、海水资源、海洋矿产资源、海洋能量资源、海洋空间资源，本节按照综合分类方法进行概述。

三、海洋资源概况

（一）海洋生物遗传资源

海洋生物资源，指海洋中蕴藏的经济动物和植物的群体数量，是有生命、能自行增殖和不断更新的海洋资源。按生物学特征分类，海洋生物资源分为海洋动物资源、海洋植物资源和海洋微生物资源；按生态群分类，海洋生物资源可分为浮游生物资源、游泳生物资源和底栖生物资源。海洋生物资源是海洋资源的重要组成部分，具有直接和间接的食用药用价值及作为工业原料和新材料的价值。中国海域辽阔，海岸线漫长，海洋生物资源种类繁多。国务院《关于 2020 年度国有自然资源资产管理情况的专项报告》显示，我国拥有海洋生物 2 万多种，其中海洋鱼类

3000 多种。科学、合理、充分地开发利用海洋生物资源，保护海洋生物资源及其多样性，保证海洋生物资源的可持续利用，是关系到中国可持续发展的重要战略问题。

1. 海洋动物资源

（1）海洋脊椎动物资源。

海洋脊椎动物资源主要包括海洋鱼类资源、海洋爬行动物资源、海洋哺乳动物资源、海鸟等。

海洋鱼类资源是海洋动物资源的主体。全世界海洋鱼类超过 1.6 万种，但真正成为海洋捕捞种类的约为 200 种。世界渔场主要分布于太平洋、印度洋和大西洋。太平洋是世界各大洋中渔获量最高的海域。我国仅大陆架渔场面积就有 150 万平方千米，为世界浅海渔场的 1/4，居世界第一位。

现存海洋爬行动物主要包括海龟、海蛇和海鳄 3 类。海洋里生存着 7 种海龟，即棱皮龟、征龟、玳瑁、橄榄绿鳞龟、绿海龟、丽龟和平背海龟。所有的海龟都被列为濒危动物，其中绿海龟、玳瑁、蝶龟、丽龟和棱皮龟均被列为国家 II 级重点保护动物。海蛇主要分布在印度洋和西太平洋的热带海域，我国有 19 种海蛇。海鳄是唯一一种咸水鳄物种。

海洋哺乳动物主要包括鲸目、鳍脚目、海牛目以及食肉目中的海獭和北极熊。鲸目动物和海牛目动物终身栖息在海里，为全水生生物。鳍脚目动物需到岸上进行交配、生殖和休息。食肉目的海獭和北极熊仅在海中捕食和交配，为半水生生物。生活在河流和湖泊中的白鳍豚、江豚、贝加尔环斑海豹等，因其发展历史同海洋相关，也被列为海洋哺乳动物。

海鸟通常是指从海洋中获得部分或全部食物的鸟类，它们栖息于海岸、浅海或远洋并以海洋生物为食。中国记录有 183 种海鸟，如红喉潜鸟、黑脚信天翁、海燕、小军舰鸟、海雀、白鹭、海鸥等。

（2）海洋无脊椎动物资源。

海洋无脊椎动物据估计有 16 万种，门类众多，主要门类有原生动物、海绵动物、腔肠动物、扁形动物、纽形动物、线形动物、环节动物、软体动物、节肢动物、腕足动物、毛颚动物、须腕动物、棘皮动物和半索动物等。海洋无脊椎动物经济价值较大，目前已被人类利用的约 130 多种。

在软体动物中，贝类不仅可以食用，而且许多种类还可以药用。我国是世界上贝类养殖大国，海水贝类养殖产量占海水养殖总产量的约80%，是海水养殖业的重要组成部分。目前，我国海洋贝类养殖品种有 30 多种，包括栉孔扇贝、海湾扇贝、虾夷扇贝等。

在节肢动物中，虾蟹在我国海洋渔业捕获物中产量相当大，特别是对虾、毛虾、梭子蟹等。我国的虾蟹种类繁多，已发现 1000 多种，其中虾类 400 多种，蟹类 600 多种。

腔肠动物门的海蜇以及棘皮动物门的海参也是重要海洋生态资源。全世界海参约有 1200 种，分布于世界各大洋的潮间带至万米水深的海域。我国海域内有 140 多种海参，其中以黄渤海的刺参品质最佳、经济价值最高。

2. 海洋植物资源

海洋植物是指海洋中利用叶绿素进行光合作用生产有机物的自养型生物，从低等的原核细胞藻类到具有真核细胞藻类，再到高等的种子植物等，共 13 个门 1 万多种。海洋植物以藻类为主，代表性种类有：褐藻门的海带、裙带菜、羊栖菜等；红藻门的紫菜、石花菜、龙须菜；绿藻门的石莼、浒苔、礁膜等。海藻的营养价值高，据不完全统计，约有 70 多种海藻可供人类食用，还被广泛地用作饲料和肥料，部分作为药材和重要的工业原料。全球海藻年产量为 1300 亿～1500 亿吨。在约 4500 种定生的海藻中目前只有 50 多种为人类所利用，资源潜力巨大。

3. 海洋微生物资源

海洋微生物是指海洋中个体微小、构造简单的生物总称，包括古生菌、细菌和放线菌等。在海洋生态系统漫长的演化过程中，为适应高压、高渗、高盐、营养少的环境，以及某些海域高酸、高碱、缺氧、低温、高温、高辐射等极端、严酷的生存环境，海洋微生物进化出独特的遗传特性和适应机制，成为新基因、新材料和新功能的重要来源。

（二）海水资源

地球上海水体积约 13.2 亿立方千米，占到全球水体总量的 97.1%。海水中各类资源丰富，目前全世界海盐年产量约 5000 万吨，占世界原盐产量的 1/4。中国海水制盐历史悠久，海盐产量长期居世界首位，产量达 2800 万吨，海水中富含溴、碘、钠、镁、铀、锂等资源，以及丰富的核聚变材料氘。

（三）海洋矿产资源

海洋矿产资源是滨海、浅海、深海、大洋盆地和洋中脊部各类矿产资源的总称。海洋矿产资源种类多，按照海洋矿产资源形成的海洋环境和分布特征，从滨海、浅海至深海、大洋分布有滨海砂矿、磷钙土、多金属软泥等（如表 13-1 所示）。

表 13 - 1　　　　　　　　　　　　　　海洋矿产资源分布

海洋地貌	主要海洋矿产资源
海岸带	钛铁矿、磁铁矿、金红石、锆英石、独居石、磷钇矿、褐钇铌矿、砂金、砂锡、铂砂、金刚石和石英砂等
大陆架和大陆坡	煤、铁、铜、铅、锌、锡、钛、磷钙土、稀土、金、金刚石和油气资源等
大洋盆地	多金属结核（锰结核），富钴结壳，大量的镍、钴、铜、铅、锌等金属元素和油气资源

1. *海洋砂矿资源*

海洋砂矿主要有滨海砂矿和浅海砂矿。它们都是在水深不超过几十米的海滩和浅海中由矿物富集而成具有工业价值的砂矿，是开采最方便的矿藏。从这些砂矿中，可以淘出黄金，而且还能淘出比金子更有价值的金刚石，以及石英、独居石、钛铁矿等。因此，海洋砂矿成为增加矿产储量最大的潜在资源备受关注。

滨海砂矿是指在滨海水动力的分选作用下富集而成的有用砂矿。该类砂矿床规模大、品质高、埋藏浅、沉积疏松、易采易选。滨海砂矿主要包括建筑砂砾、工业用砂和矿物砂矿。建筑砂砾集料和工业用砂是当今取自近海最多的和最重要的砂矿资源。工业用砂根据其质地的不同，可分为铸造用砂和玻璃用砂等。

中国拥有漫长的海岸线和广阔的浅海，目前已探查出的砂矿矿种有锆石、钛铁矿、独居石等，并发现有金刚石和铂矿等。中国的滨海砂矿几乎覆盖了黑色金属、有色金属、稀有金属和非金属等各类矿种，其中以钛铁矿、锆石、石英砂等规模和资源量较大。

2. *深海海底矿产资源*

深海蕴藏着丰富的海底矿产资源。全球深海面积占海洋总面积的 92.4%，占地球面积的 65.4%。深海海底矿产资源主要包括多金属结核矿、富钴结壳矿、深海磷钙土矿和海底多金属硫化物矿等。由于深海海底矿产资源的矿区基本位于国际海域的海底，在此开展的开发活动须经过联合国国际海底管理局批准。

（1）多金属结核矿。

多金属结核是一种富含铁、锰、铜、钴、镍和钼等金属的大洋海底自生沉积物，呈棕黑色、结核状，主要分布在水深 4000～6000 米的平坦洋底，形似马铃薯、姜块等的坚硬物质。个体大小不等，直径从几毫米到几十厘米，少数可达 1 米以上；质量从几克到几百千克不等。多金属结核内含有多达 70 余种的元素，其中镍、钴、铜和锰平均含量分别为 1.30%、0.22%、1.00% 和 25.00%。有些稀有分散元素和放射性元素含量也很高，如铍、铈和锗等。因此，具有很高的经济价值且是重要的深海海底矿产资源。

世界深海海底多金属结核矿资源极为丰富,远景储量约3万亿吨。目前,通过深海勘测,发现多金属结核矿在太平洋、大西洋、印度洋的许多海区均有分布。多金属结核矿在太平洋分布最广、储量最大,蕴藏量达1.5万亿吨。其中位于东太平洋海盆内克拉里昂、克里帕顿断裂带之间的多金属结核保留区(clarion-clipperton zone,简称"CC区")是多金属结核矿经济价值最高的区域。现在世界上已有7个国家或国际组织(印度、俄罗斯、法国、日本、中国、国际海洋金属联合组织、韩国)获得联合国的批准,拥有合法的开辟区。除印度以外,其他先驱投资国所申请的矿区均在太平洋CC区。

(2)富钴结壳矿。

富钴结壳是生长在海底岩石或岩屑表面的一种结壳状自生沉积物,主要由铁锰氧化物组成,富含锰、铜、铅、锌、镍、钴、铂及稀土元素。其中钴的平均含量高达0.8%~1.0%,是大洋锰结核中钴含量的4倍。金属壳厚1~6厘米,平均2厘米,最大厚度可达20厘米。富钴结壳矿主要分布在水深800~3000米的海山、海台及海岭的顶部或上部斜坡上。

由于富钴结壳矿资源量大,潜在经济价值高,产出部位相对较浅,且其矿区大多分布在200海里的专属经济区范围之内,《联合国海洋法公约》规定沿海国家拥有开采权,其是当前世界各国大洋勘探开发的重点矿种。自20世纪以来,德国、美国、日本、俄罗斯等国纷纷投入巨资开展富钴结壳资源的勘查研究。据估计,在太平洋地区专属经济区内,富钴结壳矿的潜在资源量不少于10亿吨,钴资源量为600万~800万吨,镍资源量为400多万吨。

中国南海也发现有富钴结壳矿,其钴含量一般比大洋锰结核高出3倍左右,而镍含量是大洋锰结核的1/3,铜含量比较低,铂含量较高,稀土元素含量也很高,以轻稀土为主,具有较高的工业利用价值。

(3)海底多金属硫化物矿床。

海底多金属硫化物矿床是指海底热液作用下形成的富含铜、锰和锌等金属的火山沉积矿床,极具开采价值。海底多金属硫化物按产状可分为两类:一类是呈土状产出的松散含金属沉积物;另一类是呈固结的坚硬块状硫化物,与洋脊"黑烟囱"热液喷溢沉积作用有关。按化学成分可分为四类:第一类富含镉、铜和银;第二类富含银和锌;第三类富含铜和锌;第四类富含锌和金。多金属硫化物也见于中国东海冲绳海槽轴部。海底多金属硫化物矿与大洋锰结核矿或富钴结壳矿相比,具有水深较浅、矿体富集度大、矿化过程快、易于开采和冶炼等特点,更具现实经济意义。

（4）深海磷钙土矿。

磷钙土是由磷灰石组成的海底自生沉积物，按产地可分为大陆边缘磷钙土和大洋磷钙土。它们呈层状、板状、贝壳状、团块状、结核状和碎砾状产出。大陆边缘磷钙土主要产地有非洲西南沿岸、秘鲁和智利西岸；大洋磷钙土主要产于太平洋海山区。太平洋海区磷钙土含有 15%～20% 的五氧化二磷，是磷的重要来源之一。据推算，海区磷钙土矿资源量有 3000 亿吨。

3. 大陆架油气资源

中国海域自北向南有渤海湾盆地、北黄海盆地、南黄海盆地、东海盆地、冲绳海槽盆地、台西盆地、台西南盆地、珠江口盆地、琼东南盆地、莺歌海盆地、北部湾盆地、管事滩北盆地、中建岛西盆地、巴拉望西北盆地、礼乐太平盆地、曾母暗沙－沙巴盆地等16个以新生代沉积物为主的中生代、新生代沉积盆地，总面积达130多万平方千米。这些盆地面积之广、沉积物之厚、油气资源之多，世界罕见，引起许多国家的关注。国土资源部发布的 2015 年全国油气资源动态评价成果显示：我国石油地质资源量 1257 亿吨、可采资源量 301 亿吨，资源探明率刚超过 30%，处于勘探早期；天然气地质资源量 90.3 万亿立方米、可采资源量 50.1 万亿立方米，资源探明率 14%，处于勘探早期，其中，我国海域各盆地天然气地质资源量 20.8 万亿立方米、可采资源量 12.2 万亿立方米，可为全面推进海洋强国战略提供重要资源支撑。

（四）海洋能资源

海洋能资源通常是指海洋本身所蕴藏的能量，包括波浪能、潮汐能、海流能、风能、温差能和盐差能等。由于海水潮汐、海流和波浪等运动周而复始、永不休止，所以海洋能是一种可再生的洁净能源；然而能量多变，具有不稳定性，利用起来比较困难；虽然总量巨大，但分布分散不均，能流密度低，利用效率不高，经济性较差。

1. 海洋波浪能

海洋波浪能主要是海水受海面上风吹动及大气压力变化影响后有规则地周期性运动所产生的动能和势能。海洋波浪能储量巨大，全世界海洋波浪能蕴藏量的理论估算值为十亿千瓦量级。海洋波浪能相对其他形式的海洋能源，其开发利用更为方便，可通过较小的装置提供可观的廉价能源。

2. 潮汐能

因海水涨落及潮水流动所产生的能量称为潮汐能。在各种海洋能源中，潮汐能的开发利用最为现实、简便。潮汐能蕴藏量约为 27 亿千瓦，若全部转换成电能，每年发电量大约为 1.2 万亿千瓦/小时，相当于目前世界总发电量的 1/10。潮汐能发电不受洪水、枯水期等水文因素影响，以及堤坝较低，容易建造，投资也较少。

3. 海流能

海流能是引力、风、密度等引起海水有规律地流动形成的机械能。潮流、风海流和热盐流的机械能称为海流能，其主要部分是潮流的能量，称为潮流能。一般来说，最大流速在 2 米/秒以上的海流均有实际开发利用的价值，全世界海流能的理论估计值为十亿千瓦量级。海流能发电技术既不受洪水的威胁，又不受枯水季节的影响，水量和流速常年不变，是一种可靠能源。

4. 海洋风能

风能是指空气流动所产生的动能。截至 2020 年底，全球海上风电总装机量为 35 吉瓦[①]，每年可实现二氧化碳减排 6250 万吨。全球海上风电当前的主要引擎仍然为欧洲和东亚。中国在 2020 年实现了 3 吉瓦以上的海上风电新增并网，连续三年成为全球最大的海上风电市场。欧洲海上风电市场保持稳定增长，荷兰以仅 1.5 吉瓦的新增装机容量排在全球第二，比利时以 706 兆瓦位列第三。

5. 海洋温差能

海洋温差能，是指以海洋表层海水和深层海水温度差的形式所储存的热能。赤道地区的热海水由于重力作用下沉，流向两极地区，由此产生大尺度的海洋环流，从而也常年保持着海水不同层面的温度差，形成海洋温差能。据测量，如把赤道附近的表层海水作为热源，2000 米以深的深层海水作为冷源，上、下层温度差可达 26℃以上，只要把赤道海域宽 10 千米、厚 10 米的表层海水，冷却到冷源的温度，其发出的电力就够全世界用一年，可见其能量之巨大。目前在印度洋、加勒比海地区、南太平洋、夏威夷海域都较好地应用了海洋温差能发电技术。

6. 海洋盐差能

海洋盐差能是指海水和淡水之间或两种含盐浓度不同的海水之间的浓度差能。通常，海水、河水之间因盐度差异存在着渗透压，渗透压与盐度差有关，理论上存在着利用渗透压发电的可能。

（五）海洋空间资源

海洋空间资源是指与海洋开发利用有关的海洋水、空、地三层三维立体空间，包括可供利用的海水域、海洋上空、海底和海岸空间。

---

① 1 吉瓦 = 1×10^3 兆瓦 = 1×10^9 瓦。

1. 海域资源

按照《联合国海洋法公约》，海洋可划分为内海、领海、毗连区、专属经济区、大陆架、公海、国际海底区域等。《中华人民共和国海域使用管理法》将"海域"规定为"中华人民共和国内水、领海的水面、水体、海床和底土"。我国管辖海域面积约 300 万平方千米。

2. 海岛资源

海岛是海洋开发利用的重要基地，也是对外开放的窗口和国防前沿。我国共有海岛 11000 多个（包括面积小于 500 平方米的微型岛），无居民海岛数量约占海岛总数的 90%。我国大部分海岛分布在大陆沿岸海域，约 70% 的海岛距离大陆不足 10 千米，基岩岛约占我国海岛总数的 93%，冲积岛约占 6%，珊瑚岛和火山岛数量不足 1%；海岛呈明显的链状或群状分布，小于 5 平方千米的小岛约占我国海岛总数的 98%。

3. 海岸带资源

海岸带是海洋向陆地的过渡地带，是以海岸线为基准、向海陆两侧扩展而具有一定宽度的地带。我国海岸线长度约 3.2 万千米，其中，大陆海岸线约 1.8 万千米，岛屿岸线约 1.4 万千米。海岸带是工业、商业、居住、旅游、军事、渔业和运输等人类活动高度密集的地区，是社会经济地域中的黄金地带。我国海岸带地跨 30 多个纬度，纵跨暖温带、亚热带、热带 3 个气候带，其中亚热带面积占海岸带总面积的 60% 以上。

第二节　海洋资源开发利用保护活动

海洋是资源的宝库，传统的海洋资源开发利用活动既包括"渔盐之利"的生产活动，也包括"舟楫之便"的商业活动，捕鱼、制盐、航海等活动改善民生福祉和带来经济利益自古而然。在人类对石油、天然气等不可再生资源的需求越来越大的情况下，海底蕴藏的丰富的油气资源和矿物资源成为各国争夺的重点。本节重点概述了各类海洋资源的开发利用保护活动。

一、海洋生物资源开发利用

海洋是生命的摇篮，海洋生物的栖居环境分水层和底层两部分，浩瀚的海洋水体在全部深度上都有生物分布，我国海洋生物资源的开发利用历史悠久，并形成优良传统。我国海水产品产量已突破 3000 万吨，其中海水养殖超过 2000 万吨，捕养比不断下降。虽然鱼类产量在海洋捕捞产量里占比最高，但 2017～2019 年我国海洋捕捞鱼类产量逐年减少，2019 年产量减少至 682.88 万吨，东海仍是我国海洋捕捞产量最高海域，2019 年捕捞产量为 417.28 万吨。2023 年，我国加入《世贸组织渔业补贴协定》①，成为较早完成该协定批约程序的主要世界贸易组织成员之一，禁止补贴非法、未报告和无管制（IUU）捕捞活动，体现了大国责任担当。

近年来，我国海洋生物医药产业快速发展，海洋药物研发成效显著，已有抗病毒、抗凝血、降血脂等多种类型的海洋药物获批上市，自主研发了低聚甘露酸钠、藻酸双酯钠、盐酸甘露醇等在内的 40 余种海洋药物产品。

二、海水资源开发利用现状

2020 年，沿海核电、火电、钢铁、石化等行业海水冷却用水量稳步增长，2020 年海水冷却用水量 1698.14 亿吨，比 2019 年增加了 212.01 亿吨。截至 2019 年底，全国海水淡化工程 135 个，工程规模 165.10 万吨/日，海岛地区现有海水淡化工程规模 39.85 万吨/日。2020 年，在我国海洋化学资源开发领域，除海水制盐外，主要生产溴素、氯化钾、氯化镁等。

三、海洋矿产资源、能源开发利用现状

海洋中蕴藏着起源不同的多种多样的矿产资源。目前，至少有 12 类海洋矿物产品，其中有些矿物产品已经能够成功地在海洋中开采。人类能够开采的海洋矿产品包括石油和天然气、海沙、海洋砾石类和贝壳、珊瑚、锰、盐（氯化钠）、硫磺、钻石、锡、黄金和其他重矿物。人类从海洋中开采的重矿物大体分为三大类：第一，砂石、砾石和磷酸盐，包括硅砂，霰石和硫；第二，砂矿沉淀中发现的金属矿产有金、铂、锡、钛和稀土金属；第三，金属氧化物和硫化物，如锰矿中的锰、铜、镍和钴以及钴外壳和富含硫化物的矿床。

2010 年前后，"勘探开发一体化"及"滚动勘探开发"的创新型理念，带动

① 外交部.《世贸组织渔业补贴协定》进程［EB/OL］. https：//www.fmprc.gov.cn/ziliao_674904/tytj_674911/tyfg_674913/202308/t20230803_11121840.shtml.

了渤海及南海北部 5 个近海盆地近 20 个油气田的集中投产及老油田的措施调整，推进我国油气产量的持续突破。当前，我国石油产量增长总量一半以上来自海洋，2012～2019 年，海洋石油、天然气产量分别增加 471.2 万吨、39.2 亿立方米。2020 年海洋石油、天然气产量分别为 5164 万吨、186 亿立方米，比上年分别增长 5.1% 和 14.5%。我国在海上已发现 60 多个油气田，建立起渤海、东海及南海北部三大油气生产区，呈现"北油、南气"的局面，渤海石油探明地质储量约占全海域石油总探明地质储量的 70%，南海天然气探明地质储量占全海域天然气总探明地质储量的 60% 以上。

按《联合国海洋法公约》规定，中国于 1999 年就正式获得东太平洋区域 7.5 万平方千米的多金属结核矿区的专属探矿权和优先开发权，初步圈定了富钴结壳申请区，并开展了其他资源的调查。已获得上亿吨锰、406.4 万吨铜、514.4 万吨镍和 98.5 万吨钴金属资源量。国际海底管理局共发出 30 份深海勘探合约，中国取得 5 份合约，位列榜首。

我国已查明的具有储量的海滨砂矿有 13 种，包括锆石、钛铁矿和金红石等砂矿，以海积砂矿为主，分布在广东、福建、山东、辽宁等地的滨海地区。在我国大陆架海区还广泛分布着金、铜、煤等矿产，这些矿的开采主要集中在山东、广东、广西、海南和福建。其中，莱州三山岛北部海域金矿是全国首个海底开采的金矿，金矿资源量达 470 余吨。

能源是现代生活方式的必需品，任何对其供应的影响都会威胁国家的财富，能源市场并不是单纯由商业驱动的市场。几乎每个国家都针对其能源供应的持续性制定了适应性的政策，一个国家不能完全依赖一种能源，通常是需要战略性的能源组合。海洋作为巨大的可再生能源库，可再生能源项目的发展是受到全球关注的高科技产业。

随着技术装备水平提升，我国海上风电快速发展，累计装机容量 5930 兆瓦，海洋能利用规模不断扩大。潮流能、波浪能等海洋新能源产业化水平不断提高，截至 2018 年底，我国海洋能电站总装机容量达 7.4 兆瓦，累计发电量超 2.34 亿千瓦/小时。

潮汐能开发领域，我国先后建设了 70 余个潮汐能电站，具备开发万千瓦级潮汐能电站的技术条件。自 2010 年起，完成多个万千瓦级潮汐能电站的预可研工作，包括健跳港、乳山口、八尺门等。

潮流能开发领域，我国通过自主创新结合引进、消化和吸收，实现兆瓦级潮流能发电机组的开发和并网运行。我国潮流能资源主要分布在浙江杭州湾口和舟山群岛海域。

波浪能开发领域，据统计我国沿岸波浪能资源量约为 1285.22 万千瓦，以台湾地区沿岸蕴藏量最大，其次是浙江、广东、福建和山东沿岸。我国先后研制了 40 余个波浪能装置，并建立了一批波浪能示范电站，在波浪能发电的关键技术研究方面取得重大突破。

在温差能研究与开发领域，"十一五"国家科技支撑计划"15 千瓦温差能发电装置研究及试验项目"研发了 15 千瓦温差能发电系统并成功运行，使得我国继美国与日本之后成为第三个独立掌握海洋温差能发电技术的国家。

四、海洋空间资源开发利用现状

在海域开发利用方面，我国养殖用海面积达 2 万多平方千米，占全部用海面积 70% 以上，约占我国水产养殖面积的 30%，围海养殖岸线约占已开发利用岸线的 1/2。我国海域"占多用少""占而不用"问题依然存在，当前已填未利用的围填海达 1100 多平方千米，全国海洋空间集约化利用程度不高。

在海岛利用与保护方面，截至 2017 年底，我国已建成涉及海岛的各类保护区 194 个，其中自然保护区 88 个、特别保护区 75 个、水产种质资源保护区 13 个、湿地公园 7 个、地质公园 2 个、其他类型保护区 9 个；全国共划定 68 个领海基点保护范围，保护范围总面积约 130.7 平方千米；12 个主要海岛县（市、区）常住人口约 344 万人，海洋产业总产值约 3557 亿元，海洋产业以海洋旅游业、海洋水产品加工业、海洋渔业和海洋船舶工业为主，约占海洋产业总产值的 71.6%。

在海岸带开发利用方面，我国海岸带（沿海县、区）以不足 3% 的陆域国土，承载着全国 10% 以上的人口，创造了近 20% 的国内生产总值，常住人口城镇化率超过 70%，货物年吞吐量超过亿吨的沿海国际港口达 24 个。2016 年以来，中央支持实施"蓝色海湾"整治行动、海岸带保护修复工程、渤海综合治理攻坚战行动、红树林保护修复等工作，"十三五"期间整治修复岸线 1200 千米、滨海湿地 230 平方千米，初步遏制了局部海域典型生境退化趋势。

海底各类管道承担着通信、电力传输和能源输送的重要功能。近年来，我国海底管道建设速度不断加快，规模持续扩大。

海底管道是关系国计民生的重要基础设施，包括海底光缆、电缆和油气管道等。海底电缆是指铺设于海底用于通信、电力输送的电缆，包括通信光缆、电力电缆、复合电（光）缆等；海底管道是指铺设于海底用于输水、输气、输油或输送其他物质的管状设施，包括输油管道、输气管道、油气混输管道、输水管道、排污管道等。随着能源需求日益增长和科技水平不断提高，我国海底电缆管道建设规模持续增加。但密集布局于近岸海域的海底电缆管道，与其他行业之间存在用海冲突。在海底电缆管道保护区内从事非法捕捞及抛锚、采砂作业，将严重危及海底电缆管道安全和使用效能。需要从整体上统筹协调各类海底电缆管道的保护管理工作，全面加强监管。

我国海底电缆管道管理与保护的专门性法律法规主要包括《铺设海底电缆管道管理规定》《铺设海底电缆管道管理规定实施办法》《海底电缆管道保护规定》。此外，《中华人民共和国专属经济区和大陆架法》《中华人民共和国海洋环境保护法》《中华人民共和国石油天然气管道保护法》《电力设施保护条例》《中华人民共和国电信条例》等法律法规中也有条款涉及海底电缆管道铺设、管理与保护。特别的，《铺设海底电缆管道管理规定实施办法》和《海底电缆管道保护规定》分别于 1989 年和 1992 年发布，先于《中华人民共和国海域使用管理法》颁布，使得海底电缆管道铺设管理未完全纳入海域管理。随着我国海域使用管理体系的完善以及海底电缆管道行业的发展，部分规定已不能适应当前时期的行业现状。海底电缆管道在运营中面临渔业捕捞、船只抛锚、航道疏浚等诸多威胁，需加强相关海上执法监管力度。

第三节　海洋权益维护

党的十八大报告提出"坚决维护国家海洋权益，建设海洋强国"。习近平总书记在中共中央政治局就建设海洋强国研究进行第八次集体学习中指出，要维护国家海洋权益，着力推动海洋维权向统筹兼顾型转变。要统筹维稳和维权两个大局，坚持维护国家主权、安全、发展利益相统一，维护海洋权益和提升综合国力相匹配。世界正处于百年未有之大变局，向海而兴，背海而衰！本节以国家管辖权为划分标准，重点分析在国家管辖海域、管辖争议海域及国家管辖外海域的海洋权益维护与管理。

一、海洋权益内涵

（一）海洋权益定义

管华诗和王曙光（2003）认为"海洋权益应该是指各法律关系主体关于海洋

方面的权利和利益，即不同法律关系主体在从事海洋科研、开发、管理、使用和保护等各种活动中所拥有的合法权利和利益"。鹿守本（1997）认为"国家对其邻接的海域及其公海区域，依海域所处的地理位置和历史传统性因素，按照国际、国内法制、国际惯例、历史主张和国家生存与发展需要享有的不同主权权利和利益要求"。郁志荣（2012）认为"海洋权益是指依据国际国内法律、历史传统、合理主张，国家在海洋领域应该享有行使的权力、权利及其他应获取的利益"，海洋权益是在《联合国海洋法公约》框架下，在海洋空间内由一国享有的权利和利益的总称，包括海洋政治利益、安全利益、经济效益和科学技术。张海文（2014）认为海洋权益表现为在相关海洋事务中一国可依法行使的权利及其获得的利益。

综上所述，权益可分为权利和利益。海洋权益指的是相关法律关系主体在海洋方面享有的权利和利益。当前普遍认可的海洋权益包括不同法律关系主体在从事海洋科研、开发、管理、使用和保护等各种活动中所拥有的合法权利和利益。总的来说，权益的外延较大，并非所有的权益都能得到国家的强制力保障，权利是一种特殊的权益，权利则规定得更为明确具体，是权益的主要内容，两者都是法律主体依法享有的权能。

（二）海洋权益的性质与构成

海洋权益具有鲜明的行为主体和性质特征。海洋权益的主体指海洋利益的承担者、实践者、归属者或拥有者，它包括国家、区域国际组织、国际社会等。在通常情况下，海洋权益的主体一般指各主权国家，主权国家是当今国际社会组成的主要和基本的实体单位，因此本节也将重点介绍主权国家作为海洋权益主体所享有的权利和义务。根据《联合国海洋法公约》，国家拥有广泛的海洋权益，它包括对国内和对国外两方面，涉及在内海、领海、毗连区、专属经济区、大陆架、国际海底区域等不同海域的军事利益、海上国家安全、海洋环境权益、海上航运与海洋资源权益、海洋科学研究权益、参与国际合作的权益以及为维护国家及我国公民合法权益，根据国际政治方式或法律机制解决争端的权利等。根据《联合国海洋法公约》相关规定，它们甚至在一定条件下在国际层面上也可以直接享有权利并承担义务，其合法的海洋权益亦不能被忽视或轻视。由于海洋权益主体的多样性，海洋权益的维护也呈现多种模式融合的态势。因此，本节中有关海洋权益部分的主要研究对象是国家海洋权益，对其他主体的海洋权益只做简单介绍。

海洋权益的客体是内水、领海、毗邻区、大陆架、专属经济区和公海等海域，由于管辖海域的法律地位不同，沿海国在各海域享有不同的海洋权益，体现为沿海国在各海域享有的管辖权程度不同。海洋权益的主要内容包括海洋政治权益、海洋经济权益、海洋安全权益和海洋科学权益等。其中，海洋政治权益主要与国家领土主权划分、海洋事务管辖权有关；海洋经济权益主要包括领海、专属经济区、大陆架以及公海和国际海底区域的资源开发与利用问题；海洋安全权益对沿海国而言至关重要，领海与陆地国土共同作为国家领土，要谨防他国对海洋权益侵犯导致的国家安全事件。

二、国家海洋权益管理

国家海洋权益，指的是主权国家作为法律关系主体享有的海洋权益，主要包括与其周边及相关国家的海洋关系中的权益，以及国家与其管辖范围内的法人、自然人之间的海洋关系中的权益。国家海洋权益具有以下特征：

（一）法律制度赋予确定性

国家海洋权益的占有、取得、使用等主要的来源依据有以下几种，即国际海洋法制度体系、国际惯例、国内法和国家公平合理的权益主张、历史传统因袭。《联合国海洋法公约》对国家海洋权益内容作出明确规定，我国《领海及毗连区法》《专属经济区和大陆架法》立法目的也是维护国家海洋权益。因此，国家海洋权益通过国际法和国内法的双重规定进行确认，具有法律规定上的确定性，为各国主张本国海洋权益维护提供依据。

（二）客观存在赋予确定性

海洋权益是客观存在的，国家是海洋权益的主体。无论是沿海国还是内陆国，都是海洋资源和空间主权或利益的拥有者，但是某些特定海域的专属管辖区是沿海国特有的。总的来说，沿海国对海域的专属权利随着其陆地与海洋距离的增大而逐渐削减。地理位置是决定国家享有海洋权益的一个重要因素。我国大陆海岸线约 1.8 万千米；内海和边缘海的水域面积约 470 万平方千米；领海由渤海、黄海、东海、南海组成；面积 500 平方米以上岛屿 5000 多个。地理位置的优越性，赋予我国发展海洋事业的优势，为我国成为海洋强国提供客观条件。

国家海洋权益虽然是客观存在的，但还需要通过国家力量去维护，运用国家的职能对其海上"领土"和主权所及海域对象，实施有效控制、管理。同时，海洋权益的构成复杂，牵涉的主体众多，因此也只有主权国家真正实现了有效的控制、管理，才能使海洋权益得到保障。海洋权益管理是指运用国家力量和专门的管理队伍，通过政治、军事、外交、法律等途径和一切技术手段与可行方式，依照上述维护国家海洋权益的来源和依据文件，组织、协调、实施维护国家、法人和自然人的海洋主权和利益，防止外来的侵略、掠夺，防止内在的侵犯、违法占有等手段和方式，防止对国家、法人和自然人的海洋权益构成的一切可能的伤害。进行有效的海洋权益管理，对维护国家海上安全、保障海洋经济发展具有重要作用（雷小华，2018）。

三、我国海洋权益管理

（一）内水和领海

1. 基线

基线是不同类型海域划分的起算线，也是陆地和海洋的分界线。基线向陆地一面的海域是内水，向海洋的一侧为领海。《联合国海洋法公约》第五条规定，测算领海宽度的正常基线是沿海国官方承认的大比例尺海图所标明的沿岸低潮线。《联合国海洋法公约》第七条规定，在海岸线极为曲折的地方，或者如果紧接海岸有一系列岛屿，测算领海宽度的基线的划定可采用直接连接各适当点的直线基线法。

1958年，《中华人民共和国政府关于领海的声明》指出，中国大陆及其沿海岛屿的领海以连接大陆岸上和沿海岸外缘岛屿上各基点之间的各直线为基线。1992年，《领海及毗连区法》规定，中华人民共和国领海基线采用直线基线法划定，由各相邻基点之间的直线连线组成。

2. 内水

按照《联合国海洋法公约》规定，领海基线向陆一面的水域为内水，构成国家领水的一部分。根据《联合国海洋法公约》规定，划分出的基线向陆地一侧是"内海"，《中华人民共和国政府关于领海的声明》中"内海"一词指公约中所称的内水。我国《领海及毗连区法》中规定"领海基线向陆地一侧的水域为中华人民共和国的内水"。根据《联合国海洋法公约》规定，从一国领海基线向外，在不同类型的海域内，沿海国的权力呈逐渐递减的趋势，也就是距离决定海洋权益程度。

作为沿海国领土的组成部分，内水和陆地领土具有相同的法律地位，即沿海国家对其享有完全的和排他的主权。内水和领海虽然都是沿海国领土的组成部分，但二者是有区别的，主要区别是国家在领海享有的主权权利要受到无害通过权的限制。

3. 领海

（1）领海的概念。

根据国际法规定，国家的内海和领海都是国家领土的组成部分，享有对内最高的管辖权力，对外排他的、独立的主权权力。《联合国海洋法公约》规定，沿海国的主权及于其陆地领土及其内水以外邻接的一带海域，每一个国家有权确定其领海宽度，直至从按照《联合国海洋法公约》确定的基线起不超过 12 海里的界限为止。

（2）领海的权益管理。

沿海国在领海区域范围内的司法管辖权是完整、全面的，无论是什么类型的刑事、行政、民事或经济案件，只要是领海范围内发生的，沿海国都享有司法管辖权。然而，这种管辖权并不一定是具有排他性的专属管辖权，对于某些特殊的情况，《联合国海洋法公约》则规定了主权国家行使管辖权的限制。此外管辖权的行使也受到无害通过权的限制。

在民事管辖权方面，《联合国海洋法公约》第二十八条规定，沿海国不应为了对船舶上的某人行使民事管辖权而停止该船的航行或改变其航向。相比于沿海国的刑事管辖权，民事管辖的事项范围更广泛，《联合国海洋法公约》通过列明对沿海国民事管辖权行使的例外情况，赋予沿海国较大的权限。总体而言，《联合国海洋法公约》赋予沿海国在领海的管辖权，采取具体情况列举的方式规定了应该或不应该赋予沿海国刑事或民事管辖权的情况，在一定程度上限制沿海国的主权行使，但总体上以保护沿海国的海洋权益为原则。

（二）毗连区

毗连区从测算领海宽度的基线量起，不得超过 24 海里。我国《领海及毗连区法》规定，我国毗连区为领海以外邻接领海的一带海域，宽度为 12 海里。根据公约规定，这些事项包括：防止在其领土或领海内违反其海关、财政，移民或卫生的法律和规章；惩治在其领土内违反上述法律和规章的行为。

根据《中华人民共和国刑法（分则）》可在毗连区行使刑事管辖权的犯罪包括但不限于如下情形：违反海关法律、法规的犯罪；违反财政法律、法规的犯罪；基于财税一体的理念，违反"财政"法律、法规的犯罪包含税收犯罪；违反卫生法律、法规的犯罪，主要是涉及公共卫生和健康类犯罪；违反出入境管理法律、法规的犯罪；危害安全法律、法规类犯罪。

毗连区外接领海，不属于领海的部分，因此其法律地位与领海不同。毗连区作为一种缓冲区域或"检查区"，是为维护沿海国领陆、内水和领海秩序的需要而设立的预防性、监视性和惩治性管制措施的功能性海域。沿海国在毗连区的管制权应该包括刑事管辖权，沿海国对在其领土（包括领陆、内水和领海）内发生相关犯罪的外国船舶，即使已经驶离领海，也可以在毗连区行使刑事管辖权予以逮捕。

我国《领海及毗连区法》规定，我国有权在毗连区内，为防止和惩处在其陆地领土、内水或者领海内违反有关安全、海关、财政、卫生或者入境出境管理的法律、法规的行为行使管制权。当前国内法规定采取与公约大体相同的规定模式。

（三）专属经济区

1. 专属经济区的概念

《联合国海洋法公约》第五十七条规定了专属经济区的宽度，从测算领海宽度的基线量起，不应超过200海里。沿海国享有对专属经济区内自然资源的专属权利及其管辖权，其他国家享有航行权、飞越权以及铺设海底电缆和管道等权利。随着专属经济区的广泛建立将使全世界海洋面积的36%处于沿海国的管辖之下。在这个200海里宽的区域内，包括了90%的具有商业价值的鱼类，87%的世界已知海洋石油储量，以及10%的锰结核储量。

2. 专属经济区权益管理

《联合国海洋法公约》缔约国专属经济区的法律地位以及沿海国在专属经济区内享有的权利和管辖权受公约规定的约束。依照公约沿海国对其专属经济区内的水域和海床上的自然资源，不论为生物资源或非生物资源，享有以勘探、开发、养护和管理为目的的主权权利，这些权利是沿海国的专属权利。《联合国海洋法公约》规定，沿海国在专属经济区内行使权利和履行其义务时，应适当顾及其他国家的权利和义务，并应以符合公约规定的方式行事。

《联合国海洋法公约》不仅赋予了沿海国在专属经济区内对自然资源开发利用的主权权利，还赋予沿海国以下活动的管辖权：人工岛屿、设施和结构的建造和使用，以及海洋科学研究、海洋环境保护和保全。沿海国对上述3项活动的管辖权来自国际公约。我国《专属经济区和大陆架法》第三条明确了我国对上述3项活动的管辖权，与公约一致。因此，对于因从事上述3项活动而引起的刑事、民事和行政案件，我国法院也享有司法管辖权。

《联合国海洋法公约》第五十八条规定，专属经济区内所有国家在符合公约有关规定的情况下，享有航行自由、飞越自由、铺设海底电缆和管道的自由，以及与这些自由有关的海洋其他国际合法用途。由于沿海国对专属经济区的主权性权利相较于领海、内水等减弱，因此与船旗国的权益纠纷时有发生，而《联合国海洋法公约》对专属经济区的管辖规定多采用较为模糊的表述，沿海国在维护海洋权益时应增强国家的海洋实力，提高话语权。

（四）大陆架

1. 大陆架的概念

依照1982年《联合国海洋法公约》的规定，大陆架是指沿海国领海外，依其陆地领土的自然延伸部分，由陆架、陆坡和陆基的海床和底土构成，不包括上覆的海水区域。法律上的大陆架外部界限始于领海外部界限，止于大陆边外缘的海床和底土；而自然科学上的界限始于领海基线，止于大陆坡。

《联合国海洋法公约》第七十六条规定，沿海国的大陆架包括陆地领土的全部自然延伸，其范围扩展到大陆边缘的海底区域，如果从测算领海基线起，大陆架宽度不足 200 海里，通常可扩展到 200 海里，或扩展至 2500 米水深处；如果大陆架超过 350 海里，则大陆架最多可扩展至 350 海里。专属经济区和大陆架在 200 海里内是一个重叠区域，沿海国的权利也有重叠。沿海国在这两个区域内的权利义务不同。沿海国在专属经济区内对所有的资源，包括生物资源和非生物资源都有主权权利。而沿海国对大陆架的主权权利仅限于海床和底土的矿物和非生物资源。

2. 大陆架的权益管理

《联合国海洋法公约》第七十八条规定，沿海国对大陆架的权利不影响上覆水域或水域上空的法律地位。根据《联合国海洋法公约》规定，其他国家在大陆架的权利包括：在大陆架上覆水域或水域上空航行飞越的权利，在大陆架上铺设海底电缆和管道的权利，但管道的路线划定须经沿海国同意。《联合国海洋法公约》未明确赋予沿海国管辖海底科考活动以及海底环境污染的权利，只是对因铺设海底管道所引起的环境保护问题有管辖权。

3. 中国大陆架

中国大陆海岸线长达 1.8 万多千米，沿海岛屿总面积 8 万多平方千米，其中有常住居民的岛屿就多达 433 个。中国大陆架都属陆缘的现代坳陷区。因受太平洋板块和欧亚板块挤压的影响，在中生代、新生代发育了一系列北东向和东西向的断裂，形成许多沉积盆地。陆上许多河流（如古黄河、古长江等）裹挟大量有机质泥沙流注入海，使这些盆地形成几千米厚的沉积物。构造运动使盆地岩石变形，形成断块和背斜。中国需要与多个周边国家划分海洋边界，具体的，在黄海与朝鲜和韩国划界；在东海与日本划界；在南海与菲律宾、马来西亚、印度尼西亚、文莱和越南等国划界。需要解决的海洋划界问题全部涉及大陆架的划界。

（五）海岛

根据《联合国海洋法公约》的规定，岛屿是四面环水并在高潮时高于水面的自然形成的陆地区域，除了那些不能维持人类居住或其本身的经济生活的岩礁不应有专属经济区与大陆架外，岛屿的领海、毗连区、专属经济区和大陆架应按照《联合国海洋法公约》适用其他陆地领土的规定加以确定。因此，所有的岛屿不论其面积大小都可有自己的领海，而且岛屿拥有其领海的前提条件并不是它必须被人占领。

按照《联合国海洋法公约》规定确定的岛屿，对于其中能够维持人类居住和其经济生活的岛屿则可以享有划定岛屿的领海、毗连区、专属经济区和大陆架的法律地位。而对于那些不能维持人类居住或其本身的经济生活的岩礁，则只能建立其领海及毗连区，不具有建立专属经济区和大陆架的地位。

我国《海岛保护法》明确规定了对领海基线所在岛屿的特殊保护规则，并规定领海基点所在的海岛，应当由海岛所在省、自治区、直辖市人民政府划定保护范围，禁止在领海基点保护范围内进行工程建设以及其他可能改变该区域地形、地貌的活动等。

（六）管辖争议海域

管辖争议海域就是存在管辖权争议的海域范围，多表现为海岸相邻或者相向的国家之间管辖权划分不明的海域。实践中主要有两种成因：一是由于争端国家之间存在海洋划界主张争议；二是由于争端国家之间存在陆地领土争议从而衍生海域划界争议。

《联合国海洋法公约》第十五条规定，海岸相向或相邻国家划定领海界限时，除非当事国达成一致，或者由于历史性所有权或者其他特殊情况，当事国均无权将自己的领海延伸至中间线以外区域。因此，在符合上述条件的情况下，领海划界应当适用中间线原则，争端两国在中间线的两端分别享有管辖权。

由于区域划分重叠引起的海域管辖争议问题和陆地管辖争议问题一样需要各国相互协商并达成相对完善的解决方案。争议海域的权益确定可以采取协商、仲裁以及向国际法院提起诉讼的方式。争端各方通常提出某些具体的权益主张并附加国际法依据，而实践中，最终的结果也并非简单地肯定或否定某一方的权益，可能呈现出妥协的趋势。

（七）公海

1. 公海的概念

《联合国海洋法公约》第八十六条规定，公海是指不包括在国家的专属经济区、领海或内水或群岛国的群岛水域内的全部海域。由于不属于国家领土的组成部分，公海不受任何国家的管辖与支配。由于公海不属于任何国家的管辖范围，所以它是全人类的共同财富，本质上应为各国和各国人民的共同利益服务。

2. 公海自由原则

1609 年，格劳修斯发表了《海洋自由论》，公海自由原则被逐渐认可也得到了确立。依据《日内瓦公海公约》和1982 年《联合国海洋法公约》的规定，公海自由的基本含义是：公海对所有国家开放，不论是沿海国或内陆国；所有国家均有平等行使各种公海自由的权利；侵犯公海自由原则被认为是违反国际法的行为；公海自由不是绝对和没有任何限制的，其行使要受到横向和纵向的双重约束。

《联合国海洋法公约》将公海自由原则的内容确定为航行自由、捕鱼自由、飞越自由、铺设海底电缆和管道的自由、建造国际法所容许的人工岛屿和其他设施的自由以及科学研究的自由，同时也表示公海自由并不仅指上述 6 项，随着人类在公海活动内容的逐渐丰富，公海自由的内容也会相应增加。

3. 公海权益管理

公海上的管辖权实际是指对公海上的船舶、人和货物的管辖权。公海上的管辖权，主要来自船旗国，因为船旗国管辖是公海管辖的主要原则。行使船旗国管辖制度，不仅有利于维护本国权益，同时对船舶公海海洋活动也进行了有效规制，对各国的海洋权益维护都有积极作用。《联合国海洋法公约》第九十二条规定，船舶在公海上应受其船旗国的专属管辖。第九十四条规定，每个国家应对悬挂该国旗帜的船舶有效地行使行政、技术及社会事项上的管辖和控制。另外，军舰和专门用于政府非商业性服务的船只在公海上享有不受船旗国以外任何其他国家管辖的完全豁免权。

另外，沿海国当局如有充分理由认为外国船舶违反该国法律和规章时，可对该外国船舶进行紧追。紧追权的行使须在追逐国的内水、群岛水域、领海、毗连区内开始，只有追逐未曾中断才可在领海或毗连区外继续进行。如果外国船舶在专属经济区域内或大陆架上违反沿海国有关专属经济区和大陆架的规章时，沿海国也可开始紧追。紧追在被追逐船舶进入其本国或第三国的领海时必须终止。

（八）国际海底区域

1. 国际海底区域的法律地位

国际海底区域是指国家管辖范围以外的海床洋底及其底土。国际海底区域的面积占全海洋面积的 65% 以上，蕴藏着丰富的矿物资源。一般认为最有开发远景的是锰结核或多金属结核。海洋科学技术的发展和新技术的发展使得深海采矿成为可能，也就产生了深海底及其资源的法律地位问题。

2. 人类共同继承财产原则

1970 年召开的第二十五届联合国大会通过了第 2749 号决议，即《关于各国管辖范围以外海床洋底及其底土的原则宣言》，这一宣言规定了国际海底区域的法律地位和海底活动的法律原则，即国家管辖范围以外的海床洋底及其底土和资源为全人类的共同继承财产，实践中宣言的通过并未使人类共同继承财产原则被全面接受。

　　3. 国际海底区域开发制度体系

　　根据《联合国海洋法公约》和《关于执行〈联合国海洋法公约〉第十一部分的协定》的规定，国际海底管理局是专门对国际海底区域活动进行组织和管理的机构。缔约国如进行国际海底勘探，需在遵守公约和执行协定的基础上向国际海底管理局进行申请并获得核准。国际海底管理局还有"权力"制定国际海底活动及保护和保全海洋环境所需的规则、规章和程序。以国际海底管理局这一政府间国际组织为中心的深海海底区域治理模式逐渐成形。1975 年联合国第三次海洋法会议的第三期会议制定的《非正式单一协商案文》第二十二条第一款规定，海底区域的一切勘探和开发活动由国际海底管理局进行；第二百二十二条第二款规定，国际海底管理局对国家企业和国家有效控制的自然人和法人等的其他实体进行国际海底区域资源开发活动具有审批权。

　　《非正式综合协商案文》第一百五十一条规定了平行开发制度，后经修改，成为公约第一百五十三条的内容。平行开发制度的具体规定为：申请者须向国际海底管理局同时作出两块具有同等估计商业价值的矿区，并提交关于这两块矿区的有关资料。国际海底管理局指定其中一个矿区作为国际海底管理局的保留区留给企业部开发，或同发展中国家联合开发；另一矿区则作为合同区，由申请者在同国际海底管理局签订合同后开发。平行开发制度体现了对发展中国家的关切。此外，公约还对转让技术的义务和合同的财政条件、定期审查和审查会议制度等作了规定。

第四节　海洋经济和海洋产业发展

　　"十四五"规划提出加快建设现代化经济体系，从海洋领域来看，主要目标是构建现代海洋经济体系，其核心是构建现代海洋产业体系，构建现代海洋产业体系重点是发展海洋新兴产业。狭义的海洋新兴产业主要包括海洋生物医药、海洋新能源、海洋高端装备制造、海水利用以及现代海洋服务业等。广义的海洋新兴产业还包括传统海洋产业融入现代海洋科学技术后所形成的海洋牧场、智慧物流、海盐精细化工等各种海洋新模式、新业态，以及邮轮、游艇、水上运动等新兴海洋旅游业态。

一、推动海洋经济高质量发展

海洋经济高质量发展本质上是要实现新发展理念，实现创新、协调、绿色、开放、共享的发展，是海洋经济总量增长到一定阶段，海洋综合实力提高、海洋产业结构优化、海洋社会福利分配改善、海洋生态环境和谐，从而使人海"经济－社会－资源环境"系统实现动态平衡的结果。

（一）坚持海洋科技创新引领，推动完善海洋科技创新网络

整合我国的海洋科技资源，加快构建"政产学研"构成的全方位、开放型创新网络，重点破解"政产学研"对接不及时、不精准、不顺畅的难题，促进创新链和产业链的深度融合，提升海洋科研成果转化率。建立海洋协同创新服务平台，实现互联网平台、大数据中心、公共服务平台三大资源协同发挥作用的态势。利用科技成果带动海洋传统产业的技术改进，加速海洋科技成果转化。

（二）推动海洋产业转型升级，实现区域海洋经济协调发展

推动海洋产业的转型升级，探索海洋高新技术产业发展路径，是实现海洋经济高质量发展的内在要求。以现有海洋优势产业为突破口，以创新作为引领发展的第一动力，大力发展向海经济，支持地方性远洋渔业发展，并保证涉海企业走向深蓝的安全性，为远洋企业参与国际竞争提供必要的相关政策、资金和技术支持；推动典型及优势地区发展海洋蓝色碳汇，适当加快定点区域和示范海域"海上粮仓"建设，提高标准、放宽手续，实现地区高标准国家海洋牧场示范区的建设。对于其他经济增长较弱地区，则应积极培育与自身所处阶段相匹配的海洋产业，延伸海洋产业链条，有序培养优势产业，实现区域海洋经济协调发展。

（三）提升海洋治理水平，推进海洋生态文明建设

创建海洋综合治理示范区，显著提升海洋治理水平。委托第三方权威机构，全面评估我国海洋综合治理能力和海洋经济发展水平，依据法规、规划发展的要求，摸清问题，深挖根源。以创建海洋综合治理示范区为契机，以健全海域管理体制机制、完善海洋规划体系为基本方向，重点面向海域资源管理、海域使用管理、智慧海洋建设、海洋防灾减灾等方面，探索并推广海洋综合治理能力提升的路径。

严格贯彻绿色发展理念，扎实推进海洋生态文明建设。积极推进海洋生态整治，实施"蓝色海湾"修复工程，对重点海湾、生态用地、滨海公园、海岛等实施针对性修整。开展海洋生物多样性普查，建立海洋保护区，以"三生空间"为指引，划定海洋生态红线，实施救护、繁育等拯救工程。健全海洋环境监测体系，

对重点敏感海域全面覆盖，构建立体监测网络。加强绿色考核比重，探索建立"滩长治""湾长制"等责任模式。加强信息共享与部门联动，形成监管合力。制定实施各省市海洋生态损害赔偿方法，促进海洋生态环境补偿制度化、规范化。扩大宣传，加强媒体和公众监督。

（四）拓展海洋发展国际空间，推动海洋经济高水平对外开放

首先，依托"一带一路"智库和第三方机构，积极收集和储备"一带一路"沿线地区的资源与市场信息，以报告或指南的形式向社会发布，引导企业拓展海外市场，寻找投资合作机会；其次，支持优势企业以产业链、组团合作等形式，利用"一带一路"沿线地区的投资机会，高水平建设和提升一批境外产业园，发展保税加工、海外仓、国际物流基地、转口贸易等配套平台；最后，依托国家自然资源（海洋）主管部门，积极参与和展开国际海域资源调查研究，参与大洋与极地项目建设，拓宽我国海洋经济的视野与活动范围，将开发目标定位深海。同时，与国家及国际机构合作，提高海上安全、海洋事故及灾害预防的处置能力，为海洋经济发展走向世界提供有力保障。

（五）坚持陆海统筹，实现海洋经济共享发展

以陆海统筹为原则，推动沿海经济带"多规合一"。以海洋主体功能划定为前提，做好岸线利用调整的加减法，分区域、分海域确定资源和要素配置的准入清单和负面清单。完善海陆统筹产业协同发展管理体系。在管理层面上，遵循陆海相互作用的科学规律，全面度量陆海资源环境承载能力。陆海统筹是统一筹划和处理我国陆地与海洋各种关系的集合，涉及多层级、多要素、多领域，陆海形成合力，有益于推动新型海洋生产活动产业化、扩大就业岗位、缩小城乡差距，最终促进人民福祉。

二、促进海洋产业实现蓝色跨越

2018年3月，习近平总书记在参加第十三届全国人民代表大会第一次会议山东代表团审议时指出，"海洋是高质量发展战略要地。要加快建设世界一流的海洋港口、完善的现代海洋产业体系、绿色可持续的海洋生态环境，为海洋强国建设作出贡献。"以高质量发展为引领，优化海洋产业布局和结构，加快新旧动能转换，推动海洋产业绿色转型，培育壮大海洋可再生能源、海水淡化、海洋生物医药等产业，从而形成内外畅通、供需平衡、循环低碳、集约高效的海洋发展新格局。

（一）发展海洋可再生能源产业，保障国家能源安全

海洋可再生能源储量丰富、潜力巨大，可成为清洁低碳安全高效能源体系的重要组成部分。重点完善海上风电产业链，创新风电光伏互补模式，鼓励建设远海风电基地，提升海洋油气勘探开采能力，加快天然气水合物商业化开采进程，推动潮流能发电规模化产业化进程，实施波浪能示范工程，降低海上退役设施的环境、安全和经济影响，开展海上"能源岛"建设，为国家能源安全提供有力保障。

（二）做优做强海洋渔业，保障国家粮食安全

我国是海产品贸易大国和全球最大的海鲜消费市场之一，人均海鲜消费量位于发展中国家前列。优化近海海水养殖结构和布局，全面推进绿色养殖，高标准高质量建设海洋牧场，支持建设海外渔业基地，发展可持续的远洋渔业，推动可持续海产品建立产销监管链，为国家粮食安全提供海上供给保障。

（三）培育海水淡化产业，保障国家水资源安全

水资源短缺是我国经济社会可持续发展的一大瓶颈。海水淡化创造了新的淡水资源，是海岸带地区和海岛地区淡水资源的重要补充。我国海水淡化技术的研究与应用已经较为成熟，将海水淡化纳入水资源配置体系，推进海水淡化规模化应用，提高海水综合利用水平，为国家水资源安全提供有力保障。

（四）发展海洋航运业，保障国家海洋通道安全

我国90%以上的外贸货物通过海洋航运完成，推动绿色船舶、绿色港口、绿色航运多头并进发展，对于海洋产业整体绿色转型意义重大。应支持氨和氢等零碳船用燃料的发展，加速高排放船舶的更新、改造或升级，逐步考虑为船舶设定零排放的长期目标；完善岸电标准规范，推广应用节能节水新技术、新工艺；完善船舶压载水管理机制，攻克膜生物反应器关键技术，强化对到港船舶污染监管力度。

三、蓝色金融助力构建现代海洋产业体系

2023年10月召开的中央金融工作会议强调，坚定不移走中国特色金融发展之路，并提出了加快建设金融强国的战略目标。2024年1月，习近平总书记在省部级主要领导干部推动金融高质量发展专题研讨班开班式上发表重要讲话，深刻阐释了金融强国的丰富内涵，明确了坚定不移走中国特色金融发展之路的方向。加快建设金融强国是全面建设社会主义现代化国家的内在要求和必然选择，发展蓝色金融是建设金融强国和海洋强国的重要内容。

海洋新兴产业离不开金融支持，必须加强蓝色金融助力海洋产业发展的力度。

探索海洋经济可持续投融资解决方案的机会、风险和障碍，填补知识空白可开启新机遇，推动形成新产业、新业态，创建新型金融平台、产品、标准和服务体系，提高金融助力水平。

引导蓝色金融投资转向海洋新兴产业，大力推动海洋生物医药、海洋新能源、海洋高端装备制造、海水利用以及现代海洋服务业等海洋新兴产业。通过蓝色金融助力我国建成世界级海洋科技高地，打造海洋元宇宙融合中心、太平洋数据中心、海洋船舶技术合作中心和海工装备实验中心，助推海洋科技成果转化，释放海洋科技发展带来的巨大效益。

第十三章

| 第十四章 | 地质环境经济

地质环境是生态系统的基础，是自然资源主要的赋存系统，是人类所需物质来源的基本载体，承担着人类社会和经济发展所需生活空间、生产空间、资源产品和生态环境的供给功能。本章从介绍地质环境内涵、基本特征和功能价值出发，基于地质环境资源是地质环境的基本要素，地质环境对人类的作用包括地质环境资源开发与地质体的利用这一基本认识，进一步阐释分析了地质环境资源所具备的资源属性、环境属性、稀缺属性、地域属性，剖析了地质环境资源功能价值理论和地质环境资源补偿价值理论原理，探讨总结提出了地质环境资源价值构成体系以及地质环境资源使用价值、补偿价值评估的理论方法，为进一步丰富和完善了地质环境经济理论方法体系奠定了基础。

第一节　地质环境相关概念

一、地质环境的内涵

地质环境是具有一定空间概念的客观实体，是岩石圈及其表层风化产物，它包含物质组成、地质结构和动力作用三种基本要素[①]，既包括地球岩石圈和表层风化层两部分地质体的组成、结构，还包括与大气、水、生物进行着密切的物质交换和

---

①　潘懋，等. 环境地质学（修订版）［M］. 北京：高等教育出版社，2003：10.

能量流动形成的各类地质作用与现象（如图 14 – 1 所示）。地质环境的上限是地表或岩石圈的表层，其下限定位在地表以下 10 千米。地质环境是一个由岩（土）、水、气、生五大要素组成的相互开放的系统，相互之间是有机联系、相互作用的，正是这些联系才形成了各种物质的运送和能量的转化传输过程，彼此之间进行着频繁而剧烈的能量迁移和物质交换。①

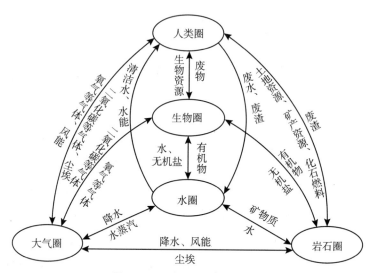

图 14 – 1　地质环境系统构成

地质环境是生态系统的基础，是自然资源主要的赋存系统，是人类最基本的栖息场所、活动空间及生活、生产所需物质来源的基本载体，是人类经济社会发展的资源基础、环境基础和工程基础，对经济和社会发展发挥资源、环境等基础功能。从根本上说，人类和其他生物依赖地质环境而生存和发展，同时人类和其他生物的活动又不断地改变着地质环境的化学成分和结构特征。地质环境包含地质环境资源，地质环境资源是地质环境的一个要素，地质环境对人类的作用可分为地质环境资源开发与地质体的利用两大类，地质环境资源既包括人类开采的固体矿产资源、石油、地下水、地热、土壤（土地）资源等，又包括人类对地质体的空间利用而形成的地表地下空间资源，还包括利用地质体的物理、化学特征满足人类对物质世界需求而形成的资源。

---

① 徐恒力，等 . 环境地质学 ［M］. 北京：地质出版社，2009：14.

二、地质环境的基本特征[①]

地质环境承受内动力、外动力地质作用和人为作用，具有内源性、隐蔽性和一旦酿成灾害的不可逆性的特征。

（一）地质环境容量

地质环境容量，即某个特定地质空间可能承受人类社会经济工程发展的最大潜能。人类所有生产和生活的消费物质，都是直接或间接地取自地质环境；人类在生产和生活过程中产生的一切废弃物，又都直接或间接地取自地质环境。所以，地质环境的容量，可以用特定地质空间可能提供人类利用的地质资源量和对人类排放的有害废弃物的容纳能力来评价。

地质环境对有害废弃物的容纳能力，取决于地下水、土壤和岩石对污染物的净化能力。虽然水体、土壤、岩石对污染物具有自净功能，但并不意味着地质环境对外来的污染物质的自净能力是无限的，当人口增长和经济发展超过地质环境的允许极限时，必然引起环境的恶化。

（二）地质环境质量

地质环境的质量，在一定程度上是由地球物理因素和地球化学因素决定的，其好坏对人类的活动和社会经济的发展都会有很大的影响。地质环境质量的好坏，可由以下几个方面的条件决定。

1. 自然地质条件的稳定性

自然地质条件是决定地质环境质量的主要因素，其中最重要的有：地质构造的稳定性、地形稳定性、岩石性质、地质灾害发育程度。

2. 抗人类活动干扰的能力

一方面，地质环境为人类活动提供空间及物质能量；另一方面，地质环境容纳并消化其废弃物。人类活动超出地质环境系统维持其动态平衡的抗干扰能力时，就产生种种地质环境问题。抗干扰能力差的地区，地质环境质量差，人类经济活动稍有不慎，就可以使地质环境状况更加恶化。

3. 原生地球化学背景

地球上人类都处在一定的地球化学场的作用下，一定数量的钙、镁、钾、钠、碳、氮、氧、磷等元素及某些微量元素，是人体和其他生物体发育所必需的，所

---

① 潘懋，等. 环境地质学（修订版）[M]. 北京：高等教育出版社，2003：11-12.

以，环境的地球化学背景值是地质环境质量的一个重要标志。

4. 受污染或受破坏的程度

人类对自然界的干扰日益扩大。现在，地球上几乎不存在未受人类活动影响的区域。天然的地质环境越来越少，人为因素对环境的影响越来越大，评定地质环境质量的好坏，必须考虑人为因素对地质环境的干扰，其中，最主要的是废弃物对环境的污染，影响了地质环境的生产能力，工程 - 经济活动对环境的破坏。诱发的地面塌陷、地裂缝、滑坡、泥石流等，造成地质环境质量下降。

三、地质环境资源的特性

地质环境资源属性分类情况，如表 14 - 1 所示。

表 14 - 1 　　　　　　　　　　地质环境资源属性分类

类别	特性
资源属性	属于不可更新资源，经人类开发利用后，很难恢复原状，具有可耗竭性、不可逆性、非再生性
环境属性	地下空间、地质景观、天然地质体等地质环境资源的开发利用会影响地质环境
稀缺属性	地质环境资源总量和可开发利用量有限
地域属性	自然条件、社会经济条件不同，数量、质量、稀缺性程度及特性存在地区差异

（一）资源属性

地质环境资源是指能够满足人类对物质世界需求，经过漫长的地质时代形成的矿产、地下水、土地、地热、地表以下自然形成或人工开挖的，且在一定技术条件下可以开发利用的地下空间资源，均属于不可更新资源，经人类开发利用后，很难恢复原状，具有可耗竭性、不可逆性、非再生性的资源属性。以地下空间资源为例，其开发利用建立在一定的地质体中，嵌入其中的人工构筑物作为地表建筑的承载体，一旦利用，很难重复使用，因此地下空间资源开发利用在一定程度上具有不可逆性。

（二）环境属性

地质环境是地质环境资源开发利用的基础，地下空间、地质景观、天然地质体等地质环境资源的开发利用会影响地质环境，形成各类地质环境问题，通过一定的技术治理措施，受影响的地质环境又能够恢复相应的生态环境功能，因此，地质环境资源除了上述所说的具有资源属性外，还具有环境属性。

（三）稀缺属性

正如自然资源所表现出来的资源总量和可开发利用的量是有限的，地质环境资源的物理可供量的有限性也是显而易见的，以地下空间资源开发和地下水资源利用为例，地下空间资源的开发不仅受城市布局的限制，而且还受到经济技术水平的限制的，受到地下岩土体的性能限制。地下水资源的利用，在一定的经济条件下，能够满足人类的需要，当人类对地下水资源的需求超过了自然补给能力，使得地下水资源具有稀缺的属性。

（四）地域性

地质环境资源总是相对集中于某些区域之中，其数量、质量、稀缺性程度及特性存在地区差异。水资源有流域性、矿产资源有成矿带，这就决定了地质环境资源的开发利用和保护必须因地制宜，根据其区域特征采取有针对性的措施，解决各地地质环境资源分布状态不平衡问题。

四、地质环境的功能和价值

1. 地质环境具备提供稳定、安全的生存空间的功能

地质环境是与人类关系最为直接最为密切的岩石圈之表层，为人类和其他生物生存和发展提供了广阔的空间，是人类社会和经济活动的场所，而且地质环境的工程地质性状和地质灾害的分布直接影响到人类生命财产的安全。

2. 地质环境具备提供必需的资源功能

地质环境给人类提供了丰富的赖以生存的物质资源，如：地下水资源、地下空间资源、矿物原料、地热资源、地质景观资源等，许多城市也因矿而兴。地下水资源对水资源合理配置、流域生态系统功能维持具有重要作用，2020 年全国地下水资源量 8553.5 亿立方米，全国地下水年开采量，2020 年达到 892 亿立方米。[①] 人类有 90% 以上的工业品及 17% 的日用消费品是用矿物原料生产出的。截至 2020年底，我国地热直接利用规模达 40.6 吉瓦，全球占比 38%，连续多年位居世界首位，中低温地热直接利用主要在地热供暖、医疗保健、温泉、洗浴和旅游度假、养殖、农业温室种植和灌溉、工业生产、矿泉水生产等方面。

---

① 国务院政策例行吹风会，《地下水管理条例》有关情况 ［EB/OL］. https://www.gov.cn/xinwen/2021zccfh/52/index.htm，2021 – 11 – 22.

3. 地质环境具备影响生态系统的功能

地质环境作为生态系统的重要组成部分，通过影响岩石、土壤和水体等要素，对生态系统的稳定性、物种多样性和养分循环等方面产生影响，间接影响生态系统功能。岩石的物理和化学性质决定了土壤的形成过程，当岩石受到风化和侵蚀，产生的矿物质和碎屑逐渐形成土壤，为植物提供养分和生长空间，不同的岩石类型具有不同的酸碱性，影响土壤的 pH 值，不同类型的土壤对植物的适应能力不同，影响植物群落的结构和物种多样性。影响植物的生长和土壤微生物活动，进而影响整个生态系统的结构和功能。岩石中的矿物质溶解进入水体，影响水体的成分和水质，对水中的生物群落和物种分布产生影响。

4. 地质环境具备容纳吸收消解废弃物的功能

地质环境的另外一个重要功能就是吸纳和消解人类社会产生的各种废弃物，从而实现整个生态系统的物质和能量的循环流动。在全球变化背景下，自然系统与人类活动相互作用，深刻影响和改变着区域水循环系统。地下水是区域水循环的重要环节。

5. 地质环境具备提供地质地貌景观、地质遗迹的功能

奇峰、异洞、怪石、火山、冰川、峡谷、瀑布、泉水、湖海、沙漠以及保存在岩层中的生命（古生物）遗迹和地质构造形迹，都是地球演变历史的天然记录，它们不但是人类追溯地球历史的实物档案，也是人类回归自然、享受自然、休养身心的休闲游憩对象，以保护地质遗迹为目的而建立的，且已被纳入自然保护体系中的国家地质公园，已经成为新兴的旅游资源。截至 2020 年，我国已拥有 39 家世界地质公园，204 家国家地质公园，72 家国家矿山公园，数百家省级地质公园。

第二节　地质环境经济理论

一、地质环境资源的功能价值理论

马克思针对自然资源价值曾有过这样的论述，他指出，"自然界同劳动一样也是使用价值（而物质财富就是由使用价值构成的！）的源泉"①，"一物可以是使用

① 马克思恩格斯全集 [M].1 版. 北京：人民出版社，2016.

价值而不是价值，这物并不是由于劳动而对人有用的情况下是这样"①，基于此种认识，对于各类尚未进入资源生态经济系统的地质环境资源来说，其既具有使用价值，同时也具有价值。人类通过勘查开发劳动作用于地质环境资源，地质环境资源所具备的质量、效用和表现出来的有用性能够满足人类经济社会发展需求。

（一）地质环境资源功能

地质环境资源的功能是指地质环境资源的质量、效用和有用性。是人类在开发利用地质环境资源过程中，地质环境资源所起的作用。地质环境资源由于其本身所具有的物理、化学和生物属性，其表现出的功能是复杂多样的。考虑人类对地质环境资源有着不同的需求，地质环境资源的效用不尽相同，体现出的有用性也不尽相同。

在一定意义上说，不同的地质环境资源功能体现出地质环境资源具有不同的使用价值。如果人类对地质环境资源的各种属性和功能没有需求，那么地质环境资源的各种属性和功能就无法构成价值，也仅仅构成潜在价值，只有当人类对地质环境资源的某种属性和功能满足人类需求时，地质环境资源才具备了价值。

（二）地质环境资源的使用价值与价值

地质环境资源使用价值是相对于人的需要而言，正因为有了人与地质环境资源之间的需求关系，地质环境资源使用价值才得以体现。

马克思在商品的使用价值和价值之间的关系问题上，认为"物的有用性使物成为使用价值。但这种有用性不是悬在空中的。它决定于商品体的属性，离开了商品体就不存在"，"交换价值表现为一种使用价值同另一种使用价值相交换的量的关系或比例。交换价值表明同一种商品的有效交换价值表示一个等同的东西（价值），交换价值只是同它相区别的表现方式"②。因此，可以理解为使用价值（物品的有用性）和价值是商品的两个因素或两种属性，它们都依赖于商品体，并存在于商品体之中，商品既是使用价值的物质承担者，又是价值的物质承担者，使用价值的存在是价值存在的前提。边际效用学派认为，物品的价值是由物品的边际效用来决定的，马歇尔进一步把供给和需求结合起来，把边际效用看作是决定需求价格的基本因素。通过以上观点分析可知，地质环境资源的使用价值和价值，从内容上看是地质环境资源是否能满足人类需要的效用，从本质上看是人类和地质环境资源之间的使用与被使用的关系。

---

① 马克思. 资本论（第一卷）［M］. 中共中央马克思恩格斯列宁斯大林著作编译局，译. 北京：人民出版社，2004.

② 马克思. 资本论（马克思诞辰 200 周年纪念版）［M］. 中共中央马克思恩格斯列宁斯大林著作编译局，译. 北京：人民出版社，2018：48 - 49.

因此，综上所述，使用价值和价值反映出地质环境资源的功能，其功能的大小，也就是使用价值量和价值量的大小归根到底都取决于人类对地质环境资源需求量的大小。使用价值反映的是人类与地质环境资源的关系，其使用价值或者效用的大小只能在这种关系中予以确认，其大小取决于人类对地质环境资源需求的量，换言之，人类从地质环境资源中所获得效用总量是其耗费的地质环境资源量的函数，即：$TU = f(Q)$。地质环境资源价值反映出地质环境资源开发相关利益主体之间的社会关系，也就是反映出来的是地质环境资源的供求关系，因此，地质环境资源价值量实际上就是由地质环境资源自身的供求关系来决定。

（三）地质环境资源功能价值模型

地质环境资源功能价值模型是根据地质环境资源的质量和功能的变化，通过质量增减和功能效用的关系来确定地质环境资源价值的理论。任一地质环境资源因其质量不同对人类而言，有着不同的功能。在一定程度上，地质环境资源的质量越好，则功能越大，满足人类需求的能力越强，其价值越高，反之，价值越低。地质环境资源功能价值模型反映的是"质量"和"功能"的关系，即以满足人类需求的功能关系来界定其价值。

地质环境资源在开发利用过程中，其物理、化学和生物性质都可能发生变化，造成地质环境问题、生态问题（如地面塌陷、土地毁损及物种栖息地生境破坏），表明地质环境资源的质量随之下降，其功能随之减退，反映出地质环境资源价值降低，不考虑其他因素的情况下，可以把地质环境资源功能作为质量的函数。在地质环境资源数量一定的情况下，两者之间的关系如图 14 – 2 所示。

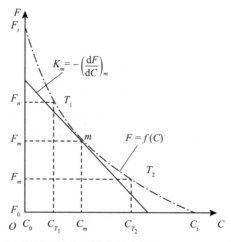

图 14 – 2　地质环境资源功能价值与地质环境资源质量关系

图 14 - 2 中横坐标表示地质环境资源质量，纵坐标表示地质环境资源的功能。一般情况下地质环境资源质量下降将导致其功能减退，当质量为 C_m 时，对应的功能为 F_m，当地质环境资源的质量和功能发生变化时，我们可以通过计量功能的变化值来核算地质环境资源的价值。在（C_m，F_m）下的地质环境资源功能价值为：

$$K = \frac{b}{Q}\left(-\frac{\mathrm{d}F}{\mathrm{d}C}\right) \tag{14-1}$$

式中，K 表示地质环境资源的功能价值，F 表示地质环境资源的功能，C 表示地质环境资源的质量，b 表示地质环境资源功能的价值参数，Q 表示地质环境资源的数量。

当地质环境资源从 T_1 变化到 T_2 时，意味着该类地质环境资源功能降低，其降低损失值可表示为：

$$\Delta F = -\int_{T_1}^{T_2} \frac{b}{Q} K \mathrm{d}C \tag{14-2}$$

式中，ΔF 表示地质环境资源功能降低值或损失值，F_{T_1} 表示地质环境资源在 T_1 时的功能值，F_{T_2} 表示地质环境资源在 T_2 时的功能值。b，K，Q 含义同上。通过对有限的 $F = f(c)$ 曲线的外推，可以求得 C_0、F_t 状态下的 K_t，即为地质环境资源的功能价值。

第十四章

二、地质环境资源的补偿价值理论

地质环境资源的补偿价值理论是根据地质环境资源的质量和功能的变化，通过质量损失的经济补偿费用和功能效用的关系来确定地质环境资源补偿价值的理论，地质环境是构成环境的要素，它们之间是相互联系的有机整体，这种整体性决定了地质环境资源的补偿价值不仅包括地质环境资源开发利用过程的有形耗费（经济价值），还包括因地质环境资源开发利用造成地质环境问题而受到影响的生态功能恢复和重建费用（生态价值）。

（一）地质环境资源折损价值补偿

根据马克思主义价值论的主张，地质环境资源价值即为在其自然再生产能力之上，人类为维护、恢复、增殖自然再生产所付出的必要劳动时间。正是由于地质环境资源具有有用性和稀缺性的特性，其以天然方式存在时表现出的是地质环境资源的存在价值，当人类投入社会必要劳动时间开发利用地质环境资源时所表现出的是地质环境资源劳动价值。所以，地质环境资源的折损价值补偿应包括：一是对地质环境资源存在价值的补偿，人们在开发利用某一地区的地质环境资源并获得经济收益的同时，地质环境资源的质量和功能产生折损或降低，使地质环境资源存在价值减低，数量减少，需要开发者对地质环境资源质量和功能减少折损的部分进行经济补偿，以弥补该地区地质环境资源折损的存在价值。二是对地质环境资源劳动价值的补偿。例如，开采固体矿产资源、油气资源，需要经过地质勘查劳动投入，是运用勘探工具同矿产资源相结合的劳动过程，在评估地质环境资源补偿价值时，要将这部分劳动投入纳入其中予以考虑。

（二）地质环境资源生态价值补偿

地质环境资源生态价值补偿是针对人们开发利用地质环境资源的同时，会造成地质环境损害、生态环境问题，导致地质环境资源所具有的生态功能丧失，为了恢复生态功能，增加功能存量，需要付出投入补偿费用，作为地质环境资源价值损失的补偿。

第三节 地质环境资源价值评估

一、地质环境资源价值构成

讨论地质环境资源的使用价值和补偿价值的关系，可以说地质环境资源的使用价值是补偿价值的基础和前提，没有使用价值的地质环境资源就不需要对其进行补偿。地质环境资源价值由使用价值和补偿价值构成。恩格斯指出："价值是生产费用对效用的关系。[1]"衡量地质环境资源是否有价值，既要看它是否具有效用，又要看其是否与人类发生一定的折损费用。折损费用体现补偿价值，效用体现使用价值，费用和效用同时存在并相互作用，构成地质环境资源价值。

据此，地质环境资源价值对使用价值和补偿价值的关系可以表述为以下：

$$\vec{P} = K(\vec{A} + \vec{B}) \tag{14-3}$$

式中，$\vec{P}$ 表示地质环境资源价值，$\vec{A}$ 表示地质环境资源使用价值，$\vec{B}$ 表示地质环境资源补偿价值，K 表示弹性系数。

---

[1] 马克思恩格斯全集［M］. 1 版. 北京：人民出版社，2016.

正如前面所述，→地质环境资源使用价值表现出地质环境资源的有用性，表现
出其功能，其大小决定于它的有限性，由市场供求所决定。→地质环境资源补偿价
值是人类为保护、恢复、更新和积累地质环境资源而投入的补偿费用，其大小是与
地质环境资源的折损价值和生态价值有关。

二、地质环境资源使用价值评估方法

通常情况下，我们可采用市场价值法来开展地质环境资源使用价值的评估，利
用地质环境资源质量变化引起该类地质环境资源供给量的变化来估算地质环境资源
质量变化的经济损失，这种经济损失反映出地质环境资源使用价值的变化。地质环
境资源使用价值评估方法如下：

$$P_d = p \times Q - B = \sum_{i=0}^{n} P \times q - b \qquad (14-4)$$

式中，P_d 表示地质环境资源使用价值，p 表示地质环境资源价格，Q 表示地质环境
资源的总供给量，B 表示地质环境资源开发的总成本。q 表示地质环境资源年供给
量，b 表示年度地质环境资源开发成本，n 表示地质环境资源生产服务年限。

三、地质环境资源补偿价值评估方法

正如前面所述，地质环境资源具有资源属性、稀缺属性和环境属性，从另一视
角来看，具有有用性、有限性、定量性、可取性、耗竭性和多价值性的特点，而补
偿价值是维持资源的再生、开发替代资源，以及补偿资源保护、开发的追加劳动所
需耗费价值，因此在评估地质环境资源补偿价值时，要依据地质环境资源类型和特
性，分门别类地考虑不同类别的地质环境资源补偿价值构成。下面着重探讨对经济
社会具有重要作用的固体矿产资源、石油、地下水、地热等地质环境资源补偿价值
评估。

固体矿产资源、石油、地下水、地热等地质环境资源补偿价值主要由开发补偿
费（包括：矿业权出让收益、矿业权占用费（探矿权采矿权使用费）、资源补偿
费、资源税）、地质勘探投入补偿、生态环境破坏损失的补偿三部分构成。评估公
式如下式所示：

$$P_c = D_c + G_c + E_c \qquad (14-5)$$

其中，P_c 表示地质环境资源补偿价值，D_c 表示开发补偿，G_c 表示地质勘探投入补

偿，E_c 表示生态破坏损失补偿。

（一）开发补偿

地质环境资源中，有相当部分属于不可再生的资源（如天然建筑材料、石油、天然气等），以物质形态进入整个生产过程。这类的地质环境资源本身是不可再生资源，随着开采生产过程的延续，不断地被开发利用，直到完全耗尽。因此需要通过货币补偿方式，体现这类地质环境资源的使用价值，因此国家为了维护地质环境资源国家所有者的权益，依法收取的国有资源有偿使用收入，以"矿业权出让收益"形式使这类资产由实物形态转化为货币形态。

开发补偿评估如下式所示：

$$D_c = M_L + M_U + M_T \times Q \tag{14-6}$$

式中，D_c 表示地质环境资源开发补偿，M_L 表示矿业权出让收益，M_U 表示矿业权使用费，M_T 表示资源税，Q 表示地质环境资源供给量。其中，M_U 矿业权使用费，依据《国务院关于印发矿产资源权益金制度改革方案的通知》（2017 年）要求，根据矿产品价格变动情况和经济发展需要实行动态调整的矿业权占用费。

M_L 分两种情形：一种是按竞争方式出让探矿权、采矿权的，在出让时征收竞争确定的成交价；在矿山开采时，按合同约定的矿业权出让收益率逐年征收采矿权出让收益。矿业权出让收益率依据矿业权出让时《矿种目录》规定的标准确定。另一种是按协议方式出让探矿权、采矿权的，成交价按起始价确定，在出让时征收；在矿山开采时，按矿产品销售时的矿业权出让收益率逐年征收采矿权出让收益。

$$M_L = 探矿权（采矿权）成交价 + 逐年征收的采矿权出让收益$$

其中，逐年征收的采矿权出让收益 = 年度矿产品销售收入 × 矿业权出让收益率。

（二）地质勘探投入补偿

地质勘探投入是地质环境资源开发过程中采用的一些勘探手段方法所发生的全部费用，包括地形测绘、地质测量、遥感、物化探、钻探、山地工程（坑探、浅井、探槽等）、岩矿测试、其他地质工作项目所发生的全部费用，具体如下式所示。

$$G_c = T_m + G_s + R_s + P_e + D_e + W_L + P_t + O_f \tag{14-7}$$

其中，G_c 表示地质勘探投入补偿，G_s 表示地质测量发生的费用，T_m 表示地形测绘发生的费用，R_s 表示遥感工作发生的费用，P_e 表示物化探发生的费用，D_e 表示钻探发生的费用，W_L 表示山地工程发生的费用，P_t 表示岩矿测试费用，O_f 表示其他可能发生支出的费用。

（三）地质环境资源开发破坏损失的补偿

1. 地质环境资源开发形成的地质灾害损失评估

地质环境资源开发过程中，可造成滑坡、泥石流、地面塌陷、地面沉降等地质灾害，从而对人类生命财产、生态环境等造成的危害或损失，影响地质环境资源价值。

（1）地质灾害损失评估构成分析。

地质灾害损失是由于灾害造成的人类社会、家庭和个人的既得利益或预期利益的丧失，是对地质灾害给人类生存和发展所造成的危害或破坏程度大小的一种定量评估结果。地质灾害损失一般可以分为经济损失和非经济损失、直接损失或间接损失。经济损失通常是指可以用货币计量的损失，如财产损失、停工停产损失等，非经济损失是指难以用货币计量的损失，如人员伤亡损失。直接经济损失是指地质灾害发生时直接造成的受灾体的物质财富损失，间接损失则是指地质灾害发生造成的非现场经济损失，如造成输电线路中断、停业的经济损失等。因此，根据上述内涵和外延的阐述，地质灾害损失的构成可以表示为：

$$D_{sum} = D_d + D_{id} \tag{14-8}$$

其中，D_{sum} 表示地质灾害损失，D_d 表示地质灾害直接损失，D_{id} 表示地质灾害间接损失。

地质灾害损失评估的是在掌握历史和现实灾害数据资料的基础上，运用统计计量分析方法对灾害可能造成、正在造成和已经造成的人员伤害、财产等损失进行定量的评价和估算，以便准确把握地质灾害损失的一种灾害评估方法。需要指出的是，地质灾害损失评估是一项系统工程、涉及面广，内容复杂，尚处于探索过程中，对于制定地质灾害风险管理政策具有重要意义。

（2）地质灾害直接损失评估方法。

地质灾害造成的直接损失是多样，受灾体的不同，其造成的直接损失也是多样的，因此，选择的评估方法必须与受灾体相适应，不同的损失类型往往要求不同的评估方法。此外，选择评估方法受数据和灾后信息资料的制约。各种方法都要依据一系列数据资料进行分析、处理，因此信息资料的获取是制约评估准确性的最主要障碍。为了提高评估结果的准确性，可以选用多种评估方法相互配合，互相验证，以弥补单一方法的局限性。

①重置成本。地质灾害对各种资产造成直接损失，可以采用修复成本法，简单地说就是现行再取得损失资产的成本。采用与承灾体被损毁的承灾体相同的材料、建筑标准、设计规格等，以现行价格购建与被灾害损毁的承灾体相同的全新资产所

发生的费用。该方法的运用一般用于无法计算收益的损毁资产或者找不到参照物的资产损失评估。

②现行市价法。按市场价格确定承灾体受损的资产价值的评估方法，运用市场价格法，重要的是能够找到和损毁承灾体相同的市场参照物。也就是能够用现行市价标准评估。

③收益现值法。对于地质灾害发生后，对于能够产生收益的地质灾害受灾体资产受损的情况，可以按照收益现值法开展地质灾害损失评估，通过估算被评估资产的未来预期收益并折算成现值，借以确定被评估资产价值的一种资产评估方法。将资产未来收益转换成资产现值，而将其现值作为受损待评估的受灾体的重估价值。①

（3）地质灾害间接损失评估方法。

地质灾害间接损失是灾害发生时造成的非现场经济损失。是美国地球科学、环境和资源委员会将自然灾害的间接经济损失划分为灾害诱发损失、产业关联损失和支出减少造成的损失。不同于直接经济损失的评估，间接经济损失评估更多地依靠经济学建模实现，比如通常使用投入产出分析法，即：利用灾后经济调查、计量经济模型，投入产出分析来刻画灾害造成的间接损失，考虑此种方法精度不够高的缺点，一部分学者也提出了一系列新的评估方法，如：自适应区域投入产出模型，多区域影响评估模型等，这些方法针对投入产出分析的缺陷进行了改进②。虽然间接经济损失作为构成地质灾害经济损失的一部分，但从实践来看，由于地质灾害间接损失中可能包含有非灾害因素和非经济因素在内，如：地质灾害发生后产生的保险公司的赔付，银行业务中断导致利润受损，仅仅是地质灾害发生造成直接损失的反映，是银行或保险公司随风险变化收益发生调整的具体体现。因此，地质灾害直接经济损失便成为研究关注的重点对象。

（4）地质灾害损失评估需要注意的几个问题。

①收入和产出不可重复计算。当地质灾害发生后，对企业的生产造成影响，也会对收入造成影响，在损失评估时，可以计算产量下降引起的损失，也可计算收入的损失，但不可以把二者之和作为灾害的损失。

②财政转移支付不纳入损失范畴。转移支付是政府或企业无偿地支付给个人以增加其收入和购买力的费用，是政府财政资金单方面的无偿转移，具有福利支出性

① 李红勋. 资产评估与管理 ［M］. 北京：中国林业出版社，2000.
② 程时雄，何宇航. 自然灾害经济学研究新进展 ［J］. 经济学动态，2023（2）.

质。是保障地方政府提供最基本的公共产品。当地质灾害发生时，产生的财政转移支付没有利用一定的资源生产商品和服务，故在开展地质灾害损失评估时，不应将其纳入评估范畴。

2. 地质环境资源开发其他生态损失影响评估

地质环境资源开发会引起生态破坏，其所造成的经济损失是多种因素综合作用的结果，除可利用市场价值法外还可以利用旅行费用法、防护费用法、恢复费用法，重置成本法，影子工程法、机会成本法等。

（1）防护费用法。[①]

防护费用法是指地质环境资源开发利用引起地质环境质量的变化，把人们愿意负担消除或减少有害地质环境影响的费用作为地质环境资源开发利用所带来的地质环境效益损失的最低估价。如：为了防止含水层破坏，采取布设地质环境监测站、监测仪器等地质环境预防保护措施而发生的费用，即为防护费用。防护费用的支出可以有不同的形式，它可以采取"谁污染、谁治理"，由污染者自行采取保护预防和治理工程消除地质环境破坏的方式，也可以采取受害者迁出地质环境问题严重区域，而由地质环境资源开发利用责任主体给予相应补偿的方式。

（2）旅行费用法。[②]

旅行费用法，是通过交通费、门票费和花费的时间成本等旅行费用来确定旅游者对被破坏的地质环境资源提供的多种功能和服务价值的支付意愿，并以此来估算环境物品或服务价值的一种方法。旅行费用法可以用来评价那些无法用市场价格来反映的地质环境资源价值，它要评估的是旅游者通过消费这些环境商品/服务所获得的效益，或者说，对这一地质环境提供的多种功能和服务的支付意愿。

旅游者的支付意愿就等于消费者的实际支付与其消费某一商品或服务所获得的消费者剩余之和。所以说，要想求出旅游者的支付意愿大小，关键在于估算旅游者的消费者剩余。

旅行费用法的基本步骤为：取样，调查游览率，估算旅行费用，进行回归统计，求出需求曲线。

①调查确定旅游率。

②根据对旅游者调查的样本资料，用分析出的数据，对不同区域的旅游率和旅行费用以及各种社会经济变量进行回归，求得第一阶段的需求曲线即旅行费用对旅

---

①　曾贤刚. 环境影响评价 ［M］. 北京：化学工业出版社，2003：151.

②　曾贤刚. 环境影响评价 ［M］. 北京：化学工业出版社，2003：147.

游率的影响。

$$Q_i = f(TC_i, X_1, X_2, X_3, \cdots, X_n) \qquad (14-9)$$

式中，Q_i 为旅游率，$Q_i = V_i/POP_i$，其中 V_i 为根据抽样调查的结果推算出的 i 区域中到评价地点的总旅游人数，POP_i 表示 i 区域的人口总数；Q_i 进而可以用每 1000 个 i 区的居民中每年到该场所旅游的人数表示，TC_i 为从 i 区域到评价地点的旅行费用；$X_i = (X_1, X_2, X_3, \cdots, X_n)$ 为包括：i 区域旅游者的收入、受教育水平和其他有关的一系列社会经济变量。

通过上式确定的是一个所谓的"全经验"需求曲线，它是基于旅游率而不是基于在该场所的实际旅游者（人/天）数目。利用这条需求曲线来估计不同区域中的旅游者的实际数量，以及这个数量将如何随着门票费（或称入场费）的增加而发生的变化情况，来获得一条实际的需求曲线。

③确定旅游者对地质环境资源场所的实际需求曲线。根据第一步的信息，对每一个出发地区第一阶段的需求函数进行校正并计算出每一区域的需求函数，计算每个区域旅游率与旅行费用的关系。

$$TC_i = \beta_{0i} + \beta_{1i}Q_i \qquad (14-10)$$

式中，$\beta_{0i} = -\dfrac{a_0 + a_2 X_i}{a_1}$，$\beta_{1i} = \dfrac{1}{a_1 POP_i}$，$i = 1, 2, \cdots, k$。

共有 k 个等式，每个等式中的 β 值不同。每个区域有一个等式，

④计算每个区域的消费者剩余。我们假设评价区的门票费为 0，则旅游者的实际支付就是他的旅行费用；进而通过门票费的不断增加来确定旅游人数的变化就可以求得来自不同区域的旅游者的消费者剩余。

⑤将每个区域的旅游费用及消费者剩余加总，得出总的支付愿望，即是被破坏的地质环境资源的价值。

（3）浓度 – 价值评估法。

正如前面所述，地质环境容量是地质环境的基本特征之一，地质环境容量是地质环境资源使用价值评估、地质环境资源质量评价，乃至地质环境风险评价中的一个重要指标。地质环境容量可理解为某一区域的地质环境功能在不致受到过大的影响情况下可以容纳的污染物的最大限量，当利用地质环境容量这一指标来评价两个地区的地质环境资源使用价值时，不仅要考虑地质环境容量本身，还要考虑评价地区的环境背景情况、特定的环境质量标准，地质环境容量越大，说明这一区域的地质环境质量越好，这一地区的地质环境资源的价值就越高。例如，以地下水这一地质环境资源为例，某一地区地下水污染物浓度高，另一地区地下水污染浓度低，污

染物浓度高含水层的地质环境容量比污染物浓度低的含水层的地质环境容量要小，说明，污染浓度高的含水层地下水资源使用价值要比含水层污染浓度低的地下水资源使用价值低。需要说明的是，地质环境容量的概念是相对的，不仅与环境本身的背景情况有关，还与对地质环境的特定功能的规定有关，因此，利用地质环境容量来评价地质环境价值时，还应充分考虑特定的环境质量标准。

利用地质环境容量评估地质环境资源开发生态破坏损失的补偿时，适合采用"浓度 – 价值模型"。[①]

设环境中某一环境要素 i，共有 n 种污染物，第 j 种污染物对环境要素 i 造成的污染损失率为 R_{ij}，按照詹姆斯（James）用的"浓度 – 价值曲线"[②]，其中某种污染物对水体造成的损失 R_{ij} 可表示为：

$$R_{ij} = \frac{1}{1 + \alpha_{ij}\exp(-\beta_{ij}c_j)} \tag{14-11}$$

单一污染物 j 对单一环境要素 i 造成的经济价值损失模型为：

$$S_i = K_i R_{ij} \tag{14-12}$$

其中，R_{ij} 为单因子经济价值损失率，由上式可知，$0 < R_{ij} < 1$，且 $\lim\limits_{c_j \to \infty} S_i = K_i$，$\lim\limits_{c_j \to \infty} R_{ij} = 1$。式中 α 为求解过程中所得常数项，α_{ij} 和 β_{ij} 与污染物的污染特性有关，一般需要通过污染毒理试验或对受污染的地下水资源的实际调查确定，α_{ij} 和 β_{ij} 的确定可以以环境中第 j 种污染物的本底浓度为基础，参照国家有关污染物综合排放标准的有关规定进行表述，具体做法是：设环境中第 j 种污染物的本底浓度为 c_{0j}，相应的单项污染损失率为 R_{ij}，引起严重污染时的临界浓度值为 c_{ij}，相应单项污染损失率为 R_{ij}，为表示方便，记为：

$$f_j = \ln\frac{R_{tj}(1-R_{0j})}{R_{0j}(1-R_{tj})} \tag{14-13}$$

根据上式，可求出 α_{ij} 和 β_{ij}，

$$\alpha_{ij} = \frac{1-R_{0j}}{R_{0j}}\exp\frac{f_j c_{0j}}{c_{tj}-c_{0j}} \tag{14-14}$$

$$\beta_{ij} = f_j(c_{tj}-c_{0j}) \tag{14-15}$$

（4）影子工程法。

影子工程法是恢复费用法的一种特殊形式。某种环境的功能被污染或破坏后，可以人工营造一个来替代原有的功能，用建造新工程（人造环境物品）的费用来

---

①　张江山，孔健健. 环境污染经济损失估算模型的构建及其应用［J］. 环境科学研究，2006，19（1）：15 – 17.

②　James. 水资源规划经济学［M］. 北京：水利电力出版社，1984：255.

估计环境污染或破坏所造成的经济损失的方法，叫作影子工程法。在环境污染造成的损失难以直接估算时，人们常常用这种能够保证经济发展和人民生活不受环境污染影响的影子工程项目的费用来估算环境质量变化所带来的损益。这种"影子工程"只是一个概念，而不是实实在在的工程，其目的是对环境成本有一个估算值。将影子工程的成本包含在内，可以从一定程度上指出新项目的收益必须有多大才能超过它所引起的损失。

第十四章

| 第十五章 | 自然保护地经济

自然保护地是对重要自然生态系统、自然遗迹、自然景观及其所承载的自然资源、生态功能和文化价值实施长期保护的陆域或海域，在守护自然生态，保育自然资源，保护生物多样性与地质地貌景观多样性，维护自然生态系统健康稳定和维持生态平衡等方面发挥着重要作用。自然保护地汇聚了多种多样弥足珍贵的自然资源资产和历史文化遗产，交织依存成为一个整体。自然保护地的特殊定位决定了其自然资源资产不同于单一自然资源资产，更不同于一般财产。自然保护地自然资源资产具有自然资源和生态环境双重属性，其价值也是多元的、复杂的，不仅具有经济价值，还具有非常重要的生态价值、社会价值。自然保护地经济是在其独特的自然资源资产综合体特性基础上，研究涉及的各种经济活动和各种相应的经济关系及其运行、发展的规律，包括保护与可持续利用经济关系、产权体系、资产特征、资产类型、价值实现等内容。

第一节　自然保护地体系构成及调整优化

一、中国自然保护地体系构成

（一）自然保护地的内涵

自然保护地是由各级政府依法划定或确认，对重要的自然生态系统、自然遗迹、自然景观及其所承载的自然资源、生态功能和文化价值实施长期保护的陆域或海域。建立自然保护地目的是守护自然生态，保育自然资源，保护生物多样性与地质地貌景观多样性，维护自然生态系统健康稳定，提高生态系统服务功能；服务社会，为人民提供优质生态产品，为全社会提供科研、教育、体验、游憩等公共服务，维持人与自然和谐共生并永续发展。要将生态功能重要、生态环境敏感脆弱以及其他有必要严格保护的各类自然保护地纳入生态保护红线管控范围。推进以国家公园为主体的自然保护地体系建设，是贯彻习近平生态文明思想的重大举措，是党的二十大提出的重大改革任务。自然保护地是生态文明建设的核心载体、中华民族的宝贵财富、美丽中国的重要象征，在维护国家生态安全中居于首要地位。

（二）自然保护地体系建设目标

自然保护地体系建设总体目标。建成中国特色的以国家公园为主体的自然保护地体系，推动各类自然保护地科学设置，建立自然生态系统保护的新体制新机制新模式，建设健康稳定高效的自然生态系统，为维护国家生态安全和实现经济社会可持续发展筑牢基石，为建设富强民主文明和谐美丽的社会主义现代化强国奠定生态根基。中共中央办公厅、国务院办公厅印发的《关于建立以国家公园为主体的自然保护地体系的指导意见》要求到 2025 年，健全国家公园体制，完成自然保护地整合归并优化，完善自然保护地体系的法律法规、管理和监督制度，提升自然生态空间承载力，初步建成以国家公园为主体的自然保护地体系。到 2035 年，显著提高自然保护地管理效能和生态产品供给能力，自然保护地规模和管理达到世界先进水平，全面建成中国特色自然保护地体系。自然保护地占陆域国土面积 18% 以上。

自然保护地体系建设的目标是系统保护重要自然生态系统、自然遗迹、自然景观和生物多样性，提升生态产品供给能力，维护国家生态安全，服务人民、为建设美丽中国、实现中华民族永续发展提供生态支撑。要加强顶层设计，理顺管理体制，创新运行机制，强化监督管理，完善政策支撑，构建分类科学、布局合理、保护有力、管理有效的以国家公园为主体的自然保护地体系。

（三）自然保护地类型

按照自然生态系统原真性、整体性、系统性及其内在规律，依据管理目标与效能并借鉴国际经验，将自然保护地按生态价值和保护强度高低依次分为国家公园、自然保护区和自然公园三大类。

1. 国家公园

国家公园是指以保护具有国家代表性的自然生态系统为主要目的，实现自然资源科学保护和合理利用的特定陆域或海域，是我国自然生态系统中最重要、自然景观最独特、自然遗产最精华、生物多样性最富集的部分，保护范围大，生态过程完整，具有全球价值、国家象征，国民认同度高。

2. 自然保护区

自然保护区是指保护典型的自然生态系统、珍稀濒危野生动植物种的天然集中分布区、有特殊意义的自然遗迹的区域。具有较大面积，确保主要保护对象安全，维持和恢复珍稀濒危野生动植物种群数量及赖以生存的栖息环境。

3. 自然公园

自然公园是指保护重要的自然生态系统、自然遗迹和自然景观，具有生态、观赏、文化和科学价值，可持续利用的区域。确保森林、海洋、湿地、水域、冰川、草原、生物等珍贵自然资源，以及所承载的景观、地质地貌和文化多样性得到有效保护。包括森林公园、地质公园、海洋公园、湿地公园等各类自然公园。

二、中国自然保护地体系建设管理特点

（一）全过程严格统一管控的体制机制

1. 自然保护地实行全过程统一管理

结合自然资源资产管理体制改革，基本构建了自然保护地分级管理体制。按照生态系统重要程度，将国家公园等自然保护地分为中央直接管理、中央地方共同管理和地方管理三类，实行分级设立、分级管理。中央直接管理和中央地方共同管理的自然保护地由国家批准设立；地方管理的自然保护地由省级政府批准设立，管理主体由省级政府确定。在治理体系方面，探索公益治理、社区治理、共同治理等保护方式，建立统一调查监测体系，建设智慧自然保护地，制定以生态资产和生态服务价值为核心的考核评估指标体系和办法。

为全面落实全过程统一管理，有关管理机构积极推进《自然保护地法》《自然保护区条例》《风景名胜区条例》等相关法律法规制修订工作，逐步构建全面系统的自然保护地法律法规体系。

2. 自然保护地实行严格的空间管控

（1）编制自然保护地规划。落实国家发展规划提出的国土空间开发保护要求，依据国土空间规划，编制自然保护地规划，明确自然保护地发展目标、规模和划定区域，将生态功能重要、生态系统脆弱、自然生态保护空缺的区域规划为重要的自然生态空间，纳入自然保护地体系。

（2）合理调整自然保护地范围并勘界立标。制定自然保护地范围和区划调整

办法，依规开展调整工作。制定自然保护地边界勘定方案、确认程序和标识系统，开展自然保护地勘界定标并建立矢量数据库，与生态保护红线衔接，在重要地段、重要部位设立界桩和标识牌。确因技术原因引起的数据、图件与现地不符等问题可以按管理程序一次性纠正。

（3）自然保护地实行差别化管控。根据各类自然保护地功能定位，既严格保护又便于基层操作，合理分区，实行差别化管控。国家公园和自然保护区实行分区管控，原则上核心保护区内禁止人为活动，一般控制区内限制人为活动。自然公园原则上按一般控制区管理，限制人为活动。结合历史遗留问题处理，分类分区制定管理规范。

（二）高质量的建设与考核监督体系

1. 自然保护地建设

以自然恢复为主，辅以必要的人工措施，分区分类开展受损自然生态系统修复。建设生态廊道、开展重要栖息地恢复和废弃地修复。加强野外保护站点、巡护路网、监测监控、应急救灾、森林草原防火、有害生物防治和疫源疫病防控等保护管理设施建设，利用高科技手段和现代化设备促进自然保育、巡护和监测的信息化、智能化。配置管理队伍的技术装备，逐步实现规范化和标准化。

2. 建立自然保护地监测体系

建立国家公园等自然保护地生态环境监测制度，制定相关技术标准，建设各类各级自然保护地"天空地一体化"监测网络体系，充分发挥地面生态系统、环境、气象、水文水资源、水土保持、海洋等监测站点和卫星遥感的作用，开展生态环境监测。依托生态环境监管平台和大数据，运用云计算、物联网等信息化手段，加强自然保护地监测数据集成分析和综合应用，全面掌握自然保护地生态系统构成、分布与动态变化，及时评估和预警生态风险，并定期统一发布生态环境状况监测评估报告。对自然保护地内基础设施建设、矿产资源开发等人类活动实施全面监控。

3. 自然保护地评估考核

组织对自然保护地管理进行科学评估，及时掌握各类自然保护地管理和保护成效情况，发布评估结果。引入第三方评估制度，对国家公园等各类自然保护地管理进行评价考核，将评价考核结果纳入生态文明建设目标评价考核体系，作为党政领导班子和领导干部综合评价及责任追究、离任审计的重要参考。

4. 自然保护地执法监督

制定自然保护地生态环境监督办法，建立包括相关部门在内的统一执法机制，在自然保护地范围内实行生态环境保护综合执法，制定自然保护地生态环境保护综合执法指导意见。强化监督检查，定期开展"绿盾"自然保护地监督检查专项行动，及时发现涉及自然保护地的违法违规问题。对违反各类自然保护地法律法规等规定，造成自然保护地生态系统和资源环境受到损害的部门、地方、单位和有关责任人员，按照有关法律法规严肃追究责任，涉嫌犯罪的要移送司法机关处理。建立督查机制，对自然保护地保护不力的责任人和责任单位进行问责，强化地方政府和管理机构的主体责任。

（三）协同高效的资源资产管理与利益共享体系

1. 开展自然资源资产确权登记

不断完善自然资源统一确权登记办法，规定每个自然保护地作为独立的登记单元，清晰界定区域内各类自然资源资产的产权主体，划清各类自然资源资产所有权、使用权的边界，明确各类自然资源资产的种类、面积和权属性质，逐步落实自然保护地内全民所有自然资源资产代行主体与权利内容，非全民所有自然资源资产实行协议管理。

2. 创新自然资源使用制度

按照标准科学评估自然资源资产价值和资源利用的生态风险，出台法规明确自然保护地内自然资源利用方式，规范利用行为，全面实行自然资源有偿使用制度。依法界定各类自然资源资产产权主体的权利和义务，保护原住居民权益，实现各产权主体共建保护地、共享资源收益。制定自然保护地控制区经营性项目特许经营管理办法，建立健全特许经营制度，鼓励原住居民参与特许经营活动，探索自然资源所有者参与特许经营收益分配机制。对划入各类自然保护地内的集体所有土地及其附属资源，按照依法、自愿、有偿的原则，探索通过租赁、置换、赎买、合作等方式维护产权人权益，实现多元化保护。

3. 探索全民共享机制

在保护的前提下，在自然保护地控制区内划定适当区域开展生态教育、自然体验、生态旅游等活动，构建高品质、多样化的生态产品体系。完善公共服务设施，提升公共服务功能。扶持和规范原住居民从事环境友好型经营活动，践行公民生态环境行为规范，支持和传承传统文化及人地和谐的生态产业模式。推行参与式社区管理，按照生态保护需求设立生态管护岗位并优先安排原住居民。建立志愿者服务体系，健全自然保护地社会捐赠制度，激励企业、社会组织和个人参与自然保护地生态保护、建设与发展。

三、自然保护地现状及调整优化要求

（一）自然保护地现状

我国经过 60 多年的努力，已建立数量众多、类型丰富、功能多样的各级各类自然保护地，在保护生物多样性、保存自然遗产、改善生态环境质量和维护国家生态安全方面发挥了重要作用。我国已建立各级各类自然保护地达 1.18 万处，占陆域国土面积的 18%。其中包括国家公园 5 个，国家公园体制试点 10 个，国家级自然保护区 474 处，国家级风景名胜区 244 处，世界自然遗产 14 项，自然和文化双遗产 4 项，世界地质公园 39 处，国家地质公园 212 处，国家级森林公园 826 处，国家级海洋特别保护区 71 处，国家级海洋公园 42 处，国家级沙漠公园 55 处，湿地公园 979，水利风景区 2500 处。在自然保护地体系中，保护区建设是我国自然保护地建设的主体。我国 474 处国家级自然保护区范围内分布着 3500 多万公顷的天然林和约 2000 万公顷的天然湿地，保护着 90.5% 的陆地生态系统类型、85% 的野生动植物种类、65% 的高等植物群落。

我国自然保护地仍存在重叠设置、多头管理、边界不清、权责不明、保护与发展矛盾突出等问题。新时代必须创新自然保护地管理体制机制，实施自然保护地统一设置、分级管理、分区管控，把具有国家代表性的重要自然生态系统纳入国家公园体系，实行严格保护。

（二）调整优化要求

中国的自然保护地管理机构正在按照《关于建立以国家公园为主体的自然保护地体系的指导意见》要求制定自然保护地分类划定标准，对现有的自然保护区、风景名胜区、地质公园、森林公园、海洋公园、湿地公园、冰川公园、草原公园、沙漠公园、草原风景区、水产种质资源保护区、野生植物原生境保护区（点）、自然保护小区、野生动物重要栖息地等各类自然保护地开展综合评价，按照保护区域的自然属性、生态价值和管理目标进行梳理调整和归类，逐步形成以国家公园为主体、自然保护区为基础、各类自然公园为补充的自然保护地分类系统。

（三）自然保护地整合优化

2018 年党和国家机构改革后，组建国家林业和草原局，加挂国家公园管理局牌子，监督管理各类自然保护地，全面加强自然保护区等重点生态系统保护修复。针对自然保护地多头管理、交叉重叠和碎片化孤岛化等问题，2020 年 3 月，自然资源部和国家林草局正式启动全国自然保护地整合优化工作，按照"保护面积不减少、保护强度不降低、保护性质不改变"的原则，对交叉重叠、相邻相近的自然保护地进行归并整合，对边界范围和功能分区进行合理调整，实事求是解决历史遗留问题，并与生态保护红线划定相衔接。成立了领导小组、专家组和工作专班，建立部际联合审查和反馈工作机制。协调各自技术支撑单位信息共享，调集第三次全国国土调查、矿业权、高分卫星影像等最新成果，开展实地考察论证。在组织开展自然保护地调查与评估、历史遗留问题与矛盾冲突调处的基础上，打破行政区划、资源分类的限制，整合交叉重叠的自然保护地，归并优化相邻自然保护地，实行重组定位、统一设置、分级管理，促进实现自然生态系统完整、物种栖息地连通、保护管理统一的目标。完成了全国自然保护地整合优化预案总结报告、矢量数据成果，通过"四上四下"修改完善，形成了《全国自然保护地整合优化方案》。

经整合优化后，历史遗留问题和矛盾冲突将得到有效解决，自然保护地布局更加合理，全国各类自然保护地面积约占陆域国土面积的 18% 以上，初步形成了以国家公园为主体、自然保护区为基础、各类自然公园为补充的自然保护地体系。四川、甘肃、陕西等地打破行政区划界限，整合原属于不同部门、不同层级管理的 73 个自然保护地，增强了大熊猫国家公园内 13 个局域种群的连通性，促进了不同种群之间的基因交流。海南在整合优化工作中，创新生态搬迁土地置换方式，以生态搬迁村庄高峰村的 7600 亩集体土地与海南农垦控股白沙农场的 5480 亩国有土地进行等价置换，资源保护和乡村振兴相得益彰。

第二节　国家公园体制探索与建设

一、中国国家公园建设

（一）国家公园的发展历程

国家公园是我国自然生态系统最重要、自然景观最独特、自然遗产最精华、生物多样性最富集的区域。1872 年，世界上第一个国家公园——黄石国家公园在美国设立，由此引发了世界范围的国家公园运动。从 19 世纪至今，国家公园已经成为全球 200 多个国家和地区开展自然保护和实现人类福祉最为重要的模式之一。根据全球自然保护区数据库（WDPA）2023 年 1 月公布的自然保护地数据，目前全球国家公园约有 6000 处，保护面积超过 600 万平方千米。党的十八届三中全会以来，习近平总书记亲自谋划、亲自部署、亲自推动国家公园工作。党中央、国务院出台政策文件，建立了国家公园制度体系的"四梁八柱"。陆续开展了 10 个国家公园体制试点，有关部门和 12 个试点省份共同努力，在创新管理体制、严格生态保护、促进社区融合发展等方面进行了积极尝试，圆满完成了试点任务。

中国实行国家公园体制，目的是保持自然生态系统的原真性和完整性，保护生物多样性，保护生态安全屏障，给子孙后代留下珍贵的自然资产。

构建以国家公园为主体的自然保护地体系，是以习近平同志为核心的党中央站在实现中华民族永续发展的战略高度作出的重大决策，是生态文明和美丽中国建设具有全局性、统领性、标志性的重大制度创新。

（二）顶层设计

2015 年以来，中共中央、国务院出台《关于加快推进生态文明建设的意见》《生态文明体制改革总体方案》《建立国家公园体制总体方案》《关于建立以国家公园为主体的自然保护地体系的指导意见》的政策文件明确了国家公园的理念内涵、基本原则和制度安排，对建立国家公园体制、完善国家公园制度提出了明确要求，构建了国家公园制度体系的"四梁八柱"。国家林业和草原局积极推进国家公园法的立法，印发了国家公园管理暂行办法。相关省份先后颁布了三江源、海南热带雨林、武夷山国家公园条例，东北虎豹、大熊猫、祁连山、钱江源、南山等国家公园分别制定了管理办法，丰富了国家公园制度体系。2023 年，中共中央、国务院批复了《国家公园空间布局方案》，科学合理确定国家公园建设数量和规模，提出了完善的设立标准和程序。该方案坚持山水林田湖草沙一体化保护和系统治理，坚持生态保护第一、国家代表性、全民公益性的国家公园理念，逐步把我国自然生态系统最重要、自然景观最独特、自然遗产最精华、生物多样性最富集的区域纳入国家公园体系，加强自然生态系统原真性、完整性保护。科学规划了国家公园总体发展布局，明确了国家公园创建设立工作流程、主要建设任务和实施保障措施。我国按照该方案，在全国布局建设一批国家公园，逐步把我国自然生态系统最重要、自然遗产最精华、自然景观最独特、生物多样性最富集的区域纳入国家公园体系严格保护起来，守护好我国最美国土，建设全世界最大的国家公园体系。国家公园建设要严把创建质量关，科学划定国家公园范围和分区，妥善调处各类矛盾冲突，防范化解风险隐患，成熟一个、设立一个。国家公园创建要健全国家公园运行管理体制机制，强化政策支持和监督管理，探索生态产品价值实现机制，引导社会各界参与自然生态保护，科学有序推进国家公园建设各项任务，构建中国特色的以国家公园为主体的自然保护地体系，为维护国家生态安全、建设生态文明和美丽中国提供支撑保障。

二、中国国家公园建设进展

（一）国家公园体制试点情况

2015 年以来，中国陆续启动三江源、东北虎豹、大熊猫、祁连山、海南热带雨林、武夷山、神农架、香格里拉普达措、钱江源和南山等 10 个国家公园体制试点，探索建立国家公园管理体制和运行机制，探索自然资源统一确权，加强生态修复和资源管护。按照严格保护生态的要求，推进试点区内矿业权、小水电、永久基本农田、人工商品林分类处置，开展生态移民搬迁。

各个试点公园统筹实施生态保护修复和珍稀濒危物种抢救性保护。通过开展重要栖息地恢复、受损地废弃地修复、建设生态廊道、加强保护管理设施建设，使园区内自然生态系统和重点物种得到较好保护。三江源国家公园保护冰川雪山、草原湿地等高原生态系统，目前，草原综合植被盖度超过 60%，较 2015 年提高近 5 个百分点，湿地植被盖度稳定在 66% 左右，藏羚羊、藏原羚、藏野驴分别达到 7 万只、6 万只、3.6 万只。海南热带雨林国家公园打通生态廊道，解决了自然保护地破碎化孤岛化和人为割裂问题，人工促进修复受损天然林，雨林生态系统逐步恢复，近两年新增 3 只海南长臂猿，其野外种群数量从 40 年前仅存 2 群 7 只增加到目前的 5 群 36 只。东北虎豹国家公园内野生东北虎、东北豹数量由试点之初的 27 只和 42 只分别增长至 50 只和 60 只。

试点地区不断探索国家公园内自然资源统一执法形式，加大资源管护力度。青海省在公安机构改革基础上，成立了国家公园警察总队，统一履行国家公园范围内自然资源和生态环境综合执法职责。福建省增设"国家公园监管"执法类别，授予武夷山国家公园管理机构行政执法主体资格。海南省发布省政府令，授权省森林公安局及所属机构履行 42 项国家公园行政执法职能。设立四川大熊猫国家公园生态法庭及武夷山国家公园法庭，创新生态司法方法，保驾护航国家公园。同时，各地积极创新自然保护地监管模式和平台，及时发现、认真整改并严肃查处违法违规问题。定期开展自然保护地人类活动遥感监测，监测范围扩大到所有的国家级自然保护地。我国在以国家公园为主体的自然保护地内建立生态系统定位观测研究站 71 个、国家长期科研基地 10 个、生物多样性长期监测基地和试点地 51 个。东北虎豹国家公园"天空地"一体化监测网络体系覆盖超 5000 平方公里，已收集近 55

万个视频，基本实现了"看得见虎豹、管得住人"。三江源、武夷山等国家公园广泛应用大面积通信网络覆盖的智能化自然资源监测评估和管理系统，提高了精准监管和高效执法能力，国家公园自然资源监测和监管进入大数据和人工智能时代。

国家公园体制试点区还积极将园区生态保护与精准扶贫对接，积极支持发展替代产业，推动了原住居民生产生活转型，参与保护的积极性和获得感明显增强。设立生态管护员岗位，选聘 4.94 万原住居民参与国家公园保护管理。三江源国家公园 17211 户牧民实现"一户一岗"全覆盖，户均每年获得工资性收入 2.16 万元。东北虎豹国家公园启动实施黄牛集中养殖、黑木耳提质增效、示范村屯建设、替代生计培训等一批民生项目，实行发放政府性补偿资金和引入商业保险"双保险"，开通快速理赔通道，实现全域野生动物致害补偿 100% 赔付。海南热带雨林国家公园扶持发展食用菌、茶叶等替代产业。武夷山国家公园鼓励引导茶农开展生态茶园改造，建设混交茶园 4050 亩，促进茶农持续稳定增收。

在国家公园体制试点期间，制定了《国家公园等自然保护地建设及野生动植物保护重大工程建设规划（2021—2035 年）》，发布了国家公园标识，建立了国家级自然保护地专家评审委员会，成立了国家公园和自然保护地标准化技术委员会，制定了自然保护地分级分类标准、国家级自然公园评审规则。国家标准化委员会发布了国家公园设立、规划技术、考核评价、监测及自然保护地勘界立标等 5 项国家标准。

我国国家公园建设始终坚持生态保护第一、国家代表性、全民公益性理念，在严格保护自然生态的同时，加强自然教育，推进共建共享，形成了独特的国家公园文化。组织开展国家公园和自然保护地知识科普、政策解读和宣传活动，推出系列报道、纪录片、短视频、公益广告、画册，国家公园理念和共识逐渐深入人心。国家公园体制试点期间，我国成功举办第一届中国自然保护国际论坛、首届国家公园论坛，筹办了"生物多样性公约第 15 次缔约方大会"和"第 44 届世界遗产大会"，形成《深圳共识》《西宁共识》《福州宣言》，向世界讲述中国自然保护的最新实践，提供生态治理的中国方案。

（二）国家公园正式设立

2021 年 10 月 12 日，我国正式设立三江源、大熊猫、东北虎豹、海南热带雨林、武夷山等第一批国家公园。国务院批准 5 个国家公园设立方案，范围涉及青海、四川、吉林、海南、福建等 10 个省份，保护面积达 23 万平方公里，涵盖近 30% 的陆域国家重点保护野生动植物种类。第一批国家公园的设立，标志着国家公园这项重大制度创新落地生根，国家公园建设迈入新阶段。按照国务院批复的设立方案，全力推进 5 个国家公园的管理机构设置、总体规划编制、勘界立标、生态保护修复、监测监管、历史遗留问题解决等重点工作，与相关省（区）建立局省联席会议协调推进工作机制，制定工作台账，落实包片责任，共同推进国家公园建设重点任务，协调解决重大问题。

目前，原国家公园体制试点区和黄河口、秦岭、南岭、羌塘、卡拉麦里等 12 个国家公园候选区正在积极开展创建工作。

（三）国家公园管理基本制度

国家公园建设管理国家林业和草原局（国家公园局）2022 年 6 月 1 日公布实施的《国家公园管理暂行办法》对国家公园建设管理原则、职责划分、规划建设、保护管理和公众服务等进行了详细规定。

1. 管理职责

国家林业和草原局（国家公园管理局）负责全国国家公园的监督管理工作，负责组织设计和发布中国国家公园标志。国家公园管理机构可以确定其管理的国家公园专用标志。各国家公园管理机构负责国家公园自然资源资产管理、生态保护修复、社会参与管理、科普宣教等工作。国家林业和草原局（国家公园管理局）会同国家公园所在地省级人民政府建立局省联席会议机制，统筹协调国家公园保护管理工作。省级林业和草原主管部门和国家公园管理机构可以商国家公园所在地市、县级人民政府，建立国家公园日常工作协作机制。国家林业和草原局（国家公园管理局）和各国家公园管理机构可以建立咨询机制，广泛听取专家学者、企事业单位、社会组织、社会公众等的意见。

2. 规划与建设

国家林业和草原局（国家公园管理局）依据国土空间规划和国家公园设立标准，编制国家公园空间布局方案，根据国务院批准的国家公园空间布局方案，组织开展国家公园设立前期工作，编制设立方案，按程序报国务院审批。国家公园范围划定坚持实事求是，开展充分调查和科学论证，从源头减少和解决空间矛盾冲突。经批准设立的国家公园范围内不再保留或新设立其他类型的自然保护地。国家林业和草原局（国家公园管理局）依据国务院批复的设立方案和国家有关规定，向社会公开国家公园范围边界、面积和管控分区。国家公园管理机构配合国家公园所在地省级人民政府，自国家公园批准设立之日起一年内，根据国务院批准的国家公园范围边界，完成国家公园勘界立标。国家公园管理机构配合不动产登记机构将国家公园作为独立自然资源登记单元，依法依规对国家公园内的自然资源进行统一确权登记。国家公园总体规划自批准设立之日起一年内编制完成。国家公园管理机构可以根据国家公园总体规划，编制生态保护修复、生态旅游、自然教育等专项规划或实施方案，并按程序报批后组织实施。国家林业和草原局（国家公园管理局）定期组织对国家公园总体规划和专项规划的实施情况开展评估。确需调整总体规划和专项规划的，要报原审批机关批准。国家公园管理机构须按照国家公园总体规划组织实施相关建设活动，摸清保护、宣教及民生基础设施等本底情况，充分利用原有设施，建设和完善必要的保护、管理、服务和应急等设施。国家公园范围内的保护、宣教及民生基础设施等建设项目必须遵循绿色营建理念，与自然景观和文化特色相协调，其选址、规模、风格、施工等要严格符合国家公园总体规划和管控要求，采取必要措施消减对自然、人文资源和生态系统的不利影响，并依法依规办理相关手续。国家公园管理机构会同国家公园所在地县级以上地方人民政府加强对国家公园周边建设项目的监督管理，相关项目建设不得损害国家公园内的生态系统和环境质量；造成损害的，要限期整改。国家公园管理机构要充分运用现代化技术手段，提高管理和服务效能，推动国家公园实现智慧管理和服务。国家公园周边社区建设要与国家公园保护目标相协调。国家公园毗邻地区县级以上地方人民政府可以与国家公园管理机构签订合作协议，合理规划建设入口社区。

3. 保护管理

国家公园根据功能定位进行合理分区，划为核心保护区和一般控制区，实行分区管控。国家公园范围内自然生态系统保存完整、代表性强，核心资源集中分布，或者生态脆弱需要休养生息的区域应当划为核心保护区。国家公园核心保护区以外的区域划为一般控制区。

国家公园核心保护区原则上禁止人为活动。国家公园管理机构在确保主要保护对象和生态环境不受损害的情况下，可以按照有关法律法规政策，开展或者允许开展下列活动：第一，管护巡护、调查监测、防灾减灾、应急救援等活动及必要的设施修筑，以及因有害生物防治、外来物种入侵等开展的生态修复、病虫害动植物清理等活动；第二，暂时不能搬迁的原住居民，可以在不扩大现有规模的前提下，开展生活必要的种植、放牧、采集、捕捞、养殖等生产活动，修缮生产生活设施；第三，国家特殊战略、国防和军队建设、军事行动等需要修筑设施、开展调查和勘查等相关活动；第四，国务院批准的其他活动。

国家公园一般控制区禁止开发性、生产性建设活动，国家公园管理机构在确保生态功能不造成破坏的情况下，可以按照有关法律法规政策，开展或者允许开展下列有限人为活动：第一，核心保护区允许开展的活动；第二，因国家重大能源资源安全需要开展的战略性能源资源勘查，公益性自然资源调查和地质勘查；第三，自然资源、生态环境监测和执法，包括水文水资源监测及涉水违法事件的查处等，灾害防治和应急抢险活动；第四，经依法批准进行的非破坏性科学研究观测、标本采集；第五，经依法批准的考古调查发掘和文物保护活动；第六，不破坏生态功能的生态旅游和相关的必要公共设施建设；第七，必需且无法避让、符合县级以上国土空间规划的线性基础设施建设、防洪和供水设施建设与运行维护；第八，重要生态修复工程，在严格落实草畜平衡制度要求的前提下开展适度放牧，以及在集体和个人所有的人工商品林内开展必要的经营；第九，法律、行政法规规定的其他活动。

国家公园管理机构按照依法、自愿、有偿的原则，探索通过租赁、合作、设立保护地役权等方式对国家公园内集体所有土地及其附属资源实施管理，在确保维护产权人权益前提下，探索通过赎买、置换等方式将集体所有商品林或其他集体资产转为全民所有自然资源资产，实现统一保护。国家公园管理机构应当组织对国家公园内自然资源、人文资源和经济社会状况等开展调查监测和统计分析，形成本底资源数据库。国家林业和草原局（国家公园管理局）会同国务院有关部门建立自然资源统一调查监测评价体系，掌握国家公园内自然资源、生态状况、人类活动等现状及动态变化情况，定期将变化点位推送国家公园管理机构进行核实。国家公园内退化自然生态系统修复、生态廊道连通、重要栖息地恢复等生态修复活动要坚持自然恢复为主，确有必要开展人工修复活动时，要经过严格的科学论证。国家公园管理机构负责建立巡护巡查制度，组织专业巡护队伍，开展日常巡查工作，及时掌握人类活动和资源动态变化情况。国家公园管理机构负责组织加强国家公园科研能力建设，组织开展生态保护和修复、文化传承、生态旅游、风险管控和生态监测等科学技术的研究、推广和应用。国家公园管理机构要配合所在地县级以上地方人民政府清理规范国家公园区域内不符合管控要求的矿业权、水电开发等项目，落实矛盾冲突处置方案，通过分类处置方式有序退出。国家公园管理机构还要依法履行森林草原防火、防灾减灾、安全生产责任，建立防灾减灾和应急保障机制，组建专业队伍，制定突发事件应急预案，预防和应对各类自然灾害。国家公园管理机构会同国家公园所在地县级以上地方人民政府防控国家公园内野生动物致害，依法对受法律法规保护的野生动物造成的人员伤亡、农作物或其他财产损失开展野生动物致害补偿。

4. 公众服务

国家公园管理机构根据国家公园总体规划和专项规划，立足全民公益性的国家公园理念，为全社会提供优质生态产品，以及科研、教育、文化、生态旅游等公众服务。国家公园管理机构负责做好以下公众服务工作：

（1）建立国家公园综合信息平台，依法向社会公众提供自然资源、保护管理、科研监测、自然教育、生态旅游等信息服务。

（2）积极开展国家公园国际合作交流、科普宣教等工作，组织引导群众性自治组织、社会组织、企事业单位、志愿者等开展宣传教育活动。

（3）建立科研、教育培训平台，在确保严格保护的前提下，为高等院校、科研单位和社会组织开展科学研究、教学实习、人才培养提供便利。

（4）负责划定适当区域，设置宣教场所，建设多元化的标识、展示和解说系统，培养自然教育人才队伍，组织开展科普和宣传教育活动。

（5）按照总体规划确定的区域、访客容量和路线，建设必要的公共服务设施，完善生态旅游服务体系，探索建立预约制度，严格控制开发利用强度，最大限度减少对生态环境的干扰。

（6）引导和规范原住居民从事环境友好型经营活动，践行公民生态环境行为规范，支持和传承传统文化及人地和谐的生态产业模式。

（7）完善生态管护岗位选聘机制，优先安排国家公园内及其周边社区原住居民参与生态管护、生态监测等工作。

（8）建立志愿服务机制，制定志愿者招募、培训、管理和激励的具体办法，鼓励和支持志愿者、志愿服务组织参与国家公园的保护、服务、宣传等工作。

（四）国家公园财政支持制度

为加快建立以国家公园为主体的自然保护地体系、维护国家生态安全、建设生态文明和美丽中国提供有力支撑。国务院办公厅转发了财政部、国家林草局（国家公园局）制定的《关于推进国家公园建设若干财政政策意见的通知》规定，有关方面要加强顶层设计，创新财政资金运行机制，构建投入保障到位、资金统筹到位、引导带动到位、绩效管理到位的财政保障制度，合理划分国家公园中央与地方财政事权和支出责任，加大财政资金投入和统筹力度，建立健全生态保护补偿制度，落实落细相关税收优惠和政府绿色采购等政策，积极创新多元化资金筹措机制。规定财政支持重点为：支持生态系统保护修复，支持国家公园创建和运行管理，支持国家公园协调发展，支持保护科研和科普宣教，支持国际合作和社会参与。国家公园管理机构要依职能负责国家公园建设管理资金预算编制、执行。严格依法依规使用各类资金，加强各类资金统筹使用，落实预算绩效管理，提升资金使用效益。

1. 财政支持政策体系

（1）国家公园中央与地方财政事权和支出责任划分。按照《自然资源领域中央与地方财政事权和支出责任划分改革方案》，将国家公园建设与管理的具体事务，细分确定为中央与地方财政事权，中央与地方分别承担相应的支出责任。将中央政府直接行使全民所有自然资源资产所有权的国家公园管理机构运行和基本建设，确认为中央财政事权，由中央承担支出责任；将国家公园生态保护修复和中央政府委托省级政府代理行使全民所有自然资源资产所有权的国家公园基本建设，确认为中央与地方共同财政事权，由中央与地方共同承担支出责任；将国家公园内的经济发展、社会管理、公共服务、防灾减灾、市场监管等事项，中央政府委托省级政府代理行使全民所有自然资源资产所有权的国家公园管理机构运行，确认为地方财政事权，由地方承担支出责任。其他事项按照自然资源等领域中央与地方财政事权和支出责任划分改革方案相关规定执行。对中央政府直接行使全民所有自然资源资产所有权的国家公园共同财政事权事项，由中央财政承担主要支出责任。对地方财政事权中与国家公园核心价值密切相关的事项，中央财政通过转移支付予以适当补助。各省级政府参照上述要求，结合本省（自治区、直辖市）实际，合理划分省以下财政事权和支出责任。

（2）财政资金投入与统筹。加大资金投入与统筹力度，建立以财政投入为主的多元化资金保障制度，加大对国家公园体系建设的投入力度。中央预算内投资对国家公园内符合条件的公益性和公共基础设施建设予以支持。加强林业草原共同财政事权转移支付资金统筹安排，支持国家公园建设管理以及国家公园内森林、草原、湿地等生态保护修复。优先将经批准启动国家公园创建工作的国家公园候选区统筹纳入支持范围。对预算绩效突出的国家公园在安排林业草原共同财政事权转移支付国家公园补助资金时予以奖励支持，对预算绩效欠佳的适当扣减补助资金。有关地方按规定加大资金统筹使用力度。探索推动财政资金预算安排与自然资源资产情况相衔接。

（3）生态保护补偿制度。结合中央财力状况，逐步加大重点生态功能区转移支付力度，增强国家公园所在地区基本公共服务保障能力。建立健全森林、草原、湿地等领域生态保护补偿机制。按照依法、自愿、有偿的原则，对划入国家公园内的集体所有土地及其附属资源，地方可探索通过租赁、置换、赎买等方式纳入管理，并维护产权人权益。将国家公园内的林木按规定纳入公益林管理，对集体和个人所有的商品林，地方可依法自主优先赎买。实施草原生态保护补助奖励政策。建立完善野生动物肇事损害赔偿制度和野生动物伤害保险制度，鼓励有条件的地方开展野生动物公众责任险工作。鼓励受益地区与国家公园所在地区通过资金补偿等方式建立横向补偿关系。探索建立体现碳汇价值的生态保护补偿机制。

（4）税收优惠和政府绿色采购政策。对企业从事符合条件的环境保护项目所得，可按规定享受企业所得税优惠。对符合条件的污染防治第三方企业减按15%税率征收企业所得税。对符合条件的企业或个人捐赠，可按规定享受相应税收优惠，鼓励社会捐助支持国家公园建设。对符合政府绿色采购政策要求的产品，加大政府采购力度。

（5）多元化资金筹措机制。创新财政资金管理机制，调动企业、社会组织和公众参与国家公园建设的积极性。鼓励在依法界定各类自然资源资产产权主体权利和义务的基础上，依托特许经营权等积极有序引入社会资本，构建高品质、多样化的生态产品体系和价值实现机制。鼓励金融和社会资本按市场化原则对国家公园建设管理项目提供融资支持。利用多双边开发机构资金，支持国家公园体系、生物多样性保护和可持续生态系统相关领域建设。

2. 财政支持重点

（1）支持生态系统保护修复。坚持以自然恢复为主、人工修复为辅，综合考虑生态系统完整性、自然地理单元连续性和经济社会发展可持续性，统筹推进山水林田湖草沙一体化保护和修复。加强森林、草原、湿地等自然资源管护，以及受损自然生态系统、自然遗迹保护和修复。加强生物多样性保护，支持开展野生动植物救护和退化野生动植物栖息地（生境）修复，建设生态廊道。推进森林草原防火、有害生物防治及野生动物疫源疫病防控体系建设。强化国家公园自然资源和生态环境监督管理，提升野外巡护能力，严厉打击违法违规行为。

（2）支持国家公园创建和运行管理。加强自然资源资产管理，支持国家公园开展勘界立标，自然资源调查、监测、评估、确权登记，全民所有自然资源资产清查、价值评估、资产核算、考核评价、资产报告编制，国家公园的规划编制、标准体系和制度建设等，摸清国家公园内本底资源及其变动情况。在符合国家公园总体规划和管控要求的前提下，完善国家公园内必要的保护管理站、道路等基础设施。坚持优化协同高效，切实保障国家公园管理机构人员编制、运行管理等相关支出。

（3）支持国家公园协调发展。鼓励通过政府购买服务等方式开展生态管护和社会服务，吸收原住居民参与相关工作。探索建立生态产品价值实现机制。妥善调处矛盾冲突，平稳有序退出不符合管控要求的人为活动，地方对因保护确需退出的工矿企业及迁出的居民，依法给予补偿或者安置，维护相关权利人合法利益。引导当地政府在国家公园周边合理规划建设入口社区。

（4）支持保护科研和科普宣教。健全天空地一体化综合监测体系，纳入有关监管信息平台，建设智慧国家公园，提升国家公园信息化水平。支持开展森林、草原、湿地等碳汇计量监测，鼓励将符合条件的碳汇项目开发为温室气体自愿减排项目。推进重大课题研究，加快科技成果转化应用。加强野外观测站点建设，建设完善必要的自然教育基地及科普宣教和生态体验设施，开展自然教育活动和生态体验。通过多种途径培育国家公园文化。

（5）支持国际合作和社会参与。支持国际交流与合作，借鉴国外先进管理经验。健全社会参与和志愿者服务机制，搭建多方参与合作平台，吸引企业、公益组织和社会各界志愿者参与生态保护。推进信息公开和宣传引导，完善社会监督机制，提高公众生态意识，形成全社会参与生态保护的良好局面。

3. 绩效管理和项目库管理

强化财政资金管理制度建设，完善有关资金管理办法，出台财务管理制度，制定绩效管理办法等，加强监督，为国家公园建设提供制度支撑。

（1）绩效管理。按照"一类一策"原则制定绩效管理办法，区分不同国家公园定位，根据建设管理、生态保护修复、生态资产和生态服务价值、资金管理等，健全指标体系，科学合理设置绩效目标，定期组织开展绩效评价。财政部根据工作需要对国家公园补助资金开展重点绩效评价。强化绩效评价结果运用，将绩效评价结果作为资金分配和政策调整的重要依据。

（2）监督管理。国家公园依托设立方案和总体规划，明确建设内容和实施进度，深化前期工作，加强项目储备，实施项目库管理，确保预算执行效率和国家公园建设成效。财政部各地监管局加强就地监管。

三、国家公园建设展望

2022 年 11 月，国务院发布了《关于国家公园空间布局方案的批复》。之后经国务院同意，国家林草局、财政部、自然资源部、生态环境部联合印发了《国家公园空间布局方案》。全国遴选了 49 个国家公园候选区（含 5 个正式设立的国家公园），包括陆域 44 个、陆海统筹 2 个、海域 3 个，总面积约 110 万平方公里。其中陆域面积 99 万平方公里，占陆域国土面积的 10.3%，海域面积 11 万平方公里。《国家公园空间布局方案》直接涉及 28 个省份 400 多个县级行政区，各级政府都将直接或间接参加国家公园建设，社会公众、原住居民也将通过特许经营、志愿服务、生态管护公益性岗位等形式参与到国家公园的保护建设管理中。

建设以国家公园为主体的自然保护地体系，是一项伟大事业，也是一项全新工作，任重而道远。我国进入新发展阶段，加快国家公园立法进程，完善国家公园制度办法，健全国家公园管理体制，构建主体明确、责任清晰、相互配合、央地协同的运行机制。引导地方建立差别化生态补偿政策，探索建立生态产品价值实现机制，研究设立国家公园基金。要进一步创新思路，强化措施，不断提高建设管理水平，切实保护好最重要的自然生态系统，努力打造生态文明新标杆和美丽中国新名片。

第三节　自然保护地及国家公园自然资源资产主要类型及其经营利用模式

一、自然保护地及国家公园自然资源及其价值实现的利益相关方

自然保护地、国家公园建设与运营过程中，涉及的主要利益相关方可以概括如下：

（1）自然主体。自然主体是自然保护地、国家公园的被保护者，包括国家公园相关地区的水资源、森林资源、野生动植物等生态要素。自然主体在人类社会中具有被动的话语权，但从生态文明建设的角度来说，自然主体的利益诉求是明确的，即扩大自然主体的活动空间，实现自然主体的增殖。

（2）管理主体。管理主体是自然保护地、国家公园建设的管理者，包括中央政府的政策制定单位与自然保护地、国家公园基层管理单位。自然保护地、国家公园管理主体的利益诉求，一方面，是在长远上推进整体的生态文明建设，实现生态价值，另一方面，维持管理机构的正常运转和与社会大众的积极交互。

（3）社区权利主体。社区权利主体是以社区原住民为主的参与者，社区权利主体在自然保护地、国家公园建设中具有矛盾性。自然保护地、国家公园建设过程中会占用社区的土地资源，其生态保护政策会限制原住民对资源的开发程度，虽然从长期来看，自然保护地、国家公园的保护效应能够产生更大的财富，但短期对社区经济会产生不利影响。因此，社区权利主体对自然保护地、国家公园建设的消极程度是各利益相关方中最高的，其核心利益诉求包括对现有资源占用的补偿，以及对未来可持续发展的社区经济体系的渴望。对其诉求必须予以重点关注。

（4）一般公众主体。一般公众主体是自然保护地、国家公园建设的消费者。公众对自然保护地、国家公园建设持肯定态度，主要利益诉求是消费自然保护地、

国家公园的生态、科普、教育价值，但公众对自然保护地、国家公园建设的前期参与积极性不高，必须予以引导，才能从经济上对自然保护地、国家公园建设形成支撑。

总的来说，以政府为代表的自然保护地、国家公园管理主体是自然保护地、国家公园建设的主导力量，需要牵引其他三方完成自然保护地、国家公园保护、建设、支出和收益的统一。首先，要明确保护自然主体的核心目标，按照全国主体功能区规划确立自然保护地、国家公园的整体发展路线；其次，要照顾到社区权利主体的利益诉求，在生态保护中考虑社区就业和自然保护地、国家公园的经营问题；最后，要调动公众主体的积极性，令其参与到国家公园及自然保护地建设中，引导其开展生态消费，形成自然保护地、国家公园经济上的良性循环。

二、自然保护地及国家公园自然资源资产主要特征

中国从 2021 年正式宣布设立第一批国家公园，依托先进的习近平生态文明思想、深厚的自然资源禀赋、重要的生态系统类型、独特的自然景观、最具精华的自然遗产、丰富的生物多样性以及悠久的中华文化智慧逐渐丰满①，初步形成了具有中国特色的国家公园模式。

2019 年，中共中央办公厅、国务院办公厅先后印发《关于统筹推进自然资源资产产权制度改革的指导意见》和《关于建立以国家公园为主体的自然保护地体系的指导意见》等文件，对以国家公园为主体的自然保护地的自然资源资产化管理提出了明确的要求。但是，自然保护地及国家公园的自然资源资产不同于其他的一般的物和财产，它具有资源和生态环境双重属性，不仅具有经济价值，还具有生态价值、社会价值。自然保护地及国家公园自然资源资产由于具有世代传承而来的自然遗产价值、可持续利用、生态环境功能难以替代，以及量、质、时间和空间等多种属性，与企业和会计学范畴的资产相比，比较复杂。自然保护地及国家公园自然资源资产化管理必须能够进行经济可行的产权界定，建立排他性产权。由于自然资源的自然属性、生态属性、公共属性，并非所有的自然资源都能够建立排他性产权，自然保护地及国家公园的资产一般都是自然资源资产综合体，承载了世代传承的自然遗产价值、生态环境功能、人类社会可持续发展物质基础等功能，进行不影响公共利益的、可以保证资源世代传承的并能够便于进行市场化转让的产权界定难

---

① 张玉钧，宋秉明，张欣瑶. 世界国家公园：起源、演变和发展趋势［J］. 国家公园，2023（1）：17 - 26.

度较大。① 随着科学技术的不断进步，自然资源的产权界定技术不断完善，"3S"（遥感、全球定位系统及地理信息系统）技术、大数据、智能技术的发展，使得以往一些难于界定产权的自然资源资产也可以进行产权界定，建立排他性机制，利用市场机制进行权利配置，确定合适的经营主体开展经营利用，实现保值增值的目标。

三、自然保护地及国家公园自然资源资产主要类型

对自然保护地及国家公园自然资源资产进行分类，有助于认识各类自然资源资产的功能和特点，采取差异化的管理和经营利用方式。

我国自然保护地及国家公园自然资源资产种类非常丰富和集中，几乎涵盖了现有法律法规和政策文件中规定的所有自然资源资产类型，包括土地及其生物资源资产（包括荒地、滩涂、湿地、沼泽资产）、矿产资源资产、水资源资产（陆地水资源，如河流、湖泊等资产）、森林资源及草原资源及动物资源资产、海洋海域海岛及其生物资源资产、地质遗迹资源资产（山岭、地貌景观、古生物化石产地、洞穴等）、风景名胜资源资产（自然遗产与文化遗产）等物质资源资产。

自然保护地及国家公园自然资源资产与一般的自然资源资产一样，可以有多种分类方法。考虑我国国家公园的空间分布以及陆地和海洋生态空间的巨大差异性，从空间属性方面，国家公园自然资源资产可以分为陆域资源、陆－水耦合区资源、海域资源和海－陆耦合区资源等4个一级类。② 国家公园自然资源资产还可以根据分区管控及其功能定位进行分类，划分为核心保护区自然资源资产和一般控制区自然资源资产。按照中共中央办公厅、国务院办公厅印发《关于建立以国家公园为主体的自然保护地体系的指导意见》对国家公园定义，国家公园自然资源资产还可以划分为自然生态系统资源资产、自然景观资源资产、自然遗产资源资产、生物多样性资源资产。

自然保护地及国家公园自然资源资产按自然资源资产的主体性质③，可分为公有（国家所有、集体所有）自然资源资产、私有自然资源资产、共有（混合所有）自然资源资产以及无主的自然资源资产。按自然资源资产的实物性质，可分为土地

① 余振国，余勤飞，李闽，等. 中国国家公园自然资源体制研究 [M].1 版. 北京：中国环境出版集团，2018：11.
② 路秋玲，谷洁，阮宏华，等. 新型自然保护地体系概念下自然资源分类体系的构建 [J]. 南京林业大学学报（自然科学版），2023－07－19.
③ 谷树忠，谢美娥. 论自然资源资产的内涵、属性与分类 [N]. 中国经济时报，2015－07－31（14）.

资源资产、水资源资产、矿产资源资产、生物资源资产、生态资源资产和综合性资源资产。按自然资源资产的使用性质，可分为公益性资源资产、非公益性资源资产和介于二者之间的准公益性资源资产。按自然资源资产产权的可分割性，可分为专用自然资源资产和公用自然资源资产。专用自然资源资产边界清楚、可以分割、可以排他、可以交易；公用自然资源资产产权边界一般难以划定，无法建立排他机制，也无法分割交易，或者虽然可以分割并建立排他机制但是是法律规定或历史已经形成了可以允许公用的资产。公用自然资源应该由政府进行公开配置和代理管理；专用自然资源资产应该发挥市场配置的决定性作用，进行市场化运作，并接受政府监管。

从目前的法律法规文件规定和各个国家公园的自然资源资产管理实践看，我国自然保护地及国家公园自然资源资产管理及经营利用主要包括用益权资产〔土地使用权、旅游（游憩）使用权、取水权、林下经济经营权、矿泉水采矿权、温泉地热采矿权、洞穴使用权等〕实体资产，正外部性内化权益资产（通过入口小镇规划建设实现）、碳汇资产、国家公园品牌资产、生态产品资产等。

四、自然保护地及国家公园自然资源资产价值多元化挖掘利用

自然保护地及国家公园保护优先，应当杜绝破坏式的开发，少进行资源消耗式的开发，探索自然资源资产的多元化价值。通过自然资源资产附加值的发掘，实现自然资源资产在服务、文化、娱乐等领域的"软价值"，践行"绿水青山就是金山银山"的核心理念。

自然保护地及国家公园自然资源资产的价值可以分为传统资源价值、游憩利用价值、科研教育价值、衍生利用价值四个方面。

（一）传统资源资产价值挖掘利用

传统资源资产指国家公园能够为社会提供的传统意义上的农牧产品，如粮食、果蔬、牛羊肉等，这些属于生态系统的传统产出，是千百年来人与自然的传统和谐共生的基础。我国现有的 5 处国家公园和 5 处国家公园体制试点区均有其传统的代表性农牧产品，例如，武夷山的正山小种红茶、武夷岩茶，三江源的牦牛、藏羊、果蔬、枸杞沙棘，海南热带雨林的热带蔬果等。

传统资源资产价值及其附加值可通过"国家公园品牌 + 绿色产品"开发的方式实现。绿色产品就狭义而言指不包括任何化学添加剂的纯天然食品或天然植物制成的产品。国家公园本身就是纯天然、绿色的代名词。国家公园应该尽快建立系统

科学、开放融合、指标先进、权威统一的国家公园绿色产品标准、认证、标识体系，健全法律法规和配套政策，实现一类产品、一个标准、一个清单、一次认证、一个标识的体系整合目标。随着国家公园保护机制的逐步落实，国家公园作为核心自然保护地的品牌价值的提升，在国家公园品牌的加持下，国家公园及其周边的传统农牧产品可逐步进行国家公园绿色产品认证贴牌经营，从而为产品带来更高的附加值，满足社会公众的消费需求。

（二）游憩利用价值挖掘利用

国家公园自然资源资产的游憩利用价值是指在生态保护优先前提下，为增进公众游憩福利与促进国民认同，允许访客进入自然保护地、国家公园内特定区域、开展特定游憩活动。2017 年 9 月出台的《建立国家公园体制总体方案》明确要求国家公园体现全民公益性，坚持全民共享，着眼于提升生态系统服务功能，开展自然环境教育，为公众提供亲近自然、体验自然、了解自然以及作为国民福利的游憩机会。

国家公园的游憩价值主要来自其景观资源资产。国家公园拥有接近自然的原始地貌、奇特地形，因而形成了变化多样的视觉景观。以神农架国家公园为例，其景观资源包括：以典型地质剖面、皱褶构造、断裂构造、奇山异石为代表的地文景观；以风景河段、广袤湖泊水系为代表的水文景观；以珍稀动物、原始森林为代表的生物景观；云雾、日出、霞光等具有象征意义的天象景观；典型村落、风情民俗为代表的人文景观。上述景观资产可以满足生活节奏急躁的城市民众在精神上对自然环境的美学需求和对新鲜事物的好奇心，使得神农架国家公园成为了旅游的潜在优势资源资产。

自然保护地及国家公园能为社会提供的游憩价值也迎合了人民对健康生活的需求。从近年的文献抽样调查看[①]，游客对于生态系统服务的选择格外关注森林生态系统的空气净化调节功能和文化服务功能，包括生态旅游、环境教育、本土文化和美学价值，在具体项目的选择上存在协同和权衡。一方面，生态游憩需求得益于人民群众生活水平提高后的自然需求；另一方面，生态游憩需求也来源于前些年过度开发造成的生态破坏和城镇化进程中规划不充分所带来的负面影响。

游憩利用价值与旅游产业发展结合紧密，而旅游业已经成为我国经济增长与内需驱动的重要组成部分。国家公园以生态保护为先，因此其自然资源资产游憩利用

---

① 何思源，苏杨，王蕾，等. 国家公园游憩功能的实现——武夷山国家公园试点区游客生态系统服务需求和支付意愿 [J]. 自然资源学报，2019，34（1）：40-53.

价值的实现需要谨慎地规划和方案优化设计，平衡好保护和开发的关系。国家公园游憩应该主要在国家公园的一般控制区开展，要按照设计—评估—实施—验收的流程设计游憩资源资产的配置和生态旅游路线，实现合理规划布局，杜绝直接或间接对生态环境造成破坏。

（三）科研教育价值挖掘利用

自然保护地及国家公园的科学研究大致可分为两方面：一是对珍稀动植物、珍稀生态系统、自然遗产、地质遗迹、自然景观、珍稀非物质文化遗产等的研究、记录；二是自然保护地及国家公园系统本身的建设方案的研究、规划设计。

教育方面，自然保护地及国家公园是开展自然教育的主要载体[1]，自然保护地及国家公园保存着具有全球意义和国家代表性的自然资源、自然生态系统、生物多样性、自然文化遗迹、风景资源，是自然科学、地理学、地质学、植物学、动物学、微生物学、昆虫学、茶学、生态学、风景园林学、环境科学、文化艺术学的自然课堂；自然保护地及国家公园可以教育人与野生动植物和谐相处的技能、自然探险知识技能、生态保育和管理技能等自然技能知识；自然保护地及国家公园可以生动地阐述生物多样性价值、生态系统服务功能价值、人与自然和谐发展价值等自然价值；自然保护地及国家公园体现了尊重自然、保护生态环境、保护珍稀濒危动植物、正确看待人与自然的关系、科学合理利用资源的自然伦理。

自然保护地及国家公园一般控制区，可以通过设计教育课堂开展自然观察、自然体验、自然探险、环境解说等自然教育。教育内容上，通过课堂教育做到提升公众对自然保护地及国家公园自然资源资产和生态系统的保护意识，通过场景漫步激发公众在接收新知识时的愉悦感，通过朗诵会演为公众在自然保护地及国家公园的旅程增加生态美感和艺术感，实现教育与游乐的统一。[2]

自然保护地及国家公园的教育价值挖掘，可以基于自然保护地及国家公园独特的生态内涵，提升公民科学素养、环保意识，提升公众对生态的认知度。完善国家公园自然教育方式，也是提升自然保护地及国家公园品牌效果，引导公众参与国家公园游憩活动，支撑自然保护地及国家公园建设运营，推进生态文明建设的良好手段。

（四）衍生利用价值挖掘利用

前述三种价值均与自然保护地及国家公园的生态系统功能存在直接关联，大规

---

①　王可可. 国家公园自然教育设计研究［D］. 广州：广州大学，2019.
②　张佳琛. 美国国家公园的解说与教育服务研究［D］. 沈阳：辽宁师范大学，2017.

模开发这三类资源资产价值，势必会对生态环境原始化特征产生一定影响，因此应当考虑如何以较小的生态影响方式发挥自然保护地及国家公园自然资源的价值，从其他层面上寻求价值实现的创新。

衍生价值指以自然保护地及国家公园的国家品牌、生态品牌、生态资源、空间资源为基础，通过提炼其抽象内涵，以某种艺术形式传递自然保护地及国家公园的生态属性、文化属性、空间属性而得到的价值。如果将传统资源、游憩资源、科教资源看作是自然保护地及国家公园的"硬件"，那么衍生价值则是在自然保护地及国家公园的"软件"上做文章，可以在不消耗或者少消耗生态资源的前提下，发掘更多的价值。随着经济水平的提高，人民群众在追求物质生活富足的同时，对生态文明的理解不断加深，开始越来越多地寻求精神生活品质提升。随着信息技术的发展，自然保护地及国家公园的衍生价值有了越来越多的应用空间，自然保护地及国家公园与社会公众的交互模式有了更多的丰富渠道。

我国的自然保护地及国家公园品牌、数字产品等衍生价值培育开发尚不充分，还有广阔的发展空间。此处举几个典型的衍生价值案例，作为自然保护地及国家公园开发参考：

（1）品牌文创产品，包括玩具、礼品和饰品。文创既能让传统文化走进生活、融进生活，又能让物品因为增加创意而更富有趣味性，使得大家在消费、使用的过程中获得更多的精神享受。

（2）文化文学产品，包括神话、传说及衍生品。我国历史悠久，文化源远流长，在漫长的文明岁月里，诞生了大量的神话、民间传说等。神话、传说本质上都是民间文学的一种形式，是人民所创造的反映自然界、人与自然的关系以及社会形态的具有高度幻想性的故事，随着近些年的社会发展，我国传统文化中的代表性人物、代表性体系逐步升温，形成了一批热点幻想文学知识产权，并且仍有巨大的开发潜力。

（3）艺术产品，包括摄影、纪录片、电影电视作品、绘画、音乐作品。以自然保护地及国家公园自然资源资产为基本元素或者灵感来源创作影像制品、纪录片、电影电视作品、绘画、音乐作品可以深度挖掘并实现自然保护地及国家公园自然资源资产衍生价值，提高自然保护地及国家公园知名度，带动旅游，以及潜移默化地向民众传输生态意识和自然意识，从而形成爱惜景观－保护景观－提升景观的良性循环。

（4）数字产品，包括制作数字产品，开展虚拟现实技术（virtual reality，VR）体验。利用自然保护地及国家公园自然资源资产数据，制作数字产品，开展虚拟现实体验，实现自然保护地及国家公园自然资源衍生价值。VR 是近年来发展起来的全新的实用技术，VR 的基本实现方式是计算机模拟虚拟环境从而给人以环境沉浸感，能够实现自然保护地及国家公园自然资源资产的零消耗与超大规模共享，并具有良好的科教应用价值，因而在自然保护地及国家公园的衍生价值开发中，VR 具有巨大的开发潜力。

（5）新媒体，包括视频日志（video log，Vlog）、短视频、电子游戏。随着网络媒体的兴起，越来越多的普通人有了分享自我和娱乐的空间，借助该风潮，自然保护地及国家公园可以有更多样化的表现形式。表达自然之美仅仅成了众多艺术形式中的一种，Vlog 或短视频等形式都以其鲜活的生命力在某种程度上展示着生态文明。网络上记录骑行、远足的 Vlog 大多以自然美景作为基础，在此基础上融入个人生活动态或抽象思潮；短视频则融合了电影、纪录片、广告等多种形式的传统媒体特征，在自然保护地及国家公园宣传上发挥了越来越重要的作用。此外，民众闲暇时间的增多也催生了大量的"无聊经济"，如观看成都大熊猫繁育基地的 24 小时直播。各类新媒体模式，可以在自然保护地及国家公园意义和生态概念传递中发挥作用并创造一定的经济价值。

（6）电子游戏，同样是可进行自然保护地及国家公园衍生价值开发的一个新领域。电子游戏最基本的艺术特点是参与，即游戏者与游戏内容、游戏进程、游戏中的其他角色组成一个整体。其互动性和高自由度是其他艺术表现手法难以比拟的。自然保护地及国家公园可以依托于电子游戏来实现公众对自然资源景观资产虚拟游憩，更好地将国家公园的自然资源资产、文化、历史有机地结合起来，以电子游戏为载体，形成具有更广维度价值的新型艺术产品，牵引更大的市场。如通过电子游戏实现与大熊猫、东北虎豹的"童话式"相处，实现三江源的高原漫步与峡谷漂流，结合民俗文化开发仙侠等传统文化类游戏等。

随着网络媒体的兴起，为公众参与享用自然保护地及国家公园自然资源资产价值，远程参与以自然保护地及国家公园自然资源资产为元素的各种艺术形式和艺术产品提供了广阔的空间。

五、自然保护地及国家公园自然资源资产经营利用模式

（一）自然保护地及国家公园自然资源资产经营利用内涵

自然保护地及国家公园自然资源资产经营利用是实现自然资源资产保值、增值和获得应有效益的必由途径。自然保护地及国家公园自然资源资产经营利用，是指

自然保护地及国家公园管理者以自然保护地及国家公园范围内自然资源资产的资源资产经济价值为主要标的，以实现所持有自然资源资产保值、增值为基础，以自然资源资产权益出让、抵押、出租、入股等为主要方式，在保障自然保护地及国家公园生态原真性、整体性的前提下以自然资源资产经济收益最大化为目标的经营利用活动。自然保护地及国家公园自然资源资产大多具有很强的公益性，因此，自然保护地及国家公园自然资源资产经营利用应该慎之又慎，加强监管。对于自然保护地及国家公园的少量经营性自然资源资产应该物尽其用，做好经营利用工作。

由于自然保护地及国家公园自然资源资产与一般的资源资产不同，不仅具有资源的稀缺性和经济价值，更重要的是具有世代传承的人类自然文化遗产价值和生态服务价值。建立自然保护地及国家公园的目标是保护具有国家代表性的自然生态系统，实现自然资源科学保护和合理利用。国家公园是自然生态系统中最重要、自然景观最独特、自然遗产最精华、生物多样性最富集的部分。因此，自然保护地及国家公园自然资源资产承载的功能十分重大，与其他区域自然资源资产相比，极其特殊、极其敏感、极其复杂，所以其经营利用往往是非常敏感、非常棘手的，往往处于两难困境，只是被动保护，存在资产闲置、浪费、减损、流失（比如矿泉水、地热等资源资产）的风险。进行适当的经营利用，又会存在破坏自然保护地及国家公园自然资源资产和生态系统原真性、整体性及其生态服务功能的风险，容易招致非议。

（二）自然保护地及国家公园自然资源资产经营利用特征

自然保护地及国家公园自然资源资产经营利用与其他自然资源资产的经营利用相比，具有以下特征：

（1）自然保护地及国家公园自然资源资产经营利用往往在较大程度上受制于政府的生态环境规制，要以生态保护为先，要实现自然资源科学保护和合理利用，从而往往为非纯粹的市场经营利用行为。

（2）自然保护地及国家公园自然资源资产经营利用往往具有较强的垄断性。自然保护地及国家公园自然资源资产的经营利用也会涉及资产的占用、使用、收益和处置，也具有排他性，但是其占用、使用、处置的是国家公园自然资源资产的使用权等用益权权益，而非国家公园的自然资源等资产标的物。经营利用主要是通过用益权的行使获得收益。

（3）自然保护地及国家公园自然资源资产的经营利用不但要遵循自然资源资产的生成、变化的经济规律，还应该遵循自然规律、生态规律。

（4）自然保护地及国家公园自然资源资产经营利用的效果往往产生一定的外

部性，大多数时候会产生正外部性，也会产生负外部性；因此自然保护地及国家公园自然资源资产的经营利用既要尽可能利用并内化正外部性，使其产生合理的收益，也要防止或者尽可能控制负外部性。

（三）自然保护地及国家公园自然资源资产经营利用管理要求

自然保护地及国家公园自然资源资产经营利用需要明确经营的主体、内容、模式、收益等关键内容。

自然保护地及国家公园自然资源资产经营利用关系到自然资源资产的所有者和经营者的利益。对于自然保护地及国家公园自然资源资产所有者来说，自然资源资产经营利用的目的要在保障自然保护地及国家公园生态系统原真性、完整性的前提下实现自然保护地及国家公园自然资源资产的保值、增值。对于自然保护地及国家公园自然资源资产的直接经营利用者来说，自然保护地及国家公园自然资源资产经营利用的目的是实现经济收益，是经济利益最大化。由于所有者和经营利用者的目的存在落差，因而要建立强而有力的政府监管体系，发挥好政府的监管作用。

自然保护地及国家公园是以保护具有国家代表性的生态系统为目标的，因此自然保护地及国家公园自然资源资产经营利用主体应该慎重选择，严格监督。自然保护地及国家公园自然资源资产经营利用主体可以是自然资源资产的所有者或者其委托代理人，这样所有权和经营利用权高度重合，生态保护与经济效益目标可以兼顾。自然保护地及国家公园自然资源资产经营利用主体亦可以非自然资源资产的所有者或者其委托代理人，即将所有权与经营利用权予以分离。自然保护地及国家公园自然资源资产经营利用主体既可以是国有企业，也可以是集体经济组织、私人企业或者个人。在强化监督管理的前提下，可以推动实现自然保护地及国家公园自然资源资产经营主体多元化。鉴于自然保护地及国家公园自然资源资产经营利用可能产生的外部性，所有类型的经营主体，都应该加强监管和责任体系、信用体系建设，高标准履行生态环境保护责任和社会责任。自然保护地及国家公园自然资源资产经营利用主体严格履行生态环境保护责任和积极承担社会责任，是确保自然保护地及国家公园自然资源资产经营实现良好效果的基础。

自然保护地及国家公园自然资源资产的经营利用客体主要是自然保护地及国家公园范围内经营利用活动不会造成不利生态影响的特定时间的自然资源的资产用益权（使用权、经营使用权等），例如，自然资源资产的使用权，湿地、草地、林地的经营利用权、取水权、游憩观赏权等收益权或者受益权，这是由我国自然资源资产的公有性质所决定的。当然，对于自然保护地及国家公园内的一些具有流动流失性能的可再生资源资产，如果经营利用不会损毁国家公园的生态系统和生态功能，如矿泉水、温泉地热、碳汇资产等也可以作为经营利用的直接客体。

自然保护地及国家公园自然资源资产经营利用的方式主要包括：第一，将自然保护地及国家公园自然资源资产作为生产要素直接从事经营利用，例如，直接利用水资源资产从事纯净水、水产品生产等，利用温泉地热开发度假产品或者进行农业种植养殖，直接利用森林资源资产从事林下特种养殖种植经营等；第二，自然保护地及国家公园自然资源资产用益权，以及一些具有流动流失性能的可再生资源资产，如矿泉水、温泉地热、碳汇资产的出让出售，即可以将自然保护地及国家公园自然资源资产用益权或者具有流动流失性能的可再生资源资产直接出让出售获得利益。自然资源资产使用权或经营权的出让，以及矿泉水、温泉地热、碳汇等资产，可以采取协议、招投标、拍卖等方式实现；第三，自然保护地及国家公园自然资源资产用益权，以及矿泉水、温泉地热、碳汇资产入股经营，即在对自然保护地及国家公园自然资源资产用益权，以及矿泉水、温泉地热、碳汇资产价值进行合理评估的基础上，以折成相应股份的形式参与经营；第四，自然保护地及国家公园自然资源资产用益权，以及矿泉水、温泉地热、碳汇资产的抵押经营，即把自然保护地及国家公园自然资源资产用益权或其收益权、受益权等，以及矿泉水、温泉地热、碳汇资产以双方商定或认可的价格作为抵押，取得相应的贷款后开展经营。

自然保护地及国家公园自然资源资产的经营利用模式，按照管理权与经营利用权的关系可以划分为两类模式：一是所有权（所有权代理或管理权）与经营利用权一体的经营利用模式，即所有者（所有权代理者或管理权者）直接经营的模式；二是所有权（所有权代理或管理权）与经营利用权分离的经营利用模式，亦即所有权（所有权代理或管理权）将经营利用权以合法合规的方式交由他人行使并取得相应的收益的经营利用模式。

第四节　自然保护地特许经营权制度

一、"经管"分离制度

对于自然保护地体系而言，"三权"问题——所有权、管理权及经营权，始终是讨论的焦点，其中，所有权讨论的是自然资源归谁所有的问题，面向的对象是不同类型的自然资源，管理权讨论的是谁来管理的问题，面向的对象为自然保护地、国家公园自然资源综合体或某类自然资源，经营权讨论的是由谁经营的问题，面向的对象是自然保护地、国家公园自然资源综合体。现行的自然资源产权多是围绕某类自然资源来讨论，例如，《民法之物权编》《草原法》《森林法》等法律中关于土地、草原、森林等资源的所有权、使用权、经营权等产权的规定，针对的对象是物，重点关注的是因对物的经济价值的利用而产生的关系。自然保护地、国家公园设立是作为一个整体系统，是一个自然资源综合体，其价值不能以单一的经济尺度来衡量，相对于经济价值，这一综合体的生态价值才是最重要的，因此，从整体性、功能性考虑，应拓宽产权客体的范围，由单一客体改为综合性客体，关注因自然资源生态功能的利用而产生的一系列产权束。

我国现有自然保护地多存在权利主体不明，主体之间界线不明的情况，尤其是管理权与经营权，部分自然公园，如地质公园、森林公园等，公园的管理机构既承担着管理的职责，又承担着经营业务，在二权合一情况下往往出现重管理轻经营的现象，可能导致管理者对于经营的积极性不高，经营的服务质量较低；另一方面，管理与经营于一体容易滋生权钱交易等不良问题。对于自然保护地、国家公园，如何处理好管理权与经营权问题是自然保护地、国家公园建设的重点问题。

从发达国家或地区国家公园建设的成功经验来看，自然保护地、国家公园的经营机制多是实行管理权与经营权分离的管理思路。大多数国家公园的管理机构收入主要来源于政府财政拨款，国家公园管理者不直接参与公园的经营性活动。例如，美国国家公园严格贯彻管理权与经营权分离的管理机制，国家公园管理机构及其管理人员不得参与公园内一切营利性业务，确保了国家公园管理机构始终贯彻坚持"环境保护为主"和"全民公益性至上"的理念。新西兰国家公园管理机构作为非营利机构，主要负责自然资源和文化遗产的保护与管理，经费来源于新西兰政府拨款，不涉及公园的经营，实现了管理者与经营者角色的分离，即管理权与经营权分离机制（王丹彤等，2018）。加拿大实行低门票制度，国家公园资金主要来源于政府投资，国家公园遵循公益性原则，实行经营权与管理权分离的政策。

国家公园自试点建设以来，在权属问题上进行了一些探索。例如，东北虎豹国家公园遵循"国家所有、政府授权、特许经营"的模式。虎豹公园国有自然资源资产所有权属于中央政府；管理权属于虎豹公园管理局；经营权属于虎豹公园管理局特许的经营者，以经营合同的形式规范经营行为，虎豹公园管理局不从事经营活动。大熊猫国家公园的各级管理机构不直接从事经营活动。三江源国家公园积极探索"政府主导、管经分离、多方参与"的特许经营机制。

综上所述，我国自然保护地、国家公园建设应构建管理权及经营权分离的管理机制。明确公园的管理权由自然保护地、国家公园管理机构负责，将管理权与经营权的权利主体剥离开来，经营权以特许经营的方式由相关主管部门授权给企业、组织或个人，管理者不直接参与自然保护地、国家公园任何的经营活动，自然保护地、国家公园的管理机构费用完全来自财政资金，确保管理者的中立性，确保对经营活动的有效监督，保障自然保护地、国家公园的公益属性。

二、特许经营制度面临的困境

自然保护地、国家公园特许经营是指在不破坏生态与环境资源的前提下，为提高公众生态旅游、环境宣教质量，由政府经过竞争程序优选受许人，依法授权其在政府管控下开展规定期限、性质、范围和数量的非资源消耗性经营服务活动，并向政府缴纳特许经营费的过程（张海霞，2018）。2019年，《关于统筹推进自然资源资产产权制度改革的指导意见》提出"健全自然保护地内自然资源资产特许经营权等制度，构建以产业生态化和生态产业化为主体的生态经济体系。鼓励政府机构、企业和其他社会主体，通过租赁、置换、赎买等方式扩大自然生态空间，维护国家和区域生态安全。"《关于建立以国家公园为主体的自然保护底体系的指导意见》指出创新自然资源使用制度，制定自然保护地控制区经营性项目特许经营管理办法，建立健全特许经营制度。两份指导文件均提出健全特许经营制度。首先，特许经营制度可以有效推动"管经分离"的实施，剥离了经营身份的自然保护地、国家公园的管理者可以专注负责对特许经营者的管理、监督和引导等。其次，自然保护地、国家公园的经营权转向特许经营权，能够切实缓解政府的财政压力，有效解决社区居民的发展问题，同时，满足了公众对美好自然游憩的需求，充分发挥自然保护地、国家公园全民共享的福祉。

特许经营在地质公园、森林公园及风景名胜区等公园景区已实施多年，特许经营制度的实施极大促进了公园的建设与发展，带来了可观的经济效益。以森林公园为例，早在2011年，全国森林公园的直接旅游收入376.42亿元，创造社会综合旅游收入超过3000亿元（刘惠兰，2012）。特许经营制度发展至今面临着一些问题。首先，公园引入特许经营后，从解决公园建设及保护经费不足的初衷，转变为以营利为首要考虑内容，甩掉了自然资源保护的经费"包袱"，全权转交给特许经营者负责公园运营及保护，同时为了地方经济、公园经济效益而放宽监管力度。其次，竞争机制欠缺，特许经营协议签订时间过长，不少企业获得了20年以上的经营权，九华山旅游获得九华山风景旅游相关业务特许经营期限为 20 年，西域旅游对天山天池景区湖面的经营权为 30 年，宝泉旅游获得辉县市宝泉风景区旅游开发经营权长达 70 年（启元解析，2019）。这种较长期限的经营权模式，不利于竞争机制引入，特许经营变为长久经营，徒有特许经营的名字，失去了引进竞争机制的优势。再其次，公园的特许经营权整体转交给某一企业的现象较为常见，这种垄断式的特许经营能够获得较好的经济效益，但作为公园经营主体其资本逐利属性往往导致自然资源的过度开发。最后，信息不透明，特许经营的协议或合同往往不会公开发布，作为对公共性资源的使用，而无法被公共监督（张晓，2007）。

国家公园的特许经营制度尚处于摸索阶段，相应的法规体系尚未建立，国家公园在建设中或在以后的发展中，也会面临一些共性问题。例如：第一，特许经营授权尚缺乏透明公开机制。钱江源国家公园未实行公开透明的经营权授权机制，"裙带"关系严重，除了本地村镇居民外，其他物业空间被少数专业化团队掌控，外人很难参与。第二，授权期限过长，滋生违规现象。钱江源公园签订的经营合同期限过长，一些经营主体甚至进行涨价和二次转租。第三，特许经营空间规划不当，社区发展失衡。钱江源公园经营内容分布以观光体验者为导向，而忽视当地居民的需要，由于特许经营空间失配，导致区域内贫富差距扩大，中部村庄的物业空间需求量大，租金高，而北部的村镇大量物业空间价格低廉，但多处于空置状态（陆建城等，2019）。第四，企业整体性经营，国家公园管理机构对特许经营资金收支管理能力不足，未能保障社区利益。普达措国家公园的经营权由普达措旅业分公司全面负责，门票、交通、游船、餐饮、酒店、零售等经营性收入全部由该分公司上缴给迪庆州旅游集团有限公司，仅有社区反哺资金由迪庆州财政拨付给国家公园管理局，进而发放给社区，造成了管理局在履行社区反哺承诺时的被动局面（澎湃新闻，2019）。此外，基于最严格保护及较强的公益属性，国家公园的特许经营也会面临一些个性的问题。受制于生态环境、基础设施等自身条件限制，特许经营之路受阻。三江源国家公园区域生态承载力相对较低，在不允许搞大旅游的约束条件下，现有的交通道路、畜牧业基础设施等不足以支撑产业的高质量、高效率发展（毛江晖，2019）。

三、特许经营制度构建

1. 完善特许经营保障机制

从立法层面，为特许经营的运行提供法治保障，使自然保护地、国家公园管理者及经营主体有法可依。首先，在自然保护地、国家公园相关法律法规体系不断完善的同时，从国家层面制定国家公园或自然保护地专项的特许经营法律法规。具体到国家公园层面，立足国家公园自身的经营发展特点，建立完善园内特许经营的相关规章制度。目前，大熊猫、祁连山及钱江源国家公园分别颁布了特许经营管理办法，对经营的项目清单、经营期限及招标等作出了规定，而多数国家公园尚未制定相关的规章。国家公园管理机构或相关地方政府尽快出台特许经营法规，规范国家公园特许经营制度。此外，依据国家公园总体规划，编制国家公园特许经营的专项规划，有利于国家公园经营活动的宏观布局，充分保护自然资源。规划应在充分考虑社区居民的发展利益前提下，结合功能分区、景观分布、游客流量等因素，优化国家公园经营活动的空间配置，协调区域发展。

2. 优化特许经营模式

特许经营模式可以分为投资型特许经营及经营型特许经营两个类型，二者区别在于，前者经营者对基础设施的建设及项目实施开发性投资，后者主要以运营维护为主，不涉及基础设施的大量投资，其中，投资型特许经营包括"建设－转让－经营"模式、"建设－经营－转让"模式、"建设－拥有－经营"模式，经营型特许经营包括有经营和维护的外包或租赁模式以及"租赁－建设－经营"模式（骆梅英等，2013）。国家公园由原来的自然保护区及自然公园整合而来，国家公园保留了部分旅游配套的基础设施，园内不同区域继承了不同规模的旅游配套基础设施。首先，对于基础设施建设和产品整体开发相对比较薄弱的区域，经营性项目尚未建设或建设度不高的国家公园，可以采用投资型的建设－经营－转让经营模式。特许经营者支付自然资源有偿使用费获得特许经营权，进而进行经营性建设，通过对游客收费获得合理收益，待经营期限到期后，经营者需将建成的设施无偿转让给政府。其次，对于整体产品开发相对成熟，经营性项目已建成或基本成形，进入项目经营优化期的国家公园，可以采取经营和维护的外包或租赁模式或者租赁－建设－经营模式，政府将已建成的项目或设施有偿转让给特许经营者，特许经营者通过合理收费实现盈利，可根据项目运营情况开展小规模建设性项目。

3. 特许经营准入流程公开化

政府信息公开是现代法治政府的一项基本法律原则和要求（曹富国，2015），自然保护地、国家公园实行特许经营招投标及合同公开透明化，构建面向社会的监督机制，有利于政府公信力的提升。首先，是招投标机制公开透明化。自然保护地、国家公园作为"顶级"旅游标签，特许经营是广泛吸纳社会资本的有效途径，企业对其抱有极大的投资热情。自然保护地、国家公园的特许经营应由官方公开发布招标信息，充分吸引社会资本竞标，同时要严格审核特许经营者的资质，投标流程透明公开化，确保获得兼顾自然保护且富有竞争力的特许经营者，保障自然保护地、国家公园的服务水平。自然保护地、国家公园可根据实际情况，在不同的园区或不同项目中引入不同的企业，引入企业竞争机制，规避垄断性经营的弊端，实现项目的差异化经营，避免同质化。其次，是合同机制公开透明化。与特许经营主体签订的合同面向公众公开，涉及特许经营合同的签订、执行、变更及终止等信息由官方及时向社会公布。一般合同的协议期限不宜过长，可根据经营模式、经营项目制定不同的合同期限，例如，大熊猫国家公园规定使用公园品牌及标识开展生产的经营活动一般不超过 5 年，大型商业广告设施类经营项目不超过 2 年；祁连山国家公园规定对于整体项目最长期限为 10 年，单个项目最长为 5 年。

4. 健全特许经营配套机制

（1）强化监督机制。特许经营开发对自然保护地、国家公园管理机构的监管能力提出了更高的要求，作为决策者要强化监督机制。一方面，自然保护地、国家公园管理机构成立专门的监督小组，建立定期巡查监督制度，对特许经营者的合同执行情况进行监督，对违规行为及时制止并纠正。另一方面，建立公众监督渠道，打通特许经营管理机构与大众的接触途径，通过线上线下方式，充分吸收公众对经营业务的意见建议，及时调查和处理收到的举报信息，加强对经营者的服务质量监控，维护公共利益。

（2）定期考核机制。开展对特许经营者的定期审查考核，包括经营项目的类型是否符合合同规定，定价机制是否合理，是否存在生态环境破坏、违规私搭乱建等行为，公众满意程度，重大安全事故，等等。

（3）奖惩及淘汰机制。对特许经营者的正面、负面行为清单分别实行奖励机制、惩罚机制。对于大力推动社区绿色经济发展、创建具有影响力的自然资源生态保护特色品牌等行为给予适当经济激励，对于违规行为实施罚款等惩戒措施。对自然资源造成重大损害、屡次违规等考核严重不达标的经营者，以考核评估结果为参考依据，考虑对特许经营者进行淘汰，强制终止合同，收回特许经营权。

（4）规范退出机制。一般情况下，在合同约定的经营期限到期后，经营者按照规定正常退出，再启动下一轮准入流程即可。但由于各类不确定因素，可能导致特许经营非正常退出。特许经营者由于不可抗力因素解除合同的，考虑到自然保护地、国家公园自然资源保护及公共属性，特许经营者必须依据法定程序有序退出，并在正式解除合同前，要确保对生态环境的保护。管理机构单方终止特许经营合同的，可以由管理机构临时接管自然保护地、国家公园经营业务，并及时启动特许经营准入流程。

5. 建立特许经营资金管理制度

由自然保护地、国家公园管理机构出台特许经营资金使用与管理办法，实行资金收支两条线管理，自然保护地、国家公园的特许经营收入，直接上缴国库，存入自然保护地、国家公园特许经营专项账户，通过国库账户体系收缴、存储、退付、清算及核算。按照《政府非税收入管理办法》规定，特许经营收入纳入一般公共预算，由财政部门按照规定统筹使用，用于政府购买公共产品和服务的支出。自然保护地、国家公园特许经营专项资金支出包括：第一，自然保护地、国家公园保护资金，用于自然资源的保护、监测、管护等方面的费用支出；第二，社区反哺资金，设置一定比例的资金用于管理机构对集体土地及其附属资源的管理、生态移民、社区发展建设、社区居民正面行为清单奖励等费用的支付；第三，特许经营奖励金，对于优秀特许经营者进行资金奖励，建立产业升级奖励金及新型绿色产业发展基金。最后，加强对特许经营资金的监管力度，每年度向社会公开相关收支内容。

6. 强化特许经营民生导向

在同等竞争力条件下，优先考虑社区集体或个体参与特许经营项目。对于优先积极支持自然保护地、国家公园保护及建设的居民，优先授予特许经营权，一定期限内减免相关经营费用。鼓励社区发展绿色产业经济、开发生态产品等经营活动。对社区特许经营者进行知识培训，提升经营业务能力，掌握绿色产业生产技能。加强社区居民对特许经营的参与感，由社区选取代表，参与到特许经营准入、考核等流程的监督中，定期组织社区代表召开社区意见反馈讨论会，充分吸纳合理意见建议，优化社区民生建设，强化原住民的主人翁意识、树立生态保护意识，实现共建共享。

第十六章 自然资源信息和数据

数据作为新型生产要素，是数字化、网络化、智能化的基础，已快速融入生产、分配、流通、消费和社会服务管理等各环节，深刻改变着生产方式、生活方式和社会治理方式。作为"信息时代的石油"，数据已成为国家基础性战略资源，数据要素已经成为数字经济深入发展的核心引擎。

第一节 自然资源数据的概念、属性与特征

一、自然资源数据的概念与属性

当前，学界和实践领域并没有形成关于"自然资源数据"的权威定义和统一认知。在此列举关于"数据"的相关定义，并根据工作实际尝试对自然资源数据给出定义。

（一）数据的概念

《辞海（第七版）》将数据定义为"描述事物的数字、字符、图形、声音等的表现形式"。《中华人民共和国数据安全法》中给出的定义"数据，是指任何以电子或者其他方式对信息的记录"，可知"数据"的本质是信息，基本功能是"告知"、是"传播"，也就是告诉某群体某件事情。该定义在法律层面明确了数据的记录方式，并将"数据"和信息进行区分。国际数据管理协会（DAMA）认为，"数据是以文本、数字、图形、图像、声音和视频等格式对事实进行的表现"。该

定义对"数据"存在的不同形态进行了列举，且指出"数据"是对事实的表现。标准 ISO/IEC 11179—1∶2023 将数据定义为以适合于交流、解释，或处理的形式化方式对信息进行可重新解释的表示。该定义强调了"数据"的电子性质，其认为"数据"是对它代表的对象（信息）的解释，且该解释方式必须是权威、标准、通用的。只有这样才可以达到通信、解释和处理的目的。统计学将"数据"定义为"用于表示和解释而收集、分析和总结后的客观事实和数据符号"，并将数据分为定性数据和定量数据。根据我国权威科学技术名词审定机构全国科学技术名词审定委员会审定，在计算机科学技术中，"数据"是客观事物的符号表示，指所有可输入计算机中并可被计算机程序处理的符号总称；在管理科学技术中心，"数据"是描述事件或事物的属性、过程及其关系的符号序列，比如自然语言符号、科学符号、数字以及图形图像等。

（二）自然资源数据的概念

依据《国务院办公厅关于印发科学数据管理办法的通知》《自然资源部办公厅关于进一步加强自然资源科学数据管理与共享工作的通知》，自然资源科学数据是指，在自然资源各科学领域，通过基础研究、应用研究、试验开发等产生的数据，以及通过观测监测、考察调查、检验检测等方式取得并用于科学研究活动的原始数据及其衍生数据。《自然资源领域数据安全管理办法》规定，自然资源领域数据，是指在开展自然资源活动中收集和产生的数据。《数据安全法》第六条第二款明确："工业、电信、交通、金融、自然资源、卫生健康、教育、科技等主管部门承担本行业、本领域数据安全监管职责"。明确规定了相关主管部门为经济社会发展提供数据要素保障的法定职责。根据该法第三条关于"数据安全，是指通过采取必要措施，确保数据处于有效保护和合法利用的状态，以及具备保障持续安全状态的能力"之规定，自然资源部对自然资源和地理信息数据保管安全和数据使用安全负有监管责任，自然也就具备要为经济社会各部门提供地理信息数据资源要素保障的职责。由此，充分发挥市场的决定性作用并正确发挥政府的作用，为经济社会发展各领域提供地理信息数据要素保障就成为自然资源部门除用地、用海、用矿之外的第四项全新的资源要素保障任务。

综上所述并结合工作实践，自然资源数据是指在自然资源各领域，通过基础研究、应用研究、试验开发等产生的数据，通过观测检测、考察调查、检验检测等方式取得的原始数据及其衍生数据，通过科学划定、行政管理、标准规范等产生的管理数据。主要包括测绘地理信息数据，土地、矿产、森林、草原、水、湿地、海域海岛等领域自然资源调查监测数据，总体规划、详细规划、专项规划等国土空间规划数据，用途管制、资产管理、耕地保护、生态修复、开发利用、不动产登记等自然资源管理数据。

（三）自然资源数据的属性

自然资源数据具备价值属性和产权属性。一方面，通过自然资源数据分析能实现自然资源管理支撑高质量发展智能化水平提升，为经济发展创造可量化的价值；另一方面，自然资源数据具有明确的权属关系和资产价值，通过决定自然资源数据的具体使用方式和边界，对宏观经济发展、国家安全底线保障过程中自然资源数据实现价值显化。此外，自然资源数据产权属性侧重通过管理机制和管理方法帮助明晰数据资产目录与数据资源分布，建立数据资源持有权、数据加工使用权、数据产品经营权等分置的产权运行机制。

数据作为独特的技术产物，具有虚拟性、低成本复制性和主体多元性。这些技术特性影响着数据在经济活动中的性质，使数据具备了非竞争性、潜在的非排他性和异质性。数据的以上特性使得与传统生产要素相配套的规则体系、生态系统等难以直接沿用。数据作为技术产物，具有虚拟性。数据是一种存在于数字空间中的虚拟资源。土地、劳动力等传统生产要素都是看得见、摸得着的物理存在，与数据形成鲜明对比。数据具有低成本复制性。数据作为数字空间中的存在，表现为数据库中的一条条记录，而数据库技术和互联网技术又能使数据在数字空间中发生实实在在的转移，以相对较低的成本无限复制自身。数据具有主体多元性。数字空间中的每条数据可能记录了不同用户的信息，数据集的采集和汇聚规则又是由数据收集者设定，用户、收集者等主体间存在复杂的关系。同时，每个企业、每个项目都可能对所用的数据资源进行一定程度的加工，每一次增删改的操作都是对数据集的改变，因而这些加工者也是数据构建的参与主体。

数据作为经济对象，具有非竞争性。得益于数据能够被低成本复制，同一组数据可以同时被多个主体使用，一个额外的使用者不会减少其他现存数据使用者的使用，也不会产生数据量和质的损耗。例如，在各类数据分析、机器学习竞赛中，同一份数据可以被大量参赛者使用。非竞争性为数据带来更普遍的使用效益与更大的潜在经济价值。

数据具有潜在的非排他性。数据持有者为保护自己的数字劳动成果，会付出较高代价使用专门的人为或技术手段控制自己的数据，因而在实践中，数据具有部分的排他性。然而，一旦数据持有者主动放弃控制或控制数据的手段被攻破，数据就将完全具有非排他性。排他性是界定产品权利的重要基础，土地、劳动、资本都有明显的竞争性和排他性，可以在市场上充分实现权利流转。技术在当今专利保护制度下具有排他性，也可实现权利转让和许可。

相比其他生产要素，数据的部分特性使它难以参照传统方式进行管理和利用，但其可复制、可共享、无限增长和供给的禀赋，打破了传统要素有限供给对增长的制约，为持续增长和永续发展提供了基础与可能。

二、自然资源数据的特征

（一）自然资源数据的变迁

在古代，数据呈现出规则化汇聚特征。例如，我国古代的黄册（全国户口名册）、天文观测记录均以特定规则进行登记造册，它们对人类社会和物理世界的性质、状态与相互关系进行记录和计算，都是宝贵的古代数据遗产。计算机发明后，数据与计算机编码产生重要联系。凡可被编码为一系列 0 和 1 组成的二进制记录，都是计算机可处理的数据。早期计算机的采集、存储、计算技术尚不成熟，只能有效处理行列结构明确的数据表，此时数据更多指代这类结构化数据。近十多年来，数据存储、传输和计算的性能不断突破，数据管理、数据处理技术快速迭代，网页、声音、图像等半结构化、非结构化数据也逐渐得到有效处理和利用。大数据时代，数据是基于二进制编码的、按预先设置的规则汇聚的现象记录。在此阶段，数据不仅是对客观现象的被动记录，越来越多的复杂现象由人们主动发掘并记录成为数据。例如，主动埋点收集的行为数据，基于关系网络挖掘的图数据、精细布放传感器捕获的物联网数据等。这种从被动到主动的转变昭示着一种新的观念，即物理空间中的一切事物都可以被预先设置的认知角度、记录规则和技术框架映射到数据空间，数据的创造融入了数据观察者或收集者的认知视角。

（二）数据与信息的区别与联系

数据是汇聚起来用于认知的原材料，信息是人类大脑可以理解和认知的事物状态和联系。在"数据－信息－知识－智慧"（data-information-knowledge-wisdom，DIKW）模型看来（如图 16－1 所示），数据本身是原始事实记录，只有经过主体使用、分析和提炼，才会产生对人类有用的、具有特定功能的信息。数据能够承载信息，信息则是已经被加工为特定形式的数据。当今技术和产业更强调数据作为原材料的独特价值，依靠数据驱动可以产生大量人类理性难以直接感知到的信息，这些信息是数据价值释放的一种结果。

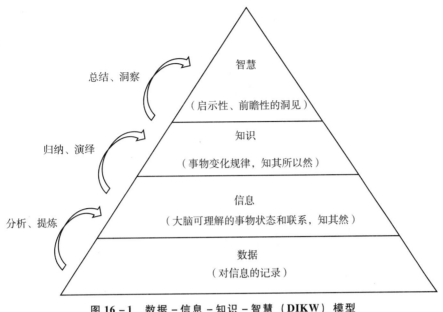

图 16 - 1　数据 - 信息 - 知识 - 智慧（DIKW）模型

（三）自然资源数据治理的多维度特征

自然资源数据治理是一个长期的过程，不是一蹴而就，应全方位治理，通过源头、过程、应用治理逐渐形成自然资源数据全生命周期治理体系，从自然资源数据过程质量的管控逐步向自然资源数据全生命周期管理过渡，从宏观到微观，从自然资源数据架构到自然资源元数据。自然资源数据治理的概念涉及国家、行业和组织三个层面。在以前的研究中，数据治理概念的使用相对"狭义"，大都以企业组织为对象，仅从一个组织的角度考虑数据治理的相关问题。例如，桑尼尔·索雷斯在《大数据治理》一书中主要是从大数据类型、行业领域、治理科目等维度定义大数据治理框架，指导企业制订相应的大数据治理计划。张绍华等的《大数据治理与服务》也主要从原则、范围、实施与评估等维度来规范企业的大数据治理工作。自然资源数据治理需要突破组织边界，从行业内和跨行业、区域内和跨区域、全国乃至全球数据治理之论多个层次考虑。原因有两点：首先，多源数据聚集和跨组织、跨领域的数据深度融合挖掘是展现数据价值的前提，在价值驱动下，各界普遍存在着数据突破组织边界流通的需求。其次，随着数据开放和流通技术及渠道的逐步完善，数据跨组织流通和应用已经发生，并呈现日益普遍的趋势。因此、数据治理的概念需要从更加"广义"的角度进行定义。按照国家、行业和组织三个层次来组织数据治理的框架是合适的、与我国现行的国家治理体系的现实相吻合。

有关各方正在按照各自的理解和需要开展研究实践，但是他们之间的关联性、完整性和一致性均显不足。比如，国家层面的政策法规和法律制定等较少被纳入数据治理的视角，数据作为一种资产的地位仍未通过法律法规予以确立；自然资源数据管理虽然已有不少可用技术与产品，但缺乏多层级管理体制和高效管理机制；如何有机结合技术与标准，建立数据共享与开放环境仍需要进一步探索；不断完善相关技术、安全保障制度、行业自律监管机制和法律。

三、自然资源数据的分类

（一）数据的分类

（1）按性质分为定位、定性、定量、定时。定位数据，表示事物位置特征的数据，例如，各种坐标数据；定性数据，表示事物属性的数据，例如，居民地、河流、道路等；定量数据，反映事物数量特征的数据，例如，长度、面积、体积等几何量，重量、速度等物理量；定时数据，反映事物时间特性的数据，例如，年、月、日、时、分、秒等。

（2）按表现形式分为数字数据和模拟数据。数字数据，是指数据在某个区间内是离散的值。在数据通信中，数字数据（digital data）又称为数字量，是指取值范围是离散的变量或者数值，是与模拟数据相对的概念。模拟数据（analog data）又称为模拟量，是指取值范围是连续的变量或者数值，如声音、图像、温度、压力。模拟数据由连续函数组成，在某个区间连续变化的物理量，又可以分为图形数据（如点、线、面）、符号数据、文字数据和图像数据等。

（3）按记录方式分为书籍、地图、表格、影像、磁带、纸带、电子设备等形式存储或承载的数据。

（4）按数字化方式分为矢量数据、格网数据等。矢量数据是指在直角坐标系中，用 X、Y 坐标表示地图图形或地理实体的位置和形状的数据。矢量数据一般通过记录坐标的方式来尽可能将地理实体的空间位置表现得准确无误。格网数据又称为网格数据，是指计算机中以栅格结构存贮的内部数据。它适用于屏幕显示和行式打印输出，以及数字地形模型和遥感图像等信息的存储。与矢量数据相比，其软件设计较简单，缺点是数据存储量大。其中，地理信息系统（geographic information system，GIS）是指由电子计算机网络系统所支撑的、对地理环境信息进行采集、存储、检索、分析和显示的综合性技术系统。在地理信息系统中，数据的选择、类型、数量、采集方法、详细程度、可信度等，取决于系统应用目标、功能、结构和数据处理、管理与分析的要求。

（5）从行业领域看，分为自然资源、工业、电信、交通、金融、卫生健康、教育、科技等行业领域数据。

（二）自然资源数据分类

自然资源数据分类，依据数据的产生、加工、运用的流程，可以分为：底数数据、资源经济活动数据、管理数据、测绘地理信息数据。第一类是底数数据，即原始第一手数据、调查监测数据，如自然资源资产国情等；第二类是资源经济活动数据，如资源调查评价活动、开发利用活动、保护活动、治理活动等相关数据；第三类是管理数据，如法律法规、文件等，以及管理效能评估方面的数据，如规划评估等；第四类是测绘地理信息数据。

依据《自然资源调查监测总体方案》，根据自然资源产生、发育、演化和利用的全过程，以立体空间位置作为组织和联系所有自然资源体（即由单一自然资源分布所围成的立体空间）的基本纽带，以基础测绘成果为框架，以数字高程模型为基底，以高分辨率遥感影像为背景，按照三维空间位置，对各类自然资源信息进行分层分类，科学组织各个自然资源体有序分布在地球表面（如土壤等）、地表以上（如森林、草原等），及地表以下（如矿产等），形成一个完整的支撑生产、生活、生态的自然资源立体时空模型。各数据层如表 16-1 所示。

表 16-1　　　　　　　　　　　　　　自然资源数据层

数据分层	数据细分	数据获取方式
地表基质数据	地表基质是地球表层孕育和支撑森林、草原、水、湿地等各类自然资源的基础物质。海岸线向陆一侧（包括各类海岛）分为岩石、砾石、沙和土壤等，海岸线向海一侧按照海底基质进行细分	地质调查、海洋调查、土壤调查
地表覆盖层	在地表基质层上，按照自然资源在地表的实际覆盖情况，将地球表面（含海水覆盖区）划分为作物、林木、草、水等若干覆盖类型，每个大类可再细分到多级类	通过遥感影像并结合外业调查快速获取
管理层	在地表覆盖层上，叠加各类日常管理、实际利用等界线数据（包括行政界线、自然资源权属界线、永久基本农田、生态保护红线、城镇开发边界、自然保护地界线、开发区界线等），从自然资源利用管理的角度进行细分	这层数据主要是规划或管理设定的界线，根据相关管理工作直接进行更新
地下资源层	在地表基质层下设置地下资源层，主要描述位于地表（含海底）之下的矿产资源，以及以城市地下空间为主的地下空间资源	地质调查及矿产资源数据，根据需要进行补充和更新

按照职能分类。依据自然资源管理部门分工可分为：土地数据，地质矿产数

据，林草数据，海洋数据，测绘地理信息数据，极地数据，深地探测数据等。

按照空间分类。按照地球系统外部圈层结构，可分为矿产资源数据（岩石圈）、水资源数据（水圈）、土地资源数据（土壤圈）、生物资源数据（生物圈）和气候资源数据（大气圈）。

按照尺度分类。全球、全国、区域、省、市、县、村自然资源数据等。

第十六章

第二节　自然资源数据的权属、价值与交易

一、自然资源数据权属

自然资源数据确权是释放自然资源数据要素价值、赋能经济高质量增长和构建有效自然资源数据要素市场的重要前提和基础。确权是围绕产权的社会行动。产权意味着主体对客体具备占有、控制、处置与收益等权利。从理论逻辑上来讲，在工业社会的发展中，新制度主义经济学派代表人物罗纳德·科斯指出，在产权明确且交易成本为零或者很小时，无论初始产权赋予谁，市场均衡的最终结果都是有效率的，能够实现资源配置的帕累托最优，而没有产权的社会是一个效率绝对低下、资源配置绝对无效的社会，产权应该具有明确性、专有性、可转让性、可操作性等特征。在现实实践中，各国大力发展数字经济的当下，数据是促进数字经济的基础资源。数字经济领域和范围的拓展、新技术与新商业模式的创新与应用都依赖于数据资源。谁拥有数据、谁可以运用数据，以及数据如何赋权和确权，这些都需要在探索中予以回应。作为最早关注数据确权的主要经济体之一，欧盟指出，数据自由流动的障碍是由围绕数据所有权或控制的法律不确定性造成的，对此，欧盟于2018年出台了《通用数据保护条例》（GDPR），在法律上承认用户对自己的数据拥有自主控制权，并在2022年通过了《关于公平获取和使用数据的统一规则（数据法案）》提案，进一步承认数据主体和产品用户对其产生的数据具有一定的权益。除此之外，数据确权的最大争议点是，个人数据所有权应该赋予消费者还是数据持有企业。一些学者支持将个人数据权利赋予消费者，以促进隐私保护和数据市场交易；另一些学者则认为，此举会抑制企业创新。我们认为，国家或经济主体数据权属的认定方式或导向，是建立数字社会规制体系尤其是经济规则体系的基础，在数字化发展中具有赋能和保障的作用。厘清数据要素权

属，对明确数据流通规则、强化数据安全防范、促进数据价值挖掘和提升等领域的治理工作均有深远影响。

自然资源数据"三权分置"是指将数据权分为三种不同的权利，并分别赋予不同的主体行使，以促进数据资源的合理利用和健康发展。以下是数据资源持有权、加工使用权、数据产品经营权的具体解释。

自然资源数据资源持有权是指在相关自然资源数据主体的授权同意下，对自然资源数据资源进行管理、使用、收益和依法处分的权利。重点聚焦自然资源数据的依法取得和合规持有，并在此基础上确定其归属功能。但是，需要弱化所有权的定式思维。例如，在特定项目或应用中，自然资源数据持有者可能需要根据法律法规或合同约定，将自然资源数据提供给其他主体使用，并确保自然资源数据的合法性和安全性。

自然资源数据加工使用权是指在授权范围内以各种方式、技术手段使用、分析、加工自然资源数据的权利。自然资源数据加工使用权应当在自然资源数据处理者依法持有自然资源数据的前提下才具有。但是，在开展自然资源数据加工活动时，如转换、汇聚、分析等，一旦发现可能危害国家安全、公共安全、经济安全、社会稳定和个人隐私的自然资源数据，应立即停止加工活动。例如，自然资源数据分析师或自然资源数据科学家在获得自然资源数据持有者的授权后，可以对原始自然资源数据进行清洗、转换、分析等处理，以获取有价值的信息或洞察。

自然资源数据产品经营权主要是指网络运营商对其研发的自然资源数据产品进行开发、使用、交易和支配的权利。体现"谁投入、谁贡献、谁受益"的原则，有利于推动自然资源数据要素收益向自然资源数据价值和使用价值创造者合理倾斜。自然资源数据产品经营权的客体并非原始自然资源数据或者自然资源数据集合，而是经匿名化处理、加工、分析而形成的自然资源数据或自然资源数据衍生产品。自然资源数据交易的方式包括转让、许可等传统方式，也包括探索中的自然资源数据资产质押贷款等新型方式。交易的目的既包括促进自然资源数据资源的流通，实现其使用价值的最大化，也包括促进自然资源数据资产交易价值的充分实现，进而激励自然资源数据要素市场的进一步创新。

总结来说，自然资源数据"三权分置"通过明确自然资源数据资源持有权、加工使用权和自然资源数据产品经营权，为自然资源数据资源的合理利用和健康发展提供了制度保障。同时，这也促进了自然资源数据要素市场的规范化发展，为数字经济的繁荣与安全奠定了基础。

二、自然资源数据价值

国际数据公司（IDC）发布的《数据时代2025》显示：2025年全球产生的数据将从2018年的33泽字节（ZB）增长到175艾字节（ZB），相当于每天产生491艾字节（EB）的数据，而2008年全球产生的数据量仅为0.49ZB。由此可见，数据规模正在经历井喷式的增长。伴随数据规模扩大的是数据汇聚的不断加剧，这使得数据价值也有走向指数级增长的趋势。自然资源数据具有经济价值、社会价值、政治价值。

（1）经济价值。在进入数字经济时代后，自然资源数据已经成为人们创造财富的重要源泉，自然资源数据价值突出表现为数据能够带来直接的经济收益。其带来的经济收益一方面体现为自然资源数据通过市场流通给使用者或所有者带来经济利益，实现自然资源数据的资产化，另一方面则是在自然资源数据的搜集、加工、分析、挖掘、运用过程中释放出巨大的自然资源数据生产力，且当自然资源数据要素与劳动力、资本、技术等要素相融合时，这些要素的价值会倍增，进而驱动经济发展。自然资源数据可以为政府提供更加精准的公共服务。

（2）社会价值。政府可以通过分析人口数据、交通数据和环境数据等，了解社会发展状况和民生需求，制定更加科学合理的政策和规划，提高公共服务的质量和效率。数据还可以为社会治理提供重要的支持。政府可以通过大数据分析和人工智能技术，实现对社会治安、公共安全和环境保护等领域的实时监测和预警，提高社会治理的智能化水平。

（3）政治价值。自然资源数据对于国家安全具有重要的价值。政府可以通过收集和分析国内外的政治、经济和军事等方面的数据，了解国家面临的安全威胁和挑战，制定更加有效的国家安全战略和政策。数据已经成为了国际竞争的新领域。各国都在加强对数据的掌控和利用，以提高国家的竞争力和国际影响力。因此，数据的价值不仅体现在经济、社会和政治等方面，还体现在国际关系和国际竞争中。

三、自然资源数据交易

数据价值的实现有赖于数据的流通，即可交易性。早期对生产要素的定义认为，生产要素能够促进生产，但不会成为产品和劳务的一部分，也不会因生产过程而发生显著变化。从该角度看，数据作为新型生产要素，在本质含义上已展现出与传统的生产要素的显著不同，即在部分情况下，数据可被作为产品进行交易。因此，需明确的是，数据只有流动、分享才能创造价值，而数据交易则成为数据流通与交换的重要方式。

事实上，数据交易并非数据流通的唯一方式。一方面，数据主体对数据的自留使用、主动共享和对外交易均会带来不同程度的数据流通；另一方面，有些数据能够流通，却无法进行交易，如流通于政府部门之间的数据。但之所以仍将数据交易视为数据要素的一项重要特性，是因为数据交易已成为数字经济的基础性环节，能够促进对数据价值的挖掘和再挖掘，增加数据要素的生产价值。可交易性意味着数据在流通领域被作为一种商品，可以与其他商品互换，其他商品包含其他物品、服务。由于货币也是固定充当一般等价物的商品，因此数据可直接与货币进行互换。

第三节　测绘地理信息数据

测绘地理信息数据是指与所研究对象的空间地理分布有关的信息，它表示地表物体及环境固有的数量、质量、分布特征、联系和规律。这种数据从地理实体到地理数据，再到地理信息的发展，反映了人类认识的巨大飞跃。地理信息属于空间信息，其位置的识别是与数据联系在一起的，具有区域性。地理信息又具有多维结构的特征，即在同一位置上具有多个专题和属性的信息结构。例如，在一个地面点位上，可以取得高度、噪声、污染、交通等多种信息。此外，地理信息有明显的时序特征，即动态变化的特征，这就要求及时采集和更新数据，并根据多时相的数据和信息来寻找随时间变化的分布规律，进而对未来作出预测或预报。

一、测绘地理信息数据整合

测绘地理信息数据整合是对各类数据的收集整理，全面汇集和梳理多源、多类型、碎片化的测绘地理信息数据，开展测绘地理信息数据调查分析评价。基于统一坐标、基准系统和数据标准，编制统一的信息资源目录体系和信息分类编码体系，搭建统一的面向对象数据组织的自然资源一体化数据库，支撑自然资源数据交换和数据共享。通过数据整合，解决自然资源系统中存在的"数据孤岛"和"业务孤岛"等问题，进一步促进自然资源数据共享，推进各项业务的协同办理，提升行政管理水平。

（一）公共地理信息数据

推动地理信息公共数据要素价值实现的重点应该在于，丰富地理信息公共数据产品和服务。积极探索"原始数据不出域、数据可用不可见"的模式，通过统一的公共数据共享通道以接口调用等方式，分类分级、有序推动地理信息公共数据流通应用。

探索通过数据授权运营推动地理信息公共数据流通应用。目前针对企业数据的开放和利用相对谨慎，并未达到足够开放的程度。各大交易所交易的数据产品主要是依赖对公共数据进行加工得出的衍生品。在公共数据产品加工运营方式中，比较常见的一种情形是授权运营。《上海市数据条例》第三章专门列出了公共数据授权运营相关的规定，并在第四十五条和第四十六条明确："被授权运营主体应当在授权范围内，依托统一规划的公共数据运营平台提供的安全可信环境，实施数据开发利用，并提供数据产品和服务"；以及"通过公共数据授权运营形成的数据产品和服务，可以依托公共数据运营平台进行交易撮合、合同签订、业务结算等；通过其他途径签订合同的，应当在公共数据运营平台备案"。该规定表明，公共数据可以通过授权的方式由第三方进行运营，且第三方可在授权的范围内进行开发并形成可交易的数据产品和服务。这意味着，市场主体可在政府授权范围内、依托统一规划的公共数据运营平台提供的安全环境，对公共数据实施开发利用，并提供数据产品。

（二）企业地理信息数据

1. 数据要素供给方面

形成数据资源，为数据从资源向资产转化打下基础。数据要素供给包含采集、整理（数据标注、数据清洗、脱敏脱密、标准化）、聚合（数据传输、存储、集合汇聚等）、分析几大环节，以原始的数据为起点，以形成可流通、利用的数据资源。在这一环节内，政府部门可通过建设标准化体系，促进数据共享流通；加强数据分类分级管理等，推动数据供给质量提升。

2. 数据要素流通方面

数据要素流通是数据成为生产要素的关键。数据资源本身具备利用的价值潜力，而要素流通则是其从数据资源变为生产要素，实现价值的关键。数据要素流通涉及的环节包括确权登记、定价交易、交付等。

数据确权登记是推动数据要素流通规范化的重要手段。通过建立统一的数据产权登记平台，落实数据持有权、数据加工使用权、数据产品经营权三权分置政策，同时通过数据主体、数据内容等信息登记，促进数据质量控制、安全管理等。建议在测绘地理信息领域建立数据产权登记制度及平台，提升地理信息数据的可用性、可信度、可流通性和可追溯性。

推动地理信息数据要素流通任重道远。由于地理信息数据的安全性、敏感性，必须尽快建立或完善地理信息数据安全保护与分类分级应用政策，优化地理信息数据交易标准、规则、环境，逐步探索和激发地理信息数据要素在经济社会发展中更好发挥作用。

二、测绘地理信息数据安全

测绘地理信息工作与国家安全紧密交织，对领土纷争、边界划界、军事斗争等至关重要，被视为"国之重器"。尤其是现代战争一再证明了测绘地理信息工作对战争局势乃至国家安全的影响与价值。要增强忧患意识，坚持国家安全的底线思维，未雨绸缪、居安思危，准确把握总体国家安全观要求，统筹测绘地理信息"发展与安全"，守住国家地理信息安全管理底线。

（一）严守测绘地理信息安全管理底线的必要性

测绘地理信息安全管理已纳入政策法规。在测绘地理信息安全管理方面，我国已将测绘地理信息安全监管列入法律法规和测绘地理信息行政管理职能。《中华人民共和国测绘法》要求"县级以上人民政府测绘地理信息主管部门应当会同本级人民政府其他有关部门建立地理信息安全管理制度和技术防控体系，并加强对地理信息安全的监督管理"。

市场和技术发展的驱动作用。目前，针对测绘地理信息市场发展的刺激和社会化应用需求不断增长的现状，只有对现行测绘地理信息安全管理政策制度进行创新和调整，才能不断满足测绘地理信息服务经济建设、国防建设、社会发展和生态保护的要求。此外，随着新技术与测绘地理信息的跨界融合与应用，需要加快我国测绘地理信息安全技术创新，从而进一步推动高质量发展，成为守住测绘地理信息安全管理底线的重要驱动因素。

（二）守住测绘地理信息安全管理底线

树立底线思维。明晰测绘地理信息管理工作中的国家安全红线，将安全的红线划出来，并围绕"红线"作出相应的制度安排，不断完善政策法规和技术标准，完善监管体系和工作机制，构建技术防控体系，全方位守住安全底线。增强风险意识。提高政治站位，强化大局意识、责任意识、安全保密意识。过去测绘地理信息安全管理工作长期处于"发现问题、处理问题"的被动局面，面对新时代各类风险挑战，测绘地理信息安全管理工作必须由从被动"遇见"转向主动"预见"，主动做好防风险评估、防控、应急等工作准备，建立地理信息安全风险监测预警体系和应急处置机制，从管理措施、技术手段上，下好先手棋、打好主动仗，有效防范化解各类风险挑战。推行包容审慎监管。当前，测绘地理信息正在迈向信息化、智能化，相关新技术、新应用、新业态不断涌现，这些新技术既可能代表着未来发展趋势，也可能对现有安全管理带来冲击。既不能一味地放任其野蛮生长，也不能因为安全风险而"一竿子"限制到底，而要支持有效监管、风险可控下的先试先行，通过不断试错、不断优化中探索出最优解。

第十七章 | 其他自然资源经济

在科技发展和人类认知的提升下，依托新观念、新技术和科技创新，越来越多的自然资源被发现和挖掘出开发利用的潜力，形成潜在的新质生产力，或正通过产业转化形成新质生产力。冰川因其独特的自然景观，在保护其淡水资源不受破坏的同时，近年来受到体育赛事、旅游产业的青睐；荒漠资源不再是人们眼里的"负资产"，通过"荒漠+"模式打造多元化产业；深海、极地本身蕴含着丰富的资源，存在天然的经济发展优势；在航空载运技术发展和低空运输需求的推动下，低空经济应运而生。这些自然资源的保护与开发利用将成为未来经济发展的新的增长点。

第一节 冰川经济

一、冰川的基本概念

（一）冰川的概念

冰川（glacier）是高寒地区降雪经过粒雪化，密实变质成为冰川冰，达到一定厚度并能在重力作用下缓慢流动的自然冰体。冰川以结晶的冰川冰为主体，还包括一定数量的空气、液态物质和岩屑，冰川与大气、冰川与冰床之间的相互作用，构成一个复杂的系统。全球冰川（包括冰盖）总面积近 1600 万平方千米，占地球陆地面积的 11%，冰川总储量约 3000 万立方千米，平均寿命 1 万年，占全球淡水资源量的 3/4，是地球系统五大圈层之一的冰冻圈的主体部分，冰川主要分布在南、北两极以及中低纬度的一些高山上。

（二）冰川的分类

1. 根据冰川的发育条件和物理性质的分类

我国根据此项原则可将冰川分为：

（1）海洋型冰川（温型冰川）。此类冰川区有丰富的降水，平衡线高度上年降水量可以达到 1000~3000 毫米，夏季温度 1~5℃，冰温在 -1~0℃，主要分布在西藏东南部和川西滇北地区，包括喜马拉雅山东段、念青唐古拉山中、东段和整个横断山脉。

（2）亚大陆型冰川（亚极地型冰川）。冰川平衡线处年降水量 500~1000 毫米，年平均温度为 -12~-6℃，夏季温度为 0~3℃，20 米深度以上的活动层温度为 -10~-1℃。此类冰川主要分布于阿尔泰山、天山、祁连山的大部分、昆仑山东段、唐古拉山东段、念青唐古拉山西段、冈底斯山部分、喜马拉雅山中西段的北坡以及喀喇昆仑山北坡。

（3）极地大陆型冰川（准极地型冰川）。冰川平衡线处年降水量在 200~500 毫米，平均气温低于 -10℃，冰面夏季气温低于 -1℃，形成于极其寒冷干燥环境下。主要分布于中、西昆仑山、羌塘高原、帕米尔高原东部、唐古拉山西部和冈底斯山西段、祁连山西部。

2. 按冰川的形态、规模和所处的地形条件的分类

（1）山岳冰川。可分为冰斗冰川、悬冰川、山谷冰川（单式山谷冰川；复式山谷冰川）。

冰斗冰川是分布在雪线附近或雪线以上的一种冰川，规模大的冰川可达数平方公里，小的不及 1 平方千米。冰斗冰川的三面岩壁陡峭，在下方有一短小的冰川舌流出冰斗，冰斗内常发生频繁的雪崩，这是冰雪补给的一个重要途径。

悬冰川是发育在山坡上的一种短小的冰川，或当冰斗冰川的补给量增大，冰雪向冰斗以外的山坡溢出，形成短小的冰舌悬挂在山坡上，称悬冰川。这种冰川的规模很小，面积往往不到 1 平方千米。悬冰川的存在取决于冰斗冰川供给的冰量，随气候变化而消长。

山谷冰川有大量冰雪补给，使冰斗冰川迅速扩大，大量冰体从冰斗中溢出进入山谷后形成的。山谷冰川以雪线为界，有明显的冰雪积累区和消融区，长可由数公里至数十公里，厚数百米。例如，单独存在的一条冰川，叫单式山谷冰川；由几条冰川汇合的叫复式山谷冰川。

（2）大陆冰川。冰盖是大陆冰川最典型的地貌。目前世界上最大的两个冰盖为格陵兰冰盖和南极冰盖。南极洲东部冰层最厚达 4267 米，冰面平均海拔 2610 米，下伏陆地平均高度为 500 米。南极洲西部冰面平均海拔 1300 米，但下伏地面大部分在海面以下，平均为 −280 米。由于大陆冰川有很厚的冰体，在强大的压力下，从冰川中心向四周呈放射状流动。

（3）平顶冰川。发育在起伏和缓高地上的冰面平坦形如薄饼的冰川，称平顶冰川。冰川的周围伸出许多冰舌。如冰川规模很大，覆盖了整个山顶或山区大部分，又称冰帽。

（4）山麓冰川。当山谷冰川从山地流出，在山麓带扩展或汇合成一片广阔的冰原，叫山麓冰川，马拉斯平冰川，它由 12 条冰川汇合而成，面积达 2682 平方千米，冰川最厚处达 615 米，冰川覆盖在一个封闭的低洼地上，这个洼地的地面比海面低 300 米。马拉斯平冰川目前处于退缩阶段，冰面多表碛，生长着云杉和白桦，有些树木已有 100 年左右。

3. 根据冰川的温度状况的分类

（1）冷冰川。冷冰川一般指的是所有的冰体均低于融点的冰川。

（2）温冰川。冰川大部分处于融点者属于温冰川。

（3）冷温复合冰川。冰川下部有一定厚度的融区，其余部分低于融点，这种冰川属于冷温复合冰川。

（三）冰川地质地貌特征

1. 冰川侵蚀地貌

冰川侵蚀地貌分为冰斗、槽谷、冰川谷、龟背擦痕石、擦面、五角星冰碛石、磨光面、羊背岩、鲸背岩等类型。

（1）冰斗。冰斗是山地冰川重要的冰蚀地貌之一，位于冰川的源头。冰斗底部是冰川作用区，背部是冰川与寒冻风化共同作用区，背壁之上的角峰与刃脊则完全处于冰缘寒冻风化及雪崩、重力过程的控制之下。典型的冰斗是一个围椅形状的洼地，三面被陡峭的岩壁包围，底部是磨光的岩石斗底，向下坡有一开口，开口处常有一高起的岩槛。

（2）槽谷。槽谷有一个落差很大的槽谷头，就像河流溯源侵蚀的裂点一样，其形成原因是那里冰川最厚，底部剪切应力大，冰川可塑性强，侵蚀力强。槽谷头之下接着一个冰盆。冰川底部岩屑则经过剪切面被带到冰面，冰盆底部不断降低，前方的反向坡越来越明显，冰川消退后往往积水成湖。由于冰川伸张与压缩流在起伏的冰床上的交替出现，冰盆和冰坎也相继形成，冰川消亡后槽谷中常见到串珠状的冰蚀湖。

（3）冰川谷。冰川谷是山谷冰川塑造的线性谷地，且是山岳冰川区分布最广的地形。当冰川流速一定时，冰川下蚀能力随冰川厚度的增加而加大，所以中等厚度山谷冰川的剥蚀力，在谷地下部和底部最强，使冰槽谷横剖面呈明显的抛物线形或"U"形，谷坡呈凹形，上部陡下部缓，并逐渐过渡为宽阔的平坦谷底。陡峻的谷坡上缘，突变为缓坡或平台，其间的地形转折点称为冰槽谷肩，它代表当时冰面最高位置。两谷肩的水平距离为冰槽谷宽度；谷肩至谷底最低点为冰槽谷深度。冰川下蚀深度受冰川流速、厚度、内部温度的控制，而与侵蚀基准面无关。所以，有的冰槽谷的深度很大，如美国加州的约斯迈特冰槽谷深达 900 ~ 1200 米。

（4）龟背擦痕石。龟背擦痕石是在冰床上被拖曳移动的冰碛石受阻时产生类似羊背石的磨蚀作用，也称弹头形石。冰碛石的底面因受阻停滞而很少受到摩擦，故凹凸不平，顶面朝冰流方向变尖，布满擦痕，背冰流方向展宽，边沿有压裂形成的断口，据此可以判断冰流的方向。

（5）擦面。龟背擦痕石是一种擦顶现象，冰碛石的擦面则是摩擦岩石的底部。由于冰川冰表现为比较稳定的层流，冰碛石常以最大的扁平面与冰床接触，因而形成平整的擦面。

（6）五角星冰碛石。擦面与擦痕同时存在的五角星冰碛石是出现概率最多的典型冰碛石。其迎冰流的一侧多呈现压断的贝状断口，显示出冰川底部摩擦与压碎两种机制同时存在，限制了冰碛石磨圆度的增加，故一般为次棱角状。

（7）磨光面。磨光面是冰床上的擦面，实质上是由无数条规模接近的擦痕联合而成。具有鉴别古冰川作用的是磨光面上出现的成串的新月形裂口，新月形裂纹和月牙形凿口。

（8）羊背岩。迎冰面缓作流线型，背冰面陡呈现锯齿状的地形。羊背岩是冰川磨蚀作用和拔蚀作用共同造成的。

（9）鲸背岩。迎冰面与背冰面均作流线型，拔蚀作用基本不存在，说明冰底滑动应以水层滑动为主。

2. 冰川堆积地貌

冰川堆积地貌包括侧碛堤、终碛堤、鼓丘、冰碛丘陵等类型。

（1）侧碛堤。由于冰川对谷壁的剥蚀作用及崩塌等作用，在冰川两侧及冰川表面边缘聚集了大量碎屑物质。当冰川融化时，这些物质就以融出的方式堆积在冰川谷两侧，形成与冰川平行的长堤状地形称侧碛堤。当冰川两侧发育着边缘沟槽时，槽中流水可将侧碛堤完全毁掉或加工成冲积物，或仅仅冲掉侧碛堤的靠山坡部分。有的地区在山坡的不同高度上存在着多道侧碛堤，它们可以是同一冰期不同融化阶段的产物，也可以是不同冰期的产物。

（2）终碛堤。当冰川末端补给与消融处于平衡时，由于冰川中部运动稍快，冰面物就会在冰舌前端堆积成向下游弯曲的弧形长堤称为终碛堤。一般说来，山岳冰川终碛堤短而高，我国玉龙山干海子终碛堤高 150 米，长 5 ~ 6 千米。终碛堤外侧陡，内侧缓。冰川后退时终碛堤完整而平行排列；冰川前进时老的终碛堤被冰川破坏，或终碛堤被后期水流分割而成弧丘，但仍呈弧形排列。一般终碛堤具有双层结构，下层由含或不含细粒物质的底碛或滞碛组成；上覆巨厚层融出碛和流碛。主要由含细粒物质较少的岩块、砾石、粗砂组成。在终碛垄外侧与冰水扇沉积的砂过渡。由于冰川末端位置波动终碛堤沉积层还可以被推挤变形和碾碎侵入冰碛中。

（3）鼓丘。鼓丘是一种主要由冰碛物组成的，数十米高、数百米长的流线型丘陵。鼓丘的平面呈椭圆形，长轴方向和冰流方向平行，纵剖面为不对称的上凸形，迎冰面陡而背冰面缓。鼓丘的内部常有一个基岩的核心。鼓丘的成因认为是冰川在接近末端处，由于冰川的搬运能力减弱，底碛遇阻时发生堆积而形成的。

（4）冰碛丘陵。当冰川消融后，残留于内部的冰碛物由于受到冰川内部冰碛物分布的位置或冰川谷底地形的影响，而堆积成波状起伏的丘陵，这就是冰碛丘陵或者称为基碛丘陵（ground moraines）。

二、我国冰川资源概况

（一）冰川分布情况

中国冰川主要分布于西藏、新疆、青海和甘肃等西部内陆干旱省区，是这些地区的主要水资源。另外，在四川和云南也有少量分布。中国冰川沿喜马拉雅山、天山、昆仑山、祁连山、喀喇昆仑山、冈底斯山、念青唐古拉山、唐古拉山、横断山、阿尔泰山、羌塘高原、帕米尔高原、阿尔金山等高大山系分布，构成长江、黄河、雅鲁藏布江（恒河）、怒江（萨尔温江）、澜沧江（湄公河）、印度河和金沙江等众多河流的源头，对中国乃至亚洲东南部水资源具有重要的控制意义，影响中国乃至全球的气候。20 世纪 60 年代全国冰川面积为 63045 平方千米，由于青藏高原在 1975 年前冰川面积小幅增加，导致全国冰川面积也小幅增加，1975 年冰川面积为 63197 平方千米，冰川面积增加 62 平方千米，2000 年全国冰川面积为 56965

平方千米，与 20 世纪 60 年代相比减少 6080 平方千米，2007 年全国冰川面积为 56675 平方千米，与 20 世纪 60 年代相比减少 6369 平方千米。

长江源区和黄河源区冰川对长江和黄河的水资源具有重要意义。黄河源区目前冰川面积有 126 平方千米，冰川面积减少了 11%。长江源区目前冰川面积有 1531 平方千米，冰川面积减少了近 6%。祁连山和东天山的冰川对下游农业、畜牧业和居民用水具有绝对控制意义，是下游地区赖以生存的主要水资源。祁连山地区目前冰川面积有 1836 平方千米，冰川面积减少了 10%，根据调查结果预测，祁连山 2020 年冰川面积将减少到 1690 平方千米，2050 年 1432 平方千米，2070 年 1283 平方千米，2100 年 1087 平方千米，比 2007 年减少 41%。东天山地区目前冰川面积为 341 平方千米，冰川面积减少了 21%。根据调查结果预测，东天山 2020 年冰川面积将减少至 308 平方千米，2050 年 243 平方千米，2070 年 207 平方千米，2100 年 162 平方千米，比 2007 年减少 52%。

（二）冰川动态变化规律

中国冰川动态变化规律有以下特点：一是目前冰川收支极不平衡，冰川支出远大于收入，冰川资源量处于亏损状态；二是青藏高原边缘冰川面积减少速率大于高原内部；三是青藏高原东部和南部冰川面积减少比西部和北部的大；四是新疆盆地周边冰川面积减少速率大于山区内部；五是新疆低山区冰川面积减少速率远大于高山区；六是在山体海拔高度接近的状况下，低纬度冰川发育区面积减少速率大于高纬度区；七是规模大的冰川面积减少速率小于规模小的。

随着全球气候变暖和极端气候的频繁出现，尤其是山区的升温效应是平原地区的 2 倍以上，再加上冰川面积和体积的持续缩小，近期冰川加速退缩可提供比以往更多的水资源量，但长期看将影响冰川水资源的可持续发展。因为随着时间的延续，冰川融水径流量随着冰川规模的不断缩小而下降，最后将因冰川的消亡而冰川融水径流终止。

冰川的加速退缩改变了高寒山区地表和地下水的循环系统，导致高山草场退化和永久冻土的消失。永久冻土消失引发了草场沙化、大量温室气体排放、地质灾害等生态环境问题，永久冻土消失区已经演变成北方沙尘暴的重要物源区。

中国冰川资源总的分布特点是极不均匀，对冰川水资源需求量大的地区和生态重要功能区的地区冰川数量少、规模小，近期这些区域冰川退缩加速，影响下游水资源的可持续发展和安全，生态环境问题越发突出，对这些地区经济社会长期发展的瓶颈已经显现，冰川水资源的保护、合理开发利用问题已十分迫切。

三、冰川经济特征

冰川经济，作为一种依托冰川资源进行综合开发与利用的新型经济模式，其范畴广泛，涵盖了冰川旅游、科研探索、冰雪运动以及由此衍生出的装备制造、文化创意、环境保护等多个维度。这一经济形态不仅展现了冰川作为一种独特自然资源的非凡价值，还深刻影响了区域经济的发展路径与产业结构。冰雪经济具有以下显著特征：

（一）资源依赖性强

1. 水资源依赖

冰川是重要的固体淡水资源储备，对于许多干旱和半干旱地区而言，冰川融水是河流、湖泊的重要补给水源，支撑着当地的农业灌溉、工业用水以及居民生活用水等经济活动。例如我国新疆的塔里木河，其部分水源就来自天山等山脉冰川的融水，滋养着流域内大面积的绿洲农业，棉花等农作物种植依赖于此，一旦冰川消融出现异常变化，整个灌溉用水体系及相关农业经济都会受到极大冲击。

2. 景观资源依赖

冰川独特的壮美景观吸引着大量游客，成为发展旅游经济的关键资源。像阿尔卑斯山地区的冰川，每年吸引众多来自世界各地的游客前往观赏、攀登、开展冰川徒步等旅游项目，周边的旅游企业、酒店、餐饮等行业紧紧依托冰川景观得以蓬勃发展，倘若冰川因气候变化等因素规模缩小或景观遭到破坏，旅游经济必然受到严重影响。

（二）环境敏感性高

1. 气候影响

冰川对气候变化极为敏感，气温稍有升高，冰川就会加速消融，改变自身的面积、厚度等形态。这种变化反过来又会影响与之相关的经济活动，例如，冰川消融过快可能导致依靠冰川融水补给的水电项目发电量不稳定，影响电力供应和电力企业的经济效益；同时也会改变冰川旅游的体验和线路，一些原本热门的冰川观赏点可能因为冰川退缩而失去吸引力。

2. 生态关联影响

冰川所处区域往往是生态脆弱带且与周边生态系统紧密相连，它的任何变化都会引发一系列生态连锁反应。例如，青藏高原的冰川退缩会影响到高原湿地、草原等生态系统的水源补给，进而影响到高原上牦牛等畜牧养殖产业的发展，牧草可能因缺水而减少产量，导致畜牧业面临困境。而且冰川区域生态系统改变也会对生物多样性产生影响，一些依赖冰川环境生存的特有物种生存受到威胁，间接影响到基于生物资源开发的相关产业。

（三）季节性波动明显

1. 旅游方面

通常在夏季等气温相对较高、适合出行的季节，冰川消融形成更多冰碛湖、瀑布等景观，加上道路通行条件较好，是冰川旅游的旺季，此时周边旅游配套产业如酒店、景区交通等迎来营业高峰，收益颇丰；而到了冬季，极端寒冷天气、道路积雪结冰等情况会使很多游客望而却步，旅游相关产业进入淡季，经营状况明显下滑。

2. 水资源利用方面

在春夏季，随着气温回升冰川大量消融，河流获得充足补给水量，此时对于农业灌溉、城市供水等来说水源相对丰富；但进入秋冬季，冰川消融减缓，水源补给量减少，如果没有完善的蓄水等配套设施，水资源利用会面临紧张局面，像一些以冰川融水为主要灌溉水源的小灌区，秋冬季节农作物灌溉用水可能出现短缺情况。

（四）产业关联度广

1. 直接关联产业

直接关联产业，包括冰川旅游产业涉及的旅行社、景区运营、住宿餐饮等；冰川科考产业涉及的科研机构、仪器设备制造等；还有以冰川融水为水源的水电产业、供水企业等，这些产业与冰川资源直接相关，其发展状况直接受冰川状态的影响。

2. 间接关联产业

间接关联产业，例如，冰川旅游带动了当地特色农产品、手工艺品的销售，因为游客增多，对这些具有地域特色的产品需求增加，促使农业、手工艺制作等产业发展；冰川科考吸引大量科研人员入驻，会拉动当地交通、通信、生活服务等行业的消费，提高相关产业的经济效益，产业之间相互依存、相互促进，共同构成了围绕冰川的经济网络。

（五）可持续发展要求高

1. 资源有限性

冰川资源虽然总量看似庞大，但从长远看它是有限的，尤其是在当前全球气候变暖背景下冰川处于加速消融状态。所以在利用冰川水资源发展水电、灌溉等经济活动以及开发冰川旅游时，必须要考虑资源的可持续利用，不能过度开发，否则后续的经济活动将难以为继。

2. 生态保护责任

冰川区域脆弱的生态环境一旦遭到破坏很难恢复，这就要求在开展各类与冰川相关的经济活动过程中，要把生态环境保护放在首位，无论是建设冰川旅游设施还是进行科考活动，都要严格遵循生态原则，采取有效的生态保护措施，确保冰川经济能够长期健康稳定地发展下去。

四、冰川经济类型

结合当前科技发展情况，冰川经济类型又可细分为冰川旅游经济、冰川水经济、冰雪运动经济、冰川矿产经济等类型。

（一）冰川旅游经济

冰川作为地球表面的一大自然景观，因远离人类生活聚集区而具有神秘色彩，可满足人们探索自然的好奇心和愿望，是珍贵的旅游资源。随着旅游业的发展和人们对自然景观兴趣的增加，冰川旅游已经成为一个热点。冰川旅游产业包括冰川观光、冰川探险、冰雪运动、科考教育等多个方面，为当地带来了可观的经济收益。例如，中国的新疆、西藏、四川等地，拥有众多壮观的冰川景观，这些地区正在积极开发冰川旅游，吸引国内外游客。通过合理规划和管理，冰川旅游资源可以得到有效利用，为当地经济带来显著收益。例如，中国的达古冰川景区就通过发展冰川旅游产业，带动了周边餐饮、住宿、交通等相关产业的繁荣。

（二）冰川水资源经济

冰川是巨大的淡水储库，对于水资源短缺的地区来说，冰川水资源具有重要的开发价值。冰川融水可以用于农业灌溉、工业用水和生活用水等方面，冰川融水为冰川下游地区提供了生态水源，同时也为中下游居民和农业提供了饮用水源和灌溉用水。随着人们对高品质饮用水需求的增加，冰川水作为高档优质饮用水已得到了迅速的商业开发。例如，中国西藏地区的"5100西藏冰川矿泉水""7100饮用天然水"等品牌，就是依托冰川水资源发展起来的饮用水产业。同时，在冰川区修建水库，依托充足的冰川水源和较大的比降，可以进行高效的水力发电。水力发电不仅为冰川区提供了清洁的能源，还带动了当地工农业和旅游等产业的快速发展。

（三）冰雪运动经济

随着冬季运动的普及和发展，冰雪运动资源也成为了冰川产业中的重要组成部分。冰雪运动包括滑雪、滑冰、冰球等多个项目，这些项目不仅具有极高的观赏性和娱乐性，还可以带动相关产业的发展，如冰雪装备制造、冰雪旅游服务等。通过举办冰雪赛事和活动，可以吸引更多的游客和投资者，推动当地经济的发展。

（四）冰川矿产经济

冰川区已经开发出的主要矿产包括煤炭、石油、天然气以及多种金属矿产。例如，在中国的青藏高原地区，冰川广布，同时该地区也蕴藏着丰富的矿产资源，包括石油、天然气、铜、铅、锌等。不过，需要注意的是，冰川区的矿产开发面临着诸多挑战，如生态环境脆弱、气候恶劣、交通不便等。因此，在开发过程中需要采取科学、合理、环保的措施，确保矿产资源的可持续利用和生态环境的保护。此外，对于南极洲等覆盖有巨厚冰盖的地区，虽然其下可能蕴藏着丰富的矿产资源，但由于南极条约的限制和环境保护的需要，目前尚未进行大规模的矿产开发。未来随着科技的发展和环保意识的提高，如何在保护生态环境的前提下合理开发冰川区的矿产资源将成为一个重要的课题。

第二节　冻土经济

一、冻土的概念和分类

（一）冻土的概念

冻土是地球陆地表面分布广泛且具有独特水热特性的一种自然资源。冻土是由固体矿物颗粒、粘塑性冰包裹体、液相水（未冻水和强结合水）和气态包裹体（水汽和空气）组成的四相体系。当前，冻土的概念表述并不统一，一般认为冻土指温度在0℃或0℃以下并含有冰的各种岩石和土壤。在气象学上，冻土是指含有水分的土壤因地面温度下降到0℃以下而呈冻结的状态。

（二）冻土的分类

当前，冻土的分类并不统一。有学者按照冻土时间进行分类，将冻土分为多年冻土、季节冻土和短时冻土三类，其中，季节冻土时长为半月至数月，短时冻土时长是数小时、数日乃至半月，这种分类也较为常用。有学者按照冻土的含冰量进行分类，将冻土划分为富冰冻土、含冰冻土、微含冰冻土三类，其中，富冰冻土含冰量大于50%，含冰冻土含冰量为25%~50%，微含冰冻土含冰量小于25%。还有学者按物理状态分类，将冻土分为低温冻土和高温冻土两类，其中，低温冻土是指为冰所牢固胶结的、实际上不可压缩的坚硬冻土，高温冻土是指含较多未冻水的、冻结状态时压缩性较小的塑性冻土。

二、冻土资源概况

（一）冻土资源分布

地球上天然冻土的面积约占陆地面积的 50%，其中多年冻土区约占陆地面积的 24%，主要分布在俄罗斯、加拿大、美国和中国。

我国是世界上第三大冻土面积分布国，我国季节冻土区面积约占国土陆地面积的 53.5%。多年冻土面积约占国土总面积的 21.5%，主要分布在大、小兴安岭及西部高山和青藏高原。季节冻土遍及长江以北的广大地区，约占国土面积的 53.5%，短时冻土面积约为 23.9%，而我国的无冻地区仅占 1.1%。

根据冻土的分布情况，我国有学者将冻土分为高纬度冻土和高海拔冻土两种，两者都形成于负温环境下，但在环境条件和土壤形态特征等方面存在一定差异。其中，高纬度冻土分布于东北地区，北纬 53 度到北纬 46 度，纬度高而海拔较低，这类冻土的一系列特征主要受高纬度影响。高海拔冻土则主要分布在西部高山及青藏高原，大部分位于北纬 35 度以南，最南达到北纬 27 度左右，纬度低而海拔高，其特征主要受海拔高度影响。在特征上差异上，高纬度冻土具有湿寒特点，植被为森林，土壤有机质含量高，pH 值低，而高海拔冻土具有干寒的特点，植被为草原和荒漠，土壤的有机质含量低，pH 值高。

（二）冻土资源退化及其影响

冻土是一种对温度极为敏感的土体介质，是气候变化的敏感指示器。冻土资源的赋存条件较为脆弱，气候变化和森林采伐等强烈的人为活动，导致冻土资源开始退化，具体表现在冻土南界不断北移，由南向北逐步消退，总面积不断减少，冻土厚度变薄、活动层增厚，最大季节融化深度增加，消融退缩的趋势也随之加剧，部分多年冻土转化为季节性冻土，连续冻土变得破碎，多年岛状冻土消失等。

冻土活动层厚度的增加，对包括植被、土壤、微生物、水文水资源、人类社会经济活动等在内的寒区环境与冻土工程产生了较大影响。例如，多年冻土是控制水分和湿地时空分布的一个主要因素，青藏高原上的湿地和泥炭沼泽分布与多年冻土的发育有着紧密联系，冻土退化将引起湿地生态系统稳定性降低，甚至湿地萎缩。另外，冻土退化可能会导致被封存在其中的大量土壤有机碳被持续释放，而且土壤微生物代谢活性增强促使有机碳的分解效率提升，导致更多温室气体的排放，对气候产生正反馈效应，加剧气候变暖，并对整个寒区生态系统产生重要影响。此外，多年冻土活动层的变化与寒区植物生理需水埋深密切相关，由此制约地上地下生物多样性和生物量分布，打破了高寒植被与冻土环境之间的稳定适应性关系，并可能进一步加剧冻融侵蚀造成荒漠化。

三、冻土经济发展

冻土经济是围绕冻土地区独特的自然条件、资源禀赋以及与之相关的各类需求所形成的经济形态，涉及冻土区域内自然资源开发利用、工程建设、生态保护、特色农业、旅游等多个产业领域的经济活动总和。冻土产业主要包括以下几类：

（一）工程建设产业

在冻土地区进行公路、铁路、机场等交通设施建设时，需要特殊的工程技术和材料来应对冻土的特性。比如，青藏铁路在建设过程中就攻克了多项冻土工程难题，采用了如片石通风路基、热棒路基等技术，保障了铁路在冻土区的稳定运行。此外，石油、天然气等能源的开发和运输也与冻土产业密切相关。在冻土区建设油气管道时，要考虑冻土的冻胀和融沉对管道的影响，采取相应的保温、隔热和地基处理措施，以防止管道变形、破裂，确保能源输送的安全和稳定。

（二）矿产资源开发产业

由于冻土在我国分布广泛，冻土区特别是多年冻土区蕴藏着丰富的矿产资源。例如，天然气水合物在陆地上就主要分布在多年冻土区，据估计储量可达 1013～1016 立方米，当前，在冻土区发现的天然气水合物主要分布于俄罗斯、美国、加拿大等国的高纬度环北冰洋冻土区。在我国的羌塘盆地、木里盆地、垭口盆地和青海乌丽地区等冻土区均具有良好的天然气水合物资源勘探前景，初步估算我国冻土区水合物资源量可达 3.8×1013 立方米，我国在 2008 年也首次实现了中纬度冻土区钻获水合物实物样品的突破。

（三）农业产业

在北极地区等冻土分布的寒带区域，存在着寒带农业，如俄罗斯的北极地区发展了驯鹿养殖等特色产业。虽然面临诸多挑战，但也有一些发展机遇，比如可以利用温室技术种植蔬菜等农作物，满足当地居民的部分食品需求。部分冻土融化地区，土壤条件发生变化，可能为一些特色农产品的种植提供了机会，如北方浆果等，其市场需求也在逐渐增加。此外，随着人们对土壤改良和生态农业的重视，一些新型的土壤改良材料和技术也在冻土地区得到应用，如冰花土等，其市场规模在过去十年呈现快速增长态势，年复合增长率较高，且未来仍有较大的发展潜力，有望为农业增产和可持续发展发挥重要作用。

（四）生态环保产业

由于全球气候变暖，冻土融化对生态环境产生了诸多不利影响，如土地沼泽化、地质灾害增加等，因此冻土区生态环保产业受到了越来越多的关注。相关科研机构和企业加大了对冻土监测、生态修复技术等方面的研究和投入，开展了一系列冻土区生态修复工程，如在青海木里矿区等冻土区进行植被恢复等工作，但总体上，冻土区生态环保产业仍处于发展初期，面临着技术研发、资金投入等多方面的挑战。

（五）科研与技术服务产业

我国众多科研院校和机构积极开展冻土相关的基础研究和应用研究，在冻土物理力学性质、冻土工程技术等方面取得了不少成果，为冻土产业发展提供了理论支持。同时，专业的试验检测、技术咨询等技术服务企业也逐渐涌现，为冻土工程建设、资源开发等提供技术保障，但与发达国家相比，我国在冻土科研和技术服务的产业化、市场化方面仍有待进一步提高。

四、冻土经济限制因素

（一）自然条件制约性强

1. 地理环境限制

冻土地区往往地处高纬度或高海拔地带，地理环境相对偏远、交通不便。例如西伯利亚冻土区、我国青藏高原部分冻土区域等，远离经济发达地区，这使得物资运输成本高昂，人员往来不便，在一定程度上限制了冻土经济相关产业的发展规模和发展速度，增加了产业运营成本。

2. 冻土物理特性影响

冻土具有冻胀和融沉的特性，这给工程建设带来巨大挑战。在进行交通基础设施（如公路、铁路）建设、能源管道铺设、建筑施工时，若处理不当，冻土层的冻胀可能导致路面鼓包、管道破裂、建筑物基础变形等问题，而融沉又会造成地基下陷。例如，青藏铁路建设中，为应对冻土问题就研发和应用了诸多特殊技术，才保障工程的顺利进行和后续稳定运营，这也使得在冻土区域开展各类建设项目时技术难度和成本大幅增加。

（二）生态敏感性突出

1. 生态系统脆弱性

冻土区域的生态系统通常较为脆弱，植被生长缓慢且覆盖度有限，一旦遭到破坏，恢复难度极大。例如，北极冻土区的苔原植被，其根系浅且生长周期长，在矿产资源开采、大规模基础设施建设等经济活动干扰下，植被受损后很难在短时间内自然恢复，容易引发水土流失、土地沙化等生态问题。

2. 对全球气候变化响应强烈

冻土对全球气候变化极为敏感，气温升高会促使冻土融化，进而导致释放大量温室气体（如甲烷、二氧化碳等），加剧全球变暖；同时，冻土融化还可能引发地面塌陷、热融滑塌等地质灾害，对当地的生态环境以及经济活动（如农牧业、交通等）产生严重的负面影响，所以在发展冻土经济过程中必须高度关注生态环境变化带来的连锁反应。

（三）产业发展阶段性明显

1. 初级资源开发主导阶段

目前，在不少冻土地区，产业发展仍以矿产资源、能源等初级资源开发为主。例如，俄罗斯西伯利亚冻土带的煤炭、石油开采，以及我国大兴安岭冻土区的部分矿产开采等，这些开采活动能在短期内带来一定的经济效益，但往往伴随着较大生态破坏风险，且对资源的依赖程度较高，产业链延伸相对不足，附加值提升有限。

2. 向多元产业拓展阶段

随着对生态环境保护的重视以及科技的进步，部分冻土区域正逐渐向特色农业、生态旅游、科研服务等多元产业拓展。例如，在一些冻土融化后土壤条件有所改变的区域发展耐寒作物种植，或是利用独特的冰雪景观、冻土文化等开展旅游活动吸引游客，通过科研机构对冻土的深入研究，也带动了相关技术服务产业的发展，不过整体仍处于发展探索阶段，尚未形成成熟、完善的产业体系。

（四）技术依赖性较高

1. 冻土监测技术需求

由于冻土受多种因素影响时刻处于动态变化中，需要依靠先进的监测技术对冻土的温度、含水量、厚度等关键指标进行长期精准监测，以便及时掌握冻土状态变化，为后续的工程建设、资源开发、生态保护等经济活动提供科学依据。例如利用卫星遥感、地面传感器等技术相结合来全方位监测冻土情况。

2. 工程技术创新需求

在冻土区域开展工程建设、资源开采等都离不开特殊的工程技术支撑。从前面提到的青藏铁路建设中的热棒技术，到冻土区油气管道铺设时的保温隔热、抗冻胀等技术，只有不断创新和应用这些技术，才能克服冻土带来的障碍，保障经济活动安全、高效地开展，技术水平的高低直接影响冻土经济各产业的发展成效。

（五）经济活动季节性变化

1. 施工建设方面

在寒冷的冬季，冻土处于冻结状态且硬度很高，此时进行工程施工难度极大，像道路修筑、建筑基础挖掘等工作基本难以开展；而到了夏季，随着气温升高，冻土融化，施工条件相对改善，但又要面临融沉等问题需特殊处理，所以工程建设等经济活动往往集中在短暂的适宜季节进行，施工效率和进度受季节限制明显。

2. 农业和旅游方面

部分冻土地区开展的特色农业，例如，种植耐寒蔬菜等，只能在短暂的夏季生长季进行播种、管理和收获；旅游活动也多集中在气候相对温和、景观较好的季节，例如，夏季人们可以观赏冻土区的草原花海、冬季体验冰雪项目，不同季节的旅游产品和游客流量有较大差异，相关产业的经营收入也随之呈现明显的季节性波动。

第三节　荒漠经济

一、荒漠的概念

荒漠是指降水量少而蒸发量大、具有强烈大陆性气候特征、植被稀疏且地面组成物质粗瘠的地区。沙漠、沙地和戈壁是荒漠三大类型。天然荒漠的物种尽管不多，但生命力顽强，且往往具备极强抗旱能力。荒漠化是指在干旱、半干旱地区和一些半湿润地区，生态环境遭到破坏，造成土地生产力衰退或丧失而形成荒漠或类似荒漠的土地退化过程。联合国将荒漠化的概念界定为"土地生物生产力的削弱和破坏，最后导致类似的荒漠景观，它是生态系统普遍恶化的过程"，其实质就是人类不合理经济活动导致生态环境受到破坏，致使其原有生产力降低，进而导致土地退化，是土地的一种失衡状态。

习近平总书记强调："加强荒漠化综合防治，深入推进'三北'等重点生态工程建设，事关我国生态安全、事关强国建设、事关中华民族永续发展，是一项功在当代、利在千秋的崇高事业。"① 我国是世界上荒漠化面积最大、危害最严重的国家之一。荒漠化的迅速发展带来一系列的环境、经济和社会问题，严重威胁人类的健康与福祉。自 1979 年起，我国在荒漠化防治方面实施了多项重大工程。首先启动的是"三北防护林工程"，随后陆续推出了"退耕还林""京津风沙源治理"及"石羊河流域重点治理"等生态建设工程，专门针对沙化土地进行修复。这些措施取得了显著成效，赢得了国际社会的广泛关注与赞誉。

二、荒漠经济的基本内涵

治理荒漠化，不仅要治"地"，更要治"人"。治理荒漠化的根本在于解决人的生存与发展问题，为荒漠化地区的群众铺设一条通往富裕的道路。这不仅是要提供物质援助或短期的生计支持，更是要增强他们的自我发展能力，创造可持续的生计来源。发展荒漠产业经济，是破解荒漠化治理资金瓶颈与促进地区脱贫致富的双赢之策。它不仅能够为荒漠化治理提供持续的资金支持，还能挖掘荒漠地区的独特资源，并将其转化为当地民众赖以生存与发展的物质基础，从而推动荒漠产业的可持续发展。

荒漠产业经济是结合生态建设与经济发展的新型经济发展模式，是发展荒漠生态产业的经济－生态复合行为，有助于荒漠化地区土地高效开发利用。荒漠产业经济包括荒漠农业经济、荒漠林业经济、荒漠能源经济、荒漠医药经济、荒漠旅游经济等多个领域。依托新观念、新技术和科技创新，荒漠产业经济利用当地特色生物种质资源，发展特色经济，构建生态经济保障体系，旨在实现经济高效与生态安全的双重目标。

发展荒漠产业经济，关键在于挖掘荒漠化土地的开发潜力，将荒漠化土地视为金山银山。荒漠化地区大多远离工业污染，自然环境纯净，为绿色食品、有机农业提供了得天独厚的条件。依托荒漠化地区的优质环境，大力发展有机农业、清洁能源、特色旅游、科考探险及生态教育等新兴产业，不仅能够创造显著的经济效益，让当地百姓增收致富，企业实现盈利，还能吸引社会资本流入，形成良性循环。更重要的是，这样的发展模式兼顾了生态效益与社会效益。通过产业带动，荒漠化地区得以有效治理，生态环境持续改善，实现了人与自然和谐共生。

---

① 习近平在内蒙古巴彦淖尔考察并主持召开加强荒漠化综合防治和推进"三北"等重点生态工程建设座谈会 [EB/OL]. 中国政府网，https：//www.gov.cn/yaowen/liebiao/202306/content_6884930.htm，2023－06－06.

发展荒漠产业经济，需依托政策支持、企业主体、科技支撑与社会组织参与"四轮驱动"。遵循因地制宜的原则，综合考量气候、土地、地形地貌、水资源、人文因素、交通运输条件、劳动力价格、农业及基础设施状况等自然与社会因素，确保发展路径科学可行。同时，必须严守生态保护红线，防止二次生态破坏，避免水资源耗费过大、表土翻动过大、对植被破坏较大、对环境可能造成污染的产业在荒漠化地区发展。此外，要以市场需求为指引，主动开拓市场、培育市场，统筹规划，促进产业间的交叉互补，实现产业融合。

三、荒漠的经济价值

我国荒漠资源具有多方面的经济价值，主要包括以下几点：

（一）矿产资源开发价值

1. 能源矿产

荒漠地区蕴藏着丰富的石油、天然气等能源资源。例如，柴达木盆地，作为"三类潜力巨大型油气田"，其石油和天然气储量巨大，为国家的能源安全提供了坚实保障，有力地支持了国家的经济发展。

2. 金属矿产

铁、铜、铅、锌等常用金属矿产在荒漠地区也有大量分布。如柴达木盆地的金属矿产资源丰富，这些矿产的开采和利用，为我国的工业发展提供了重要的原材料支持，推动了相关产业的发展，创造了显著的经济效益。

3. 盐湖矿产

我国荒漠地区的盐湖资源众多，如察尔汗盐湖是中国最大的盐湖，蕴藏着丰富的钾盐、镁盐、锂等矿产资源。其中，钾盐储量占全国探明储量90%以上，对我国的农业发展至关重要，是我国钾肥工业的重要支撑。此外，随着新能源汽车、储能技术等产业的快速发展，锂、镁等资源的需求日益增长，盐湖资源的开发利用价值越发凸显。

（二）农业发展价值

1. 特色农作物种植

在一些有条件的荒漠地区，通过采用高效节水灌溉技术等，可以发展特色农业，种植枸杞、沙棘等具有独特营养价值和市场需求的作物，为农民带来可观的经济收益。这些特色农产品不仅在国内市场受到欢迎，还具有一定的出口潜力，能够促进地方经济发展，提高农民收入水平。

2. 绿洲农业

在荒漠中有水源灌溉的地方可发展绿洲农业，种植小麦、玉米、棉花等作物，还可植树造林。如新疆的吐鲁番盆地，利用其独特的气候条件和坎儿井等灌溉设施，发展了独具特色的绿洲农业，盛产葡萄、长绒棉等优质农产品，成为当地的重要经济支柱。

（三）新能源开发价值

1. 太阳能

荒漠地区日照时间长、辐射强度高，太阳能资源丰富，是发展太阳能光伏发电的理想场所。建设太阳能电站可以将太阳能转化为电能，为当地及周边地区提供清洁、可再生的能源，不仅满足了能源需求，还能减少对传统能源的依赖，降低环境污染，同时也为相关企业创造了经济效益和发展机遇。

2. 风能

荒漠地区广阔且风速稳定，风能资源丰富，具备大规模开发风力发电的条件。风力发电场的建设能够有效利用风能资源，产生大量风电，并入电网为社会供电，促进能源结构的优化升级，带动相关产业发展，增加就业机会，推动区域经济发展。

（四）旅游开发价值

1. 自然景观旅游

荒漠地区拥有独特的自然景观，如浩瀚的沙漠、奇特的雅丹地貌等，吸引着大量游客前来观赏和探险。例如，甘肃的敦煌鸣沙山月牙泉、新疆的库木塔格沙漠等，都是著名的旅游景点，每年吸引众多国内外游客，带动了当地旅游、餐饮、住宿、交通等相关产业的发展，为地方经济注入了活力。

2. 文化旅游

荒漠地区往往还蕴含着丰富的历史文化资源，如古代丝绸之路沿线的遗址、遗迹等，这些文化遗产与独特的自然景观相结合，形成了具有深厚文化底蕴和独特魅力的旅游线路，能够满足游客对历史文化和自然风光的双重需求，提升旅游的文化内涵和经济价值。

（五）生态服务价值

1. 生态系统维护

荒漠生态系统本身具有重要的生态服务功能，如保持水土、涵养水源、防风固沙、调节气候等。健康稳定的荒漠生态系统有助于减少沙尘暴等自然灾害的发生频率和强度，保护周边地区的生态环境和农业生产，降低因生态破坏导致的经济损失，从宏观层面保障了区域经济社会的可持续发展。

2. 生物多样性保护

荒漠地区虽然生态环境较为脆弱，但也拥有一定的特有物种和生物多样性资源。保护这些生物资源及其生存环境，不仅对于维护生态平衡具有重要意义，还可以通过开展生态旅游、科学研究等活动，实现生态价值向经济价值的转化，促进生态保护与经济发展的良性互动。

四、我国荒漠产业发展现状与趋势

1984 年钱学森首次提出沙产业理论，为荒漠地区的经济开发提供了新的思路，其强调利用沙地、荒漠半荒漠地区的独特优势，借助现代化技术，通过植物的光合作用固定转化太阳能，并使用节水技术来发展知识密集型的现代化农业。经过多年实践，我国基本形成了"北燕麦、南木棉、黄河流域文冠果"的战略格局，旨在实现生态改善与经济增长的相互促进。具体而言，在北方沙化、盐碱化地区，通过重点发展燕麦产业达到改良土地、增加粮食产量的目的；在南方石漠化地区，以木棉产业代替传统的棉花种植，增加棉花产量；在黄河流域荒漠干旱区，以发展文冠果产业作为油菜的替代作物，并提炼生物柴油。此外，在荒漠化地区积极推广风能、太阳能和生物质能等可再生能源，以及生物医药、生态旅游、环境教育等新兴绿色产业。这一系列举措不仅促进了荒漠地区的能源结构优化，使"荒戈壁"转化为致富"金戈壁"，还推动了人与自然和谐共生的生态文明建设，实现了高质量发展与高水平保护的协同并进，展现了我国在荒漠化治理与经济发展融合方面的深远考量与智慧布局。

（一）荒漠产业发展成效

1. 生态旅游产业蓬勃发展

（1）我国自然景观吸引力强。荒漠地区独特的自然景观，如浩瀚的沙漠、奇特的雅丹地貌等，吸引了大量游客。宁夏回族自治区中卫市的沙坡头景区，地处腾格里沙漠东南缘，通过治沙植绿，在改善生态环境的同时，发展起了特色沙漠旅游，景区内有"沙漠冲浪""骑骆驼""滑沙"等体验项目，2007 年入选首批国家5A 级旅游景区，2015 年游客人数首次突破 100 万人次，2023 年中卫市共接待游客超 1500 万人次，旅游总收入超 88 亿元。

（2）旅游产品不断丰富。除了传统的观光旅游，还逐渐发展出生态观光旅游、沙漠探险、星空观测、沙疗等特色项目，以及黄河宿集、沙漠传奇等一批高端休闲度假产品，进一步提升了荒漠地区旅游的吸引力和附加值。

2. 新能源产业异军突起

（1）太阳能发电规模大。荒漠地区日照时间长、辐射强度高，太阳能资源丰富，适合大规模建设太阳能光伏电站。目前，我国荒漠地区已形成了面积超 7000 万平方米的"发电海洋"，这些光伏电站的建设不仅为国家提供了大量清洁能源，满足了城市用电需求，还带动了相关产业发展，为当地居民创造了就业机会。

（2）风能发电潜力大。我国荒漠地区广阔且风速稳定，风能资源丰富，具备大规模开发风力发电的条件，例如，内蒙古正在推进"沙戈荒"大型风电光伏基地项目建设，其中华能库布齐沙漠鄂尔多斯南部新能源基地项目是国家重点项目，规划总装机容量 1600 万千瓦，包括风电 400 万千瓦、光伏 800 万千瓦、配套煤电 400 万千瓦，预计每年可提供清洁电能约 274 亿千瓦时。

（3）创新发展模式。出现了"光伏+农业""光伏+养殖"等"一地多用"的创新模式，如在光伏板下种植沙生植物和耐阴牧草，形成特色草种示范基地，既提高了土地利用率，又实现了生态与经济的双赢。

3. 特色农业初见成效

（1）耐旱作物种植。在一些有条件的荒漠地区，通过采用高效节水灌溉技术等，种植枸杞、沙棘、山杏等耐旱、耐瘠薄的特色农作物，取得了较好的经济效益。例如，内蒙古自治区兴安盟科尔沁右翼中旗额木庭高勒苏木布拉格台嘎查种植山杏树，发展林果基地，还开展林药间作，丰富了林下经济业态。

（2）沙生植物开发利用。加强对沙生植物的开发利用研究，例如，在毛乌素沙地，科研团队成功在樟子松林下试种赤松茸，还尝试种植树莓、蓝莓、黑莓、酿酒葡萄等，希望培育出适合沙地生长的品种，撬动沙区生态经济，同时建立植物基因库。

（二）荒漠产业发展问题与挑战

（1）生态环境脆弱。荒漠地区生态系统本身较为脆弱，在开发利用过程中，如果不注重生态保护，容易导致土地沙化、水土流失等问题，影响荒漠产业的可持续发展。

（2）基础设施薄弱。荒漠地区地理位置偏远，交通、通信、水利等基础设施建设相对滞后，增加了产业发展的成本和难度，也限制了产业的规模化和市场化发展。

（3）科技支撑不足。虽然在一些领域取得了科技突破，但总体而言，荒漠产业的科技含量仍有待提高，如在耐旱、抗寒、耐盐碱植物品种培育，高效节水灌溉技术，沙生植物深加工技术等方面，还需要进一步加大研发投入，加强科技成果转化。

（4）产业化程度低。目前荒漠产业的发展还存在规模较小、产业链条短、附加值低等问题，多数企业处于初级加工阶段，缺乏市场竞争力和品牌影响力，难以形成产业集群效应。

（5）人才匮乏。荒漠地区由于自然条件艰苦，生活环境较差，难以吸引和留住高素质的专业人才，导致产业发展缺乏人才支撑，影响了技术创新和管理水平的提升。

（三）荒漠产业发展趋势

1. 科技化与创新化程度不断提高

（1）生物技术创新。通过基因编辑、生物育种等现代生物技术，培育更多适应荒漠环境的优良品种，如耐旱、耐盐碱、抗风沙的植物品种，提高荒漠地区植被覆盖率和生态系统稳定性，同时为特色农业、生态修复等产业提供更好的植物资源。

（2）新能源技术突破。研发更高转换效率的太阳能光伏板、更先进的风力发电设备以及更智能的能源管理系统，提升荒漠地区新能源开发的效率和效益。此外，还会加强对新能源储能技术的研究和应用，解决新能源发电间歇性和不稳定性的问题，提高能源供应的可靠性。

（3）信息技术融合。利用物联网、大数据、卫星遥感、地理信息系统等信息技术，建立荒漠生态环境监测预警体系和产业发展管理平台，实现对荒漠资源的动态监测、精准管理和科学决策，提高荒漠产业发展的信息化水平和智能化程度。

2. 生态与经济协调发展

（1）生态产业化。将生态保护与产业发展深度融合，发展生态旅游、生态农业、生态养殖等生态友好型产业，实现生态资源的经济价值转化，让生态保护成为产业发展的基础和动力，促进荒漠地区生态系统的良性循环和可持续发展。

（2）产业生态化。在荒漠产业发展过程中，更加注重生态环境保护，推广绿色生产技术和模式，减少产业活动对生态环境的负面影响。例如，在新能源开发中采取生态修复措施，在农业生产中采用节水灌溉、有机肥料等环保技术，实现产业发展与生态保护的协调共进。

3. 产业融合发展加速

（1）"新能源＋"模式深化。进一步拓展"新能源＋农业""新能源＋养殖"等"一地多用"模式的应用范围和深度，实现土地资源的高效利用和多产业协同

第十七章

发展。同时，探索"新能源＋旅游"等新模式，打造融观光、科普、体验于一体的新能源旅游景区，提升荒漠地区的旅游吸引力和综合效益。

（2）农文旅融合发展。加强农业、文化和旅游产业的融合，开发具有荒漠特色的旅游产品和文化体验项目，如沙漠探险、民俗文化体验、特色农产品采摘等，延长产业链条，提升产业附加值，促进荒漠地区一二三产业融合发展，推动形成多元化、综合性的产业发展格局。

4. 规模化与集约化趋势明显

（1）产业集群发展。随着荒漠产业的不断发展，相关企业和项目将逐渐集聚，形成产业集群。通过产业集群的协同效应和规模效应，降低生产成本，提高生产效率，增强市场竞争力，推动荒漠产业向规模化、专业化、市场化方向发展。

（2）龙头企业带动。培育和引进一批具有较强实力和影响力的龙头企业，发挥其在技术创新、市场开拓、品牌建设等方面的引领作用，带动中小企业和农户共同发展，提高荒漠产业的组织化程度和产业化水平，促进荒漠产业的整体升级和可持续发展。

5. 政策支持力度持续加大

（1）财政金融支持。政府将继续加大对荒漠产业的财政投入，设立专项基金，支持荒漠生态修复、基础设施建设、科技创新等项目。同时，引导金融机构创新金融产品和服务，为荒漠产业发展提供多元化的融资渠道，解决产业发展的资金瓶颈问题。

（2）产业政策引导。制定和完善荒漠产业发展规划和相关政策，明确产业发展方向和重点，引导社会资本投向荒漠产业。加强对荒漠产业的规范管理，建立健全产业标准和质量监管体系，推动荒漠产业健康有序发展。

6. 国际合作与交流加强

（1）技术引进与输出。加强与国际先进国家在荒漠治理、新能源开发、生态保护等领域的技术交流与合作，引进国外先进技术和管理经验，同时推动我国荒漠产业的技术和模式向其他国家输出，提升我国在国际荒漠产业领域的影响力和话语权。

（2）市场拓展与合作。积极开拓国际市场，推动荒漠特色产品和服务的出口，例如，新能源电力、特色农产品、生态旅游等，提高我国荒漠产业的国际市场份额。加强与"一带一路"共建国家和地区的合作，共同开展荒漠地区的生态修复和产业开发项目，实现互利共赢。

第四节　极地（南北极）经济

一、极地的概念与属性

（一）基本概念

极地地区，是指地球的两极，即南极和北极。北极地区：以北冰洋为中心，周围濒临亚洲、欧洲、北美洲三大洲。南极地区：以南极洲为中心，周围濒临太平洋、大西洋、印度洋三大洋。

（二）极地经济基本属性

1. 资源依赖性

极地经济在很大程度上依赖于极地地区的自然资源，如石油、天然气、渔业资源、矿产资源等。这些资源的开发和利用对极地经济的增长具有重要影响。

2. 高风险性

由于极地地区的气候条件恶劣，开展经济活动往往面临着较高的风险和挑战。例如，海上运输可能受到海冰、恶劣天气等因素的影响，资源开发也可能面临环境保护和地缘政治等方面的挑战。

3. 国际合作性

极地经济往往需要国际合作来共同应对挑战和分享利益。例如，在北极航道的开发和利用方面，需要各国共同协商和合作，以确保航道的畅通和安全。

二、极地与资源开发

极地地区拥有丰富的石油、天然气、渔业资源和矿产资源等，这些资源的开发对极地经济具有重要意义。然而，资源开发也面临着环境保护和地缘政治等方面的挑战。

（一）矿产资源

极地地区，尤其是北极圈内，蕴藏着大量的石油和天然气资源。这些资源对于满足全球能源需求、促进经济发展具有重要意义。随着全球变暖，北极地区的冰层融化，使得原本难以触及的油气资源变得更加易于开采。推进北极油气资源开发，对扩大我国北向油气通道供给能力、优化油气供给空间格局具有重要意义。依托"冰上丝绸之路"建设开采北极油气资源，已成为我国油气安全战略的重要组成部分。然而，极地油气资源的开发也面临着巨大的挑战，包括极端的气候条件、高昂的开发成本，以及潜在的环境风险。此外，油气资源的开采还可能对当地脆弱的生态系统造成不可逆的损害，如破坏冰盖、影响海洋生物栖息地等。

极地地区还蕴藏着铁、铜、镍、钴等金属矿产，以及钻石、石墨等非金属矿产。这些矿产资源的开发对于满足全球工业需求、推动经济发展具有重要意义。极地气温上升为矿产资源的开发带来了前所未有的机遇，降低了铁矿、煤矿等资源的开采成本，使部分矿产的商业开发变得切实可行，但目前矿产的勘探工作还不充分，对其开发规模、成本及潜在风险等因素的评估尚不完善。此外，北极地区的基础设施建设尚显落后，气候条件恶劣，相关配套产业缺失，这些因素都极大地增加了矿产资源的开发成本。因此，在可预见的未来，极地地区矿产的大规模商业开发仍面临诸多挑战。

（二）渔业资源

北极地区商业捕捞活动主要集中在欧洲北部、格陵兰岛、冰岛附近的中北大西洋、白令海以及加拿大东北部的海域。随着全球气候变暖导致的北极区域海冰消融，商业捕捞活动有望进一步扩大至更高纬度地区，为渔业资源的开发带来了新的机遇。然而，北极渔业资源的脆弱性不容忽视。过度捕捞可能导致资源衰退，且恢复困难，北极五国已经开始建立渔业资源管理机制，以防范滥捕行为。国际环保组织对极地渔业的抵制态度以及极地国家政府对渔业资源的审慎管理，都表明了保护北极渔业资源的重要性。

由于极地渔业资源的特殊性和敏感性，其商业开发规模预计将受到限制。对于我国而言，积极参与北极渔业资源开发并加强与极地国家的合作，每年能够获得一定数量的渔获物产量。然而，这一产量相对于我国庞大的海洋捕捞渔业产量而言，是比较小的。因此，北极渔业资源开发对我国当前的食物供给和水产品供给格局不会产生明显影响。

三、极地与科学考察

极地科考对于了解全球气候变化、保护生态环境和推动可持续发展具有重要意义。极地科学研究涵盖了气候变化、极地生态、地理地质等多个领域，长期持续观测，为认识极地的自然状况提供了最基础以及最重要的数据，支撑了全球在大气、海洋、冰冻圈等学科的发展，也为极地经济活动提供了支撑。

自然资源部组织的中国第 40 次南极考察并推进建设的中国南极秦岭站，是新时代新形势下我国积极履行《南极条约》体系相关责任和义务的体现。我国将与有关国家一道对恩克斯堡岛南极特别保护区进行管理，开展罗斯海海洋保护区生态监测，开展国际南极科学前沿领域合作研究，与挪威、澳大利亚等多国合作实施恩德比地航空调查任务，探究南极冰盖接地带这一关键数据空白区域的冰—海—基岩相互作用，支持冰盖物质平衡的精确评估和不稳定性研究，为保护南极生态环境作出贡献，也为我国参与南极国际治理提供支撑。依托新科考站，我国将与该区域周边其他国家的考察站开展南极科学考察及保障相关的国际合作，努力为人类和平利用南极作出更新、更大的贡献。

四、极地与航运发展

随着全球气候变暖，北极航道的通航条件逐渐改善，为航运业的发展提供了新的机遇。北极航道的开通将大大缩短东亚与欧洲和北美之间的航行距离，降低运输成本，提高贸易效率。

北极东北航道目前已允许商船在夏季通航，使得东亚和北欧的海上航程缩短了大约 40% ~ 50%，这对全球经济和航运都有重大影响。极地航运发展的经济影响主要有以下两点：

降低运输成本，提升贸易竞争力。北极航线的开通显著降低了我国与欧洲、北美洲等地区的海上运输成本。例如，东北航道和西北航道的利用使得我国轻工业产品等制成品能够更高效地运往国际市场，从而提升我国在全球贸易中的竞争力。同时，运输成本的降低也促进了我国进口原料和能源的便利性，有助于稳定供应链并降低生产成本。研究显示，到 2030 年东北航道有望最高承担我国对外贸易海上物流总量的 3%，对传统的海上丝绸之路航线起到一定的分流作用，并成为一条重要的备用航线。西北航道由于航行成本和风险的原因，在海上货物运输中发挥作用有限。到 2050 年，随着航行条件进一步好转和航运规模经济的出现，东北航道有望承担我国海上物流总量的 5% 左右，成为重要的季节性海上物流通道；西北航道有望承担我国海上物流的 1%。这将为我国参与"冰上丝绸之路"建设提供稳固的产业支撑。

促进临港产业集聚，带动区域发展。北极航线周边沿海地区的开发将带动临港产业集聚区的形成，这些产业以船舶维修、补给保障、临港制造等为主导，将形成临港小城镇并促进区域经济发展。对于我国而言，东北航道的利用将促进东北地区与北极地区的经济合作，带动相关产业的发展和就业的增加。

五、极地与旅游发展

极地地区独特的自然景观和生态环境吸引游客前来观光和探险。极地旅游业的发展不仅促进了经济的增长，也推动了极地文化的传播和交流。

北极的原住民——萨米人的传统文化是极地文化中不可或缺的一部分。游客们能够亲身体验到乘坐着狗拉雪橇在雪原上飞驰，追寻着那绚烂的极光；或是住在萨米人的帐篷里，感受那份淳朴与温馨；抑或是与驯鹿亲密接触，留下难忘的合影。极地地区同时也可以利用独特的冰雪资源，推出独具特色的"雪屋"和"冰屋"酒店。然而，极地地区的生态环境十分脆弱，旅游业的发展必须建立在保护生态环境的基础上。

第五节　深海资源

《中华人民共和国深海海底区域资源勘探开发法》将深海海底区域界定为"中国及其他国家管辖范围以外的海床、洋底及其底土"。除去各沿海国的领海、专属经济区和大陆架等管辖海域，全人类共有的深海面积约为全球海洋总面积的64%、地球总表面积的45%。深海资源是指海洋深处存在的自然资源，包括矿产、能源、海洋生物、淡水等多种类型。这些资源蕴藏在海洋的不同层次，尤其是深海底部及其周边环境，是地球上最为丰富、最具潜力的资源之一。由于深海环境的特殊性和开发技术的限制，深海资源的利用仍面临巨大挑战，但随着技术的进步，深海资源的开采与利用逐渐成为全球关注的热点。

一、深海资源分类

从深海矿产到生物多样性，从海洋能源到水资源，深海承载着无限的潜力。然而，这些资源的开发不仅挑战着我们的科技水平，也引发了关于环境保护与可持续利用的深刻思考。

（一）海底矿产

海底矿产是深海资源的一个重要组成部分。尤其在一些深海热液喷口附近，矿产资源极为丰富。矿物如金、银、铜、锌、镍以及钴等，常常以结晶的形式沉积在海底。更为特殊的是，多金属结核的发现，它们富含镍、铜、钴及稀土元素，是一种重要的矿产资源，分布广泛，尤以太平洋深海为最。这些矿产为现代工业提供了宝贵的原材料，尤其是在新兴技术的应用中，如新能源和电子产业。

（二）深海油气

油气资源的存在，也是全球能源领域不可忽视的一环。随着深海钻探技术的不断进步，曾经难以触及的深水油气田开始浮出水面。海底的石油和天然气储藏，不仅可以满足日益增长的全球能源需求，也为能源供应的多样化提供了新的保障。然而，深海油气的开采同样伴随着巨大的技术难度与环境风险，尤其是在恶劣的深海环境下，资源开采的安全性和可持续性需要高度重视。

（三）生物多样性

深海不仅是一片矿藏的宝库，它同样是地球生物多样性的丰富源泉。深海中生活着成千上万种尚未被人类了解的生物。许多深海生物具有独特的生理特性，能够在极端的环境下生存。例如，某些生物能够在深海压力与寒冷的环境中分泌出具有抗癌、抗病毒等功能的化合物。这些深海生物不仅为现代医学提供了全新的药物研发思路，还可能在未来成为人类抗击疾病的重要武器。

（四）可再生能源

深海中的潮汐和波浪能是人类可再生能源的重要来源之一。潮汐的规律性和波浪的强大能量为深海能源开发提供了独特的优势。通过先进的技术手段，海洋可再生能源将逐渐成为全球能源结构中的重要组成部分，为人类提供更加清洁和可持续的能源供应。深海热液喷口，作为地球内部热能的一种表现，极可能成为未来地热能源的重要来源。深海地热资源具有极高的能量密度，同时还能提供一种稳定、持续的能源供应方式，尤其适用于偏远地区的能源需求。

（五）海水

随着全球水资源的日益紧张，深海水源被认为是解决淡水短缺问题的潜在解决方案。通过现代海水淡化技术，可以从深海中提取出大量的淡水，缓解全球许多地区的水资源危机。

二、深海资源的开发现状

深海资源的开发，尽管具有极高的经济潜力，但目前仍处于技术探索和初步开发阶段。深海矿产的开采已经在某些地区取得了突破性进展，尤其是在太平洋和印度洋的一些区域，多金属结核和海底热液矿床的开采已得到一定程度的商业化。然而，由于深海矿产资源的开发技术仍面临极高的技术门槛和成本问题，规模化的开采尚未普及。

深海油气资源的开发在过去几十年中取得了显著进展。随着深水钻探技术的突破，全球多个深海油气田已投入开采，特别是在巴西、美国墨西哥湾、安哥拉等地区，深海油气田的产量对全球能源市场产生了重要影响。然而，深海油气的开采仍然面临诸如安全风险、环境污染以及成本控制等难题。在海洋可再生能源领域，尽管潮汐能、波浪能等的技术尚处于试验阶段，但随着全球对可再生能源需求的增长，相关技术的研发和投资逐渐增加。深海地热能作为一种新兴的能源形式，尽管尚未大规模应用，但其潜力被广泛看好。深海生物资源的开发，特别是在药物研发和生物技术领域，已有不少研究和实践。深海生物中的天然产物被应用于新药研发，尤其是在抗癌、抗病毒等方面。然而，深海生物资源的开发仍面临着过度开采和生态保护之间的矛盾，如何实现可持续开发是亟待解决的问题。

三、深海资源的法律规章

深海资源的产权归属问题是其开发过程中最为复杂的法律和政治问题之一。深海资源大部分位于国际公海区域，自 2000 年起，国际海底管理局陆续颁布了一系列具有里程碑意义的文件，包括《区域内多金属结核探矿和勘探规章》《区域内富钴结壳探矿和勘探规章》以及《区域内多金属硫化物探矿和勘探规章》等，这些规章为各国在深海矿产资源勘探提供了明确的法律框架和指导原则。截至当前，国际海底管理局签发并仍然有效的国际海底的矿产勘探合同达到 31 份，共计 151 万平方公里，其中多金属结核的有 19 份，多金属硫化物的有 7 份，富钴铁锰结壳的有 5 份。我国应正视这一全球竞争态势，将海底矿产资源的开发作为我国参与全球海洋治理的重要战略抓手，借此扩大在海洋权益和海洋安全等方面的国际影响力与战略空间。

四、我国深海矿产资源开发的主要差距

在深海采矿的装备技术格局中，我国相较于全球领先国家及地区如美国、日本及欧洲，仍面临一系列显著的挑战与差距。基础研究与自主研发能力的欠缺，核心技术装备验证与研发能力的局限，环境友好型装备研发与环境评估的滞后，全系统

联合海试与规模化、商业化开采能力和战略规划能力不足，尚未进行全系统的联合海试，同时也缺乏明确的深海采矿技术规模化、商业化开采规划。尽管已进行多次单体海试，但关于系统生产效率、稳定性、可靠性、长期运维性能及经济性的综合研究尚需深入。

五、深海资源经济价值开发制度路径

（一）加强深海资源管理的法律体系

深海资源产权制度的明确化，深海资源的产权归属问题是全球开发的核心问题之一。针对不同类型的资源，尤其是深海矿产和生物资源的产权，应根据国际海洋法和国内法律法规，明确界定各国与国际组织的权利和责任。生态保护法律的强化，深海资源的开发不可忽视其对生态环境的潜在影响，因此，制定严格的生态保护法律和环保标准至关重要。

（二）合理制定开发策略与商业模式

（1）多元化的经营模式。深海资源的开发应根据不同资源的特性，制定多元化的商业模式。对于深海矿产资源，既可以采用传统的矿业开发模式，又可以结合绿色技术，确保经济效益的同时考虑环境影响。深海能源开发应结合传统能源与可再生能源的商业模式，推动深海能源的可持续应用。

（2）创新融资与投资机制。由于深海资源开发涉及高额的前期投入，创新融资模式成为实现深海资源经济价值的关键。政府与企业可通过合作开发、专项基金、私募资本等方式，降低企业投资风险，同时推动技术创新和资源开采的经济效益。

（3）区域化开发战略。不同地区的深海资源拥有不同的资源储量和经济潜力。在开发过程中，应根据不同区域的资源禀赋和市场需求，制定差异化的开发策略。对于资源丰富的区域，应优先进行高价值资源的开采；而对于生态脆弱的海域，则应注重保护性开发与绿色技术的应用。

（三）建立更加完善的国际合作机制

跨国合作与资源共享机制：由于深海资源大多位于公海或专属经济区外，单一国家或地区的开发往往难以实现资源的最大化利用。国际海底管理局（ISA）等国际组织应进一步加强监管职能，推动全球资源共享和开发规范的制定，避免资源争端并确保公平分配。

（四）强化深海技术研发的制度保障

科研资金和资源的投入，政府应加大对深海技术研究的支持，设立专项资金和奖励政策，激励企业和科研机构在深海勘探、开采、能源转化等方面的技术创新。同时，应推动技术创新的成果转化，促进科研与实际开发的紧密结合。建立标准化的技术管理体系，明确深海资源开采过程中所需的各项技术标准，确保技术安全、效率和环保要求的实现。

（五）建立有效的风险管理与应急机制

深海资源的开发具有较高的风险性，因此需要建立全面的风险管理和应急响应机制，以应对可能出现的安全事故、环境污染和资源过度开采等问题。制定严格的风险评估程序和管理框架，要求深海资源开发项目在启动前进行全面的风险评估，并根据评估结果制定相应的应对方案，确保开发活动的安全性和可控性。面对可能的深海油气泄漏、开采事故或生态灾难等突发事件，建立健全应急预案和快速响应机制。

第六节 低空经济

一、低空经济的概念、内涵与特征

（一）低空经济的概念

所谓低空经济，是指以航空载运与作业装备为主要工具、以低空空域为主要活动场域、以低空飞行活动为最终产出形式的系列经济活动构成的经济形态。目前对低空空域的理解，主要是指3000米以下的空域。航空载运与作业装备大体可分为民用有人航空器与民用无人航空器两种。民用无人航空器也称民用无人机。现阶段下，民用无人机是低空经济的主要发展载体，是低空经济的重要发展引擎。

国内在低空经济领域的探索历史并不算长。在理论探索层面，2011年国内的一批学者提出了"低空经济"概念，提出应整体性地开发低空空域资源，并就低空经济的产业构成与产业活动形式进行了探索。在此后的十数年间，研究者们开始从不同视角、采用不同方法对低空经济概念定义和产业构成等进行了阐述和探索，最终确立了现阶段下低空经济的主要产业活动形式为低空民用无人机飞行活动。

在政策支持层面，2023年中央经济工作会议新增"商业航天、低空经济"表述，强调低空经济产业发展属国家战略性新兴产业，为我国低空经济产业的发展提供了重要的政策支持和引导。"十四五"规划中进一步指出，要大力发展无人机产业这一新兴高新科技战略性产业。在政策支持与广袤市场前景的正面反馈下，无人机产业发展欣欣向荣，将低空经济发展设想落到实处。以深圳为例，早在 2017 年，深圳已经尝试布局低空经济产业，建设国内首批通用航空产业综合示范区，进而吸引更多科技企业加入研发无人航空器，加快落实低空民用无人机融入生产生活应用。在此过程中，民用无人机应用领域不再局限于娱乐消费性质或城市外作业，应用领域得到进一步扩展。截至 2023 年末，深圳城市空中交通网络已初具规模，美团智能无人机与风翼科技探索无人机等智能无人机产品在即时配送、城市物流运输等方面已取得卓然成效。"无人机物流配送""无人机空中出租车"等新事物不断落地并为民众熟知。

（二）低空经济的内涵与特征

低空经济作为前景广阔的战略性新兴产业，主要由低空制造产业、低空飞行产业、低空保障产业以及综合服务产业构成。低空制造产业指面向通用、警用、海关和部分军用航空器的研发制造类产业；低空飞行产业是低空经济的核心产业，牵引整个低空经济产业，包括民用、警用、军用、海关和通用航空等航空活动，横跨一二三产业。其中，通用航空是低空经济的重要组成部分，无人机产业是低空经济的主导产业。低空经济既承继传统通用航空业态，又融合以无人机为支撑的新型低空生产服务方式，产业链较长，涵盖低空基础设施、低空飞行器制造、低空运营服务、低空飞行保障四大领域，具有高度可扩展性。具体而言，产业链上游为原材料制造与核心零部件研发领域，研发包括各类工业软件，原材料包括钢材、铝合金、高分子材料等，零部件包括芯片、电池、电机等等；产业链中游是低空经济的核心部分，包括无人机、航空器、高端装备、配套产品、低空保障与综合服务；衔接产业链下游需要飞行审批、空域备案等，通过审批备案的下游应用为低空经济与各种产业的深度融合，例如，与农业、巡检、旅游、消防等行业的结合，不仅丰富了涵盖航拍、交通巡逻、勘探测绘、植物保护、物流等领域的下游应用场景，而且正在探索新的应用场景。

信息化、数字化管理技术赋能的低空经济具有空间立体性、区域依赖性、数字生态性、产业融合性以及辐射带动性等特征。第一，低空经济作为依托三维空间发展的经济形态，空地衔接较为紧密，具有较强的空间立体性。低空制造、低空保障与综合服务主要在地面完成，为低空飞行提供产品、服务、基础设施、宣传等支撑与辅助。第二，低空经济发展依托高度聚集的地区产业集群，具有较强的区域依赖性。先进技术是低空经济发展的核心支撑，创新能力是低空经济产业生态系统的核心竞争力，也是低空经济产业价值链附加值最高的环节。低空基础设施是确保各类低空飞行活动正常开展的关键载体，完备高效的政策法规体系为发展低空经济提供重要保障。第三，低空经济是由低空飞行器制造、低空飞行运营和市场应用等核心企业、基础设施、配套服务等多主体构成的开放式数字生态系统。依托低空经济产业链，各主体通过数据、信息的交流与共享，建立相互依赖的合作机制，实现产业生态系统内数据、资源、技术的共享与协作。第四，作为综合经济形态，低空经济在航空器与多种产业形态融合的基础上，为其涉及的民用、警用、军用等领域提供高新技术支持，为工业、农业和社会服务业发展注入新动能。

二、低空经济产业的发展现状与趋势

（一）低空经济产业带发展现状

1. 国内视野

2010 年以来，我国低空经济产业迎来快速发展的黄金期。随着国家政策的密集出台和各地政府的大力支持，我国的无人机和通用航空产业迅速崛起，成为低空经济产业的重要支柱。2021 年 2 月，低空经济概念首次被写入国家规划。2022 年 12 月，国务院印发《扩大内需战略规划纲要（2022 - 2035 年）》，强调释放通用航空的消费潜力。2023 年 12 月，中央经济工作会议明确将低空经济确定为国家战略性新兴产业。2024 年 1 月，《无人驾驶航空器飞行管理暂行条例》正式施行，对无人驾驶航空器从设计生产到运行使用进行全链条管理。2024 年 3 月，低空经济作为新质生产力的代表，首次被写入政府工作报告。通过对低空经济相关政策的梳理可知，我国发展低空经济的政策主要包括低空空域开放和细化无人机标准两大主线。

2024 年，北京、天津、山东、江苏、湖北等地区围绕低空经济发布相关计划或方案，并在其中强调加强低空经济产业链、配套设施、基础设施等建设包括空域网络、起降场地等。部分地区的方案明确指出要完善保障体系、监管体系等制度体系建设，培育低空经济应用场景等。各地纷纷出台包括财政支持、税收优惠、土地供应等在内的具体政策措施，为发展低空经济产业提供全方位支持。北京、安徽、广州、武汉等地陆续出台政策支持空间交通产业、低空经济产业基金等，激励产业发展，其中，最大的低空经济产业基金总规模达 200 亿元人民币。在此期间，我国通用航空机场数量和民用无人机市场规模增长超 10 倍，eVTOL 行业涌现并迅速发展。

深圳市作为全球低空产业集聚度最高的城市，是我国低空经济发展的"领头羊"。2022年6月，深圳市发布"20+8"产业政策，包括无人机在内的"智能机器人产业集群"被列为20个战略性新兴产业集群之一，先后成为国家通用航空产业综合示范区、全国通用航空分类管理改革试点区、民用无人驾驶航空试验区。随后几年深圳市相继出台、《低空经济产业创新发展实施方案（2022—2025年）》《深圳市支持低空经济高质量发展的若干措施》《深圳经济特区低空经济产业促进条例》等政策大力支持低空经济发展。深圳市低空经济产业链条完备，拥有成熟的无人机产业链条，覆盖生产制造、技术研发、软件开发、商业应用、人才培育等环节，聚集大疆创新、丰翼科技等一批行业头部企业。在实践过程中，深圳市招商引强，聚力低空产业，不断深化应用场景，包括旅游业、物流业、巡检业等，形成长链条、广辐射的低空产业生态圈。例如，全球知名eVTOL研发制造商德国Lilium、国内eVTOL龙头企业亿航智能、峰飞航空等纷纷落地深圳。

北京市作为低空经济链接力最强的城市，具有科创资源优势突出等特点。《北京市促进低空经济产业高质量发展行动方案（2024—2027年）（征求意见稿）》指出，要将低空经济培育为引领京津冀协同发展的先导示范产业，将北京市打造成低空经济产业创新之都、全国低空经济示范区。上海市的eVTOL研发优势明显，聚集了峰飞航空、时的科技、沃兰特航空和御风未来四家头部eVTOL主机厂。金山、松江、杨浦等区积极布局培育低空经济产业。成都市作为西部低空经济中心，聚集了中航无人机、纵横股份、沃飞长空等一批低空经济的领军企业。成都市的工业无人机产业综合竞争力位居全国前三，始终坚持需求导向，梳理形成65个具体应用场景。此外，成都市正在全力创建全国城市空中交通管理试点，争取600米以下低空空域自主管理授权。

对比全球低空经济发展现状可知，我国低空经济产业虽具备一定发展条件和基础资源支持，但与发达国家低空经济的建设情况相比，整体仍处于起步阶段。具体而言，我国要加快发展通用航空，保持无人机产业全球领先地位，不断增加下游应用场景，加快发展警用航空等领域。

2. 国际视野

当前，世界各国纷纷采取政策引导、资金支持等措施加快低空领域的发展与布局，以求抓住发展机遇促进低空经济发展。美、德、英、日等发达国家高度重视低空交通行业发展，通过国家引导协调、适航创新跟进、军民结合相促、开展试点运行等方式推动城市空中交通（urban air mobility，UAM）的发展。同时，国际航空巨头、初创企业也积极参与低空产业发展布局，大力度开展电动垂直起降飞行器（electric vertical take-off and landing，eVTOL）的研发。目前，全球有超过50个城市正在考虑城市空中客运的可行性，纽约市市长在2023年底Joby航空公司演示飞行的现场表示将对纽约直升机场进行电动化改造，法国巴黎计划在2024年夏季奥运会期间试运营eVTOL。德勤的eVTOL商业化时间表显示，2020～2025年将实现货运商业化，到2030年是客运商用化的第一阶段，而随着自动驾驶的成熟，2030年之后eVTOL将应用到更广泛的领域。各国普遍认为，2025年将是eVTOL、UAM商业化应用的关键一年。

（二）低空经济的主要发展方向

现阶段下，低空经济发展主要依托民用无人机这一载体开展相应的相关经济活动与产业链建设。民用无人机既是低空经济发展的主要装备载体，也是释放低空经济发展活力的前进方向。因此，我国在低空经济领域欲取得长足发展，仍需深耕民用无人机产业发展与市场应用。目前，民用无人机的应用范围不再局限于摄影、农植等传统领域，开始涉足城际物流配送、交通载人等全新领域。城市内部复杂的低空飞行环境对民用无人机的各方面性能提出了更高的挑战。幸运的是，人工智能技术与智联网技术的发展进步弥补了传统民用无人机的性能短板。为与传统遥控式民用无人机区分，这种新型无人机被称为智能无人机。所谓智能无人机，并非一项定义明确的专业术语，而是指代基于遥感控制的传统无人机在人工智能技术的赋能下，程序控制装置智能性与自主性有极大提升的新一代无人机。其主要特点在于其有别于传统民用无人机的信息分析处理能力与自主决策功能。

事实上，无人机与人工智能的结合并非无迹可循，二者存在天然的应用层面的互补性。无人机依托人工智能赋能实现功能上的升级迭代，人工智能有赖于无人机平台验证技术可行性。早在人工智能发展初期，马文·明斯基等人就尝试组建有一定自主智能的航空器。随着云计算、5G等技术的崛起，人工智能技术得到空前强化，智能无人机逐渐走进民用领域，进入生产、生活各个领域。智能无人机的出现打破了无人机操控依赖驾驶人员的传统边界，显著提升了无人机在飞行控制和任务执行上的精度、敏捷性和效能。借助于AI算法的强大能力，智能无人机甚至可能实现超越人类飞行员的精准导航与智能决策，并在复杂环境响应速度及任务适应性上表现出优越性。作为无人机技术升级后的产物，智能无人机在一定程度上更接近于人们对无人机这一科技产物的功能设想。在理想情形下，智能无人机能够在飞行任务中实时、动态地感知和解析环境，并转化为数据输入，同时基于对环境数据的解析，自主决策选择最有利于完成任务的行为。这种强大的外界信息感知与分析决策能力，无疑是当下在城市内部与城际间开展复杂飞行经济活动的低空经济产业亟须的技术支持。

　　无论是"无人物流配送"还是"空中出租车"，复杂的城市内作业环境是制约民用无人机在城市生活应用中发挥作用的关键难题。以"无人机外卖配送"为例，其要求无人机能够穿越高楼大厦形成的复杂低空环境，在密集的城市空间内精确规划并执行一条安全高效的飞行路径，完成从商家至消费者住所的长距离配送任务。这对操作员实时操控能力提出较高的要求。对于早期无人机而言，其更像是操作员的身体延伸，其飞行控制仍高度依赖于操作员的实时指令输入。作为血肉个体，操作员的视野范围会受建筑物阻挡，存在视野盲区问题。与此同时，在面临突发意外时，人力控制的无人机不可避免地受限于操作员的反应速度，存在反应延迟问题。这导致传统无人机在实际应用过程中存在较大的安全隐患，无法适配低空经济产业的需求。再者，利用传统无人机开展外卖配送业务，受限于操作员数量与个体精力，不仅无法匹配城市每日成千上万数量级的配送需求，也无法实质提高配送效率，不能真正发挥无人机解放人力、提高生产力的根本目的。因此，智能无人机技术的融入是推动低空经济产业稳健发展的关键所在。通过人工智能对传统无人机的智能化改造，可显著提升其内置处理器的信息处理精度和自主决策水平，进而提升飞行精度，达到减少飞行安全风险与提高飞行效率的效果。更重要的是，智能无人机可以更大程度解放人力，在低空经济产业蓬勃发展的大背景下，其发展与应用存在现实的必然性。

　　从国家政策的风向标来看，近年来，我国工信部、民航局等政府部门发布了《关于促进和规范民用无人机制造业发展的指导意见》《推动民航新型基础设施建设五年行动方案》等产业政策，明确了智能无人机作为国家战略性高新科技产业的重要定位，为我国民用无人机技术升级与发展布局指明了方向。2024 年中央经济工作会议则进一步指出，要以科技创新推动产业创新，特别是以颠覆性技术和前沿技术催生新产业、新模式、新动能，大力推动人工智能发展、低空经济等战略性新兴产业，发展新质生产力。这又将低空经济产业发展与智能无人机勾连起来，为智能无人机应用奠定政策导向。

附录一 | 《中国自然资源经济学分论》词汇表[*]

B

伴生矿产　指在矿床（或矿体）中与主矿、共生矿一起产出，在技术和经济上不具单独开采价值，但在开采和加工主要矿产时能同时合理地开采、提取和利用的矿石、矿物或元素。(9)

保护自然舞台　需要把地貌、基岩、土壤和地形等地质多样性特征清晰明确地纳入保护规划体系之中，借助地质多样性来界定生物保护方面的优先保护区。其基本假设在于，生物与非生物之间会产生相互作用，地质多样性能够驱动生物多样性的格局形成，自然环境恰似支撑演员进行表演的舞台。此处所说的"演员"，是指那些作为生物多样性保护主要目标的物种，这些物种（演员）会因气候变化而产生变化，然而自然环境（舞台）却相对稳定，不易改变。(4)

边际收益递减规律　在短期生产过程中，在其他条件不变（如技术水平不变）的前提下，增加某种生产要素的投入，当该生产要素投入数量增加到一定程度以后，增加一单位该要素所带来的效益增加量是递减的。(2)

变质矿床　指在变质岩区，岩石受区域变质作用、接触交代变质作用、局部接触热变质、动力变质作用和混合岩化作用的影响而形成的矿床。(9)

标准地　在国土空间规划确定的城镇开发边界内具备供地条件的地块，对新建

---

[*] 说明：括号内的数字表示出现的章数，按照首字母排序。

工业项目用地先行完成区域评估和普查、确定规划条件和控制指标，并达到土地平整和通平要求的可直接出让的国有建设用地。(6)

滨海砂矿 指在滨海水动力的分选作用下富集而成的有用砂矿，主要包括建筑砂砾、工业用砂和矿物砂矿。(13)

剥离系数 也称为剥离比或剥采比或剥离率，是指矿床或矿体开采时需剥离的覆盖物（包括厚大的矿层间夹石和开拓安全角范围内的剥离物的量）与埋藏的矿石量相比的数值。它是确定矿床露天开采的经济技术指标之一，等于或小于这个比值的那一部分矿产，可以露天开采。(9)

不可更新资源 人类开发利用后，在相当长的时间内，不能运用自然力增加蕴藏量或再生的速度远远慢于被开采利用速度的自然资源。(1)

不可更新资源可持续利用 在对人类社会有意义的时间和空间上，资源的数量、质量以及与经济社会发展的总体匹配水平维持不变，人类对矿产资源的开发利用可以在一个无限长的时期内永远保持下去，既满足当代人对资源的需求，又不对后代人的需求构成危害，从而使人类对矿产资源的开发利用不会衰落，永续地满足社会可持续发展的需要。(1)

不可更新资源配置 经济活动中的各种不可更新资源在不同时间、空间和用途之间的分配。(1)

不可再生资源 至少在人类时间尺度上，不会通过生态过程再生，例如石油、煤炭和矿产资源。(1)

C

潮汐能 因海水涨落及潮水流动所产生的能量称为潮汐能。(13)

承载力 在现有自然资源基础上能够维持的人口和消费水平。(2)

D

"搭便车" 个人或者群体从公共物品中获取收益，但不为其支付价款的行为。(2)

大陆架 是指沿海国领海外，依其陆地领土的自然延伸部分，由陆架、陆坡和陆基的海床和底土构成，不包括上覆的海水区域。沿海国的大陆架包括陆地领土的全部自然延伸，其范围扩展到大陆边缘的海底区域，如果从测算领海基线起，大陆架宽度不足 200 海里，通常可扩展到 200 海里，或扩展至 2500 米水深处；如果大陆架超过 350 海里，则大陆架最多可扩展至 350 海里。(13)

大宗矿产 指年消费量超过千万吨的矿产，例如煤炭、石油、天然气、铁矿石、铜、铝，等等。（9）

代际公平 包括人造资本和自然资本在内的资源在人类各代间的分配。（1）

地质多样性 是指地球表面与地下物质、形态以及过程所呈现出的非生物多样性，它涵盖了地质、地貌、土壤和水文等要素之间相互组合、结构以及系统的多样性，而这些要素共同决定了人类所生存的地球的陆上景观与自然生态环境。（4）

地质多样性保育 是将地质多样性概念落实于地质保护工作的关键着力点。在各国的地质保护实践中，涵盖了不同尺度下的地质多样性保育与管理工作。地质多样性保育并非仅仅着眼于对特殊地质特征的保护，其范畴更在于守护地质多样性更为宽泛的外在价值，也就是那些与更多人类福祉紧密相连的价值。（4）

地质多样性的调节服务 体现为地质多样性对生命及现代社会存在的基本条件进行调节。具体而言，借助岩石、土壤和水的成分及其对土壤，水和空气质量产生的影响，这种调节服务会给人类和动物健康带来益处或者造成害处。（4）

地质多样性的供给服务 表现为地质多样性对生态系统的主要贡献在于提供淡水、矿产资源、建筑材料以及可再生能源。（4）

地质多样性的文化服务 是指从精神或文化层面让社会获取益处的自然环境中的非有形收益。（4）

地质多样性的支持服务 是地质多样性支持自然环境的相关过程。其尤为突出的作用是经由土壤形成、生物地球化学循环以及水循环，为废物处理与水储存开辟适宜的场地，并且为建筑及基础设施建设供应土地资源。（4）

地质多样性定量评估 能够借助实地仪器测量、数值计算或者地理信息系统分析原始数据等途径，将重点置于对特定区域地质多样性特征的测定工作之上。（4）

地质多样性定性－定量评估 是依据不同的地质多样性要素，把定量数据与原因－效果数据相结合，按照它们在最终地质多样性图中的组合形式来开展评估研究工作。（4）

地质多样性定性评估 是依据专家或专家组所具备的知识与经验开展的，其通常采用描述文献法、专家分类法以及价值分类法来进行操作。（4）

地质多样性基本变量 是指那些与地质、地貌、土壤和水文相关联的非生物状态及过程的变量。这些变量需满足以下条件：其一，与自然资源管理、人类福祉、保护工作或生态状况存在关联；其二，与其他一系列基本变量相互补充而非重复；其三，其测量具有可行性且具备较高的成本效益。（4）

地质多样性价值 包括内在价值和外在价值两个方面。地质多样性内在价值聚焦于地质自身所具有的价值，其核心在于对地质自身价值予以保护。而地质多样性的外在价值体现为在人类社会发展进程中发挥的有益效能，即那些能够为人类福祉有所贡献且获得人类所认可的价值。（4）

地质多样性评估 旨在对自然环境中的非生物成分所具有的优势与劣势展开评估，同时也是对影响地质多样性变化的因素以及地质多样性与满足人类需求之间的关系进行考量。借助地质多样性评估，能够助力实现资源的优化配置。（4）

地质环境资源 地质环境资源是地质环境要素之一，地质环境对人类的作用可分为地质环境资源开发与地质体的利用两大类，地质环境资源包括人类开采的固体矿产资源、石油、地下水、地热、土壤（土地）资源等，也包括人类对地质体的空间利用而形成的地表、地下空间资源，还包括利用地质体的物理、化学特征满足人类对物质世界需求而形成的资源。（14）

地质环境资源的补偿价值理论 根据地质环境资源的质量和功能的变化，通过质量损失的经济补偿费用和功能效用的关系来确定地质环境资源补偿价值。（14）

地质环境资源的功能 是指地质环境资源的质量、效用和有用性，是人类在开发利用地质环境资源过程中，地质环境资源所起的作用。地质环境资源由于其本身所具有的物理、化学和生物属性，其表现出的功能是复杂多样的。考虑人类对地质环境资源有着不同的需求，地质环境资源的效用不尽相同，体现出的有用性也不尽相同。（14）

地质环境资源功能价值理论 根据地质环境资源的质量和功能的变化，通过质量增减和功能效用的关系来确定地质环境资源功能价值。（14）

地质系统服务 是指地质多样性为支撑人类福祉而提供的直接或间接的服务，它把地质多样性与人类福祉紧密相连。地质系统服务不仅是地质多样性价值的呈现形式，而且是以全球认可的生态系统分类为根基所进行的补充与拓展。（4）

叠生矿床 在先期形成矿床的基础上，又叠加了后期发生的成矿作用，形成具有双重成因的矿床。（9）

E

二次能源 直接或间接由一次能源转换或转化所产生的能源。（8）

F

非正式就业 森林经营提供的就业包括正式和非正式两种就业机会。非正式就业指在林区和农村地区兼业从事森林经营活动的非全日制劳动力。（10）

分区边际电价 当电网存在输电阻塞时，按阻塞断面将市场分成几个不同的分区（即价区），并以分区内边际机组的价格作为该分区市场出清价格。(8)

负外部性 市场交易对未参与交易的主体产生的消极影响。(1)

富钴结壳 生长在海底岩石或岩屑表面的一种结壳状自生沉积物，主要由铁锰氧化物组成，富含锰、铜、铅、锌、镍、钴、铂及稀土元素。(13)

G

公地悲剧 公共财产资源被过度开采的趋势，因为没有人有动机去保护资源，而个人的财务激励却促使他们更大规模地开采资源。(7)

公共物品 所有人都可获得（非排他性）且一个人使用该物品不会减少其他人（非竞争性）对该物品的使用。(2)

公共资源 一种不受限制和监管的资源，如海洋渔业或大气。(7)

公海 指不包括在国家的专属经济区、领海或内水或群岛国的群岛水域内的全部海域。(13)

供求机制 在土地市场运行过程中，土地供给与需求关系的变化同其他市场要素之间相互联系和相互作用的机制。(6)

共生矿产 指在同一矿区（或矿床）内存在两种或多种符合工业指标，并具有小型以上规模（含小型）的矿产。(9)

国际地质多样性日 2021 年第 41 届联合国教科文组织大会决定，将每年的 10 月 6 日确定为"国际地质多样性日"。是为了唤起人们对地球地质多样性的重视而设立的。很多人可能对生物多样性比较熟悉，但对地质多样性却知之甚少。这个节日可以通过各种宣传活动，如举办科普讲座、展览等，向公众展示地球丰富的地质景观，像火山地貌、喀斯特地貌等，以及它们的形成过程和价值。(4)

国际海底区域 指国家管辖范围以外的海床洋底及其底土。(13)

国家海洋权益 指的是主权国家作为法律关系主体享有的海洋权益，主要包括与其周边及相关国家的海洋关系中的权益，以及国家与其管辖范围内的法人、自然人之间的海洋关系中的权益。(13)

H

哈特维克规则 指在人口处于零增长的条件下，要保持人均消费水平不下降，则必须保持真实储蓄不减少。(1)

海岸带 海洋向陆地的过渡地带，是以海岸线为基准、向海陆两侧扩展而具有

一定宽度的地带。(13)

海底电缆　指铺设于海底用于通信、电力输送的电缆，包括通信光缆、电力电缆、复合电（光）缆等。(13)

海底多金属硫化物矿床　指海底热液作用下形成的富含铜、锰和锌等金属的火山沉积矿床，极具开采价值。(13)

海底管道　指铺设于海底用于输水、输气、输油或输送其他物质的管状设施，包括输油管道、输气管道、油气混输管道、输水管道、排污管道等。(13)

海流能　是引力、风、密度等引起海水有规律地流动形成的机械能。潮流、风海流和热盐流的机械能称为海流能，其主要部分是潮流的能量，称为潮流能。(13)

海洋波浪能　主要是海水受海面上风吹动及大气压力变化影响后有规则地周期性运动所产生的动能和势能。(13)

海洋空间资源　指与海洋开发利用有关的海洋水、空、地三层三维立体空间，包括可供利用的海水域、海洋上空、海底和海岸空间。(13)

海洋矿产资源　滨海、浅海、深海、大洋盆地和洋中脊部各类矿产资源的总称。(13)

海洋能资源　通常是指海洋本身所蕴藏的能量，包括波浪能、潮汐能、海流能、风能、温差能和盐差能等。(13)

海洋权益　指的是相关法律关系主体在海洋方面享有的权利和利益。当前普遍认可的海洋权益包括不同法律关系主体在从事海洋科研、开发、管理、使用和保护等各种活动中所拥有的合法权利和利益。(13)

海洋生物资源　指海洋中蕴藏的经济动物和植物的群体数量，是有生命、能自行增殖和不断更新的海洋资源。(13)

海洋微生物　指海洋中个体微小、构造简单的生物总称，包括古生菌、细菌和放线菌等。(13)

海洋温差能　指以海洋表层海水和深层海水温度差的形式所储存的热能。(13)

海洋盐差能　指海水和淡水之间或两种含盐浓度不同的海水之间的浓度差能。(13)

海洋资源　指在一定社会、经济条件下，海洋环境中可以被人类利用的物质和能量以及与海洋开发有关的海洋空间。(13)

恒定性可更新资源　通过天然作用而反复利用的自然资源。(1)

霍特林定律　均衡时资源的净价格（价格减去生产成本）必须以与利率提高相同的速率提高。(1)

J

"近自然林业"理论   认为"生产的奥秘在于一切在森林内起作用的力量的和谐"。经营者要尽可能按上述原则从事林业活动，即森林经营应该遵从自然法则，充分利用自然的综合生产力，提高森林生态系统的稳定性，把森林结构向天然原始林的方向进行调整。（10）

基础地质调查   以地质现象（岩石、地层、构造、矿产、水文地质、地貌等）为对象，以地质学及其相关科学为指导，以观察研究为基础的调查工作。（1）

基线   是不同类型海域划分的起算线，也是陆地和海洋的分界线。基线向陆地一面的海域是内水，向海洋的一侧为领海。（13）

基于自然的解决方案   为行为转变提供经济激励的政策，如税收和补贴，而不是对企业或个人决策做具体规制的政策。（3）

价格机制   在土地市场运行过程中，通过土地市场价格信息来反映供求关系，并通过市场价格来调节土地的供应量和需求量，从而使土地资源达到优化配置状态。（6）

简单的霍特林定律   不可更新资源的消费必须遵循以下路线，资源价格的增长率必须等于折现率。（1）

节点边际电价   现货电能量交易中，在满足发电侧和输电安全等约束条件下，为满足某一电气节点增加单位负荷时导致的系统总电能供给成本的增量，包括系统电能价格和输电阻塞成本。（8）

经济价值   某物经济价值来自人们对于它的支付意愿。（1）

经济效率   使净社会效益最大化的资源配置，没有外部性的完全竞争市场是经济有效的。（2）

竞争机制   市场供求变动、价格波动和生产要素流动而形成的市场经济运行中的有机联系，是市场经济活力的重要表现形式。（6）

K

卡洛维茨森林可持续经营理论   主要目标是通过人工林经营获得持续的木材供给，反对把森林当成采掘性资源。该理论认为森林经营应该通过造林和科学地调节采伐，使生产作业和木材收获能够永续开展，让世世代代从森林中收获的木材和当代人一样多。（10）

可持续发展   布伦特兰委员会将其定义为既能满足当代人的需要，又不对后代

人满足其需要的能力构成危害的发展。（10）

可持续发展目标 联合国在 2015 年制定了一套至 2030 年的 17 项全球发展目标，这是一个"为所有人实现更美好、更可持续未来的蓝图"。（3）

可更新共有资源 资源产权由特定组织（群体）共同所有的可更新资源。（2）

可更新国有资源 代表公共利益的国家和政府所有的可更新资源。（2）

可更新开放资源 不为任何特定的个人所单独拥有，但是却能为任何人所享用的可更新资源。（2）

可更新私人资源 将资源产权界定给特定主体，完全由个人决定支配的可更新资源。（2）

可更新资源 通过自然作用或人类活动后能够反复利用的自然资源。（2）

可更新资源配置 经济活动中的各种资源在不同使用方向之间的分配。（2）

可再生资源 随着时间推移，通过生态过程再生的森林和渔业资源等，但通过开发也可能耗尽。（4）

矿产资源勘查 是发现矿产资源，查明其空间分布、形态、产状、数量、质量、开采利用条件，评价其工业利用价值的活动。（1）

矿产资源品位 指矿石中所含有用成分的浓度或含量，它是衡量矿石质量的重要指标。品位的高低直接影响到矿石的开采效率和经济效益。品位越高，每吨矿石中所含有的有用成分就越多，开采出的有用成分也就越多，从而提高了开采效率和经济效益。（9）

L

连续经营森林的最佳经济轮伐期 是可以产生最大林地期望价的采伐间隔时间（林龄）。（10）

粮食安全 所有人都能获得优质、安全、有营养的粮食，以维持健康和活力的生活。（5）

林分 是指内部特征如树种、林龄、立地条件等相对一致的具体地理单元的森林。（10）

林业分工理论 和森林多功能理论在经营实践上实行相反的策略，反对森林经营经济（木材）、生态和社会效益一体化的经营模式，而是注重发展各种功能不同的专用森林、主导利用森林多种效益的某个优势方向。认为在热带和亚热带地区发展集约工业人工林具有更为优越的自然条件和良好的经济效益，世界木材产区将从温带森林向热带和亚热带地区转移。（10）

临界性可更新资源　通过人类活动而反复利用的自然资源。(2)

磷钙土　由磷灰石组成的海底自生沉积物，按产地可分为大陆边缘磷钙土和大洋磷钙土。(13)

轮伐期　是森林经营的一种生产周期，表示林木经过生长发育到达可以采伐利用的时间间隔。(10)

绿色经济　是一种改善人类福祉和社会公平，同时减少环境影响的经济。(15)

M

木材培育论　主张在立地条件优越、交通方便的宜林地，采用科学营林方法，营造速生丰产林，采用资本、技术高投入的集约经营模式，追求木材高产和高效益。该理论对中国速生丰产用材林工程的建设起到了直接的指导作用。(10)

N

内生矿床　由岩浆活动而形成的矿床，比如在高温高压条件下，岩浆是由各种物质组成的混合物，在岩浆逐渐冷却固结成岩时，不同熔点的物质凝固的先后顺序不同，于是造成了某些有用矿物的聚集，这就是内生矿床。(9)

能源生产总量　一定时期内，全国一次能源生产量的总和。(8)

能源消费总量　一定地域内，国民经济各行业和居民家庭在一定时期消费的各种能源的总和。(8)

P

帕累托效率　当生产资源在社会各部门间的分配与使用已经达到的状态，是对生产资源进行任意配置，都已经不可能使任何个人的处境变好，而不使他人的处境变坏。(1)

贫矿　也称为低品位矿，是相对于高品位的富矿而言的。加大贫矿资源开发利用，将会扩大我国的矿产资源基础，缓解经济社会建设对资源的约束。(9)

S

三权分置　在我国深化农村土地制度改革的背景下，顺应农民保留土地承包权、流转土地经营权的意愿，将土地承包经营权分为承包权和经营权，实行所有权、承包权、经营权"三权"分置并行，以着力推进农业现代化。(6)

森林 面积不小于 0.5 公顷，树高超过 5 米，郁闭度不小于 10% 的土地，或者尚未达到郁闭度 10%、树高 5 米的标准，但今后有望达到这些标准的土地。不包括主导用途为农地或城镇用地的土地。(10)

森林多功能理论 森林经营要能充分发挥森林的多种功能效益，在生产木材的同时，强调森林经营产出的多样性、保持景观和文化的多样性，以及对生态环境效益的改善作用。按照多功能理论经营的森林，原则上实行长轮伐期和择伐作业，采伐利用强度低，人工干预时间少，生态系统长期保持相对稳定，各种生态功能也较传统人工林更强。(10)

森林经营 广义的森林经营是指对森林资源合理开发利用和再生产活动的总称，包括育种育苗、造林和更新，森林经营、管护和改培，木材和竹材采运、林产采集等经济活动。狭义的森林经营仅指为促进林木生长发育，在林木生长的不同时期进行的促进林木生长发育的活动。(10)

森林可持续经营 森林可持续经营概念缺少明确一致的国际共识。联合国粮农组织（FAO）认为是一种包括行政、经济、法律、社会、技术以及科技等手段的行为，涉及天然林和人工林，是有计划的各种人为干预措施，目的是保持和维护森林生态系统及其各种功能。国际热带木材组织（ITTO）认为，经营永久性林地的过程以达到一个或多个明确定义的管理目标，连续生产所需要的林产品和服务，不降低其内部价值和森林的未来生产力，并且不对物理和社会环境产生不良影响。泛欧进程（FE）认为是以一定的方式和速率管理和利用森林和林地，保护森林的生物多样性、维持森林的生产力、保持其更新能力、维持森林生态系统的健康和活力，确保在当地、国家和全球尺度上满足人类当代和未来世代对森林的生态、经济和社会功能的需要的潜力，并且不对森林生态系统造成任何损害。《关于所有类型森林的无法律约束力文书》确认可持续森林经营是一个动态和不断发展的概念，目的是保持和增强所有类型森林的经济、社会和环境价值，为当代和后代造福。(10)

森林丧失 是森林结构的消失，表现为森林覆盖率的下降，原来有森林植被覆盖的土地类型转变成为其他土地类型。(10)

森林退化 一般指森林的空间格局和结构功能的退行性变化，如空间格局的破碎化、优势树种和植被结构的逆向演替、郁闭度的下降，进而森林的主要生态功能遭到破坏（如碳储存、供水、物种栖息地的维持）。联合国粮农组织（FAO）定义为"逆向影响林分或立地的结构或功能从而降低森林提供产品和服务能力的森林内的变化过程"。联合国生物多样性保护公约（UNCBD）定义为"由人类活动引起的、丧失原有天然林正常的结构、功能、物种组成或生产力的次生林"。国际热带木材组织（ITTO）强调指"森林潜在效益的全面、长期降低，包括木材、生物多样性和任何其他产品或服务"。(10)

森林资源　包括森林及其之外的林木、林地以及依托森林、林木、林地生存的野生动物、植物和微生物。(10)

上网电价　电网购买发电企业的电力和电量，在发电企业接入主网架那一点的计量价格，包括发电容量电价和电量电价，其定价方法有个别成本定价法、标准成本定价法和竞价法。(8)

生态安全　是指人的生活、健康、安乐、基本权利、生活保障来源、必要资源、社会秩序和人类适应环境变化的能力等方面不受威胁的状态，包括自然生态安全、经济生态安全和社会生态安全。(6)

生态林业论　认为森林经营活动实质是森林资源自然再生产和经济再生产的复合过程，受到自然再生产过程的明显制约；森林经营活动要以现代生态学、生态经济学理论为指导，按"生态利用"原则进行组织，充分利用当地自然条件和自然资源，运用系统工程方法和先进科学技术，通过生态与经济良性循环，在促进森林产品生产的同时，为人类生存与发展创造最佳状态的环境。(10)

生态系统服务　自然界提供的免费公益服务，如防洪、净化水质和土壤形成。(3)

生物多样性　地球上所有生物（动物、植物、微生物）及其所包含的基因，以及由这些生物与环境相互作用所构成的生态系统的多样化程度。它包括三个主要层次：遗传多样性、物种多样性和生态系统多样性。(4)

生物多样性　在一个生态群落里保持不同物种的和谐共处。(3)

湿地　指具有显著生态功能的自然或者人工的、常年或者季节性积水地带、水域，包括低潮时水深不超过六米的海域，但是水田以及用于养殖的人工的水域和滩涂除外。(12)

湿地系统　指天然或人工、永久或暂时之死水或流水、淡水、微咸水（brackish）或咸水（salt）相关的沼泽地（marsh）、湿原（fen）、泥炭地（peatland）或水域，包括低潮时水深不超过6米的海水区（marine water）。(12)

T

弹性年期出让　是指整宗土地以低于工业用地法定出让最高年限50年出让的供应方式。(6)

碳汇 生态系统中有能力吸收一定量二氧化碳能力的部分，包括森林和海洋。（3）

土地 由地球表层陆地（包含内陆水域在内）的地质、地貌、土壤、植被、水文和气候等因素构成，是受人类过去和现在长期活动影响而不断变化的自然－经济综合体。（6）

土地保护 依据自然生态规律采取各项保护措施，或在利用土地时停止采用破坏性措施，从而达到保护土地资源的目的，使当代人得到最大的综合效益，并能保持土地潜力满足后代人对土地的需要。（6）

土地财产性收益 土地产权人凭借土地资产直接获取的非生产性收益，即基于要素投入获取的收益，而非财产所有者参与生产过程所得的生产性收益。（6）

土地财产增值 单位面积土地财产价值量增加，本质是资本化的地租的增加。（6）

土地产权 以土地为客体的各种权利的总和，是存在于土地之中的排他性完全权利，主要包含产权主体、产权客体和产权束三要素。（6）

土地产权收益 产权主体通过行使对土地的占有、使用、收益、处置等权利而获得的收益。（6）

土地经营 是以土地为基本生产资料，以获取土地产品或以土地承载力为开发利用目的的经济活动。（6）

土地利用 将人类劳动、资本等要素与土地结合，获得物质产品和生态服务的经济活动，这一活动表现为人类与土地之间进行的物质、能量以及价值、信息的交流和转换。（6）

土地市场 土地这种特殊商品交易的场所，是土地交易过程中发生的经济关系的总和。（6）

土地用途管制 国家为保证土地资源的合理利用和优化配置，促进经济、社会和环境效益相协调，通过编制规划确定土地用途和使用条件，使土地所有者、使用者严格按照规划确定的用途和条件使用土地。（6）

土地增值收益调节金 按照建立同权同价、流转顺畅、收益共享的农村集体经营性建设用地入市制度的目标，（国家）在农村集体经营性建设用地入市及再转让环节，对土地增值收益收取的资金。（6）

土地征收 国家出于公共利益的需求，按照法律规定将农民集体所有土地转为国有土地，并依法给予被征地对象（农村集体组织和被征地农民）合理补偿和妥善安置的行为。（6）

土地资源经济　研究土地领域中生产力运行、生产关系运行及其相互关系的学科，主要聚焦土地所有与分配、土地交易与转移、土地保护利用与经营等问题。（6）

W

外部成本　指未反映在市场交易中的成本，不一定是货币成本。（1）

外部性　市场交易对交易之外各方产生的积极或消极的影响。（1）

外生矿床　由于沉积作用形成的矿床，比如煤炭、石油等。（9）

物种多样性　在一个生态群落里维持的多样化相关物种。（14）

X

系统边际电价　在现货电能交易中，按照报价从低到高的顺序逐一成交电力，使成交的电力满足负荷需求的最后一个电能供应者的报价。（8）

现代林业论　认为应在科学认识的基础上，用现代技术装备、现代工艺方法和现代科学管理方法来经营管理森林资源，实现林业的可持续发展。（10）

消费者剩余　消费者从购买者中获得的净收益，等于他们的最大支付意愿减去价格。（14）

小宗矿产　指年消费量不足百万吨的矿产，例如，钨、锡、锑、钼、锆、铪等。（9）

需求弹性　需求量对价格的敏感性；弹性需求是指价格比例增长导致需求量变化比例较大；非弹性需求是指价格比例增长导致需求量变化比例较小。（9）

Y

养分循环　生态系统将碳、氮和磷等营养物质转化为不同化学形式的能力。（3）

一次能源　在自然界现成存在、无须经过任何转换或转化的能源。（8）

影子价格　是指当社会经济处于某种最优状态时，能够反映社会劳动的消耗、资源稀缺程度和最终产品需求状态的价格。（1）

原生资源　从自然中获得的资源，而不是使用可回收材料。（1）

Z

正式就业　森林经营提供的就业包括正式和非正式两种就业机会。正式就业指

在各种经营组织和企业中的全日制劳动力。（10）

正外部性 市场交易对未参与交易的主体产生的积极影响。（15）

中国化的"林业分工论" 主张根据现代林业需求，通过专业化分工的途径，分类经营森林资源，并使其中的一部分与工业加工有机结合，形成林业现代化产业，最终在国土上形成一个动态稳定的、并具有与经济需求和环境需求相适应的森林生态大系统。（10）

资源替代（可替代性） 在生产过程中使用一种资源替代另一种资源，例如在电线中使用铝代替铜。（1）

自然资本 指现有的土地和资源禀赋，包括空气、水、土壤、森林、渔业、矿产和生态生命支持系统。（4）

自然资源 土地和资源的禀赋，包括空气、水、土壤、森林、渔业、矿产和生态生命支持系统。（1）

自然资源的存量 一定的经济技术水平下可以被利用的资源储量。（2）

自然资源的流量 一定时期内的资源流量。（2）

最佳经济轮伐期 是使得林分收益净现值最大的林龄，也就是森林现值年增长为零时的林龄。（10）

附 录 一

| 附录二 | 《中国自然资源经济学分论》数据表

一、土地资源数据表

表1 全国各级海拔高度土地面积占比

海拔高度	土地面积占比（%）
小于 500 米	27.1
500~4000 米	51.7
大于 4000 米	20.2

资料来源：中国政府网，https://www.gov.cn/ztzl/tdr/content_647251.htm。

表2 2023 年全国国土变更调查土地利用结构

一级分类	二级分类	面积（公顷）	占比（%）
湿地	小计	23519815.02	2.93
	红树林地	30273.43	0.00
	森林沼泽	2206497.95	0.28
	灌丛沼泽	750006.93	0.09
	沼泽草地	11113603.71	1.39
	沿海滩涂	1492118.74	0.19
	内陆滩涂	5996809.58	0.75
	沼泽地	1930504.68	0.24

一级分类	二级分类	面积（公顷）	占比（%）
耕地	小计	128608813.5	16.05
	水田	31185207.08	3.89
	水浇地	32873605.26	4.10
	旱地	64550001.16	8.05
园地	小计	19610938.61	2.45
	果园	12520535.11	1.56
	茶园	1706399.21	0.21
	橡胶园	1496523.02	0.19
	其他园地	3887481.27	0.49
林地	小计	283695683	35.40
	乔木林地	196604871.9	24.53
	竹林地	6977923.86	0.87
	灌木林地	58997736.73	7.36
	其他林地	21115150.48	2.63
草地	小计	263215746.1	32.84
	天然牧草地	212550282.6	26.52
	人工牧草地	588207.96	0.07
	其他草地	50077255.54	6.25
城镇村及工矿用地	小计	36103679.53	4.50
	城市用地	5595478.07	0.70
	建制镇用地	5825730.12	0.73
	村庄用地	21394014.12	2.67
	采矿用地	2598373.6	0.32
	风景名胜及特殊用地	690083.62	0.09
交通运输用地	小计	10429130.65	1.30
	铁路用地	617748.09	0.08
	轨道交通用地	22963.46	0.00
	公路用地	4483791.8	0.56
	农村道路	5107893.28	0.64
	机场用地	113794.11	0.01
	港口码头用地	73784.03	0.01
	管道运输用地	9155.88	0.00

续表

一级分类	二级分类	面积（公顷）	占比（%）
	小计	36264770.79	4.52
	河流水面	8862190.31	1.11
	湖泊水面	8295029.12	1.04
水域及水利设施用地	水库水面	3476503.23	0.43
	坑塘水面	6331264.97	0.79
	沟渠	3496093.07	0.44
	水工建筑用地	863914.47	0.11
	冰川及常年积雪	4939775.62	0.62

资料来源：自然资源部国土调查成果共享应用服务平台，https：//gtdc. mnr. gov. cn/Share。

二、气候资源数据表

表3 　　　　　2023 年各省份不同高度层风能资源平均值

序号	省份	70 米高度层		100 米高度层	
		平均风速（米/秒）	平均风功率密度（瓦/平方米）	平均风速（米/秒）	平均风功率密度（瓦/平方米）
1	北京	4.86	179.13	5.17	213.09
2	天津	4.70	124.78	5.13	168.41
3	河北	5.05	167.26	5.41	202.98
4	山西	4.99	153.45	5.31	181.72
5	内蒙古	6.48	285.78	6.96	347.99
6	辽宁	6.24	286.76	6.75	358.50
7	吉林	6.08	254.74	6.63	328.73
8	黑龙江	6.09	240.18	6.66	311.66
9	上海	4.26	93.18	4.63	115.80
10	江苏	4.84	122.10	5.29	160.42
11	浙江	4.03	90.41	4.35	110.04
12	安徽	4.65	122.91	5.06	156.96
13	福建	4.28	97.05	4.67	121.98
14	江西	4.47	114.79	4.87	145.25
15	山东	5.23	156.65	5.72	207.13

续表

序号	省份	70 米高度层		100 米高度层	
		平均风速 （米/秒）	平均风功率密度 （瓦/平方米）	平均风速 （米/秒）	平均风功率密度 （瓦/平方米）
16	河南	4.44	113.29	4.79	140.81
17	湖北	4.13	95.09	4.45	118.03
18	湖南	4.62	133.01	5.01	165.59
19	广东	5.15	161.23	5.52	192.48
20	广西	5.23	175.99	5.61	208.38
21	海南	5.58	192.89	5.80	215.89
22	重庆	3.85	81.79	4.15	100.62
23	四川	4.91	141.22	5.16	159.15
24	贵州	5.06	156.76	5.45	191.17
25	云南	4.17	92.69	4.34	101.89
26	西藏	5.49	173.60	5.72	197.70
27	陕西	4.56	121.82	4.88	148.27
28	甘肃	5.47	203.35	5.71	228.69
29	青海	5.84	198.72	6.22	234.53
30	宁夏	5.09	165.69	5.41	195.43
31	新疆	5.34	215.34	5.49	241.83

注：表中数据不包含我国港澳台地区。
资料来源：中国气象局（2024）。

表 4　　　　　　　　**2021 年各省份水平面总辐照量平均值**　　　单位：千瓦时/平方米

序号	省份	水平面总辐照量
1	北京	1405.94
2	天津	1402.74
3	河北	1438.98
4	山西	1426.89
5	内蒙古	1581.32
6	辽宁	1381.25
7	吉林	1344.27
8	黑龙江	1294.16
9	上海	1251.66

续表

序号	省份	水平面总辐照量
10	江苏	130784
11	浙江	1251.88
12	安徽	1242.51
13	福建	1291.07
14	江西	1194.24
15	山东	1379.78
16	河南	1269.41
17	湖北	1151.51
18	湖南	1077.03
19	广东	1256.01
20	广西	1186.35
21	海南	1503.04
22	重庆	981.01
23	四川	1385.80
24	贵州	1021.26
25	云南	1490.81
26	西藏	1920.11
27	陕西	1321.47
28	甘肃	1636.62
29	青海	1798.11
30	宁夏	1617.78
31	新疆	1626.30

注：表中数据不包含我国港澳台地区。
资料来源：中国气象局（2024）。

三、森林资源数据表

表5　　　　　　　　　　　　世界森林数量基本情况

区域/次区域	森林面积（万公顷）	占世界森林面积的比例（%）
东部非洲和南部非洲	29578	7
北部非洲	3515	1
西部非洲和中部非洲	30571	8

续表

区域/次区域	森林面积（万公顷）	占世界森林面积的比例（%）
非洲合计	63664	16
东亚	27140	7
南亚和东南亚	29605	7
西亚和中亚	5524	1
亚洲合计	62269	15
欧洲（不包括俄罗斯联邦）	20215	5
欧洲合计	101746	25
加勒比地区	789	0
中美洲	2240	1
北美洲	72242	18
北美和中美洲合计	75271	19
大洋洲合计	18525	5
南美合计	84419	21
世界	405893	100

注：表征 2020 年情况。
资料来源：FAO（2021）。

表 6 世界森林面积前十名的国家

排名	国家	森林面积（万公顷）	占世界森林面积的比例（%）	累积比例（%）
1	俄罗斯联邦	81531	20	20
2	巴西	49662	12	32
3	加拿大	34693	9	41
4	美国	30978	8	49
5	中国	21998	5	54
6	澳大利亚	13401	3	57
7	刚果民主共和国	12616	3	60
8	印度尼西亚	9213	2	63
9	秘鲁	7233	2	64
10	印度	7216	2	66

注：表征 2020 年情况。
资料来源：FAO（2021）。

表 7 中国森林资源基本情况

统计单位	各类森林数量		各类林木蓄积量		各类林木生物量		各类林木碳储量	
	面积（万公顷）	占比（%）	蓄积量（万立方米）	占比（%）	生物量（亿吨）	占比（%）	碳储量（亿吨）	占比（%）
森林	22841.06	100.00	1899077.40**	88.16**	189.55	86.61	92.87	86.61
乔木	19986.51	87.50	—	—	183.57	83.88	89.89	83.83
竹林	765.27	3.31	—	—	4.20	1.92	2.10	1.96
灌木	2098.28*	9.19*			5.91	2.70	2.96	2.76
疏林	—	—	8184.74	0.38	0.81	0.37	0.39	0.36
散生木	—	—	138114.91	6.41	13.42	6.13	6.57	6.13
四旁木	—	—	108697.76	5.05	10.95	5.00	5.32	4.96
总计：活立木蓄积量、林木总生物量、林木总碳储量	—	—	254997.41	100.00	218.86	100.00	107.23	100.00

注：* 指国家特别规定的灌木林，** 指森林蓄积量，即指一定区域内乔木林地上林木蓄积量的总量。
资料来源：国家林草局（2023）。

表 8 中国各类林地面积

统计单位	面积（万公顷）	占林地面积比例（%）	占国土面积比例（%）
林地	28412.59	100	29.60
乔木林地	19591.94	68.96	20.41
竹林地	752.7	2.65	0.54
灌木林地	5523.83	19.44	0.11
其他林地*	2544.12	8.95	0.01

注：* 包括疏林地、未成林地、苗圃地、迹地等。
资料来源：国家林草局（2023）。

表 9 中国森林资源分布情况

统计单位	森林面积（万公顷）	森林蓄积量（万立方米）	森林覆盖率（%）
东北内蒙古林区	3759.84	396395.25	70.19
东南低山丘陵林区	6362.81	358045.51	57.69
西南高山林区	4754.2	567189.33	25.22
西北高山林区	562.29	64298.32	51.54

续表

统计单位	森林面积（万公顷）	森林蓄积量（万立方米）	森林覆盖率（%）
热带林区	1372.73	118626.65	50.68
合计	16811.87	1504555.06	—

资料来源：国家林草局（2019）。

四、草原资源数据表

表 10　　　　　　　　　　2021 年世界天然草原面积排名前十位的国家

排名	国家	天然草原面积（万公顷）
1	中国	298610.20
2	美国	293173.68
3	哈萨克斯坦	232919.05
4	俄罗斯	226496.97
5	加拿大	196505.49
6	巴西	189776.85
7	澳大利亚	181188.1
8	蒙古	101928.46
9	阿根廷	87417.81
10	苏丹	66561.19

注：为统一口径，此处主要以数据库统计项目中的天然草原面积来分析草原资源的大致分布，不包括灌木丛、荒漠等其他草原类型。

资料来源：联合国粮农组织数据库（FAO），https://www.fao.org/faostat/en/#data/LC 基于欧空局全球土地覆盖产品（CCI-LC）数据。

表 11　　　　　　　　　第三次全国国土调查排名前十位省（区）的草地面积

省（区）	草地面积（万亩）	天然牧草地（万亩）	人工牧草地（万亩）	其他草地（万亩）
西藏	120097.55	103003.90	68.00	17025.61
内蒙古	81257.92	71882.20	190.74	9184.98
新疆	77978.97	59397.13	223.69	18358.14
青海	59206.23	54995.88	133.66	4076.68
甘肃	21460.65	9849.24	37.35	11574.06
四川	14531.76	14152.29	86.56	292.91
山西	4657.66	10.01	7.21	4640.45

续表

省（区）	草地面积（万亩）	天然牧草地（万亩）	人工牧草地（万亩）	其他草地（万亩）
陕西	3315.49	2238.09	22.69	1054.71
宁夏	3046.46	2174.03	16.44	855.99
河北	2920.89	629.97	16.45	2274.48
全国	396795.21	319758.20	870.97	76166.03

资料来源：第三次全国国土调查数据（2021）。

五、湿地资源数据表

表 12　　　　　　　　　　　　　　我国湿地现状

类型	面积（万公顷）	占比（％）
红树林地	2.71	0.05
森林沼泽	220.76	3.92
灌丛沼泽	75.48	1.34
沼泽草地	1113.91	19.77
沿海滩涂	150.97	2.68
内陆滩涂	607.21	10.77
沼泽地	193.64	3.44
河流水面	882.98	15.67
湖泊水面	827.99	14.69
水库水面	339.35	6.02
坑塘水面	456.54	8.10
沟渠	351.71	6.24
浅海水域	411.68	7.31

注："浅海水域"以海洋基础测绘成果中的零米等深线及 5 米、10 米等深线插值推算。
资料来源：第三次全国国土调查主要数据公报。

表 13　　　　　　　　　　　　　　湿地产业产值

年份	第一产业		第二产业		第三产业		全部产业	
	产值（亿元）	占比（％）	产值（亿元）	占比（％）	产值（亿元）	占比（％）	产值（亿元）	占比（％）
2006	31.9	39.2	33.2	40.8	16.3	20.0	81.4	100

续表

年份	第一产业		第二产业		第三产业		全部产业	
	产值（亿元）	占比（%）	产值（亿元）	占比（%）	产值（亿元）	占比（%）	产值（亿元）	占比（%）
2007	39.0	55.7	11.3	16.1	19.8	28.2	70.1	100
2008	27.3	37.8	21.0	29.0	24.0	33.2	72.3	100
2009	33.0	45.9	14.7	20.5	24.1	33.6	71.8	100
2010	29.4	39.3	12.9	17.3	32.4	43.4	74.7	100
2011	33.3	33.1	9.3	9.2	58.0	57.7	100.5	100
2012	50.0	29.9	42.6	25.5	74.7	44.6	167.3	100
2013	110.7	35.8	103.8	33.5	94.9	30.7	309.4	100
2014	137.0	28.8	134.4	28.3	203.5	42.9	474.9	100
2015	117.2	23.5	181.4	36.3	200.8	40.2	499.4	100
2016	97.0	18.6	233.9	44.9	189.7	36.4	520.6	100
2017	167.6	22.5	211.6	28.5	364.5	49.0	743.6	100
2018	285.5	31.7	212.2	23.6	403.3	44.8	901.0	100

资料来源：2006～2017年《中国林业统计年鉴》和《中国林业和草原统计年鉴（2018）》。

附 录 二

参 考 文 献

中文部分

[1] 2024 年全球风险报告［R/OL］.世界经济论坛，https：//www3. weforum. org/docs/WEF_The_Global_Risks_Report_2024. pdf，2024 - 01 - 10.

[2] 阿尔弗雷德·克劳士比.人类能源史：危机与希望［M］.王正林，王权，译.北京：中国青年出版社，2009.

[3] 阿兰·V. 尼斯，詹姆斯·L. 斯威尼.自然资源与能源经济学手册（第 1 卷）［M］.李晓西，史培军，等译.北京：经济科学出版社，2007.

[4] 安徽水利厅.国新办举行《地下水管理条例》国务院政策例行吹风会［EB/OL］.https：//www. gov. cn/xinwen/2021zccfh/52/index. htm，2022 - 11 - 22.

[5] 敖文伟，辛勃，李保良，等.初教 6 型飞机军转民适航取证分析与研究［J］.军民两用技术与产品，2019（11）：56 - 59.

[6] 鲍达明.构建基于生态文明理念的湿地保护管理制度［J］.湿地科学与管理，2016，12（1）：4 - 7.

[7] 毕宝德.土地经济学［M］.8 版.北京：中国人民大学出版社，2020.

[8] 伯格斯特罗姆，兰多尔.资源经济学：自然资源与环境政策的经济分析［M］.3 版.谢关平，朱方明，主译.北京：中国人民大学出版社，2015.

[9] 布仁吉日嘎拉，浩日娃，刘洋洋.新中国成立 70 年内蒙古自治区牧区经济政策演进及其发展效应［J］.中央民族大学学报（哲学社会科学版），2019，46（6）：26 - 35.

[10] 蔡继明.必须给被征地农民以合理补偿［J］.中国审计，2004（8）：18.

[11] 蔡运龙.自然资源学原理［M］.3 版.北京：科学出版社，2023.

[12] 曹富国.政府采购合同公开是引领世界之举［EB/OL］.中国政府采购网，http：//www. ccgp. gov. cn/zjgd/201506/t20150611_5405785. htm，2015 -

06 – 11.

[13] 曹荣青，胡喜生，吴承祯．福建省 2000～2012 年森林丧失量时空分布动态研究［J］．山东农业大学学报（自然科学版），2019，50（2）：197 – 201.

[14] 常晓丽，金会军，何瑞霞，等．大兴安岭北部多年冻土监测进展［J］．冰川冻土，2013，35（1）：93 – 100.

[15] 陈柏峰．土地发展权的理论基础与制度前景［J］．法学研究，2012，34（4）：99 – 114.

[16] 陈敦，马巍，赵淑萍，等．冻土动力学研究的现状及展望［J］．冰川冻土，2017，39（4）：868 – 883.

[17] 陈红军．论我国湿地资源管理的集权与分权［J］．法制与社会，2007（5）：460 – 461.

[18] 陈甲斌．统筹发展和安全需要处理好五个关系［J］．中国国土资源经济，2024，37（3）：1.

[19] 陈灵峰．我国矿业权出让制度研究［D］．长沙：湖南大学，2022.

[20] 陈柳钦．林业经营理论的历史演变［J］．中国地质大学学报（社会科学版），2007（2）：50 – 56.

[21] 陈小玮．生态优先：青海绿色发展之路［J］．新西部，2020（Z4）：45 – 49.

[22] 程时雄，何宇航．自然灾害经济学研究新进展［J］．经济学动态，2023（2）：143 – 160.

[23] 崔国斌．大数据有限排他权的基础理论［J］．法学研究，2019，41（5）：3 – 24.

[24] DAMA International. DAMA 数据管理知识体系指南［M］．马欢，刘晨，等译．北京：清华大学出版社，2012.

[25] 大数据专家委员会．中国大数据技术与产业发展报告（2015）［R/OL］．http：//tc. ccf. org. cn/tfbd/zyxz/fzbg/2018 – 07 – 29/646410. shtml，2018 – 07 – 29.

[26] 大自然保护协会．基于自然的解决方案（Nature-based Solutions，NbS）［EB/OL］．https：//www. tnc. org. cn/content/details81. html，2024 – 05 – 06.

[27] 代红，张群，尹卓．大数据治理标准体系研究［J］．大数据，2019，5

（3）：47 - 54.

[28] 代琴，杨红．草原承包经营制度功能间的矛盾与草原"三权分置"的法权构造 [J]．中国农村观察，2019，145 (1)：98 - 114.

[29] 地球生命力报告（2020）[R]．世界自然基金会，https：//www. wwfchina. org/，2020 - 09 - 09.

[30] 地球生命力报告（2022）[R]．世界自然基金会，https：//www. wwfchina. org/，2022 - 10 - 13.

[31] 丁勇，春亮，孙娟娟，等．中国的草原 [J]．森林与人类，2020 (Z1)：20 - 39，12 - 19.

[32] 董世魁．草原与草地的概念辨析及规范使用刍议 [J]．生态学杂志，2022，41 (5)：992 - 1000.

[33] 董双林，董云伟，黄六一，等．迈向远海的中国水产养殖：机遇、挑战和发展策略 [J]．水产学报，2023，47 (3)：3 - 13.

[34] 董永平，钱贵霞，李梦雅．草业产值统计指标与方法及其初步核算：以内蒙古锡林浩特市为例 [J]．草原与草坪，2018，38 (1)：83 - 89.

[35] 董章杭．气候资源的开发利用在经济社会发展中的意义和作用 [J]．安徽农学通报（下半月刊），2011，17 (22)：34 - 35.

[36] 董仲舒．春秋繁露 [M]．北京：中华书局，2017.

[37] 董祚继．农村土地征收制度是怎样形成的？[J]．国土资源，2017 (5)：4 - 9.

[38] 段克，韩立民．国际海洋保护区发展趋势与中国应对策略，中国海洋大学学报（社会科学版），2022 (4)：60 - 71.

[39] 段克，刘峥延，李刚，等．滨海蓝碳生态系统保护与碳交易机制研究 [J]．中国国土资源经济，2021，34 (12)：37 - 47.

[40] 段克，刘峥延，梁生康，等．海洋生态保护修复：国际议程与中国行动，中国科学院院刊，2023，38 (2)：277 - 287.

[41] 段克，刘峥延，梁生康，等．美国沿海、流域和海域一体化治理经验及启示 [J]．中国国土资源经济，2021，34 (11)：44 - 53.

[42] 段克，余静．"海洋命运共同体"理念助推中国参与全球海洋治理 [J]．中国海洋大学学报（社会科学版），2021 (6)：15 - 23.

[43] 段克，袁国华，郝庆．流域生态修复项目管理研究 [J]．中国国土资源经济，2020，33 (4)：40 - 45.

［44］方勇，等．荀子［M］．北京：中华书局，2015．

［45］丰雷，张清勇．20 世纪 90 年代中后期以来的征地制度变迁：兼论 1998
年《土地管理法》修订的影响［J］．公共管理与政策评论，2020，9
（3）：29－48．

［46］冯妮，杨建民．全球深海矿产资源开发进展与启示：以装备技术为核心
［J］．太平洋学报，2024，32（8）：62－75．

［47］冯欣，姜文来，刘洋，等．中国农业水价综合改革历程、问题和对策
［J］．中国农业资源与区划，2022，43（3）：117－127．

［48］冯欣，姜文来．农业水价论［M］．北京：中国水利水电出版社，2023．

［49］弗洛里安·菲赞．矿产资源经济（第一卷）［M］．余韵，姚霖，杨建锋，
译．北京：商务印书馆，2023．

［50］弗·伊·斯米尔诺夫．矿床地质学［M］．北京：地质出版社，1985．

［51］付芳婧，谷晓平，于飞．农产品气候品质认证及其应用［J］．安徽农业
科学，2017，45（15）：175－178．

［52］付英．中国自然资源通典（矿产卷）［M］．呼和浩特：内蒙古教育出版
社，2015．

［53］盖志毅．草原生态经济系统可持续发展研究［D］．北京：北京林业大
学，2005．

［54］高利红，程芳．气候资源的属性及权属问题研究：兼评《黑龙江省气
候资源探测和保护条例》［J］．重庆大学学报（社会科学版），2013，
19（5）：28－34．

［55］高兆奎．试论市场经济条件下圈定矿体的 4 项品位指标［J］．西北地质，
2002（3）：113－118．

［56］葛剑雄．未来生存空间：自然空间［M］．上海：上海三联书店，2000．

［57］关百钧，施昆山．森林可持续发展研究综述［J］．世界林业研究，1995
（4）：1－6．

［58］关于征求《北京市促进低空经济产业高质量发展行动方案（2024—
2027 年）（征求意见稿）》意见建议的通知［EB/OL］．https：//www.
beijing. gov. cn/hudong/gfxwjzj/zjxx/202405/P020240516387795706644.
pdf，2024－05－16．

［59］管华诗，王曙光．海洋管理概论［M］．青岛：中国海洋大学出版
社，2003．

［60］郭利娜．冻土理论研究进展［J］．水利水电技术，2019，50（3）：145－154.

［61］郭万超，辛向阳．轻松学经济：300个核心经济术语趣解［M］．北京：对外经济贸易大学出版社，2005.

［62］国家发展改革委，财政部，住房城乡建设部，等．国家适应气候变化战略［EB/OL］．http：//www.gov.cn/gzdt/att/att/site1/20131209/001e3741a2cc140f6a8701.pdf，2013－12－09.

［63］国家林业和草原局．关于印发《国家公园管理暂行办法》的通知［A/OL］．https：//www.forestry.gov.cn/sites/main/main/gov/content.jsp？TID=20220602173344633678982，2022－06－02.

［64］国家林业和草原局．2021中国林草生态综合监测评价报告［M］．北京：中国林业出版社，2023.

［65］国家林业和草原局．中国林业和草原年鉴［M］．北京：中国林业出版社，2021.

［66］国家林业和草原局．中国森林可持续经营国家报告［M］．北京：中国林业出版社，2013.

［67］国家林业和草原局．中国森林资源报告（2014—2018）［M］．北京：中国林业出版社，2019.

［68］国家林业局，等．中国湿地保护行动计划［M］．北京：中国林业出版社，2000.

［69］国务院办公厅．转发财政部、国家林草局（国家公园局）关于推进国家公园建设若干财政政策意见的通知：国办函〔2022〕93号［A/OL］．https：//www.gov.cn/zhengce/content/2022－09/29/content_5713707.htm，2022－09－29.

［70］国务院．关于国家公园空间布局方案的批复：国函〔2022〕101号［A/OL］．https：//www.gov.cn/zhengce/content/2022－11/08/content_5725340.htm，2022－11－08.

［71］国务院．全国林地保护利用规划纲要（2010—2020年）［EB/OL］．https：//www.gov.cn/gzdt/att/att/site1/20100825/001aa04acfdf0ddf22cf01.pdf.

［72］国务院新闻办公室．中国的生物多样性保护［R/OL］．https：//www.gov.cn/zhengce/2021－10/08/content_5641289.htm，2021－10－08.

［73］哈里斯，罗奇．环境与自然资源经济学：现代方法［M］．3版．孙星，

译．上海：上海财经大学出版社，2017.

[74] 韩长赋．土地"三权分置"是中国农村改革的又一次重大创新［J］.中国农业会计，2016，296（3）：62-65.

[75] 韩立民，梁铄．大食物观视阈下我国"蓝色粮仓"建设重点及对策建议［J］.中国水产，2024（1）：31-33.

[76] 韩立民，王娟．我国现代海洋产业集群的发展现状、问题与优化路径［J］.东南学术，2024，303（5）：116-124.

[77] 郝天象，王兵，牛香，等．全面提升我国森林生态系统质量和稳定性的实践与思考［J］.陆地生态系统与保护学报，2022，2（5）：13-31.

[78] 何春光，崔丽娟，盛连喜．生物多样性保育学［M］.长春：东北师范大学出版社，2015.

[79] 何磊，叶思源，赵广明，等．海岸带滨海湿地蓝碳管理的研究进展［J］.中国地质，2023，50（3）：777-794.

[80] 何思源，苏杨，王蕾，等．国家公园游憩功能的实现：武夷山国家公园试点区游客生态系统服务需求和支付意愿［J］.自然资源学报，2019，34（1）：40-53.

[81] 赫尔曼·E.戴利．超越增长：可持续发展的经济学［M］.上海：上海译文出版社，2005.

[82] 侯秀英，黄菲，赵青，等．福建省森林丧失的时空格局演化及其驱动力机制［J］.山地学报，2020，38（6）：829-840.

[83] 胡海英，李惠霞，倪彪，等．宁夏荒漠草原典型群落的植被特征及其优势植物的水分利用效率［J］.浙江大学学报（农业与生命科学版），2019，45（4）：460-471.

[84] 华生．破解土地财政，变征地为分地：东亚地区城市化用地制度的启示［J］.国家行政学院学报，2015（3）：13-17.

[85] 黄璜．数字政府的概念结构：信息能力、数据流动与知识应用：兼论DIKW模型与IDK原则［J］.学海，2018（4）：158-167.

[86] 黄麟．森林管理的生态效应研究进展［J］.生态学报，2021，41（10）：4226-4239.

[87] 黄茂桓．我国冰川温度研究四十年［J］.冰川冻土，1999，21（3）：193-199.

[88] 黄世忠．第六次大灭绝背景下的信息披露：对欧盟《生物多样性和生态

系统》准则的分析 [J]. 财会月刊, 2022 (14): 3-11.

[89] 黄贤金. 土地政策学 [M]. 2 版. 北京: 中国农业出版社, 2007.

[90] 黄贤金. 自然资源经济学概论 [M]. 北京: 高等教育出版社, 2021.

[91] 黄玉玺, 李军. 中国草原产权制度演变及其效果评价 [J]. 古今农业, 2017 (2): 1-11.

[92] 纪英男. 贵州省生物多样性保护立法研究 [D]. 贵阳: 贵州民族大学, 2022.

[93] 贾绍凤, 姜文来, 沈大军, 等. 水资源经济学 [M]. 北京: 中国水利水电出版社, 2006.

[94] 姜宏瑶, 温亚利. 我国湿地保护管理体制的主要问题及对策 [J]. 林业资源管理, 2010 (3): 1-5.

[95] 姜文来. 水资源价值论 [M]. 北京: 科学出版社, 1998.

[96] 姜文来. 我国农业用水权进展与展望 [J]. 中国农业信息, 2015 (2): 7-9, 55.

[97] 姜文来. 我国水资源集约安全利用的战略路径 [J]. 中国水利, 2021 (6): 58-59.

[98] 姜文来. 应对我国水资源问题适应性战略研究 [J]. 科学对社会的影响, 2010 (2): 24-29.

[99] 姜文来, 冯欣, 刘洋, 等. 我国农业水价综合改革区域差异分析 [J]. 水利水电科技进展, 2020, 40 (6): 1-5, 16.

[100] 姜文来, 姜赛男, 刘洋. 农业用水自治研究 [J]. 中国农业资源与区划, 2021, 42 (12): 40-45.

[101] 姜文来, 王洪瑞. 中国农业用水安全 [M]. 武汉: 湖北科学技术出版社, 2021.

[102] 姜逸. 动力电池"上天"孚能科技"落地" [N]. 潇湘晨报, 2024-02-18.

[103] 蒋高明. 生态与生态系统 [J]. 绿色中国, 2017 (5): 76-79.

[104] 蒋卫国, 张泽, 凌子燕, 等. 中国湿地保护修复管理经验与未来研究趋势 [J]. 地理学报, 2023, 78 (9): 2223-2240.

[105] 蒋卫丽. 浅谈可持续发展下的森林资源保护与管理 [J]. 农业与技术, 2015, 35 (2): 92, 162.

[106] Kate Whiting. 生物多样性丧失如何威胁医药行业 [EB/OL]. https://

cn. weforum. org/stories/2023/12/https-www-weforum-org-agenda-2023-11-biodiversity-nature-loss-health-medicine-cn/，2023 – 12 – 25.

[107] 康永德. 我国多年冻土退化及其环境效应研究综述 [J]. 青海交通科技，2017 (1)：74 – 78.

[108] 赖玉珮，李文军. 草场流转对干旱半干旱地区草原生态和牧民生计影响研究：以呼伦贝尔市新巴尔虎右旗 M 嘎查为例 [J]. 资源科学，2012，34 (6)：1039 – 1048.

[109] 雷小华. 南海周边国家海洋权益维护与海洋执法体制研究 [D]. 厦门：厦门大学，2018.

[110] 李大海，张荧楠. 北极冰融对我国地缘经济的影响 [J]. 山东大学学报（哲学社会科学版），2020 (4)：111 – 121.

[111] 李国强. 碎裂型政府架构下的行政事务管理：以美国湿地管理机制为例 [J]. 公共管理学报，2007 (4)：31 – 37，122.

[112] 李红勋. 资产评估与管理 [M]. 北京：中国林业出版社，2000.

[113] 李慧，姚亚奇. 给子孙后代留下珍贵自然资产：国家公园体制试点启示录 [N]. 光明日报，2020 – 08 – 19.

[114] 李建华. 伦理合法性：一种自然主义的分析进路 [J]. 海南大学学报（人文社会科学版），2022，40 (3)：10 – 20，203.

[115] 李建强. 现代能源经济学 [M]. 北京：社会科学文献出版社，2022.

[116] 李俊生，李果. 陆地生态系统生物多样性评价技术研究 [M]. 北京：中国环境科学出版社，2012.

[117] 李璐，郭琪. 山西省煤炭价格与煤炭企业成本的协整关系研究 [J]. 煤炭经济研究，2017 (6)：41 – 45.

[118] 李奇，朱建华，肖文发. 生物多样性与生态系统服务：关系、权衡与管理 [J]. 生态学报，2019，39 (8)：2655 – 2666.

[119] 李彦宏. 智能革命：迎接人工智能时代的社会、经济与文化变革 [M]. 北京：中信出版社，2017.

[120] 李扬奥帆. 国家级自然保护区生态系统服务价值评估 [D]. 上海：上海财经大学，2023.

[121] 李远，李安云，应晓跃. 略论我国草原旅游业和谐发展的思路 [J]. 企业经济，2006 (12)：82 – 83.

[122] 李志忠，赵宏伟，周昶，等. 我国海洋油气开发与未来潜力分析 [J].

中国能源，2015，37（4）：41 - 44.

[123] 联合国粮食及农业组织 . 2014 年世界森林状况 [R]. 罗马：联合国粮食及农业组织，2014.

[124] 梁芷铭 . 大数据治理：国家治理能力现代化的应有之义 [J]. 吉首大学学报（社会科学版），2015，36（2）：34 - 41.

[125] 林群，张守攻，江泽平，等 . 森林生态系统管理研究概述 [J]. 世界林业研究，2007（2）：1 - 9.

[126] 林育真，赵彦修 . 生态与生物多样性 [M]. 济南：山东科学技术出版社，2013.

[127] 刘国涛，王新烨 . 论类型化视野中气候资源的法律属性 [J]. 中国政法大学学报，2021（1）：54 - 65.

[128] 刘惠兰 . 森林旅游发展大有空间 [J]. 经济，2012（12）：6 - 8.

[129] 刘俊昌 . 林业经济学 [M]. 北京：中国农业出版社，2011.

[130] 刘尚希 . 避免政策的"合成谬误""分解谬误" [N]. 北京日报，2022 - 5 - 16.

[131] 刘胜利 . 论语 [M]. 北京：中华书局，2006.

[132] 刘世荣，冯德金，葛千涛，等 . 挖掘森林碳汇潜力，助力"双碳"目标实现 [J]. 生态文明世界，2022（4）：7，50 - 59.

[133] 刘世荣，王晖，李海奎，等 . 碳中和目标下中国森林碳储量、碳汇变化预估与潜力提升途径 [J]. 林业科学，2024，60（4）：34 - 35.

[134] 刘书楷，曲福田 . 土地经济学 [M]. 北京：中国农业出版社，2004.

[135] 陆建城，罗小龙，张培刚，等 . 国家公园特许经营管理制度构建策略 [J]. 规划师，2019（17）：23 - 28.

[136] 鹿守本 . 海洋管理通论 [M]. 北京：海洋出版社，1997.

[137] 路冠军 . 嵌入式视角下草场"三权分置"改革的实践考察：基于内蒙古鄂托克前旗的实地调研 [J]. 前沿，2017，407（9）：70 - 75.

[138] 吕爱丽，霍治国，杨建莹 . 季节性冻土的分布与变化特征及对多样性农区农业生产的影响 [J]. 中国农业资源与区划，2021，42（7）：99 - 109.

[139] 吕不韦 . 吕氏春秋 [M]. 武汉：崇文书局，2023.

[140] 罗栋梁，金会军，吴青柏，等 . 天然状态下多年冻土区活动层厚度研究进展与展望 [J]. 冰川冻土，2023，45（2）：558 - 574.

[141] 罗曙辉 . 万物共生之路：生物多样性溯源 ［J］. 可持续发展经济导刊,
      2020 (10)：18 – 24.

[142] 罗帅 . 国家公园传统利用区规划研究 ［D］. 广州：广州大学, 2017.

[143] 骆梅英, 马闻声 . 森林公园旅游经营之转型：特许与政府规制 ［J］. 旅
      游学刊, 2013, 28 (8)：42 – 50.

[144] 马克思恩格斯全集 ［M］. 北京：人民出版社, 2016.

[145] 马克思 . 1844 年经济学哲学手稿 ［M］. 北京：人民出版社, 2014.

[146] 马克思 . 资本论 (第一卷) ［M］. 北京：人民出版社, 2004.

[147] 马克思 . 资本论 (马克思诞辰 200 周年纪念版) ［M］. 北京：人民出版
      社, 2018.

[148] 马蕾, 赵蔚, 杨柳, 等 . 宁夏 "星空旅游" 气候资源适宜度评估 ［J］.
      干旱气象, 2023, 41 (2)：309 – 317.

[149] 马明 . "三权分置" 制度对干旱半干旱草地高效利用的影响研究 ［D］.
      呼和浩特：内蒙古大学, 2021.

[150] 马中 . 环境与资源经济学概论 ［M］. 北京：高等教育出版社, 1999.

[151] 麦康森, 徐皓, 薛长湖, 等 . 开拓我国深远海养殖新空间的战略研究
      ［J］. 中国工程科学, 2016, 18 (3)：90 – 95.

[152] 芒来 . 马产业、马文化与城市生活 ［J］. 实践 (思想理论版), 2015
      (2)：50 – 52.

[153] 毛江晖 . 基于双赢模式的三江源国家公园特许经营构想 ［J］. 经济与社
      会发展, 2019, 17 (6)：64 – 70.

[154] 梅宏 . 数据治理之论 ［M］. 北京：中国人民大学出版社, 2020.

[155] 孟繁瑜 . 中国土地金融的理论与实践研究 ［M］. 北京：知识产权出版
      社, 2019.

[156] 孟旭光, 陈甲斌 . 中国矿业经济发展报告 (2021) ［M］. 北京：中国大
      地出版社, 2023.

[157] 苗金萍 . 农村征地冲突的公共政策学分析与对策研究 ［J］. 管理观察,
      2019 (12)：65 – 69.

[158] 木晓金 . 高黎贡山生物多样性保护与绿色金融：理念、行动及启示
      ［J］. 西部金融, 2022 (10)：45 – 51.

[159] 能源研究院 . 世界能源统计年鉴 ［A］. 2023.

[160] 潘佳勋 . 生态系统的资源价值研究 ［D］. 合肥：合肥工业大学, 2019.

参考文献

[161] 潘懋，等．环境地质学（修订版）［M］．北京：高等教育出版社，2003．

[162] 裴发根，方慧，杜炳锐，等．陆域冻土区天然气水合物勘探研究进展［J］．物探化探计算技术，2022，44（6）：751 – 763．

[163] 裴广强．近代以来西方主要国家能源转型的历程考察：以英荷美德四国为中心［J］．史学集刊，2017（4）：75 – 88．

[164] 裴理鑫，叶思源，何磊，等．中国湿地资源与开发保护现状及其管理建议［J］．中国地质，2023，50（2）：459 – 478．

[165] 彭补拙，濮励杰，黄贤金，等．资源学导论（修订版）［M］．南京：东南大学出版社，2014．

[166] 齐爱民，祝高峰．论国家数据主权制度的确立与完善［J］．苏州大学学报（哲学社会科学版），2016，37（1）：83 – 88．

[167] 秦玉才，汪劲．中国生态补偿立法：路在前方［M］．北京：北京大学出版社，2013．

[168] 邱俊奇．林业经济学［M］．北京：中国林业出版社，2005．

[169] 求是．习近平：推动我国生态文明建设迈上新台阶［EB/OL］．http：//jhsjk．people．cn/article/30603656，2019 – 01 – 31．

[170] 曲福田，冯淑怡．资源与环境经济学［M］．3 版．北京：中国农业大学出版社，2017．

[171] 屈茂辉，陈希．自然资源资产基本法律属性阐释［J］．湖南师范大学社会科学学报，2024（1）：48 – 56．

[172] 全国畜牧总站．草牧业分析报告［M］．北京：中国农业出版社，2020．

[173] 任继周．草业大辞典［M］．北京：中国农业出版社，2008．

[174] 任继周，胡自治，牟新待，等．草原的综合顺序分类法及其草原发生学意义［J］．中国草原，1980（1）：12 – 24，38．

[175] 任继周．几个专业词汇的界定、浅析及其相关说明［J］．草业学报，2015，24（6）：1 – 4．

[176] 任宣羽，杨淇钧．康养气候及其空间分异研究［J］．绵阳师范学院学报，2018，37（7）：41 – 47．

[177] 沈健文．香格里拉普达措国家公园：保护与发展之争［EB/OL］．澎湃新闻，https：//www．thepaper．cn/newsDetail_forward_4452596，2019 – 09 – 19．

参考文献

[178] 沈镭，钟帅．遏制能源浪费：保障国家能源安全的重要抓手［J］．国家治理，2023（7）：70-74．

[179] 沈映春．低空经济的内涵、特征和运行模式［J］．新疆师范大学学报（哲学社会科学版），2025，46（1）：108-117．

[180] 沈悦，刘天科，周璞．自然生态空间用途管制理论分析及管制策略研究［J］．中国土地科学，2017，31（12）：17-24．

[181] 施俊法．21世纪前20年世界地质工作重大事件、重大成果与未来30年中国地质工作发展的思考［J］．地质通报，2020，39（12）：2044-2057．

[182] 施雅风．中国冰川与环境：现在、过去和未来［M］．北京：科学出版社，2000．

[183] 施雅风．中国第四纪冰川新论［M］．上海：上海科学普及出版社，2011．

[184] 施志源．论气候资源之法律属性与权利归属［J］．福建师范大学学报（哲学社会科学版），2014（4）：27-35，75．

[185] 石建勋，卢丹宁．着力提升产业链供应链韧性和安全水平研究［J］．财经问题研究，2023，40（2）：3-13．

[186] 石敏俊，等．资源与环境经济学［M］．北京：中国人民大学出版社，2021．

[187] 宋丽莉，周荣卫，杨振斌，等．风能资源开发利用的气象技术应用和发展［J］．中国工程科学，2012，14（9）：96-101，112．

[188] 宋顺昌，王佳，张文侠．中国的矿业发展、经济安全及解决路径［J］．石家庄经济学院学报，2014（5）：46-49．

[189] 宋兆鸿．土地利用系统工程［M］．广州：广东省地图出版社，2005．

[190] 孙鸿烈．中国资源科学百科全书［M］．北京：石油大学出版社，2000．

[191] 孙丽华，靳甜甜，刘冰玉，等．河北酿酒葡萄生育期农业气候资源对气候变化的响应［J］．中外葡萄与葡萄酒，2023（3）：59-65．

[192] 孙儒泳．动物生态学原理［M］．北京：北京师范大学出版社，2001．

[193] 孙书贤．推进海洋生态文明建设　探索湾区生态文明新模式：在湾区城市生态文明大鹏策会上的主题演讲［J］．中国生态文明，2016（2）：18-19．

[194] 覃睿，李卫民，靳军号，等．基于资源观的低空及低空经济［J］．中国民航大学学报，2011，29（4）：56-60．

[195] 覃睿．再论低空经济：概念定义与构成解析 [J]．中国民航大学学报，2023，41（6）：59 - 64.

[196] 谭荣．中国土地制度导论 [M]．北京：科学出版社，2021.

[197] 谭淑豪．牧业制度变迁对草地退化的影响及其路径 [J]．农业经济问题，2020，482（2）：115 - 125.

[198] 汤姆·蒂坦伯格，琳恩·刘易斯．环境与自然资源经济学 [M]．北京：中国人民大学出版社，2021.

[199] 唐克旺，吴玉成，侯杰．中国地下水资源质量评价（Ⅱ）：地下水水质现状和污染分析 [J]．水资源保护，2006（3）：1 - 4，8.

[200] 唐永顺．应用气候学 [M]．北京：科学出版社，2004.

[201] 田状．我国海底电缆管道工程的政策研究 [D]．哈尔滨：哈尔滨工程大学，2019.

[202] 童伟华．《联合国海洋法公约》视阈下管辖海域刑法空间效力 [J]．环球法律评论，2018，40（5）：140 - 159.

[203] 汪军．碳中和时代未来 40 年财富大转移 [M]．北京：电子工业出版社，2021.

[204] 王丹彤，唐芳林，孙鸿雁，等．新西兰国家公园体制研究及启示 [J]．林业建设，2018（3）：10 - 15.

[205] 王栋．草原管理学 [M]．南京：畜牧兽医图书出版社，1955.

[206] 王宏伦，王英勋．无人机飞行控制与管理 [J]．航空学报，2008（S1）：1 - 7.

[207] 王焕校，常学秀．环境与发展 [M]．北京：高等教育出版社，2003.

[208] 王会，唐钰铃．北京市居民对湿地认知的变化实证分析 [J]．湿地科学，2019，17（4）：409 - 416.

[209] 王会，王皓，侯彦宇，等．我国省级湿地保护法规的完备及严格程度评估研究 [J]．林草政策研究，2021，1（3）：37 - 45.

[210] 王会，杨光，温亚利．我国湿地保护法律的空缺分析与立法建议 [J]．中国环境管理，2021，13（6）：124 - 131.

[211] 王军．资源与环境经济学 [M]．北京：中国农业大学出版社，2009.

[212] 王可可．国家公园自然教育设计研究 [D]．广州：广州大学，2019.

[213] 王丽娟，杜秀娟．基于 GIS 电子地图的三江源国家公园信息化平台设计与实现 [J]．软件，2020，41（9）：4.

[214] 王明利."十四五"时期畜产品有效供给的现实约束及未来选择 [J].
经济纵横, 2020 (5): 100 - 108.

[215] 王乃亮, 李雪丽, 陶伟, 等. 生态系统服务功能价值评估研究进展
[J]. 绿色科技, 2022, 24 (10): 44 - 49.

[216] 王瑞卿, 张明祥, 武海涛, 等. 从《中华人民共和国湿地保护法》解
析湿地定义与分类 [J]. 湿地科学, 2022, 20 (3): 404 - 412.

[217] 王拓, 池子荷, 徐庆华. 我国林产品供给与贸易量状况分析 [J]. 森林
防火, 2023, 41 (1): 102 - 106.

[218] 王希群, 王安琪. 可持续林业原则的创立者: 卡洛维茨 [N]. 中国绿
色时报, 2015 - 04 - 17 (4).

[219] 王修林. 打造海洋高质量发展战略要地 [J]. 群言, 2019, 10: 50 - 52.

[220] 王修林, 王辉, 范德江. 中国海洋科学发展战略研究 [M]. 北京: 海
洋出版社, 2008.

[221] 魏一鸣, 廖华. 能源经济学 [M]. 北京: 中国人民大学出版社, 2019.

[222] 温敏, 张人禾, 杨振斌. 气候资源的合理开发利用 [J]. 地球科学进
展, 2004 (6): 896 - 902.

[223] 吴传钧, 郭焕成. 中国土地利用 [M]. 北京: 科学出版社, 1994.

[224] 吴佳, 闫宇平. 我国风能、太阳能资源预估现状及展望 [J]. 中国能
源, 2023, 45 (Z1): 49 - 58.

[225] 吴启晖, 董超, 贾子晔, 等. 低空智联网组网与控制理论方法 [J]. 航
空学报, 2024, 45 (3): 6 - 23.

[226] 吴征镒. 中国植被 [M]. 北京: 科学出版社, 1980.

[227] 习近平. 知之深 爱之切 [M]. 石家庄: 河北人民出版社, 2015.

[228] 夏军. 引江济太工程与太湖流域水资源可持续利用刍议 [J]. 中国水
利, 2004 (2): 5, 32 - 35.

[229] 谢军安, 刘阳. 可持续发展下的森林资源保护与管理 [J]. 石家庄经济
学院学报, 2011, 34 (3): 122 - 126.

[230] 谢应忠. 生物多样性的生态学意义及其基本测度方法 [J]. 宁夏农学院
学报, 1998, 19 (3): 13 - 20.

[231] 徐恒力, 等. 环境地质学 [M]. 北京: 地质出版社, 2009.

[232] 徐佳娈. 湖南湿地资源资产产权管理体制改革的思考 [J]. 湖南林业科
技, 2014 (2): 81 - 84.

[233] 徐萌, 陈文汇, 刘俊昌. 林业绿色经济发展评价指标体系研究 [J]. 林业经济, 2015, 37 (5): 24 - 28, 67.

[234] 徐培培, 谭章禄. 耗竭性资源可持续开发利用与对策研究 [J]. 煤炭经济研究, 2008 (5): 28 - 30.

[235] 徐敩祖, 王家澄, 张立新. 冻土物理学 [M]. 2 版. 北京: 科学出版社, 2010.

[236] 徐勇, 赵燊, 段健. 国土空间规划的土地利用分类方案研究 [J]. 地理研究, 2019, 38 (10): 2388 - 2401.

[237] 徐忠麟, 方孝安. 鄱阳湖湿地生态环境的法律保护探讨 [J]. 安徽农业科学, 2012 (1): 287 - 289.

[238] 闫泓. 气候变化下, 农业生产新格局正在形成 [N]. 中国气象报, 2024 - 09 - 12 (2).

[239] 严海, 刘晓莉. 草原生态补偿的理论蕴含: 以生态管理契约正义为视角 [J]. 广西社会学, 2018 (10): 107 - 112.

[240] 严钦尚, 曾昭璇. 地貌学 [M]. 北京: 高等教育出版社, 1985.

[241] 杨富裕, 陈佐忠, 张蕴薇. 草原旅游理论与管理实务 [M]. 北京: 中国旅游出版社, 2007.

[242] 杨建峰. 基于 Cesium 的智慧景区虚拟监管平台构建 [D]. 赣州: 江西理工大学, 2019.

[243] 杨理. 草原治理: 如何进一步完善草原家庭承包制 [J]. 中国农村经济, 2007, 276 (12): 62 - 67.

[244] 杨理. 中国草原治理的困境: 从 "公地的悲剧" 到 "围栏的陷阱" [J]. 中国软科学, 2010, 229 (1): 10 - 17.

[245] 杨木壮, 等. 自然资源调查概论 [M]. 武汉: 中国地质大学出版社, 2021.

[246] 杨青, 刘耕源, 杨志峰. 气候变化和土地利用变化驱动下的生物多样性系统分析新框架 [J]. 生态学报, 2024, 44 (3): 871 - 884.

[247] 杨庆媛, 龙拥军, 王成, 等. 土地经济学 [M]. 北京: 科学出版社, 2018.

[248] 杨永兴. 国际湿地科学研究的主要特点、进展与展望 [J]. 地理科学进展, 2002 (2): 111 - 120.

[249] 叶玲珍. 全国人大代表、铜陵有色集团总经理丁士启: 建设资源风险勘

查资本平台　推动矿产资源增储上产［N］. 证券时报，2024 – 03 – 07.

［250］叶艳妹，罗姐，吴亚军，等. 高质量发展下的节约集约用地再认识与低效用地盘活［J］. 中国土地，2023（5）：4 – 9.

［251］伊红德，李晓红，周楠. 吴忠市湿地产权确权试点工作初步研究［J］. 环境保护与循环经济，2016，36（10）：17 – 20.

［252］伊利，莫尔豪斯. 土地经济学原理［M］. 滕维藻，译. 北京：商务印书馆，1982.

［253］佚名. 关于所有类型森林的管理，保护和永续开发的无法律约束力的全球协商一致意见权威性原则声明［J］. 林业资源管理，1993（1）：4.

［254］雍文涛. 林业分工论［M］. 北京：中国林业出版社，1992.

［255］用经济手段保护生物多样性（经济透视）［EB/OL］. 人民网，http：//world. people. com. cn/n/2012/1127/c57507-19708090. html，2012 – 11 – 27.

［256］于洪贤，姚允龙. 湿地概论［M］. 北京：中国农业出版社，2011.

［257］于柳. 吉林省生物多样性政府保护法治化研究［D］. 长春：中共吉林省委党校（吉林省行政学院），2023.

［258］余韵，杨建锋，等. 地质多样性概念及其实践价值［J］. 地质通报，2021，40（4）：460 – 466.

［259］余韵，杨建锋. 地质多样性对生物多样性影响的研究进展［J］. 地球科学进展，2024，39（4）：1 – 10.

［260］余韵，杨建锋. 地质多样性概念与分析框架［J］. 中国国土资源经济，2021，34（1）：32 – 41.

［261］余韵，左力艳，马腾. 从矿床发现到矿山投产平均所需年限研究及启示［J］. 中国地质，2023，50（3）：971 – 974.

［262］俞可平. 治理和善治：一种新的政治分析框架［J］. 南京社会科学，2001（9）：40 – 44.

［263］虞慧怡，张林波，李岱青，等. 生态产品价值实现的国内外实践经验与启示［J］. 环境科学研究，2020，33（3）：685 – 690.

［264］郁志荣. 东海维权：中日东海钓鱼岛之争［M］. 上海：文汇出版社，2012.

［265］袁军，等. 浅析中国湿地保护管理中的三种主流湿地定义［J］. 湿地科学，2022，20（5）：607 – 612.

[266] 曾仕强. 什么是管理？管理是什么？[EB/OL]. https://www.163.com/dy/article/E8QJBA550516SRQM.html, 2019-02-24.

[267] 曾贤刚. 环境影响经济评价 [M]. 北京：化学工业出版社，2003.

[268] 翟裕生，姚书振，蔡克勤. 矿床学 [M]. 3 版. 北京：地质出版社，2011.

[269] 詹姆斯，等. 水资源规划经济学 [M]. 北京：水利电力出版社，1984.

[270] 张道卫. 林业经济学 [M]. 北京：中国林业出版社，2018.

[271] 张帆，夏凡. 环境与自然资源经济学 [M]. 上海：格致出版社，2015.

[272] 张芳钧，黄桔梅. 气候与人类：农业气象与气候资源利用 [M]. 贵阳：贵州人民出版社，2010.

[273] 张海龙. 中国新能源发展研究 [D]. 长春：吉林大学，2014.

[274] 张海文.《联合国海洋法公约》与中国 [M]. 北京：五洲传播出版社，2014.

[275] 张海霞. 中国国家公园特许经营机制研究 [M]. 北京：中国环境出版集团，2018.

[276] 张宏仁. 中国的淡水资源问题 [J]. 环境保护，2001（5）：3-7.

[277] 张洪涛，祝有海. 中国冻土区天然气水合物调查研究 [J]. 地质通报，2011，30（12）：1809-1815.

[278] 张佳琛. 美国国家公园的解说与教育服务研究 [D]. 沈阳：辽宁师范大学，2017.

[279] 张家武. 关于草原产权制度的思考 [C]. 2009 年中国草原发展论坛论文集，2009.

[280] 张江山，孔健健. 环境污染经济损失估算模型的构建及其应用 [J]. 环境科学研究，2006，19（1）：15-17.

[281] 张莉. 数据安全与数据治理 [M]. 北京：人民邮电出版社，2019.

[282] 张丽萍. 自然资源学基本原理 [M]. 1 版. 北京：科学出版社，2019.

[283] 张丽萍. 自然资源学基本原理 [M]. 2 版. 北京：科学出版社，2023.

[284] 张利国，谭笑，肖晴川，等. 基于气候资源投入的中国农业生态效率测度与区域差异 [J]. 经济地理，2023，43（4）：154-163.

[285] 张粒子，张洪. 能源市场知识 [M]. 北京：中国电力出版社，2021.

[286] 张平文，邱泽奇. 数据要素无论：信息、权属、价值、安全、交易 [M]. 北京：北京大学出版社，2022.

参考文献

［287］张润秋，郭佩芳，朱庆林．海洋管理概论［M］．北京：海洋出版社，2013．

［288］张所续．基于能源三难困境指数的中国能源发展选择［J］．中国国土资源经济，2020，33（5）：16 - 23．

［289］张所续，马伯永．世界能源发展趋势与中国能源未来发展方向［J］．中国国土资源经济，2019，32（10）：20 - 27，33．

［290］张所续．美国确保能源转型所需关键矿产供应链安全的战略启示［J］．油气与新能源，2022，34（6）：1 - 9．

［291］张卫民，李辰颖．森林资源资产负债表核算系统研究［J］．自然资源学报，2019，34（6）：1245 - 1258．

［292］张卫民，田治威，王富炜．森林资源资产会计问题探讨［J］．绿色中国，2004（9）：29 - 31．

［293］张小全，侯振宏．森林退化、森林管理、植被破坏和恢复的定义与碳计量问题［J］．林业科学，2003（4）：140 - 144．

［294］张晓．我国环境保护中政府特许经营的公平性讨论：以自然文化遗产资源为例［J］．经济社会体制比较，2007（3）：133 - 137．

［295］张新安，等．中国自然资源经济学通论［M］．北京：经济科学出版社，2023．

［296］张新安．认识自然资源底层逻辑，筑牢生态文明建设基石［N］．中国自然资源报，2023 - 12 - 04．

［297］张新安．自然资源管理服务支撑碳达峰碳中和［M］．北京：经济科学出版社，2022．

［298］张岩．新源草原旅游业发展的理性思考［J］．新疆教育学院学报，2003（2）：128 - 130．

［299］张永利．现代林业发展理论及其实践研究［D］．咸阳：西北农林科技大学，2004．

［300］张玉钧，张海霞．国家公园的游憩利用规制［J］．旅游学刊，2019，34（3）：5 - 7．

［301］赵丹丹，刘家福，刘吉平，等．东北寒区多年冻土退化的主要研究综述［J］．科学技术与工程，2022，22（30）：13151 - 13161．

［302］赵峰侠，徐明．生产力与生物多样性关系的研究进展［J］．自然资源学报，2018，33（11）：2046 - 2056．

[303] 赵广彬. 论促进草原生态畜牧业发展的措施 [J]. 山西农经，2019（5）：94－95.

[304] 赵家祥. 马克思《资本论》及其手稿中的生产力概念 [J]. 党政干部学刊，2012（6）：3－13.

[305] 赵其国，王浩清，顾国安. 中国的冻土 [J]. 土壤学报，1993，30（4）：341－354.

[306] 赵青，黄菲，陈晓辉，等. 乔木林丧失的时空变化及驱动力分析 [J]. 南京林业大学学报（自然科学版），2022，46（2）：227－235.

[307] 赵澍. 草原产权制度变迁与效应研究 [D]. 北京：中国农业科学院，2015.

[308] 赵玉洁. 习近平治国理政的科学思维方式 [J]. 理论学习，2017（1）：18－21.

[309] 郑磊. 开放的数林：政府数据开放的中国故事 [M]. 上海：上海人民出版社，2018.

[310] 郑英琴，陈丹红，任玲. 蓝色经济的战略意涵与国际合作路径探析 [J]. 太平洋学报，2023，31（5）：66－78.

[311] 郑永琴. 资源经济学 [M]. 北京：科学出版社，2013.

[312] "智汇三农"农业专业知识服务平台. 生态系统发展概况 [EB/OL]. https：//www. pwsannong. com/c/2016－04－13/550595. shtml，2016－04－13.

[313] 中共中央办公厅 国务院办公厅印发《关于建立以国家公园为主体的自然保护地体系的指导意见》[EB/OL]. https：//www. gov. cn/zhengce/2019-06/26/content_5403497. htm，2019－06－26.

[314] 中共中央办公厅 国务院办公厅印发《建立国家公园体制总体方案》[EB/OL]. https：//www. gov. cn/zhengce/2017-09/26/content_5227713. htm，2017－09－26.

[315] 中共中央 国务院印发《生态文明体制改革总体方案》[EB/OL]. https：//www. gov. cn/guowuyuan/2015-09/21/content_2936327. htm，2015－09－21.

[316] 中国大百科全书第三版网络版 [M/OL]. https：//www. zgbk. com/ecph/words？SiteID＝1&ID＝196186&Type＝bkzyb& SubID＝123530，2024－06－24.

［317］ 中国经济史论坛 . 生态概念的内涵及思想源流：《中国生态演变与治理方略》第一章 ［EB/OL］. http：//economy. guoxue. com/？ p ＝ 287&page ＝ 4，2005 － 08 － 16.

［318］ 中国绿色时报 . 构建以国家公园为主体的自然保护地体系给子孙后代留下珍贵的自然资产 ［EB/OL］. http：//www. forestry. gov. cn/lhjj/1681/20220926/111444000183671. html，2022 － 09 － 26.

［319］ 中国气象局 . 地面气象观测规范 ［M］. 北京：气象出版社，2003.

［320］ 中国气象局风能太阳能中心 . 中国风能太阳能资源年景公报（2022 年）［N］. 中国能源报，2023 － 04 － 10（13）.

［321］ 中国社会科学院语言研究所词典编辑室 . 现代汉语词典 ［M］. 3 版 . 北京：商务印书馆，1996.

［322］ 中国信息通信研究院云计算与大数据研究所，CCSA TC601 大数据技术标准推进委员会 . 数据资产管理实践白皮书 3. 0 ［R/OL］. http：//www. caict. ac. cn/kxyj/qwfb/bps/201812/t20181214 _ 190696. html，2018 － 12 － 14.

［323］ 中国畜牧兽医年鉴编辑委员会 . 中国畜牧兽医年鉴 ［M］. 北京：中国农业出版社，2021.

［324］ 中华人民共和国国务院新闻办公室 . 新时代的中国能源发展 ［N］. 人民日报，2020 － 12 － 22（10）.

［325］ 中华人民共和国生态环境部 . 国家适应气候战略 2035 ［EB/OL］. https：//www. mee. gov. cn/xxgk2018/xxgk/xxgk03/202206/W020220613636562919192. pdf，2022 － 06 － 07.

［326］ 钟燕川，等 . 四川康养气候资源与利用匹配度分析 ［J］. 高原山地气象研究，2023，43（1）：146 － 150.

［327］ 周诚 . 土地经济学原理 ［M］. 北京：商务印书馆，2003.

［328］ 周晋峰 . 生态文明时代的生物多样性保护理念变革 ［J］. 人民论坛·学术前沿，2022（4）：16 － 23.

［329］ 周柳柳 . 关于加成定价的研究综述 ［J］. 现代经济信息，2014（3）：159 － 160.

［330］ 周璞，刘天科，靳利飞 . 健全国土空间用途管制制度的几点思考 ［J］. 生态经济，2016，32（6）：201 － 204.

［331］ 周其仁 . 农地产权与征地制度：中国城市化面临的重大选择 ［J］. 经济

学（季刊），2004（4）：193 – 210.

[332] 周生贤. 中国林业的历史性转变 [M]. 北京：中国林业出版社，2002.

[333] 周洲. 我国粮食增产粮农不增收的原因：基于粮食价格和生产成本关系的检验 [J]. 河南工业大学学报（社会科学版），2018（6）：10 – 18.

[334] 朱道林，李瑶瑶. 农村土地制度改革的经济学考察 [J]. 中国土地科学，2018，32（3）：1 – 5.

[335] 朱道林. 土地经济学论纲 [M]. 北京：商务印书馆，2022.

[336] 朱光前. 2022 年我国木材进口概况 [J]. 中国人造板，2023，30（5）：36 – 43.

[337] 朱永杰，周伯玲. 世界林业简史 [M]. 北京：科学出版社，2017.

[338] 祝列克. 林业经济论 [M]. 北京：中国林业出版社，2006.

[339] 祝有海，赵省民，卢振权. 中国冻土区天然气水合物的找矿选区及其资源潜力 [J]. 天然气工业，2011，31（1）：13 – 19，108.

[340] 自然资源部矿业权管理司. 矿产资源开发管理常用法律法规文件汇编 [M]. 北京：地质出版社，2020.

[341] 邹珊，吕富成. 青藏高原两种特殊的植被类型：高寒草原和高寒草甸 [J]. 地理教学，2016（2）：4 – 7，46.

[342] 邹旭，石晓平，马贤磊. 中国共产党建党百年来的土地增值收益分配：政策演进、理论辨析与改革逻辑 [J]. 中国土地科学，2021，35（8）：15 – 22.

外文部分

[1] Alahuhta J, Toivanen M, Hjort J. Geodiversity-biodiversity relationship needs more empirical evidence [J]. Nature Ecology and Evolution, 2020, 4: 2 – 3.

[2] Allen V, et al. Handbook of natural resourse and energy economics [M]. Elsevier, 1993.

[3] Allen V G, et al. An international terminology for grazing lands and grazing animals [J]. Grass and Forage Science, 2011 (66): 2 – 28.

[4] Ang B W, Choong W L, Ng T S. Energy security: Definitions, dimensions and indexes [J] Renewable and Sustainable Energy Reviews, 2015, 42: 1077 – 1093.

[5] Banhidarah A K, et al. Electricity-water usage for sustainable development:

An analysis of United Aeab Emirates farms [J]. Energy Policy, 2020, 147: 111823.

[6] Bergstrom J C, Randall A. Resource economics: An economic approach to natural resource and environmental policy [M]. Edward Elgar Publishing, 2016.

[7] Borie M, Hulme M. Framing global biodiversity: IPBES between mother earth and ecosystem services [J]. Environmental Science and Policy, 2015, 54: 487 – 496.

[8] Brilha J, et al. Geodiversity: An integrative review as a contribution to the sustainable management of the whole of nature [J]. Environmental Science & Policy, 2018, 86: 19 – 28.

[9] Brilha J. Inventory and quantitative assessment of geosites and geodiversity sites: A review [J]. Geoheritage, 2016, 8 (2) 119 – 134.

[10] Chang J B. The effects of forage policy on feed costs in Korea [J]. Agriculture, 2018, 8 (6): 72.

[11] Chen C, Park T, Wang X, et al. China and India lead in greening of the world through land – use management [J]. Nature Sustainability, 2019, 2: 122 – 129.

[12] Cheng C, Li F. Ecosystem restoration and management based on nature-based solutions in China: Research progress and representative practices [J]. Nature-Based Solutions, 2024, 6100176 – 100176.

[13] Chen H, et al. The impact of digital economy empowerment on green total factor productivity in forestry [J]. Forests, 2023, 14 (9): 1729.

[14] Chi C, et al. China and India lead in greening of the world through land-use management [J]. Nature Sustainability, 2019, 2 (2): 122 – 129.

[15] Chiesi M, et al. Application of BIOME-BGC to simulate mediterranean forest processes [J]. Ecological Modelling, 2007, 206: 179 – 190.

[16] Conserving Nature's Stage [EB/OL]. https://www. conservationgateway. org/ConservationByGeography/NorthAmerica/UnitedStates/edc/reportsdata/climate/stage/Pages/default. aspx.

[17] Costanza R, Daly H E. Natural capital and sustainable development [J]. Conserv. Biol, 1992, 6, 37 – 46.

[18] Coulston J W, Brooks E B, Butler B J. U. S. Department of Agriculture, For-

参考文献

est Service. Future of America's Forest and Rangelands：Forest Service 2020 Resources Planning Act Assessment ［R］. Gen. Tech. Rep. WO 102. Washington，DC：6-1-6-38. Chapter 6. https：//doi. org/10. 2737/WO-GTR-102-Chap6，2023.

［19］ Crofts R，et al. Guidelines for geoconservation in protected and conserved areas ［R］. IUCN，https：//doi. org/10. 2305/IUCN. CH. 2020. PAG. 31. en，2020.

［20］ Daily G C. Nature's services：Societal dependence on natural ecosystems ［M］. California：Island Press，1997.

［21］ Daly H E，Farley J. Ecological economics：Principles and applications ［M］. California：Island Press，2004.

［22］ DEFRA. The state of natural capital：Restoring our natural assets. Natural Capital Committee，2nd report ［R］. Department of Environment，Food and Rural Affairs，UK，2014.

［23］ Duan K，et al. Optimizing a coastal monitoring network using a water-quality response grid （WRG）-based sampling design for improved reliability and efficiency ［J］. Marine Pollution Bulletin，2019，145：480-489.

［24］ Duan K，Wang X. Research on China's marine protected areas policy based on Kunming-Montreal global biodiversity framework 2030 targets ［J］. Bulletin of Chinese Academy of Sciences，2023，8：1-13.

［25］ Earnhart D，Hendricks P N. Adapting to water restrictions：Intensive versus extensive adaptation over time differentiated by water right seniority ［J］. American Journal of Agricultural Economics，2023，105 （5）：1458-1490.

［26］ Ehrlich P R，Ehrlich A. Extiction：The cause and consequences of the disappearance of species ［J］. Quarterly Review of Biology，1982 （1）：8.

［27］ European Commission. Towards a European strategy for the European Communities ［R］. Luxembourg，2000.

［28］ Falkowski P，et al. The global carbon cycle：A test of our knowledge of earth as a system ［J］. Science，2000，290 （5490）：291-296.

［29］ FAO. State of the World's Forests 2016：Forests and agriculture：land-use challenges and opportunities ［R］. 2016.

［30］ Fox N，Graham L J，Eigenbrod F，et al. Incorporating geodiversity in ecosystem service decisions ［J］. Ecosystems and People，2020，16 （1）：

参考文献

151 – 159.

[31] Francesco A. An outline on the right to water in the EU system [J]. European Studies, 2020, 7 (1): 363 – 389.

[32] García A V, Martín C G, López N M. Water pricing and quotas: A quantitative analysis from a private and social perspective [J]. Water Resources Management, 2024, 38 (11): 4287 – 4306.

[33] Gordon E J. Geoconservation principles and protected area management [J]. International Journal of Geoheritage and Parks, 2019, 7 (4): 199 – 210.

[34] Gordon J E, Barron H F. The role of geodiversity in delivering ecosystem services and benefits in Scotland [J]. Scottish Journal of Geology, 2013, 49 (1): 41 – 58.

[35] Gray M. Geodiversity: Developing the paradigm [J]. Proc. Geol. Assocl., 2018, 19: 287 – 298.

[36] Gray M. Geodiversity: Valuing and conserving abiotic nature 2004 [M]. John Wiley & Sons: London, UK, 2004.

[37] Gray M, Gordon J E, Brown E J. Geodiversity and the ecosystem approach: The contribution of geoscience in delivering integrated environmental management [J]. Proceedings of the Geologists'Association, 2013, 124: 659 – 673.

[38] Gray M. Other nature: Geodiversity and geosystem services [J]. Environmental Conservation, 2011, 38 (3): 271 – 274.

[39] Gray M. The confused position of the geosciences within the "natural capital" and "ecosystem services" approaches [J]. Ecosystem Services, 2018, 34: 106 – 112.

[40] Hair J F Jr, et al. Multivariate data analysis [M]. Pearson Prentice Hall, Upper Saddle River, NJ, 2006.

[41] Hanewinkel M, et al. Climate change may cause severe loss in the economic value of european forest land [J]. Nature Climate Change, 2013, 3: 203 – 207.

[42] Harris J M, Roach B. Environmental and natural resource economics: A contemporary approach [M]. London: Routledge, 2017.

[43] Hilbert D W, Ostendorf B, Hopkins M S. Sensitivity of tropical forests to cli-

mate change in the humid tropics of North Queensland [J]. Austral Ecology, 2001, 26, 590 – 603.

[44] Hjort J, et al. Why geodiversity matters in valuing nature's stage [J]. Conservation biology: The journal of the Society for Conservation Biology, 2015, 29 (3): 630 – 639.

[45] Holdern J P, Ehrlich P R. Human population and the global environment [J]. American Scientist, 1974, 62 (3): 282 – 292.

[46] Hyde W F. The Global economics of forestry [M]. New York: RFF Press, 2012.

[47] IEA. Climate hazard assessment [EB/OL]. https://www.iea.org/reports/climate-resilience-policy-indicator/climate-hazard-assessment, 2022 – 06 – 01.

[48] IEA. 2022 IEA Ministerial Communique [EB/OL]. https://www.iea.org/news/2022-iea-ministerial-communique, 2022 – 03 – 24.

[49] IEA. The role of critical minerals in clean energy transitions [R]. 2021.

[50] IPCC. The evidence is clear: The time for action is now. We can halve emissions by 2030 [EB/OL]. https://www.ipcc.ch/report/ar6/wg3/resources/press/press-release, 2022 – 04 – 04.

[51] IRENA. World energy transitions outlook 2022: 1.5℃ pathway [M]. IRENA, Abu Dhabi, 2022.

[52] Jang H, Du X. An Empirical structural model of productivity and conservation reserve program participation [J]. Land Economics, 2018.

[53] Jan H, et al. Why geodiversity matters in valuing nature's stage [J]. Conservation Biology: The Journal of the Society for Conservation Biology, 2015, 29 (3): 630 – 639.

[54] Jia J J, et al. Household water price and income elasticities under increasing-block pricing policy in China: An estimation using nationwide large-scale survey data [J]. Environmental Research Communications, 2024, 6 (6).

[55] Johansen U, et al. The Norwegian seafood industry-importance for the national economy [J]. Marine Policy, 2019, 110: 103561.

[56] Justine E H. Conserving Nature's Stage [R/OL]. https://blog.nature.org/science/2015/06/16/conserving-natures-stage-geodiversity-biodiversity-climate/, 2015 – 06 – 16.

参考文献

［57］ Karl-Heinz E, et al. Unexpectedly large impact of forest management and grazing on global vegetation biomass ［J］. Nature, 2018, 553 （7686）: 73 - 76.

［58］ Keddy P. Wetland restoration: The potential for assembly rule in the service of conservation ［J］. Wetlands, 1999, 19 （4）: 716 - 732.

［59］ Kiernan K. The Conservation of landforms of coastal origin: Conserving tasmania's geodiversity and geoheritage ［R］. Forest Practices Board: Hobart, Australia, 1997.

［60］ Kleespies W M, Hahn-Klimroth M, Dierkes P W. Perceptions of biodiversity loss among future decision-makers in 37 countries ［J］. npj Biodiversity, 2024, 3 （1）: 21.

［61］ Kristina J M, et al. Impacts of land consolidation on land degradation: A systematic review ［J］. Journal of Environmental Management, 2023.

［62］ Liang C, et al. How to improve forest carbon sequestration output performance: An evidence from state-owned forest farms in China ［J］. Forests, 2022, 13: 778.

［63］ Li A, Wu J, Huang J. China's new rural "separating three property rights" land reform results in grassland degradation: Evidence from Inner Mongolia ［Z］: Land Use Policy, 2018: 170 - 182.

［64］ Limborg T M, et al. The overlooked biodiversity loss ［J］. Trends in ecology & evolution, 2024.

［65］ Liu P, Zhu B, Yang M. Has marine technology innovation promoted the high-quality development of the marine economy: Evidence from coastal regions in China ［J］. Ocean & Coastal Management, 2021, 209: 105695.

［66］ Magliulo P, Russo F, Valente A. Enhancing geodiversity in the Matese Regional Park （Southern italy） using DPSIR model ［J］. EGU General Assembly, 2020, 49: 4 - 8.

［67］ Ma Z, et al. Spatial Effect analysis of forestry technology innovation on forestry industry economic growth ［J］. Forests, 2023, 14 （3）: 557.

［68］ Messina M G, Conner W H. Southern forested wetlands-ecology and management ［M］. Lewis Publishers, 1999.

［69］ Meyer R F. Speculations on oil and gas resources in small fields and unconventional deposits [J]. Long-term Energy Resources, 1981: 49 – 72.

[70] Mitsch W J, Gosselink J G. Wetlands [M]. New Jersey: Wiley, 2015.

[71] Natural capital forum [EB/OL]. www. naturalcapitalforum. com, 2016 – 12 – 01.

[72] OECD. The Ocean Economy in 2030 [R]. Paris: OECD, 2016.

[73] Oleson J P. The oxford handbook of engineering and technology in the classical world [M]. Oxford, Oxford University Press, 2009.

[74] Perman R, et al. Natural resource and environmental economics [M]. 2rd Edition. Addison Wesley Longman Limited, 1999.

[75] Rees J. Natural resources: Allocation, economics and policy [M]. London: Routledge, 1990.

[76] REN21. Renewables 2019: Global status report [EB/OL]. https: //ren21. net/gsr-2019/, 2020 – 05 – 15.

[77] Santos D S, Mansur K L, Goncalves J B, et al. Quantitative assessment of geodiversity and urban growthimpacts in Armação dos Búzios, Rio de Janeiro, Brazil [J]. Applied Geography, 2017, 85: 184 – 195.

[78] Santos M, et al. Geodiversity index w eighted bymultivariate statistical analysis [J]. Appl. Geomat. , 2020, 12: 361 – 370.

[79] Schrodt F, et al. T o advance sustainable stew ardship, we must document not only biodiversity but geodiversity [J]. Proceedings of the National Academy of Sciences of the United States of America, 2019, 116 (33): 16155 – 16158.

[80] Sheng J, Cheng Q, Yang H. Water markets and water inequality: China's water rights trading pilot [J]. Socio-Economic Planning Sciences, 2024.

[81] Silva S, Soares I, Afonso O. Economic and environmental effects under resource scarcity and substitution between renewable and non-renewable resources [J]. Energy Policy, 2013, 54: 113 – 124.

[82] Soja A J, et al. Climate-Induced boreal forest change: Predictions versus current observations [J]. Global and Planetary Change, 2007, 56: 274 – 296.

[83] 21st Century: Resources and constraints [R]. Asia pacific Energy Research Centre, Institute of Energy Economics, Tokyo, Japan, 2007.

[84] Steinhäußer R, et al. National and regional land-use conflicts in Germany from

the perspective of stakeholders [J]. Land Use Policy, 2015.

[85] Sterner T, Coria J. Policy instruments for environmental and natural resource management [M]. London: Routledge, 2013.

[86] Stonier T. Information as a basic property of the universe [J]. Biosystems, 1996 (38): 135 – 140.

[87] Sun C, et al. The high-quality development level assessment of marine economy in China based on a "2 + 6 + 4" framework [J]. Ocean & Coastal Management, 2023, 244: 106822.

[88] Suttie R M, Reynold S G, Batello C. Grasslands of the World [R]. Rome, Italy: FAO, 2005.

[89] Tietenberg T, Lewis L. Environmental and natural resource economics [M]. London: Routledge, 2018.

[90] TNFD. The TNFD Nature-related Risk&amp: Opportunity Management and Disclosure Framework [EB/OL]. www. tnfd. org/, 2022.

[91] U K Department of Environment, Food and Rural Affairs. The state ofnatural capital: restoring our natural assets. Natural Capital Committee, 2nd report [C]. Department of Environment, Food and Rural Affairs, UK, 2014: 20.

[92] UNEP. Five drivers of the nature crisis [EB/OL]. https: //www. unep. org/ news-and-stories/story/five-drivers-nature-crisis, 2023 – 09 – 05.

[93] United Nations. United Nations Strategic Plan for Forests 2017 – 2030 [EB/ OL]. https: //www. un. org/esa/forests/wp-content/uploads/2016/12/WG-CoChairsProposal_UNSPF_8Dec2016. pdf, 2016.

[94] United States Environmental Protection Agency. Agricultural Pasture, Rangeland and Grazing [EB/OL]. https: //www. epa. gov/agriculture/agricultural-pasture-rangland-and-grazing, 2015 – 08 – 15.

[95] USDA-GAIN 2020. Forage Market Update [R]. 2020.

[96] USDA: Livestock Forage Disaster Program fact sheet [R]. 2019.

[97] USDA-RMA: Pasture, Rangeland, Forage Support Tool [R]. 2020.

[98] Vincent T L. Renewable resource management [M]//Multicriteria Optimization in Engineering and in the Sciences. Boston, MA: Springer US, 1987: 161 – 186.

[99] Voora V A, Venema H D. The Natural Capital Approach: A Concept Paper

[R]. International Institute for Sustainable Development, Winnipeg, 2008.

[100] Watson J E M, et al. Manage forestsas protection against warming [J]. Nature, 2019, 567 (7748): 311.

[101] WEF. Nature Risk Rising: Why the Crisis Engulfing Nature Matters for Business and the Economy. New Nature Economy Series [R/OL]. https: // www3. weforum. org/docs/WEF_New_Nature_Economy_Report_2020. pdf, 2020 - 01 - 19.

[102] Wei X, Liang C, Chen W. Exploring current status and evolutionary trends on the paid use of state-owned forest resources in China: A bibliometric perspective [J]. Sustainability, 2022, 14 (9): 5516.

[103] Westman V E. How much are nature's services worth? [J]. Science, 1977, 197 (4307): 960 - 964.

[104] Wiggering H, et al. Indicators for multifunctional land use: Linking socio-economic requirements with landscape potentials [J]. Ecological Indicators, 2006, 6 (1): 238 - 249.

[105] World Bank. Minerals for climate action: The mineral intensity of the clean energy transition [R]. World Bank, 2021.

[106] Wunder S. Payments for Environmental Services: Some Nutsand Bolts [R]. CIFOR Occasional Paper, 2005.

[107] Yang H, et al. Enhanced carbon uptake and reduced methane emissions in a newly restored wetland [J]. Journal of Geophysical Research: Biogeosciences, 2020, 125 (1): e2019JG005222.

[108] Zakharovskyi V, Németh K. Scale influence on qualitative-quantitative geodiversity assessments for the geosite recognition of Western Samoa [J]. Geographies, 2022, 2 (3): 476 - 490.

[109] Zheng Y, Liu S R, Li H K, et al. Maximizing carbon sequestration potential in Chinese forests through optimal management [J]. Nature Communications, 2024, 15: 3154.

[110] Zou Y A, et al. Migratory waterbirds response to coastal habitat changes: Conservation implications from long-term detection in the chongming dongtan wetlands, China [J]. Estuaries and Coasts, 2016, 39 (1): 273 - 286.

［111］ Zumerchik J. Macmillan encyclopedia of energy ［M］. Macmillan Reference USA，2001.

［112］ Zwolinski Z，Najwer A，Giardino M. Methods for assessing geodiversity ［J］. Geoheritage：Assessment，Protection，and Management，2018：27 – 52.

参考文献